Marie Claude Chabrol

LES REINES DE FRANCE
AU TEMPS DES BOURBONS

DU MÊME AUTEUR

La vie du cardinal de Retz, Éditions de Fallois, 1990.

Les reines de France au temps des Valois.
   1. « Le beau XVIe siècle », Éditions de Fallois, 1994.
   2. « Les années sanglantes », Éditions de Fallois, 1994.

Les reines de France au temps des Bourbons.
   1. « Les Deux Régentes », Éditions de Fallois, 1996.
   2. « Les Femmes du Roi-Soleil », Éditions de Fallois, 1998.

SIMONE BERTIÈRE

LES REINES DE FRANCE AU TEMPS DES BOURBONS

★ ★

« Les Femmes du Roi-Soleil »

Éditions de Fallois

PARIS

En couverture : L'Assemblée des dieux, *par Jean Nocret (Musée de Versailles). La famille royale est représentée, vers 1670, sous les traits de diverses divinités de l'Olympe, entourées de quelques angelots ailés.*

Assise au centre, Anne d'Autriche figure Cybèle, mère des dieux.

À gauche, en contrebas, Philippe d'Orléans, censé être l'Étoile du Matin, entouré de son épouse Henriette (debout, en Flore), de sa fille aînée Marie-Louise et de sa belle-mère la reine d'Angleterre (tenant un trident, en Amphitrite).

À droite Louis XIV, sous les traits d'Apollon. À ses pieds Marie-Thérèse (Junon), et ses deux enfants, le dauphin et la « petite Madame ». Derrière lui la Grande Mademoiselle (Diane). À l'arrière-plan, les trois filles du second mariage de Gaston d'Orléans (les trois Grâces). En bas, dans un cadre, le portrait de deux enfants royaux morts au berceau.

© Éditions de Fallois, 1998
22, rue La Boétie, 75008 Paris

ISBN 2-87706-327-5

PROLOGUE

« Une cour sans dames, c'est un jardin sans aucunes bonnes fleurs », aimait à dire François Ier. Un point de vue que partage son lointain successeur, Louis XIV, également amateur de jardins et de femmes. Sa cour en regorge, et des plus brillantes. Mais l'historien des reines se sent à la fois frustré et embarrassé en abordant son règne. Frustration parce que, après Marie de Médicis et Anne d'Autriche, qui ont marqué de leur personnalité les deux premiers tiers du siècle et exercé des responsabilités politiques capitales, sa première épouse, la falote Marie-Thérèse, garante de la paix des Pyrénées qu'il signe avec l'Espagne en 1659, fait piètre figure. Lorsqu'elle disparaît en 1683, on a peine à croire qu'elle ait passé plus de vingt ans à ses côtés, tant elle a peu compté, réduite à faire des enfants et de la figuration, avec bien peu de succès dans les deux cas. Embarras parce que la seconde, Mme de Maintenon, qui, elle, est en tous points remarquable, n'est pas reine. Le mariage, non « déclaré », non officiel, la maintient dans une relative pénombre. Trente-deux ans durant, elle sera étroitement associée à sa vie, écartée du devant de la scène, mais formant avec lui un couple comme il est rarement donné d'en voir un dans les familles royales.

Sous Louis XIV, la monarchie française se trouve donc pratiquement privée de l'indispensable figure de reine qui, traditionnellement, vient équilibrer celle du roi et dont Marie-Thérèse n'est que l'incarnation minimale. Elle doit ensuite s'en passer tout à fait jusqu'à la fin du règne en 1715, et même jusqu'au mariage de Louis XV dix ans plus tard. Fallait-il alors, après avoir consacré quelques pages plus ou moins ennuyeuses à Marie-Thérèse, sauter directement à Marie Leszczynska en escamotant plus de quarante ans d'histoire ? Il aurait été déraisonnable de faire l'impasse sur une période au cours de laquelle se trouva remise en cause l'idée qu'on se faisait de la fonction de reine. L'absence de reine crée un manque et dessine son portrait en creux. Les obligations qu'elle remplit d'ordinaire — et qui demandent à être remplies — sont réparties entre différentes instances. La fonction est comme éclatée. Le roi en prend à son propre compte une part très importante. C'est lui, et non plus la reine comme le voulait l'usage depuis Anne de Bretagne, qui est le centre vital, l'âme de la cour. Autour de lui, dans la première moitié du règne, l'espace laissé libre par l'insignifiance de l'épouse en titre est occupé par une belle-sœur, puis par des maîtresses, qui lui servent de partenaires dans les bals et les ballets, égaient la vie de société et en rehaussent l'éclat, encouragent les lettres et les arts, donnent le ton, lancent la mode. Dans la seconde, ce sont de futures reines, les épouses de son fils et de son petit-fils, qui sont invitées à anticiper sur leur rôle à venir pour lui donner la réplique dans le cérémonial, souper avec lui « au grand couvert », animer les soirées d'« appartement », recevoir à ses côtés les ambassadeurs étrangers, tandis que, dans la coulisse, Mme de Maintenon s'occupe des nominations ecclésiastiques, des fondations charitables, du maintien de l'ordre familial et fait entendre sa voix, à l'occasion, dans les affaires politiques.

Cet éclatement a pour corollaire, d'abord subi, puis voulu, un renforcement de la figure du roi. Après l'infante espagnole, qui lui a été imposée, Louis XIV a choisi, en se mésalliant avec la femme qu'il aime, de perpétuer une situation qui l'isole du reste de la hiérarchie et fait de lui le point focal de qui tout part et vers qui tout converge. Jamais la métaphore du soleil, reprise des Valois, n'a été aussi pertinente. Car elle s'enrichit désormais des découvertes de Copernic, enfin vulgarisées. Le soleil n'est plus seulement le dispensateur de toute lumière et de toute chaleur. L'héliocentrisme l'a placé au cœur du monde, dont il est le monarque souverain. « De son trône royal, a écrit Copernic, le Soleil gouverne la famille des astres qui se meuvent autour de lui. » De la même manière le roi attire et retient tout ce qui compte dans le royaume. Il est l'astre central autour de qui gravitent famille, grands seigneurs, grands commis de l'État, serviteurs et courtisans.

Il sera donc au centre de notre récit. Le lecteur aura compris que ce récit ne se bornera pas, en dépit du titre choisi, à des histoires d'alcôve. Assurément les principales maîtresses y figureront en bonne place. Mais les femmes, pour Louis XIV, sont bien plus que des maîtresses. Elles sont, jusque dans son extrême vieillesse, les compagnes de ses loisirs. Elles sont aussi l'indispensable ornement de sa cour.

*

Toute sa vie, Louis XIV a recherché et goûté la présence de femmes autour de lui. Cette prédilection remonte à sa toute petite enfance. Anne d'Autriche a idolâtré son fils aîné. Monté sur le trône à cinq ans, l'enfant a peu connu son père et n'a subi de la part de ses précepteurs qu'une férule légère. Fuyant leurs ennuyeuses leçons, il s'échappait pour aller chez sa mère se faire dorloter par des filles d'honneur en extase devant sa grâce enfantine. Il s'est heurté à elle dans sa verte adolescence, lorsqu'il repoussait pour la piquante Marie Mancini la prestigieuse infante d'Espagne, puis lorsqu'il bafouait outrageusement celle-ci au mépris de l'honneur et de la religion. Mais après sa mort, il est hanté par son souvenir. Bien qu'il ait amplifié à plaisir l'effacement consenti de sa première épouse et confiné la seconde dans l'obscurité d'un mariage non déclaré, il garde la nostalgie d'une reine faite sur le modèle d'Anne d'Autriche, qu'il espère retrouver tour à tour dans la Grande dauphine, puis dans la duchesse de Bourgogne. La référence est redoutable parce qu'elle relève de l'idéalisation posthume. Prisonnier d'aspirations contradictoires, il voudrait à la fois pouvoir se passer de reine pour être seul à incarner la monarchie dans sa plénitude, et en avoir une à exhiber, qui rivalise en beauté, en dignité, en charme, avec la mère très aimée.

Il est friand de résolutions brusques en forme de coups de théâtre, fruits d'évolutions lentement mûries. À la mort de Mazarin, il a surpris en déclarant qu'il n'aurait plus de Premier ministre et gouvernerait par lui-même. Nul ne l'en croyait capable : il a vite prouvé le contraire. Vers quarante-cinq ans, même révolution en matière de mœurs. Pendant vingt ans, abandonné sans retenue aux exigences d'un tempérament très ardent, il a collectionné les maîtresses et engendré une bonne douzaine de bâtards, sans compter ceux qui ont échappé à toute recension. Rien de très étonnant : entre les femmes offertes il n'a que l'embarras du choix. Rien de très exceptionnel : on trouve parmi ses aînés de solides précédents. Il va cependant plus loin que son aïeul Henri IV. Non content d'entretenir deux ménages parallèles où les naissances vont de pair, il finit par faire cohabiter avec son épouse une ou même deux maîtresses, donnant à la France le spectacle inédit d'une famille polygame. Puis vers 1680, la piété prend chez lui le dessus, il s'assagit et, après la mort de Marie-Thérèse, secrètement marié avec la femme de son choix, il mène, à la surprise générale, une existence strictement monogame, régnant en *paterfamilias* impérieux et tendre sur la nombreuse famille issue de ses amours.

Entre ces deux périodes si contrastées court cependant une continuité cachée.

D'abord, il ne recherche pas seulement avec les femmes une satisfaction charnelle. « Outre le plaisir qu'il trouve auprès d'elles, note l'ambassadeur savoyard, leur conversation lui sert d'un grand amusement. » À la compagnie des hommes, obscurément perçus comme des rivaux, il préfère celle des femmes, qui le stimule. Leurs yeux complices lui renvoient comme en un miroir le reflet magnifié de sa propre splendeur. Mais s'il les aime belles, il les veut aussi intelligentes. Triomphe de l'esprit sur la chair, seules survivent celles qui savent l'égayer de leurs propos. Mme de Montespan ne le retient dix ans que parce qu'elle lui offre, en même temps que des voluptés partagées, l'agrément d'une société attrayante et animée. Et c'est par la conversation que Mme de Maintenon fera sa conquête. Plus il vieillira, plus il goûtera le charme et la gaieté des filles et femmes de sa famille. Elles remplaceront auprès de lui les maîtresses d'autrefois.

D'autre part ses amours, pour tumultueuses et diverses qu'elles soient, s'entourent d'une relative discrétion. Réservé et secret, il s'efforce longtemps de dissimuler les naissances, ne se résout à afficher ses liaisons que lentement et comme à contrecœur. Il a la débauche en horreur. Ses amours, dans le choix de leur objet comme dans leur pratique, sont décentes et dignes. Jamais il ne se donne en spectacle, comme naguère Henri IV. Pas de lettres, pas de confidences. De ce qu'étaient ses relations avec ses maîtresses nous ne connaissons pas grand-chose. Il avait mis en place un jeu de leurres, les cachant l'une derrière l'autre, la délaissée servant de paravent à la nouvelle venue, de sorte qu'il n'est pas possible d'en fixer avec précision le calendrier. Paradoxalement, la cohabitation qu'il instaure participe de ce même souci d'introduire dans son désordre un ordre apparent : elle rend moins voyant le va-et-vient de l'une à l'autre.

Enfin il pousse plus loin que ses prédécesseurs le génie de l'appropriation. La chose est vraie dans tous les domaines. Une fois la Fronde terminée, c'en est fini des grands féodaux à l'humeur indépendante, réunissant autour d'eux une cour personnelle et pratiquant le mécénat. Désormais il n'est de salut que dans l'orbite du roi, il fait en sorte que tous lui « appartiennent », au sens qu'on donnait alors à ce terme — qu'ils soient ses « serviteurs », n'envisagent et n'espèrent d'existence qu'à l'intérieur du cadre tracé par le souverain. Les femmes de la famille sont les cibles désignées de cet esprit centralisateur. Belles-sœurs, nièces et brus, soumises à sa volonté, utilisées au gré de ses ambitions politiques, enrégimentées au service de la liturgie monarchique, doivent se plier dociles — asservies, murmureront les plus rétives — à ce qu'il exige d'elles.

*

Il avait une peur extrême d'être « gouverné » et surtout, ajoutent les mauvaises langues, de le paraître. Il connaissait son point faible et tentait de contrebalancer l'attrait qu'exerçaient sur lui les femmes par une misogynie nourrie des lieux communs les plus éculés sur leur faiblesse, leur égoïsme, leur légèreté, leur caractère intéressé, leur incapacité à garder un secret. Il se défiait de lui-même au point de faire à ses ministres, en 1664, cette très étonnante déclaration : « Je suis jeune et les femmes ont ordinairement bien du pouvoir sur ceux de mon âge. Je vous ordonne à tous que, si vous remarquez qu'une femme, quelle qu'elle puisse être, prenne empire sur moi et me gouverne, vous ayez à m'en avertir. Je ne veux que vingt-quatre heures pour m'en débarrasser. » Reste à savoir s'il y avait beaucoup de ministres prêts à se risquer dans une démarche aussi périlleuse. Quelques années plus tard, vers 1667 ou 1668, il tente dans une page célèbre de ses *Mémoires* de mettre en garde son fils contre de tels « égarements ». À défaut d'être un « modèle de vertu », prenons au moins deux précautions, dit-il : « La première, que le temps que nous donnons à notre amour ne soit jamais pris au préjudice de nos affaires. [...] La seconde, qu'en abandonnant notre cœur, nous demeurions maîtres de notre esprit ; que nous séparions les tendresses d'amant d'avec les résolutions de souverain ; et que la beauté qui fait nos plaisirs n'ait jamais la liberté de nous parler de nos affaires, ni des gens qui nous y servent. »

Il a respecté la première de ces deux injonctions, pas la seconde. Certes il a exclu Marie-Thérèse du Conseil qui, traditionnellement, était ouvert de droit à la reine régnante. Et il ne tolère pas que les femmes, épouse, bru, belles-sœurs, maîtresses prennent l'initiative de lui parler d'affaires. N'est-il pas illusoire, cependant, de prétendre les tenir tout à fait à l'écart ? Il y a mille moyens pour les maîtresses de suggérer, d'insinuer, d'influencer. Toutes, la chose est admise, peuvent solliciter pour les membres de leur famille des emplois honorifiques et rémunérateurs. Elles acquièrent par ce biais un réseau de clientèle. Si elles ne visent pas davantage — non plus que les hommes d'ailleurs —, c'est parce que l'état du royaume ne s'y prête pas. Le temps des belles et turbulentes amazones est révolu. L'échec de la Fronde a brisé toute velléité de révolte nobiliaire, il n'existe plus aucune force d'opposition. Étroitement circonscrit entre le roi et ses ministres, généralement issus de la noblesse de robe et non d'épée, le débat politique n'est pas d'actualité à la cour. Pourquoi une La Vallière, une Montespan s'en mêleraient-elles ? L'idée ne leur en vient même pas. Elle viendra en revanche à Mme de Maintenon, encouragée par Louis XIV lui-même, à l'intérieur de limites strictes sur lesquelles il faudra s'interroger.

Toutes ces femmes cependant sont mêlées à la politique. Sans en être des acteurs, les unes et les autres en sont souvent l'instrument ou plus simplement le reflet. Les mariages princiers ont toujours des implications politiques : dans l'immédiat ils garantissent des traités de paix, plus tard ils sont prétextes à des revendications territoriales, comme ce fut le cas de l'héritage de Marie-Thérèse. Les princesses étrangères mariées en France peuvent servir, telle Henriette d'Angleterre, à resserrer les liens avec leur pays d'origine. Même les amours du roi ont des enjeux politiques : à maîtresse libertine ou pieuse, cour dissipée ou bigote. Et lorsqu'une Maintenon se croit chargée par Dieu de faire le salut du roi, les gens d'Église peuvent espérer, par son entremise, prendre barre sur lui.

Et puis les événements viennent colorer la vie quotidienne de toutes, guerre, paix, victoires, défaites, au long d'un règne qui se prolonge cinquante-quatre années, depuis le jour où le jeune monarque reçoit des mains de Mazarin une France triomphante appelée à dominer l'Europe, jusqu'à celui où le patriarche frappé à mort dans sa descendance transmet à son arrière-petit-fils de cinq ans un royaume tout juste sauvé du désastre.

C'est dire que ce livre voudrait être bien davantage qu'un simple récit des amours de Louis XIV. Les femmes ici évoquées ne sont pas seulement celles qui ont partagé son lit. À ses deux épouses et à ses maîtresses les plus notoires on a joint quelques-unes de celles qui ont rêvé de lui en vain, comme Marie Mancini ou Mlle de Montpensier ; celles qui ont rempli pour une part le rôle de reine, comme Henriette d'Angleterre, ou qui auraient pu y prétendre comme Madame Palatine, que son caractère disqualifia ; celles enfin qui en ont « fait fonction » un temps, comme la Grande dauphine et la duchesse de Bourgogne, futures reines non écloses, fauchées par la mort avant que leur destin ne s'accomplît. Et bien que le récit soit centré sur leur vie privée, c'est toute l'histoire du règne de Louis XIV, vue de l'appartement des dames, qui servira de toile de fond.

*

Un mot enfin sur les difficultés rencontrées. L'information est à la fois surabondante et lacunaire. De Louis XIV lui-même, il ne reste que de trop brefs *Mémoires*, qui ne couvrent que le début du règne, et une *Manière de visiter les jardins de Versailles*. La correspondance officielle passait par l'intermédiaire des secrétaires d'État. Quant à la correspondance privée, elle a disparu en quasi-totalité. On sait qu'il écrivit à Bossuet, qui lui servit un temps de directeur de conscience ; on sait aussi que le prélat a détruit ses lettres. Mme de Maintenon en a fait autant peu avant sa mort. En ce qui la concerne, nous disposons d'une importante masse de documents — pour l'essentiel des lettres en très grand nombre, et des entretiens issus des causeries faites devant les élèves de Saint-Cyr et consignées par les dames. Beaucoup de ces textes ont été triés et expurgés par ses soins. D'autre part, ce sont des écrits fonctionnels, ils ne peuvent être détachés de la personne du destinataire et des circonstances de rédaction : il est évident qu'elle ne dit pas les mêmes choses, ni de la même façon, à son frère, à son confesseur, aux dames de Saint-Cyr, à sa nièce, à une amie, ou à la princesse Des Ursins, conseiller occulte du roi Philippe V d'Espagne.

Sur la plupart des autres personnages, on ne possède que des informations indirectes. Les diplomates ou les voyageurs — le Savoyard Saint-Maurice, le Prussien Spanheim, l'Italien Primi Visconti — sont relativement fiables parce qu'étrangers à la cour. Mais ils ne rapportent guère que des on-dit, tout comme l'intrigant abbé de Choisy. La vaste correspondance de Madame Palatine est une mine de détails précis, mais l'objectivité est son moindre souci : elle a ses têtes, et même ses têtes de turc. Parmi les mémorialistes, impossible d'oublier, quand on lit la *Vie d'Henriette d'Angleterre*, que Mme de La Fayette fut sa confidente et son amie. Quant à Saint-Simon, il offre un témoignage cent fois plus riche et haut en couleur que le plat *Journal* de Dangeau qu'il démarque : génial, mais hélas plein de partialité, sans qu'il soit toujours aisé de faire le départ entre l'intuition judicieuse et le coup de griffe. D'une manière générale, mémoires et documents ne sont pas assez nombreux pour qu'on puisse les corriger les uns par les autres. Il y a peu d'indiscrétions. Les langues sont moins libres que dans la première moitié du siècle et l'on a le sentiment qu'il existe une vérité officielle, notamment lorsqu'est en cause la personne du roi, objet de louanges dithyrambiques.

D'où des incertitudes, qui se traduiront dans ce livre par des points d'interrogation. D'où des risques, car on ne peut s'interdire de chercher des explications. On a pris soin, quand on avançait une ou plusieurs hypothèses, de les présenter comme telles, et non comme des faits vérifiés. Toute la prudence du monde n'empêche pas les sympathies de l'auteur pour tel ou tel de ses personnages de transparaître. Le parti pris consistant à adopter tour à tour le point de vue de chacun d'entre eux compensera, on l'espère, cet inconvénient. Ils sont nombreux. Autour de Louis XIV, une dizaine de femmes se partagent la vedette. Personne, ni lui, ni aucune d'entre elles, n'apparaîtra tout blanc, ni tout noir. Humains, simplement humains, et plongés dans l'épaisseur concrète de la durée vécue.

CHAPITRE PREMIER

LES ILLUSIONS ROMANESQUES DE MARIE DE MANCINI

L'histoire sentimentale de Louis XIV débute comme un roman.

Première quinzaine de juillet 1658 : à Calais, dans un lit de camp, le jeune roi, dévoré de fièvre, délire. Il a contracté, en inspectant les troupes qui viennent de remporter la bataille des Dunes et de prendre Dunkerque, une maladie qu'on dit mortelle : déjà les médecins ont cédé la place aux prêtres. Dans la suite de la reine une jeune fille laide pleure à gros sanglots désespérés. Par bonheur, il ne mourra pas. Guéri, il aura vent de ce grand chagrin, il jettera les yeux sur elle, il l'aimera. Elle s'appelle Marie Mancini, elle est la nièce du cardinal Mazarin.

C'est le début d'une idylle célèbre. Pendant près d'un an les deux jouvenceaux fileront le parfait amour, dans la plus pure tradition romanesque. Hélas, le moment est très mal choisi. Mazarin se prépare à négocier, en même temps que la paix entre la France et l'Espagne, le mariage — éminemment politique — du jeune roi. Pas question pour celui-ci de faire des sottises. Les amoureux seront séparés. Ils étaient jeunes, ardents, passionnés. Ils se battaient contre toute la cruauté du monde. Ils étaient condamnés. De cette espèce d'épreuve initiatique, le jeune Louis XIV sortira intact, adulte, tandis que Marie s'y brûlera les ailes sans recours.

Un prince charmant à marier

Sur la personne du jeune roi, les contemporains unanimes s'extasient : il est infiniment séduisant. Et pour une fois, on peut penser qu'en dépit de l'inévitable flatterie, ils ne malmènent pas trop la vérité. Toutes les bonnes fées s'étaient réunies autour de son berceau. Non contente que la fortune lui ait offert le trône, s'exclame l'ambassadeur vénitien, la nature l'a doté de tous les attributs d'un grand roi.

De bonne taille, contrairement à une légende tenace, il possède l'assurance d'un homme fier de son corps, bien dans sa peau, comme nous disons familièrement. Sa démarche et son maintien joignent à la majesté inhérente à sa fonction la souplesse et l'aisance qu'apporte la pratique assidue des exercices physiques. À vingt ans, il a gardé quelque chose de l'enfant joufflu aux grands yeux noirs qui, en pleine Fronde, attendrissait les harengères parisiennes. Un portrait conservé au Musée de Versailles nous le montre de trois quarts, le regard rêveur tourné vers un invisible ailleurs, la bouche aux lèvres gourmandes, le menton énergique et charnu à la fois. Une abondante toison châtain dissimule l'angle un peu fuyant du front et égaie de fines boucles un visage rond et plein, auquel l'arcature encore discrète du nez imprime force sans lourdeur. L'ensemble respire un charme subtil, mélange de douceur et de fermeté, tout en suggérant une distance discrètement hautaine.

Ce même mélange se retrouve dans ses manières. Il se montre déjà d'une courtoisie exquise, calme, sans brusquerie ni éclats de colère. Mais il ne se livre pas. Sérieux, grave, froid, peu expansif, malaisé à apprivoiser, il passe pour timide. Par perfectionnisme, explique Mme de Motteville : « La timidité qui paraissait en lui procédait alors de sa gloire et de son jugement, qui lui faisaient désirer d'être parfait en toutes choses, et craindre en même temps de manquer en quelqu'une. » Il a conscience en effet de certaines déficiences. Il goûte assez l'esprit chez les autres pour se rendre compte que sa conversation manque d'éclat. Il parle bien, mais peu, et posément. Son intelligence est analytique. Il lui manque l'intuition vive, rapide, qui porte droit au but. Il n'a pas la vivacité de son grand-père Henri IV. Il lui faut réfléchir, comparer, soupeser. De cette lenteur il fera plus tard un atout. Pour l'instant, il y voit un handicap.

D'autre part sa culture reste limitée. Non que son éducation ait été négligée, comme on le dit trop souvent. C'est un gentilhomme accompli, excellent cavalier, hardi chasseur à courre, expert à tous les jeux d'adresse, paume, mail, courses de bagues et autres divertissements de carrousel. Il a étudié la stratégie militaire et l'art des sièges sur des modèles réduits de places fortes avant d'aller recevoir auprès des lignes le vrai baptême du feu. Il a gagné, dans la familiarité de Mazarin et d'Anne d'Autriche, un goût assez sûr en matière de peinture et de décoration. Passionné de musique, comme son père, c'est un excellent guitariste. Enfin l'habitude de se produire chaque année en vedette dans les grands ballets de cour a fait de lui un danseur hors de pair. Ne sourions pas : la danse — ou plus exactement une certaine qualité de danse, très sophistiquée — était alors une activité typiquement aristocratique.

En revanche il lit peu — il ne lira jamais beaucoup d'ailleurs. De l'histoire plus que de la littérature. La poésie lyrique et les romans n'étaient pas à son programme : Anne d'Autriche en a passé l'âge, Mazarin ne les a jamais aimés. Il n'est pas pour autant resté à l'écart de l'engouement général pour le romanesque. *L'Astrée*, le *Roland furieux*, la *Jérusalem délivrée*, relayés par les romans fleuves de La Calprenède et de Mlle de Scudéry — aujourd'hui illisibles —, avaient imprégné les esprits. Ils fournissaient en thèmes les artistes — peintres, décorateurs, musiciens, poètes, metteurs en scène de ballets —, ils enrichissaient la conversation et les jeux de société d'un fonds commun d'allusions et de références familières. Et surtout ils créaient un climat. Proposant des modèles de comportement, ils orientaient l'imagination et modelaient la sensibilité. La mode était à la galanterie héroïque : pas besoin d'avoir lu soi-même les romans pour en être contaminé.

Tel quel, Louis incarne assez bien le prince charmant des épopées chevaleresques. Et comme la fortune des armes tourne désormais en sa faveur, tout indique qu'il sera dans sa génération le plus puissant et le plus prestigieux souverain d'Europe. Sur le marché très étroit des mariages princiers, il n'est pas fréquent que s'offre un pareil parti. Toutes les mères de princesses à marier s'agitent. Depuis plusieurs années, la reine douairière d'Angleterre, réfugiée à Paris avec sa fille, se berce de l'idée que l'amitié débouchera sur des noces. Moins bien placées, la duchesse de Savoie, puis la reine de Portugal ont dû s'en remettre à leurs ambassadeurs et aux portraits outrageusement flattés de leur candidate pour plaider leur cause. En France même, la Grande Mademoiselle, en dépit de son âge —

elle a onze ans de plus — et de son lourd passé de frondeuse, n'a pas désarmé et s'irrite de voir son père, Gaston d'Orléans, mettre en avant l'aînée de ses filles du second lit.

Tout cela en vain. À vingt ans, Louis XIV n'est pas encore marié, ni même fiancé. La chose est tout à fait insolite, contraire à tous les usages. On n'attendait pas tant, d'ordinaire, pour marier un jeune roi. Certes il n'est pas urgent, comme naguère, de saisir au vol une occasion d'alliance, de peur qu'un autre ne nous la souffle : la main de Louis XIV est si désirable qu'il aura toujours l'initiative du choix. Mais il reste, en ces temps de mortalité infantile très lourde, un impératif majeur : assurer au plus vite le renouvellement des générations. D'autant que la famille royale n'est pas très fournie en héritiers éventuels du trône. Après le jeune Philippe, frère de Louis, et son oncle Gaston d'Orléans, âgé et malade, le premier prince du sang est le Grand Condé, le vaincu de la Fronde, passé depuis au service de l'ennemi : il vaudrait mieux que celui-ci ne fût jamais appelé à régner.

Pour quelles raisons recule-t-on ainsi l'échéance ? Des esprits malveillants insinuent qu'Anne d'Autriche n'est pas mécontente de garder ce fils très aimé sous son aile maternelle, que le tout-puissant ministre tente de reculer le moment où son maître, se sentant adulte, lui réclamera le pouvoir et exigera de lui des comptes : motivations informulées qui ont pu peser, dans le secret des cœurs. Mais il existe un motif puissant et tout à fait honorable. Il faudra bien, un jour prochain, mettre fin à la guerre franco-espagnole, qui s'éternise depuis plus de vingt ans. Et selon les habitudes du temps, la conclusion du traité devra être assortie d'un mariage. Comment ne pas voir dans la fille aînée du roi d'Espagne, du même âge que Louis XIV, l'instrument désigné par la providence pour sceller cette réconciliation ? En passe de gagner la guerre, la France garde sagement son jeune roi en réserve pour l'infante.

La conjoncture politique n'est pas seule à inspirer cette décision. Le prestige entre en ligne de compte : au plus grand roi d'Europe il faut la princesse la plus haute et la mieux née. Anne d'Autriche, du bout des lèvres, passe en revue ses nièces par alliance. Faute de mieux, elle s'accommoderait peut-être d'Henriette d'Angleterre, par sympathie pour sa mère et bien que son frère, détrôné, ne soit qu'un poids mort pour la France. Mais elle répugne à descendre jusqu'à une cadette de la maison de Savoie. Seule l'infante est à ses yeux digne de son fils. D'autant que cette infante a un autre atout : elle n'est pas seulement la nièce de Louis XIII — fille d'une de ses sœurs, comme les deux autres —, mais aussi la sienne propre, fille de son frère Philippe IV. Le mariage espagnol lui ouvre l'espérance d'avoir des petits-enfants « de son sang » à elle. Elle a tant souffert, toute sa vie, de la déchirure entre son pays de naissance et son pays d'adoption. Elle n'a continué qu'à regret la guerre entreprise par son époux et par Richelieu. Elle n'a cessé de faire des vœux pour la paix. En 1656, elle a tenté par la voie diplomatique des ouvertures qui ont été repoussées. L'orgueil castillan n'est pas mûr pour s'incliner. Il faut donc poursuivre la guerre et la gagner, afin de résoudre l'Espagne à la réconciliation tant souhaitée. En 1658 une série de victoires laisse penser que l'issue est proche : on aura la paix enfin, et avec la paix, la main de l'infante.

En attendant, le jeune roi, bourreau des cœurs, jette sa gourme en compagnie des nièces de Mazarin.

Les « mazarinettes »

Le premier soin d'un homme qui a réussi est de répandre la manne sur sa famille. Appartenant à l'Église, Mazarin n'avait pas d'enfants. Mais ses sœurs, Mmes Martinozzi et Mancini, en étaient très largement pourvues, surtout la seconde — au total trois garçons et sept filles ! Neveux et nièces vinrent en plusieurs vagues.

Au mois de septembre 1647, on vit arriver à Paris les plus âgés d'entre eux, Paul Mancini et ses sœurs Laure et Olympe, toutes deux brunes, l'une « agréable », l'autre au visage long et pointu, sans autre beauté que des fossettes aux joues et des yeux vifs, quoique trop petits. Avec elles leur cousine Anne-Marie Martinozzi, une blonde aux traits réguliers et au regard doux. Tous quatre avaient entre dix et douze ans[*]. La reine

---

[*] Voici leurs dates de naissance respectives : Laure-Victoire Mancini, 15 juin 1635 ; Paul Mancini, 22 mai 1636 ; Olympe Mancini, 11 juillet 1637 et Anne-Marie Martinozzi (la cadette de deux sœurs), 1er avril 1637.

trouva les fillettes jolies, les accueillit à bras ouverts. Les courtisans, tout en prodiguant des compliments de circonstance, n'en pensaient pas moins devant cette invasion de nouveaux venus aux dents présumées longues : « Voilà des petites demoiselles qui présentement ne sont point riches, mais qui auront bientôt de beaux châteaux, de bonnes rentes, de belles pierreries, de bonne vaisselle d'argent... »

La Fronde faillit compromettre l'entreprise. Neveux et nièces injuriés, vilipendés, pourchassés, échappèrent de peu à la vindicte populaire et durent rejoindre Mazarin dans son exil de Brühl en 1651. C'est là que le duc de Mercœur cependant, très épris de sa fiancée Laure Mancini, s'en alla l'épouser en dépit de l'opposition de ses proches. Louis de Bourbon, duc de Mercœur était le petit-fils d'Henri IV et de Gabrielle d'Estrées. Le cardinal avait de quoi être satisfait de cette alliance prestigieuse. Mais à son grand chagrin son neveu Paul, engagé à seize ans dans les troupes royales, se fit tuer en 1652 au combat de la porte Saint-Antoine.

Une fois rentré à Paris en triomphe, il rappela les exilés et s'occupa de faire venir leurs cadets. Au printemps de 1653 débarquèrent à Marseille ses deux sœurs veuves. Mme Martinozzi amenait sa fille aînée, également prénommée Laure, Mme Mancini ses filles Marie et Hortense — treize et sept ans — ainsi que son fils Philippe — douze ans. Deux ans plus tard arriveraient enfin Alphonse et Marie-Anne Mancini, la plus jeune de tous*.

Mazarin se garda, puisque rien ne pressait, de les lâcher sans préparation dans un milieu aussi malveillant que la cour. Les garçons furent envoyés au collège, où le dernier, qui promettait beaucoup, mourut des suites d'un accident stupide** ; le seul

---

* Dates de naissance : Laure Martinozzi, fin avril ou début mai 1635 ; Marie Mancini, 28 août 1639 ; Philippe Mancini, 28 mai 1641 ; Alphonse Mancini, 29 mai 1644 ; Hortense Mancini, 6 juin 1646, et Marie-Anne Mancini, 8 septembre 1649.

** Les collégiens s'amusaient à « berner » tour à tour un de leurs camarades, c'est-à-dire à l'envoyer en l'air dans un drap manipulé aux coins par quatre d'entre eux. Le drap échappa des mains de l'un de ceux-ci, le jeune Alphonse tomba et se fractura le crâne ; il en mourut au bout de trois semaines de souffrances.

garçon survivant, Philippe, s'y montra fort mauvais sujet. Trois des filles passèrent d'abord huit mois chez leur sœur et cousine Laure de Mercœur à Aix-en-Provence, puis dix-huit mois au couvent de la Visitation, le temps de parler un français impeccable, d'acquérir un vernis de culture et d'assimiler les bonnes manières. La petite Marie-Anne fut élevée auprès de sa mère et de ses sœurs, sous la férule de leur gouvernante commune, Mme de Venel. Vive, spirituelle, enjouée, elle dut aux vers de mirliton qu'elle troussait avec facilité une réputation précoce d'enfant prodige.

Ces jeunes personnes sont à marier. Se sachant tout-puissant, le cardinal met la barre très haut. Comme le veut l'usage du temps, il cherche à « faire leur fortune », ainsi qu'à élargir et à consolider sa clientèle, par le jeu des alliances et des cousinages. En introduisant ses nièces dans les plus grandes familles françaises, il fera oublier la modestie de ses propre origines et son ascendance italienne. Elles sont offertes, au choix, à toute la haute noblesse. En bon chef de famille, il souhaite les caser, si possible, par ordre d'âge, en commençant par les aînées. Mais si quelques prétendants s'obstinent à bouleverser le calendrier, si quelques autres se font tirer l'oreille pour donner suite à leurs avances, si l'on hésite, si l'on compare les « beautés » de chacune, il s'en inquiète peu : il reçoit des propositions à n'en savoir que faire. Elles sont interchangeables, et, faute de nièces, certains sont prêts à se rabattre sur leurs mères. « Peu importe, dira crûment l'un d'entre eux, c'est le cardinal que j'épouse. » De 1653 à 1657, on assiste donc parmi les « mazarinettes » à une sorte de roulement : à mesure qu'il les marie, Mazarin en met d'autres « sur le théâtre », comme dit Mme de Motteville. Elles paraissent inépuisables : il y en a toujours une pour prendre la relève. En 1654, la sage Anne-Marie Martinozzi épouse Armand de Bourbon, prince de Conti, ancien frondeur, aussi servile avec le ministre qu'il était arrogant naguère ; ils trouveront un terrain d'entente dans une piété étroite et chagrine. En 1655, sa sœur Laure épouse le duc de Modène, elle regagne avec sa mère l'Italie, où elle mènera une vie sans histoire*. La scène est libre pour Olympe, puis pour sa sœur Marie.

---

* Une de ses filles épousera Jacques II Stuart et sera reine d'Angleterre.

Neveux et nièces de Mazarin sont arrivés à la cour jeunes, ayant encore les grâces de l'enfance ou le charme ambigu de la toute première adolescence. Quoique fort bien élevés, ils n'ont pas perdu leur spontanéité. Avec leurs yeux noirs, leur vivacité, leurs restes d'intonation italienne, ils apportent à la cour une touche d'exotisme coloré. Anne d'Autriche, qui n'a eu que des garçons, s'attendrit devant les fillettes. Ces enfants ont le même âge que ses fils : ils feront pour eux de parfaits compagnons de jeux. Mazarin, bien entendu, pousse à la roue. Il y voit beaucoup d'avantages.

La fréquentation quotidienne crée des liens, elle autorise une liberté de langage, elle entraîne inconsciemment des habitudes. On a tout à gagner à être là, près du soleil. La faveur ainsi acquise, si l'on sait bien la ménager, peut être durable. De plus, à vivre dans la familiarité des enfants royaux, ces jeunes gens acquièrent aux yeux des autres, comme par réfraction, un lustre supplémentaire : tout ce qui touche le roi s'en trouve valorisé. Sur le marché du mariage, cet atout est précieux : car il promet, au-delà de l'appui d'un ministre au terme de sa carrière, celui du maître de demain.

C'est aussi de la part de Mazarin un réflexe de défense. Quoique tout-puissant — parce que tout-puissant ? — il a beaucoup d'ennemis. Les vaincus de la Fronde n'ont pas désarmé. Tous le jalousent. Il redoute donc, comme autrefois Richelieu, que des clans adverses ne s'implantent auprès du jeune roi pour l'évincer. Et il tente, comme Richelieu, de contrôler l'entourage de celui-ci. Placer auprès de lui et auprès de son frère, potentiellement dangereux, des camarades de jeu qui lui soient tout acquis est de bonne guerre. Qui mieux que ses neveux et nièces peut servir de rempart contre les captations d'influence ? Qui mieux qu'eux peut répéter, en toute innocence peut-être, ce que dit, pense, fait le jeune roi ? Qui mieux qu'eux peut renforcer auprès de lui son influence ? Informateurs, espions, ce sont de bien grands mots. Disons qu'ils sont censés être l'œil et la voix de Mazarin dans l'univers des adolescents.

Avec un risque non négligeable : qu'ils changent de camp et encouragent chez leurs camarades royaux l'insubordination et la révolte. Ce fut très tôt le cas de Philippe Mancini, qui poussa son homonyme vers le libertinage et l'homosexualité — ce qui lui vaudra d'être enfermé dans une forteresse des Ardennes.

Avec un autre risque : c'est que les jeux puérils cha[ngent de] nature avec la venue de l'âge. Les nièces de Mazarin [sont] alors exposées à des tentations redoutables. Qu'en [pense] l'oncle ? Et qu'en pense la reine mère Anne d'Autriche ?

Des amours sous surveillance

On s'aperçut très vite que les femmes seraient le point faible de Louis XIV. « De complexion amoureuse », il a un cœur très inflammable et des sens très exigeants.

À mesure qu'il grandit, la situation de Mazarin devient de jour en jour plus délicate. Le moment approche où il lui faudra passer la main. Après avoir été maître absolu des affaires, quelle place occupera-t-il dans le royaume auprès d'un roi de plein exercice ? Il n'a certes pas à redouter le sort d'un Concini. Mais il peut craindre un remerciement poli, assorti d'une invitation à regagner l'Italie ou à se retirer sur ses terres. Il a pressenti quelle volonté de puissance se cache derrière l'apparente docilité de l'adolescent. Que deviendra-t-il si une femme hostile s'empare de son esprit et de son cœur ? Il lui faut donc surveiller de très près ses amours. Sur cette nécessité, il est en plein accord avec Anne d'Autriche, mais pas pour les mêmes raisons. Ultra maternelle, elle redoute qu'on ne lui vole son fils ; sentimentale, elle le voudrait sage, se réservant pour sa future épouse ; profondément pieuse, elle s'inquiète pour son salut éternel. Mazarin, lui, se préoccupe de sa propre survie politique.

Dès seize ans, Louis commence de tourner autour des jeunes filles. On fait la part du feu en tolérant des amourettes, à condition qu'elles restent dans les limites de « l'honnête galanterie ». Sa mère veille et l'accable de leçons de morale.

Était-il possible de garder dans l'abstinence, jusqu'à vingt ans, un garçon sain et vigoureux, au milieu d'une cour regorgeant de tentations ? Était-ce raisonnable ? Mme de Motteville laisse entendre que la reine et son ministre n'étaient pas tout à fait d'accord sur ce point : ce dernier disait au roi, « pour s'insinuer dans ses bonnes grâces, que la reine sa mère avait trop de rigueur, qu'elle était scrupuleuse, et qu'il faisait bien de se divertir et de s'amuser ». Le plus probable est que Louis bénéficia de la complicité tacite de son parrain pour des amours ancillaires discrètes. Une tradition invérifiable veut qu'il ait été initié par une ancienne femme de chambre d'Anne d'Autriche, Mme de Beauvais, bien trop âgée et défraîchie pour que le sentiment y prît aucune part. Et l'on trouve sous la plume de son médecin Vallot une allusion à une affection bénigne de nature évidemment vénérienne. Il ne manquait pas, dans les antichambres du Louvre, de servantes accortes et dociles. Incapables d'exercer sur le roi une quelconque influence, elles ne représentaient, à l'évidence, aucune menace pour Mazarin. Anne d'Autriche n'était peut-être pas toujours mise au courant. Mais à ses yeux, ne s'agissait-il pas d'un moindre mal ? Péché moins grave, à coup sûr, que de détourner de son devoir une de ses filles d'honneur, au vu et su de toute la cour. Ainsi va le monde et la piété de ceux qui le gouvernent.

Pour les satisfactions du cœur en revanche, les nièces de Mazarin étaient toutes désignées. Louis commença, vers 1654, à s'intéresser à Olympe, « l'infante Mancini, dit *La Muse historique*, / Des plus sages et gracieuses / Et la perle des Précieuses ». Elle avait dix-sept ans, lui approchait de seize. Sans prétendre à la perfection, elle embellissait de jour en jour. L'année suivante, elle fut la reine des fêtes de cour : « Le roi la menait toujours danser [...] et il semblait que les bals, les divertissements et les plaisirs n'étaient faits que pour elle. » On en jasa, et déjà les mauvaises langues murmuraient que son oncle voulait la hisser jusqu'au trône. « La reine a envoyé chez les religieux pour faire prier Dieu, écrit Guy Patin, afin qu'il plût à sa sainte bonté de détourner le roi d'un dessein qu'il a. N'est-ce pas d'épouser la nièce de Mazarin ? » Ne serait-ce pas plutôt d'en faire sa maîtresse ? Car l'idée que son fils pût épouser une autre qu'une princesse n'a même pas dû lui venir à l'esprit. Quant à Mazarin, il connaissait assez Anne d'Autriche pour savoir qu'elle y mettrait son veto et il était bien trop réaliste pour se lancer dans des projets voués à l'échec. En revanche, il se faisait quelque souci pour la réputation de la jeune fille. Il n'entrait pas dans ses projets de faire publiquement d'une de ses nièces la favorite du roi. On lui avait assez reproché la source prétendument impure de sa propre faveur. Il tenait pour sa famille à la respectabilité. Il s'occupa donc de marier Olympe.

Elle-même, peu assurée de la constance de son soupirant,

« sentait qu'elle n'était pas destinée à être reine », « elle songeait à ses affaires et voulait devenir princesse comme ses sœurs ». On lui trouva un collatéral de la maison de Savoie, le prince de Carignan, héritier de surcroît par sa mère du titre de comte de Soissons, qui l'apparentait à la famille royale. Le mariage se fit en février 1657, à la satisfaction générale. Olympe a-t-elle été la maîtresse du roi ? Si elle le fut, c'est avec assez de discrétion pour que les apparences restent sauves. Et l'époux, loin de s'offusquer de l'« amitié » du roi pour elle, se désola bientôt de la voir diminuer. Amitié « honnête » ou pas ? Rien ne permet de le dire.

Ce qui est sûr, c'est que Louis XIV « la vit marier sans douleur ni chagrin ». Et sa mère de triompher : « Ne vous l'avais-je pas bien dit qu'il n'y avait rien à craindre de cet attachement ? » La prétendue « passion » de son fils n'était qu'un « amusement » sans conséquence.

De même que la nature a horreur du vide, le cœur d'un jeune roi s'accommode mal de l'indifférence. La nouvelle élue fut une fille d'honneur de la reine du nom de La Motte-Argencourt, une blonde aux yeux bleus et au teint mat, qui dansait à ravir. Et pour le coup, Anne d'Autriche et Mazarin s'inquiétèrent. La jeune personne en effet aspirait visiblement à la position de maîtresse officielle et son ambitieuse famille poussait à la roue. La reine sentait son fils sur le point « de s'écarter des sentiers de l'innocence et de la vertu » et « d'offenser Dieu ». Mazarin entrevoyait la mainmise sur le roi d'un clan qu'il ne pourrait contrôler. Louis eut donc droit à un énergique sermon maternel, « il gémit, il soupira, mais enfin il vainquit ». Pour fortifier sa résolution, on lui expliqua qu'elle avait un autre amoureux. Et comme cette révélation ne semblait pas suffire, on expédia l'indésirable demoiselle dans un couvent où, si l'on en croit Mme de Motteville, elle finit par avoir la bonne idée de se trouver heureuse.

Hélas, le cœur du roi était à nouveau inoccupé. Et comme entre deux maux il faut choisir le moindre, c'est sans déplaisir que Mazarin le vit se tourner de nouveau vers une de ses nièces. Aubaine inespérée, car celle-ci n'est pas jolie et les prétendants lui préfèrent sa jeune sœur, la ravissante Hortense. L'éclat de la faveur royale lui donnerait du prix.

À l'automne de 1658, c'est donc vers Marie Mancini que se portent tous les regards.

La revanche de la mal-aimée

Si Mazarin avait voulu faire monter une de ses nièces sur le trône, ce n'est pas celle-ci qu'il aurait choisie. Ni lui ni sa propre mère n'auraient misé un sou sur elle.

Tous les contemporains s'accordent à la dire laide. « Elle pouvait espérer d'être de belle taille, parce qu'elle était grande pour son âge, et bien droite ; mais elle était si maigre, et ses bras et son col paraissaient si longs et si décharnés, qu'il était impossible de la pouvoir louer sur cet article. Elle était brune et jaune ; ses yeux qui étaient grands et noirs, n'ayant point encore de feu, paraissaient rudes ; sa bouche était grande et plate ; et hormis les dents, qu'elle avait très belles, on la pouvait dire alors toute laide. » Les portraits que nous avons d'elle, quoique flattés sans doute, viennent s'inscrire en faux contre celui qu'en a tracé au vitriol Mme de Motteville. Il est vrai qu'en ces temps épris d'opulente blondeur, la jeune fille détonne. Cependant la fielleuse mémorialiste sera bientôt obligée de reconnaître que l'amour l'a beaucoup embellie.

Mais les critiques les plus acerbes visent son caractère. « Elle avait l'esprit hardi, résolu, emporté, libertin, et éloigné de toute sorte de civilité et de politesse », dit Mme de La Fayette, pourtant plus objective. C'est une rebelle. Elle avait depuis toujours un comportement si capricieux, indocile, insolent, que sa mère jugeait bon de la tenir particulièrement serrée. Lorsque Mazarin appela toute sa famille à le rejoindre, Girolama Mancini avait même envisagé de la laisser à Rome, tant elle la jugeait impropre à tenir sa place à la cour. Elle ne céda à ses supplications qu'à contrecœur. Elle la garda le plus possible à l'écart, l'obligeant à rester chez elle tandis que ses cadettes se voyaient admises auprès de la reine. Et à son lit de mort, en décembre 1656, elle pria son frère, après lui avoir recommandé ses autres enfants, de « mettre en religion sa troisième fille, parce que celle-là lui avait toujours paru d'un mauvais naturel, et que feu son mari, qui avait été grand astrologue*, lui avait dit qu'elle serait cause de beaucoup de maux ».

---

* Elle veut dire, non pas qu'il était un astrologue de profession, mais qu'il s'intéressait beaucoup à l'astrologie.

L'animosité de sa mère ulcéra Marie. Sa sévérité, loin de la faire plier, l'ancra dans sa révolte, et elle conçut à l'égard de ses sœurs mieux aimées une secrète jalousie. Les succès de celles-ci dans le monde avivèrent la blessure. L'amour du roi pour Olympe, la préférence marquée pour la petite Hortense par le duc de La Meilleraye, qui déclara ne pas vouloir d'autre épouse, achevèrent de lui inspirer un furieux désir de revanche.

En 1658, Olympe de Soissons était mariée, alourdie par une grossesse, et Mlle de La Motte au couvent. Le champ était libre. Marie se jeta à la tête de Louis XIV.

Elle lui plut d'abord par les larmes qu'elle versa lors de sa grave maladie. « Il n'y a point de plus forte chaîne pour lier une belle âme que celle de se sentir aimé. Elle sut si bien persuader au roi qu'elle l'aimait qu'il ne put s'empêcher de l'aimer. » Attirance sincère ? calcul délibéré ? À la différence de Mme de Motteville, nous laisserons à Marie le bénéfice du doute. Mais si calcul il y eut, il semble bien que la jeune fille, passionnée, impulsive, intransigeante, se prit très vite elle-même au piège.

Elle le fixa et le retint par l'agrément de sa conversation. Elle est beaucoup plus cultivée que lui. Elle connaît « tous les bons livres ». Italienne, elle a été bercée par les épopées chevaleresques de l'Arioste et du Tasse, qu'elle a lues dans la langue originale. Elle connaît aussi les historiens de l'Antiquité, Plutarque surtout, bréviaire des hommes qui rêvent de devenir « illustres » à leur tour. Elle aime la poésie et la récite bien, avec goût et sensibilité. Elle lui conseilla de lire des romans et des vers. Il en avait plein ses poches, dit Mlle de Montpensier, il paraissait y prendre plaisir et donnait son jugement sur eux « aussi bien qu'un autre plus savant ». Métamorphosé, gai, « de bien meilleure humeur », il « causait avec tout le monde ». Sous l'influence bénéfique de ces lectures, le papillon sort de sa chrysalide et s'émerveille des talents qu'il se découvre.

Réduites à elles-mêmes cependant, les leçons de littérature n'ont jamais suffi à séduire qui que ce soit. Si Louis XIV y est tellement réceptif, c'est qu'elles permettent à Marie d'installer leur relation dans un univers romanesque, dont ballets de cour, peinture et musique lui avaient déjà donné une teinture. En s'identifiant aux personnages dont les artistes ont conté les aventures et célébré les mérites, le jeune roi encore tenu en lisière par sa mère éprouve le sentiment flatteur, exaltant, d'être un héros, prêt pour les beaux yeux de sa dame à tous les exploits. Conte-t-on devant Marie qu'il s'est montré intrépide à l'armée ? il s'écrie : « Pour voir briller vos yeux, j'en aurais fait bien davantage. » La heurte-t-il par mégarde du pommeau de son épée ? il fait mine de punir cette épée d'une telle insolence. Tous deux voguent ainsi sur les ailes dorées de la fiction héroïque et galante.

Plus encore que sa sœur Olympe, Marie est une *précieuse*, que Somaize a jugée digne de figurer en bonne place dans son *Dictionnaire*. Autant que l'accès à la culture, les précieuses revendiquaient, dans une société contraignante, le droit de disposer d'elles-mêmes. Elles ne prétendaient certes pas, comme les féministes d'aujourd'hui, à la même liberté de mœurs que les hommes. Elles voulaient seulement se soustraire aux mariages imposés et elles exigeaient de leurs soupirants de longues périodes de probation avant de répondre à leurs vœux. Marie se fit désirer. Entra-t-il dans sa résistance une part d'artifice — l'opinion commune, et peut-être erronée, voulant que la femme qui s'est donnée soit promise à la désaffection rapide ? Se contentat-elle de reproduire les modèles fournis par les romans, où l'héroïne ne s'abandonne qu'au dénouement, la bague au doigt ? On ne sait. Le romanesque, en tout cas, contient en germe les ferments d'une révolte contre l'ordre établi. Face aux impératifs sociaux, moraux, religieux, l'amour se pose en valeur triomphante. Marie inculque au jeune roi lassé des sermons de sa mère le virus de l'insubordination, elle l'incite à secouer le joug. De son côté, Philippe Mancini, frère de Marie, chantait une chanson analogue, avec variante « italienne », à l'autre Philippe, frère de Louis. Les deux garçons ne demandaient qu'à être convaincus. Non sans risques, à long terme, pour leurs initiateurs.

Pour l'instant, au début de l'automne de 1658, Marie est à Fontainebleau la reine des fêtes, des bals, des feux d'artifice, des collations champêtres, des cavalcades sous les ombrages ou des promenades en gondole sur le grand canal. « Assiduités, langueurs, soupirs » : le doute n'est plus permis, elle est aimée et les courtisans, bons baromètres de la faveur, se bousculent pour lui rendre hommage. Elle exulte, et c'est au tour d'Olympe d'être jalouse.

Hélas ! c'est le moment que choisit Mazarin pour entreprendre de marier enfin le roi.

L'intermède savoyard

Après la victoire des Dunes et la prise de Dunkerque, Mazarin pense que l'Espagne est prête à faire la paix, à condition de sauver la face. Et il sait la reine impatiente d'y parvenir. Pour forcer la main à Philippe IV, il organise une sorte de bluff. La France annonce à son de trompe qu'elle envisage de marier son roi avec Marguerite de Savoie. Projet presque plausible : fille de Chrétienne de France, sœur de Louis XIII, c'est une cousine germaine de Louis, d'âge assorti ; mais la Savoie n'est qu'une puissance de moyenne envergure et Marguerite, seconde de trois princesses, est la seule à n'être pas encore mariée : on la trouve laide. À toutes fins utiles, une rencontre préalable est prévue à Lyon. L'idée du cardinal est de piquer au vif le souverain espagnol, dépité de voir échapper à sa fille le plus brillant parti d'Europe. Quitte ou double : si Philippe IV mord à l'amorce, c'est gagné ; sinon, il faudra épouser la Savoyarde. Quoique prudent, Mazarin est joueur, quand l'enjeu en vaut la peine. Anne d'Autriche, elle, tremble à l'idée d'un possible échec. Répugnant à prendre un tel risque, elle parle d'abord de ne pas aller à Lyon — ce qui ôterait toute crédibilité au projet.

C'est son fils qui insista pour qu'elle vînt. Parce qu'il s'assurait ainsi que sa chère mazarinette serait du voyage, dit-on. Peut-être. Mais est-il croyable que sa mère et son ministre ne l'aient pas averti, lui le roi, d'une manœuvre où se jouait son avenir ? Il sait qu'il est question de le marier, et il est d'accord. Il sait aussi que le mariage savoyard n'est qu'un leurre, destiné à lui en procurer un autre, plus brillant. Et il est d'accord. S'est-il demandé ce que deviendrait Marie ? Les hommes — et à plus forte raison les rois — étant ce qu'ils sont, le plus probable est qu'il songea à la garder comme maîtresse. La tradition courtoise ne distinguait-elle pas entre l'épouse et la « mie » — cette dernière étant censée avoir la meilleure part. Il est possible aussi, tant son idylle se déployait en marge du réel, qu'il ne se soit même pas posé la question.

La cour se mit en route pour Lyon avec une lenteur suspecte. Après un départ retardé de quinze jours, pour la préparation des bagages, elle quitta Paris le 25 octobre et trouva le moyen de n'arriver dans la capitale rhodanienne que le 23 novembre : le roi s'était arrêté en route pour tenir les États de Bourgogne et visiter les Dombes, dont la Grande Mademoiselle était souveraine. Tout au long du trajet, il flirte ouvertement avec Marie. Au début, invoquant le beau temps, elle délaisse les inconfortables carrosses pour chevaucher à ses côtés. Il la serre de près, lui parlant « le plus galamment du monde », dit Mademoiselle, qui fait partie de la troupe. Avec la venue du froid, la plupart des amazones se découragent et ils se trouvent quasiment seuls. Aux étapes, la dispersion des logements lui permet de convier sa belle à souper chez lui, tandis qu'Olympe, rageuse, est condamnée à la table de la reine mère. Les deux sœurs ne s'adressent plus la parole, sinon pour se « picoter ».

À Lyon la politique reprend ses droits. Première rencontre avec la princesse Marguerite. Elle est petite, la taille bien faite mais les hanches trop fortes. Elle a les yeux et les cheveux noirs, le teint « olivâtre », « le nez gros, la bouche point belle », mais de grands yeux respirant douceur et fierté à la fois. On découvrira lors d'un bal qu'elle danse admirablement et que son teint mat s'accommode mieux de la lumière des flambeaux que celui des blondes. Elle a surtout « infiniment d'esprit ». Elle est assez intelligente en tout cas pour comprendre qu'elle n'a aucune chance : un prince bavarois lui a fait l'affront de lui préférer sa cadette plus jolie. Faute de pouvoir se dérober à cette entrevue, elle s'y présente très détendue parce que sans illusions. De son côté, Louis sait que l'affaire ne tire pas à conséquence. Ils y gagnent tous deux une sorte de détachement, de liberté qui a frappé les observateurs. Elle s'est placée, d'emblée, non en demanderesse, mais en égale simple, franche, directe. Lui renonce à sa froideur coutumière, se laisse aller, ravi de trouver une oreille complaisante à ses histoires de mousquetaires, de gendarmes, de chevau-légers, de manœuvres militaires. Elle l'interpelle familièrement — « Écoutez !... » —, bavarde avec lui comme s'ils se connaissaient depuis toujours.

Il devait, tant que le roi d'Espagne ne s'était pas manifesté, faire croire au sérieux du projet. Elle lui facilitait la tâche et il lui en fut reconnaissant. Il n'eut pas à se forcer pour lui faire un semblant de cour. « Elle me plaît, put-il déclarer avec conviction, je la trouve à ma fantaisie. » Il jouait mieux son jeu que la reine : celle-ci, très hostile à ce mariage, ne put cacher sa contrariété de « les voir si bien ensemble ».

La comédie dura vingt-quatre heures, le temps pour l'envoyé espagnol Pimentel de gagner Lyon, porteur d'une proposition de paix assortie d'une demande en mariage*. On expliqua à la duchesse de Savoie que le roi s'engageait à épouser sa fille en cas d'échec des négociations avec l'Espagne et on la consola de quelques cadeaux. Du jour au lendemain, le roi cessa de s'intéresser à Marguerite. Celle-ci fut parfaite. « Elle demeura toujours égale en toutes ses actions, vivant civilement avec tous, mais ne montrant point se soucier de plaire. » Sa « noble fierté » contrastait avec la colère et les larmes de sa mère. Sortie à sa gloire d'une méchante affaire, elle épousera peu après le duc de Parme.

Pendant tout ce remue-ménage, Marie Mancini, reléguée au second plan, rongeait son frein. Plus passionnée que jamais, et aussi plus belle, elle fut « assez hardie pour être jalouse ». Elle reprocha vivement à Louis sa complaisance pour Marguerite : « N'êtes-vous pas honteux que l'on vous veuille donner une si laide femme ? » Lorsqu'après l'arrivée de Pimentel, il se montra plus froid avec la Savoyarde, elle eut l'imprudence de croire que c'était pour ses beaux yeux. Et il est probable — c'est humain — qu'il s'en fit un mérite auprès d'elle. « La satisfaction qu'elle reçut de se croire aimée, note finement Mme de Motteville, fit qu'elle aima encore davantage celui qu'elle n'aimait que trop. » C'est à ce moment là qu'elle se mit à nourrir des illusions.

La cour s'attarda à Lyon jusqu'en janvier. Ce fut pour les amoureux un temps d'enchantement. Les logements dispersés imposaient des allées et venues favorables aux tête-à-tête discrets. La reine ne sortait de l'abbaye d'Ainay, où elle logeait, que pour visiter des couvents et soutenir le moral du cardinal, immobilisé par la goutte chez le trésorier de France, place Bellecour. Le roi allait de l'un à l'autre, jouait à la paume, faisait faire la parade à ses mousquetaires et passait le reste du temps à causer avec Marie, qu'il ramenait chez elle à l'heure du coucher. « Au commencement, note malicieusement Mlle de

---

* Ce n'était pas une surprise complète : Mazarin était prévenu de son arrivée. Restait à savoir au juste ce qu'il proposait.

Montpensier, il suivait le carrosse, puis servait de cocher, et à la fin il se mettait dedans. » « Les soirs qu'il faisait beau clair de lune », ils s'offraient « quelques tours dans Bellecour » avant de se séparer. Ils s'affichaient au vu et su de toute la cour, et la pauvre gouvernante, Mme de Venel, s'affolait, se relevant la nuit pour vérifier que Marie était bien dans son lit. Elle ne la prit jamais en faute. Mais des rumeurs commençaient à courir.

L'idylle continua de plus belle pendant le trajet de retour, que les deux amoureux firent pour l'essentiel à cheval, malgré le froid, tandis que mère et oncle préféraient le confort tout relatif d'une litière. Mais à Paris, au printemps, les choses se gâtèrent.

Une menace pour la paix

Les aléas du voyage, puis les joyeux débordements du carnaval avaient dissimulé en partie leur intimité. Elle éclate au grand jour dès que reprend, avec le carême, le train-train ordinaire de la cour. Marie « suivait le roi en tous lieux, et lui parlait toujours à l'oreille en présence même de la reine, sans que la bienséance ni le respect qu'elle lui devait l'en empêchât ». Elle joignait l'insolence à l'indécence. Bref elle se comportait comme une maîtresse en titre. Avait-elle cédé à son amoureux ? On pense généralement que non, sur la foi de deux textes. Selon un récit de sa sœur Hortense, le connétable Colonna, devenu son mari, clama bien haut qu'il avait eu la bonne surprise de la trouver vierge. Mais on n'est pas obligé de le croire, ni lui, ni la narratrice. En revanche Mme de Motteville, qui la déteste — elle ne l'appelle que « la fille » — lui fait le même crédit : la « passion » de Marie ne fut pas « sans bornes », mais « accompagnée de tant de sagesse, ou plutôt de tant d'ambition, qu'elle s'y était engagée sans crainte d'elle-même, étant assurée de la vertu du roi ; et si elle en doutait, ce doute ne lui faisait pas de peur ». Surtout n'allez pas croire qu'elle aimait vraiment le roi ! Elle n'était qu'une vulgaire ambitieuse. Et il ne se passa rien entre eux. Il se peut... Mais sur le moment, ni la reine ni Mazarin ne partageaient cette vision optimiste.

Anne d'Autriche s'exaspère. Non contente d'encourager Louis à braver sa mère, Marie s'efforce de le détourner du mariage qu'on lui prépare. Et elle fait scandale. Au mois de mars, lors du passage à Paris de don Juan d'Autriche, fils naturel de Philippe IV, elle se prend de querelle avec la « folle » du visiteur, qui célébrait trop fort à son gré les mérites de l'infante. Elle exigea et obtint son renvoi. Mais l'incident fit du bruit. Les rumeurs allèrent jusqu'au pape — hispanophile notoire —, qui demanda au chargé d'affaires français si le roi était « chaste » et « pourquoi il portait tant d'affection » à la nièce de son ministre !

Pourtant Mazarin n'intervient pas. Il aurait dû éloigner sa nièce beaucoup plus tôt. Après coup, cela paraît évident. Sur le moment, ce ne l'était pas. En ce printemps de 1659, peut-il vraiment songer à la faire épouser par le roi ? Celui-ci n'a pour l'instant élevé aucune objection contre le projet de mariage espagnol, pour lequel il sait bien que les démarches se poursuivent. Les apparences donnent à croire qu'il s'apprête à faire de Marie sa maîtresse, si ce n'est déjà fait. Il faudra bien éloigner un jour la jeune fille. Mais rien ne presse. En tant qu'oncle et tuteur, Mazarin a sur elle autorité entière, il pourra toujours s'en débarrasser le moment venu, soit en lui trouvant un mari de bonne composition, soit en l'expédiant dans un couvent, comme le souhaitait sa mère. Il veut seulement choisir sa date. Peu fiable, l'Espagne reste évasive sur les conditions d'une entente. Qui sait si elle ne cherche pas seulement à obtenir une trêve, pour reprendre souffle afin de poursuivre la guerre ? Vis-à-vis d'elle, renvoyer Marie sans en avoir tiré autre chose qu'un accord de principe, ce serait montrer pour ce mariage un excès d'empressement très nuisible aux marchandages. Et puis, si les négociations traînent comme c'est probable, le cœur du roi risque de se laisser prendre aux filets d'une autre, sur laquelle le cardinal n'aura pas les mêmes moyens de pression. La moins mauvaise solution lui parut sans doute de garder Marie, provisoirement, non sans l'inviter à plus de discrétion. De plus, le jeune roi est trop épris pour que sa réaction ne soit pas très vive. Dans ces sortes de « maladies », vaut-il mieux opérer à chaud, ou attendre que le temps fasse son œuvre ? Mazarin, on le sait, a toujours beaucoup compté sur le temps. Une fois le mariage conclu, on verrait bien.

Le 4 juin, l'Espagne se décide enfin à signer les préliminaires de paix. Les convenances exigent la mise à l'écart de Marie.

D'autant plus que le cardinal, qui s'en va vers la frontière espagnole pour y débattre des détails du traité, ne se soucie pas de laisser sa nièce à Paris, hors de sa surveillance. C'est décidé. Elle partira avec lui, mais divergera à mi-parcours en direction de La Rochelle, où elle est assignée à résidence. Pour dorer un peu l'amère pilule et pour sauver les apparences, on lui accorde la compagnie de ses deux cadettes, Hortense et la petite Marie-Anne.

Coup de théâtre : le jeune roi, hors de lui, déclare qu'il veut l'épouser !

Consternation de la reine. En soi l'idée d'une pareille mésalliance est pour elle impensable. Que, de surcroît, son fils l'envisage au moment même où l'espoir de paix avec l'Espagne prend forme, c'est une catastrophe. Elle ne renoncera pas sans lutter au grand rêve de toute sa vie, enfin réalisable, presque réalisé.

L'attitude de Mazarin, elle, parut plus ambiguë. Il ne s'agissait de rien moins que de voir monter sur le trône de France sa propre nièce. Un tel projet lui avait paru jusque-là trop irréaliste pour mériter qu'on s'y arrêtât, n'en déplaise aux détracteurs qui lui prêtaient une ambition démesurée. Mais dès l'instant que le roi lui-même le proposait, fut-il séduit par la perspective ainsi ouverte ? Louis XIV, vingt et un ans bientôt, était le maître. N'était-il pas plus facile de s'incliner, plutôt que d'affronter sa colère en s'opposant à lui ? Presque tous hostiles, les mémorialistes tirent argument de sa lenteur à réagir pour affirmer qu'il poursuivait cet objectif de longue date, qu'il fut tenté, et qu'il ne renonça qu'à regret devant l'opposition résolue de la reine*. Les historiens, à la lumière de ses lettres au roi, pensent au contraire, avec raison, qu'il n'hésita pas.

---

* Selon Mme de Motteville, Mazarin ayant fait quelque temps auparavant, sous prétexte de se moquer de la « folie de sa nièce » une allusion indirecte à un projet de mariage, se serait attiré une réponse cinglante de la reine : « Je ne crois pas, monsieur le cardinal, que le roi soit capable de cette lâcheté ; mais s'il était possible qu'il en eût la pensée, je vous avertis que toute la France se révolterait contre vous et contre lui ; que moi-même je me mettrais à la tête des révoltés, et que j'y engagerais mon fils [= mon second fils, Philippe]. » Mais il est peu probable que Mazarin, qui la connaissait bien, se soit exposé à une algarade de ce genre. Et la correspondance qu'il échange avec elle pendant l'été de 1659 atteste au contraire entre eux une parfaite harmonie dépourvue de suspicion.

Qu'aurait-il eu à gagner, d'ailleurs, en devenant dans de telles conditions l'oncle de Louis XIV, contre la volonté expresse de la reine mère et contre l'opinion majoritaire du pays ? Il ne peut compter influencer le roi par l'intermédiaire de cette nièce rétive, qui l'a pris en haine et se fera un plaisir de le contrer. Une fois reine, elle aura sans doute pour premier geste de le faire congédier. Et de toute façon, il en a trop vu pour avoir la moindre illusion sur ce que valent les alliances familiales. Son avenir politique — s'il en est un à son âge — est ailleurs. Sa gloire aussi. La conclusion de la paix et du mariage espagnol au bénéfice de la France démentira toutes les calomnies, fera de lui un grand homme d'État de stature internationale, respecté de tous, intouchable. Caressa-t-il le projet de briguer le pontificat ? Les historiens ont cessé de le croire. Dommage ! C'était quand même autre chose que d'essayer de gouverner Louis XIV par l'entremise de son imprévisible nièce !

L'espace d'un printemps, Marie Mancini, « enivrée de sa passion », avait cru au miracle. Mais ce n'est que dans les romans que le prince épouse la bergère. Il est vrai que l'on découvre souvent à la fin que la bergère est fille de roi. Et en ce qui la concerne, ce n'est pas le cas. Face à l'infante, « fille et petite-fille de tant de rois et d'empereurs », la malheureuse avait bien peu de chances. Face à la « paix générale », tant espérée depuis vingt-cinq ans, elle n'en avait aucune.

L'arrachement

La veille du jour fixé pour le départ, la mère et le fils eurent un long entretien d'une heure, seul à seule, dans la chambre du cabinet des bains. Le roi en sortit « avec quelque enflure aux yeux ». La reine glissa à l'oreille de Mme de Motteville : « Le roi me fait pitié, il est tendre et raisonnable tout ensemble ; mais je viens de lui dire qu'il me remerciera un jour du mal que je lui fais, et selon ce que je vois en lui, je n'en doute pas. » Le lendemain 22 juin, Marie prenait la route, après des adieux déchirants : « Vous pleurez ! Et vous êtes le maître ! » s'exclamat-elle. À moins qu'elle n'ait dit — ce qui revient au même : « Ah ! Sire, vous êtes roi, et je pars ! »

Il y a beaucoup de larmes dans cette histoire. On les avait

faciles au XVIIe siècle, même chez les hommes. Forte d'avoir vu couler celles de Louis XIV, Marie continuait d'espérer. En partie par la faute d'Anne d'Autriche, l'idylle mit encore trois ou quatre mois à agoniser. Si Louis ne supporte pas de voir pleurer sa bien-aimée, Anne ne supporte pas de voir pleurer son fils. Elle lui permet d'envoyer à la jeune fille un somptueux collier de perles, censé être un cadeau d'adieux, mais qu'on peut interpréter autrement. Elle autorise les amants séparés à s'écrire, sous étroite surveillance. Elle accepte même l'idée d'une entrevue, au cours du voyage qui conduira le roi vers sa fiancée. Mazarin, lui, aurait préféré une coupure franche et nette. Il regrette les concessions accordées. « La [reine] et moi nous avons fait d'étranges métiers, pour témoigner de notre complaisance, mais sans aucun scrupule, sachant que, de tous vos commerces, il n'y a rien que de très honnête et qui répond à votre vertu. » Hum ! Cette confiance ressemble plus à un vœu pieux qu'à une certitude.

Il a raison de douter car les amoureux ne désarment pas. À La Rochelle où Marie s'installe avec ses sœurs, il a pris soin de la pourvoir en distractions : spectacles, baignades, excursions. En visitant la région, elle s'éprend de la forteresse endormie de Brouage et c'est elle qui décide de s'y installer. Un choix dicté à la fois par la mélancolie du lieu, isolé et sauvage, à l'unisson de son chagrin, et par la complaisance du gouverneur, qui s'est engagé à lui faciliter une correspondance clandestine. Il ne manque pas de gens, dans l'entourage des amants, pour les pousser à la révolte contre la « tyrannie » maternelle : à leur tête, le frère de Marie, Philippe, qui vient de s'échapper du fort où il était confiné, et son ami Vivonne, autre mauvais sujet, frère de la future Mme de Montespan. Il ne manque pas non plus de courtisans avisés qui jugent plus adroit de complaire au jeune roi plutôt qu'à la vieille reine.

Cependant Louis s'est mis en route pour gagner à son tour les Pyrénées. Faute de pouvoir revenir sur la promesse d'une ultime rencontre, Mazarin obtient qu'elle ait lieu à Saint-Jean-d'Angély, sous une forme très guindée : les 13 et 14 août, les trois sœurs viennent saluer au passage le souverain et sa mère, sans que le moindre mot soit échangé en privé. Tout au long de la crise, il adresse à son filleul d'admirables lettres, mettant en balance la morale, l'honneur, l'intérêt de l'État, de l'Europe entière, face à un sentiment égoïste. « Dieu a établi les rois pour veiller au bien, à la sûreté et au repos de leurs sujets, et non pas pour sacrifier ce bien-là à leurs passions particulières [...] C'est pourquoi je vous supplie de considérer quelles bénédictions vous pourriez attendre de Dieu et des hommes si, pour cela, nous devions recommencer la plus sanglante guerre qu'on ait jamais vue. » — « Souvenez-vous de ce que j'ai eu l'honneur de vous dire plusieurs fois lorsque vous m'avez demandé le chemin qu'il fallait tenir pour être un grand roi : qu'il fallait commencer par faire les derniers efforts, afin de n'être pas dominé d'aucune passion ; car, quand ce malheur arrive, quelque bonne volonté qu'on ait, on est hors d'état de faire ce qu'il faut. » — « Je vous conjure, pour votre gloire, pour votre honneur, pour le service de Dieu, pour le bien de votre royaume et pour tout ce qui vous peut le plus toucher, de faire généreusement force sur vous. » Il joua même le tout pour le tout, mit sa fonction en balance, menaça d'abandonner le ministère pour regagner aussitôt l'Italie.

Louis ergote, se dit prêt à sacrifier toutes ses passions, sauf une — celle précisément qui est en cause —, mais ses arguments manquent de force. Il oscille entre révolte et renoncement. Sait-il seulement ce qu'il espère ? Il prodigue à Marie des promesses de « fidélité ». Mais que signifie ce terme, quand on s'achemine vers la frontière à la rencontre d'une autre épouse ? Même s'il refuse de l'avouer, il est clair qu'il projette, comme le pressent Mazarin, de la conserver en qualité de maîtresse : « Quel personnage prétend-elle de faire après que vous serez marié ? A-t-elle oublié son devoir à ce point de croire que, quand je serais assez malhonnête homme ou, pour mieux dire, infâme, pour le trouver bon, elle pourra faire un métier qui la déshonore ? » Mais Marie, à la fin du mois d'août, est prête à se contenter de ce « métier ». Elle en profitera pour se venger de la future reine : elle saura bien, dit-elle, la « rendre malheureuse, pour toute sa vie ». Quelle imprudente ! C'est là une chose à faire, à la rigueur, mais certainement pas à dire, surtout à l'avance. Passe encore une maîtresse discrète, qui accepte de s'éclipser pendant les premiers mois du mariage : la chose s'est déjà vue. Mais une maîtresse arrogante qui se pose en rivale d'entrée de jeu est inacceptable. En menaçant le bonheur de cette infante, dont Anne d'Autriche s'est entichée sans l'avoir jamais vue, elle se condamne à l'exclusion définitive.

La suite de l'histoire va de soi. La correspondance entre les amants s'effiloche et finit par s'éteindre. La paix des Pyrénées est signée le 7 novembre 1659. Pendant que Mazarin met la dernière main aux accords et qu'on s'active de part et d'autre aux préparatifs des noces, la cour s'en va pacifier la Provence, secouée de quelque agitation. Les voyages sont pour un garçon de vingt ans une distraction bienvenue. Entrées solennelles, réceptions, bals, festivités de toutes sortes : le roi s'amuse. Olympe, redevenue séduisante entre deux grossesses, se fait un plaisir de flirter avec lui, sur injonction expresse de la reine mère. Et comme elle a un vieux compte à régler avec sa sœur, elle lui écrit pour lui faire part de ce retour de flamme. Pour la famille royale, tout est bien qui finit bien : « La reine, dit Mme de Motteville, était contente d'avoir fait son devoir, et le roi était triste d'avoir perdu ce qu'il aimait ; mais son chagrin, combattu par sa raison et par sa vertu, se dissipa peu à peu en se divertissant souvent malgré lui, et en s'occupant comme il fit au soin de faire faire de belles livrées pour son mariage. » Les esprits malicieux notèrent que ces livrées étaient aux couleurs de Mazarin — noir et blanc —, mais ce choix pouvait passer pour un hommage à celui qui avait si héroïquement sacrifié sa fortune à la grande cause de la paix.

De l'art de gâcher sa vie

La suite de la vie de Marie Mancini, désormais bien connue grâce aux recherches récentes de Claude Dulong, est un naufrage.

Dès l'automne, Mazarin avait proposé à sa nièce un brillant parti : le prince Colonna, héritier de la noble famille romaine dont son père avait été autrefois le majordome, connétable du royaume de Naples et, à ce titre, grand d'Espagne. Marie comprit qu'il s'agissait d'un exil déguisé et refusa avec « horreur ». Comptant sur le temps pour la rendre plus raisonnable, il l'autorisa à rentrer dans la capitale, puisque le roi n'y était pas, à condition d'y mener une vie retirée et discrète. Mais les trois sœurs, au lieu de s'installer au palais Mazarin, s'en allèrent loger dans les appartements de leur oncle au Louvre, où elles s'empressèrent de recevoir tout Paris. Et puisqu'elle sait qu'il lui faudra convoler à son tour — c'est cela ou le couvent —, voilà-t-il pas que Marie prétend choisir son époux ! Elle accepte les avances de l'héritier de Lorraine, Charles, qui exige en retour la restitution du duché occupé par la France depuis la trahison du duc son oncle. Mazarin lui opposa un refus brutal, dûment motivé.

À son arrivée en compagnie de la nouvelle reine, Louis XIV, d'abord ému à l'idée de la revoir, lui battit froid quand il sut qu'elle s'était laissé courtiser par le Lorrain. Comme beaucoup d'hommes, il n'aime pas qu'une femme qu'il délaisse se console trop vite. Navrée de cette indifférence, elle provoqua une explication qui tourna à sa confusion : il « reçut si mal ses plaintes » qu'elle résolut de ravaler son chagrin et d'essayer d'en guérir. Mazarin réussit donc à lui faire agréer Colonna, mais il mourut avant d'avoir vu s'accomplir le mariage. Vite, vite, on hâta la cérémonie, de peur que le prétendant ne se désistât. À son départ pour l'Italie le roi, soucieux de bien faire les choses, la combla de bonnes paroles et de cadeaux. Le connétable, qui l'attendait près de Milan, l'accueillit à bras ouverts, et la gouvernante qui la chaperonnait put écrire que les deux époux étaient, selon la formule consacrée, fort « contents » l'un de l'autre.

Ils ne mirent que peu d'années à cesser de l'être. Colonna trompait abondamment sa femme qui, après lui avoir donné trois fils, estimait en avoir fait assez et prétendait se soustraire au devoir conjugal. Mais elle courait de spectacles en mascarades, se compromettait avec des galants au carnaval de Venise. Elle avait été rejointe par son frère Philippe, flanqué d'un de ses compagnons de débauche, et par sa sœur Hortense qui, au plus mal avec son propre mari, s'apprêtait à s'installer dans la galanterie de haut vol. Le connétable finit par se fâcher, décida de la tenir en lisière. Elle prétendit, à tort ou à raison, qu'il en voulait à sa vie et, sur un coup de tête, elle s'enfuit avec Hortense en direction de la France.

À cette date — 1672 —, Louis XIV, de notoriété publique, ne se gênait pas pour entretenir des maîtresses : l'élue est alors la marquise de Montespan. Marie a-t-elle rêvé de le reconquérir ? Bien qu'elle s'en défende, la chose est probable. En tout cas, elle lui a fait demander un passeport, qu'elle a trouvé en débarquant à Marseille. Mais retenu par l'opposition conjointe de sa femme et de la marquise — on en reparlera —, ébranlé aussi par les arguments de Colonna, il lui refusa l'accès de la cour et lui proposa seulement le choix entre divers monastères, à distance raisonnable de Paris. Quant à lui accorder une entrevue, pas question. Elle est celle par qui le scandale arrive, et Louis XIV a horreur du scandale.

Toutes les chancelleries d'Europe résonnent des plaintes que les époux Colonna se lancent à la tête, à coups de lettres circonstanciées. Leur querelle tragi-comique, ainsi étalée sur la place publique, finit par lasser tout le monde. Et dans l'ensemble, on donne tort à Marie. Elle profère des accusations sans preuve, rabroue ceux qui tentent de la raisonner, joue les princesses offensées. Qu'elle rentre donc au domicile conjugal ! ou, à défaut, qu'elle se retire pour de bon dans un couvent ! Deux formes d'enterrement dont elle ne veut à aucun prix. Elle tient à sa liberté — une liberté dont elle ne fera rien qui vaille, faute d'avoir, comme sa sœur Hortense, la force de l'assumer.

La patience du roi se lassa. On l'amena à Lyon, première étape, espérait-on, vers l'Italie. Mais en chemin, elle séduisit le duc de Savoie, s'attarda sur son territoire, se brouilla avec lui, et entreprit de gagner l'Espagne en suivant un singulier itinéraire via la Suisse, l'Allemagne et la Flandre, d'où un navire la conduisit à destination. À Madrid, elle flotte d'un gîte à l'autre, se posant dans un couvent qu'elle prend pour une hôtellerie, en attendant de trouver un palais où on l'accueille à contrecœur. Séparée de ses fils, poursuivie par son mari qui lui coupe les vivres, mais refusant toute conciliation, elle se débat en aveugle, elle passe d'une fringale de distractions à un désir maladif de solitude, indifférente au qu'en-dira-t-on, livrée à l'impulsion du moment, se fuyant elle-même.

La mort du connétable, en 1689, la libéra de ses angoisses et lui rouvrit les portes de l'Italie. Mais elle ne retrouva pas pour autant la sérénité. Elle ne fit qu'un bref séjour à Rome dans l'hiver de 1691-1692. Elle s'y sentait étrangère, elle préféra regagner Madrid. Pour traverser le sud de la France, alors en guerre contre l'Espagne, un passeport avait été nécessaire : elle en observa docilement les injonctions, se garda de remonter vers le nord.

En 1700, la révolution de palais qui suivit l'accession au

trône du petit-fils de Louis XIV lui valut un nouvel exil : elle avait misé sur le mauvais parti. On lui « conseilla » de quitter le pays. Toujours incapable de se fixer, elle revint en Italie où elle erra. Désormais âgée de cinquante ans, elle n'était plus dangereuse. Elle put faire en France des séjours prolongés et venir même jusqu'à Paris. Le roi lui fit transmettre « mille honnêtetés », mais elle eut la sagesse de ne pas chercher à le revoir. Cela valait mieux pour tous deux. Elle mourut à Pise en mai 1715, quelques mois seulement avant celui qu'elle ne s'était jamais consolée d'avoir perdu.

Telle est, brièvement racontée, l'histoire des amours de Louis XIV avec Marie Mancini.

Le roi en sort grandi. Il a montré qu'il avait le cœur tendre : on l'en aima davantage. Il a su sacrifier sa passion à l'intérêt du royaume : on le regarda comme un héros. Il en sort également mûri.

Certes il ne se déprendra jamais du romanesque, dont il a savouré les délices avec Marie. Il en garde la nostalgie. Mais il le cantonne désormais dans la fiction : l'Arioste et le Tasse lui fourniront des « arguments » de ballets et de fêtes, le parc de Versailles revêtira, l'espace de trois jours, l'apparence des jardins enchantés où Alcine retient Roger prisonnier de ses sortilèges. Mais jamais plus il ne le confondra avec la réalité. Il tentera d'appliquer désormais dans ses relations avec les femmes le principe qui figure en bonne place dans ses *Mémoires* et qu'on croirait tout droit sorti des objurgations de Mazarin en ce dramatique été de 1659 : dresser entre l'amour et les affaires de l'État une cloison hermétique. Contre les intempérances de l'imagination et du cœur, il est désormais vacciné.

Quant à Marie, le gigantesque gâchis qu'elle a réussi à faire de sa vie s'inscrit en faux contre l'image qu'ont cherché à donner d'elle les mémorialistes hostiles à son oncle. Bien qu'elle ait tout fait pour devenir reine, elle n'a pas mené son jeu comme une froide ambitieuse, intrigante et calculatrice. Sans doute est-elle moins intelligente qu'on ne l'a dit, sur la foi de sa conversation brillante. Elle a de l'esprit, mais point de jugement. Prise dans un réseau d'enjeux qui la dépassent, elle ne voit pas plus loin que son désir du moment, elle se montre incapable de réfléchir, d'analyser les données d'une situation, de discerner le possible des chimères. Ardente, impulsive, elle s'exalte, s'entête, s'exaspère, elle a des « emportements » qui peuvent séduire, jusqu'au jour où ils rebutent. Ses maladresses, ses erreurs dix fois répétées plaident en faveur de sa sincérité. « C'était la plus folle et toutefois la meilleure de ces Mazarines, dira Saint-Simon, pourtant peu enclin à l'indulgence ; pour la plus galante, on aurait peine à décider... » Dont acte.

Racine lui offrira, sans l'avoir voulu peut-être, une consolation posthume et assurera la survie de sa mémoire. Certes il n'est pas sûr — les spécialistes en débattent savamment — que la tragédie de *Bérénice* ait été perçue, lors de sa création en 1670, comme l'évocation de cette idylle vieille de onze ans. Mais, dès le début du XVIIIe siècle, la publication massive des mémoires du règne précédent invita aux rapprochements. Et la postérité s'obstine depuis à entendre, dans l'admirable vers de l'héroïne — « Vous êtes empereur, Seigneur, et vous pleurez ! » — l'écho du cri désespéré de Marie Mancini. Le public est toujours disposé à s'attendrir sur les pauvres amants sacrifiés sur l'autel de la raison d'État. Thème libéralement offert par la vie à la littérature, cette histoire, vingt fois racontée, archétype du roman d'amour malheureux, franchira le temps. Et trois siècles plus tard, les larmes de la pauvre délaissée, arrachées à l'oubli, sont encore capables d'émouvoir les âmes sensibles, fraternelles, prêtes à communier avec son chagrin dans un imaginaire romanesque, impérissable, indestructible, inaltérable à la corrosion de la triste réalité.

CHAPITRE DEUX

LE MARIAGE DE MARIE-THÉRÈSE : AMOUR ET POLITIQUE

Le romanesque ne sévissait pas seulement de ce côté-ci des Pyrénées. Il s'était faufilé à travers murs, grilles et clôtures, jusqu'au fond du palais madrilène où grandissait sous clef la fille aînée du roi d'Espagne. En lui vantant ses mérites, Mazarin, de confiance, affirmait à Louis : « Elle vous adorera, n'ayant jamais songé qu'à vous depuis l'enfance. » Il ne croyait pas si bien dire. Marie-Thérèse rêve d'amour et son cœur la porte vers ce cousin, qui règne sur le pays natal de sa défunte mère. Personne ne prend la peine de la mettre en garde. Elle arrive en France déjà éprise du roi. Elle ne demande qu'à être dupe de la mise en scène qui, le temps des festivités, déguise en mariages d'amour les unions royales les plus manifestement dictées par la politique. Dieu sait pourtant que le sien avait des enjeux autrement graves que son propre bonheur !

Négociations et marchandages

À bien des égards, le mariage de Louis XIV et de Marie-Thérèse va de soi. Tous deux sont les plus brillants partis d'Europe. Nés à cinq jours de distance en septembre 1638 [*], ils sont cousins doublement germains, chacun des deux rois Louis XIII et Philippe IV ayant épousé la sœur de l'autre. On se souvient encore des espoirs qu'avaient soulevés en leur temps ces noces croisées, qui devaient sceller l'alliance entre la France et l'Espagne. Ce fut un échec, suivi d'une guerre épuisante. Ne

---

[*] Louis est né le 5 septembre et Marie-Thérèse le 10.

semble-t-il pas que la providence offre aux deux adversaires fraternels une ultime chance de réconciliation en la personne de leurs enfants ? On y pensa, de part et d'autre des Pyrénées, dès les négociations préalables aux traités de Westphalie. C'était prématuré, l'accord ne se fit pas. Mais en dépit de la poursuite des combats, les deux cours continuèrent d'entretenir des relations épistolaires, échangeant notamment des portraits. C'est ainsi que, vers 1653, Anne d'Autriche installa dans l'intimité de son luxueux cabinet des bains celui de l'infante peinte par Velasquez, tandis que Madrid recevait celui du jeune roi par Nocret : l'adolescent y apparaissait doté des attributs de son pouvoir, cuirassé, chamarré, la tête surmontée d'un énorme casque empanaché de plumes bleues.

Si le projet mit très longtemps à prendre forme, c'est qu'il se heurtait à deux obstacles majeurs.

D'abord chacun des deux pays souhaite négocier en position de force et, tant que la balance des armes reste à peu près égale entre eux, aucun ne se décide à traiter. La situation de l'Espagne est plus dramatique que celle de la France. Elle est ruinée. Le pays, qui ne produit presque rien par lui-même, a pris l'habitude depuis plus d'un siècle de vivre sur l'or, puis sur l'argent tirés de ses colonies d'Amérique. Or l'acheminement de cet argent est compromis depuis que sa flotte a perdu la maîtrise des mers au profit des Hollandais et des Britanniques. Entre la métropole et ses territoires de Flandre, base de départ des opérations militaires dans le Nord, les communications terrestres et maritimes sont devenues très difficiles. Le Habsbourg de Vienne, contraint de signer le traité de Münster en 1648, la laisse continuer la guerre seule. Elle croit pouvoir compter un temps sur les troubles civils qu'elle attise par ses subsides pour paralyser la France, abandonnée par ses alliés hollandais. Mais une fois la Fronde vaincue, elle n'a plus guère de chances de l'emporter sur le terrain. Elle rêve encore d'une « paix blanche », ramenant les belligérants au point de départ. La main de l'infante en serait un élément nécessaire.

Or — et c'est là le second obstacle à la conclusion de la paix —, entre 1646 et 1657 l'infante se trouve être, faute de mâles, l'héritière du trône. En Espagne, aucune loi n'interdit en effet aux femmes de régner ni de transmettre leurs droits à la succession. Elles viennent après leurs frères, même puînés ; mais elles ont priorité sur tous les collatéraux. Dans le cas de Marie-Thérèse, les enjeux sont colossaux : son mariage engage l'avenir du pays*. Passage de l'Espagne et de son empire sous une domination étrangère, bouleversement profond de l'équilibre européen, avec conflits à la clef : on comprend que son père répugne à prendre une décision, bien qu'elle ait dépassé l'âge où l'on fiance d'ordinaire les princesses. Il compte encore avoir un héritier.

L'histoire familiale de Philippe IV est fort triste. De sa première épouse, Élisabeth de France, il a eu pas mal de filles, toutes mortes en bas âge, puis enfin un fils, Baltasar-Carlos, en 1629, et après lui, en 1638, une fillette qui survécut — notre Marie-Thérèse. Or la reine meurt en 1644 et deux ans plus tard, le petit prince disparaît à son tour. Le roi, écrasé de chagrin, hésite longuement, puis se décide. La fille de l'empereur Ferdinand III, Marie-Anne, était fiancée à son fils lors du décès de celui-ci. Pourquoi ne l'épouserait-il pas lui-même ? Dans la maison de Habsbourg, les bonnes habitudes ne se perdent pas : on aime à rester entre soi. Déjà Philippe II avait convolé naguère avec une autre Élisabeth de France en lieu et place de son fils don Carlos**. Surcroît de fidélité aux usages familiaux ? Philippe IV, comme l'ont fait avant lui ses deux grands-pères, épouse en la personne de Marie-Anne sa propre nièce, fille de sa sœur. L'accord de principe est acquis en 1647. En 1649, la jeune fille, enfin nubile, est expédiée à Madrid où elle convole avec son oncle au mois d'octobre. Elle a quinze ans, lui quarante-cinq. Tous les espoirs sont permis.

À vrai dire, il a toujours eu plus de succès avec ses maîtresses qu'avec ses épouses légitimes. On lui prête une bonne trentaine d'enfants naturels, dont huit reconnus. Et parmi ces derniers le fameux don Juan d'Autriche, fils d'une actrice, aussi vigoureux que l'infant Baltasar était fragile, déjà chargé de responsabilités militaires et prêt à jouer s'il le fallait un rôle politique. Diffé-

---

* Même à supposer qu'elle reste personnellement reine d'Espagne, sans partager le pouvoir avec son époux, la question de la fusion entre leurs possessions respectives se poserait à la génération suivante — voir au XVIe siècle le cas de la Bretagne, à la mort de la duchesse Anne.

** Le cas était un peu différent cependant : don Carlos n'était pas mort, c'est Philippe II qui s'était trouvé veuf très opportunément.

rence aisément explicable : les maîtresses ne sont pas ses cousines ou ses nièces, elles apportent un peu de sang frais dans une lignée épuisée par la consanguinité. Il est vrai que certaines d'entre elles lui ont aussi transmis la syphilis. Le résultat ? Le couple royal a une fille, Marguerite-Thérèse, en 1651. Puis la reine, après diverses fausses couches, en met au monde une seconde, qui naît et meurt aussitôt. À la fin de novembre 1657 arrive enfin un garçon viable, qu'on baptise Philippe-Prosper et dont Marie-Thérèse est la marraine. Et bientôt, la jeune reine se trouve à nouveau enceinte. La malédiction semble écartée, l'Espagne a un héritier mâle, l'infante devient mariable.

À Paris, au cours de l'été 1658, Mazarin est confronté à un choix crucial. Les victoires de Dunkerque et des Dunes ouvrent aux troupes françaises la route des Pays-Bas espagnols, que Turenne se fait fort de conquérir très vite. Faut-il mener la campagne à son terme, écraser l'Espagne, lui imposer la paix par les armes ? Faut-il au contraire négocier sans attendre, en permettant à l'adversaire de sauver la face ? Ce n'est pas le lieu de débattre ici d'un problème politique qui divise encore les historiens. On notera seulement que deux éléments ont joué en faveur de la seconde solution. D'abord la volonté d'Anne d'Autriche, qui a toujours souhaité une vraie réconciliation avec son pays natal et a fait vœu, lors de la récente maladie de son fils, d'y travailler au plus vite. Ensuite, des spéculations à long terme sur la succession d'Espagne. Humilier Philippe IV, c'est renoncer à la main de l'infante. Or il a, pour la marier, une solution de rechange, presque aussi brillante. Elle épousera son cousin de Vienne, qui vient d'être élu empereur sous le nom de Léopold Ier. La mortalité infantile est forte chez les enfants d'Espagne, surtout les mâles. Pour peu que Marie-Thérèse se retrouve héritière, la fusion serait faite entre les deux branches de la maison de Habsbourg, l'Empire de Charles Quint serait reconstitué : un cauchemar pour la France. Mieux valait sacrifier quelques places de Flandre plutôt que de voir notre pays pris à nouveau dans d'aussi redoutables tenailles. L'essentiel était donc d'obtenir la main de l'infante, pour l'ôter du moins à l'autre prétendant. Et si l'on parvenait de plus à réserver ses droits sur la succession, cela pourrait plus tard servir de base à de fructueuses négociations. L'avenir, on le verra, allait justifier ce calcul, au-delà de toute espérance.

Mazarin suivait de très près la chronique des naissances et des morts à la cour de Madrid. Il savait le petit Philippe-Prosper malingre et souffreteux. Il brusqua les choses, monta l'affaire du mariage savoyard pour forcer la main à Philippe IV. Il réussit. La naissance d'un second fils, en décembre 1658, acheva de rassurer le roi. Lorsque cet enfant meurt, quelques mois plus tard, les pourparlers sont trop avancés pour qu'il puisse revenir en arrière. Il lui reste d'ailleurs un héritier bien vivant, et la reine est une fois de plus enceinte. Le mariage de l'infante peut s'accomplir.

Cependant, au cœur des interminables discussions sur les clauses du traité et du contrat que menèrent dans l'île des Faisans, sur la frontière, Mazarin et son homologue madrilène don Luis de Haro, figurait une hantise, la question successorale. Comme l'avait fait naguère Anne d'Autriche, Marie-Thérèse abandonnera en se mariant tous ses droits sur la couronne d'Espagne : c'est à prendre ou à laisser, sans discussion possible. Mazarin tenta en vain d'en excepter la Flandre, dut se résigner, mais négocia une contrepartie. Donnant, donnant : pour la perte de cet héritage, il exigea une compensation, sous la forme d'une dot de cinq cent mille écus — des écus de France, car la monnaie espagnole se dévaluait de jour en jour ! Et l'on attribue à son homme de confiance, Hugues de Lionne, l'idée de lier la renonciation au versement effectif de la dot, par le biais d'un simple adverbe glissé dans le texte : l'infante abandonnait ses droits *moyennant* le paiement... Tout accroc au calendrier prévu pour les versements, en quatre échéances, rendrait la renonciation caduque. On savait l'Espagne insolvable : elle n'était pas près de payer. La première échéance tombait juste après la consommation du mariage. Comme on ne vit pas venir le moindre sac d'écus, on sut donc dès le lendemain des noces que la jeune reine pourrait un jour revendiquer sa part d'héritage.

Mazarin croyait ce jour proche. Comme ses informateurs le lui avaient laissé prévoir, le petit Philippe-Prosper mourut bientôt, en novembre 1661. Mais la semaine suivante il lui naquit un frère ! Ce nouvel infant, plus dégénéré encore, semblait promis de l'avis général à une mort prochaine : il vivra trente-neuf ans et régnera sous le nom de Charles II. Avec lui cependant c'en est fini des rebondissements : très vite, on le sait incapable de procréer. Lorsque sa mort ouvrira en 1700 la succession d'Espagne, ni Mazarin, ni Marie-Thérèse ne seront là pour en débattre. Mais, celle-ci ayant transmis ses droits à ses descendants, c'est un de ses petits-fils qui montera finalement sur le trône d'Espagne.

Une enfance triste

À Madrid, Marie-Thérèse est tenue à l'écart des spéculations politiques entourant son futur mariage. Elle a grandi confinée en compagnie de ses femmes dans un palais où les deuils, les défaites et les banqueroutes ont appesanti l'atmosphère. Il ne reste plus rien de la gaieté et de la liberté qui prévalaient à la cour dans les premières années du règne de ses parents.

Ni l'un ni l'autre n'étaient des médiocres et leurs débuts furent brillants. Sa mère, Élisabeth de France, métamorphosée en Espagnole sous le nom d'Isabel, aimait la parure, les fêtes, les agréments de la conversation et ne répugnait pas à un peu de ce que Mme de Motteville nomme l'« honnête galanterie ». Elle avait aussi la tête politique. Ayant adopté loyalement les intérêts de sa patrie d'adoption, elle tentait d'insuffler quelque énergie à son époux, à qui elle reprochait d'avoir abandonné le gouvernement à son Premier ministre et favori Olivarès. Philippe IV, en effet, avait peu de goût pour les affaires. Mais il aimait les lettres et les arts, la peinture surtout. Il sut distinguer Velasquez, dont il fit le peintre officiel de la famille royale et l'ordonnateur de toutes les cérémonies de cour, en même temps qu'un ami personnel.

De cette période faste, Marie-Thérèse n'a pas dû garder grand souvenir. Elle avait six ans quand sa mère mourut, peu après avoir obtenu la disgrâce d'Olivarès. Philippe IV tenta de gouverner par lui-même, mais s'enfonça bientôt dans une « mélancolie » profonde — nous parlerions aujourd'hui de dépression —, surtout après la mort de l'infant Baltasar-Carlos. Intelligent, cultivé, artiste, mais psychologiquement fragile, c'est un faible, un instable, allant d'un excès à l'autre, rongé de scrupules. Esclave d'une sexualité débridée, il hante les courtisanes, en compagnie des autres grands d'Espagne. Mais sa piété exaltée engendre chez lui des remords violents. Les crises de dévotion mystique alternent avec les plongées dans la débauche. Aux nuits passées auprès des prostituées succèdent les heures au pied du crucifix.

Nous savons tout de ses angoisses grâce à la correspondance qu'il entretint avec une religieuse et qui est parvenue jusqu'à nous. Il avait rencontré Sœur Maria par hasard en 1643, lors d'une visite au monastère d'Agreda dont elle était supérieure. Frappé par son rayonnement spirituel, il la prit pour confidente, pour directrice de conscience, voire pour conseiller politique. Partageant avec elle comme avec presque tous ses contemporains une conception providentialiste de l'histoire, il voit dans ses propres péchés la cause des malheurs que Dieu envoie à l'Espagne. « Ce qui me désole le plus, lui écrit-il dès 1643, c'est moins la constatation des besoins [du pays] que la conviction où je suis qu'ils viennent tous de ce que j'ai offensé Notre Seigneur. Mais comme il sait aussi que je souhaite sincèrement lui être agréable et remplir de tout point mon devoir, si vous pouvez, par quelque moyen, réussir à connaître ce qu'il est en sa sainte volonté que je fasse pour l'apaiser, je veux que vous me l'écriviez ici, car je suis très désireux de bien agir. » Il se sent coupable, d'une culpabilité multipliée. Coupable personnellement. Coupable à l'égard du pays qui lui est confié, sur lequel il attire les foudres divines. Coupable à l'égard de ses ancêtres, dont il trahit l'héritage. Aussi s'en va-t-il pleurer sur le tombeau de Charles Quint, en implorant son pardon. Dans ces conditions, les quelques réformes politiques suggérées par Sœur Maria ont peu de chances d'aboutir. Outre qu'elles sont très difficiles à mettre en œuvre — seule prendra effet une loi somptuaire prohibant le déploiement d'or et d'argent sur les vêtements —, elles ne sont pas l'essentiel aux yeux d'un souverain à l'âme torturée, en quête d'expiation, appelant sur lui-même la vengeance de Dieu : « La plus grande faveur que je puisse recevoir de sa main sainte, c'est qu'il reporte sur moi le châtiment qu'il inflige à ces États. »

Le remariage de Philippe IV, suivi d'espérances de postérité, détendit un peu l'atmosphère du palais royal. Il y eut un regain de fêtes, de représentations théâtrales, de corridas. Étroitement associée à la nouvelle reine, son aînée de quatre ans seulement, Marie-Thérèse en profita. Le roi consentait à procurer des distractions à celles qu'il appelait volontiers « les petites filles ».

Agrément très relatif, compte tenu de la rigidité de l'étiquette leur interdisant toute manifestation publique de plaisir ou même d'intérêt. Les visiteurs français ont tous décrit l'impassibilité quasi pétrifiée de ce souverain au masque tragique et torturé, aussi avare de gestes que de paroles, à l'air moins vivant que le cheval de Charles Quint peint par Velasquez sur le rabat du dais de son trône, espèce de statue qu'on va saluer comme à l'église, quand on se rend à l'offrande. À ses côtés son épouse et ses filles, silencieuses, évoluent en cadence au rythme de révérences redoublées : on croirait des chanoines « quittant leurs chaises quand ils ont fait l'office ».

L'éducation que reçut la jeune Marie-Thérèse, dans un tel milieu, fut particulièrement étriquée. Religion avant tout. On lui inculque la piété, avec son indispensable corollaire, s'agissant d'une femme, la docilité. Mais elle ne reçoit aucune instruction d'ordre intellectuel ou artistique. À quoi bon ? D'ailleurs les Espagnols, obsédés de leur suprématie passée, nostalgiques des splendeurs du Siècle d'Or, s'enferment à cette époque dans un isolationnisme culturel orgueilleux. Aucun intérêt pour l'étranger, aucune curiosité, aucun effort pour parler d'autres langues. Ils n'apprennent rien à leurs enfants, constate, surpris, le maréchal de Gramont, envoyé en ambassade. L'infante ne sait rien. Bien que plus d'un an se soit écoulé entre l'accord de principe et le mariage, elle ne connaît pas le moindre mot de français lorsqu'elle épouse Louis XIV. Nul n'a songé à le lui enseigner. Il ne semble pas non plus que son père ait tenté de la préparer, comme l'avait fait Philippe III pour Anne d'Autriche, à un éventuel rôle politique. Pour quoi faire, puisque tout se joue entre Dieu et lui-même ?

La reine Marianne, quant à elle, ne s'est jamais souciée d'ouvrir l'esprit de sa belle-fille. Ambitieuse, imbue de sa naissance, passionnément attachée à son Autriche natale, elle prend très vite en grippe l'infante du premier lit, née d'une Française et promise à un mariage français. La naissance de la petite Marguerite-Thérèse, la blonde fillette qui rayonne de grâce dans les *Ménines* de Velasquez, vient renforcer encore son animosité naturelle contre l'aînée. Marie-Thérèse se replie sur elle-même, s'isole, se réfugie auprès de sa *camerara mayor* et surtout de sa première femme de chambre, la fidèle Maria Molina. Et elle rêve.

Elle rêve au mariage qui l'arrachera à sa prison. Si l'on en croit les confidences qu'elle fit plus tard à Mme de Motteville, elle aurait vécu, depuis toujours, dans la conviction qu'elle épouserait Louis XIV. Sa mère, à qui l'on dit qu'elle ressemble, a bercé sa petite enfance des récits de la cour de France et de ses merveilles. Elle est tombée amoureuse du jeune roi au seul vu de son portrait. Chaque fois qu'elle passait devant « son cousin à plumes bleues », elle le gratifiait d'une révérence. Quand il fut si malade à Calais, elle versa en secret presque autant de larmes que Marie Mancini et pria très fort pour son salut. Lorsqu'elle apprit qu'il s'en allait à Lyon épouser Marguerite de Savoie, elle se désola. Elle se rassura sur le « pressentiment » qu'il serait son mari : elle savait bien « qu'elle seule était entièrement digne de lui » et que son père en était d'accord.

Ces touchantes anecdotes doivent peut-être quelques embellissements à la plume de Mme de Motteville. Mais une chose est sûre : Marie-Thérèse n'a qu'un désir, c'est de quitter l'Espagne, où rien ne la retient. Ignorante, inexpérimentée, non préparée à son futur état, elle est restée, en dépit de ses vingt ans, une enfant au cœur et à l'intelligence vierges, une oie blanche toute prête à succomber aux artifices de la resplendissante parade nuptiale qui va se livrer autour de sa personne.

La demande en mariage

Depuis longtemps l'habitude s'est prise de mêler aux mariages royaux les plus politiques quelques apparences de sentiment. À usage interne, pour faciliter entre les époux une prise de contact nécessairement brutale, puisqu'ils se sont rarement vus auparavant. À usage externe, parce que les peuples ont besoin de croire que le couple en qui s'incarne la monarchie est uni d'un amour sincère. Il s'est donc instauré un ensemble de rites : échange de lettres et de portraits, promesses mutuelles, protestations d'impatience de la part du fiancé, efforts pour bousculer l'étiquette afin d'apercevoir plus tôt la bien-aimée... Lorsqu'il s'agit d'adolescents, comme Charles IX ou Louis XIII par exemple, il peut rester un peu de spontanéité dans ces manifestations ; mais lorsque François Ier joue auprès d'Éléonore les fiancés empressés, lorsque Henri IV abreuve de billets galants Marie de Médicis, il n'y a là que convention dont personne n'est dupe.

Dans le cas du mariage de Louis XIV, l'esclandre provoqué par Marie Mancini avait failli faire capoter la négociation. Il était donc particulièrement urgent de faire oublier cet épisode fâcheux. De plus, l'Espagne consentait de mauvais gré à une paix qui signait sa défaite : il ne coûtait rien de lui passer quelque baume sur le cœur en faisant vibrer la corde de l'affection familiale. La France força donc la note, avec d'autant plus de facilité que l'âge des conjoints se prêtait au travestissement sentimental. Marie-Thérèse y crut de bonne foi. Louis XIV, lui, ne s'engagea dans ce jeu qu'à moitié.

Le maréchal de Gramont, envoyé à Madrid pour solliciter la main de l'infante, crut devoir adopter le galop à l'arrivée, pour montrer qu'il venait, « par la voie la plus prompte, témoigner à l'infante l'impatience et la passion de son maître ». Ses compagnons et lui avaient tout de même pris le temps de changer de tenue avant d'entrer dans la ville. Marie-Thérèse, qui les guettait d'une fenêtre en compagnie de sa belle-mère, fut éblouie « par cette quantité de plumes et de rubans de toutes couleurs, avec toutes ces belles broderies d'or et d'argent » : on aurait dit un « parterre de fleurs », un « jardin courant la poste ». Il fallait en mettre plein la vue aux Espagnols : mission accomplie. Le discours du maréchal à Philippe IV fut un chef-d'œuvre. Marie-Thérèse, invisible et présente derrière la jalousie qui la dissimulait, put l'entendre dire que le roi son maître souhaitait, « avec un désir passionné et une impatience extrême, l'accomplissement d'un mariage qui doit remplir l'univers de joie, effacer la mémoire de tant de calamités publiques, réunir les cœurs de [Leurs] Majestés par le lien le plus doux et le plus ferme qu'on puisse s'imaginer, combler la France de bénédictions et la personne du roi [s]on maître d'un contentement si parfait que [s]es paroles ne sont pas capables de l'exprimer... »

Lorsqu'il fut admis à la rencontrer et à lui remettre une lettre d'Anne d'Autriche, il n'en tira que trois mots — « *Como esta la reyna mi tia ?* »*, et lorsqu'il se permit de lui glisser, en espa-

---

* « Comment se porte la reine ma tante ? »

gnol, « ce que la rhétorique gasconne peut dicter à une personne qui galantise pour son maître », il n'en obtint qu'une formule d'esquive : « *Decid a mi tia que yo estare siempre muy rendida à su voluntad* »*. Ne soyez pas surpris de la brièveté de ce discours, ajoute Gramont rendant compte de l'entrevue, « puisque, excepté le roi son père, elle n'en a jamais tant dit à homme vivant ». Mais en privé elle a, paraît-il, éclaté d'un rire joyeux lorsqu'un moine familier s'est incliné devant elle en la traitant déjà de « Majesté ».

Cette dénomination était prématurée. Bien que le mariage fût décidé, il s'écoula cependant plus de sept mois en négociations et préparatifs, avant qu'on pût passer à la cérémonie. Elle eut lieu en deux temps, comme de coutume, de chaque côté d'une frontière qu'il était interdit aux souverains régnants de franchir.

Mariage à l'espagnole

Les deux cours s'étaient mises en route chacune de leur côté avec le maximum d'apparat, puisqu'il s'agissait, non seulement de célébrer le mariage, mais de « jurer la paix ». Installées depuis la mi-mai, l'une à Saint-Sébastien, l'autre à Saint-Jean-de-Luz, elles se regardaient en chiens de faïence par-dessus la Bidassoa en attendant que fussent réglés les derniers points en litige.

L'évêque de Fréjus, Ondedei, qui devait être au mariage le témoin de Louis XIV, se présenta porteur d'une lettre de celui-ci à l'infante. Il n'osa pas la présenter à l'intéressée tant que l'accord n'était pas définitif et la garda dans sa poche. Il voulut cependant lui témoigner « l'impatience » du jeune roi. « J'ai à vous dire un secret, lui murmura-t-il », en espagnol, bien sûr. À ce mot, « elle jeta les yeux finement autour d'elle », pour voir si on les écoutait, puis le laissa parler, visiblement ravie. Mais quand il fit allusion à une lettre de son fiancé, l'obéissance l'emporta, elle se déroba : « Je ne puis la recevoir sans la permission du roi mon père ; mais il m'a dit que toutes choses s'achèveront promptement. » Lorsque l'évêque la pressa de transmettre un mot aimable à son futur époux, elle se répandit

---

* « Dites à ma tante que je serai toujours très soumise à sa volonté. »

en compliments sur la reine mère, dont elle avait reçu une lettre chaleureuse, ajoutant : « Ce que je dis pour la reine ma tante se peut entendre aussi pour le roi. »

Les choses s'achevèrent en effet. Le 2 juin, Marie-Thérèse prononça dans le palais épiscopal de Saint-Sébastien sa renonciation solennelle à l'héritage paternel : un texte interminable dont la lecture ne prit pas moins d'une heure et demie. L'affaire ne regardant pas les Français, aucun d'entre eux n'y fut admis.

Le lendemain 3 juin, en revanche, quelques-uns se rendirent en éclaireurs au mariage par procuration, dans l'église de Fontarabie. Outre Ondedei, qui y remplissait son rôle de témoin, s'y trouva Mlle de Montpensier, flanquée de quelques autres dames, qui avait obtenu d'y assister sous le couvert d'un incognito transparent. La cérémonie, selon celle-ci, fut à la fois simple et compassée. La messe finie, on lut la procuration de Louis XIV accordant à don Luis de Haro pouvoir de le représenter, puis la dispense du pape pour la consanguinité. Lorsque l'évêque de Pampelune demanda son consentement à l'infante, elle se tourna vers son père et lui fit une révérence, sollicitant l'autorisation de répondre. Elle remua les lèvres en murmurant si bas qu'on l'entendit à peine. Elle ne donna pas la main à don Luis et il ne lui présenta point de bague, comme l'on fait partout. Lorsque le mariage fut fait, elle se mit à genoux devant son père, lui baisa la main ; il ôta son chapeau, la releva et l'embrassa sans la baiser, puis ils sortirent ensemble, elle marchant à sa droite.

Il y eut grande presse chez son père et chez elle pour les voir dîner. Elle reçut chaleureusement Mademoiselle, fit avec elle assaut de politesse, refusa de se laisser baiser la main et lui fit même la révérence. La visiteuse s'enfuit, renonçant à dîner, pressée d'aller faire à Anne d'Autriche un compte rendu circonstancié.

C'est que, de l'autre côté de la Bidassoa, on grille de curiosité. Comment est-elle ? On a tellement répété à Louis XIV qu'elle est belle, bien plus belle que Marie Mancini, qu'on a fini par le croire. Il faut espérer qu'elle l'est pour de bon. Mais au dernier moment, on a des doutes. Les portraits peints sont si souvent flattés. On a déjà eu des détails saisis sur le vif, à Madrid, par les membres de la mission française. Mais rien ne vaut l'œil critique de deux femmes, Mlle de Montpensier et Mme de Motteville, pour porter une appréciation digne de foi.

Le verdict est, dans l'ensemble, favorable, avec quelques réserves de détail. Il ne pouvait guère en être autrement. À nous de lire à travers les lignes à quoi ressemblait vraiment Marie-Thérèse, en complétant, le cas échéant, par le remarquable portrait que nous a laissé d'elle Velasquez.

« *Il n'y a rien de si beau que l'infante...* »

À cette date, la mode du portrait littéraire, lancée par la Grande Mademoiselle, bat son plein à Paris. Elle fournit un cadre tout prêt, dont il n'y a plus qu'à remplir les rubriques. Mme de Motteville, raffinant sur le compte rendu que lui a envoyé son frère*, s'y emploie diligemment.

La taille, d'abord, c'est-à-dire, à l'époque, l'ensemble de la silhouette. Marie-Thérèse est indiscutablement petite — en vérité très petite, et il est possible, de surcroît, qu'on ait triché sur ses semelles. Mais elle est « bien faite » : ni trop épaisse, ni bossue. Elle a la gorge « assez grasse », comme on les aime alors. Son teint, soigneusement protégé du soleil et du grand air, est de « la plus éclatante blancheur », plus beau même que celui d'Anne d'Autriche à cette date : privilège de l'âge. Autres bons points : elle a de beaux yeux bleus, doux et brillants, mais « pas trop grands » — entendez petits —, le nez « assez beau » et « point trop gros », la bouche belle, « fort vermeille ». On aime les visages ronds. L'ovale trop accentué du sien est aggravé par un front trop haut et trop dégagé. Mais « ses joues sont grosses par en bas », ce qui compense heureusement, selon les critères du temps. En fait, sans avoir hérité du prognathisme paternel, elle a le mufle lourd des Habsbourg qui, une fois noyé dans la graisse, se transformera en double menton. En somme, conclut Mme de Motteville, « avec une taille plus grande et de plus belles dents, elle méritait d'être mise au rang des plus belles personnes d'Europe ». Tiens donc : elle a les dents gâtées ! Il est vrai que c'est là une disgrâce très largement partagée. Et il suffit

---

* L'abbé Bertaut, qui accompagnait le maréchal de Gramont à Madrid, lui a envoyé une longue lettre qu'elle reproduit dans ses *Mémoires*.

pour y remédier de tenir la bouche bien fermée — regardez donc tous les portraits peints !

Pourtant, la narratrice a beau s'ingénier à lui trouver des beautés de toute sorte, l'impression générale n'est pas excellente. Ce doit être la faute de son habit et de sa coiffure. La mode espagnole, hideuse, « fait peine à voir ». Marie-Thérèse est enchâssée dans son garde-infante, destiné à la protéger de tout contact : une armature montée dans les jupes, en forme de cercles de tonneaux un peu aplatis devant et derrière et s'élargissant sur les côtés, qui entrave tout mouvement. Impossible de marcher sans imprimer à cette « machine monstrueuse » un vilain balancement, impossible de passer une porte de front, impossible de bouger commodément les bras, tenus éloignés du corps. Quant à la coiffure, savant entrelacement de faux cheveux, de rubans, de nœuds et de pendeloques, sans aucune boucle adoucissant le tour du visage, elle était généralement « en large », comme pour équilibrer le garde-infante. Mais à Fontarabie, le jour du mariage, elle portait une manière de bonnet blanc qui achevait de la défigurer.

Et qui, tout autant que la coiffure d'apparat, dissimulait sa chevelure. On la savait blonde. Mais sur la qualité exacte de ce blond, on se posait des questions. Est-ce de son propre chef ou sur ordre de sa maîtresse que Mme de Motteville, simple suivante d'Anne d'Autriche, poussa l'indiscrétion jusqu'à demander à voir les *vrais* cheveux de Marie-Thérèse ? Celle-ci, docile, extirpa de son bonnet une mèche aux reflets d'argent qui combla d'aise l'inquisitrice. Décidément elle était belle, pas tout à fait autant qu'Anne d'Autriche cependant, teint mis à part : les célèbres mains restaient sans rivales. Mais elle ressemblait à sa tante et, même en moins bien, c'était là un grand mérite. Anne d'Autriche se déclara enchantée du rapport de ses éclaireuses.

Sur ses capacités intellectuelles, les visiteuses n'ont pas poussé l'enquête très loin. Elles se satisfont de sa simplicité souriante. La reine mère y réfléchit un instant et trouve une réponse selon ses vœux : des « honnêtetés » qu'elle a prodiguées à sa cousine, Mlle de Montpensier, on peut conclure que l'infante « doit avoir de l'esprit ». Le maréchal de Gramont, lui, était moins convaincu. Devant la poupée mécanique entrevue à Madrid, tout juste bonne à faire des révérences et à prononcer trois formules convenues, il avait adressé à Mazarin un jugement réservé : « Je ne m'étendrai pas à parler de la délicatesse et de la douceur de son esprit (que tous ceux qui la connaissent louent au dernier point), puisqu'à moins d'un don particulier du Saint-Esprit pour pénétrer dans le fond de son cœur, il me serait un peu difficile d'en parler avec certitude. »

À la veille des noces, de toute façon, la question de l'esprit n'est pas à l'ordre du jour. C'est de beauté qu'il s'agit : comment la trouvera Louis XIV ? Quant à la réciproque, on sait que sa jeune femme est toute prête à l'adorer. Mais il n'est pas interdit de lui suggérer, par une mise en scène appropriée, qu'elle est ardemment aimée.

Première rencontre

La première rencontre est organisée avec un soin qu'on décèle sans peine derrière la spontanéité de façade.

Avant la cérémonie officielle où les deux souverains doivent « jurer la paix » a été organisée, pour dégeler les relations, une entrevue privée. Le vendredi 4 juin, Philippe IV et sa sœur Anne d'Autriche se trouvent face à face pour la première fois depuis quarante-cinq ans, à l'issue d'une guerre fratricide. Difficiles retrouvailles, sur lesquelles pèse un lourd contentieux de rancœurs. Ils sont là tous deux, dans le bâtiment édifié sur l'île des Faisans à l'endroit exact où la frontière tranche le cours du fleuve. D'un côté la France, de l'autre l'Espagne : emblèmes, tapisseries et tapis, méticuleusement disposés de part et d'autre de l'immatérielle ligne de partage, célèbrent la grandeur des deux pays. Don Luis de Haro seconde Philippe IV. Marie-Thérèse, silencieuse, le suit comme une ombre. Anne d'Autriche est escortée de Mazarin et de son second fils, Philippe d'Orléans. Louis XIV n'est pas là. Il ne doit paraître, en principe, que le lendemain, pour la signature de la paix.

Soudain Mazarin interrompt la royale conversation pour annoncer qu'un « inconnu », à la porte, demande qu'on lui ouvre. La reine consulta son frère du regard, puis acquiesça. La porte s'entrouvrit donc, pour permettre au jeune Louis, le prétendu « étranger », de voir sa future femme. Mais « parce qu'il fallait aussi qu'elle le vît », on veilla à ne pas le cacher.

Chose facile : il dépassait les deux ministres de toute la tête. La reine mère rougit de fierté en voyant paraître son fils, la jeune reine « le considéra attentivement », rougit plus encore et baissa les yeux. Le roi d'Espagne sortit de sa réserve pour sourire et déclarer : « Voilà un beau gendre ! » Mais, tandis qu'Anne se croyait autorisée à demander à sa bru ce qu'elle pensait de son futur époux, il s'interposa : « *No era tiempo de decir lo* »*. « Quand serait-il temps ? — Quand elle aura passé cette porte. » Philippe d'Orléans, facétieux, glissa à l'oreille de sa jeune belle-sœur : « Que semble-t-il à Votre Majesté de cette porte ? — La porte me paraît fort belle et fort bonne », répondit-elle en riant. Elle était conquise.

La suite de l'épisode la charma par son caractère romanesque. Louis, ayant regagné la rive française, guetta le moment où elle quitterait l'île et, à cheval, « il galopa le long de la rivière, suivant le bateau où elle était, le chapeau à la main, d'un air fort galant », « en posture d'amant ». Seuls des marécages l'empêchèrent de la suivre jusqu'en face de Fontarabie.

Marie-Thérèse, sollicitée un peu plus tard de dire « si elle avait trouvé le roi bien fait », s'écria enthousiasmée : « Comment, s'il m'agrée ! certainement c'est un fort beau garçon, et qui a fait une cavalcade d'homme fort galant. » Et il est vrai qu'à la loterie des mariages princiers, elle a tiré un bon numéro : il est jeune, beau, bien portant, d'une parfaite courtoisie. Beaucoup plus que n'en peuvent espérer la plupart de ses pareilles.

Dans cette scène d'apparence improvisée, mais concertée avec la reine mère et Mazarin, Louis a joué à la perfection le rôle rituel d'amoureux dévoré d'impatience. Et peut-être avait-il vraiment hâte de voir de plus près celle dont il allait devoir s'accommoder. À vingt ans, on ne demande qu'à croire à une heureuse surprise. Disons-le tout net, il la trouva laide. Il confia sa déception au maréchal de Turenne et au prince de Conti, mais fit contre mauvaise fortune bon cœur. Il se raisonna, se rangea à l'explication commune : « la laideur de la coiffure et de l'habit l'avait surpris » — elle était coiffée en large et portait le

---

* « Il n'était pas temps de le dire. » Il va de soi que toute cette conversation se déroule en espagnol.

garde-infante —, mais, « l'ayant regardée avec beaucoup d'attention », il se rendit compte « qu'elle avait beaucoup de beauté ». « Il lui serait facile de l'aimer. »

La cérémonie officielle du lendemain, le dimanche 6 juin, contribua à le réconcilier avec son mariage forcé. Marie-Thérèse est le gage de la réconciliation entre les deux plus puissants rois d'Europe. Événement tout à fait exceptionnel, ils sont venus signer le traité en personne. Louis XIV est confronté à son ennemi de la veille, vaincu. Même si l'on prend soin de ne pas humilier l'Espagnol, la partie n'est pas égale entre Philippe IV, vieilli, ravagé par les excès et les épreuves, et le roi de France rayonnant de tout l'éclat de la jeunesse : l'un incarne le passé, l'autre l'avenir. Lorsqu'ils s'agenouillent tous deux face à face pour jurer, chacun sur son propre Évangile, de préserver entre leurs deux pays paix et amitié, c'est à une transmission de flambeau qu'on croit assister : l'hégémonie en Europe s'apprête à passer de l'Espagne à la France.

Louis XIV a compris. Il a trouvé dans « la grandeur, la beauté et la vertu de l'infante d'Espagne de quoi le consoler de la perte de Marie Mancini ». Le mariage avec une femme sans grâce n'est pas un prix trop élevé pour le triomphe politique obtenu. Il peut remercier Mazarin.

Mariage à la française

Il ne reste plus qu'à prendre livraison de l'infante et à recommencer les festivités de l'autre côté de la Bidassoa.

Le lundi 7 juin le père et la fille se séparèrent, « avec une sensible douleur ». Elle se mit trois fois à genoux en lui demandant sa bénédiction et ils pleurèrent tous deux. À Saint-Jean-de-Luz, Anne d'Autriche, qui lui avait fait préparer un appartement dans la maison réquisitionnée pour elle, lui ouvrit largement les bras. Jamais belle-fille ne fut accueillie aussi chaleureusement par sa belle-mère. On la débarrassa de son encombrant costume espagnol pour le souper familial intime auquel furent conviés Louis et Philippe. À demi déshabillée, elle était bien plus aimable, et l'on put se rassurer tout à fait : le garde-infante ne dissimulait aucune difformité. Le roi se dépensait en égards et attentions de toute sorte. Après le souper il la reconduisit galamment jusqu'à la porte de sa chambre. Bouleversée par tant d'émotions, elle ne ferma pas l'œil et sa femme de chambre, la Molina, l'entendit pleurer et soupirer en appelant son père.

Le lendemain, ils allèrent à la messe ensemble, puis elle prit possession du trousseau qu'on lui avait préparé pour la noce. Elle put fouiller dans la « cassette » offerte par son fiancé selon l'usage, un vaste coffre en bois de calambour, garni d'or, et plein à ras bord de bijoux et colifichets de grand prix : « tout ce que l'on avait de plus beau, s'extasie Mademoiselle, à la réserve des pierreries de la couronne », que les reines ne peuvent posséder en propre.

Après avoir dîné et assisté à une comédie espagnole, elle doit affronter la séance d'essayage, s'accoutumer au costume qui fera d'elle une Française. L'entrée dans sa nouvelle patrie comporte l'équivalent d'une « prise d'habit » rituelle. Adieu l'encombrant garde-infante, vive les jupes d'un calibre plus raisonnable. Il n'est pas sûr, pourtant, qu'elle gagne beaucoup au change en ce qui concerne le confort. Le costume espagnol en effet ne comportait pas de corset, « le corps des femmes n'était point vêtu de rien qui fût ferme » ; tandis qu'en France, au contraire, on leur comprime la taille et le buste avec un étroit corps baleiné, très serré, dans lequel elle crut d'abord étouffer. Pour l'esthétique, en revanche, les avis sont unanimes : elle est beaucoup mieux. D'autant que la France n'interdit pas, comme l'Espagne, de rehausser les vêtements de bijoux, de perles, de pierres précieuses.

Le lendemain 9 juin, c'est la seconde messe de mariage, dans l'église de Saint-Jean-de-Luz, croulant d'ornements à base de fleurs de lis d'or. En compagnie du roi, les deux reines parcourent à pied le bref trajet qui sépare leur demeure de l'église. Qu'on ne s'y trompe pas : ce n'est pas là, comme nous sommes tentés de le croire, la marque d'une simplicité bon enfant, bourgeoise. Il s'agit d'une parade. Le cortège ne marche pas à même le sol, mais sur une « galerie découverte » — sorte de praticable en bois — dominant de deux ou trois pieds la foule amassée dans la rue*. Le roi se donne à voir aux habitants de sa bonne

---

* C'est sur des tréteaux du même genre que s'était rendu à Notre-Dame le cortège nuptial d'Henri IV et de Marguerite de Valois en 1572.

ville, comme il se donne à voir à ses courtisans lorsqu'il danse un ballet. Le peuple n'aura pas accès à l'église : il faut qu'il ait sa part de la cérémonie.

Sur la tête de la mariée, on a eu beaucoup de peine à faire tenir la couronne fermée, qui glisse sur ses cheveux noués de simples rubans. Elle porte une robe de brocart blanc constellée de pierreries et, par-dessus, le manteau royal de velours violet semé de fleurs de lis, doté d'une « queue » plus longue que toutes les autres, objet d'homériques querelles préalables pour savoir qui la porterait. Échange des anneaux, messe, offrande. En dépit de ses cinquante-neuf ans, c'est à la reine mère, rayonnante, que Mme de Motteville est prête à donner la palme de la beauté, tant sa jeune belle fille paraît fade à côté d'elle.

Après la cérémonie, l'héroïne du jour se reposa, se changea, rejoignit sa belle-mère pour une promenade parmi la foule, à qui le roi jeta quelques pièces de monnaie selon la coutume. Le soir finit par venir, et l'infante dut quitter la maison de sa tante pour s'en aller dans celle du roi. Nouveau souper familial, en public, mais sans cérémonie. Quand Louis parla de se coucher, la jeune femme se jeta dans les bras d'Anne d'Autriche en murmurant avec des larmes dans les yeux : « *Es muy temprano* » — « il est trop tôt ». Mais, lorsqu'on lui dit que le roi était déshabillé, elle se ravisa, s'assit sur des coussins au pied du lit pour en faire autant et s'écria : « *Presto, presto, quel Rey m'espera !* » — « vite, vite, le roi m'attend ». Et elle le rejoignit sans plus de façons, avec la bénédiction de la reine mère, qui tira les rideaux du lit. Contrairement à l'habitude, on avait pris soin de leur ménager un peu d'intimité : la chambre avait été évacuée par l'essentiel du personnel de service. Marie-Thérèse fut plus heureuse que ne l'avait été sa tante en 1615. Louis était à la fois expérimenté et délicat. On les retrouva le lendemain « fort contents l'un de l'autre ». L'avenir semblait sourire à cette jeune mariée à la docilité si enthousiaste.

La cour reprit à petites étapes le chemin de la capitale. Nul ne souffla mot d'une escapade que fit le roi jusqu'à Brouage, dans les lieux où flottait le souvenir de Marie Mancini. Il versa des pleurs au bord de la mer, passa la nuit sans fermer l'œil dans la chambre qu'elle avait occupée. Mais ce pèlerinage fut salubre : la passion moribonde y jeta ses derniers feux.

Paris se préparait pour l'entrée solennelle de rigueur. Les

écrivains fourbissaient leur plume, les comédiens et chanteurs répétaient leurs rôles, les charpentiers s'affairaient à la construction du nouveau théâtre des Tuileries où devait se jouer l'*Ercole amante*, un opéra italien de Cavalli choisi par Mazarin. Les décors de bois, de papier et de carton pâte — emblèmes, devises, guirlandes, arcs de triomphe en toile peinte — furent prêts à temps pour accueillir la gigantesque procession qui serpenta à travers les rues ensoleillées, le 26 août 1660. Contrairement à certaines entrées du XVIe siècle, offertes uniquement à la nouvelle venue, celle-ci célébrait ensemble le roi et la reine. Ils défilèrent tous deux, lui à cheval, en habit de broderie d'or et d'argent, « tel que les poètes nous représentent ces hommes qu'ils ont divinisés » ; elle, vêtue d'une robe noire également rehaussée d'or et d'argent, dans un char rutilant plus beau que celui que les peintres attribuent au soleil. Anne d'Autriche et Mazarin, du haut d'un balcon de la rue Saint-Antoine, jouissaient de ce triomphe qui était aussi le leur.

Ce fut l'occasion, pour le jeune Racine, de faire ses premières armes littéraires dans une ode où *La Nymphe de la Seine* promettait à la jeune épousée une félicité à l'abri des atteintes du temps. Benserade, plus gaillard, s'en tenait aux voluptés premières :

> *Dans l'un éclate une amoureuse ardeur,*
> *Dans l'autre brille une extrême pudeur ;*
> *Telle parut en sa grâce infinie*
> *La patiente et belle Iphigénie*
> *Sous le couteau du sacrificateur,*
> *Qu'elle souffrit pourtant de moins bon cœur.*

Ah ! qu'en termes galants... ! Quant à la salle de spectacle, il fallut un an pour la terminer : lorsqu'on représenta enfin l'*Ercole amante*, Mazarin était mort et le bonheur de la jeune épousée commençait à s'effriter. Mais au fait, Hercule était-il le héros le mieux qualifié pour célébrer l'amour conjugal ?

Personne ne songea à mener Marie-Thérèse à Saint-Denis. Pas plus qu'Anne d'Autriche elle ne reçut l'onction qui associait autrefois la reine à la mission surnaturelle du roi et la tradition s'en perdit. Certes l'assassinat d'Henri IV survenu vingt-quatre heures après le sacre de son épouse avait laissé de mauvais souvenirs. Mais il y a sans doute d'autres raisons à cette abstention. Ce n'est pas tout à fait un hasard si on y renonce au moment où la monarchie perd son caractère familial pour concentrer entre les mains du roi la source de toute autorité. Contrairement à l'usage ancien, Marie-Thérèse n'aura pas accès au Conseil : Louis XIV, lorsqu'il prendra personnellement le pouvoir, cessera même d'y appeler sa mère, cautionnant ainsi l'absence de sa femme. Et il fait de son exclusion un principe : ni épouses ni mères ne seront plus associées au pouvoir. Or cette exclusion des reines, qui va de pair avec celle des princes du sang, est lourde de conséquences sur le plan symbolique. La monarchie s'écarte du modèle offert par la Sainte Famille, elle se laïcise, on s'apercevra bientôt qu'elle se fragilise. Renforcée dans l'immédiat, l'autorité royale, à longue échéance, y perdra.

« *Elle l'aimait à l'adoration...* »

En travaillant à écarter Marie Mancini, la reine mère sacrifiait, elle aussi, au romanesque : elle rêvait de bonheur pour le couple que formerait son fils avec la jeune compatriote en qui elle croyait se retrouver. Le mot de *bonheur* est assez insolite, s'agissant de mariages royaux, pour qu'on le relève, récurrent sous la plume de Mme de Motteville. « Anne d'Autriche ne désirait pas que l'infante, apportant au roi un cœur tout pur et tout à lui, en trouvât un rempli d'une affection indigne de lui et capable de rendre leur mariage infortuné. » Elle voulait écarter « tout ce qui pouvait empêcher que l'infante sa nièce n'en fût pas aimée », tout ce qui risquait de faire obstacle à « la félicité de l'infante, qu'elle voulait faire reine et heureuse ». Reine et heureuse ? L'expérience semble prouver qu'il y a là contradiction dans les termes. Mais Anne d'Autriche, cependant, put espérer un temps que le ménage de son fils ferait exception.

Elle avait soigneusement chapitré Louis, lui avait décrit, sur la foi de son imagination, les délices d'une harmonie conjugale qu'elle-même n'avait pas connue. Il eut envie de la croire. Il lui fut agréable d'être aimé. Il savoura l'adoration flatteuse que lui vouait cette épouse ingénue, en qui une débordante bonne volonté suppléait à l'ignorance de notre langue et de nos usages. Jamais les formules rituelles de soumission ne furent ainsi prises au pied de la lettre : elle allait au-devant de ses désirs. L'épineuse question de la suite espagnole, par exemple, fut réglée de façon expéditive, dès le premier jour.

La chose prêtait d'ordinaire à contestations et à conflits. Toute nouvelle reine amenait avec elle des serviteurs attachés à sa personne, dont la présence était source d'embarras. La France cherchait à les renvoyer chez eux au plus vite, pour diverses raisons : leur entretien coûtait cher, ils risquaient de constituer un noyau étranger, voire un nid d'espions, et de retarder la francisation de la jeune femme ; mais surtout, on ne pouvait leur conserver les principales charges de sa « maison », honorifiques et profitables, revendiquées par la noblesse française comme une chasse gardée. Mais leur expulsion exigeait beaucoup de doigté, car la nouvelle venue, nostalgique de son pays natal, rechignait toujours à l'idée de se séparer de sa nourrice, de ses suivantes et de ses femmes de chambre, qui préservaient pour elle un milieu familier.

Avec Marie-Thérèse, aucune difficulté. Le sort de sa *camerera mayor**, la comtesse de Priego, encore incertain lorsque l'infante mit le pied en France, fut scellé trois jours plus tard, au lendemain du mariage. Louis lui « représenta que ce serait contre la coutume de retenir dans cette première place une étrangère. Elle lui répondit qu'elle n'avait point de volonté que la sienne, qu'elle avait quitté le roi son père, qu'elle aimait tendrement, son pays, et tout ce qui lui avait été offert, pour se donner entièrement à lui... » La comtesse repassa la Bidassoa, nantie d'une boîte en diamant contenant le portrait du roi : « Vous pourrez dire en Espagne qu'il lui ressemble, commenta la jeune reine, mais qu'il est plus beau. » En même temps s'en allèrent plusieurs autres dames. Ne restèrent que des subalternes : son confesseur, son médecin et son chirurgien, l'indispensable Maria Molina, première femme de chambre, et quatre ou cinq autres servantes, plus le mari de l'une d'entre elles.

Si Marie-Thérèse jette aussi allégrement par-dessus bord le plus gros de sa suite espagnole, c'est bien sûr dans l'euphorie de sa lune de miel. Mais le sacrifice lui est plus facile qu'à d'autres. Elle regrette peu l'Espagne où elle n'a que de tristes

---

* L'équivalent de la dame d'honneur en France.

souvenirs. Sa tante et belle-mère Anne d'Autriche lui manifeste une affection plus chaleureuse que tout ce qu'elle a connu dans son pays. Et elle trouve auprès d'elle une société hispanophone rassurante : Mme de Motteville et quelques autres parlent couramment le castillan. Elle se sent en pays de connaissance.

L'organisation de sa « maison » obtient donc sans peine son agrément. La plus ancienne charge, celle de première dame d'honneur, est confiée à la duchesse de Navailles. Elle se trouvait concurrencée par une autre, celle de surintendante, plus prestigieuse mais de création plus récente, détenue pour l'instant par la princesse Palatine, Anne de Gonzague. Comme leurs fonctions respectives étaient mal définies — privilège de servir la reine à table, de lui donner la serviette ou la chemise, de monter dans son carrosse... —, la situation était grosse de conflits potentiels. Les deux titulaires étant l'une et l'autre liées à Anne d'Autriche, celle-ci parvint à arbitrer leurs querelles. Mais la Palatine s'était engagée à céder la surintendance à la comtesse de Soissons, Olympe Mancini, nièce de Mazarin, naguère aimée du roi. Et la maison de la reine devint alors le champ clos d'un affrontement entre les tenants de la « vieille cour » — celle de la reine mère et, hélas pour elle ! de sa petite bru — et ceux de la « jeune cour », le turbulent entourage juvénile de Louis XIV et de son frère. Et Marie-Thérèse, privée de la maîtrise de sa propre maison, n'aura d'autre ressource que de pleurer dans le giron de sa tante.

Elle était loin de se douter des enjeux attachés aux charges dans cette maison, lorsque, à la veille de quitter Saint-Jean-de-Luz, elle souscrivait de si bon gré au renvoi de la comtesse de Priego. Il est vrai qu'elle obtint, en échange de sa docilité, une faveur assez exceptionnelle : elle supplia son époux « de lui accorder en récompense cette grâce qu'elle pût être toujours avec lui, et que jamais il ne lui proposât de le quitter, puisque ce serait pour elle le plus grand déplaisir qu'elle pourrait recevoir. Le roi, ajoute Mme de Motteville, accorda si volontiers à la reine sa demande, qu'il commanda aussitôt au grand maréchal des logis de ne les séparer jamais, la reine et lui, ni pendant le voyage, quelque petite que fût la maison où ils se trouveraient logés ».

Le plus extraordinaire est qu'il lui tint parole jusqu'à sa mort. Au Louvre, comme à Fontainebleau, à Saint-Germain, et plus tard à Versailles, chacun avait ses appartements séparés, mais il la rejoignait chaque nuit, à une heure parfois très avancée. Lorsque fut mis au point le cérémonial du lever, il quittait le lit de la reine pour aller se mettre dans le sien, la laissant prolonger son sommeil matinal, à la mode espagnole. Comme il passait alors pas mal de temps, également, dans le lit de ses diverses maîtresses, l'exercice présentait quelques difficultés, dont on reparlera. Mais cette forme de fidélité ostensible, au milieu des pires infidélités, est typique du respect qu'il portait, en la personne de son épouse, à la fonction dont elle était revêtue.

Il s'appliqua à marquer les distances qui la séparaient du reste des mortels. Il encouragea par exemple sa réticence à accompagner les salutations d'un baiser — sur la bouche —, à la mode française, tandis que les Espagnols se contentent de s'embrasser — c'est-à-dire de se donner l'accolade. Mlle de Montpensier voit dans ce changement un signe d'orgueil : « Le roi veut que sa femme prenne un air que les reines n'ont pas suivi jusqu'ici », s'indigne-t-elle auprès d'Anne d'Autriche, qu'elle croit complice de cette innovation : « Sottise ! s'écrie celle-ci pour l'apaiser. Vous pouvez croire que, puisque je l'ai fait, je désirerais que ma belle-fille le fît. » Mais Marie-Thérèse ne « baisera » pas les nobles visiteurs et Louis XIV verra sans déplaisir se perdre l'usage de cette familiarité. Il veillera jalousement à ce que chacun rende à son épouse les honneurs qui lui sont dus et reprendra vertement quiconque osera plaisanter sur ses trop visibles travers. Elle est la reine et, en tant que telle, elle ne saurait avoir de rivale.

Il faudra beaucoup de temps à la malheureuse pour s'en convaincre. Car entre la femme et la reine, elle fait mal la distinction. Et la femme, en elle, est jalouse, d'une jalousie obsessionnelle, maladive, d'une de ces jalousies qui appellent la trahison, tant elle rend pesante l'affection la plus vive. Son univers se limite à cet époux qu'elle idolâtre et qui l'occupe tout entière : où est-il ? que fait-il ? à qui parle-t-il ? avec qui prend-il plaisir à causer, à plaisanter, à danser ? « Ne pouvant se résoudre à le perdre de vue », elle est toujours de mauvaise humeur, tendue, anxieuse. Elle déteste tous ceux qui la séparent de lui. Habitée par une idée fixe, elle en oublie de remplir des devoirs dont elle ne se fait d'ailleurs pas une idée claire. Chez ceux qui avaient mis le plus d'espoir en elle, la déception est patente. Elle n'est pas à la hauteur de sa fonction. Elle n'exercera jamais, à l'image de sa belle-mère, la plénitude du métier de reine.

Une incapable ?

Louis XIV put se croire amoureux quelque temps. L'attrait de la nouveauté et l'intimité nocturne les rapprochèrent pour six mois. À l'automne de 1660, selon l'ambassadeur vénitien, il était « épris de son épouse au plus haut point ». Mais il en revint vite. Il adorait et admirait sa mère, modèle à ses yeux de toute féminité. La prétendue ressemblance entre elle et sa nièce avait contribué à créer chez lui une attente inconsciente et l'induisait à des comparaisons. Face à Anne d'Autriche, dans sa maturité épanouie, il est évident que Marie-Thérèse ne faisait pas le poids.

D'abord, elle ne cherche que mollement à apprendre le français. Et bien que Louis XIV, si l'on en croit Mme de Motteville, parle « admirablement » l'espagnol, c'est dans sa langue maternelle qu'il s'entretient avec son entourage. La jeune reine ne comprend pas le dixième de ce qui se dit, et si elle prend la parole, c'est dans un affreux sabir où tout se mêle. Elle fera certes des progrès, mais jamais elle ne parviendra à parler aisément la langue du pays dont elle est la reine et elle ne perdra jamais son accent. Quant à comprendre les plaisanteries et les mots d'esprit, il n'y faut pas songer : elle prend tout au premier degré, ne saisit pas l'ironie, les allusions lui échappent, elle est en perpétuel porte-à-faux. Elle n'a reçu, on l'a dit, aucune éducation artistique. Elle ne goûte ni la peinture, ni la musique. Elle ne sait pas danser, et n'a pas envie d'apprendre. Elle est donc condamnée à rester en marge de la vie de cour, où la conversation règne en maîtresse, et à y faire de la figuration muette. Le seul divertissement où elle prenne quelque plaisir est le jeu, mais elle perd régulièrement.

Le roi aime les femmes brillantes. Il lui en veut, obscurément, de n'avoir pas l'éclat qui convient à son rang. Le soin qu'il met à la parer, à la couvrir de bijoux, à l'entourer d'égards est une façon de combler un manque : qu'elle revête au moins les apparences d'une reine, faute d'en avoir les vrais attributs.

Louis XIV ne fut pas seul à déchanter. La surprise fut générale. On s'était fait des idées. On prêtait à la princesse la plus prestigieuse d'Europe des desseins ambitieux, redoutables, on craignait qu'elle n'eût trop d'emprise sur son mari. On tomba de haut. À l'évidence, elle est sotte. Ou plus exactement, elle est puérile. À vingt-deux ans, elle a des comportements de petite fille. Sa spontanéité, sa gaieté même lui donnent des airs de collégienne attardée, qui glousse de rire ou bat des mains pour un rien. Dépourvue de toute autorité, elle ne sait pas commander, elle inspire à son entourage un mélange ambigu de pitié et de mépris. Dans l'étouffoir de la cour espagnole, elle a végété, son développement suspendu, comme si le temps s'était arrêté. Un pareil retard ne se rattrape que par miracle. Et le miracle n'aura pas lieu.

Sa piété même reste enfantine, étroite, formaliste. Elle se reproche, si l'on en croit les éloges de son confesseur, le Père de Soria, une foule de péchés véniels, s'astreint à des pratiques de dévotion assidues, « avec tant de prudence et tant d'exactitude que la lecture de livres saints succédait à la prière, que les exercices de la charité suivaient ceux de la dévotion, et que son travail pour la décoration des autels occupait les heures qu'elle pouvait dérober aux honnêtes récréations de la cour ». Piété alibi : dans cette vie « plus propre à une carmélite qu'à une reine », elle trouvait un prétexte pour se soustraire à ses obligations royales auxquelles elle était incapable de faire face.

Mazarin semble l'avoir jugée au premier coup d'œil. Entre eux, l'antipathie est réciproque. N'a-t-elle pas entendu dire à Madrid, après la chute d'Olivarès, que les rois ne devaient pas avoir de favoris ? La toute-puissance de celui d'Anne d'Autriche la surprend et la choque. Il a le tort d'avoir des nièces trop séduisantes. De plus il tient très serrés les cordons du trésor, et se permet — lui richissime ! — de lui marchander la dotation destinée à ses aumônes et à ses plaisirs. Jugeant insuffisantes les dix mille livres reçues comme étrennes à la fin de 1660, elle s'informe, apprend que sa belle-mère, du temps du roi son mari, avait coutume de recevoir douze mille écus — des écus de trois livres, soit plus du triple. N'osant réclamer elle-même auprès du cardinal, elle lui envoie sa dame d'honneur, qui se fait sèchement éconduire : « Il lui répondit que la reine aurait de l'argent quand il lui plairait d'en demander, sans promettre de lui en donner. » Et, à la grande indignation de Mme de Motteville, il se plaignit à la reine mère de la prodigalité de la jeune femme. Elle le vit décliner sans déplaisir, laissa belle-mère et époux se relayer à son chevet et sa mort ne lui tira pas une larme. Sa bonté tant vantée n'alla pas jusqu'à pleurer l'oncle de Marie Mancini et de la comtesse de Soissons. Mais elle ne refusa pas le « bouquet de cinquante diamants taillés en pointe » qu'il lui légua.

Anne d'Autriche, elle, voulut croire en sa belle-fille. Elle tenta de faire son éducation, tout en la protégeant contre la dureté d'une cour qu'elle savait impitoyable. Tâche impossible. Pour lui épargner des chagrins, elle la prend sous son aile, la couve, mais ce faisant, elle entretient chez elle timidité, mollesse, indolence. Marie-Thérèse trouve auprès d'elle un nid douillet, où il n'est pas besoin de parler français, puisqu'on y parle castillan, où l'on peut se gaver de chocolat chaud à la cannelle comme en Espagne, jouer avec ses nains ou ses animaux de compagnie, dévider des chapelets à l'ombre des autels et dormir tout son soûl, à l'abri des regards inquisiteurs de la cour. Elle est enceinte, elle a droit à tous les ménagements. Pendant ce temps, le roi s'amuse — sans elle.

Devant les fonctions officielles d'une reine, elle se dérobe. Le Jeudi saint de 1661, elle devrait — obligation rituelle — laver les pieds des quelques pauvresses rassemblées à cet effet dans la cour du Louvre : elle se déclare trop fatiguée, invoque son début de grossesse pour refuser. Henriette d'Angleterre devra la remplacer. Elle devrait aussi, comme l'a fait sa belle-mère, tenir le « cercle », c'est-à-dire présider aux réunions où la fine fleur de la cour, groupée circulairement autour de la reine, se livrait aux agréments d'une aimable conversation que celle-ci avait à charge de diriger. Anne d'Autriche, pour l'initier par l'exemple à cet exercice où elle-même excellait, prit l'habitude de venir tenir le cercle chez elle. En pure perte : il apparut vite que Marie-Thérèse en serait toujours incapable.

Tant que vivra sa belle-mère, elle restera blottie dans son ombre, traînée à sa remorque dans les cérémonies officielles, reléguée au second rang des « deux reines » qui flanquent partout le souverain, vouée à l'effacement. Embrigadée aussi dans les rangs de la vieille cour, des dévots, des rabat-joie, à contre-courant de tout ce qui fait la vie de son époux trop aimé. Elle inspire aux bien-pensants des louanges douceâtres : « Elle aimait la retraite un peu plus qu'une reine de France, qui se doit au public, ne la devait aimer ; mais ce défaut, étant fondé sur sa dévotion, méritait plus de louange que de blâme », affirme pour sa défense Mme de Motteville. Voire. Car cette retraite est pour elle un pis-aller, un cache-misère. Le vrai motif en est son incapacité : elle fuit une cour qui ne veut pas d'elle et où elle ne parvient pas à se faire sa place. Faute de lui trouver d'autres mérites, on la dit douce, inoffensive et bonne. Et là encore, il faudra y regarder de plus près.

Lorsque s'effrite son « bonheur » conjugal, lorsque, au bout de six mois, très visiblement, son époux se détourne d'elle, on la plaint, avec un soupçon de condescendance. Non, décidément, elle n'était pas pour Louis XIV l'épouse rêvée. Mazarin l'avait compris tout de suite. Anne d'Autriche, pleine de préventions favorables, mit plus longtemps à en convenir, bien que, pour rien au monde, elle n'eût consenti à l'avouer. Mais au fin fond d'elle-même, elle dut désespérer assez vite d'en tirer autre chose que des petits-enfants.

C'est donc dans la fonction première, primordiale d'une reine — celle de reproductrice — que se trouve confinée Marie-Thérèse. Fort heureusement pour elle, elle est féconde et elle remplira cette fonction à la satisfaction générale, puisque son premier né sera un fils, un dauphin. Ses efforts se borneront à porter et à mettre au monde les enfants royaux, en essayant de gérer, au moins mal, ses relations avec les maîtresses de son époux. Mais dans l'organisation de leur vie commune, toute initiative lui fut refusée, elle dut subir une cohabitation dont la cour de France n'avait guère donné l'exemple depuis Henri II, Catherine de Médicis et Diane de Poitiers.

De 1661 à sa mort, l'histoire de Marie-Thérèse se confond avec l'histoire des amours, successives ou simultanées, de Louis XIV.

CHAPITRE TROIS

HENRIETTE D'ANGLETERRE
OU LA RAGE DE VIVRE

Au lendemain de la mort de Mazarin, Louis XIV, dûment marié, pleinement adulte, a décidé que c'en était fini pour lui de la dépendance. Il a pris le pouvoir, déclarant qu'il se passerait désormais de Premier ministre. Il a renvoyé discrètement sa mère à ses occupations pieuses. Le temps est venu de la relève : place à la jeune génération.

L'avenir se montre sous les plus riants auspices. En ce début de printemps 1661, pour la première fois depuis vingt-cinq ans, la paix règne à l'extérieur comme à l'intérieur. Depuis le temps, on en avait perdu même le souvenir. Pas de campagne militaire au programme, ni d'expédition punitive en province. Rien. Les armes restent au râtelier. Les jeunes nobles turbulents, que le retour de chaque belle saison voyait partir pour la guerre, sont voués à l'inaction. Rien d'autre à faire que s'amuser. Ils sont prêts à bien des folies.

Quelle tristesse pour quelques-unes de quitter une cour si prometteuse de gaieté ! Les mariages sont déchirements. Tandis que Marie Mancini enrage de devoir rejoindre à Rome le connétable Colonna, Marguerite-Louise, seconde fille de feu Gaston d'Orléans, verse des larmes amères à l'idée de s'en aller régner à Florence alors qu'elle avait rêvé d'être reine à Paris.

Henriette-Anne d'Angleterre, autre cousine, réfugiée en France depuis l'âge de deux ans, est plus heureuse. Certes elle ne sera que la belle-sœur du roi, mais la transplantation, terreur des princesses, lui est épargnée. Le 31 mars 1661 elle épouse Philippe d'Orléans. Après des années d'épreuves, la chance lui sourit enfin. La fille du roi détrôné et décapité a une revanche à prendre. Son appétit de jouissance est à l'unisson de celui de cette jeune cour galante et romanesque où les Ris et les Jeux président avec les Amours aux divertissements quotidiens.

Occupant désormais le troisième rang juste derrière les deux reines, elle se trouve projetée en pleine lumière. Lorsque la cour s'installe à Fontainebleau, dans les derniers jours d'avril, Louis, stupéfait, découvre que la fillette souffreteuse qu'il méprisait naguère s'est métamorphosée en une jeune femme rayonnante et il se livre, en contemplant son épouse, à de mornes comparaisons. Son frère n'aurait-il pas la meilleure part ? Marie-Thérèse, incapable de tenir sa partie dans les fêtes, laissait une place vacante. Qui mènerait la promenade, la conversation, la danse ? Ce fut Henriette qui s'en chargea, au mépris de toute prudence. Elle avait un tel arriéré de plaisir à rattraper !

« *Les outrages de la fortune...* »

La dernière des enfants de Charles Ier Stuart et d'Henriette-Marie de France, sœur de Louis XIII, vint au monde dans des conditions dramatiques, alors que les « outrages de la fortune », selon l'expression de Bossuet, avaient commencé de frapper lourdement la monarchie anglaise. Des troubles graves, vite dégénérés en guerre civile, secouaient le royaume depuis quatre ans lorsqu'elle fut conçue peu avant la séparation définitive de ses parents.

Dans cette guerre civile, la reine portait une lourde part de responsabilité. On lui avait présenté son mariage avec un prince protestant, en 1625, comme la première étape d'une reconquête catholique dont elle serait l'instrument. Elle n'avait pas cherché à voir plus loin. Elle aborda son nouveau pays en missionnaire envoyé parmi les infidèles. L'arrivée à Londres à ses côtés d'un vaste contingent de Français, à base d'ecclésiastiques, contraria le roi, qui connaissait l'antipapisme viscéral de la plupart de ses sujets. Elle poussa des cris de colère lors du renvoi de cette suite et le couple traversa une longue période de mésentente. Mais la disparition de son principal adversaire, Buckingham — le fameux soupirant d'Anne d'Autriche —, puis la naissance des enfants l'avaient rapprochée de son mari, sur qui elle acquit une profonde influence. Et l'opinion la rendit responsable des erreurs de celui-ci.

Plutôt qu'à son père, le fin et souple Henri IV, elle ressemblait à sa mère Marie de Médicis. Elle tenait d'elle l'intrépidité, l'énergie, mais aussi la raideur et l'opiniâtreté. Impérieuse, elle supportait mal qu'on lui résistât. Lorsque Charles tenta de se soustraire au contrôle que le Parlement anglais entendait exercer sur la monarchie, elle le poussa à l'intransigeance. Protestant sincère, il eut l'imprudence de chercher à fédérer autour de l'Église anglicane, inféodée au pouvoir royal, la multiplicité de groupes confessionnels qui avaient prospéré dans le sillage de la Réforme. Il dressa contre lui l'Église presbytérienne d'Écosse, les puritains anglais, plus divers dissidents qu'on désignait sous le nom d'indépendants, hostiles à toute hiérarchie ecclésiale. La seule présence à ses côtés d'une épouse ostensiblement catholique le fit soupçonner de vouloir, sous couleur d'anglicanisme, préparer le retour de son pays dans le giron de Rome. Henriette, refusant de participer à son couronnement, d'assister au baptême anglican de ses enfants, au mariage anglican de sa fille Mary avec un calviniste hollandais, le prince d'Orange, ne fit rien pour désarmer ces soupçons.

Elle apparut vite indésirable, non seulement aux adversaires du roi, mais à ses partisans : son influence sur Charles détournait de lui beaucoup de ses sujets. Un voyage en Hollande, sous prétexte d'accompagner sa fille, la tint éloignée un an, à partir de février 1642. Mais elle ne désarmait pas. Tandis que son époux essayait de jouer des divisions entre les rebelles, elle l'engageait dans des lettres enflammées à ne pas transiger, elle lui promettait des appuis, des secours. Elle monnaya ses bijoux, débarqua en Angleterre à la tête d'une petite troupe qu'elle conduisit victorieusement jusqu'à Oxford, où Charles avait établi sa capitale. Cette équipée héroïque, mais impuissante à renverser le rapport des forces, fut considérée dans l'entourage du roi comme une maladresse. Le moment était mal choisi pour exciter la colère du Parlement et de l'armée des puritains fanatiques, dont elle était la bête noire. Les retrouvailles conjugales s'en ressentirent — pas assez cependant pour empêcher le roi amoureux de céder à l'ascendant d'Henriette. Quelques mois plus tard, elle devait s'enfuir seule, le laissant mener à la bataille l'armée des *Cavaliers*, que les *Côtes de Fer* de Cromwell écrasèrent à Marston Moor. Elle était enceinte, pour la huitième et dernière fois.

Grossesse intempestive, bien évidemment — quoique ces choses-là ne se laissent entendre alors qu'à demi-mot —, qui risquait d'immobiliser dangereusement la reine fugitive. Elle n'eut pas le temps d'atteindre Bristol, d'où elle projetait de s'embarquer pour la France, elle s'arrêta à Exeter, tenue par un royaliste fidèle. Le 16/26 juin 1644*, elle mit au monde une fille qu'on prénomma Henriette comme elle. Malade de souffrance et surtout d'angoisse, elle s'affole : ne parle-t-on pas de la faire passer en jugement comme fauteur de guerre ? On a dû lui faire comprendre aussi que sa présence sur le sol anglais nuit à la cause de son mari et qu'il préfère la voir partir : « Voici le dernier témoignage que je vous puis donner de hasarder ma vie pour ne pas incommoder vos affaires... », écrit-elle à son « cher cœur ». Elle n'attend donc pas d'être remise pour s'enfuir de nouveau sous un déguisement, parvient à gagner le petit port de Falmouth en Cornouailles, d'où elle s'embarque pour la France vers la mi-juillet.

Pas une seconde elle n'envisagea de prendre sa fille avec elle. Mesure de prudence, qui se doublait sans doute d'une bonne dose d'indifférence. Cette enfant non désirée n'était qu'un fardeau dont elle se déchargeait sans remords. Sur les sept qu'elle avait mis au monde auparavant, deux étaient morts en bas âge, les cinq autres étaient dispersés, les aînés auprès de leur père, la troisième en Hollande, les plus jeunes en résidence surveillée sous le contrôle du Parlement. La petite dernière resta à Exeter avec sa gouvernante, lady Dalkeith, comtesse de Morton. « Délaissée », dira Bossuet, pour ne pas dire abandonnée.

Son père, cependant, donne des ordres pour qu'elle soit baptisée très vite selon le rite anglican. Ce sera fait en juillet. Il vient la voir en septembre, en compagnie du prince de Galles — grand frère de quatorze ans à qui sa fragilité inspire un sentiment d'affection protectrice qui durera jusqu'à sa mort.

---

* L'Angleterre protestante refusa d'adopter le calendrier du pape Grégoire XIII qui, pour faire coïncider l'année solaire et l'année civile, fit faire à celle-ci, en 1582, un brusque saut de dix jours et institua les années bissextiles. Le calendrier anglais conserva donc — jusqu'en 1752 où il s'aligna sur le reste de l'Europe — dix jours de retard sur les autres. D'où l'utilité de fournir pour les événements importants la double datation.

Quelque temps incertaine, la fortune des armes tourne contre le roi, qui, après la défaite de Naseby, incite son fils à se réfugier en France. Transférée de force dans les alentours de Londres avec la petite, lady Morton refuse de la livrer au Parlement et prend l'initiative de fuir. Dans l'été de 1646, elle s'échappe sous les traits d'une paysanne accompagnée d'un prétendu petit garçon, Peter. Elle atteint Douvres, où elle trouve un bateau pour la conduire jusqu'à Calais. Réception assez tiède. Henriette-Marie aurait préféré savoir sa fille en Cornouailles et blâme la gouvernante. La « joie » que croient devoir lui prêter les témoignages est modérée. Chaleureusement accueillie deux ans plus tôt, elle commence à déchanter. L'arrivée de son fils aîné, un mois plus tôt, a été à la cour l'occasion de fêtes brillantes, mais aussi de menues frictions. La France n'est visiblement pas disposée à épouser la cause du monarque britannique.

Amertumes et chagrins

Bien entendu la reine d'Angleterre n'a pas un sou. Il faut l'entretenir, elle et sa petite escorte de réfugiés qui grossit de jour en jour. Et il faudrait encore, si on l'en croyait, fournir des subsides à son mari pour continuer la guerre. Or la France, elle-même en conflit avec l'Espagne, se débat dans des embarras financiers chroniques. Impossible de refuser asile à la fille de « Henri le Grand », belle-sœur de la régente et tante du jeune roi — au moindre coût si possible. Mais il ne saurait être question de la soutenir dans le conflit britannique, au risque de rejeter dans les bras de Philippe IV le parti adverse, qui tient tout le sud-est de la Grande-Bretagne. Lorsque, au fil des défaites successives de Charles Ier, le séjour de sa femme se prolonge, lorsque la rejoignent tour à tour un, deux ou trois de ses fils, on trouve la charge lourde et on le lui fait sentir.

Le déclenchement de la Fronde, en 1648, aggrave la situation des deux Henriette. On leur avait d'abord alloué un appartement au Louvre, plus un autre pour l'été à Saint-Germain-en-Laye. Mais lorsque la cour quitte clandestinement Paris au cours de la nuit des Rois de 1649, personne ne songe à elles — ou peut-être pense-t-on qu'il n'y aura pas de place pour tout le monde à Saint-Germain. On les oublie au fond du Louvre, où elles passeront tout le siège de Paris sans ressources, trouvant à peine de quoi manger, incapables d'acheter le moindre fagot. Pour ne pas mourir de froid la fillette restait nuit et jour enfouie dans son lit sous les couvertures. Le parlement de Paris et le cardinal de Retz, qui raconte la chose, se disputèrent l'honneur de leur avoir procuré une gratification, dont le montant est d'ailleurs sujet à caution : l'essentiel était pour eux d'exploiter contre la régente cet « abandonnement » scandaleux. Et il est vrai que pendant toute la Fronde, on les changea sans ménagements de domicile chaque fois qu'il fallait laisser le champ libre aux pérégrinations de la cour.

Les deux femmes étaient seules à Paris lorsque leur parvint avec dix jours de retard la nouvelle de la mort de Charles Ier. Jugé et condamné à mort par un parlement « croupion » purgé de tous ses éléments modérés, il a été décapité publiquement devant son palais de Whitehall le 30 janvier / 9 février 1649. L'Angleterre a proclamé la république. À quatre ans et demi, la petite fille, sans comprendre grand-chose à l'événement, n'a pas pu ne pas subir le contrecoup de l'émotion maternelle. Sursaut d'horreur d'Anne d'Autriche. Mais après les condoléances de rigueur, la veuve se retrouve plus seule que jamais. Les exilées anglaises font un peu peur. Elles sont l'image dérangeante de ce qui pourrait arriver aux souverains français si par malheur les frondeurs extrémistes prenaient le dessus. Et quand Henriette se permet d'émettre un avis, sa belle-sœur la rabroue : se croit-elle donc reine de France ? elle est bien mal placée pour donner des conseils.

Peu de temps après, nouveau coup du sort : on apprit que la petite Élisabeth, quinze ans à peine, qui avait partagé avec son frère York les derniers jours de captivité du roi, était morte dans sa prison — de chagrin, disait-on. La reine voulut se retirer au couvent. Mais un couvent sur mesure, dont elle serait la marraine. Elle n'a pas l'intention de se faire religieuse, elle cherche un refuge où vivre en paix tout en poursuivant l'éducation de sa fille. Elle a tâté des carmélites, qui l'ont accueillie quelques jours par charité, mais les trouve un peu austères. Son choix se porte sur l'ordre de la Visitation, plus souriant, à l'image de son fondateur François de Sales. La maison mère se trouvait rue Saint-Antoine. On lui permit d'ouvrir une filiale sur la colline de Chaillot, dans un charmant hôtel particulier ayant appartenu à Catherine de Médicis. Pas un centime pour l'acheter. Pour emporter l'enchère, ce sont les religieuses elles-mêmes qui s'endettèrent. Cette bonne action se révéla un excellent calcul : la présence de la princesse d'Angleterre attira chez elles, pour y être élevées, des jeunes filles d'excellente famille et leur maison prospéra.

Voici donc la fillette au couvent. On l'appelle maintenant Henriette-Anne, pour la distinguer de sa mère et en l'honneur d'Anne d'Autriche. Les difficultés quotidiennes partagées les ont rapprochées l'une de l'autre. Henriette s'intéresse davantage à l'enfant, d'autant plus qu'elle trouve en elle l'occasion de déployer son zèle catholique. Dès son arrivée en France, elle l'a confiée à son aumônier le Père Cyprien de Gamaches et fait conduire à la messe. Légalement parlant elle en a le droit, puisque son contrat de mariage lui attribuait l'éducation de ses enfants jusqu'à treize ans. Mais elle n'avait jamais osé l'exiger pour les aînés, compte tenu des circonstances. Et elle sait bien que c'est absolument contraire à la volonté expresse de son époux. Il n'empêche : elle sauvera au moins la dernière de l'emprise hérétique. L'enfant, docile, répète les leçons apprises, catéchise la bonne lady Morton et, comme celle-ci refuse de renoncer à ses convictions, la menace de l'enfer : « Il faut être catholique pour être sauvée. »

Cet attachement passionné à sa religion aide la reine à supporter ses malheurs. La certitude d'avoir lutté pour sa foi la dispense de s'interroger sur ses choix politiques et occulte ses éventuelles responsabilités dans le désastre. En exil elle n'a rien oublié, très peu appris. Elle s'acharne tour à tour sur ses trois fils pour les convertir, refusant d'admettre que c'est leur ôter toute chance de recouvrer leur trône. Charles Ier connaissait bien l'opiniâtreté de sa femme et il s'en défiait. En envoyant le prince de Galles la rejoindre en France, il lui avait enjoint de donner à celle-ci « pouvoir absolu en toutes choses, hormis la religion ». Et en faisant ses adieux au petit duc de Gloucester, Henry, à la veille d'être exécuté, il lui avait fait jurer de rester anglican.

Lors des différents séjours de ses frères à Paris, la fillette fut témoin des pressions exercées sur eux, ainsi que sur leur sœur Mary d'Orange. Charles se dérobe fermement, Mary aussi. Le second fils, Jacques, oscille prêt à fléchir*. Le troisième, Henry, se révolte. Il est vrai qu'elle a trouvé pour faire sa « fortune » une solution merveilleuse : il entrera dans les ordres et deviendra cardinal, nanti de riches bénéfices. Fort de la promesse faite à son père, assuré de l'appui de son aîné, il préfère quitter la France. La reine lui fait ôter toute ressource — chevaux, domestiques — et comme il persiste, elle refuse brutalement ses adieux : il n'obtiendra d'elle ni un mot, ni même un regard. Témoin de cette scène, la petite Henriette sanglote, désespérée. Elle reste auprès de sa mère qui vieillit, remâchant ses rancœurs en compagnie du fidèle lord Jermyn — l'équivalent de Mazarin pour Anne d'Autriche, disent les mauvaises langues. Elle ne dispose comme exutoire que de la correspondance échangée avec un frère aîné débordant de tendresse pour sa petite « Minette ».

Après la Fronde, la situation a encore empiré pour les exilées. Toutes les tentatives de Charles II pour recouvrer son trône ont échoué. Cromwell règne en maître sur l'Angleterre, avec le titre de Protecteur. Prudemment, par étapes, la France, qui a grand besoin de la neutralité anglaise, a reconnu le nouveau régime et — ô scandale ! — a même signé avec lui en 1655 un traité d'alliance. Charles est devenu *persona non grata* sur le sol français. On y tolère encore sa mère et sa sœur, à condition qu'elles se fassent oublier. Cependant la petite Henriette grandit. Les Visitandines sont d'excellentes éducatrices. Elles ne s'en tiennent pas à l'instruction religieuse, elles préparent la fillette à la condition princière qui doit être un jour la sienne : des lettres, des arts, de la musique, de la danse, elle apprend tout ce qu'il faut savoir pour briller un jour. Et elle se montre douée. Mais elle ne marque pas assez de piété au goût des bonnes religieuses. Pour tout dire, elle s'ennuie ferme au couvent. Elle confie à son frère compatissant combien lui pèse cette existence monotone. Elle ne rêve que d'échapper à l'autorité étouffante de sa pieuse mère.

D'autant qu'elle a déjà goûté à la cour. Dès la fin de la Fronde, la vie mondaine a repris, avec son cortège de fêtes. Anne d'Autriche, très respectueuse des usages, prend grand soin

---

* Son adhésion au catholicisme lui coûtera son trône, en 1688.

d'y convier sa belle-sœur et sa nièce. La *Gazette* et la *Muse historique* permettent de suivre au jour le jour les apparitions de l'adolescente dans les festins, bals et ballets. En 1653 elle est invitée au festin royal offert par Mazarin. L'année suivante elle danse au bal costumé donné pour le mariage d'Anne-Marie Martinozzi avec le prince de Conti — elle est l'Aurore —, puis elle apparaît sous les traits d'une Muse, Erato, dans l'entrée dansée qui accompagne les *Noces de Pélée et de Thétis* et, un peu plus tard, on la remarque dans le bal qui suit le *Ballet d'Alcidiane*.

Figuration de convenance, qui n'exclut pas les avanies. En 1655, lors d'un bal privé, voilà-t-il pas que le roi s'avise d'inviter en premier lieu la duchesse de Mercœur, au lieu de commencer, selon les « rangs », par la princesse d'Angleterre ? Colère d'Anne d'Autriche, qui arrête son fils d'un mot à l'oreille, intervention d'Henriette-Marie qui prétend que sa fille a mal au pied, ne peut danser. Menace de suspendre le bal. Finalement Louis fit danser sa cousine. Mais le soir, en privé, il répliqua aux reproches de sa mère « qu'il n'aimait pas les petites filles ». Elle avait onze ans, et lui presque dix-sept. Ce sont de ces incidents qu'une « petite fille » n'oublie pas. Lorsque l'année suivante, il ouvre sagement un bal avec elle, elle sait bien que ce n'est là que civilité imposée. Mlle de Montpensier, la Grande Mademoiselle, lui cherche sans cesse des querelles de préséance et le jeune Philippe, frère du roi, murmure à la cantonade : « Nous avons bien à faire que ces gens-là, à qui nous donnons du pain, viennent passer devant nous. »

Il ne fait pas bon être la fille d'un roi « à qui l'on a coupé la tête », la sœur d'un exilé privé de royaume, une pauvresse réduite à mendier sa subsistance. Comment trouverait-elle un mari ? À entendre Anne d'Autriche proclamer qu'à défaut de l'infante d'Espagne, elle la souhaiterait pour bru, les deux Anglaises se sont bercées d'illusions. En fait, les chances étaient minces : le principal intéressé y avait « une grande aversion ». Il avait pris en grippe cette gamine maigrichonne que sa mère lui imposait comme cavalière. Pour taquiner son frère, qui avait envie de se marier, il lui disait : « Vous épouserez la princesse d'Angleterre, parce que personne n'en veut. M. de Savoie l'a refusée. J'en ai fait parler à M. de Florence, où l'on n'en veut point : c'est pourquoi je conclus que vous l'aurez ! »

Il ne croyait pas si bien dire : ce fut en effet Philippe d'Orléans qui l'épousa. Mais dans de tout autres conditions. Cromwell était mort en 1658, laissant un fils incapable de lui succéder. Dès l'année suivante, l'Angleterre prépare la restauration de Charles II. L'éternel errant, qui mendiait asile et argent, sera un vrai roi. Henriette devient soudain un parti désirable, qu'il importe de s'attacher. Il s'agit de faire oublier à Charles le lâchage antérieur et de le ramener dans l'orbite de la France par les liens de l'intérêt et de l'affection. Il reste fort désargenté, dépendant de son parlement pour la levée des impôts : on le pensionnera et, puisqu'il ne veut pas donner Dunkerque en dot à sa sœur, on le lui achètera. Il se heurte pour le commerce maritime à la rivalité des Hollandais : on tentera de les neutraliser. Qui pourrait mieux que sa petite Minette chérie servir d'intermédiaire entre Louis XIV et lui ? À l'horizon se profile un éventuel rôle politique.

« *Le deuxième astre de la cour* »

« Monsieur », frère cadet du jeune soleil qui régnait sur la France, avait vingt ans. Il était de fort petite taille, mais bien proportionné. Avec quelques pouces de plus, c'eût été un des plus beaux hommes du royaume. Tel quel, il pouvait rivaliser avec les plus belles femmes. Ses yeux noirs « admirablement beaux et brillants », dit Mme de Motteville, avaient « de la douceur et de la gravité ». « Ses cheveux noirs à grosses boucles naturelles convenaient à son teint. » Même bouche que sa mère. Le nez, qui promettait d'être aquilin, restait encore discret.

Il s'entendait à mettre en valeur une beauté dont il tirait grand orgueil. « Ses inclinations, dit Mme de La Fayette, étaient aussi conformes aux occupations des femmes que celles du roi en étaient éloignées. » Il avait en matière d'« ajustements » une compétence toute féminine. Sa garde-robe regorgeait de plumes, de rubans, de fanfreluches, il raffolait des parfums et surtout des bijoux, qu'il appréciait en connaisseur et dont il possédait de pleines cassettes. Paré, poudré, pomponné, perché sur d'épais talons pour se grandir, il traînait dans son sillage une escorte de jeunes éphèbes d'une beauté à faire damner un sculpteur grec. Nul ne pouvait alors ignorer où le portaient ses préférences. Au cours de sa formation, rien n'avait été fait pour y faire obstacle — au contraire, murmurait-on —, avec l'espoir secret de tuer en lui toutes ambitions militaires et politiques susceptibles de troubler le règne de son frère comme Gaston d'Orléans avait troublé celui de Louis XIII. On n'y était pas totalement parvenu cependant, puisqu'il tenait à se marier afin d'être mis en possession du riche apanage qui lui était promis et à avoir progéniture, afin d'assurer les droits de sa lignée à la succession au trône. Serait-il tenté de s'appuyer un jour sur son beau-frère d'Angleterre pour soutenir une éventuelle rébellion ? Il suffirait de lui en ôter les moyens en le tenant à l'écart de toute responsabilité politique. C'est donc une vie de pure représentation qui attendait l'époux destiné à Henriette.

En 1660-1661, son favori en titre était Armand de Gramont, comte de Guiche, « le jeune homme de la cour le plus beau et le mieux fait, aimable de sa personne, galant, hardi, brave, rempli de grandeur et d'élévation ». Courageux jusqu'à la témérité — il sera le premier à passer le Rhin à la nage en 1672 —, il recherchait le danger, sans crainte d'y exposer aussi les autres. Insolent, prêt à tout pour s'amuser, il pratiquait la provocation comme un des beaux-arts. Ses succès auprès des deux sexes l'avaient rempli de fatuité. Il « chassait à plume et à poil », comme on disait crûment à l'époque, pourchassant les femmes avec d'autant plus d'ostentation qu'on le disait peu capable de leur faire grand mal. Un personnage séduisant et redoutable qui, avant de se brûler lui-même, était tout propre à brûler au passage quiconque s'en approcherait.

Il est peu probable que l'éducation reçue chez les Visitandines ait préparé Henriette à affronter ce genre de situation. À seize ans, se voir soudain changée, de cousine pauvre qu'elle était, en fiancée courtisée, la rendait comme ivre de joie. Elle rayonnait lorsqu'elle accompagna sa mère pour une visite à Londres à l'occasion de la demande en mariage. Son frère la traita en quasi reine. Le jeune duc de Buckingham, en digne héritier de son célèbre père, fit mille folies pour elle, clamant son désespoir lorsqu'une rougeole parut mettre sa vie en danger. Son futur époux alla à sa rencontre « avec tous les empressements imaginables et continua jusqu'au mariage à lui rendre des devoirs auxquels il ne manquait que l'amour ». Mais elle n'était pas encore en mesure de percevoir ces nuances.

Il lui suffit de peu de temps pour comprendre qu'elle n'obtiendrait même pas, à défaut d'un amour toujours refusé aux princesses, les égards qui sont de règle entre époux ordinaires. Le mariage eut lieu le 31 mars 1661 dans la chapelle du Palais-Royal. On était en plein carême et la cour portait le deuil de Mazarin, disparu le 9 du même mois : la cérémonie fut simple. Nuit de noces reportée de quelques jours, pour des raisons trivialement physiologiques. Monsieur en fut très contrarié. La chose lui pesait tant qu'il souhaitait en être quitte au plus vite. Il confiera plus tard à Mademoiselle qu'il n'avait aimé sa femme que quinze jours. Il continuera cependant à « l'honorer » — comme on disait alors — assez régulièrement pour qu'elle fût presque continûment enceinte. Ce sera pour lui un moyen de la tenir : tâche difficile, devant la frénésie de divertissement qui s'empare d'elle.

Métamorphose

Face à la toute nouvelle Madame, la cour va de surprise en surprise. On la disait laide : trop maigre, d'une maigreur d'adolescente maladive, qui faisait mal augurer de l'avenir. « Vous allez épouser les os des Saints-Innocents »*, murmurait perfidement Louis à l'oreille de son frère. Incontestablement, elle n'est pas, et ne sera jamais, enrobée de l'embonpoint qu'on prise tant à l'époque. Sans être vraiment bossue, comme est seule à le dire la jalouse Mlle de Montpensier, elle n'a pas le dos tout à fait droit. De plus, en dépit des efforts déployés par les peintres — ou les femmes de chambre — pour donner des reflets dorés aux boucles qui adoucissent le contour de ses joues, elle n'est pas blonde. Ses cheveux, peut-être clairs encore, fonceront vite et elle a les yeux sombres comme sa mère. Mais elle est beaucoup plus grande, le teint blanc, la bouche vermeille, les dents

---

* Les Saints-Innocents étaient un très vieux cimetière, d'abord situé hors des murs, puis inclus dans l'enceinte de Philippe-Auguste. Il occupait un vaste quadrilatère adossé à la rue Saint-Denis. Dans des espèces de galeries à arcades étaient entassés en vrac les ossements anciens qu'on extrayait des fosses communes pour y faire de la place. Une célèbre *Danse macabre*, peinte vers 1416, ornait l'un de ces charniers.

superbes. Ajoutez-y le talent de se coiffer et de s'habiller « d'un air qui convenait à toute sa personne ». Avec bien des « imperfections », elle est infiniment séduisante.

Toutes grâces dehors, elle cherche à plaire. « Jamais la France n'a vu une princesse plus aimable », dira l'abbé de Choisy ; ses yeux noirs, vifs, « pleins du feu contagieux que les hommes ne sauraient fixement observer sans en ressentir l'effet [...] paraissaient eux-mêmes atteints du désir de ceux qui les regardaient. Jamais princesse ne fut si touchante, ni n'eut autant qu'elle l'air de vouloir bien que l'on fût charmé du plaisir de la voir. Quand quelqu'un la regardait, et qu'elle s'en apercevait, il n'était plus possible de ne pas croire que ce fût à celui qui la voyait qu'elle voulait uniquement plaire ». En un mot, elle est coquette. Sans méchanceté aucune. « Elle mêlait dans toute sa conversation, dit l'abbé de Cosnac son aumônier, une douceur qu'on ne trouvait point dans toutes les autres personnes royales ; ce n'est pas qu'elle eût moins de majesté, mais elle savait en user d'une manière plus facile et plus touchante ; de sorte qu'avec tant de qualités toutes divines, elle ne laissait pas d'être la plus humaine du monde. » Aiguisé par des années de frustration, son désir d'être aimée est attisé par la lecture des romans, dont Bossuet dira qu'elle eut tant de peine à se déprendre.

De surcroît, elle est intelligente, cultivée, spirituelle. Sur ce point tous sont d'accord. « Ce fut une nouvelle découverte de lui trouver l'esprit aussi aimable que tout le reste », dit Mme de La Fayette. « On voyait déjà en elle, dit Mme de Motteville, beaucoup de lumière et de raison. » Elle voulait « régner dans le cœur des hommes » non seulement par ses charmes, mais « par la beauté de son esprit ». « Elle avait tout l'esprit qu'il faut pour être charmante, dira Choisy, et tout celui qu'il faut pour les affaires importantes, si les conjonctures de le faire valoir se fussent présentées. » La Fare, allant plus loin, la taxera d'ambition : « Elle voulait non seulement gouverner son mari, mais toute la cour, si elle eût pu. »

En somme, elle avait tout ce qui fallait pour faire une reine, et qui manquait si cruellement à Marie-Thérèse. Mais reine, elle ne l'était pas. « Elle se souvenait encore, avec quelque noble dépit, que le roi l'avait autrefois méprisée, quand elle avait pu prétendre de l'épouser. » Et elle rêvait de revanche.

Le printemps de Fontainebleau

À l'occasion de son mariage, Philippe avait été largement doté. Outre les divers domaines producteurs de revenus, il avait reçu, pour demeures de ville et des champs, les Tuileries et le château de Saint-Cloud. Dès le lendemain des noces, l'habitat du jeune couple fut l'occasion d'une querelle. Henriette prétendait rester auprès de sa mère au Palais-Royal, assez vaste pour les abriter tous trois. Mais les deux femmes y auraient régenté la maison. Philippe, poussé par ses favoris, tenait à rester le maître. Il imposa les Tuileries, en alternance avec Saint-Cloud*. Une invitation calma momentanément les aigreurs. La cour avait pris ses quartiers d'été à Fontainebleau, pour procurer à Marie-Thérèse, qui attendait son premier enfant, calme et fraîcheur. Un billet fort galant de Louis XIV pressait sa jeune belle-sœur de l'y rejoindre, en compagnie bien sûr de son époux.

Le séjour de Fontainebleau en ce printemps de l'année 1661 laissa à ceux qui l'ont vécu le souvenir d'un âge d'or retrouvé. « Les différentes cours et les différents jardins paraissaient des palais et des jardins enchantés, et ses déserts des Champs-Élysées. » Le temps était beau, la paix et la concorde étaient de retour, les anciens frondeurs, Condé et Beaufort en tête, se disputaient l'honneur de servir le souverain. Ce fut le règne des plaisirs. Bals, concerts, promenades, chasses à courre, baignades dans la Seine toute proche, collations sur l'eau dans un bateau doré en forme de galère : partout Madame apportait sa joie communicative. Il faisait chaud. « Elle s'allait baigner tous les jours ; elle partait en carrosse, à cause de la chaleur, et revenait à cheval, suivie de toutes les dames, habillées galamment, avec mille plumes sur leur tête, accompagnées du roi et de la jeunesse de la cour ; après souper on montait dans des calèches, et au bruit des violons on s'allait promener une partie de la nuit autour du canal. » De temps à autre, les comédiens italiens ou ceux de l'Hôtel de Bourgogne étaient convoqués pour varier les plaisirs.

---

* Très vite, la reine mère d'Angleterre se retirera dans son petit château de Colombes et leur cédera le Palais-Royal, les Tuileries revenant au roi.

Visiblement la compagnie de Madame plaît au roi et elle ne fait rien pour le décourager, au contraire. Les voici inséparables. En cavalière expérimentée, elle peut sans peine le suivre à cheval. Elle est aussi douée que lui pour la danse, comme permettent de le constater les répétitions du *Ballet des Saisons*, qui doit se donner fin juillet au bord de l'étang et où elle tiendra le principal rôle féminin, celui de Diane. Chaque jour, ils se découvrent des affinités nouvelles. Et l'on commence autour d'eux à se poser des questions.

Laissons ici la parole à la très perspicace Mme de La Fayette, qui fut sa confidente. Faute d'avoir pu être reine, elle voulut « plaire au roi comme belle-sœur. Je crois qu'elle lui plut aussi d'une autre manière ; je crois aussi qu'elle pensa qu'il ne lui plaisait que comme beau-frère, quoiqu'il lui plût peut-être davantage ; mais enfin, comme ils étaient tous deux infiniment aimables, et tous deux nés avec des dispositions galantes, qu'ils se voyaient tous les jours au milieu des plaisirs et des divertissements, il parut aux yeux de tout le monde qu'ils avaient l'un pour l'autre cet agrément qui précède d'ordinaire les grandes passions ». Bref ils sont sur le point de tomber amoureux, si ce n'est déjà fait. De là à dire qu'ils allèrent plus loin, il y a un grand pas que nul n'a franchi au XVIIe siècle, pas même le malveillant La Fare, qui ne l'accuse que de coquetterie. Au XIXe des historiens, dont Michelet, poseront plus crûment la question, sans pouvoir avancer autre chose que des hypothèses. Ce qui est sûr, c'est qu'ils étaient encore très jeunes et l'interdit de l'inceste était très fort. Ils étaient très surveillés aussi. Les réactions furent vives et rapides : pour faire des sottises, ils n'ont eu que très peu de temps. Trois petits mois à peine — de mai à juillet — et déjà Henriette voyait s'éloigner le roi.

Une idylle condamnée

Dans sa chambre ou dans les jardins du château, étendue la plus grande partie du jour, la jeune reine esseulée pleure en regardant s'arrondir son ventre. Elle se plaint à sa belle-mère. Anne d'Autriche ne comprend que trop son fils ; elle est bien placée pour savoir combien Marie-Thérèse est ennuyeuse. Elle ne prend donc pas l'affaire trop au sérieux et tente de s'interposer à l'amiable entre les trois acteurs de ce vaudeville conjugal. À sa petite bru, elle explique qu'elle a tort de s'affliger « de choses qui ne sont rien ». Auprès de son fils, elle justifie la jalousie de la jeune femme par « l'excès de tendresse qu'elle a pour lui » et l'incite à « tâcher de lui donner le moins d'inquiétude possible » : en somme, sans renoncer à la compagnie de Madame, qu'il y apporte un peu de discrétion ! À cette dernière, elle conseille de se ménager : « Ses veilles et ses parties de chasse peuvent incommoder sa santé. »

Autant prêcher dans le désert. Henriette n'est pas dupe, mais elle fait celle qui ne veut pas comprendre. Elle vient de découvrir le paradis et n'est pas prête à en abandonner la moindre parcelle. Louis, pour sa part, n'aime pas à être contrarié. Les deux jeunes gens continuèrent donc à s'afficher de plus belle.

Une affaire intérieure à la maison de la reine aggrava la situation. La nouvelle surintendante Olympe de Soissons, se prit comme on l'a vu de violente querelle avec la dame d'honneur Mme de Navailles. Tandis que les deux reines soutenaient cette dernière, Madame prenait le parti de la comtesse de Soissons et se liait d'amitié avec elle. Les parties de plaisir redoublèrent alors, et la présence d'Olympe, à la réputation légère, rendit suspectes les promenades nocturnes dans les bois jusqu'à deux ou trois heures du matin. Marie-Thérèse redoubla de pleurs et la reine mère se fâcha.

Elle chargea Mme de Motteville de faire la morale à Henriette, sur qui le sermon glissa, sans aucun effet. Elle la chargea aussi d'inciter Marie-Thérèse à « souffrir avec plus de patience les divertissements du roi », qui, en tant que roi, « devait être maître de ses actions », et dont « la vertu », « attaquée » peut-être, n'était assurément pas « vaincue ». Elle se plaignit, sans résultat, à Henriette-Marie et à sa petite cour britannique. Elle essaya de la diversion, en traînant la coupable à sa suite lors d'un séjour chez sa vieille amie Mme de Chevreuse. En vain. Tout au fond d'elle-même, elle ne parvenait pas à en vouloir à son fils et celui-ci le sentait.

La pauvre infante cependant n'était pas seule à être jalouse. Philippe d'Orléans, d'abord ravi des succès de sa femme, dont l'éclat éclipsait la reine, avait fini par prendre ombrage des familiarités de son frère avec elle. Il n'était pas naturellement méchant, mais la jalousie, qui le dévorait depuis l'enfance face à son frère mieux aimé, pouvait l'entraîner très loin. Il se fâcha lui aussi. Et il avait, lui, les moyens de rendre la vie impossible à sa femme.

C'est alors que germa, sans doute dans la cervelle féconde d'Olympe de Soissons, l'idée de mettre en avant ce qui s'appellera au temps d'Alfred de Musset un *chandelier*, une jeune personne que Louis feindra de courtiser pour détourner l'attention. Parmi les filles d'honneur, on lui suggéra trois candidates. Son choix se porta sur la plus douce et la plus timide, fraîchement arrivée de sa province, une inconnue nommée Louise de La Vallière. Madame ne risquait pas, semblait-il, de souffrir de la comparaison.

On connaît le renversement de situation qui suivit. Dès la fin de juillet, c'est Madame qui servait de chaperon, bien contre son gré, aux amours de Louise et du roi, dont il sera longuement question plus loin. Elle se vit délaissée, le prit très mal, éprouva à son tour les affres de la jalousie. C'est alors que le trop bel Armand de Guiche se présenta pour la consoler. Il avait tout d'un héros de roman — affectation des manières, langage sophistiqué, intempérance épistolaire, goût des gestes théâtraux et des démonstrations à grand fracas. C'était un soupirant terriblement voyant et compromettant. Lorsqu'il se mit à poursuivre Madame, Monsieur fut doublement jaloux : Guiche était, ne l'oublions pas, son favori personnel. On éloigna pour un temps l'imprudent, mais la mésentente conjugale persista.

Pour comble de disgrâce un début de grossesse l'éprouvait beaucoup. Elle était maigre, avait très mauvaise mine, ne parvenait à dormir qu'à coups de pilules d'opium. « Son plus grand mal était un rhume sur la poitrine : lorsqu'elle commençait à tousser, dit Mlle de Montpensier, l'on aurait dit qu'elle allait étouffer. » La reine mère lui battait froid. Seules les visites du roi lui donnaient un peu de joie. Mais bientôt l'attention générale se détourna d'elle : la reine approchait de son terme.

Un dauphin pour la France

La liaison de son fils avec La Vallière consterna la reine mère. Elle eut peur qu'un nouveau chagrin ne rendît sa bru malade, au grand dommage de l'enfant qu'elle portait. Elle organisa pour la protéger une conspiration du silence à laquelle tous acceptèrent de prendre part. Précaution d'une efficacité toute relative : la jeune femme continua de croire que le roi flirtait avec Madame ; et l'on avait beau lui dire que c'était en toute innocence, elle ne s'en désolait pas moins. Du moins la cour, à la fin de l'été, eut-elle autre chose à faire que de cancaner sur les amours des uns et des autres. La célèbre fête donnée à Vaux par le surintendant Fouquet, puis son arrestation à Nantes, suffirent à alimenter les conversations.

Fin octobre, en prévision de la naissance imminente, toutes les églises de France sont en prières : pourvu que ce soit un garçon ! Enfin, au soir du 31, la reine est prise des douleurs. Autour d'elle s'affairent la sage-femme et le chirurgien. À cinq heures du matin, le roi se lève, se confesse et communie, « en implorant la protection divine ». Puis il rejoint la chambre qui déjà se remplit de princes et de princesses : les naissances royales, pour éviter toute substitution, doivent être publiques. Fut-elle vraiment « fort malade et en péril de sa vie », comme le dit Mme de Motteville ? Elle avait surtout grand peur — ce qui se comprend sans peine. Elle poussa des cris, elle s'exclama puérilement : « Je ne veux pas accoucher, je veux mourir. » Tant qu'elle fut « dans ses grands maux », le roi ne la quitta pas, il la soutint, « si affligé et si sensiblement pénétré de douleur » en la voyant souffrir, que nul ne put douter « que l'amour qu'il avait pour elle ne fût plus avant dans son cœur que tous les autres ». Certes la narratrice se veut édifiante. Mais elle n'a pas tort de souligner que les naissances sont pour un couple royal, même sentimentalement désuni, l'occasion de ressentir très fort ce qui les lie. Seule la reine peut donner au roi lignée légitime, seule elle peut inscrire sa personne dans la continuité dynastique. Et il lui en est reconnaissant.

Surtout s'il s'agit d'un fils. C'est le cas. Le jour de la Toussaint 1661 vient au monde cinq minutes avant midi celui qu'on prénommera Louis, comme son père. Le roi, transporté de joie, ouvrit la fenêtre et cria lui-même aux courtisans massés dans la cour de l'Ovale : « La reine est accouchée d'un garçon ! » Les comédiens espagnols qui se trouvaient sur place improvisèrent un ballet, avec castagnettes, harpes et guitares devant l'appartement de la reine mère, tandis que commençaient à flamber les feux de joie. À mesure que se répand la nouvelle, Paris, puis le royaume tout entier s'associent aux festivités, on danse, on chante, on récite des actions de grâces, on libère des prisonniers. À Fontainebleau, Mme de Montausier prend possession de l'enfant dont elle sera la gouvernante, laissant l'heureuse mère se remettre peu à peu, avant d'accomplir à Chartres le traditionnel pèlerinage de relevailles. On attendra le printemps suivant pour organiser dans les jardins des Tuileries un carrousel à grand spectacle en l'honneur du petit dauphin qui n'en peut mais.

Entre-temps la cour, rentrée à Paris, a repris son train. Le roi fait à sa femme un nouvel enfant. Il en fait un aussi à La Vallière. Quant à Henriette, également enceinte, elle devra garder le lit tout l'hiver. À ce jeu cruel de l'amour et du hasard, en quelques mois de ce bel été 1661, elle a tout gagné et tout reperdu. Ou presque. Elle est au plus mal avec son époux, elle s'est aliéné définitivement les deux reines. Il lui reste l'amitié du roi, qui ne se démentira pas. Il lui reste aussi, face à des rivales de rang inférieur, la certitude d'occuper sur le plan mondain la première place. Il lui reste enfin la très vive affection de son frère Charles II, qui la protège et qui fait d'elle une pièce importante sur l'échiquier politique. Le règne de La Vallière, qui va s'ouvrir, ne signifiera donc pas pour elle une totale éviction.

CHAPITRE QUATRE

LOUISE DE LA VALLIÈRE OU L'AMOUR VRAI

À Fontainebleau les meneuses de jeu se sont trompées. Elles connaissent mal le roi. À vingt-trois ans, il a encore le cœur tendre. La timide jeune fille vers qui elles le dirigent est éperdument amoureuse de lui en secret. Il découvre avec délices la fraîcheur d'un amour vrai, simple, sincère, sans arrière-pensées. Louise de La Vallière se livre à lui corps et âme. Il est conquis. Elle sera sa première maîtresse en titre.

Dès l'instant qu'il ne s'agit pas d'une passade et que le roi tient à elle, se pose vite le délicat problème de sa place à la cour. Certes il y a des précédents. La tradition des maîtresses royales est ancienne et le souvenir d'Agnès Sorel, de Diane de Poitiers, de Gabrielle d'Estrées, reste vivace. Mais Louis XIII « le Chaste » a créé la rupture. En France, depuis cinquante ans, on n'en a pas vu une seule. Et la Réforme catholique est passée par là, éprise de rigueur morale, impitoyable pour les écarts de conduite qu'on saluait naguère d'un éclat de rire gaillard. Le statut de maîtresse royale est donc à réinventer, à réimposer par la force. Car les résistances sont nombreuses et vives — notamment de la part de la reine mère.

Le roi aime le secret. Il hésitera longtemps à tirer Louise de l'ombre et ne procédera qu'à pas comptés, par étapes successives. Elle ne figurera à ses côtés comme favorite officielle, mère d'enfants reconnus, qu'après la mort d'Anne d'Autriche. Mais elle est alors sur le point d'être supplantée. Le « règne » de La Vallière aura duré six ans : c'est déjà beaucoup, estiment les observateurs étrangers. Car il n'est pas sûr qu'elle fût faite pour ce « métier ».

Une jeune provinciale

Rien ne prédestinait la jeune Louise-Françoise de La Baume Le Blanc à rencontrer le roi. Elle appartenait à une famille de petite noblesse bien implantée en Touraine. Son père, l'aîné de douze enfants, avait embrassé comme il se doit la carrière des armes. On l'avait marié avec la riche veuve d'un conseiller au parlement de Paris. C'est là que naquit son fils Jean-François, en 1642. À peine avait-il pris part à la bataille de Rocroi qu'il décidait l'année suivante de se retirer sur ses terres. Sa fille naquit à Tours le 6 août 1644, mais c'est à la campagne qu'elle passa son enfance, dans le petit manoir de La Vallière, au village de Reugny, à une dizaine de kilomètres au nord-est de Vouvray. Une vie simple, aisée mais sans luxe, au milieu des prés, des bois, des vignobles, une éducation soignée — lecture, écriture —, une solide instruction religieuse. Tout donnait à penser qu'elle épouserait un gentilhomme du voisinage. Mais son père mourut brusquement, vers 1651, en laissant des dettes considérables.

Veuve pour la seconde fois, sa mère, Françoise Le Provost, se battit bec et ongles pour récupérer sa dot, au détriment des intérêts de ses enfants. À sa décharge, c'était pour elle la seule chance de trouver un troisième mari. Et le très brave homme qui l'épousa en 1655, Jacques de Courtavel, marquis de Saint-Rémy, accepta de se charger des deux orphelins. Il était logé à Blois, dans le château de Gaston d'Orléans, auprès de qui il occupait les fonctions de premier maître d'hôtel. Le frère de Louis XIII, en disgrâce depuis la Fronde, s'ennuyait en Touraine en compagnie de sa femme neurasthénique et de ses trois filles du second lit, Marguerite-Louise, dite Mlle d'Orléans, Élisabeth, dite Mlle d'Alençon, et Françoise-Madeleine, dite Mlle de Valois. Louise de La Vallière avait à peu près l'âge de la seconde. Dans cette cour de dimensions réduites, pas de cérémonies, le maître des lieux était simple et libéral. La nouvelle venue, aussitôt adoptée, fut associée aux études et aux jeux des trois princesses, elle y acquit de bonnes manières, de la culture, elle s'exerça à bien parler et à bien écrire, à monter à cheval aussi, bien qu'une fracture de la cheville consécutive à une chute lui ait laissé une très légère boiterie. Et elle fut la confidente des rêves d'avenir de ses trois amies : l'aînée se voyait déjà reine de France. Elle-même commençait à répondre aux sentiments du jeune Jacques de Bragelonne, fils de l'intendant du château — dont s'inspirera Alexandre Dumas — lorsque sa mère la somma de couper court.

C'est une mort qui, à nouveau, décida de son sort. Gaston d'Orléans disparu en février 1660, sa veuve Marguerite de Lorraine fut autorisée à regagner Paris et s'installa au palais du Luxembourg, dont la moitié lui appartenait. La famille de Saint-Rémy suivit. Mais les princesses grandissent. L'aînée, mariée à Cosme III de Médicis, est partie pour Florence. La troisième, fiancée au duc de Savoie, va s'en aller à son tour. Que faire de Louise si « Madame Douairière » réduit sa domesticité ? C'est alors que Mme de Choisy, une lointaine cousine pleine d'entregent, offrit de la faire agréer en qualité de fille d'honneur auprès de la jeune Madame, Henriette d'Angleterre, qui venait d'épouser Philippe d'Orléans. De son côté son frère entrait dans les cadets de la maison du roi. Pour acheter l'équipage et le trousseau nécessaires, leur mère dut contracter un emprunt, cautionné par son époux.

À dix-sept ans presque révolus, sans être « de ces beautés toutes parfaites qu'on admire souvent sans les aimer », elle était fort aimable. Selon l'abbé de Choisy, le vers bien connu de La Fontaine : *Et la grâce, plus belle encor que la beauté*, semblait avoir été fait pour elle. L'impression générale était de finesse, de gracilité, d'élégance. Si l'on voulait détailler, on notait une démarche souple et légère que ne déparait pas sa claudication, un teint transparent, des cheveux bien fournis d'un blond argenté, de grands yeux bleus. Quelques « imperfections » — des dents irrégulières, une gorge trop maigre — largement compensées par la qualité du regard, « si tendre et en même temps si modeste qu'il gagnait le cœur et l'estime au même moment ». Ce regard « vous ravissait », dit Primi Visconti, « avait un charme inexprimable », confirme la princesse Palatine. Il reflétait la limpidité de son âme. Sa voix, aussi, allait droit au cœur.

Car elle était civile, obligeante, libérale, d'humeur toujours égale, discrète, modeste, telle « une violette se cachant sous l'herbe », dira Mme de Sévigné. Avait-elle « de l'esprit » ? Les avis sont partagés, selon qu'on entend par là intelligence, jugement, goût, ou bien éclat et brillant. Tous s'accordent à lui prêter à cette date une naïveté, une candeur qui ne sont que l'autre face de sa bonté naturelle : elle est désarmée face à la méchanceté d'autrui. Quant à sa piété, tous la savent sincère et profonde. Ce qu'on ignore encore, c'est son caractère entier, passionné, violent même dans son exigence d'absolu, faiblesse et force tout à la fois.

Seule, transportée soudain loin de son enfance, dépourvue de tout conseil et de tout appui dans cette cour toute bruissante de galanteries, elle est sans défense devant l'amour ébloui qu'elle porte secrètement au roi. Il suffit qu'il jette les yeux sur elle : elle ne pourra que succomber.

L'amour caché

Leur rencontre a suscité divers récits romanesques qu'on retrouve chez Dumas : la jeune fille se laissant arracher par ses compagnes l'aveu de son amour pour le roi, sans savoir qu'il écoute, caché derrière la charmille ; l'orage offrant à celui-ci l'occasion de la couvrir de son chapeau. Les choses se passèrent sans doute plus simplement. D'autres soupirants en puissance, Brienne, l'inévitable Guiche, eurent tôt fait de se retirer dès qu'ils s'aperçurent des visées du roi. Comme tout le monde, celui-ci écrivit des billets qu'elle commença par refuser, puis auxquels elle répondit. On était au mois de juillet. Prudent, il feignit de l'ignorer dans la journée, mais « à la promenade du soir, raconte Mme de La Fayette, il sortait de la calèche de Madame et s'allait mettre près de celle de La Vallière, dont la portière était abattue ; et comme c'était dans l'obscurité de la nuit, il lui parlait avec beaucoup de commodité ».

Bientôt les conversations dans le parc ne leur suffirent plus. Hélas ! Louise n'avait pas de logement propre, elle habitait avec les autres filles d'honneur de Madame. Quant à l'introduire dans les appartements royaux, il n'y fallait pas songer. François de Beauvillier, duc de Saint-Aignan, premier gentilhomme de la chambre du roi, qui partageait tous ses secrets, prêta la mansarde qu'il occupait sous les combles et ce qui devait arriver arriva. Mais la possession, loin d'entraîner la satiété, aviva leurs sentiments. La clandestinité, les précautions, le secret, donnaient à leur amour un piment supplémentaire.

Faute de pouvoir se parler pendant le jour, ils s'écrivaient, en vers comme les héros de romans à la mode. N'étant bons poètes ni l'un ni l'autre, conte l'abbé de Choisy, ils eurent recours sans le savoir aux services d'un même habile homme, le marquis de Dangeau, leur confident à tous deux. Lequel fit ainsi « les lettres et les réponses » pendant une bonne année, jusqu'au jour où La Vallière refusa de recevoir du roi des compliments immérités. Aveux réciproques, « dans une effusion de cœur ». Ainsi finit ce petit commerce, dont « le mystère faisait l'agrément ».

À cette époque, et jusqu'à l'installation définitive à Versailles en 1682, Louis XIV n'a pas de demeure fixe. Il se transporte du Louvre à Saint-Germain, à Fontainebleau ou à Vincennes, à moins qu'il ne s'invite chez l'un ou chez l'autre, au gré des saisons et de sa fantaisie. Et la cour est sommée de suivre. Mais lorsqu'il est à Paris, son frère et sa belle-sœur habitent le Palais-Royal et non le Louvre. Et Louise est tenue d'assurer son service auprès de Madame. La malheureuse, pour se libérer, dut faire semblant d'être malade. Le roi découvrit qu'elle aimait la chasse, savait manier le pistolet et l'épieu, et qu'elle était une écuyère de grand talent. « Je l'ai vue montant à cru un cheval barbe, dit un voyageur italien, Locatelli, sauter debout sur son dos pendant qu'il courait et se rasseoir à plusieurs reprises, en s'aidant seulement d'un cordon de soie passé dans la bouche du cheval. » Accompagné d'un tout petit groupe de fidèles, le roi allait parfois chasser dans les bois giboyeux de Versailles. Il l'y emmena. Le château bâti par Louis XIII, un pavillon de dimensions modestes*, offrait un nid d'amour idéal. Même lorsque le secret fut éventé, il continua de goûter ces escapades qui conservaient à leur idylle un parfum d'intimité : elles sont à la racine de sa passion pour Versailles, dont il commença alors de faire aménager les jardins. Il y fera construire pour s'isoler avec elle la fameuse grotte de Thétys, féerique promenoir des amants dont le miroitement de jeux d'eau, de statues, de rocailles enchanta la Fontaine :

---

* Il constitue la partie centrale du château actuel, qui a été édifié autour de lui.

> *Quand le Soleil est las et qu'il a fait sa tâche,*
> *Il descend chez Thétys et prend quelque relâche [...]*
> *Celle qu'il s'en va voir seule occupe son âme,*
> *Il songe aux doux moments où, libre et sans témoins,*
> *Il reverra l'objet qui dissipe ses soins.*

Hélas, la solitude à deux n'est pas faite pour les rois.

L'union sacrée contre Louise

Un tel amour ne pouvait échapper aux yeux aiguisés de l'entourage. Sa discrétion même en était la preuve : pour que Louise jouât son rôle de leurre afin de détourner les soupçons de la reine, il aurait fallu en effet que les attentions de Louis fussent publiques. Henriette comprit vite. Elle tenait à conserver le cœur du roi et prit la chose comme une trahison. Une double trahison, puisque La Vallière était « à elle ». Le roi osait préférer la suivante à la maîtresse. Intolérable.

Elle n'était pas seule à en être toute retournée. Qu'on y songe ! Depuis qu'il était marié, Louis se montrait fort sage. Il s'amusait certes, il dansait, il flirtait Mais il entourait son épouse d'égards et n'avait pas de maîtresse. « Il semblait en toutes choses, dit la pieuse Motteville, vouloir toujours porter à juste titre celui de [roi] très chrétien. [...] La vertu, l'innocence et la paix paraissaient régner sur le trône. » La découverte de sa liaison eut un double effet. Elle consterna les dévots, au premier rang desquels sa mère. Et elle déchaîna à la fois la jalousie et les espérances de toutes celles qui avaient prétendu ou qui pouvaient prétendre à son amour. Olympe de Soissons, qu'il avait aimée et auprès de qui il se plaisait encore, fut aussi ulcérée que Madame et pour les mêmes raisons. L'offensive contre Louise fut menée concurremment par les uns et par les autres.

Commençons par les ambitieuses, les jalouses ou plus simplement les pêcheuses en eau trouble qui comptaient faire leur fortune par les bons offices ou le chantage. Louise faillit être la victime d'une de ses compagnes de chambre, Anne-Constance de Montalais — autre héroïne d'Alexandre Dumas — à qui elle avait eu l'imprudence de se confier. Celle-ci la mit au courant des intrigues embrouillées dans lesquelles s'étaient embarqués Madame et le comte de Guiche, lui fit jurer de ne rien dire. Or un jour de février 1662, le roi n'eut pas de mal à sentir que sa bien-aimée lui cachait quelque chose. Elle mentit mal, mais tint à garder le secret. Il se mit en colère et la quitta fâché. Au plus fort de leur amour naissant, ils s'étaient promis que, s'il survenait entre eux quelque brouillerie, « ils ne s'endormiraient jamais sans se raccommoder et s'écrire ». Elle attendit vainement toute la nuit en larmes, et à l'aube, désespérée, elle quitta les Tuileries. Fuyant la ville elle marcha au hasard dans les jardins, le long de la Seine, vers l'ouest. Elle arriva exténuée à Chaillot, sonna à la porte de ce qui semblait un monastère*. La tourière lui ouvrit, lui donna accès au parloir, où elle s'effondra évanouie.

Le matin Louis, ne la trouvant pas, la fit chercher. Nul ne savait où elle était. Il dut recevoir comme prévu la visite de l'ambassadeur d'Espagne, mais il bouillait d'inquiétude et, lorsqu'on vint lui dire qu'elle était retrouvée, il fila vers Chaillot au grand galop « avec un manteau gris sur le nez », se fit repousser par la tourière, obtint enfin accès au parloir où il trouva sa maîtresse dans un état pitoyable. Elle lui raconta tout ce qu'elle avait cru devoir lui cacher, par fidélité à sa parole. Il respira : ces intrigues ne la concernaient pas, sa seule faute était de s'être laissée aller à des confidences. Il pleura avec elle, la consola, la ramena aux Tuileries, eut une explication acide avec sa belle-sœur qui comprit, n'étant pas sans reproche, qu'elle avait intérêt à ne pas chasser la jeune fille de sa maison, comme elle en avait manifesté l'intention.

Première fêlure : ils avaient douté l'un de l'autre, souffert l'un par l'autre, « il ne pouvait se consoler qu'elle eût été capable de lui cacher quelque chose, et elle ne pouvait supporter d'être moins bien avec lui », note Mme de La Fayette. En somme, ils se comportaient comme deux amoureux bien épris. Mais l'incident avait fait du bruit : ils étaient désormais le point de mire de la cour.

---

* Il s'agissait du couvent de Sainte-Périne, occupé par des chanoinesses de l'ordre de saint Augustin, situé dans l'actuelle rue Bassano, à proximité de Saint-Pierre-de-Chaillot.

Alors on chercha à attaquer le roi. Puisqu'il était vulnérable, on s'appliqua à le tenter. Ce fut l'œuvre d'Olympe de Soissons. Elle eut le tort de choisir parmi les filles d'honneur de la reine. Car il était admis en dogme, dans les palais comme dans les chaumières, que le maître devait chercher « les objets de ses plaisirs » hors de sa maison. Lorsque Mme de Navailles, qui veillait sur la vertu des filles, s'aperçut qu'Anne-Lucie de la Motte-Houdancourt* lui faisait les yeux doux, elle se permit de rappeler ce précepte au roi. Il se fâcha, feignit de s'apaiser et chercha des moyens détournés d'accéder à sa belle. Déjà il lui parlait par un trou percé dans la cloison, il explorait les gouttières pour entrer dans sa chambre par le toit. Mme de Navailles fit poser des grilles sur les fenêtres. Cependant Anne-Lucie se faisait désirer, exigeant pour prix de ses faveurs le renvoi de La Vallière. Toute la cour était maintenant au courant de l'affaire. La reine mère s'en mêla, parvint à convaincre son fils de l'hypocrisie de la demoiselle, et il s'en tint là.

Mais il trouva désormais sur son chemin cent occasions de tromper à la fois épouse et maîtresse et il est certain qu'il y succomba parfois — notamment avec la princesse de Monaco, sœur de Guiche. Et de bonnes âmes anonymes se chargeaient d'en informer Louise par lettre.

Pieuses interventions

Chez Anne d'Autriche, d'autre part, la déception était grande. Elle connaissait le tempérament de son fils. Mais elle avait espéré que le mariage, satisfaisant les besoins de ses sens, lui permettrait de surmonter les tentations. Ce premier accroc dans le contrat conjugal la consternait. Pour une croyante, il y a des degrés dans le péché de chair : l'adultère l'aggrave. Et le roi est plus tenu qu'un autre de ne pas donner l'exemple du scandale.

Elle lui fit de la morale, avec douceur et tendresse, puis fermeté. Il se déroba. Elle appela l'Église à la rescousse en la personne de Bossuet, dont la réputation était déjà bien assise.

---

* À ne pas confondre avec sa quasi-homonyme, La Motte-Argencourt, dont il a été question plus haut.

Elle le chargea de prêcher le carême de 1662. À la suite d'une mauvaise récolte, l'hiver avait été terrible pour les pauvres gens manquant de pain. Le contraste avec le luxe inouï des fêtes qui marquèrent le carnaval n'en était que plus choquant : le célèbre sermon du *Mauvais Riche* est la condamnation de l'égoïsme des nantis. Y apparaît en contrepoint l'idée chrétienne traditionnelle que vertu du roi et bonheur du peuple sont liés : « Dieu venge les péchés des rois. » Trois des sermons suivants ont pour figure centrale la pécheresse Madeleine, heureusement rachetée par la pénitence. Et l'auditoire — y compris la principale intéressée — n'avait pas de peine à comprendre le sens du message.

Anne revint à la charge. Mère et fils discutèrent, mêlèrent leurs larmes, se réconcilièrent, se battirent froid au point de plus se parler, sans jamais cesser de se comprendre et de s'aimer. Elle n'avait plus d'autre ressource que de prier pour lui.

Multiplier les pressions n'était sans doute pas le meilleur moyen pour faire céder un orgueilleux. Il acceptait en privé les admonestations maternelles, mais supportait mal que sa conduite fût stigmatisée en chaire. Lorsqu'il sentit le parti dévot tout entier, et jusqu'aux gens de Port-Royal, se préoccuper obligeamment de sa vertu et du salut de son âme, il s'exaspéra. Au duc de Mazarin*, un grotesque, qui se prétendait mandaté de Dieu « par révélation nocturne » pour lui reprocher sa liaison, il se contenta de répondre, en lui touchant le front : « J'ai toujours soupçonné que vous aviez quelque blessure là. » Il finira par exiler le couple de Navailles, qui s'était par trop permis de lui faire la leçon.

Ces interventions maladroites ne font que l'attacher davantage à sa maîtresse. Mais c'en est fini de l'obscurité complice. Leur liaison est le secret de polichinelle. Une seule personne est censée l'ignorer, la pauvre Marie-Thérèse. C'est sur sa réaction, si elle venait à l'apprendre, que comptent ceux et celles qui espèrent encore obtenir le renvoi de Louise.

---

* Il s'agit d'Armand-Charles de La Meilleraye, que son mariage avec Hortense Mancini avait fait duc de Mazarin. Mari abondamment trompé et lui-même infidèle, il était cependant d'une bigoterie outrée. Dans la collection de statues antiques réunies à prix d'or par Mazarin il avait fait mutiler, pour indécence, les nus masculins.

Ce que savait la reine

Lorsque Anne d'Autriche avait eu vent de sa liaison avec La Vallière, elle avait prié son fils, on l'a vu, « de lui aider à cacher sa passion à la reine, de peur que sa douleur ne causât de trop mauvais effets contre la vie de l'enfant qu'elle portait ». Cette conspiration du silence arrangeait si bien tout le monde qu'elle se prolongea après la naissance du dauphin. D'ailleurs, au printemps suivant, une nouvelle grossesse s'annonçait.

La jeune reine en resta donc à l'idée que son époux flirtait « innocemment » avec Henriette d'Angleterre. Mais elle ne tarda pas à se douter d'autre chose, ne serait-ce qu'en voyant diminuer l'assiduité du roi auprès d'elle. Il faut vraiment beaucoup de bonne volonté aux biographes de Marie-Thérèse pour porter au crédit de son intelligence le fait qu'elle s'aperçut que son mari la trompait : une telle constatation se trouvait à la portée de la première nigaude venue. La question était de savoir avec qui.

Les bonnes intentions, on le sait, sont les pavés de l'enfer. La consigne de silence, scrupuleusement observée par les pieuses dames de son entourage, créa un climat d'insupportable suspicion. Elle voulait savoir, elle interrogeait, et ne rencontrait que réponses évasives, faux-fuyants. Louis se dérobait derrière de vagues « protestations de douceur et d'aménité ». Anne d'Autriche lui donnait des leçons de résignation qu'elle n'était pas prête à entendre. Elle pleurait. Elle passait de l'agitation à l'abattement, pitoyable ou ridicule selon les observateurs. Et elle épiait, à l'affût du moindre indice. Pendant un temps, elle crut qu'il s'agissait de La Motte-Houdancourt, et « l'on riait avec le roi » de son aveuglement, dit Mlle de Montpensier. Cependant en novembre 1662, gardant encore le lit après la naissance d'une fille, elle observait les allées et venues, lorsque soudain elle fit un clin d'œil à Mme de Motteville en désignant La Vallière : « *Esta donzella con las arcades de diamante, es esta que el rey quiere* »*, murmura-t-elle. Dénégations embarrassées,

---

* Cette fille qui a des pendants d'oreilles de diamant est celle que le roi aime.

compte rendu à la reine mère : « La reine était moins ignorante qu'on ne pensait. » Mais que faire ?

La mort de la petite Anne-Élisabeth rapprocha un instant les époux dans un chagrin partagé. Mais la mort d'un nouveau-né est chose trop courante pour qu'on s'en afflige longtemps : l'usage en France comme en Espagne est de ne pas faire prendre le deuil à la cour pour en enfant de moins de sept ans. La vie reprit donc son train-train ordinaire.

C'est alors qu'Henriette d'Angleterre et Olympe de Soissons mirent au point, avec la complicité de leurs amoureux respectifs, un plan pour ouvrir les yeux à la reine. Ils fabriquèrent une fausse lettre, que Guiche se chargea de transcrire en espagnol, la glissèrent dans un « dessus de lettre »* récupéré dans une corbeille à papier et l'on chargea un domestique de la remettre à une petite servante. Mais celui-ci se trompa, la confia à la fidèle Molina qui, en voyant le cachet d'Espagne, crut à une mauvaise nouvelle — Philippe IV était très malade —, la regarda de près, lui trouva un aspect bizarre et se permit de l'ouvrir. Elle courut la porter à la reine mère, qui la remit au roi, lequel chercha en vain les coupables. Il mettra trois ans à les découvrir, par hasard. L'essai était manqué.

La reine cependant faisait l'entendue, en public elle donnait à la conversation un tour dangereux, demandait à Madame si elle serait le cas échéant jalouse, affirmait que « la sensibilité des femmes endurcit le cœur des maris », tournait en ridicule une dame qui croyait le sien fidèle : c'était bien « la plus sotte de toute la compagnie » ; quant à elle, « elle n'en dirait pas autant ». Bref elle mettait tout le monde dans l'embarras et elle agaçait le roi. Olympe de Soissons décida alors de porter le fer dans la plaie. Une chance : Marie-Thérèse n'était pas enceinte, l'avenir de la dynastie ne risquait rien. Olympe lui demanda une audience secrète. La rencontre eut lieu à deux pas du Louvre, au carmel de la rue du Bouloi, devenu grâce aux deux reines une sorte d'annexe de la cour dévote, où l'on pouvait recueillir des cancans et parler espagnol. La malheureuse apprit tout, de l'inci-

---

* Il n'existait pas alors d'enveloppes. On se contentait de plier la lettre en laissant apparaître à l'extérieur une zone blanche, sur laquelle on écrivait l'adresse.

dent La Motte-Houdancourt à la liaison durable avec Louise. Et ses soupçons se changèrent en certitude. Il s'ensuivit des torrents de larmes chez elle, une grande scène entre le roi et sa mère et un orage de palais parmi les dames d'honneur. Louis, excédé de toutes ces intrigues, se réjouit que l'abcès fût crevé et choisit d'en tirer cyniquement le bénéfice. Puisque sa femme savait, il n'avait plus besoin de se gêner. « Le seul changement qu'il fit paraître dans sa conduite fut qu'au lieu qu'il disait tous les jours à la reine qu'il venait de chez Madame, il lui avouait librement qu'il avait été ailleurs. Cette sincérité lui donnait le plaisir d'y être plus longtemps, et celui de revenir le soir plus tard qu'à l'ordinaire, sans que la reine pût quasi s'en plaindre. »

Sortant de l'ombre, La Vallière devenait favorite déclarée. Il était temps. Elle portait un enfant sur le point de naître.

Maternité

Lorsque Louise s'aperçut à la fin du printemps qu'elle était enceinte, elle fut prise de panique. Elle y vit la matérialisation de sa honte, le châtiment de son péché, que n'effaçaient pas les élans de l'amour sincère. Elle veilla à ne rien changer à ses habitudes, elle dansa, elle sauta aussi légèrement que naguère en jouant au volant dans l'antichambre d'Anne d'Autriche. Mais le moment vint où l'ampleur des robes ne put plus dissimuler son état. Le roi lui aussi craignait le scandale. Il lui fit quitter le service de Madame et acheta pour elle une ancienne annexe du Palais-Royal, connue sous le nom de palais Brion, du nom de son précédent occupant — en fait une modeste maison à un seul étage qu'il fit agréablement décorer et meubler. Elle s'y installa à l'automne de 1663.

Le fidèle Colbert, chargé de l'intendance dans la plus grande discrétion — surtout pas de noms ! — recruta chirurgien et sage-femme, fit livrer du linge et de la layette et se mit en quête de parents nourriciers. D'anciens domestiques à lui, les Beauchamp, acceptèrent de se charger de l'enfant, censé être le fils d'un de ses frères et d'une demoiselle de qualité qui avait fauté. Le futur père se rongeait d'angoisse. Elle a eu un malaise, faut-il la saigner ? elle est si frêle. Le 18 décembre il fit dire au chirurgien de se tenir prêt : « *On* avait commencé à avoir des douleurs. » Il ne put être là quand l'enfant vint au monde la nuit suivante, vers 3 heures et demie du matin. Billet du chirurgien : « Nous avons un garçon, qui est très fort. La mère et l'enfant se portent bien, Dieu merci ! J'attends les ordres. »

En dépit des précautions prises, on en parla dans Paris. Olivier Lefèvre d'Ormesson, maître des requêtes au Conseil d'État, conte dans son *Journal* que le chirurgien, Boucher, fut enlevé en carrosse par des inconnus et conduit, les yeux bandés, dans une maison où il dut accoucher une dame masquée ; après quoi on lui avait remis son bandeau pour le ramener chez lui. Divers indices, que citait d'Ormesson, invitaient à penser qu'il s'agissait de La Vallière. Ainsi l'histoire romanesque inventée pour détourner les soupçons n'avait pas suffi. Quand la jeune femme apparut à la messe de minuit, pâle et « fort changée », le doute se fit certitude.

Elle eut à peine le temps de voir son fils. Il fut emporté par le chirurgien et remis aux Beauchamp quelques heures après sa naissance. On l'inscrivit sur le registre des baptêmes de Saint-Leu sous le nom de Charles, fils d'un M. de Lincourt et d'une demoiselle du Beux, que nul n'avait jamais vus dans la paroisse. Les deux Beauchamp, ses parrain et marraine, s'en occuperaient sous le contrôle de Mme Colbert. C'est là le prix à payer pour les amours clandestines. Il nous paraît lourd. Il le fut sans doute moins pour Louise, rongée d'angoisse et de remords. Le sentiment maternel sera toujours inhibé chez elle par la conscience du péché, qui créait un fossé la séparant de ses enfants.

À cette date il y avait un autre prix à payer. Officiellement elle n'a plus aucune fonction à la cour. La voici vouée à la vie feutrée d'une femme entretenue solitaire, évitant les sorties, vivant en vase clos dans l'attente des visites de son bien-aimé. Au carnaval de 1663 elle avait joué les rôles d'une bergère et d'une amazone aux côtés de Madame dans le *Ballet des Arts*. L'année suivante elle est exclue de celui des *Amours déguisés*, où la reine s'aventure à danser — pour la première et dernière fois — et se couvre de ridicule dans le rôle de Proserpine. La pauvre Louise sèche sur pied, dévorée à son tour à l'idée de toutes les tentatrices qui s'offrent à son royal amant. Lui-même, accablé d'occupations, souffre de ne pas la voir assez à son gré, chez elle ou lors de brèves escapades à Versailles

Il fit un pas de plus pour l'imposer à la cour.

L'héroïne de « l'Île enchantée »

Le 5 mai 1664 débarquèrent à Versailles les six cents invités de marque conviés à une extraordinaire fête baroque, une de ces fêtes dont Louis XIV explique à son fils, dans ses *Mémoires*, la finalité politique : elles sont la traduction visuelle, la mise en scène éblouissante de la puissance royale. En l'occurrence, il s'agit aussi de faire oublier une autre fête qui a marqué les esprits, celle qu'a donnée à Vaux le surintendant Fouquet peu avant son arrestation. Ce n'est donc pas seulement pour La Vallière, comme on le dit parfois, que le roi conçoit les *Plaisirs de l'Île enchantée*. La fête est d'ailleurs officiellement dédiée aux deux reines. Mais elle est l'occasion pour Louise de faire à la cour une réapparition très remarquée. Et comme on sait Versailles associé à ses amours, c'est vers elle que se tournent beaucoup de regards.

Rien n'était encore changé au petit château de Louis XIII, mais un travail titanesque avait été accompli dans le parc redessiné par Le Nôtre : terrasses, complexe réseau d'allées, parterres, bosquets, bassins et pièces d'eau offrent un décor naturel — si l'on ose employer ce mot à propos d'un jardin si savamment élaboré — pour une suite de spectacles qui va durer une semaine. Le célèbre décorateur et machiniste de théâtre, Carlo Vigarani, a mis au point toute une architecture de bois et de carton, mobile, qui s'articule sur le cadre fixe offert par l'eau et les arbres.

Un fil solide, emprunté au *Roland furieux* de l'Arioste, reliait entre eux les différents éléments du spectacle. On était transporté dans les jardins enchantés où la magicienne Alcine retient prisonnier le preux Roger : réalité et illusion se confondaient pour les personnages comme elles se mêlaient pour les spectateurs dans une fantasmagorie foisonnante. Le roi en personne, empanaché de plumes, rutilant dans sa cuirasse étincelante d'or et de diamants, mène la parade initiale, participe aux compétitions — courses de têtes et de bagues — où s'affrontent sous les yeux des dames les beaux seigneurs de la cour, dans la plus pure tradition chevaleresque. Le second jour, sur une île qui semble surgir du grand bassin dit « rondeau », la troupe de Molière joue *La Princesse d'Élide*, entremêlée et suivie d'épisodes dansés sur une musique de Lully. Le palais d'Alcine s'effondre dans le fracas du feu d'artifice final. Le lendemain, Molière encore, mais cette fois c'est une comédie incongrue, *Tartuffe*, qui, au lieu de chanter l'amour, dénonce la bigoterie hypocrite — un coup d'audace que ne digéreront pas la reine mère et ses amis dévots. Les fêtes se prolongèrent jusqu'au 13 mai, faisant alterner diverses joutes, une représentation des *Fâcheux* et une autre du *Mariage forcé*, une promenade à la Ménagerie, une grande loterie où l'on gagnait à tous coups des bijoux. Les billets avaient été soigneusement répartis à l'avance selon l'ordre hiérarchique : à la reine échut le gros lot, « qui valait cinq cents pistoles », tandis que Louise partageait avec la femme de son frère un très modeste cadeau.

Il n'empêche. En même temps qu'un plaisir, pleinement accordé à son goût pour le romanesque héroïque alors à la mode, ce fut pour la jeune femme une consécration. Elle eut droit — privilège très envié — à un logement au château. Le premier soir, lors du souper aux chandelles que présidait la reine mère, flanquée à sa droite du roi et à sa gauche de la jeune reine, elle figurait un peu plus loin, à la table royale même, parmi les filles d'honneur de Madame, bien qu'elle ne fît plus partie de sa maison. Et *La Princesse d'Élide* lui rendait un hommage indirect, mais transparent :

> *Je dirai que l'amour sied bien à vos pareils,*
> *Que ce tribut qu'on rend aux traits d'un beau visage*
> *De la beauté d'une âme est un clair témoignage,*
> *Et qu'il est malaisé que sans être amoureux*
> *Un jeune prince soit et grand et généreux.*

Car « vivre sans aimer n'est pas proprement vivre », était-il dit un peu plus loin. Cette allusion ne visait évidemment pas Marie-Thérèse. La dédicataire secrète des fêtes de l'*Île enchantée* était, dans l'esprit de tous, La Vallière.

Fallait-il la fréquenter ou la traiter en pestiférée ? Les courtisans s'interrogèrent. Devant son évidente faveur, certaines dames de la cour décidèrent de la « suivre », c'est-à-dire de se montrer en sa compagnie, faisant éclater au grand jour le clivage entre la « vieille cour » dévote et la « jeune cour » assoiffée de joie de vivre. Anne d'Autriche, en colère, blâma l'une des coupables, laquelle se plaignit au roi. C'est alors que celui-ci, exaspéré de toutes ces querelles domestiques, congédia le couple de Navailles. Mère et fils se battirent froid quelque temps, puis ils eurent une grande explication. Il pleura, il avoua qu'il connaissait son mal et en rougissait ; il avait lutté en vain, ses passions l'emportaient sur sa raison ; il ne pouvait ni même ne voulait résister à leur violence. Après quoi, il déclara tout net qu'il avait résolu « de demander aux femmes de qualité de suivre Mlle de La Vallière » et qu'il « la priait de ne pas s'y opposer ». C'était un ordre, elle s'inclina.

Semi-capitulation d'Anne d'Autriche

Désormais, La Vallière occupe au vu de tous le rang de maîtresse officielle. À la fin de septembre, partant pour un séjour à Villers-Cotterets où son frère possède un château, le roi l'emmène et laisse la reine à Vincennes sous prétexte de grossesse.

Au retour, il profite de l'absence de Marie-Thérèse pour introduire Louise chez sa mère : dans la chambre où celle-ci se repose, la jeune femme est conviée à s'asseoir à une table de jeu avec lui, son frère et sa belle-sœur. Événement inouï, qui met en rage la reine aussitôt avertie et fait des remous dans l'entourage des deux souveraines. La pieuse Motteville s'évertue à excuser Anne d'Autriche de cette « complaisance forcée » et s'indigne que la nouvelle dame d'honneur, Mme de Montausier, ose y voir un geste d'habile politique. Il est bien possible en effet que la reine mère, devant la vanité de ses efforts, ait jugé opportun de ne pas prolonger inutilement cette petite guerre aux effets pernicieux. Et puis, elle aimait trop son fils pour pouvoir lui résister longtemps. De plus, on finit par se demander, en lisant les propos embarrassés de Mme de Motteville, si elle n'est pas excédée par le comportement de sa belle-fille.

Le roi trompe son épouse, c'est vrai. Comme tous les autres souverains sauf exception rarissime. Louis, hélas ! n'est pas, comme elle l'espérait, une de ces exceptions. Mais il fait pour cette épouse beaucoup plus que les autres. Il la rejoint, on le sait, toutes les nuits. Il la respecte et l'honore publiquement, veille à ce qu'aucune atteinte ne soit apportée à ses prérogatives et sanctionne quiconque se permet de manquer à ce qu'on lui doit. Loin de lui disputer la première place, Louise confuse et tremblante de honte s'efface devant elle. Il la couvre des plus beaux vêtements, des plus beaux bijoux. Il a pour elle des égards personnels, voire de la tendresse. Il lui fait construire une chaise spéciale ou plutôt une sorte de lit portatif pour lui permettre de voyager à l'abri des cahots quand elle est enceinte. En 1663 elle a la rougeole : il la veille, la soigne, s'expose à la contagion ; et le voilà au lit lui aussi avec la rougeole. En novembre 1664, elle est dangereusement malade, elle met au monde avant terme une fille qui ne vivra pas. Elle-même semble mourante. Le roi, une fois encore, est à son chevet, en larmes, il multiplie les offrandes et les messes, fait délivrer des prisonniers, s'épuise à lui expliquer qu'elle doit recevoir l'extrême-onction : il n'y a eu que le roi « capable de lui faire entendre raison », dit Mme de Sévigné. Et encore ! « Je veux bien communier, mais je ne veux pas mourir ! » gémissait-elle. En toutes circonstances il fait pour elle tout ce que peut faire un homme qui n'aime pas d'amour.

Mais c'est son amour qu'elle réclame. Entièrement obsédée par sa jalousie, inquiète, soupçonneuse, gémissante, elle ne sait que sangloter en répétant « Mais j'aime le roi ! j'aime le roi ! » Et elle semble croire que cela lui donne tous les droits. Il plaide coupable, répond parfois à ses plaintes par des paroles apaisantes : c'est promis, « il quitterait la qualité de galant pour prendre à trente ans celle de bon mari ». Mais il la rabroue souvent, tant elle est exaspérante. N'osant l'affronter, elle en appelle à l'intercession de sa belle-mère. Et elle déverse ses chagrins dans les oreilles amies : les carmélites espagnoles la confortent dans l'idée qu'elle est une victime et servent de caisse de résonance au récit de ses malheurs. Entre ceux qui la plaignent et ceux qui se moquent, le climat de la cour se trouve empoisonné. Confrontées aux mêmes difficultés, d'autres reines avaient fait front. Face à Diane de Poitiers, Catherine de Médicis se taisait et encaissait, en attendant son heure. Face à Henriette d'Entragues, Marie de Médicis, faisait des scènes à Henri IV. Anne d'Autriche, bien mal traitée par Louis XIII, n'avait compté que sur elle-même pour se défendre. Marie-Thérèse, elle, a un comportement infantile, dépourvu de dignité, alors que son sort est après tout moins rude. Elle atteint maintenant vingt-six ans : on comprend que ses perpétuelles pleurnicheries finissent par lasser.

Peu après l'intronisation officielle de Louise, Anne d'Autriche se plaignit en confidence des peines que lui causait « l'humeur chagrine et jalouse de la reine, qui n'avait pas autant d'expérience des choses du monde et de force d'esprit pour s'y soutenir qu'elle lui en aurait souhaité ». En clair, Marie-Thérèse l'a déçue : pas plus que son intelligence, son caractère n'est à la hauteur de sa fonction. De là à comprendre son fils et à l'excuser, il n'y a qu'un pas, que seules ses convictions religieuses l'empêchent de franchir. Elle continuera de le mettre en garde contre un péché qui compromet son salut éternel. Mais elle renonce à défendre sa bru, elle s'en éloigne, elle la lâche. Et Marie-Thérèse, qui le sent, tente de s'émanciper.

La reine mère est gravement malade, condamnée. La jeune reine, qui a vécu jusqu'ici dans son ombre et à sa remorque, voit poindre le moment où elle aura « la primauté ». Il y a auprès d'elle, dit Mme de Motteville sans citer de nom, une « malicieuse adulatrice » qui lui murmure qu'après la mort de sa belle-mère, « elle seule serait considérée ». Et dès lors, voyant celle-ci approcher de sa fin, elle ne paraît pas « sentir autant de douleur qu'elle avait eu d'amitié pour elle ». Elle rivalise d'ingratitude avec l'autre belle-fille, Henriette. Certes elle verse des larmes sur la perte qu'elle va faire, mais elle se montre ulcérée de certains legs et ordonne à Mme de Motteville de réclamer son dû sur les diamants et les perles que la mourante destine au couple d'Orléans : ce à quoi la dame de compagnie, scandalisée, se déroba.

Nul ne sait ce qu'Anne d'Autriche dit à chacun de ses enfants dans ses dernières recommandations. Mais à Saint-Germain, le 27 janvier 1666, lors de la messe de huitaine qui suivit sa mort, Louise de La Vallière trônait à la tribune à la droite de la reine. Le parcours ascendant de la favorite s'achevait triomphalement. Déjà se profilait à l'horizon le déclin.

Le déclin

La disparition d'Anne d'Autriche prive Marie-Thérèse de son écran protecteur. Plus personne à qui recourir pour intercéder en sa faveur. Plus personne pour la plaindre, autrement qu'avec un sourire condescendant. Elle est seule face au roi et à une cour unifiée autour de la personne du maître. Il ne lui reste plus qu'à obéir et à se taire. Et il lui faudra se prendre en charge : rude mais salutaire épreuve.

Paradoxalement, Louise elle aussi perd beaucoup à cette mort qui, en apparence, lui aplanit le chemin. La plus belle période de sa vie, son apothéose, ce fut l'année 1665 où les visiteurs étrangers purent la voir sillonnant en tenue d'amazone les chemins forestiers ou rêvant sur les terrasses de Versailles et de Fontainebleau, discutant avec le Bernin des projets de transformation du Louvre, d'une beauté aérienne, faite d'harmonie, d'élégance, de légèreté, sa simplicité et sa modestie naturelles restant intactes.

Un autre enfant était né cependant, un garçon, en janvier 1665. Toujours dans la clandestinité du palais Brion. Toujours voué à l'abandon. Le nouveau-né fut baptisé à Saint-Eustache sous le nom de Philippe, fils de François Dersy, bourgeois, et de Marguerite Bernard sa femme, des serviteurs de Mme Colbert, qui se chargeront de lui. En 1666, elle en attend un troisième et cette nouvelle grossesse l'éprouve. Elle est « maigre, décharnée, dit Olivier Lefèvre d'Ormesson, les joues cousues*, la bouche et les dents laides, le bout du nez gros et le visage fort long ». Fatiguée, elle se fane à vue d'œil.

Louise n'avait pas cherché cette promotion. Elle se contentait d'aimer le roi, sans ambition ni « vues », comme on disait alors. Elle aurait voulu vivre près de lui dans une ombre relative. Mais l'inévitable publicité faite autour de leur liaison et les oppositions qu'elle suscitait les avaient condamnés soit à la rupture, soit à la fuite en avant. Louis mit son point d'honneur à triompher. Imposer Louise, c'était aussi une façon de s'imposer lui-même, face à une mère qu'il aimait et respectait, mais dont le magistère moral lui pesait. L'amour se nourrit d'obstacles, c'est bien connu. Quand il n'eut plus à lutter pour la faire admettre à la cour, elle ne tarda pas à l'ennuyer. Elle n'était pas faite pour la pleine lumière, pour les mondanités, les jeux et les bavar-

---

* Si maigres et creuses qu'elles semblent rattachées aux os par une couture.

dages, les intrigues et les manèges de la coquetterie. Sans être sotte, loin de là — elle aimait les livres, romans et poésies surtout —, elle manquait d'esprit de repartie, elle n'avait pas le mot pour rire, la réplique qui fait mouche. De ses origines modestes, il lui restait un fond de timidité que surent exploiter les dames plus titrées qui lui enviaient sa position.

D'autre part, elle n'avait pas de famille à qui s'adosser, tout au plus un écervelé de frère tout juste bon à quémander des faveurs qu'il ne méritait guère. Pas de clientèle. Elle n'avait pas cherché à créer autour d'elle à coups de services rendus un de ces précieux réseaux d'« amis » qui vous exploitent et vous protègent à la fois. Elle n'avait pas su « se servir des avantages et du crédit » que lui procurait l'amour du roi. « Elle ne songeait qu'à être aimée de lui et à l'aimer », dit Mme de La Fayette. Elle était terriblement seule et très vulnérable parce que dépourvue de malice et de méchanceté.

Autour d'elle, on ne songe plus qu'à la détrôner. Et c'est elle qui introduit le loup dans la bergerie. Une de ses compagnes dans la maison de Madame, Françoise de Tonnay-Charente, dite Athénaïs, qui vient d'épouser le marquis de Montespan, joint à une exceptionnelle beauté une vivacité d'esprit proverbiale. La jeune femme amuse et retient le roi, qui bientôt ne vient chez Louise que pour jouir des bons mots de sa rivale. Rien d'autre encore que provocations et dérobades.

Les deux petits garçons de Louise sont morts tous deux très vite. Lorsqu'approche une troisième naissance, elle ne fait plus l'objet d'aucune sollicitude. À Vincennes, logée dans une de ces chambres en enfilade qui servent de passage à tout un chacun, puisqu'il n'y a pas de couloirs, elle invoque une violente colique pour rester au lit tandis que Madame et sa suite s'en vont à la messe. « Dépêchez-vous, dit-elle au chirurgien, je veux être accouchée avant son retour. » La petite fille, promptement roulée dans les langes, est emportée aussitôt. Le soir même la mère reçoit la compagnie pour faire *médianoche*. Le roi n'a rien changé à son emploi du temps.

Au printemps de 1667 il se prépare à la guerre. Avant de se mettre en campagne, il songea à cette petite : « Car, n'étant pas résolu d'aller à l'armée pour y demeurer éloigné de tous les périls, écrit-il dans ses *Mémoires*, je crus qu'il était juste d'assurer à cette enfant l'honneur de sa naissance, et de donner à la mère un établissement convenable à l'affection que j'avais pour elle depuis six ans. » Il acheta le château de Vaujours, dans le nord de la Touraine, avec les vastes domaines qui en dépendaient, et fit ériger cette terre en duché-pairie pour Louise et sa fille Marie-Anne. Les lettres patentes enregistrées par le Parlement en date du vendredi 13 mai 1667, rédigées dans un jargon juridique inspiré des termes jadis utilisés pour doter Gabrielle d'Estrées du duché de Beaufort, se veulent un hommage à la jeune femme : « Nous avons cru ne pouvoir mieux exprimer dans le public l'estime toute particulière que nous faisons de la personne de notre très chère et bien-aimée et très féale Louise de La Vallière, qu'en lui confiant les plus hauts titres d'honneur qu'une affection très singulière, excitée dans notre cœur par une infinité de rares perfections, nous a inspirés depuis quelques années en sa faveur... » C'est là un langage d'oraison funèbre, ou quasiment. Et c'en était une en effet, car le roi, en présentant ce texte au Premier président, qualifia sa liaison de « folie de jeunesse » et affirma : « Je n'y retournerai plus. » Il en promit autant à la reine.

Chacun avait compris qu'il s'agissait d'un cadeau de rupture, offert plus par égard pour l'enfant issu de son sang que pour la maîtresse naguère tant aimée. Jamais duchesse ne fut plus triste en prenant possession de ses titres et privilèges. Elle écrivit à Mme de Montausier, dans une crise d'amère lucidité : « C'est une coutume parmi les gens raisonnables, aux changements qu'ils font de leurs domestiques, d'en prévenir le congé par le paiement de leurs gages ou par des reconnaissances de leurs services... » Elle s'affola pour l'enfant encore à venir, qui risquait, lui, de n'être pas légitimé. Elle se vit déjà cédant le duché à sa fille au jour de ses noces et réduite à une retraite solitaire à la campagne. À vingt-trois ans, elle avait encore envie de vivre. Mais elle ne voulait à aucun prix d'un mariage de convenance, comme on le lui proposa : « Je suis incapable de manquer au serment que j'ai fait, de ne changer jamais d'amour et de ne point prendre de mari. »

Mme de Montespan lui succéda très vite comme maîtresse en titre. Grâce à la longue lutte menée pour elle par le roi, Louise lui avait préparé le terrain, chauffé la place. La cour, le pays tout entier s'attendaient à ce que cette fonction fût remplie. On raconte qu'un jour la nouvelle favorite, voulant s'assurer pour la livraison d'une commande que la marchande la connaissait, s'attira cette réponse : « Oui Madame, j'ai bien l'honneur de vous connaître : n'est-ce pas vous qui avez acheté la charge de Mlle de La Vallière ? »

La délaissée tenta de lutter, elle s'accrocha, elle bénéficia de quelques retours de flamme, avant le grand repli sur soi dont on parlera plus loin. La reine, toujours en retard d'une maîtresse, gaspilla sur elle les flèches d'une jalousie qui aurait dû s'adresser à l'autre. Pour Louis XIV, c'est la fin de la jeunesse et des élans du cœur. Il restait une part de fraîcheur dans l'amour qu'il portait à Louise et il a goûté avec elle le bonheur rare d'être aimé uniquement pour lui-même. Ce sont des sentiments qu'il ne retrouvera plus jamais.

Il va pendant une douzaine d'années donner à la France et à l'Europe le singulier spectacle d'un monarque polygame, traînant dans son sillage épouse légitime et concubines contraintes à une cohabitation orageuse, sous l'œil narquois de tous les témoins.

CHAPITRE CINQ

« LA PLUS BELLE COMÉDIE DU MONDE... »

Au printemps de 1667, Louis XIV fourbit ses armes et passe en revue ses troupes. Il se prépare à la guerre. Il y a trop longtemps qu'il s'abandonne aux délices de Versailles ou de Fontainebleau. Quatre ans déjà depuis le *Ballet des Arts*, qui, tout en célébrant l'amour du roi pour La Vallière, avait tenu à souligner qu'il ne négligeait pas pour autant ses devoirs :

> *Ne croyez pas que son plaisir l'emporte ;*
> *Il en revient toujours à ses moutons [...]*
> *Et n'ira pas dormir sur la fougère*
> *Ni s'oublier auprès d'une bergère*
> *Jusques au point d'en oublier le loup.*

Le moment d'une démonstration guerrière est venu.

Dans l'immédiat aucun loup ne menace la bergerie France. Lors de la paix des Pyrénées, l'Europe s'est inclinée devant la prééminence française. Mais notre frontière du nord, trop proche de Paris, reste comme au temps de Richelieu et de Mazarin une porte ouverte aux invasions. La mort de Philippe IV d'Espagne offre un prétexte idéal pour mettre la main sur diverses places fortes de Flandre, afin de la consolider. Une telle occasion ne se représentera sans doute pas de sitôt : à saisir. Ajoutons-y le désir de « belle gloire », inséparable dans les esprits du temps de la prouesse militaire. Un désir qui vaut pour le roi, mais aussi pour la jeune noblesse d'épée qui ne connaît d'autre métier que celui des armes et pour qui la chasse, les courses de bagues et les carrousels ne sont que de piètres substituts — toute une classe sociale dont la guerre est la raison d'être et qui fonde sur elle ses privilèges. Et les rois ont bien compris qu'ils devaient fournir à cette turbulente noblesse des activités gratifiantes pour la maintenir dans l'obéissance. La guerre devient ainsi moyen de gouvernement. Elle fait partie de l'univers normal. On s'en lasse quand elle dure trop, qu'elle coûte trop cher ou qu'elle menace le territoire. Mais on ne peut s'en passer longtemps.

Essentiellement maritime, la brève intervention de la France dans le conflit anglo-hollandais de 1666-1667 ne pouvait être qu'un lever de rideau. La campagne de Flandre qui s'ouvre peu après revêt l'aspect d'une parade à grand spectacle. Car aux exploits des combattants, il faut des spectateurs — mieux, des spectatrices. La cour suit donc les armées, avec la marge de sécurité nécessaire. Le roi fait le va-et-vient entre les lignes et les bivouacs de fortune où sont cantonnées les dames. Le mot d'ordre est aux conquêtes. À toutes les conquêtes. Les femmes sont des forteresses à prendre, répètent depuis toujours poètes et romanciers. Au retour du champ de bataille, d'autres victoires attendent le vainqueur.

La pauvre reine, d'abord héroïne d'une guerre engagée pour elle, se verra contrainte de partager sa table et son carrosse avec non plus une, mais deux favorites. Un surprenant partage qui se prolongera, devenant quasi officiel. Comme l'écrit un peu plus tard un visiteur italien, Primi Visconti, « la cour de France en vérité est la plus belle comédie du monde ».

Les « droits de la reine »

Au Moyen Âge et jusqu'au début du XVIe siècle, les mariages avec des héritières étaient pour les rois un moyen d'acquérir des provinces sans coup férir. « L'heureuse Autriche » vit ainsi Charles Quint réunir sur sa tête les possessions des Habsbourg de Vienne, celles des ducs de Bourgogne et celles des Rois Catholiques d'Espagne. En France pareille aubaine ne s'était pas produite depuis Anne de Bretagne. Les pères des princesses à marier prenaient leurs précautions contre de telles éventualités. On a vu plus haut comment Philippe IV avait exigé que sa fille renonçât à tout droit sur sa succession. On a vu aussi que la France s'était réservé les moyens de remettre en cause cette renonciation. Le contrat de mariage de la jeune reine était gros de conflits potentiels entre son pays d'origine et son pays d'adoption.

À la différence de beaucoup d'autres reines — notamment Anne d'Autriche — qui vécurent ces conflits avec douleur, Marie-Thérèse devint très vite « une princesse véritablement française ». Un paradoxe pour celle qui semble la plus espagnole de nos reines, attachée aux goûts, aux habitudes de vie, au langage de son pays. Mais le prestige et l'intérêt de la France primaient à ses yeux sur ceux de l'Espagne. Une fois seulement, tout au début de son mariage, elle se permit d'intervenir lors d'une violente querelle de préséance qui avait opposé à Londres l'ambassadeur de Louis XIV à celui de Philippe IV ; le roi la rabroua, lui interdit de donner audience au représentant madrilène à Paris lors de son renvoi et lui battit froid pendant quinze jours. Elle ne s'y risqua plus.

En septembre 1665 mourut Philippe IV. Le roi lui annonça la nouvelle avec beaucoup de ménagements et « accompagna de quelques larmes celles qu'elle répandit en abondance ». Cette mort, achevant de la détacher de son pays natal, la libéra. À Madrid règne désormais son demi-frère, un enfant de quatre ans qu'elle n'a jamais vu. La régence est exercée par sa belle-mère, qu'elle déteste. Elle peut d'autre part éprouver un vif sentiment d'injustice en apprenant que son père, loin d'exiger de sa fille cadette semblable renonciation, l'avait désignée, elle et ses enfants à venir, comme héritiers éventuels de Charles II. Or la petite infante Marguerite-Thérèse a fait un mariage au moins aussi brillant que Marie-Thérèse : elle a épousé son oncle Léopold Ier, empereur d'Allemagne. Il y avait à cette disparité de traitement entre les deux filles des motifs puissants : le vaincu du traité des Pyrénées voulait contrebalancer l'hégémonie française en Europe. Marie-Thérèse pouvait s'en affliger comme reine de France, elle pouvait également s'en trouver blessée dans ses affections familiales. On comprend donc que, une fois son père mort, rien ne l'incite, au contraire, à prendre le parti de sa belle-mère contre son mari. Elle a ainsi la chance d'échapper aux affres du déchirement. À la veille d'entrer en guerre, le roi, selon l'ambassadeur de Savoie, le marquis de Saint-Maurice, est très satisfait d'elle, « notamment parce qu'il l'a trouvée tout à fait dans ses intérêts contre l'Espagne ».

C'est donc en son nom que Louis XIV revendique une

portion de l'héritage de Philippe IV. Une portion seulement, puisque son fils Charles II est en vie. La France convoite seulement une partie des Pays-Bas espagnols. Pour appuyer ses prétentions, les juristes ont bien travaillé, invoquant deux arguments majeurs. *Primo* : le non-paiement de la dot appelle une compensation, payable en nature sous forme territoriale aux Pays-Bas espagnols. *Secundo* : on s'appuie, pour justifier la cession de ces territoires, sur une ancienne coutume du Brabant, qui, lorsque le père s'est remarié après veuvage, réserve son héritage aux enfants du premier lit. Au nom de cette coutume, dite de *dévolution*, Marie-Thérèse, seule enfant survivante de Philippe IV et de sa première épouse, revendique quatorze provinces ou grands fiefs : non seulement le Brabant, mais Anvers, Alost, Malines, le Limbourg, la haute Gueldre, Namur, le Hainaut, une bonne moitié du Luxembourg et un bon tiers de la Franche-Comté. Des prétentions énormes, qui laissent supposer qu'on demande le plus pour avoir le moins. À Madrid la régente pousse les hauts cris : elle ne cédera pas « un seul village ou hameau des Pays-Bas ». Juridiquement en effet la cause n'est pas excellente : la coutume en question est de droit privé et vaut seulement entre particuliers. Il s'agit donc d'un prétexte justifiant une prise d'armes.

L'expédition, fort bien préparée, prend la forme d'une série de coups de poing vivement menés. Le rapport des forces est très inégal. Devant la puissante armée de Louis XIV, les places de Flandre, mal défendues par des troupes isolées, tombent comme des dominos après un baroud d'honneur. Lille, la plus coriace d'entre elles, ne résiste que neuf jours. En trois mois, tout est terminé. Ces villes ne sont pas prises d'assaut, elles se rendent. Ni brutalités, ni pillages : Louis XIV tient ses troupes, disciplinées et correctement payées. Il introduit galamment auprès de sa femme deux officiers espagnols prisonniers : « Ce sont d'honnêtes gens qui ont envie de vous voir. » De temps à autre on s'arrête pour souffler un peu et pour permettre à la reine de découvrir les villes conquises en son nom. On exhibe aux habitants, appelés à devenir français, leur future souveraine. Étonnant mélange baroque de guerre et de fête que ce cortège royal aux cavaliers empanachés, précédant les carrosses dorés où se pavanent les plus belles femmes de la cour, vision presque aussi irréelle que les fantasmagories de l'*Île enchantée*, n'étaient le teint du roi brûlé de soleil, les visages de ces dames défaits par l'insomnie et la boue qui souille les flancs des véhicules. Sur le « grand théâtre du monde », vérité et fiction se confondent. La guerre aussi se fait spectacle.

On rentre à Paris à l'automne. Cependant, l'Angleterre et les Provinces-Unies, également inquiètes de voir la France s'implanter en Flandre, ont offert leur « médiation » en vue de rétablir le *statu quo ante*. Vive réaction : « Je ne crois pas que le roi soit d'humeur à se laisser faire la barbe à contre-poil par qui que ce soit », écrit Lionne à notre ambassadeur à La Haye. En plein mois de février 1668, Louis se jette sur la Franche-Comté. En raison du froid, cette ultime campagne se passe de spectatrices. Et peut-être doit-elle à leur absence son extrême rapidité. L'effet de surprise est total, la province occupée en moins de trois semaines. Cette monnaie d'échange permet au roi, tout en gardant l'air modéré, de faire triompher ses vues au traité d'Aix-la-Chapelle. Contre la restitution de la Comté à l'Espagne, il obtient de conserver un grand nombre de places flamandes, dont la plupart — ô ironie — n'ont jamais relevé de la fameuse coutume du Brabant.

Ainsi se termine, pour la plus grande gloire de nos armes, cette guerre de Dévolution dont la reine fut, quoique dans un rôle passif, la vedette et l'héroïne. Elle fit moins bonne figure dans la tragi-comédie domestique qui se déroula en coulisses.

Tragi-comédie domestique

Louise de La Vallière n'a pas été conviée à suivre l'expédition. Enceinte de quatre mois, elle a reçu l'ordre de rester à Versailles. « Elle n'est pas bien », écrit à la veille du départ le marquis de Saint-Maurice, « et l'on croit que le roi ne cherche qu'un moyen de se défaire entièrement d'elle et de toute cette intrigue des femmes, car l'on dit qu'il en est entièrement saoul. L'on dit d'autre côté que le roi aime Mme de Montespan et qu'il ne fait que dissimuler ; il n'y a que deux jours qu'il se promena avec elle, seuls en carrosse. » La délaissée, rongée d'angoisse, se demande comment reconquérir celui qu'elle aime.

La reine cependant, toute à sa joie d'en être débarrassée,

suivait les armées avec le reste de ses femmes. Elle se trouvait à La Fère, se préparant à partir pour Guise le lendemain, lorsqu'on annonça, à son profond mécontentement, que La Vallière s'en venait rejoindre la cour. Mlle de Montpensier, levée à l'aube, trouva en effet Louise et ses deux compagnes effondrées sur des coffres dans l'antichambre de la reine. Celle-ci, en larmes, venait de vomir. Mme de Montausier, sa dame d'honneur, gémissait : « Voyez l'état où est la reine ! » Mme de Montespan faisait chorus. Marie-Thérèse assista à la messe dans la tribune, après avoir pris soin de faire tenir la porte fermée pour que Louise fût contrainte de rester en bas, avec les gens du commun. À la sortie, n'ayant pu empêcher la jeune femme de se présenter pour la saluer, elle lui tourna le dos sans un mot. Elle alla jusqu'à interdire à son maître d'hôtel de lui donner à dîner — mais celui-ci, compatissant ou prudent, la fit servir quand même. Dans le carrosse qui l'emmenait à l'étape suivante, on ne parla que de l'insolente qui avait osé braver les ordres du roi : « Il faut qu'elle n'ait compté pour rien le déplaisir qu'elle lui ferait, ni les duretés qu'elle devait concevoir qu'elle recevrait de la reine », proclamait Athénaïs l'hypocrite. « Dieu me garde d'être maîtresse du roi ! renchérissait-elle. Si j'étais assez malheureuse pour cela, je n'aurais jamais l'effronterie de me présenter devant la reine. »

Le soir, à Guise, Louise resta seule, à l'écart. Comme on devait le lendemain rejoindre l'armée, la reine prit ses précautions pour l'empêcher de voir le roi la première : les officiers de son escorte reçurent l'ordre de ne laisser partir personne avant elle. Mais soudain, tandis que le cortège dont elle menait la tête se traînait sur le chemin, elle aperçut le carrosse de la jeune femme qui coupait à travers champs, à bride abattue. Elle se mit dans une effroyable colère. Elle voulut envoyer des gardes à sa poursuite, mais son entourage l'en dissuada : elle n'aurait qu'à se plaindre au roi.

Que se passa-t-il entre celui-ci et sa maîtresse, sur la colline où elle le rejoignit au milieu de son armée ? Il n'y eut pas de témoin pour en rendre compte. Étant donné son horreur du scandale, on peut penser qu'il fut contrarié, mais qu'il choisit de dissimuler. Il vint à la rencontre de la reine à la tête de deux cents cavaliers, et chevaucha ensuite à côté de son carrosse, dans le flamboiement des étendards et le cliquetis des épées nues, arrachant des cris d'admiration à l'ambassadeur savoyard. Voici ce que vit de la scène Mlle de Montpensier, qui s'abstient de commentaires : « Lorsque le roi fut arrivé au carrosse de la reine, elle le pressa extrêmement d'y entrer ; il ne le voulut pas, disant qu'il était crotté. Après qu'on eut mis pied à terre, le roi fut un moment avec la reine, et s'en alla aussitôt chez Mme de La Vallière, qui ne se montra pas ce soir-là. Le lendemain elle vint à la messe dans le carrosse de la reine ; quoiqu'il fût plein, on se pressa pour lui faire place ; elle dîna avec la reine à son ordinaire, avec toutes les dames. »

Retour au point de départ donc ? Pas tout à fait ! Il semble bien que la folle tentative de Louise pour reprendre son amant ait précipité pour elle la catastrophe. Écoutons la suite du récit de Mademoiselle, qui enchaîne sans transition : « Nous fûmes trois jours à [Avesnes], pendant lesquels Mme de Montespan me pria de tenir notre jeu*; elle s'en allait demeurer dans sa chambre, qui était l'appartement de Mme de Montausier, proche de celle du roi » ; et tous purent remarquer que la sentinelle placée en haut de l'escalier, sur le palier séparant les deux appartements, avait été transférée en bas, interdisant tout accès au dit escalier. « Le roi demeurait dans sa chambre quasi toute la journée, qu'il fermait sur lui ; et Mme de Montespan ne venait point jouer, et ne suivait pas la reine lorsqu'elle allait se promener, comme elle avait accoutumé de faire. » Il semble que Louis XIV ait brusqué les choses. « La première fois que le roi la vit en particulier, dit un autre témoignage, ce fut par une surprise à laquelle elle ne s'attendait pas elle-même. Mme d'Heudicourt couchait toujours avec elle**, et, un soir que Mme de Montespan était couchée la première, Mme d'Heudicourt (qui était dans la confidence) sortit de la chambre où le roi entra, déguisé en suisse de M. de Montausier. » Il est évident que la belle était consentante. Selon l'abbé de Choisy, elle assiégeait le roi depuis longtemps, dans les formes, et il riait en disant : « Elle voudrait bien que je l'aimasse. » Elle fut enchantée

---

* La remplacer à la table de jeu. En fait le séjour à Avesnes dura cinq jours, du 9 au 14 juin 1667.

** L'usage de partager les chambres et même les lits était courant à l'époque, surtout en voyage, où les moyens d'hébergement étaient rares.

que la vivacité de l'assaut mît un terme à des préliminaires qui n'avaient que trop traîné à son gré. Mais elle sut ensuite jouer habilement de cet épisode pour faire excuser sa chute. Comme les villes de Flandre, elle avait été conquise au débotté. Décidément la guerre avait du bon !

Les jours suivants virent se développer l'idylle. Lors du séjour à Compiègne, il voyait tous les jours Athénaïs dans sa chambre, qui était au-dessus de celle de sa femme. « Un jour, à table, [la reine] me dit, ajoute Mademoiselle, que le roi ne s'était venu coucher qu'à quatre heures ; il lui répondit qu'il s'était occupé à lire des lettres et à faire des réponses. La reine lui dit qu'il pouvait prendre d'autres heures ; il tourna la tête d'un autre côté, afin qu'elle ne le vît pas rire ; dans la crainte d'en faire autant, je ne levai pas les yeux de dessus mon assiette. » À chacune son style. Tandis que La Vallière transmuait tout en tragédie, la pauvre Marie-Thérèse ne se haussait guère au-dessus du vaudeville.

Cependant, à force de voir la Montespan passer le plus clair du temps dans sa chambre « à dormir », au mépris de ses obligations de cour, la reine finit par comprendre. Elle continua de lui faire mille amitiés et affecta de traiter par le mépris une dénonciation anonyme. Mais elle eut avec sa dame d'honneur une conversation aigre-douce. Comme Mme de Montausier se plaignait d'être injustement accusée de « donner des maîtresses au roi », elle répondit tout uniment : « Je sais plus qu'on ne croit : je suis sage et prudente et ne suis la dupe de personne, quoi qu'on en puisse imaginer. » Si vraiment elle a compris — avec elle on ne sait jamais —, pourquoi se montre-t-elle pour cette nouvelle rivale d'une telle bénignité ? Une seule explication. La Vallière lui a pris le cœur de son époux, au temps où elle croyait encore être aimée de lui. Depuis six ans elle nourrit pour la coupable une haine indicible, dont elle n'a jamais pu contenir les éclats. Si elle accable maintenant la Montespan de sourires, c'est qu'elle est ravie. Quelle joie de voir Louise souffrir à son tour les affres de la trahison et de l'abandon ! La nouvelle maîtresse la venge de l'ancienne. Non, elle n'en est pas jalouse — pas encore. Ne voyant pas plus loin que le bout de son nez, elle ne soupçonne pas qu'elle s'apprête à tomber de Charybde en Scylla.

« *Un partage avec Jupiter* »

Une maîtresse chasse l'autre. Le roi, pourtant, n'a pas écarté Louise. Elle reste à la cour, il lui rend visite quotidiennement, comme si de rien n'était. On aimerait se dire qu'il a conservé pour elle un fond de tendresse. L'ambassadeur savoyard la croit encore « fort bien, quoique tout le monde dise que non ». Mais les mauvaises langues, comme Bussy-Rabutin, insinuent qu'on la garde pour servir de paravent.

C'est que les nouvelles amours de Louis XIV marquent un pas de plus dans l'infraction à la morale et aux usages. Une liaison avec une femme mariée, c'est quasiment une première : on n'en avait pas vu à la cour de France — si l'on excepte les passades discrètes — depuis François Ier et Françoise de Châteaubriant*. Les autres favorites célèbres étaient célibataires, comme Marie Touchet, Gabrielle d'Estrées et Henriette d'Entragues, ou veuves, comme Diane de Poitiers. Avec Mme de Montespan, le roi passe de l'adultère simple à l'adultère double. Et le péché en est plus que doublement aggravé. Depuis toujours on regarde avec indulgence l'infidélité masculine, simple tribut payé à la nature. L'homme marié est libre de courir les gueuses à son gré, il peut à la rigueur séduire des jouvencelles s'il a les moyens de réparer en les « établissant », mais on n'aime pas le voir s'attaquer à la femme d'un autre. C'est une sorte d'atteinte à la propriété, comme l'a bien vu Machiavel, qui conseille à son prince, pour éviter la haine, « de respecter les biens de ses sujets et l'honneur de leurs femmes ». Une telle assimilation s'explique aisément : dans une société fondée sur la famille, la transmission des titres et des biens est primordiale et elle s'opère à travers la descendance légitime. L'épouse qui trompe son mari introduit dans sa lignée un intrus, voleur du nom et du patrimoine. D'où une certaine réprobation, que Louis XIV ne manqua pas d'appréhender.

---

* Et M. de Châteaubriant se montra fort jaloux. Quant à Anne de Pisseleu, elle n'était pas mariée lorsqu'elle devint la seconde maîtresse en titre de François Ier. Ce n'est qu'ensuite qu'il lui procura un époux de paille qu'il fit duc d'Étampes, sans pour autant rompre avec elle.

La présence de Louise, cependant, ne put faire écran très longtemps. La vérité fut connue assez vite. Mais le coupable étant ce qu'il était, les réactions furent mitigées. Face à la brillante promotion de leur fille, sœur et épouse, les membres de la parentèle se partagèrent. Le père, Gabriel de Rochechouart, duc de Mortemart, après avoir bougonné un peu, cacha mal sa satisfaction lorsqu'elle se trouva enceinte :

> *Quand Mortemart eut aperçu*
> *Que Montespan avait conçu,*
> *Il prit son théorbe et chanta :*
> *Alleluia !*

Car sa fortune était assurée. Il fut fait gouverneur militaire de Paris. Le frère, marquis de Vivonne, montra du chagrin « soit qu'il crût sans raison que les passions des rois font honte aux familles, dit Bussy-Rabutin, soit qu'il craignît que le monde ne crût que les dignités qu'il aurait ne lui vinssent que par faveur ». Quand on le vit inclus dans une fournée de maréchaux, on murmura en effet « que les autres avaient été promus par l'épée et lui par le fourreau ». Mais enfin il se résigna à devenir général des galères, maréchal, puis comte.

Le mari en revanche fit du bruit. Ce turbulent Gascon, issu de la puissante famille des Gondrin-Pardaillan, était un personnage assez extravagant, bretteur endiablé, coureur de filles, criblé de dettes, le verbe haut, l'humeur querelleuse. Il attendit quelque temps pour protester. Il faut dire qu'il avait besoin d'argent. En mars 1668, à une date où la faveur d'Athénaïs était déjà notoire, il lui donnait encore procuration pour régler une affaire délicate. Ce n'est qu'à l'automne de la même année, rentrant de guerroyer en Roussillon, qu'il commença à soulever des tempêtes. Il vomit des menaces, insulta sa femme publiquement, fit une scène à Mme de Montausier qu'il traita de maquerelle, courut les prostituées pour attraper une « maladie honteuse » à repasser au roi par l'intermédiaire de l'infidèle et, comme elle le fuyait, il la poursuivit jusque dans les appartements de la dame d'honneur pour la violer. Aux hurlements de ces dames, on accourut les arracher aux griffes de ce fou. On l'envoya méditer quelque temps en prison, au For-L'Évêque, après quoi on l'expédia chez lui, en Guyenne, avec prière de n'en point sortir. L'on raconte qu'il fit devant ses serviteurs éberlués une entrée très remarquée, exigeant de passer par la grande porte « parce que ses cornes étaient trop hautes pour passer sous la petite ». Il fit ensuite procéder aux funérailles symboliques de feu son mariage, au moyen d'un corbillard tendu de noir couronné d'une magnifique paire de cornes de cerf. Il repartit en Roussillon à la tête d'une compagnie de soudards, s'y livra à diverses exactions qui déclenchèrent contre lui des poursuites, et finit par se réfugier en Espagne. Ni sa femme, ni sa famille, ni le roi n'avaient envie de le voir semer le scandale outre Pyrénées. On lui accorda une grâce conditionnelle, assortie de quelques gratifications pour lui permettre de subsister, et il se tint à peu près tranquille en Guyenne.

Mais il restait comme une épée de Damoclès suspendue sur la tête de Mme de Montespan : car il était en droit de réclamer comme sien l'enfant qu'elle attendait du roi dans l'hiver de 1668-1669. Elle supporta très mal sa première grossesse*, elle était « maigre, jaune, si changée qu'on ne la reconnaissait pas ». Elle avait peur. Elle tremblera également pour la naissance du second, en mars 1670, et sans doute encore pour celle du troisième, en juin 1672. Comme ceux de Louise, ces enfants, déclarés sous de faux noms, étaient voués à l'obscurité, à moins de les légitimer. Et comment les légitimer sans faire apparaître le nom de leur mère, donc sans les attribuer, *de facto*, à l'époux de celle-ci ? Tenant à les tirer de l'anonymat et prise de court, Athénaïs aurait même envisagé un instant de demander à Louise de « s'en déclarer la mère » ! On verra plus loin qu'une autre solution fut trouvée, en même temps que l'encombrant mari était mis hors d'état de nuire par une séparation de corps et de biens.

Au fond Louis XIV et sa maîtresse ont eu de la chance : le mari cocu, à défaut de complaisance à leur égard, eut celle de se couvrir de ridicule. Il mit les rieurs contre lui. Et les anathèmes de son oncle, Mgr de Gondrin, archevêque de Sens,

---

* La troisième, en fait, puisqu'elle avait déjà deux enfants de Montespan, une fille, qui mourra à l'âge de douze ans, et un fils, à qui la faveur de sa mère procurera une brillante carrière, sous le nom de duc d'Antin.

furent peu entendus. Le digne homme, avant d'embrasser la stricte morale de ses amis jansénistes, avait mené fort joyeuse vie : « Il faisait maintenant payer ses péchés aux autres. » L'opinion commune était que M. de Montespan avait un peu trop tardé à s'émouvoir et qu'il eût crié moins fort si on lui avait offert de plus généreux dédommagements.

Dans l'immédiat, face au double adultère, seuls les milieux dévots s'indignent ; sous la figure de David, ravisseur de Bethsabée, les prédicateurs dénoncent la culpabilité du roi. Mais chez la plupart, c'est l'indulgence qui prévaut. Le roi, d'ailleurs, doit-il être jugé à l'aune des autres hommes ? Le 16 janvier 1668, il assiste avec la cour à la troisième représentation d'*Amphitryon*. Il est d'usage de voir dans cette comédie une allusion aux nouvelles amours royales. Mais Molière, quand il la composa, était-il déjà au courant ? C'est possible à la rigueur, puisqu'il vivait dans les coulisses de la cour. Ce n'est pas certain. Peu importe. S'il y a simple coïncidence, cela veut dire que l'idée était dans l'air. Quelle idée ?

> *Un partage avec Jupiter*
> *N'a rien du tout qui déshonore ;*
> *Et sans doute il ne peut être que glorieux*
> *De se voir le rival du souverain des dieux.*

Et si cette intrusion du maître de l'Olympe dans la vie conjugale des humains entraîne une naissance, ils ne peuvent que s'en féliciter, leur enfant sera un héros, le plus vaillant de tous, un demi-dieu, Hercule. Une greffe divine sur un arbre généalogique humain est une bénédiction. Remplacez *divine* par *royale* et le tour est joué. C.Q.F.D. Les amours de Louis XIV et de Mme de Montespan peuvent gagner le devant de la scène : honni soit qui mal y pense !

Marie-Thérèse à l'épreuve

Dès l'instant que sa nouvelle liaison était connue, le roi n'avait plus besoin de paravent. Or Louise resta à la cour. Elle tenait à y rester. Pourquoi l'aurait-il chassée ? Il l'a faite duchesse et lui a accordé le privilège envié de disposer d'un tabouret* chez la reine. Il a légitimé sa fille et en fera bientôt autant pour le fils qu'elle lui donne en octobre 1667. Elle n'a commis aucune faute. Elle n'a d'autre tort que d'avoir cessé de lui plaire. La renvoyer serait manquer à l'équité que Louis XIV s'efforce de faire prévaloir dans ses méthodes de gouvernement : on ne bannit que des coupables.

Il tint à effacer très vite le souvenir de l'incident d'Avesnes. Si Louise s'est sans doute attiré une réprimande pour s'être offerte en spectacle, il est très probable que la reine aussi s'est vu reprocher les avanies qu'elle a infligées à sa rivale en public : une reine se doit de conserver la maîtrise d'elle-même. La réunion des trois femmes, dès le lendemain, à une même table et dans un même carrosse, est le signe que la leçon a porté.

Un mode de vie commune s'impose aussitôt, qui perdurera, avec changement de participantes, jusqu'à la mort de Marie-Thérèse.

La cohabitation est plus facile dans les périodes de paix. Les déplacements de la cour obéissent à des rythmes plus amples, chaque château est le lieu de séjours assez longs et offre des locaux suffisamment vastes pour que chacune des « trois reines », comme les appelle Saint-Simon, dispose d'un minimum d'espace vital. Les appartements et les balcons des deux favorites sont décorés avec un soin égal par les mêmes tapissiers et les mêmes jardiniers. Les escaliers dérobés aménagés tout exprès pour donner accès à leur chambre ne permettent pas de savoir chez laquelle des deux se rend le roi. Elles prennent leurs repas ensemble, elles se côtoient lors des promenades quotidiennes, des fêtes et divertissements, des soirées passées aux tables de jeu. Elles voyagent ensemble dans le carrosse de la reine et l'on peut voir le monarque partir pour la promenade ou la chasse en calèche, installé entre elles deux.

Marie-Thérèse tente de concilier obligations officielles et pratique religieuse assidue. Ses grossesses répétées ne la dispensent pas de tenir son rang dans le cérémonial de cour. Lors de

---

* L'étiquette voulait qu'on restât debout la plupart du temps. Seules quelques privilégiées avaient le droit de s'asseoir. Les femmes de la famille royale disposaient, selon les cas, d'une chaire à bras (fauteuil) ou d'une chaire à dos (chaise). Les épouses des ducs et pairs disposaient, dans certaines circonstances, d'un simple mais très enviable tabouret.

la grande fête donnée à Versailles en juillet 1668 pour célébrer la paix d'Aix-la-Chapelle — et, murmure-t-on, pour honorer la nouvelle favorite —, elle eut de la peine, tant la bousculade était vive, à atteindre le théâtre où l'on jouait *Georges Dandin* et à gagner la petite table écartée qu'on lui avait réservée, « pour éviter le monde et la chaleur à cause de son gros ventre ». Mais elle passe une bonne partie de son temps dans son oratoire ou à l'église, au grand déplaisir des dames de sa suite, qui préfèrent les divertissements profanes. Elle visite les couvents, les hospices, les hôpitaux où elle exerce ses bonnes œuvres. Quand elle le peut, elle se réfugie dans son appartement, pour y mener une vie à sa mesure en compagnie de ses nains, de ses chiens, de ses suivantes espagnoles. Elle reçoit peu de visites : « La pauvre reine est toujours seule dans son appartement, écrit Saint-Maurice en 1669 ; peu de monde lui fait la cour ; elle joue le soir, d'autres fois elle a le divertissement de la comédie espagnole, où l'on gèle de froid parce qu'il n'y a presque personne. » Les dames qui vont la voir sont invitées à partager des mets castillans à l'odeur épicée qui leur soulèvent l'estomac : « Vous n'aimez rien de ce qu'on mange chez moi », reproche-t-elle à Mademoiselle. Elle s'évertue à suivre la mode, mais quand une de ses dames d'honneur a l'imprudence de lui dire : « Votre Majesté a donc pris notre coiffure ? », elle réplique sèchement : « Votre coiffure, Madame ? Je vous assure que je ne veux point prendre votre coiffure ; je me suis fait couper les cheveux parce que le roi les trouve mieux ainsi, mais ce n'est point pour prendre votre coiffure. » Bien sûr, la mode en question avait été lancée par Mme de Montespan.

La tenue du fameux « cercle » est pour elle l'occasion d'étaler sa médiocrité. Depuis la disparition d'Anne d'Autriche, elle a pris un peu d'assurance, elle a fait de grands progrès en français, accent mis à part, mais elle n'a pas gagné en finesse. Elle prononce « avec bonté » les paroles de condoléances. Mais elle ne possède pas l'art de la conversation. Mme de Sévigné raconte. Un jour sa fille et son gendre ont eu un accident, ont failli se noyer : « Vraiment ils ont grand tort », s'exclame la reine. Au milieu du silence elle se tourne et dit à la marquise : « À qui ressemble votre petite-fille ? — À M. de Grignan. — J'en suis fâchée. Elle aurait bien mieux fait de ressembler à sa mère ou à sa grand-mère. » Elle dit tout haut, sans malice, ce que tout le monde pense tout bas, mais qu'il vaut mieux ne pas dire. Un autre jour, la marquise raconte à sa fille qu'elle s'est laissé happer par Marie-Thérèse en mal de bavardage : « On traita à fond le chapitre de l'accouchement, à propos du vôtre. Puis on parla de mon voyage de Provence, un mot sur celui de Bretagne. » Monsieur survint à point nommé pour l'arracher à ce torrent de lieux communs. Ouf ! N'insistons pas : la reine ne parviendra jamais à prendre la direction du « cercle », qui tombera en désuétude.

Cependant elle n'est pas sotte au point de ne pas voir qu'on l'évite, ou qu'on se moque d'elle. Le roi a beau exiger qu'on la respecte et réprimander la moindre plaisanterie, il ne parvient pas toujours à dissimuler un sourire. Et il ne peut empêcher qu'elle ne soit victime d'une désaffection dont il donne lui-même l'exemple en réduisant ses visites au minimum de décence, pour traverser au plus vite le palier qui conduit chez la spirituelle Montespan. Marie-Thérèse se sent tenue pour quantité négligeable. Alors elle défend bec et ongles des prérogatives parfois dérisoires. « La reine avait toujours dans la tête qu'on la méprisait, remarque Mademoiselle, et cela faisait qu'elle était jalouse de tout le monde ; et surtout quand l'on dînait elle ne voulait pas que l'on mangeât ; elle disait toujours : "On mangera tout, on ne me laissera rien." Le roi s'en moquait. »

Les voyages et surtout les campagnes militaires sont pour la malheureuse un surcroît de peines, car l'inconfort y entraîne la promiscuité. Très formaliste, elle s'en accommode plus mal encore que ses compagnes. On s'empile au départ dans l'énorme carrosse royal, reine et maîtresses côte à côte, pour l'apparat. Puis chacune rejoint son équipage. Les véhicules, mal suspendus, brinquebalent sur les mauvais chemins, menacent de verser, les bagages ne suivent pas toujours, il faut se passer de femmes de chambre et d'objets de toilette. Une rivière en crue arrête un soir le convoi. Souper fort maigre et bien froid. « Il n'y eut jamais un tel repas, conte avec esprit Mademoiselle, de deux à deux on prenait un poulet, l'un par une cuisse, l'autre tirait au lieu de se servir du couteau. » Marie-Thérèse, elle, ne riait pas. Pincée, elle se fâcha « de ce qu'on avait mangé tout le potage, quoiqu'elle eût dit qu'elle n'en voulait pas ». La maison ne comportait pas plus de lits que de couteaux. Si, pourtant, il paraît qu'on en trouva un pour la reine. Les autres durent se contenter de matelas étendus sur le sol de sa chambre. Elle cria à l'indécence. Mademoiselle, consultée par le roi, trancha : « Il n'y avait aucun mal que lui, Monsieur et cinq ou six que nous étions, nous nous missions tout habillés dessus ces matelas. » Marie-Thérèse dut se résigner à les surveiller par la fente de ses rideaux. Le récit de Mademoiselle ne précise pas où couchèrent La Vallière et Montespan. Mais comme la seule autre pièce disponible était occupée par les officiers du roi, la réponse va de soi.

La seule consolation de la pauvre Marie-Thérèse est que son époux, passant d'un lit à l'autre, finissait toujours la nuit dans le sien. « Je me rappelle avoir entendu dire aux dames, conte en 1675 Primi Visconti, que toutes les fois que la reine avait commerce avec le roi, ce qui arrivait d'ordinaire deux fois par mois, elle communiait le matin suivant pour remercier Dieu et lui demander des enfants. »

Madame Palatine confirmera : « Pourvu qu'il la regardât avec amitié, elle était gaie toute la journée. Elle était bien aise que le roi couchât avec elle car, en bonne Espagnole, elle ne haïssait pas ce métier. Elle était si gaie lorsque cela était arrivé qu'on le voyait tout de suite. Elle aimait qu'on la plaisantât là-dessus : elle riait, clignait des yeux et frottait ses petites mains. »

Ainsi se déroulait cahin-caha la vie de la reine de France entre les deux « dames de la faveur ».

« Le spectacle nouveau de deux maîtresses à la fois... »

Vue de l'extérieur, cette coexistence des trois femmes surprend d'autant plus que le statut de Louise est ambigu. Elle est encore partie prenante, à l'occasion, dans ce partage des faveurs royales, puisqu'elle entame au début de 1670 une maternité qu'elle ne conduira pas à son terme. Mais plus que les coucheries par elles-mêmes, ce qui fascine les observateurs, c'est l'organisation d'une famille polygame et les relations sociales d'un type nouveau qu'elle engendre entre ses membres : de l'une à l'autre, un régime de visites codifiées ; des veillées partagées au chevet des enfants royaux malades, par exemple, et la nécessité de mettre une sourdine à la jalousie.

Une fois de plus, Louis XIV innove. Le Vert-Galant, son grand-père, avait une épouse et une maîtresse — une seule à la fois, officiellement du moins. Lui a deux maîtresses en titre. Autre singularité, le fait de les faire cohabiter toutes trois. Henri IV s'était risqué à faire élever ensemble enfants légitimes et bâtards, à la grande fureur de Marie de Médicis, mais il n'aurait jamais osé imposer à celle-ci vie quotidienne commune avec Henriette d'Entragues. Louis XIV est un homme d'ordre. Il tient à avoir tout son monde auprès de lui, pour des raisons où le prestige le dispute à la commodité. Élargie aux deux maîtresses, sa maisonnée se rapproche du modèle fourni par d'autres civilisations acceptant la polygamie. Les contemporains songèrent aux harems ottomans, nous pensons, nous, aux riches maisons chinoises, où la première épouse s'en voyait adjoindre d'autres, tout en conservant, à défaut de l'amour du maître, rang et autorité prééminents. N'exagérons rien, le fossé entre la reine et les maîtresses officielles est beaucoup profond en France et le nombre de celles-ci reste réduit : deux à la fois, pas plus — mais pas toujours les mêmes, on le verra.

Il n'est pas certain, au contraire, que Louis XIV ait souhaité et planifié délibérément un tel arrangement, qui semble la résultante d'un concours de forces diverses. À Mme de Montespan qui se plaignait un jour de cette « communauté » imposée, il répondit que cela « s'était fait insensiblement ». Au départ, bien sûr, des appétits sexuels intempérants, qu'il se sait incapable de maîtriser. Ensuite, son respect des convenances, son horreur de la débauche dans laquelle se sont enfoncés par exemple son beau-père Philippe IV ou son cousin Charles II d'Angleterre : ses écarts de conduite auront lieu dans l'ombre complice des appartements de l'une ou de l'autre. Où, quand, comment ? les secrets d'alcôve restent bien gardés. Y contribuent son sens de l'ordre, sa volonté d'assigner à chacune une place et des fonctions bien définies. L'installation des maîtresses à la cour est un moyen de les maintenir dans une stricte obéissance. Fidélité obligée, dit La Fare : « Il les tenait sous clef et personne n'osait les regarder. » Sujétion renforcée, dit Saint-Maurice : « Elles ne reçoivent jamais de visites », il les cloître, par crainte « qu'elles ne se chargent de commissions pour lui, que l'on n'ose dire qu'elles le gouvernent ». Et le fait qu'elles soient deux, même si l'une est dominante, entretient en elles l'inquiétude : aucune n'est assurée de durer. En un sens, elles se neutralisent et le spectacle de leur mutuelle jalousie contribue à apaiser celle de Marie-Thérèse, qui plane au-dessus de la mêlée. Sur le tout, ajoutons chez Louis XIV un curieux mélange de goujaterie naturelle, d'égocentrisme ingénu et de sens élevé de l'État, qui lui fait tenir pour rien les sentiments, chagrins, humiliations de celles qui, reine ou maîtresses, assurent auprès de lui un *service* au même titre que les officiers de ses armées. Lui-même se considère comme le premier serviteur de cet État qu'il a vocation d'incarner : à ce titre il s'estime en droit d'exiger de tous docilité et abnégation. « Le roi n'est point de ces gens à rendre heureux ceux qu'il veut le mieux traiter, remarque Henriette. Ses maîtresses, à ce que nous voyons, ont plus de trois dégoûts* par semaine. »

Mais il garde au fond de lui-même des scrupules, d'ordre religieux notamment, prêts à resurgir à la moindre crise. Aussi est-il sensible aux jugements portés ici et là sur ses amours, ainsi qu'aux événements qui peuvent passer pour des signes venus du ciel — les deux étant presque toujours liés.

Tout au long du règne subsiste dans les milieux dévots une réprobation latente. « La vie qu'il fait avec ses maîtresses est bien en partie cause de la haine que l'on lui porte », remarque Saint-Maurice dès 1668. Haine plus que modérée. Dans l'ensemble, le roi bénéficie d'un préjugé favorable, comme si on lui « donnait procuration », note Georges Couton, « pour être le don Juan » qu'on n'ose pas ou qu'on ne peut pas être soi-même. Devant « les scandales qu'il cause par ses amourettes », c'est d'abord, comme on l'a vu à propos d'*Amphitryon,* le rire qui l'emporte. « L'on demandait un jour à Scaramouche**, raconte Saint-Maurice la même année, ce qu'il trouvait de plus curieux en cette cour » ; il répondit « qu'on y trouvait toujours *casa e botega* » — maison et boutique, entendez la façade et la réalité, la double vie. Les confesseurs sont compréhensifs. Les prédicateurs tonnent en chaire, le roi les laisse dire — c'est leur métier. Il ne répugne pas à ce qu'on le sache homme et donc

---

* Humiliations, chagrins.

** Tiberio Fiorelli, un des plus célèbres acteurs de la comédie italienne.

pécheur : c'est de sa part marque d'humilité. Mais de là à renoncer à son péché, il y a loin.

Il faut pour lui faire faire un retour sur soi qu'une épreuve le frappe. En 1671 meurt à trois ans son fils puîné le petit duc d'Anjou. Il est fort affligé, dit Saint-Maurice ; « mais ce qui lui cause le plus de douleur est que tout le peuple murmure de la vie qu'il continue avec les dames de la faveur et disent hautement que c'est un châtiment de Dieu ». Il prend alors de sages résolutions. Et l'on a pu noter une corrélation entre les décès des enfants royaux et les périodes où il s'écarte de ses maîtresses. Il reste pour l'instant, couvert de gloire et de lauriers, le maître incontesté de l'Europe. Que la fortune des armes l'abandonne : il se verra aussitôt reprocher — et il se reprochera lui-même — ses amours. La maison polygamique ne survivra pas aux difficultés politiques et religieuses du début des années 1680.

Lors de cette singulière tentative du roi pour imposer un ordre à ses désordres, la reine tire finalement son épingle du jeu. Elle incarne les valeurs traditionnelles de la monarchie. Même bafouée — surtout bafouée ? —, elle est pour le trône un atout. On déborde pour elle de sympathie. On la plaint, on l'admire, même quand elle ne le mérite nullement. Ses malheurs lui tiennent lieu de vertus. Sa piété, sa résignation, sa prétendue « bonté » servent de contrepoids aux écarts de son époux. Son effacement, son insignifiance, joints à sa qualité exclusive de mère d'enfants légitimes, en font une figure essentielle, irremplaçable, dans la constellation féminine qui gravite autour du Soleil.

Louis XIV l'a parfaitement compris, qui l'entoure d'un respect ostensible. Elle-même, aveuglée par sa jalousie, n'en prend conscience que très lentement. Mais entre 1670 et 1674 elle voit se sceller sous ses yeux le destin de trois des femmes les plus en vue de son entourage, dont deux furent l'objet de sa haine. Madame se meurt, Mademoiselle voit disparaître son dernier espoir de mariage, Louise de La Vallière entre au carmel. Les autres craignent, souffrent, pâtissent, s'en vont. La reine reste, intangible, inexpugnable, épouse révérée du roi, mère du dauphin. Elle finira par se rendre compte qu'il y a plus mal loti qu'elle.

CHAPITRE SIX

« MADAME SE MEURT, MADAME EST MORTE... »

Madame ne se console pas d'avoir perdu l'amour du roi. Et elle ne se console pas de n'être pas reine. Elle est l'épouse du second personnage de l'État, pâle reflet de son aîné, condamné à faire de la figuration. Elle-même pâtirait de cette mise en veilleuse si la reine avait de l'éclat. Mais l'effacement de Marie-Thérèse lui donne sa chance. Elle s'applique à remplir les fonctions dont celle-ci se révèle incapable. Comme vedette des fêtes de cour, comme protectrice des arts et des lettres, elle s'inscrit dans la tradition des reines brillantes et cultivées, telles qu'on les aimait au XVIe siècle. D'autre part, en tant que sœur de Charles II d'Angleterre, elle peut prétendre au rôle d'intermédiaire officieux qu'avaient rêvé d'exercer avant elle — en vain — une Éléonore d'Autriche ou une Catherine de Médicis : son frère, en lui proposant un commerce épistolaire régulier, a souhaité « qu'elle soit témoin et caution commune de son amitié pour Louis XIV ». Mais accablée de grossesses à répétition, confrontée à des intrigues de cour et à de violentes querelles domestiques, ne voulant renoncer à rien de ce qui fait le sel de sa vie, elle ruine lentement sa santé dans cette lutte, jusqu'à la « nuit désastreuse » que rendra mémorable l'éloquence de Bossuet.

« L'arbitre de tout ce qui se fait d'agréable... »

Après les grandes vacances de l'été 1661 à Fontainebleau, la cour prend son régime de croisière et s'organise. Les rôles se distribuent. Marie-Thérèse, presque toujours enceinte, se voit interdire toute activité physique pour prévenir les « blessures » :

elle ne participe qu'en spectatrice à la plupart des divertissements. D'ailleurs elle n'a ni dons, ni goût pour la danse et déclare forfait à la suite d'un unique essai. Quant à régner sur les lettres, il n'y faut pas songer. Les maîtresses ? Celle du moment, La Vallière, est douce et timide. La suivante, Montespan, est trop occupée à écarter sa rivale pour songer encore à régenter la cour. En tout état de cause, le rang de Madame la met très au-dessus des deux jeunes femmes. Il y a une place à prendre, une fonction à remplir, pour lesquelles elle est seule qualifiée. Dans ce rôle de suppléante, faisant fonction de reine, elle éclipse la détentrice du titre et peut rêver un instant qu'elle est la véritable souveraine.

Elle figure aux côtés du roi lors des fêtes et des festins qui marquent le passage d'éminents visiteurs étrangers. C'est avec elle qu'il ouvre le bal. C'est elle qu'on admire, c'est d'elle qu'on se souvient. Lors de la visite du prince héritier de Danemark en 1663, Marie-Thérèse immobile, parée comme une châsse — six millions de bijoux, dit-on —, la regarde tristement tournoyer avec grâce sous les regards éblouis de l'assistance. Dans les grands ballets de cour, la substitution de rôles est encore plus flagrante et elle frappe d'autant plus que les auteurs des livrets — en général Isaac de Benserade — se livrent à un jeu subtil d'analogies entre les personnages mis en scène et les acteurs qui les incarnent. Comme dans la vie évolue derrière Henriette la troupe de ses suivantes, La Vallière, Montespan, et même à l'occasion Françoise de Sévigné, qui lui servent de faire-valoir : la danseuse-étoile et le corps de ballet. Elle occupe avec le roi le centre de la scène. La chorégraphie les associe comme partenaires, l'intrigue, bien souvent, comme amoureux. Dans le *Ballet des Arts* de 1663 il est un berger, elle une bergère qui « n'aime rien que son devoir, ses moutons et son chien », mais dont les yeux « à faire mourir les dieux » font bien des ravages. Elle sera bergère encore, et « piéride »* avec Apollon dans celui des *Muses* en 1667. Et surtout en 1665, dans le fameux *Ballet de la naissance de Vénus*, dit ballet de Madame parce que conçu par elle et inauguré chez elle, non seulement elle incarne Vénus au début, mais dans un grand duo central le roi est Alexandre

---

* Autre nom des Muses dans la mythologie grecque.

et elle est Roxane, la princesse de Perse épouse du héros, qui lui donnera un fils. On ne saurait être plus clair : le rêve se fait réalité, le temps d'un ballet.

Elle avait également d'autres prétentions. Dans l'épisode du *Ballet des Arts* consacré à la guerre, elle était Pallas — dite aussi Athéna, déesse de l'intelligence — et le texte rendait hommage à son esprit. Cultivée, aimant la littérature — romans et théâtre surtout — elle devient vite l'arbitre du goût et la protectrice des écrivains. L'on « croyait avoir atteint à la perfection quand on avait su lui plaire ». Ses préférences ont aux yeux des mondains valeur de verdict.

> *Tous les auteurs les plus brillants*
> *Tremblent en portant leurs talents*
> *Au fameux polissoir de sa belle ruelle,*

constate en vers de mirliton le gazetier Robinet. Elle aime Molière et le soutient contre les attaques des bien-pensants. Elle est la dédicataire de *L'École des Femmes* et la marraine de son fils aîné. Elle applaudit à *Tartuffe*, que la troupe vient jouer chez elle pour la consoler d'avoir manqué le spectacle à Versailles. Elle est l'une des premières à pressentir le génie du jeune Racine. La dédicace d'*Andromaque* lui rend hommage : elle a donné son avis sur la conduite de l'action, a « prêté ses lumières » pour l'adjonction de quelques ornements, a honoré de ses larmes une lecture privée. Bref « la règle souveraine est de plaire à [Son] Altesse Royale » : succès garanti. Anne d'Autriche est morte, la jeunesse l'emporte. La première représentation, le 17 novembre 1667, dans l'appartement de la reine, est le triomphe d'Henriette en même temps que celui de Racine, dans le conflit de générations qui couvait depuis sept ans. Elle est « l'arbitre, dit son protégé, de tout ce qui se fait d'agréable » dans les lettres. Lorsqu'à l'automne de 1670 il donne *Bérénice*, dont elle avait suggéré le sujet, elle n'est plus là pour applaudir, mais la partie est gagnée pour lui.

Dans ce rôle de mécène, si brillamment rempli par Anne de Bretagne, Catherine de Médicis ou Marguerite de Valois, elle s'est à nouveau substituée à la reine.

Fragilité

Pas plus que Marie-Thérèse, Henriette ne peut échapper aux servitudes de la condition féminine : entre son mariage au printemps de 1661 et sa mort en juin 1670, elle n'entamera pas moins de huit grossesses, dont quatre seulement seront menées à leur terme. Incroyable, quand on lit par ailleurs dans la *Gazette* le compte rendu de ses multiples activités ! Son époux, tout autant qu'elle, souhaitait passionnément avoir un fils, éventuellement susceptible d'hériter du trône. On prête aussi à Philippe, pour expliquer son assiduité inattendue auprès de sa femme, des intentions moins pures : jaloux, il aurait vu dans les maternités à répétition un moyen de la neutraliser, voire de la punir. Quoi qu'il en soit, elle n'entend pas renoncer pour autant à la chasse, à la danse, au tourbillon des plaisirs. Elle refuse de se cloîtrer.

Alors, bien sûr, elle est malade. Naturellement fragile, elle présente lors de ses grossesses des troubles divers, que la médecine du temps nous décrit en termes pittoresques : elle a « une fluxion qui lui tombe du cerveau sur l'estomac, avec une dysenterie » à laquelle son état empêche de porter remède. Elle a de la fièvre, une toux sèche et crache du sang, à coup sûr elle est phtisique, comme tous les Anglais. On la saigne, on la purge, on l'envoie en cure aux eaux de Bourbon. Elle doit garder le lit parfois, fenêtres fermées, tant la lumière lui fait mal aux yeux.

D'ordinaire la seule perspective d'une fête la fait rebondir, elle surgit de son lit toutes grâces dehors pour jouer les premiers rôles. Elle est enceinte de six mois lorsqu'elle danse le *Ballet des Arts* en janvier 1662 : avec un peu d'avance naîtra, le 27 mars, sa fille Marie-Louise, qu'elle parle de « jeter à la rivière » parce que ce n'est pas un garçon. Fausse couche en février de l'année suivante. Un an plus tard, elle tombe à la sortie d'un bal : serait-elle « blessée » ? Non, Charles-Philippe, duc de Valois, vient au monde le 16 juillet 1664, un « bel enfant », mais la mère se remet mal : fièvre, traitement au lait d'ânesse. L'année suivante encore, elle accouche prématurément d'une fille déjà morte depuis une dizaine de jours, « toute pourrie ». Désolation à la cour : l'Église refuse de la baptiser. Et Anne d'Autriche, qui déteste Henriette, impute à son refus de se ménager le drame qui risque de coûter à la fillette l'accès au Paradis. Dans les deux années qui suivent, trois autres fausses couches en cascade. Elle réussit à mettre au monde, le 27 août 1669, une fille qui vivra, Anne-Marie. Mais entre-temps, à son grand désespoir, le petit duc de Valois est mort.

La vie qu'elle mène n'est pas seule responsable de ces désastres. Entre dix-huit et vingt-cinq ans des maternités enchaînées à une telle cadence auraient réussi à en démolir de plus solides. Il lui arrive d'ailleurs parfois, contrainte et forcée, de sacrifier ses plaisirs à sa santé. Elle n'assiste pas aux fêtes de l'*Île enchantée*, doit se contenter d'une reprise réduite, organisée à son intention dans les jardins de Versailles. Elle a payé le *Ballet des Muses* de quinze jours de réclusion, et l'ambassadeur de Savoie fraîchement débarqué à Paris constate avec surprise que sa beauté si vantée n'est plus qu'un souvenir : « Cette princesse est fort déchue, il lui manque des dents et ce qui lui en reste sont fort gâtées ; sa taille se rend aussi difforme et elle commence de ressembler à sa mère. » En 1669, enceinte, elle renonce la mort dans l'âme à danser le rôle titre dans le *Ballet de Flore*, pourtant conçu pour elle : il comportait quelques sauts et entrechats. Une modeste Mlle de Sully fut gratifiée à sa place des couplets qui associaient la déesse des fleurs à la gloire du Roi-Soleil.

Elle supporte d'autant moins bien les maternités que sa fragilité physique se double d'une fragilité psychologique. Elle vit sur les nerfs, tendue à l'extrême. Les contrariétés et les chagrins se répercutent aussitôt sur sa santé. Nous dirions aujourd'hui qu'elle les « somatise ». Or contrariétés et chagrins ne lui ont pas manqué, en partie par sa faute, à la suite des intrigues où elle s'est laissé entraîner, et par celle de son mari, avec qui la mésentente larvée tourne bientôt à la guerre ouverte.

Une réputation compromise

Le récit que Mme de La Fayette nous a laissé de l'inextricable écheveau d'intrigues dans lequel elle fut piégée n'est pas ce que la romancière a écrit de meilleur. Les fantoches dont il évoque les manigances dérisoires ont bien peu de consistance. Il est vrai qu'elle n'est pas libre, elle écrit sur ordre et d'après les confidences de son amie, dont il s'agit, bien qu'elle s'en défende, de blanchir la réputation. Disons tout de suite que la méchanceté et la corruption — au demeurant très réelles — qui règnent dans ce vase clos qu'est la cour n'expliquent pas tout. La coquetterie et l'imprudence de Madame sont en grande partie responsables de ses malheurs. Elle encourage les soupirants, elle prise trop la provocation, l'insolence, elle se confie trop facilement, elle sait mal se faire respecter. À sa décharge, elle est si jeune, et elle a tant besoin d'être aimée !

On n'entreprendra pas de raconter ici par le menu ces intrigues gigognes, qui s'engendrent les unes les autres à l'infini. Tout commence avec la passion que lui porte le bel Armand de Guiche. Passion de tête, nous dit-on, calquée sur des modèles romanesques, et dans laquelle les sens n'ont point de part. C'est possible. Mais cette passion n'est pas moins compromettante, au contraire : elle s'affiche et se complaît dans les démonstrations extravagantes. Il inonde Henriette de lettres enflammées, où il se dit prêt à braver pour elle le monde entier et à défier tous les obstacles, Monsieur, la reine mère, le roi même, qu'il égratigne de ses railleries : tout est permis pour faire un bon mot. Pour la voir il se déguise, en soubrette, en diseuse de bonne aventure, en laquais. À plusieurs reprises on l'éloigne. Chaque fois c'est un prétexte pour solliciter une entrevue, la dernière naturellement, qu'elle a la faiblesse de lui accorder. Le mari débarque à l'improviste, on cache le soupirant dans la vaste cheminée à vantaux ; hélas, Monsieur s'apprête à y jeter les pelures de l'orange qu'il vient de manger ; une suivante les lui prend des mains, jurant qu'elle adore grignoter les écorces. Une autre fois, c'est un domestique dévoué qui se rue sur Monsieur sous prétexte de l'accueillir : celui-ci saigne du nez, on s'empresse, on lui fourre un mouchoir sur le visage tandis que l'amoureux en profite pour s'éclipser. Les farceurs qui s'exhibent sur les tréteaux du Pont-Neuf n'inventent pas mieux.

Authentiques ou enjolivées, ces anecdotes sont si drôles qu'on ne peut résister au plaisir de les raconter. Elles circulent. Quelque chose en revient aux oreilles d'Anne d'Autriche, qui met en garde son fils cadet, lequel se plaint à son frère. Madame se fait sermonner et promet de ne plus revoir Guiche — jusqu'à la prochaine fois. Entre-temps, il n'y a pas moyen de d'empêcher le galant d'écrire.

Se greffent alors là-dessus des trahisons et des jalousies. Le meilleur ami de Guiche, Vardes, courtise Henriette en son absence, à la grande fureur de sa propre maîtresse, Olympe de Soissons. Ajoutez-y un accès de dépit amoureux entre les deux protagonistes, de fausses confidences, de sombres histoires de lettres confiées à des dépositaires indélicats prêts au chantage, plus une nuée de soupirants subsidiaires tournant autour de la jeune femme et une avalanche de commérages. Vous aurez une faible idée de ce tissu d'embrouilles : autant d'ingrédients familiers aux auteurs de comédies d'intrigue, mais aucun d'entre eux n'aurait osé en coudre ensemble un si grand nombre. Henriette n'a décidément pas les pieds sur terre.

Elle finit par s'inquiéter cependant lorsque commence à se répandre la mode des récits à clefs sur les mœurs à la cour de Louis XIV. Bussy-Rabutin, qui a de la sympathie pour elle, s'est gardé de la faire figurer dans *L'Histoire amoureuse des Gaules*, qui lui a valu la prison. Mais les folliculaires de Hollande sont hors de portée de la police royale. Et le bruit court qu'il s'y imprime un libelle, *Les Amours du Palais-Royal*, « une histoire merveilleusement bien écrite, dit l'abbé de Choisy, où Madame se trouvait cruellement traitée et la passion qu'on prétendait qu'elle avait eue inutilement pour le roi y était tout au long ». Elle fut tirée d'affaire par son dévoué aumônier, Daniel de Cosnac, qui réussit, à prix d'or, à faire stopper l'impression et à racheter avant mise en vente tous les exemplaires tirés — sauf deux, qui arrivèrent entre les mains du roi de France et de celui d'Angleterre.

Entre-temps, il y avait eu l'affaire Vardes. Elle l'a éconduit, elle l'accuse d'avoir voulu se venger en l'outrageant de propos délibéré. À un ami qui courtisait une de ses suivantes, il aurait conseillé de porter ses désirs plus haut, jusqu'à leur maîtresse : il y trouverait « plus de facilité ». Madame se plaint à Monsieur, qui se plaint au roi, qui interroge l'insulteur — un de ses familiers —, lequel jure qu'on a déformé ses propos. Le roi, pour calmer Madame, l'envoie passer quelques jours à la Bastille en régime bénin, avec permission de recevoir des visites. Henriette ulcérée exige un châtiment plus rude, appelle à la rescousse son frère Charles II : « C'est une chose qui m'est d'une telle importance que peut-être tout le reste de ma vie s'en ressentira. [...] Ce me sera une honte qu'un homme particulier ait pu me tenir tête et que le roi l'ait soutenu. » Louis cède : le coupable est exilé à Aigues-Mortes, dont il est le gouverneur.

Elle a découvert alors qu'un danger beaucoup plus grave la menaçait. Quelques lettres de Guiche étaient restées entre les mains d'une ancienne suivante prête à les vendre au plus offrant. Il s'agissait des plus compromettantes. L'une d'elles avait un fâcheux relent rappelant les révoltes nobiliaires du règne précédent. Elle comprit qu'on la tenait. La comtesse de Soissons, furieuse de l'exil de son amant, s'apprêtait à la dénoncer. Elle prit les devants, décida de dire la vérité au roi. Toute la vérité ? peut-être pas. Mais la vérité, en tout cas, sur une affaire non résolue qui avait beaucoup irrité Louis XIV : elle lui apprit que les auteurs de la fameuse lettre espagnole adressée trois ans plus tôt à la reine étaient Vardes et la comtesse. Elle parvint à sauver Guiche, qui avait seulement servi de traducteur. Pour les deux autres, la punition tomba : prison pour le premier, exil provisoire pour la seconde. Elle se trouvait débarrassée de ses deux ennemis. Elle crut sortir du dédale d'intrigues où elle se perdait.

Tout cela n'est pas très édifiant. On reste confondu, d'autre part, devant le retentissement de ces affaires, qui seraient mineures s'il ne s'agissait pas de personnages de premier plan. Le roi, qui a tout de même autre chose à faire, passe un temps considérable à arbitrer ce genre de querelles, à écouter — en plus de celles de sa femme qu'il trompe alors ouvertement — les diverses doléances de ses proches et à en traiter dans les correspondances diplomatiques. C'est qu'Henriette est la sœur du roi d'Angleterre, qui la soutient et la protège quoi qu'elle fasse. Elle le sait et en joue. La surprenante complaisance de Louis XIV pour elle doit peut-être quelque chose à un reste d'amour. Mais elle est également diplomatique. Pour qu'il accepte de céder aux pressions du roi d'Angleterre — pour l'exil de Vardes par exemple —, il faut qu'il tienne très fort à son « amitié ».

Il n'en a pas fini en tout cas avec les conflits qu'Henriette fait naître sous ses pas comme à plaisir. La guerre conjugale qui déchire le couple d'Orléans lui donnera de multiples occasions d'intervenir.

Guerre conjugale

Les historiens sont sévères pour Philippe d'Orléans, qu'ils dépeignent généralement sous un jour grotesque et à qui ils ont tendance à donner tort. Il faut avouer cependant qu'il avait les meilleures raisons d'être jaloux. Certes il n'aime pas sa femme d'amour. Mais pour des motifs d'amour-propre plus que de sentiment, il se sent profondément blessé par son comportement. Il a toujours souffert de voir Anne d'Autriche lui préférer son frère. Voici qu'Henriette en fait autant. Puis, tout en continuant de marivauder avec le roi sous le couvert des fêtes de cour, elle papillonne ostensiblement avec des soupirants, et Philippe se trouve affublé dans les commérages du rôle ridicule de mari trompé. Elle a beau décourager les galants après la liquidation de l'idylle avec Guiche, il reste soupçonneux. Il prend ombrage de l'accueil chaleureux qu'elle réserve à son neveu le duc de Monmouth, un fils naturel de Charles II, qui passe pour un bourreau des cœurs et n'a que quatre ans de moins qu'elle. D'autre part, et c'est encore plus grave, elle tend à l'éclipser par la place qu'elle occupe dans le monde et par le crédit qu'elle s'est acquis auprès du roi. C'est directement, et non par lui, qu'elle a accès à celui-ci. Il n'est pour rien dans le prestige et l'influence dont elle jouit : à trop invoquer le patronage de son frère Charles II, elle lui donne l'impression que lui-même n'est rien et n'a aucun pouvoir.

Et ce n'est pas qu'une impression. Louis XIV le tient dans une sujétion rigoureuse. Pas de gouvernement provincial, pas de responsabilités militaires : sa place est à la cour, à portée de regard. Cette méfiance vise moins la personne de Philippe que sa condition, potentiellement dangereuse : les frères du roi, dans le passé, ont pris trop souvent la tête des révoltés de tous bords. Mais en l'occurrence l'intéressé, si occupé qu'il soit de futilités, n'en souffre pas moins de cette mise à l'écart humiliante.

Tel est le terreau psychologique où s'alimentent les querelles qu'il cherche à sa femme, avec une violence croissante au fil des années.

La mort d'Anne d'Autriche, en 1666, accélère leur mésentente. Non que la vieille dame défendît sa bru, qu'elle avait prise en haine. Mais elle offrait un exutoire innocent aux plaintes de son plus jeune fils, qui trouvait auprès d'elle une oreille compatissante. De plus, elle lui imposait sur le chapitre des mœurs un minimum de retenue. Après sa disparition, c'est auprès du chevalier de Lorraine que s'épanche Philippe, et il l'installe dans sa maison.

Philippe de Lorraine, chevalier de Malte, était un cadet d'une branche cadette de l'illustre famille de Guise, cruellement désargenté, « beau comme on peint les anges », intelligent et spirituel, mais dépourvu de scrupules et bien décidé à tirer de son aimable figure le maximum d'avantages auprès des deux sexes. Il gravitait dans l'entourage de Monsieur depuis deux ans lorsqu'il devint son favori en titre. Il entreprit de le gouverner et acquit bien vite sur lui un empire si absolu, qu'il « le mena le bâton haut toute sa vie », comme dit Saint-Simon.

Henriette, bien qu'elle eût pris son parti de l'homosexualité de son époux, accepta très mal l'intrusion de ce sulfureux personnage. La vie quotidienne du couple d'Orléans, partagée entre leur résidence parisienne du Palais-Royal, leur demeure estivale de Saint-Cloud et leur propriété champêtre de Villers-Cotterêts, supposait une foule de serviteurs hiérarchisés. En haut de l'échelle l'aumônier, Daniel de Cosnac, évêque de Valence, et Mme de Saint-Chaumont, gouvernante des enfants, prétendirent résister à l'impérialisme du nouveau venu. La maison était belle, il valait la peine de lutter pour s'en assurer la direction.

Chaudement approuvé par Henriette, l'évêque entreprend d'insuffler à Monsieur de l'ambition, avec le secret espoir de faire de lui un homme. Lors de la campagne de 1667, Monsieur se couvre d'un peu de gloire, que les gazetiers amis de Madame s'entendent à faire mousser. Mais chaque fois qu'il sollicite un commandement ou un emploi, il se heurte à un refus : « Les princes du sang ne sont jamais bien ailleurs qu'à la cour », réplique Louis XIV à Cosnac, qui paiera cher son entremise. Et dans ce cas le fameux crédit de Madame est inopérant : Philippe est le seul pour qui elle n'obtient rien. De là à croire qu'elle le fait exprès... Il a tort, pourtant : Louis a même refusé qu'Henriette bénéficie chez la reine d'une « chaire à dos »* :

---

* Une chaise.

« Pour tout ce qui servirait à l'élever au-dessus de mes autres sujets, s'en explique-t-il dans les *Mémoires*, je le ferais toujours avec joie, mais je ne crois pas pouvoir lui accorder ce qui semblerait l'approcher de moi. » Entre Monsieur et son frère il y a un abîme, Henriette se contentera chez la reine d'un tabouret.

Le chevalier de Lorraine n'eut pas de peine à jeter de l'huile sur ce feu. Après diverses péripéties, il gagna la première manche : on expédia dans son diocèse, puis on emprisonna l'évêque trop zélé et on chassa bientôt la gouvernante, prise en flagrant délit de correspondance chiffrée avec lui. Henriette, furieuse, appelle à son secours Charles II, qui met en branle les diplomates. Il réclame pour sa sœur une « réparation » éclatante : qu'on accorde à Monsieur une province à ajouter à son apanage ou quelque charge prestigieuse, en lui faisant bien savoir que c'est à elle qu'il les doit. Pour Louis XIV il n'en est pas question. Il préfère sacrifier le fauteur de troubles, Lorraine, à la colère de sa belle-sœur. Il le fait d'autant plus volontiers que celui-ci, fort arrogamment, a osé lui offrir ses services pour l'aider à tenir son frère en repos. Le 30 janvier 1670 le chevalier de Lorraine est arrêté dans la propre chambre de Monsieur, en sa présence, et expédié à Marseille via la Bastille et le fort de Pierre-Encise à Lyon. La destination prévue est le château d'If, mais on transigera finalement pour un exil en Italie. Il a perdu la seconde manche. La belle sera pour plus tard.

Dans l'immédiat, Monsieur, hors de lui, accable sa femme de « reproches et d'invectives » et s'applique à lui rendre la vie impossible. Il pousse surtout les hauts cris devant un projet de voyage à Londres auprès de son frère. Au chagrin d'avoir perdu son bien-aimé Lorraine vient s'ajouter la découverte que sa femme a accès à des secrets dont il est exclu.

Le contentieux franco-anglais

Entre la France et l'Angleterre les relations n'étaient pas au beau fixe. Tout au long de la rivalité franco-espagnole l'Angleterre, en position d'arbitre, avait oscillé au gré de ses intérêts du moment. Mais elle avait aussi changé deux fois de gouvernement. La France avait d'abord accueilli Charles II exilé. Mais après la Fronde Mazarin, ayant besoin de l'appui des Anglais pour porter les coups décisifs à l'Espagne, n'avait pas hésité à traiter avec Cromwell et avait dû prier le fugitif de chercher refuge ailleurs. Cromwell était mort, Charles II avait recouvré son trône et passé l'éponge sur cet épisode fâcheux moyennant de substantiels subsides. L'Espagne était désormais affaiblie et la partie se jouait en Europe occidentale entre la France, puissance dominante, l'Angleterre, qui se remettait lentement de la guerre civile, et les Provinces-Unies, dont le grand commerce international assurait la prospérité. Entre les trois pays, un catholique et deux protestants, les sympathies et les antagonismes confessionnels interféraient avec les intérêts économiques. L'équilibre était instable. Il suffisait de très peu de chose pour faire basculer les alliances.

En 1662, la France a signé un traité avec les Provinces-Unies, avec qui elle entretenait des liens très anciens. Lorsque trois ans plus tard celles-ci se heurtent à l'Angleterre pour cause de rivalité commerciale outre-mer, elle hésite. C'est l'occasion pour Henriette de jouer les bons offices. Sa correspondance nous la montre prêchant à Charles II la modération, puis, lorsque les partisans de la guerre l'emportent auprès de lui, tâchant de lui gagner le soutien de Louis XIV. Elle prône — en vain — un renversement d'alliances, tente d'obtenir au moins la non-intervention. Mais l'Angleterre, en déclarant la guerre la première, contraint la France à remplir ses engagements aux côtés des Hollandais. La pauvre Henriette, privée de tout contact épistolaire avec son frère, placée dans la situation bien connue d'une princesse partagée entre ses deux patries, vit dans l'angoisse les péripéties d'une guerre qui, heureusement, dure peu. Le temps cependant, pour les Provinces-Unies de constater que la France — à dessein, disent-elles — leur a été de peu de secours. Malgré les succès adverses, l'Angleterre obtient des conditions de paix très favorables, car Louis XIV vient d'envahir les Pays-Bas espagnols.

La guerre de Dévolution a eu pour premier effet de réconcilier contre lui les adversaires de la veille. Ni les Hollandais ni les Anglais n'ont envie de le voir s'emparer des grands ports de Flandre et les premiers préfèrent avoir sur leur flanc sud une province espagnole quasi autonome, plutôt que la France. Ils proposent, on l'a vu, une médiation qui n'est qu'une menace déguisée. Le traité d'Aix-la-Chapelle leur ôte tout prétexte à intervenir. Mais Louis XIV en veut à Charles II de cette volte-face, malgré les efforts d'Henriette pour les réconcilier.

Il en veut encore plus aux Hollandais, alliés peu fiables devenus de rudes rivaux commerciaux. De plus, tout l'irrite dans cette petite république calviniste qui ose se mesurer aux grandes monarchies catholiques et qui se permet d'inonder l'Europe de libelles offensants. Il projette de la mettre au pas. Pour engager cette nouvelle guerre, il a besoin de l'alliance anglaise. Or il se trouve que les marchands britanniques en ont assez de rencontrer leurs concurrents hollandais sur toutes les mers et dans tous les ports. Et puis Charles, tributaire de son parlement pour lever des impôts, manque cruellement d'argent. Il y a donc à Londres des éléments favorables à une alliance franco-britannique contre la Hollande.

Inutile de le crier sur les toits : l'effet de surprise serait manqué. Qui mieux qu'Henriette peut, sous le couvert de sa correspondance privée, débattre avec Charles II des modalités de l'accord ? La voici donc promue diplomate, associée à une négociation d'envergure. « On ne peut dire la joie » qu'elle eut « de se trouver ainsi le premier mobile de la plus grande affaire d'Europe ». La plus grande ? peut-être pas : le bon abbé de Choisy a l'épithète facile. Bien entendu, ce n'est pas elle qui mettra au point les détails techniques. Mais elle se prend si au sérieux qu'elle fait à son frère des exposés politiques. À vrai dire, sur les intérêts des deux pays, elle n'apporte rien qui n'ait été envisagé par leurs Conseils respectifs. Mais il est un point délicat sur lequel son intervention paraît indispensable.

Depuis qu'il a vaincu l'Espagne, Louis XIV se croit tenu de reprendre à son compte le rôle de défenseur de la catholicité. Il rêve donc de ramener la Grande-Bretagne dans le giron de l'Église romaine. À petits pas, on pousse Charles II dans ce sens : on lui a fait épouser une princesse portugaise catholique, son frère Jacques, duc d'York, vient de se convertir. Le traité qu'Henriette est chargée de défendre auprès de lui comporte, outre des accords commerciaux et militaires, une clause secrète : il se convertira au catholicisme, moyennant une grasse rétribution, dont le montant donne lieu à d'épineux débats. Ce n'est pas autrement qu'on se comportait pour acheter les consciences des huguenots français.

Mais Charles II connaît le problème par cœur. Il sait ce qu'il risque. Car les Anglais, toutes tendances confondues, font bloc contre le « papisme ». Au temps de son exil, chaque fois qu'il demandait de l'aide à une puissance catholique, on exigeait de lui la promesse de rétablir le catholicisme en Angleterre. Il était obligé de refuser, sous peine de se fermer le chemin du retour. Il est rentré, il est bien décidé à « ne plus reprendre ses voyages » et à mourir sur son trône. Ce qu'il souhaite avant tout, c'est infléchir la monarchie anglaise dans le sens de l'absolutisme, se débarrasser de la tutelle du Parlement. Il serait disposé, à la rigueur, à accorder aux catholiques la liberté de culte. Se déclarer catholique lui-même, c'est une autre affaire. Quant à ramener le pays tout entier au catholicisme, il sait bien que c'est tout à fait impossible. Dans ces conditions, sa conversion n'est pas pour demain. Or Henriette, dans ses lettres, n'entre pas dans ces distinguos. Pis même, elle semble croire que la question religieuse est pour lui prioritaire. L'abaissement de la Hollande, en comblant d'aise les négociants britanniques, renforcerait son pouvoir et lui laisserait les mains libres, croit-elle, en matière religieuse. C'est assurément sous-estimer l'attachement des Anglais à leur constitution, leur haine du papisme et leur francophobie.

Une rencontre parut nécessaire pour mettre la dernière main au traité et décider Charles II : il hésitait devant cette alliance qu'il savait impopulaire. Or Louis XIV ne voulait pas s'engager le premier dans la guerre contre la Hollande, par crainte que les Anglais ne suivent pas. Il fallait donc le convaincre de prendre l'initiative des hostilités et, si possible, lui extorquer une promesse de conversion. La tendresse qu'il vouait à sa sœur ne serait pas de trop pour obtenir un tel résultat. Il fut convenu que la jeune femme lui rendrait une visite impromptue, sous prétexte de retrouvailles familiales, et qu'elle mettrait avec lui, dans le plus grand secret, la dernière main au traité.

« La médiatrice de deux rois »

« Fort aimée de l'un par inclination et fort sûre de l'autre parce qu'il avait besoin d'elle », dit La Fare, elle s'apprêtait à être « la médiatrice de deux rois ». Tout faillit échouer par la faute de Philippe d'Orléans. Furieux d'être privé du chevalier de Lorraine, il mène la vie dure à Henriette, l'empêche d'aller à la cour « faire la reine ». Plus grave encore, il se retire avec elle sur ses terres de Villers-Cotterêts. Cette retraite éveille de fâcheux souvenirs : c'est ainsi qu'ont commencé naguère bien des révoltes nobiliaires. Louis XIV intervient au plus vite, impose au couple désuni une réconciliation de façade et Marie-Thérèse prodigue à la jeune femme, qui lui raconte ses malheurs, une compassion qui n'est peut-être pas exempte de quelque plaisir.

Mais la colère de Monsieur continue de couver. Le projet de voyage en Angleterre nourrit ses rancœurs. En effet, le sachant incapable de tenir sa langue, on ne l'a pas mis dans la confidence. Il l'a découvert par hasard, à la suite d'une indiscrétion, il n'en a pas pénétré le véritable motif, mais il soupçonne quelque secret. Et à la seule idée que sa femme s'en va faire un séjour officiel à Londres sans lui, sans même son assentiment, il se déchaîne et lui tient publiquement des propos d'une méchanceté calculée. Refusant de croire qu'elle ne parvienne pas à obtenir du roi le retour du chevalier, il s'oppose à son départ à titre de représailles. Il lui faudra s'incliner devant les ordres formels du roi. Mais il a posé ses conditions : elle ne dépassera pas Douvres et n'y restera que trois jours.

Le trajet vers la Flandre est une rude épreuve pour Henriette, exténuée de fatigue et d'anxiété, à bout de nerfs. Lors de l'étape de Douai, tandis que la reine écoute debout une interminable harangue, elle ose s'asseoir. À ses côtés Mademoiselle, mesurant la gravité d'un tel manquement à l'étiquette, en fait autant, pour prendre sa part de la réprimande qui ne manquera pas de s'ensuivre. La reine en effet, bien qu'elles fussent loin derrière elle, a tout vu et s'en plaint au roi. Mais personne ne s'est avisé que Madame ne tient littéralement plus debout.

Embarquée à Dunkerque, elle arriva le 26 mai en rade de Douvres, où son frère l'attendait. Joie des retrouvailles, fêtes, collations et festins, représentations théâtrales — non pas Shakespeare, mais Molière traduit en anglais. Les discussions politiques avancèrent vite : dès le 1er juin, le traité était signé. Sur le volet commercial, pas d'objections. Sur le volet militaire, Madame a « ébranlé l'esprit » de Charles II, il se dit prêt à déclarer la guerre aux Hollandais le premier. Sur le volet religieux, il se montra moins chaud, mais elle obtint de lui une promesse conditionnelle. Dans un article secret il s'engageait, moyennant une gratification de deux millions de livres, à se convertir publiquement au catholicisme « dès que les circonstances le permettraient ». Autant dire jamais, il le savait bien. Les deux exemplaires du traité furent enfermés sous triple clef : ils ne réapparaîtront qu'au XIXe siècle.

L'alliance dura quatre petites années. En 1672 Charles déclara la guerre aux Provinces-Unies, Louis XIV les attaqua aussitôt, occupa une moitié de leur territoire, mais dut rebrousser chemin devant les provinces maritimes inondées : en ouvrant les digues, les habitants avaient transformé en un pays insulaire Hollande et Zélande, le cœur vital du pays. Une tentative d'invasion par mer, avec l'appui des Anglais, échoua. Sous la pression de son opinion publique, Charles II se retira de l'affaire et signa contrairement à ses engagements une paix séparée. Il ne se convertit jamais au catholicisme et dut passer par profits et pertes les deux millions de livres promises : la solidité de son trône valait bien ce prix*.

En 1670 cependant, la mission d'Henriette fait figure de succès. Le traité a été signé grâce à elle. En un sens elle sauve la face à son frère, dont le renversement d'alliances peut paraître dû à l'affectueuse persuasion de sa sœur plutôt qu'à l'attrait des écus bien sonnants. Et elle assure à Louis XIV ce à quoi il tient alors le plus : l'appui britannique contre la Hollande. De son côté, elle-même en sort grandie, réhabilitée, lavée de tous les ragots, beaucoup plus forte face à son mari. Elle rentre à Paris en héroïne : elle est de celles qui font l'histoire.

À cette gloire elle ne survivra que deux brèves semaines.

« *Elle a passé comme l'herbe des champs...* »

Elle avait bien travaillé. Louis XIV lui accorda un sursis. Au lieu des trois jours convenus, elle passa à Douvres une bonne quinzaine, libre de tout souci, dans un climat très chaleureux.

---

* Selon certains témoignages, il se serait converti à son lit de mort. L'adhésion de son frère, Jacques II, au catholicisme finira par lui coûter son trône.

Le 12 juin, elle se sépare de son frère en pleurant. À Calais, Monsieur n'est pas là pour l'accueillir et il a empêché le roi d'y aller. Elle rentre à petites étapes, fêtée tout au long du chemin. Le 18 juin, la voici enfin à Saint-Germain. Son époux est tout de même venu à sa rencontre, mais dès le lendemain il s'offusque de ses deux longs entretiens avec Louis XIV, dont il est exclu. Il s'irrite de sa gloire toute neuve. Il se fâche en apprenant que le jeune duc de Monmouth, contrairement à ses volontés expresses, a participé aux festivités de Douvres. Il sait le moyen de punir sa femme. La cour s'apprête à passer l'été à Versailles, il la privera de ce plaisir. Il n'y fait avec elle qu'une courte apparition avant de lui imposer le séjour de Saint-Cloud. Lors de cette ultime visite chez la reine, elle est si maigre et si pâle qu'elle a l'air « d'une morte habillée, à qui l'on aurait mis du rouge ».

Une semaine plus tard, c'est le drame. Nous le connaissons bien par Mme de La Fayette, qui était sur place et par Mlle de Montpensier, qui y arriva avec la famille royale. Il fait très chaud. Henriette se baigne, en dépit de douleurs au côté dont elle souffre depuis deux jours. Et elle désespère de jamais rétablir avec son mari le moindre semblant de paix. Le 28 juin, il l'a chassée de sa chambre, « la mangeant de reproches, de menaces et d'injures ». Le lendemain 29, entre cinq et six heures du soir, elle demande à boire. On lui apporte un verre d'eau de chicorée. À peine l'a-t-elle bu qu'elle s'écrie : « Ah, quel point de côté ! ah, quel mal ! Je n'en puis plus. » Pliée en deux, elle s'affaisse. On la déshabille, on l'étend sur son lit. Le premier médecin de Monsieur, Esprit, diagnostique une « colique » et ordonne quelques remèdes, tandis qu'elle continue de se tordre de souffrance. Voyant son époux penché vers elle, « elle l'embrassa et lui dit, avec une douceur et un air capables d'attendrir les cœurs les plus barbares : "Hélas ! monsieur, vous ne m'aimez plus il y a longtemps ; mais cela est injuste : je ne vous ai jamais manqué." [...] Elle criait toujours qu'elle sentait des douleurs terribles dans le creux de l'estomac ».

« Tout d'un coup elle dit qu'on regardât à cette eau qu'elle avait bue, que c'était du poison. » Elle réclama du contrepoison. On lui administra une des horribles mixtures qui passaient alors pour telles, tandis qu'une fidèle femme de chambre avalait sans dommage une tasse de la boisson suspecte. Cependant elle vomit, son pouls faiblit, ses pieds se refroidissent. Esprit a reçu du renfort : le médecin du roi, Vallot, est arrivé avec un confrère. À eux trois ils ne trouvent rien de mieux à prescrire que saignée et lavement. Puis ils se concertent et conseillent d'attendre, se disant optimistes. La malade, elle, sait déjà qu'elle va mourir. « Je ne serai plus en vie demain matin, vous le verrez », dit-elle à son mari. Quand on essaya de l'alimenter en lui faisant avaler un bouillon, ses douleurs redoublèrent et « la mort se peignit sur son visage ».

La nouvelle est parvenue très vite à Versailles. La reine se promenait, le roi soupait — plus tôt que de coutume, parce qu'il faisait une cure d'eau thermale. « Si vous voulez me revoir encore en vie, disait le message de Madame, hâtez-vous, car si vous tardez vous me trouverez morte. » Mlle de Montpensier voulut se précipiter à Saint-Cloud ; Marie-Thérèse hésitait, n'aimant pas être dérangée dans ses habitudes, elle n'avait aucune envie d'y aller. Mais le roi survint et les embarqua dans son carrosse. Un bon contingent de courtisans suivit, dont La Vallière et Montespan.

Lorsqu'ils arrivèrent à Saint-Cloud vers onze heures du soir, les médecins avaient encore bon espoir, et la chambre de Madame devint le dernier salon où l'on cause. Puis soudain ils prirent peur : « Cette froideur et ce pouls retiré étaient une marque de gangrène. » Le roi jugea « qu'ils avaient perdu la tramontane »* et suggéra d'autres remèdes. « Ils répondirent qu'il fallait attendre. Madame prit la parole et dit qu'il fallait mourir par les formes »**. Il échangea quelques mots avec elle, puis, voyant qu'elle était perdue, il lui dit adieu en pleurant. Et il se retira avec la reine. Ne voyons pas là un signe d'indifférence. C'est la règle. Monsieur n'assistera pas non plus à ses derniers moments. Ceux-ci appartiennent aux prêtres.

Dès le début de la crise, elle s'était confessée brièvement au curé de Saint-Cloud. Mais ce n'était pas suffisant pour la préparer à la mort. On lui amena un chanoine du nom de Feuillet qui, sévère, l'accabla de reproches : comment effacer en quelques heures toutes les années qu'elle avait passées sans

---

* Qu'ils avaient perdu la tête (la *tramontane* : le nord).

** Expression ironique, inspirée de Molière, pour ridiculiser le formalisme des médecins. Nous dirions : dans les règles.

songer à son salut ? Elle prit ses remontrances avec humilité et lui fit une confession générale, « avec de grands sentiments de piété et de grandes résolutions de vivre en chrétienne si Dieu lui redonnait la santé ». Survint alors Bossuet, convoqué sur ordre de Monsieur, soucieux de trouver quelqu'un « qui eût bon air à mettre dans la *Gazette* ». L'évêque de Condom se trouva être l'homme adéquat, non seulement pour sa notoriété de prédicateur, mais parce qu'il avait eu l'occasion d'approcher souvent Henriette, qui, depuis la mort de sa mère un an plus tôt, était habitée d'inquiétude religieuse. Il arriva pendant qu'elle recevait l'extrême-onction et accompagna ses derniers moments, qui furent d'une piété exemplaire.

Elle mourut vers deux heures et demie du matin, neuf heures seulement après avoir commencé à se trouver mal. Elle venait tout juste d'avoir vingt-six ans.

« La pensée du poison... »

Une mort aussi brutale ne pouvait qu'accréditer l'hypothèse d'un empoisonnement. Elle-même en était convaincue et, se contentant de hausser les épaules, elle n'avait pas vraiment détrompé l'ambassadeur d'Angleterre accouru à son chevet. Les soupçons se portaient naturellement, sinon sur son mari, du moins sur les favoris de celui-ci : en perspective un énorme scandale à implications politiques. Louis XIV prit les devants en demandant une autopsie immédiate, qui fut faite à portes ouvertes, en présence d'une bonne centaine de médecins, chirurgiens et diplomates français et britanniques. Outre un poumon gâté, avec adhérences aux côtes, on lui trouva l'abdomen envahi de bile, le foie « tout brûlé, tombant en miettes », l'intestin en voie de putréfaction. Bref, les organes vitaux étaient si gravement lésés qu'il convenait plutôt de s'étonner qu'elle eût vécu si longtemps. Mais on tricha un peu, dans les communiqués officiels, afin d'exclure toute idée de crime : c'est ainsi qu'on dissimula le délabrement du foie, sur lequel on savait qu'agissaient certains poisons. Dans l'immédiat, tous, y compris les médecins anglais, conclurent à un « épanchement de bile », que certains nommèrent *choléra-morbus*.

Cependant on ne désarma pas les soupçons. Vingt ans plus

tard, la seconde femme de Monsieur, Madame Palatine, se déclare convaincue que la première Madame a été empoisonnée, à l'insu de son époux, par des complices du chevalier de Lorraine. Les historiens se sont penchés sur la question, avec le concours de médecins. On n'entrera pas ici dans le détail des descriptions techniques, sur lesquelles J. Duchêne a brillamment fait le point dans sa récente biographie d'Henriette. Disons seulement que, parmi les hypothèses avancées, la plus probable semble celle d'une cholécistite aiguë, suivie d'occlusion intestinale. En tout cas, la malade ne présentait aucun des symptômes qu'auraient entraînés les poisons en usage à l'époque. Tout laisse à penser que sa mort fut naturelle et que si elle avait réchappé de l'atteinte digestive, la tuberculose pulmonaire n'aurait pas tardé à l'emporter.

Mais les rumeurs ont la vie dure, surtout quand elles sont orchestrées par un écrivain de génie comme Saint-Simon. Grâce à lui — via divers intermédiaires, puisqu'il n'y était pas —, nous apprenons tout, le nom de l'instigateur, Lorraine, celui des exécutants, deux mignons de Monsieur, D'Effiat et Beuvron, celui d'un valet de chambre complice, la manière dont on empoisonna non pas la carafe mais le verre réservé à Madame, l'enquête que mena le roi au sujet de son frère : « Le savait-il ? — Non, Sire, répondit le valet, aucun de nous trois n'était assez sot pour le lui dire ; il n'a point de secret*, il nous aurait perdus. » Soupir de soulagement : « Voici tout ce que je voulais savoir... »

Le XVIIe siècle ne possédait pas les moyens d'investigation dont nous disposons aujourd'hui et l'on comprend que Louis XIV ait eu peur. D'autant qu'il risquait la rupture diplomatique si Charles II croyait sa sœur assassinée. Il fit donc tout pour mettre le maximum de baume sur le cœur du souverain anglais. Ainsi s'explique l'exceptionnelle solennité qu'il donna aux cérémonies funèbres en l'honneur d'Henriette. Contrairement à l'usage qui veut que le roi évite les lieux où se trouve un cadavre, il se dérange en personne, ainsi que la reine, pour saluer le corps et l'asperger d'eau bénite. Il fait prendre le grand deuil à toute la cour, comme pour un roi ou une reine de France. La « pompe funèbre » à Saint-Denis donne lieu à un faste spectaculaire, à grand renfort de draperies noires, de sque-

---

* Il ne sait pas garder un secret.

lettes, de crânes, de flambeaux et de cierges, avec de grandes figures symboliques en marbre blanc, allégories des vertus de Madame. L'étiquette lui interdit d'y assister lui-même, mais il a tenu — chose tout à fait insolite — à y envoyer la reine incognito. Henriette eut droit à trois oraisons funèbres, l'une à Saint-Denis, par Bossuet — la plus célèbre —, une autre par Mascaron lors du dépôt de son cœur au Val-de-Grâce et une à Saint-Cloud par le chanoine Feuillet.

Louis XIV a bien fait les choses : la princesse d'Angleterre a été traitée superbement. La rupture tant redoutée n'aura pas lieu. Les deux souverains ont trop besoin l'un de l'autre pour l'instant. Et il est vrai aussi qu'ils sont unis par un chagrin commun, d'une égale sincérité. En revanche, lors des cérémonies, on voit très peu Monsieur : il est allé, dit-on, cacher sa douleur à la campagne. Pour éviter de laisser voir qu'il n'en a pas ? ou pour détourner les regards de lui, qui fait figure de principal suspect ? Qui le saura ?

Une autre voix manque au concert de lamentations qui accompagne la mort d'Henriette, celle de la reine, dont nul ne nous dit qu'elle pleura. Elle ne participe guère à l'émotion générale. Le soir du drame, elle se rend à Saint-Cloud sans enthousiasme ; en rentrant, elle s'en va tranquillement souper : elle doit se rendre à Paris le lendemain, dit-elle, elle en profitera pour s'arrêter en chemin et voir sa belle-sœur. Une seule chose excitera son intérêt, la rumeur d'empoisonnement, qu'elle répète à tout va. Ce n'est pas d'elle-même mais sur ordre exprès du roi qu'elle fait une visite mortuaire et qu'elle assiste aux funérailles. Les torrents de larmes versés par son époux auraient-ils réveillé en elle quelques relents de jalousie ?

À la cour, la jeune femme fut très regrettée : « La cour et le royaume ont perdu leur plus bel ornement, écrit l'ambassadeur de Savoie, et les dames ne sauront plus où se faire voir, car la reine ne tient quasi pas de cercle. » Il n'y a plus de vie de cour, « ce n'a été depuis sa mort, dit La Fare, que jeu, confusion et impolitesse ». Marie-Thérèse fut-elle soulagée de voir disparaître une rivale qui l'éclipsait ? Une comparaison entre son sort et celui de Madame aurait pu la convaincre que, s'il est malaisé d'être reine, il est encore plus difficile, et hautement périlleux, de prétendre « faire la reine » sans l'être : la pauvre Henriette y a perdu la paix intérieure, la santé et la vie.

CHAPITRE SEPT

L'IMPOSSIBLE MARIAGE DE MADEMOISELLE

Nul n'est plus affligé de la mort de Madame que sa cousine de Montpensier. Par amitié, assurément, mais aussi pour des raisons très personnelles. Elle pressent ce qui se prépare. Les larmes de Louis XIV ne sont pas encore séchées sur ses joues que déjà il lui propose de remplacer la défunte. Or il se trouve qu'elle a de tout autres projets.

Bien qu'elle n'ait pas manqué de prétendants, au contraire — elle est le plus brillant et le plus riche parti de France —, elle n'en a trouvé aucun à son goût. Et voici qu'à quarante-trois ans elle est tombée amoureuse d'un cadet de Gascogne dont elle prétend faire son mari.

« Une grande naissance et de grands biens »

Anne-Marie-Louise d'Orléans était née le 29 mai 1627, du premier mariage de Gaston d'Orléans, frère de Louis XIII, avec Marie de Montpensier, entre les mains de qui avait abouti l'énorme fortune de cette branche cadette de la famille de Bourbon. On attendait un garçon. Grosse déception, ce fut une fille. À bien des égards un garçon manqué : mais on ne s'en apercevrait que plus tard. La semaine suivante, la jeune mère mourait d'infection puerpérale. L'enfant héritait de tous ses biens : principauté des Dombes, Beaujolais, Bresse, duché de Châtellerault, comté d'Eu, pays d'Auge, baronnie de Thiers, plus divers autres domaines de moindre ampleur.

Elle fut installée aux Tuileries avec un train somptueux et confiée à une excellente gouvernante, la marquise de Saint-Georges. Mais elle souffrit, explique-t-elle dans ses *Mémoires*, de l'absence de sa grand-mère, Marie de Médicis, exilée en 1631. Elle adorait Gaston, chaleureux et gai, capable de jouer à cache-cache avec elle à Chambord dans l'escalier à double révolution ou d'organiser toute une mise en scène pour voir si elle le reconnaissait après une longue absence. Mais hélas, il avait beaucoup de longues absences. En lutte ouverte ou larvée contre son frère, mêlé à toutes les conspirations du temps, il fut un père à éclipses, manquant de temps pour s'occuper de sa fille. De nature fort libérale, il était d'ailleurs peu enclin à lui imposer des contraintes. Par la force des choses, elle fut prématurément traitée en souveraine par la vaste domesticité qui l'entourait. Elle avait un bon naturel, elle n'en abusa pas. Le résultat de cette éducation fut plutôt heureux. Certes Mademoiselle est orgueilleuse, fière, altière. Elle exige qu'on ait pour elle les égards qui lui sont dus. Mais la très haute idée qu'elle se fait de son rang, loin de l'autoriser à plus de liberté, entraîne pour elle un surcroît de devoirs : il lui faut s'en montrer digne. Bref elle adhère avec passion et non sans naïveté à la morale aristocratique traditionnelle telle qu'elle l'a trouvée chez l'Arioste et le Tasse, dans *Amadis de Gaule* ou dans *L'Astrée*.

L'ennui, c'est que cette morale ne la prépare pas à devenir une épouse docile et effacée. C'est une morale d'hommes. Les héroïnes qu'elle admire dans les romans chevaleresques sont des vierges guerrières ou des reines de plein exercice : des femmes qui rivalisent avec les hommes sur leur propre terrain. La prétendue supériorité masculine n'est à ses yeux qu'un préjugé. Elle sent en elle autant de courage, de détermination, de jugement, d'aptitude à commander. Elle rêve d'un rôle politique. À l'évidence elle ne se console pas de n'être pas un homme. Quand l'occasion se présente, elle tend à se comporter comme un homme. Elle n'est pas prête à aliéner son indépendance.

À la différence de Marguerite de Valois, qui a connu en son temps semblables ambitions et semblables frustrations, elle n'adoptera pas la licence de mœurs des hommes. Elle n'a ni la sensualité de son aînée ni son charme, et elle possède un fond de morale et de religion beaucoup plus solide. Elle sait que sa fortune lui permet de ne dépendre de personne. Elle n'est pas pressée de se mettre la corde au cou. « J'avais toujours eu grande aversion pour l'amour, même pour celui qui allait au légitime, tant cette passion me paraissait indigne d'une âme bien faite. » L'amour est éphémère, c'est par raison qu'on doit convoler. Elle tient à choisir son conjoint. La raison lui commande de chercher le plus haut parti possible : « Je n'ai eu aucune envie de me marier, à moins que de trouver des grandeurs qui fussent conformes à ma naissance et à la juste ambition qu'elle me devait donner. »

On comprend aisément ses appréhensions. Autour d'elle, les prétendants se bousculaient, trahissant leurs appétits pour son alléchante fortune.

Le ballet des prétendants

Une princesse de cette qualité, avec une pareille dot : c'était là une occasion à ne pas manquer ! Peu d'héritières furent aussi courtisées qu'elle. Elle était laide, mais pas sotte. Elle comprit vite. Elle avait à peine huit ans que le comte de Soissons, qui approchait de la quarantaine, se mettait sur les rangs. Avec l'accord de Gaston, il la comblait de friandises — « nonpareille et dragées de Sedan ». Ce fut le seul dont elle fut dupe. Après lui commença le ballet des prétendants, sérieux ou hypothétiques. Toutes les combinaisons possibles furent envisagées. Un souverain venait-il à perdre sa femme ? on proposait aussitôt de le marier à Mademoiselle. En 1644 on parla ainsi de Philippe IV, pourtant en guerre contre la France, mais il opta pour une archiduchesse. Pas de regrets : « Je ne voudrais pas être reine pour être aussi misérable que l'était celle d'Espagne. » En 1646 il est question de l'empereur Ferdinand III, également en guerre contre nous. Elle y crut quelque temps, se vit impératrice, alla jusqu'à tenter de prendre par avance « des habitudes conformes à l'humeur » de son futur époux : il était dévot, elle s'absorba en prières. Son père lui expliqua qu'elle se fourvoyait : « Je suis persuadé que vous ne serez pas heureuse en ce pays-là ; l'on y vit à l'espagnole, l'empereur est plus vieux que moi... » Elle répondit qu'elle ne voulait pas d'un homme jeune et galant : elle pensait « plus à l'établissement qu'à la personne ».

Les pourparlers échouèrent. À défaut de l'empereur, un de ses serviteurs lui suggéra d'épouser son frère l'archiduc Léopold-Guillaume : on ferait ériger les Pays-Bas, dont il était gouverneur, en État indépendant et elle y régnerait à ses côtés. Mais le projet n'eut pas l'heur de plaire à la régente et à Mazarin : elle s'attira une volée de bois vert et l'imprudent négociateur se retrouva en prison.

Une nouvelle tentative en direction de l'empereur échoua en 1651. Sans regrets, la Providence en a décidé ainsi : « Je puis dire sans vanité que Dieu, qui est juste, n'a pas voulu donner une femme telle que moi à un homme qui ne me méritait pas. » En 1652, il sera encore question de l'archiduc. Comme on connaît l'humeur de Mademoiselle, on tente de la prendre par son faible : « C'est le meilleur homme du monde [...] Il ne se mêlera de rien ; il sera tout le jour avec les jésuites, ou à composer des vers et les mettre en musique ; et vous gouvernerez... » Mais à cette date, emportée dans la défaite de la Fronde, elle n'est plus en état d'avoir des prétentions

À la base de ces différents projets se trouvaient des arrière-pensées politiques. Les manœuvres répétées auxquelles se livrèrent pendant toutes ces années la reine d'Angleterre et son fils étaient simplement intéressées : capter la fortune de Mademoiselle pour financer la reconquête de leur royaume. Lorsqu'il débarqua à Paris en 1646 le jeune prince de Galles en exil avait seize ans. Il était « assez grand pour son âge, la tête belle, les cheveux noirs, le teint brun, et passablement agréable de sa personne ». En somme, un prétendant plutôt séduisant. Sa mère s'efforça de persuader la jeune fille qu'il en était amoureux. Elle en fit trop. Et son fils, dûment chapitré par elle, en fit trop lui aussi. Il l'accompagne partout, porte des rubans à ses couleurs, tient le flambeau pendant que sa mère en personne s'offre à la coiffer. Bref leurs démarches, cousues de très gros fils blancs, restent sans effet.

Ils revinrent à la charge cinq ans plus tard. Charles, roi d'Angleterre, mais privé de son trône, était aux abois. Il « faisait toutes les mines que l'on dit que les amants font. Il avait de grandes déférences pour moi, me regardait sans cesse, et m'entretenait tant qu'il pouvait ; il me disait des douceurs... » La mère lui affirma qu'il était en passe d'être restauré sous peu, lui jura qu'une fois mariée elle garderait la disposition de ses biens, et lui adressa une demande en mariage en forme d'ultimatum : on avait la délicatesse de solliciter son assentiment au lieu de se contenter de celui de son père, mais on attendait son accord dans les huit jours. Hélas pour les coureurs de dot, milord Jermyn, le favori de la reine, avait imprudemment laissé entendre qu'il lui faudrait réduire son train de vie et vendre ses terres pour financer la guerre. Et Gaston, d'autre part, ne tenait nullement à ce mariage, au contraire. Il fit une réponse dilatoire et, comme les Anglais insistaient, il envoya son secrétaire, Goulas, expliquer à sa fille que les affaires du roi d'Angleterre étaient un tonneau des Danaïdes dans lequel s'engloutirait en vain toute sa fortune et qu'elle serait « la plus misérable reine du monde ». Il lui conseilla de mettre fin à des assiduités qui risquaient d'écarter d'autres partis plus solides. Elle engagea donc ironiquement l'indiscret prétendant à aller reconquérir son royaume au lieu de faire le joli cœur à Paris.

À vrai dire, elle caressait depuis longtemps une chimère : elle voulait être reine de France.

Conquérir le roi

Mademoiselle a rêvé d'épouser Louis XIV. Une de plus. Comme tant d'autres. Bien avant les autres. La première de toutes. C'est devant le berceau du nouveau-né que le désir lui en est venu.

Anne d'Autriche, qui n'avait pas encore d'enfants et désespérait d'en avoir jamais, avait accueilli chaleureusement l'orpheline et s'était attachée à elle. La fillette fréquentait d'autant plus assidûment le Louvre et Saint-Germain que sa gouvernante, lors des mauvais jours, se chargeait des messages de la reine persécutée. Elle avait onze ans lorsque naquit le dauphin. Elle partagea la joie de la mère et s'extasia devant le bébé comme il est naturel à cet âge. Elle l'appelait en riant : *mon petit mari*. Elle n'en épouserait pas d'autre. Tant et si bien que Richelieu s'en inquiéta et donna l'ordre de l'éloigner. « Il avait tellement sur le cœur que j'eusse appelé le dauphin *mon petit mari* qu'il m'en fit une grande réprimande : il disait que j'étais trop grande pour user de ces termes ; qu'il y avait de la messéance à moi à parler de la sorte. » On fiançait les princes très jeunes à l'époque. Il craignit avec raison que l'idée d'un engagement entre le dauphin et sa cousine, ainsi lancée en l'air, ne finît par prendre consistance. Anne d'Autriche dit à la fillette, pour la consoler : « Il est vrai que mon fils est trop petit, tu épouseras mon frère »*.

Il n'en fut plus question jusqu'à la Fronde. Lors des troubles de l'hiver 1648-1649 Mademoiselle, comme son père, est favorable à la régente. Mais elle n'aime pas beaucoup Mazarin. Elle s'ennuie un peu à la cour. Voici qu'il se passe enfin quelque chose d'excitant. Elle est intrépide, elle goûte l'agitation, le bruit, l'imprévu. Le climat insurrectionnel éveille en elle l'appétit d'action et de gloire. Docile à l'exemple paternel, elle reste cependant spectatrice jusqu'en 1652. Mais lorsque Gaston se rallie à Condé en révolte ouverte contre l'autorité royale, elle se lance à corps perdu dans la guerre civile.

Deux épisodes la posent en héroïne.

Mars 1652. En Val de Loire, les troupes royales et celles de Condé battent la campagne. La bonne ville d'Orléans, qui fait partie de l'apanage de Gaston, s'est renfermée dans ses remparts et, prudente, elle attend pour prendre parti l'issue des affrontements en cours. Il faut aller d'urgence s'y emparer du commandement, pour en interdire l'accès aux troupes royales. Gaston, comme de coutume, tergiverse mais consent à donner mandat à sa fille pour le remplacer. Elle y court, accompagnée d'une escorte de femmes qu'on nommera plaisamment ses « maréchales de camp ». Elle trouve les portes fermées, fait enfoncer une poterne, se glisse par le trou, grimpe à une échelle et prend possession de la ville au milieu des vivats. Après quoi, elle tient un Conseil de guerre avec les généraux pour décider de la marche des armées. « Les demoiselles parlent pour l'ordinaire mal de la guerre, expliquera-t-elle tout uniment dans ses *Mémoires* : je vous assure qu'en cela comme en toute autre circonstance le bon sens règle tout, et que quand on en a, il n'y a dame qui ne commandât bien des armées. » Qu'en pensent les stratèges confirmés ?

On ne saurait cependant lui imputer la série d'échecs qui conduisirent les armées de Condé aux abois jusque dans les faubourgs de Paris : la médiocrité des alliés du prince en est

---

* Il ne peut s'agir que de Ferdinand, le « Cardinal-Infant », qui aurait dû dans ce cas être réduit à l'état laïc. Comme il mourut en 1641, on ne peut savoir ce qu'il serait advenu de cette suggestion.

responsable, ainsi que le génie militaire de Turenne. 2 juillet 1652 : ce dernier a acculé les condéens contre le rempart, il se prépare à les tailler en pièces. Mademoiselle arrache à son père, toujours indécis, l'ordre d'ouvrir la porte Saint-Antoine pour permettre aux vaincus de trouver refuge dans la capitale. Elle se précipite à la Bastille, prend en mains les opérations, fait diriger les canons contre les faubourgs. Quelques coups sont tirés sur son ordre. Déjà elle a rejoint son père au Luxembourg, triomphante. Elle a sauvé Condé. Mais elle lui a livré Paris. Deux jours après, le massacre de l'Hôtel de Ville la consterne : ce n'est pas ainsi qu'elle concevait la victoire. Le prince ne tiendra que trois mois et demi la ville livrée à l'anarchie. Lorsque Louis XIV rentrera dans la capitale au mois d'octobre, Gaston et sa fille paieront d'une lourde disgrâce l'appui apporté au rebelle.

Curieuse façon de conquérir la main du roi, dira-t-on, que de prendre les armes dans le parti adverse ! Mme de Motteville n'a pas tort, pourtant, d'écrire qu'elle « a fait la guerre en partie pour être reine de France ». Certes elle s'est jetée dans la lutte impulsivement, dans l'ivresse de l'instant, pour cueillir des lauriers, comme les amazones qu'elle admire dans les romans, pour le bonheur d'agir, de commander, pour se sentir l'égale d'un homme. Mais il est certain aussi que, sentant Anne d'Autriche peu favorable à son projet, elle a tenté de lui forcer la main par les armes, selon la vieille technique éprouvée des révoltes nobiliaires. Comme tous les frondeurs, elle pense monnayer sa soumission. En l'occurrence, contre un mariage avec Louis XIV. Elle ne fait en cela que suivre l'exemple de son père, qui, au début de 1650, n'a donné son consentement à l'emprisonnement de Condé qu'en échange de la promesse que sa fille aînée serait reine. Et l'année suivante, brouillé avec la régente, il mit à nouveau cette condition à un éventuel ralliement. Anne d'Autriche avait alors jeté les hauts cris. Mais Mademoiselle ne désarmait pas. Au lendemain de son exploit d'Orléans, se croyant en position de force, elle chargea Pierre de La Porte de proposer ce marché à Anne d'Autriche. Sur quoi la reine éclata d'un grand rire en s'écriant : « Ce n'est pas pour son nez, quoiqu'il soit bien grand » et Mazarin ajouta benoîtement que le roi — quatorze ans à peine — n'était pas encore à marier. On sait d'autre part que Condé a fait miroiter à ses yeux l'espoir de ce mariage pour prix de son alliance, afin de tenir, par elle, le très fuyant Gaston : il souhaitait « avec passion » la voir reine de France et s'engageait, lorsqu'il déposerait les armes, à en faire une des conditions du traité de paix. Mais après les salves tirées de la Bastille, il ne saurait en être question : « Ce coup de canon, aurait dit Mazarin, vient de tuer son mariage. » Il n'y aura pas de négociation, les frondeurs vaincus capituleront sans conditions et Mademoiselle n'épousera pas le roi.

En tout état de cause, le projet était peu réaliste. Une différence de onze ans paraissait rédhibitoire pour les perspectives de procréation. Et puis, Anne d'Autriche voulait beaucoup mieux pour son fils, elle songeait déjà à l'infante. Quant à Condé, rien ne dit qu'en cas de victoire de la Fronde, il se serait senti tenu par sa promesse : il n'avait que trop de bonnes raisons pour la dénoncer. Si elle avait été aussi raisonnable qu'elle prétendait l'être, elle se serait rendu compte beaucoup plus tôt que son rêve était chimérique.

« Je vous marierai où vous serez utile pour mon service »

Après la Fronde, Mademoiselle est brouillée avec son père. Gaston lui reproche d'avoir contribué à leur commune disgrâce en jouant les héroïnes à Orléans et à la porte Saint-Antoine. Il refuse de la garder auprès de lui : qu'elle aille se réfugier dans un de ses domaines. De plus, elle lui réclame, comme elle en a le droit, des comptes sur la gestion de ses biens durant sa minorité. Il se fait tirer l'oreille : ayant une femme épousée sans dot et trois autres filles à marier, il a un peu puisé dans le trésor de sa trop riche aînée. Celle-ci sera en procès avec lui, puis avec sa veuve, pendant des années.

Elle vécut cinq ans de purgatoire dans son château de Saint-Fargeau en Puisaye. Peu de prétendants, rien que du menu fretin. En 1653, un prince rhénan, qu'elle éconduit : « Il n'y a jamais eu de fille de France mariée à de petits souverains. » En 1656, l'inévitable Charles II, toujours en quête de bailleurs de fonds. *Que ne l'avez-vous épousé !* susurre à son oreille l'insinuante reine d'Angleterre, *vous seriez aujourd'hui plus* heureuse ; mais il est encore temps : « Il est si sot qu'il vous aime toujours... » Mademoiselle refuse, bien sûr : sa fortune lui permet d'attendre un meilleur établissement. Sa fortune, oui, mais son âge ? Les années passent. Elle est enfin autorisée à revenir à Paris : « Voici une demoiselle que je vous présente, dit Anne d'Autriche à son fils, et qui est bien fâchée d'avoir été méchante. Elle sera bien sage à l'avenir. » L'avertissement est humiliant. Mais sa joie est si grande de retrouver enfin l'éclat de la cour qu'elle est prête à tout pour s'y maintenir. La restauration de Charles II, enfin acquise, ne la convaincra pas d'accepter sa main, à nouveau offerte. Qu'irait-elle faire à Londres ? Nulle part elle ne se trouve aussi bien qu'à la cour de France.

À son retour d'exil, elle a trente ans. De haute taille, droite et fière, elle a grande allure, mais en dépit de ses cheveux blonds et de ses yeux bleus, elle est dépourvue de charme. Un nez trop long, des dents gâtées — « c'est de race », dit-elle —, un visage chevalin, des manières directes lui donnent quelque chose de masculin, d'un peu hommasse. Elle a pris l'habitude de vivre seule, a goûté à l'indépendance. Elle se pique de littérature, fréquente les précieuses, met à la mode le jeu des portraits. Elle prend tous les traits d'une vieille fille fantasque, installée dans son célibat.

Elle ne peut oublier cependant qu'elle est une carte majeure aux mains du roi. Dans le royaume pacifié, « être sage » signifie se conformer aux volontés souveraines en matière de mariage, accepter d'être un simple pion sur l'échiquier politique. En 1659, lors des pourparlers de paix, Mazarin envisagea un curieux « échange » : puisque le traité des Pyrénées privait l'empereur de l'infante Marie-Thérèse, on lui offrirait en compensation la main de Mademoiselle. Ce n'était plus celui qu'elle avait rêvé d'épouser autrefois, mais son fils ; et depuis, l'envie lui a passé d'aller régner à Vienne ; tant qu'à faire elle aimerait mieux le duc de Savoie : Turin, où l'on parle français, serait moins dépaysant. Elle n'osa dire non cependant. Le refus vint de l'Autriche. Quant au Savoyard, elle dut le céder à la plus jeune de ses sœurs. Sans trop de regrets. L'idée que Gaston avait pu convoiter pour l'une de ses sœurs la main de Louis XIV l'avait mise en fureur. Mais la Savoie est assez bonne pour une cadette. Jalousie ? Peut-être. Mais aussi sens aigu des rangs et de la hiérarchie : à l'intérieur d'une famille l'aînée doit passer la première. En revanche, lorsque le choix se porte sur Marie-Thérèse, elle n'éprouve aucun regret, aucune aigreur : la fille aînée du roi d'Espagne a priorité sur toutes les autres.

En 1662 son obéissance fut soumise à rude épreuve. Turenne, visiblement mandaté en haut lieu, lui demanda un entretien : on songeait à la marier. Elle prit les devants, se disant satisfaite de sa condition et résolue de n'en pas changer. « Je veux vous faire reine. [...] Reine de Portugal. — Fi, je n'en veux point. — Les filles de votre qualité ne doivent avoir de volonté que celle du roi. » Il tenta de l'allécher. Alphonse VI, âgé de dix-neuf ans, avait toujours été très soumis à sa mère ; or celle-ci, désirant se retirer, souhaitait placer auprès de lui quelqu'un qui fût capable de « gouverner avec un pouvoir absolu ». « Assez beau de visage, blond », il aurait été « assez bien fait s'il n'était pas venu au monde avec une espèce de paralysie d'un côté », de sorte « qu'il traînait une jambe et s'aidait avec peine d'un bras » ; mais il « commençait à monter à cheval tout seul ». De l'esprit ? on ne savait pas s'il en avait ou non. Mais il n'avait « ni bonnes ni mauvaises inclinations », il serait une cire molle entre ses mains. Ah le beau fiancé que voilà ! De quoi la rendre « heureuse », à coup sûr. Pour faire bonne mesure, Turenne ajouta qu'elle resterait maîtresse de son bien et qu'elle aurait sous ses ordres les généraux français qu'on placerait à la tête de l'armée : de quoi jouer à l'amazone comme autrefois. Car le but de l'affaire était, bien sûr, d'entretenir au flanc de l'Espagne une plaie vive qui l'empêcherait de s'opposer aux visées de Louis XIV sur la Flandre.

Mademoiselle s'indigna : ne venait-on pas de promettre à l'Espagne, deux ans plus tôt, paix et amitié ? Et si le conflit ainsi suscité tournait à la déroute du Portugal, tout son bien serait mangé, elle se retrouverait gueuse à demander l'aumône à Paris : « J'aime mieux être Mademoiselle en France avec cinq cent mille livres de rente, faire honneur à la cour, ne lui rien demander, être considérée autant par ma personne que par ma qualité. »

Alors Turenne passa aux menaces. Le roi peut tout exiger ; quand on n'obéit pas, « il gronde ; il donne mille dégoûts à la cour ; il passe souvent plus avant » ; exil, prison, couvent attendent les récalcitrantes ; après quoi il leur faut obéir quand même : pourquoi ne pas le faire tout de suite, de bonne grâce ? Elle se fâcha : « Les gens comme vous ne menacent pas ceux comme moi. [...] Si le roi m'en disait autant, je verrais ce que j'aurais à lui répondre. » Elle écrivit à celui-ci une longue lettre à laquelle il ne répondit pas. Elle se plaignit à Anne d'Autriche, qui se déroba : « Si le roi le veut, c'est une terrible pitié, il est le maître ; pour moi, je n'ai rien à vous conseiller. » Elle réussit à lui parler, suggéra maladroitement un projet de rechange. Il répliqua d'un ton aigre : « Je vous marierai où vous serez utile pour mon service. » Et peu de temps après, il lui fit dire de se retirer à Saint-Fargeau jusqu'à nouvel ordre. « Je n'ai jamais vu le roi si aigri qu'il est contre ma nièce », commenta la reine mère.

Elle regretta Paris, mais pas le trône de Lisbonne. Ses soupçons furent confirmés lorsqu'elle fit bavarder un religieux et un gentilhomme portugais venus la relancer, puis un Français qui connaissait bien le pays. Le mari qu'on voulait lui imposer était un caractériel au bord de la débilité mentale, « malin et cruel », qui « prenait un plaisir singulier à tuer les gens », ivrogne et livré à toutes sortes de débauches. Il était sous la coupe d'un favori également libertin, mais qui avait peur de lui. Ses sujets finiront par le détrôner au profit de son frère. Mademoiselle l'a échappé belle. Il valait la peine d'endurer une pénitence, qui d'ailleurs ne dura qu'un an.

« *Suivre mon inclination* »

Le temps passe, les prétendants se font de plus en plus jeunes, ils ont maintenant entre dix et vingt ans de moins qu'elle, il est évident qu'ils n'en veulent qu'à sa fortune. Mais ni le duc d'Enghien, fils de Condé, ni le duc de Longueville, ni même le prince héritier de Danemark ou le duc de Savoie, devenu veuf au bout d'un an, ne furent l'objet de négociations sérieuses, faute de l'aval du roi. Elle eut quelques années de tranquillité. Elle avait désormais peu de chances de procréer. Elle se crut libre. Elle avait tort.

Quelques jours après la mort d'Henriette, Louis XIV en larmes, après avoir discuté avec elle de la cérémonie funèbre

qu'elle devait conduire, lui déclara soudain, de but en blanc :
« Ma cousine, voilà une place vacante : la voulez-vous remplir ? »
Elle devint « pâle comme la mort », répondit en tremblant :
« Vous êtes le maître ; je n'aurai jamais d'autre volonté que la
vôtre. — Y avez-vous de l'aversion ? » Comme elle se taisait, il
ajouta qu'il lui en reparlerait. Mais déjà toute la cour voyait en
elle la future Madame et les mignons de Monsieur, émoustillés
par la perspective d'une belle fortune à dévorer, se frottaient les
mains.

Son affection réelle pour Philippe d'Orléans ne l'empêchait
pas de savoir ce qu'il était : elle n'avait nulle envie de supporter
ses sautes d'humeur ni de reprendre la guerre domestique
perdue par Henriette. « Nous commencerions d'être brouillés
avant d'avoir épousé », expliqua-t-elle au roi. Bientôt celui-ci
montra le bout de l'oreille : « Mon frère souhaite qu'en cas que
vous n'eussiez pas d'enfants, vous donnassiez tout votre bien à
sa fille. Il paraît qu'il ne se soucierait guère d'en avoir, pourvu
qu'il pût espérer que sa fille épouserait mon fils. » Mais
Louis XIV ne lui a rien promis et Mademoiselle peut se
permettre de plaisanter : Monsieur est bien le seul à proclamer
en se mariant qu'il ne veut pas d'enfants. Puis elle se dit blessée
de la proposition. Avouons qu'il y a de quoi. Par-dessus le
marché, le roi crut devoir l'avertir qu'il n'accorderait jamais à
son frère ni gouvernement ni charge d'aucune sorte, ni même la
moindre gratification, sinon à la prière de sa femme et pour
qu'il lui en sache gré. Assurément il ne lui dorait pas la pilule.
Avait-il des scrupules ?

Il se ravisa soudain : « À propos, j'oubliais de vous demander
s'il est vrai que le lendemain que Madame mourut, vous deviez
me demander un agrément pour un mariage. » La reine,
curieuse, intervint, commenta : « Vous ne pouvez épouser qu'un
prince. » Mademoiselle, sans donner de nom, s'en tira par un
discours ambigu : elle était assez grande dame pour assurer
l'élévation d'un honnête homme qui servirait bien le roi. Celui-
ci coupa court en lui promettant de ne pas la contraindre à une
union qui lui répugne.

La vérité est qu'elle est tombée éperdument amoureuse,
amoureuse comme peut l'être une adolescente, dans toute la
naïveté de son cœur. L'élu est un cadet de Gascogne monté très
jeune à Paris, qui s'est glissé dans la familiarité du roi en se

faisant l'auxiliaire de ses divertissements et de ses plaisirs. Antoine Nompar de Caumont, qui sera plus tard comte puis duc de Lauzun, était connu à la cour sous son nom initial de marquis de Puyguilhem, qu'on prononçait et qu'on écrivait Péguilin. Il avait alors trente-sept ans et commandait un régiment de dragons. Hardi jusqu'à la témérité, spirituel, insolent, moqueur, d'une gaieté endiablée, il cachait sous des dehors de légèreté une ambition que trahissait sa devise, une fusée pointée vers les nues et qui disait : *Je vais le plus haut qu'on peut monter.*

En dépit de sa petite taille, de ses cheveux blondasses, de son visage ingrat, il était la coqueluche des femmes qu'il savait flatter et faire rire. Il attira l'attention de Mademoiselle lors des campagnes de Flandre, quand la cour suivait les armées. Elle remarqua sa bonne mine, s'enchanta de ses œillades, s'extasia devant ses exploits, s'affola lorsqu'elle le crut blessé. S'étonnant d'éprouver un vague à l'âme inconnu, elle s'examina et comprit que, pour la première fois de sa vie, elle aimait. « Je le regardais comme le plus honnête homme du monde, le plus agréable, et que rien ne manquait à mon bonheur que d'avoir un mari fait comme lui que j'aimerais fort et qui m'aimerait aussi, que jamais personne ne m'avait témoigné d'amitié, qu'il fallait une fois en sa vie goûter la douceur de se voir aimée de quelqu'un qui valût la peine qu'on l'aimât. » Pour conquérir cette princesse accoutumée à débattre de mariage en termes de contrat, d'alliance dynastique, il avait suffi de la courtiser, comme la première gamine venue. Le petit Péguilin s'y entendait mieux que quiconque. Elle se sentait aimée. Valait-il la peine qu'elle l'aimât ? Ceci est une autre affaire. Ce choix, en tout cas, relevait d'une certaine continuité psychologique : trop altière pour s'asservir à un époux, fût-il roi ou empereur, elle prétendait, comme le ferait un souverain, honorer le mérite en élevant jusqu'à elle un homme de rang inférieur, qui lui devrait tout.

Prudent, Lauzun avançait à pas comptés. Le marivaudage dura longtemps. Comment aurait-il pu avoir l'audace de se déclarer, lui ver de terre, à la riche cousine du roi ? Il lui laissa l'initiative. Elle feignit de le prendre pour confident, lui avoua qu'elle était amoureuse, puis, rougissante comme une collégienne, lui glissa dans la poche un papier plié, à ne lire que deux jours plus tard, où figurait le nom mystérieux. Il eut l'habileté de soulever lui-même toutes les objections possibles. Elle feignit de croire qu'il la méprisait, ne voulait pas d'elle. Alors la voyant conquise, il décida de risquer le tout pour le tout : ils se marieraient. C'est elle qui se chargea d'obtenir l'assentiment du roi. La péripétie créée par le veuvage de Monsieur la consterna, mais ne fit que renforcer sa détermination. Elle affronta Louis XIV, qui hésitait : il méprisait trop son frère pour l'imposer à sa cousine sans quelque fausse honte ; d'autre part celle-ci, ayant passé l'âge d'avoir des enfants, n'était plus mariable à un prince étranger. Il se laissa arracher son consentement, en lui recommandant le secret. Les quatre grands personnages qui vinrent de la part de Lauzun faire la demande officielle furent accueillis aimablement. L'un d'eux, en apportant la bonne nouvelle aux amoureux, insista : « Voilà une affaire faite. Je vous conseille de ne la laisser traîner que le moins que vous pourrez, et si vous m'en croyez, vous vous marierez cette nuit. »

Hélas, ils ne voulurent pas d'un mariage à la sauvette, il leur fallait les grandes orgues. C'est ainsi qu'éclata dans Paris « la chose la plus étonnante, la plus surprenante, la plus merveilleuse, la plus miraculeuse... » — pour la kyrielle d'épithètes qui suit, reportez-vous à la fameuse lettre de Mme de Sévigné —, « M. de Lauzun épouse dimanche au Louvre, devinez qui ? [...] Il épouse Mademoiselle, ma foi ! par ma foi ! ma foi jurée ! Mademoiselle, la Grande Mademoiselle, fille de feu Monsieur ; Mademoiselle, petite-fille d'Henri IV [...] ; Mademoiselle, cousine germaine du roi ; Mademoiselle destinée au trône ; Mademoiselle, le seul parti en France qui fût digne de Monsieur ». « Voilà un beau sujet de discourir », conclut l'épistolière. On discourut beaucoup en effet, et dans l'entourage du roi, la contre-offensive se mit en place.

« Une si grande flétrissure »

Comment le roi a-t-il pu se résoudre à « tacher sa famille d'une si grande flétrissure ? » se demande l'ambassadeur de Savoie. Ce fut un tollé. Marie-Thérèse, croyant encore la chose à l'état de projet, sermonna la coupable : « Je désapprouve fort cela, ma cousine, et le roi n'y consentira jamais. — Pardonnez-moi, Madame ; le roi ne veut pas me contraindre, et cela est résolu. — Vous feriez bien mieux de ne vous pas marier et de garder votre bien pour mon fils d'Anjou*. — Ah ! Madame, qu'est-ce que Votre Majesté vient de me dire ! j'en suis honteuse pour elle, et par respect je ne veux pas lui en dire davantage. » Ce n'était pas là le moyen de se concilier la reine qui, sortant de sa réserve habituelle, s'en alla protester véhémentement auprès de son époux : « Elle priait Dieu que, si on la forçait à signer ce contrat, la main lui séchât. » Et comme le roi se fâchait, elle lui fit une scène assaisonnée d'une leçon de morale et d'un rappel de ses propres vertus et pleura toute la nuit. Monsieur, outré que sa cousine lui préfère un cadet de Gascogne, parla de la faire enfermer aux Petites-Maisons** et de jeter Lauzun par les fenêtres. Sa colère, Mademoiselle était capable de la comprendre et de l'excuser. Mais elle garda durablement rancune à Marie-Thérèse pour son impitoyable mesquinerie.

Derrière la reine et Monsieur, toute la maison royale, les ministres et toute la cour s'engouffrèrent. Orgueil nobiliaire, solidarité de gens en place qui n'admettent pas qu'on porte atteinte aux hiérarchies, colère de princesses délaissées qui ne veulent pas voir une des leurs échapper au sort commun. Contre Mademoiselle prirent parti Madame douairière, veuve de son père, Condé, son fils Enghien et sa sœur la duchesse de Longueville — « J'irai à la messe de mariage du cadet Lauzun et à la sortie je lui casserai la tête d'un coup de pistolet », proclamait le prince. Le Tellier et Louvois conseillèrent à l'archevêque de Paris de différer la publication des bans. Dans les coulisses, la Molina, femme de chambre de la reine, se permettait de faire la leçon à Louis XIV : « Si en Espagne il y avait eu un sujet qui eût osé prétendre à la fille du roi, on lui aurait coupé le cou ; le roi en devrait user ainsi. » Et les bonnes carmélites de la rue du Bouloi amplifiaient à plaisir les échos du scandale. Jusque dans la maison de Mademoiselle, de fidèles

---

* Philippe, né en 1668. Il mourra trois ans plus tard.
** Hôpital réservé aux fous.

serviteurs, affolés, tentèrent de lui expliquer qu'elle commettait une sottise : blessée, elle les congédia.

Ce fut Mme de Montespan qui emporta la décision. Elle avait d'abord été favorable à Lauzun, qui était de ses amis. On ne sait qui la convainquit de son erreur — Mme de Carignan selon l'abbé de Choisy, Mme Scarron selon La Fare. En fait elle était assez intelligente pour comprendre toute seule, devant la tempête soulevée par ce projet, que ceux qui l'avaient approuvé risquaient de le payer cher : on ne lui pardonnerait pas d'avoir poussé le roi à commettre cette faute. Elle fit marche arrière et Louis se rétracta.

Les intéressés sentirent changer le climat, en conclurent qu'il fallait renoncer aux cérémonies et se marier n'importe où, très vite, dans la nuit qui venait. Mais il était déjà trop tard. Sur les huit heures du soir, le roi la fit convoquer. Elle le trouva seul, l'air triste. « Je suis au désespoir de ce que j'ai à vous dire. L'on a établi dans le monde que je vous sacrifiais pour faire la fortune de M. de Lauzun ; cela me nuirait dans les pays étrangers : ainsi je ne dois pas souffrir que cette affaire s'achève. J'avoue que vous aurez raison de vous plaindre de moi ; je comprends même que je ne dois pas trouver mauvais que vous vous emportiez. » C'était couper court, d'avance, à sa colère. Elle misa sur le sentiment, plaida sa cause avec chaleur, elle supplia, elle se jeta à ses pieds. Il s'agenouilla à son tour et mêla ses larmes aux siennes. « Pourquoi m'avez-vous donné le temps de faire des réflexions ? Il fallait vous hâter. » Mais comment aurait-elle pu croire qu'il reprendrait sa parole ? Elle se mit à gémir qu'il devait la tuer, plutôt que de la séparer de celui qu'elle aimait plus que tout au monde. Il finit par couper court à ses plaintes : « Il est tard, vous n'avez plus rien à me dire, et je ne changerai pas de sentiment. » Et comme il pleurait encore, elle s'écria : « Vous pleurez de compassion, vous êtes le maître de mon repos, vous avez pitié de moi : et vous n'avez pas la force de refuser aux autres le sacrifice que vous leur en faites ! » Lointain écho des paroles jadis lancées par Marie Mancini à son amant. Mais cette fois, ce n'est pas à la raison d'État que le roi sacrifiait un amour, mais seulement aux préjugés de son entourage. Il est vrai que cet amour n'était pas le sien.

La fin d'un roman

Mademoiselle rentra chez elle échevelée, hors d'elle. Elle s'y enferma, se mit au lit où elle resta plusieurs jours sans pouvoir manger ni dormir. Elle finit par accepter les visites et reparut à la cour, amaigrie, les joues creuses, toujours au bord des larmes. Lauzun reprit son service auprès du roi comme de coutume. En prévision de leur mariage, elle lui avait fait don par contrat du duché de Montpensier et de la souveraineté des Dombes. Il proposa de les lui restituer, elle ne voulut pas en entendre parler. La chose resta en suspens.

Entre le consentement, rendu public le lundi 15 décembre 1670 et le refus, le jeudi 18, il ne s'était écoulé que trois jours. Le mariage lui, devait avoir lieu le samedi. La version officielle, répercutée par les ambassadeurs, est que le roi avait toujours été opposé à ce mariage et qu'il avait temporisé, espérant « qu'elle revendrait d'elle-même » et qu'il n'aurait pas besoin de la violenter ; mais que, « voyant son obstination et qu'elle voulait conclure », il avait dû s'y opposer fermement. Mademoiselle avait vu juste : Louis XIV ne reprend pas sa parole. Aux yeux du monde, du moins.

Près d'un an plus tard, à la fin de novembre 1671, Lauzun était soudain arrêté et expédié à la forteresse de Pignerol. Sur les causes de cette disgrâce, les avis sont partagés. Il est peu probable, quoi qu'on en ait dit, qu'elle ait sanctionné un mariage secret avec Mademoiselle. On jugea plutôt, à l'époque, que la responsable était Mme de Montespan. Quand il entra en prison, conte Mme de Sévigné, il avait si peu d'espoir d'en ressortir qu'il s'écria : *In saecula saeculorum,* et la favorite, si elle avait pu l'entendre, n'aurait pas manqué de répondre : *Amen**.

Saint-Simon prétend tenir de l'intéressé lui-même le fin mot de l'affaire, mais il se trompe sur la date et sur l'objet du litige**. Et d'autre part le narrateur, en bon Gascon, a sans

---

* Pour les siècles de siècles (= l'éternité) — Ainsi soit-il.

** Ce n'est pas avant mais après l'échec du mariage que se place l'incident et il ne concerne pas la charge de grand maître de l'artillerie. Lauzun ne fut pas libéré, il ne quitta la Bastille que pour Pignerol.

doute brodé un peu. Voici de quoi il s'agit. Lauzun estimait que l'échec de son mariage valait bien compensation. À la fin de novembre 1671, la charge de colonel des gardes françaises se trouvant disponible, il la sollicita. Mais, malgré l'appui promis par Mme de Montespan, elle lui fut refusée. Pour en avoir le cœur net, il la pria de plaider à nouveau sa cause, puis, avec la complicité d'une femme de chambre, il se cacha sous le lit où le roi rejoignit bientôt sa maîtresse. Il apprit ainsi que l'opposition venait de Louvois, mais aussi que la favorite loin de le servir, l'enfonçait. « Il fut plus heureux que sage, dit Saint-Simon, et ne fut point découvert. » Mais il fit la folie de s'en prendre à la Montespan, de lui dire à l'oreille tout un chapelet d'injures en lui répétant mot pour mot sa conversation avec le roi. Elle ne douta pas que ce ne fût une intervention du diable et s'évanouit. Le roi, moins crédule, chercha l'origine de l'indiscrétion. Il ne la trouva pas, mais Lauzun, poursuivant de sa hargne la maîtresse royale, commit d'autres imprudences et fit déborder la coupe. Et c'est ainsi qu'il rejoignit à Pignerol le surintendant Fouquet, qui y moisissait depuis sept ans.

Ni Louis XIV ni la Montespan ne croyaient à la sincérité de ses sentiments pour Mademoiselle : l'absence serait pour elle un excellent remède. La malheureuse pleura, avec beaucoup de dignité. En fouillant la demeure de Lauzun on trouva dans sa cassette des liasses entières de lettres de femmes, « fort scandaleuses, dit-elle, pour leurs auteurs », mais flatteuses, au fond, pour leur destinataire. Elle pardonna, regrettant de l'avoir su, souhaitant oublier au plus vite. Elle continua d'espérer et d'intercéder pour lui. Une première puis une seconde tentative d'évasion, dans lesquelles elle n'était pour rien, échouèrent. Le prisonnier, oscillant de la dépression à la colère, mettait le feu au plancher de sa chambre. Le temps passait. Elle défendait férocement son patrimoine — la seule chose qui lui restât — contre les revendications de ses demi-sœurs. Cependant la prison de Lauzun se faisait moins sévère. Au lieu de recourir à un trou secrètement creusé dans le plancher pour rendre visite à son illustre compagnon de captivité, il avait désormais le droit de le rencontrer à sa guise dans l'enceinte de la forteresse. Mais pas de libération en vue. Mademoiselle finit par se rendre à l'évidence : elle détenait la clef de sa prison, mais le prix à payer était très élevé.

Depuis longtemps Mme de Montespan l'assiégeait de compliments et de prévenances et lui faisait admirer ses enfants. Peu à peu le marché, quoique enveloppé de beaucoup de précautions oratoires, se dessina : faites quelque chose pour le duc du Maine — l'aîné des bâtards royaux —, on y sera sensible. Le lendemain le roi accusait réception de la réponse : « Mme de Montespan m'apprit hier au soir la bonne volonté que vous avez pour le duc du Maine. J'en suis touché comme je dois, voyant que c'est par amitié pour moi que vous le faites... » En quoi consistait de la part de Mademoiselle la « bonne volonté » en question ? Le sacrifice d'une grosse part de sa fortune. Mieux vaut tenir que courir : on souhaite une donation, plutôt qu'un testament. Une donation spontanée et gratuite. Chaque chose en son temps : il est trop tôt encore pour parler de Lauzun. Une vente fictive transféra à l'enfant les plus beaux fleurons de l'héritage Montpensier, le comté d'Eu et la principauté des Dombes. « Je crois que vous êtes contente et moi aussi, dit le roi à la généreuse donatrice. [...] Vous ne vous en repentirez pas et je ne songerai qu'à vous donner des marques de ma reconnaissance. »

Au printemps de 1681, Lauzun fut enfin libéré. Mais on lui imposa à Bourbon-l'Archambault une résidence provinciale, qui devait avoir encore « un air de prison ». Quant à l'épouser, il n'y fallait pas songer. Initialement, d'après Mme de Montespan, le roi, tout en excluant une union officielle qui eût fait de lui un duc de Montpensier, était prêt à fermer les yeux sur un mariage secret. Et Mademoiselle de s'indigner à l'idée qu'il « pourrait vivre comme son mari », tout en passant aux yeux du monde pour son amant. Mais bientôt, ce fut *non*, tout court : « Le roi m'a dit de vous dire qu'il ne veut pas que vous songiez jamais à épouser M. de Lauzun. » À Bourbon, puis à Amboise, le captif libéré prenait du bon temps, cependant qu'à Paris, Mademoiselle s'affairait à redistribuer les donations pour qu'il ne fût pas entièrement frustré. Ils se revirent en 1682, lorsque Lauzun, autorisé à regagner Paris, mais non la cour, vint rendre ses devoirs au roi.

Les *Mémoires* sont d'une extrême discrétion sur ces retrouvailles, dont on devine qu'elles furent une déception. Tous deux ont changé. À cinquante-cinq ans, elle est une vieille femme, à quarante-neuf, lui se sent encore fringant, son vernis de galant homme craque et laisse transparaître les appétits. Vaut-il la peine de braver l'interdiction royale pour s'enterrer avec elle dans une maison de campagne à Choisy-le-Roi ? Finies les cajoleries d'autrefois. Il se montre déplaisant, voire brutal et elle se rebiffe. Il lui reproche de porter dans les cheveux, malgré son âge, un ruban couleur de feu, elle réplique : « Les gens de ma qualité sont toujours jeunes. » Il lui ment, la fuit. Elle le fait épier. Il se plaint à droite et à gauche de la servitude dans laquelle elle le tient. Il finit par lui reprocher d'avoir été la cause de sa disgrâce : sans elle il jouirait encore de sa charge à la cour. Un dédommagement financier considérable ne le console pas d'en être exclu. Ils se chamaillent sans arrêt. C'est elle, semble-t-il, qui, dans un sursaut d'orgueil, mit les choses au point : « J'en ai fait ou voulu faire pour vous plus que personne ne saurait faire. Si par votre mauvaise conduite vous avez tout gâté, prenez-vous-en à vous-même, et très volontiers je ne me mêlerai plus de vos affaires. » Elle interviendra encore pour lui cependant, mais sans illusions. En 1684 leur adieu définitif fut glacial.

Selon le plus récent biographe de Mlle de Montpensier, Michel Le Moël, il est très peu probable, malgré une légende tenace, qu'ils aient contracté après le retour de captivité un mariage secret. Même de son côté à elle, le cœur n'y est pas, l'enchantement premier a disparu. Quant à une liaison, tout ce qu'on sait de sa fierté, de sa foi religieuse, de son sens de l'honneur conduit à l'exclure. Elle est de celles qui ne s'abandonnent que la bague au doigt, après une cérémonie publique. Si l'on y regarde bien, leurs querelles ne sont pas d'amoureux. Elles conservent toujours quelque trace de la distance sociale qui les sépare : il est à son service et lui doit des comptes. Mais lui, déçu, préférerait servir le roi, plutôt qu'une vieille fille aigrie.

La chance finit par sourire à l'audacieux. Faute de retrouver sa place à la cour, il partit chercher fortune en Angleterre où le successeur de Charles II, son frère Jacques II, se débattait dans une guerre civile. Il réussit le tour de force de faire passer en France, à la barbe de l'ennemi, l'épouse et le fils nouveau-né du souverain. Il fut accueilli à Versailles en héros, reçu par le roi, qui lui rendit sa faveur. Ayant épousé sur le tard une belle-sœur de Saint-Simon dont il n'eut pas d'enfants, il achèvera à quatre-vingt-dix ans une existence aussi fertile en aventures que celle d'un héros de roman.

À son retour d'Angleterre, Mademoiselle avait refusé de le revoir. Elle se disait « très fâchée » et demandait qu'on lui interdît l'accès des lieux où elle devait aller : « Je ne sais, ajoute Mme de Sévigné, si l'on aura bien de l'attention à sa colère. » Plutôt que de colère il s'agissait de honte. Elle ne lui pardonnait pas et ne se pardonnait pas l'amour qu'elle avait eu pour lui. Elle jeta au feu sans la lire une lettre qu'il lui adressa. Elle avait sacrifié pour lui une bonne part d'une fortune à laquelle elle tenait. Mais il lui en restait plus qu'il ne lui en fallait. Elle savait désormais que l'essentiel est ailleurs, dans l'autre vie à laquelle elle se préparait en rédigeant des ouvrages de piété. Le roi lui fit la joie de se rendre à son chevet lors de sa dernière maladie. Elle s'éteignit le 5 avril 1693. La reine, qui convoitait ses biens pour son fils le petit duc d'Anjou, avait depuis longtemps rejoint celui-ci dans la tombe. L'essentiel fut partagé entre le Grand dauphin et Philippe d'Orléans. Elle eut l'élégance de laisser à Lauzun le domaine de Saint-Fargeau, donné au temps de leurs amours.

Ainsi mourut à soixante-six ans, sans avoir réussi à se marier, la princesse qui fut le parti le plus recherché de France. La faute en est à son humeur fantasque, dit Mme de Motteville, porte-parole de l'opinion généralement admise : « Elle avait toujours rebuté brusquement les partis qui lui convenaient parce que, dans le temps qu'ils lui avaient été offerts, ses fantaisies lui en avaient fait désirer d'autres qu'elle n'avait pu avoir. Ainsi, par un retour continuel et à contretemps sur tous les grands princes de l'Europe, on peut dire qu'elle les avait presque tous refusés et que de même ils avaient eu leur tour à la négliger. » Certes. Mais loin d'agir par caprice, elle obéissait à une exigence d'authenticité, face aux calculs sordides qui présidaient alors aux mariages des princesses. Elle fut condamnée au célibat pour n'avoir pas voulu se soumettre aux impitoyables règles du jeu régissant sa condition.

CHAPITRE HUIT

LE CHEMIN DE CROIX DE LOUISE DE LA VALLIÈRE

Pendant que Madame achève de brûler ce qui lui reste de vie et que Mademoiselle s'enivre d'une idylle d'arrière-saison, Louise de La Vallière entame un itinéraire jalonné de coups de tête et de repentirs, qui la conduira au carmel. Au combat personnel de la favorite déchirée entre son amour terrestre et son désir de rédemption s'en superpose un autre, d'une tout autre ampleur, dont l'enjeu est, pour les dévots qui la dirigent, le retour du roi à des mœurs plus conformes aux commandements de Dieu et de l'Église.

Du bon usage des maladies

Entre ses deux maîtresses, Louis XIV s'appliquait à tenir ostensiblement la balance égale. Louise possède même un atout refusé à sa rivale, toujours condamnée aux accouchements discrets et aux actes de naissance mensongers. En février 1669, il a légitimé à son tour le fils qu'elle lui a donné deux ans plus tôt, avec le titre de comte de Vermandois et la charge d'amiral de France. Elle tire de cette reconnaissance officielle une semi-légitimité. Mère avouée de deux enfants du roi, elle occupe à la cour une place honorable, dispose d'un tabouret chez la reine, jouit de larges revenus, mène grand train. Pendant quelque temps encore, elle peut croire qu'elle regagnera son cœur. Elle accepte donc le partage et s'efforce de lutter.

Les courtisans se demandent laquelle des deux l'emportera et comptent les points. L'ambassadeur de Savoie fait pour son maître la chronique de leurs humeurs : visage riant, teint clair, maigreur, yeux rouges. Athénaïs a une bonne longueur d'avance. Mais il lui arrive de regarder avec dépit la carnation éblouissante de sa rivale. Elle envoie alors le roi lui réclamer un pot de sa pommade miraculeuse, et Louise consent à en fournir, « à condition que les faveurs seraient égales », ajoute-t-elle en riant. Et c'est pourquoi, ajoute Saint-Maurice, « on s'est aperçu depuis de son gros ventre ». Une grossesse qu'elle s'efforce de cacher, pour échapper à la colère de l'autre. Peine perdue : « Il y a eu des pleurs chez les dames de la faveur » et « leur galant a bien eu de la peine à les consoler ».

L'enfant attendu ne vit jamais le jour. La très grave maladie qui mit Louise aux portes de la mort fut sans doute la conséquence d'une fausse couche intervenue au printemps de 1670. Sur cet épisode de sa vie, nous sommes très mal renseignés : une actualité chargée — voyage en Angleterre puis mort de Madame, et mariage manqué de Mademoiselle — focalise alors tous les regards. On peut cependant se faire une idée de la crise traversée par la favorite déchue grâce à un opuscule paru d'abord anonymement, puis sous son nom après sa mort. Est-elle vraiment l'auteur de ces *Prières et réflexions sur la miséricorde de Dieu et sur notre misère après une grande maladie* ? On en connaît plusieurs versions, dont les dernières, plus élaborées, portent la trace de remaniements. Mais il n'est pas invraisemblable que la première, plus spontanée, soit authentique, même si quelque directeur est venu guider sa pensée et lui tenir la main.

Rien de très original dans ce texte à la phraséologie verbeuse, assez convenue, qui s'inspire largement de l'*Imitation de Jésus-Christ* et s'ordonne autour des trois vertus théologales de foi, d'espérance et de charité. Louise a failli mourir. La perspective de la mort est toujours — et pas seulement au XVIIe siècle — l'occasion d'un retour sur soi. Pour un être profondément croyant comme elle, mourir en état de péché vaut damnation éternelle. Si l'on en réchappe, il est urgent de songer à faire son salut : cette *Prière* est aussi une règle de vie, une sorte de mémorandum qu'elle relira dans les moments de faiblesse et de doute. L'intérêt du texte réside dans la démarche adoptée.

Elle souhaite renoncer aux facilités de la morale mondaine, qui promet à tout péché miséricorde, pour une autre plus haute, qui exige du pécheur une réforme radicale. Elle congédiera donc son confesseur, « faible, politique, prévaricateur de la parole » de Dieu, qui songe « plutôt à [lui] plaire qu'à [la] sauver » et se fait ainsi le complice de son péché et le « ministre de Satan ». On remarquera que cette diatribe coïncide avec le départ du Père Annat, qui abandonne sa charge de confesseur du roi, lassé des perpétuelles rechutes de son pénitent. Elle est donc en quête de quelqu'un qui la dirige et la soutienne dans la voie qu'elle a choisie.

Or cette voie n'est pas à cette date l'entrée au couvent, ni même la retraite à l'ombre d'une maison religieuse. Tout en se donnant à Dieu, elle veut rester à la cour. « Ce sera dans le milieu du monde et souvent dans la vanité même que, me retirant dans ce petit cabinet de mon cœur consacré à vous seul et où rien que votre lumière ne me pénétrera, je vous adresserai ma prière... » Elle y voit une forme de mortification supplémentaire, qui édifiera les autres : « Si pour m'imposer une pénitence en quelque façon convenable à mes offenses, vous voulez [...] que je reste encore dans le monde pour y souffrir sur ce même échafaud* où je vous ai tant offensé, si vous voulez tirer de mon péché ma punition même en faisant devenir les bourreaux de mon cœur ceux que j'avais faits ses idoles, *paratum cor meum,* mon cœur est prêt. »

Ce choix témoigne du désir inavoué de ne pas s'éloigner de celui qu'elle continue d'aimer avec passion et il trahit une grande naïveté. Vivre en religieuse au sein même de la cour est une gageure intenable. Bien entendu, elle n'édifie personne. Et elle reste prête à succomber « au doux poison de plaire au monde et de l'aimer ». Que le roi lui ouvre les bras, et ses belles résolutions seraient vite envolées. Hélas, l'idole de la veille est véritablement devenu son bourreau. Comme témoin quotidien des amours de sa rivale, elle souffre un martyre intolérable. Les fêtes du carnaval, au début de l'année 1671, sont plus qu'elle n'en peut supporter. Elle n'a pas le courage de paraître au grand bal du Mardi gras qui y met fin. Elle vient d'avoir avec son amant une discussion où elle lui a parlé « légèrement », étourdiment : elle a donné libre cours à ses plaintes, sans retenue. Le lendemain 11 février, Mercredi des cendres, premier jour du carême, on la cherche en vain. Elle a disparu.

---

* Estrade, lieu surélevé où l'on est exposé au regard de tous : ici la cour. Mais le mot évoque ici l'endroit où se font les exécutions.

La fuite à Chaillot

Comme naguère en 1662, elle partit à pied, longea la Seine en direction de l'ouest, vers le village de Chaillot. Mais cette fois-ci elle ne s'enfuyait pas au hasard et n'alla pas sonner à la première porte venue. Elle connaissait bien le monastère de la Visitation qu'Henriette de France avait implanté vingt ans plus tôt sur la colline afin de l'héberger elle et sa fille. Elle y avait souvent rendu visite à Mlle de La Motte-Argencourt, chassée de la cour par Anne d'Autriche pour avoir plu trop tôt à Louis XIV adolescent. C'est à cette maison amie qu'elle demande asile.

Aucune vocation religieuse ne l'anime alors. C'est un refuge qu'elle cherche, comme une bête blessée, pour panser ses plaies et s'éloigner de celui dont la vue ravive sa souffrance, ne plus se consumer dans une attente vaine, tuer l'espoir. Elle lui fit dire, rapporte Mme de Sévigné, « qu'elle aurait plus tôt quitté la cour, après avoir perdu l'honneur de ses bonnes grâces, si elle avait pu obtenir d'elle de ne plus le voir ; que cette faiblesse avait été si forte en elle qu'à peine était-elle capable présentement d'en faire un sacrifice à Dieu ; qu'elle voulait pourtant que le reste de la passion qu'elle a eue pour lui servît à sa pénitence, et qu'après lui avoir donné sa jeunesse, ce n'était pas trop encore du reste de sa vie pour le soin de son salut ». Difficile d'avouer plus clairement que le roi passe avant Dieu dans son cœur.

Il est bien loin le temps où Louis sautait à cheval pour la poursuivre et la ramener dans ses bras. Informé de sa fuite, il ne s'est pas ému et n'a rien changé au calendrier de sa journée. Il se contente de lui envoyer Lauzun, encore bien en cour, pour la convaincre de revenir. Mais l'éloquence du Gascon la laisse de marbre : elle prétend rester à la Visitation pour l'instant. Un nouvel émissaire, le maréchal de Bellefonds, un très honnête homme fort pieux, pour qui elle a de l'amitié, essuie même refus et elle le charge de transmettre le message cité plus haut. En l'entendant le roi s'émut, « pleura fort » et expédia alors à Chaillot Colbert en personne — Colbert qui, en dehors de ses fonctions officielles, rendait aussi à son maître mille services privés. Finis les vains propos. Il est porteur d'une sommation :

« Il lui dit qu'il avait ordre de se servir de l'autorité du roi, si elle l'y obligeait, de sorte qu'il fallut obéir », explique Mme de Montmorency à Bussy-Rabutin. Olivier Lefèvre d'Ormesson confirme dans son *Journal* que le ministre avait *ordre* de l'amener à Versailles et ajoute qu'elle ne consentit à y aller que « sur la parole que le roi trouverait bon qu'elle se retirât si elle persévérait » dans son désir de retraite.

Les contemporains, puis les historiens, se sont interrogés sur les raisons de cette mise en demeure. Certes Louis a été sincèrement attendri par son cri d'amour pathétique. À son arrivée il l'a serrée dans ses bras et il a mêlé ses larmes aux siennes dans le carrosse qui les conduisait vers Saint-Germain, tandis qu'Athénaïs se croyait obligée de sortir elle aussi son mouchoir. Mais cette émotion, quoique très réelle, ne parut pas une explication suffisante. Selon Mlle de Montpensier, « bien des gens disaient que quoique le roi eût pleuré, il aurait été très aise de s'en défaire dès ce temps-là ». Et Mme de Montespan encore bien davantage, qui la veille, dit-on, avait exigé sa mise à l'écart définitive. Alors pourquoi la garde-t-il ? « Par intérêt et par pure politique », murmure Bussy, comme « paravent ». Mais, à cette date, l'encombrant mari d'Athénaïs n'est plus guère à craindre et, de surcroît, aucun paravent n'est plus en mesure de dissimuler une liaison qui défraie depuis longtemps la chronique.

La vraie raison est ailleurs. Elle est bien politique, mais d'un autre ordre. En partant brusquement, sans prévenir, Louise a enfreint une règle essentielle : on ne quitte pas la cour sans autorisation, qu'on s'appelle Monsieur frère du roi, qu'on porte un grand nom de France, ou qu'on ne soit qu'une maîtresse délaissée. La règle date du temps où un départ de ce genre marquait le préambule d'un soulèvement armé. Le risque en a disparu, ou presque, mais l'usage est resté. Et puis Louis XIV cherche à faire de la vie à la cour une faveur hautement désirable. En être chassé est un châtiment redouté. La quitter de son plein gré est une insulte à celui qui y règne. Comment peut-on vouloir s'éloigner du Soleil ? La fugitive s'est échappée, moins pour rejoindre Dieu que pour quitter le roi. Elle doit impérativement regagner sa place. Il lui laisse cependant, pour l'avenir, une porte de sortie : si elle persiste, il s'inclinera peut-être. On a le droit de préférer Dieu au roi, pourvu qu'il s'agisse d'un choix mûri, authentique et non d'un coup de tête. Mais à vingt-six ans, selon les critères du temps, elle est beaucoup trop âgée pour faire une religieuse cloîtrée et beaucoup trop jeune pour se confiner dans une retraite préparatoire à la mort. Rien ne presse.

Elle en fut quitte pour une fausse sortie, la seconde du genre. Elle reprit sa place aux côtés d'Athénaïs, sous l'œil narquois des courtisans. Rien de changé, en apparence, sinon un regain de faveur pour elle. « Elle est à la cour, dit Mme de Sévigné, beaucoup mieux qu'elle n'y a été depuis longtemps. » Au lendemain de sa fugue elle était malade, maigre, avec une vilaine loupe au cou. Mais dès l'été elle va mieux. Bien que ses blonds cheveux aient foncé, elle est encore très séduisante. « Les dames se portent bien, note Saint-Maurice en juin, elles sont lestes et belles ; il me semble que La Vallière se remet ; elle me parut tout à fait bien ; pour l'autre, elle se fait très grosse. » Louise tente de mener une vie plus retirée, de se vêtir plus modestement. Mais il est difficile de ne pas suivre le train de la cour. En août on voit passer le roi dans une somptueuse calèche, entouré des deux dames « en des déshabillés de dorure autant charmants que de prix », très bien coiffées : char de triomphe, ou plutôt « char d'amour ». L'année suivante « les trois reines », la légitime et les deux maîtresses, se relayent au chevet de la petite princesse Marie-Thérèse, cinq ans, qui agonise. En 1673 Primi Visconti, débarquant d'Italie, note avec surprise la régularité de l'emploi du temps : le roi rend visite aux favorites deux fois par jour, après la messe vers une heure de l'après-midi et le soir à onze heures après le souper ; et il termine toujours la nuit dans le lit de son épouse. La marquise de Sévigné se moque : « Mme de La Vallière ne parle plus d'aucune retraite ; c'est assez de l'avoir dit. Sa femme de chambre s'est jetée à ses pieds pour l'en empêcher ; peut-on résister à cela ? »

Mme de Sévigné a tort. Dans l'intimité des appartements privés, la vie devient un enfer pour Louise, décidée à tout supporter par esprit de pénitence. Athénaïs s'ingénie à lui rendre l'existence impossible, pour l'obliger à partir. Et comme elle ne rencontre chez elle aucune résistance, elle en fait son souffre-douleur. Elle l'oblige à la servir, exige d'être coiffée et habillée par elle comme par une femme de chambre, elle l'humilie, l'abreuve de moqueries. Le roi lui-même s'associe à son supplice. Il traverse en coup de vent son appartement pour se rendre chez l'autre, où il passe de longues heures. Qu'elle se console en compagnie de son petit épagneul, Malice ! Il est peu probable qu'il lui ait jeté ce conseil à la tête avec la brutalité que rapporte la princesse Palatine — « Tenez, Madame, voilà votre compagnie, cela vous suffira ». Il était beaucoup trop courtois pour cela ; mais même dite avec des formes, la chose n'en blessait pas moins.

Louise cependant subit en silence toutes les insultes, toutes les avanies. Et l'entourage des deux femmes commence à se poser des questions. Pourquoi s'abaisse-t-elle ainsi ? pourquoi ne réagit-elle pas ? ou pourquoi ne part-elle pas ? On ignore que ces mortifications consenties font partie de la pénitence qu'elle s'impose et que, sous ses robes de soie brodée, elle porte un cilice qui lui laboure la chair. Pour dompter et châtier ce corps qui a été l'occasion et l'instrument du péché, pour racheter cette âme qui a cédé aux délices du monde, il n'y a pas de traitement trop rude. Elle a choisi pour terminer sa vie l'ordre monastique le plus exigeant, le plus rigoureux : le carmel.

Le choix du carmel

Une entrée au carmel impliquait de sa part un sacrifice total. Et à l'égard du monde, c'était une sorte de provocation. Il lui fallut trois ans pour s'y résoudre, puis pour se décider à en solliciter l'autorisation.

Plusieurs manières de quitter la cour se présentaient. Elle les envisagea ou on les envisagea pour elle tour à tour. Il fut question de l'installer dans une demeure à elle avec ses enfants qu'elle élèverait. Mais ils appartenaient à leur père, qui les avait reconnus, et cette solution n'aurait donc pas coupé les ponts entre le roi et elle. Elle songea aussi à prendre pension, comme tant de dames âgées, désargentées ou disgraciées, dans une maison religieuse. Il en était de fort douillettes. On partageait quelques-uns des pieux exercices de la communauté, mais l'on continuait de fréquenter des amis, de recevoir, de sortir. En cherchant refuge à la Visitation, elle songeait sans doute, en 1671, à une retraite de ce type. Et si elle souhaitait vraiment entrer en religion, il y avait encore quantité de couvents à la règle souple, où subsistait une vie sociale, où l'on ne se séparait pas totalement du monde. Mais finalement elle opte pour le carmel. Non pas l'annexe de la rue du Bouloi, dont les trop fréquentes visites de la reine avaient fait comme un prolongement de la cour, mais la maison mère de la rue Saint-Jacques, pure et dure.

Elle n'a pas fait ce choix seule. Elle y a été conduite par ceux à qui elle a remis le soin de diriger sa conscience. On a dit plus haut qu'elle récusait les confesseurs mondains. Quand et comment le maréchal de Bellefonds fut-il amené à jouer auprès d'elle le rôle de « directeur » ? On ne le sait pas au juste. Mais la correspondance qu'elle échangea avec lui à partir de 1673 ne laisse pas de doute sur l'importance de ce rôle. Les fonctions de Bellefonds à la cour — il était premier maître d'hôtel du roi — l'avaient amené à la rencontrer souvent. C'était un dévot convaincu, bourru, que son franc-parler mettait sans cesse au bord de la disgrâce.

Bellefonds n'est pas un isolé. Sans aller jusqu'à parler de conspiration des dévots, disons qu'il y a en France pas mal de gens qui souhaitent voir Louis XIV adopter une conduite plus conforme aux enseignements et aux intérêts de l'Église. Ils se sentent en perte de vitesse. La Compagnie du Saint-Sacrement a été dissoute, le « parti dévot » désorganisé. Ils ont perdu avec Anne d'Autriche leur porte-parole le plus efficace et Marie-Thérèse, en dépit de toute sa piété, s'est montrée incapable de prendre le relais. L'éloquence de Bossuet a fait long feu, depuis 1669 il n'est plus invité à prêcher les Avents ou les carêmes royaux. Mais il a été nommé précepteur du dauphin. Il sait que le roi n'est pas irrémédiablement endurci. Ah ! s'il y avait une femme auprès de lui pour lui porter la bonne parole, au lieu de la Montespan qui le détourne de ses devoirs ! Les dévots ne disposent pas pour l'instant de candidate idéale. Mais à défaut de supplanter la favorite en titre, Louise de La Vallière, par une retraite éclatante, peut servir à la déstabiliser.

Il serait injuste et inexact de dire que Bellefonds, puis Bossuet qui intervint ensuite, usèrent de leur influence sur Louise pour lui imposer une décision qui servait leur politique. La vocation de la jeune femme était sincère et son caractère entier, voire excessif, la portait à souhaiter une rude pénitence. Mais ils la poussèrent sans aucun doute dans ce sens.

Ils avancèrent à pas comptés, sachant qu'un tel choix se heurterait à bien des obstacles. Il ne pouvaient se permettre un échec.

Il leur fallait d'abord s'assurer que Louise serait accueillie au carmel et aussi qu'elle se sentait vraiment prête pour la vie qu'on y menait. Majoritairement peuplé de vierges à la vocation insoupçonnable entrées en religion très jeunes, ce n'était pas un refuge pour filles perdues, même de très haut rang. Au premier abord, la maîtresse délaissée parut une recrue peu souhaitable. Mais Bellefonds, qui avait une tante dans la maison, s'entremit. Louise rendit au carmel quelques visites, qui renforcèrent sa détermination et donnèrent aux religieuses l'occasion de la jauger. L'examen fut satisfaisant des deux côtés. La supérieure consentit à la recevoir.

L'accord du roi risquait d'être plus difficile à obtenir. Il souhaitait pour Louise une retraite « honorable à ses enfants » et surtout sans tapage. Avant de s'exposer à un refus, Bossuet tâta le terrain auprès de la Montespan : si elle était pour, tout irait bien. Hélas, elle se montra plus que réservée : « Mme de La Vallière, écrit-il à Bellefonds, m'a obligé de traiter le chapitre de sa vocation avec Mme de Montespan. J'ai dit ce que je devais ; et j'ai, autant que j'ai pu, fait connaître le tort qu'*on* aurait de la troubler dans ses bons desseins. *On* ne se soucie pas beaucoup de la retraite ; mais il semble que les carmélites font peur. *On* a couvert autant qu'*on* a pu cette résolution d'un grand ridicule ; j'espère que la suite en fera prendre d'autres idées. » La favorite avait compris : le repentir de Louise, son désir d'une pénitence exemplaire seraient comme une gifle pour elle qui se complaisait dans son péché. Elle essaya de décourager la postulante en lui faisant dépeindre, par la voie de sa confidente, Mme Scarron, les privations et les souffrances qui l'attendaient. Mais Louise répondit que c'était son vœu le plus cher.

Alors on imagina de faire pression sur elle par ses enfants. Lors des festivités du carnaval de 1674, sa fille, la petite Mlle de Blois, âgée de sept ans et demi, fit au bal une apparition remarquée, en habit de velours noir piqueté de diamants : « un prodige d'agrément et de grâce », que sa mère appelait *mademoiselle* et qui l'appelait *belle maman*. À chacun la fillette savait dire un mot charmant, agréablement tourné ; elle avait donc aussi de l'esprit. Son jeune frère, d'un an plus jeune, faisait bonne figure pour son âge. Et Louise se sentait faiblir. Sa place n'était-elle pas auprès d'eux, à les regarder grandir ?

Cependant, elle s'était trop avancée pour pouvoir reculer sans se ridiculiser, elle et ceux qui la dirigeaient. Bossuet eut la sagesse de ne pas la brusquer. Mais il la soutenait de ses vœux et jusqu'au fond de la Trappe, l'abbé de Rancé, illustre pour sa propre rupture avec le monde, priait pour elle. Les sermons de carême du Père Bourdaloue eurent raison de ses dernières craintes. Vers la mi-mars, elle prit son courage à deux mains et affronta le roi. Rien n'a transpiré de leur entretien. Il donna son accord, sans discuter semble-t-il.

« Un miracle de la grâce »

Qu'il la laisse entrer au carmel, contre l'avis de Mme de Montespan, est tout à son honneur. Il connaît assez les dévots pour savoir qu'ils exploiteront, à ses dépens, la « conversion » de cette Madeleine repentante. Mais il s'incline devant la volonté de Louise, qu'il reconnaît authentique. Et il est suffisamment croyant pour accepter la leçon. Il tente seulement de limiter les remous en faisant coïncider le départ de la jeune femme pour le couvent avec son propre départ pour une campagne militaire. Le gros des courtisans ne pourra pas l'accompagner jusqu'aux portes de la rue Saint-Jacques. Mais la veille ils avaient été comblés, et ils auront encore lors des différentes étapes de son noviciat, matière à être édifiés — ou à alimenter leurs bavardages.

Rien ne fut épargné à Louise, elle « a tiré jusqu'à la lie de tout ; elle n'a pas voulu perdre un adieu ni une larme », dit Mme de Sévigné. Sa dernière entrevue avec le roi fut émouvante, mais facile. Ils échangèrent quelques pleurs et ce fut tout. Mais il lui fallait prendre congé de la reine. Elle tint à lui faire des excuses publiques. Publiques ? s'indigna la gouvernante des enfants royaux. Quelle inconvenance ! « Comme mes crimes ont été publics, répliqua Louise, il faut que la pénitence le soit aussi. » Le roi n'était pas là — heureusement ! — mais il y avait beaucoup de monde lorsqu'elle s'agenouilla aux pieds de Marie-Thérèse en lui demandant pardon. La reine la releva et l'embrassa. Pas besoin pour cela d'une exceptionnelle mansuétude : qu'aurait-elle pu faire d'autre ? D'autant plus qu'au fond d'elle-même, elle jubilait. Quant à la Montespan, elle eut la crânerie de l'inviter à souper.

Le lendemain 19 avril, après la messe, elle jetait un dernier regard au roi et à ses enfants et s'engouffrait dans le carrosse qui la déposa à la porte du couvent. Il y avait là quelques amis, mais surtout des voisins, des badauds en foule, émus, presque chaleureux. Une fois entrée, elle troqua sa tenue d'apparat contre la robe de bure des postulantes, coupa ses cheveux, selon le rite, à l'exception de deux boucles de part et d'autre du visage, et les couvrit du voile réglementaire.

Elle n'en est pas quitte pour autant avec le monde. Chacun veut voir l'héroïne du moment. Un mois et demi plus tard, lors de sa prise d'habit, les grandes dames se pressent dans la chapelle pour l'apercevoir en tenue de carmélite, sans plus de boucles à son front, se prosterner sur le sol bras en croix, face contre terre. Au parloir, de l'autre côté des grilles de la clôture, défile à la suite de ses enfants tout ce qui reste à Paris de courtisans. « Elle caquette et dit merveilles, ironise Mme de Sévigné ; elle assure qu'elle est ravie d'être dans une solitude. Elle croit être dans un désert pendue à cette grille. » Et les paris sont ouverts : combien de temps résistera-t-elle ?

Elle résiste très bien. Un an plus tard, son noviciat fini, elle est résolue à prononcer ses vœux définitifs. Sa profession de foi attire encore les foules. Malgré l'interdiction de la reine qui souhaitait plus d'intimité, les portes ont été largement ouvertes. Et cette fois les médisances se taisent. « Elle fit cette action, comme toutes les autres, d'une manière charmante, dit Mme de Sévigné. Elle était d'une beauté qui surprit tout le monde. » En revanche l'homélie de Bossuet déçut. Ceux qui attendaient de lui une audacieuse évocation des désordres passés restèrent sur leur faim : « Qu'avons-nous vu, et que voyons-nous ? Quel état, et quel état ? Je n'ai pas besoin de parler, les choses parlent assez d'elles-mêmes. » Et il préféra se tourner vers l'avenir, il insista sur la métamorphose qui faisait de Louise de la Miséricorde un être nouveau et sur les délices promises à l'âme de celle qui s'est immolée à Dieu.

Avouons-le, cette sortie du monde si théâtralement mise en scène nous inspire comme un malaise. Certes tous les textes laissés par Louise la montrent d'une brûlante sincérité. Mais par nature elle était timide, avait horreur de se mettre en avant et d'attirer les regards sur soi. La seule idée « d'importuner le maître » en lui demandant la permission d'entrer au carmel la terrifiait. Combien a-t-elle dû prendre sur elle pour implorer publiquement le pardon de la reine ! On ne peut s'empêcher de penser que cette pénitence ostentatoire lui a été suggérée par ses directeurs, à des fins qui n'avaient rien à voir avec sa propre démarche spirituelle. Pour que sa retraite fût « le plus grand exemple d'édification qu'on puisse donner au monde », il y fallait un maximum de publicité. Elle était docile, elle s'y plia d'autant plus volontiers qu'elle s'infligeait ainsi une torture supplémentaire, à ajouter au jeûne, au cilice, aux privations de toute sorte.

Mais lorsque Bellefonds se permit de faire circuler des lettres d'elle — très admirées, lui dit-il —, elle protesta : « Vous êtes trop indiscret pour un directeur et je suis surprise de ce que vous ayez fait part de mon intérieur* à quelques-uns. C'est à vous seul que j'en rends compte... » Un peu plus tard, lassée des visites que lui valait sa notoriété, elle demanda à être transférée dans un obscur carmel de province. La supérieure, en refusant, laisse voir le bout de l'oreille : « *Son exemple nous était trop utile* ** et sa personne trop chère pour consentir à son éloignement. » Louise est une pièce essentielle dans le combat que livrent les dévots contre les adeptes du monde, avec pour enjeu suprême l'âme du roi et donc leur propre place dans les affaires du royaume. En 1675, Louis XIV n'est pas mûr pour les entendre. Pas encore. Il leur faudra patienter huit ans. Et il ne les entendra qu'à moitié.

La paix de l'âme

Louise, soustraite à l'effroyable pression qu'elle subissait depuis longtemps, retrouve son équilibre en moins d'un an dans la vie rude, mais strictement réglée du couvent. Et l'humble abandon à Dieu la délivre de ses angoisses : « Je suis dans une si

---

* L'intérieur de mon âme, mes sentiments intimes.
** C'est nous qui soulignons.

grande tranquillité sur tout ce qui peut arriver que je regarde la santé, la maladie, le repos, le travail, la joie et les peines d'un même visage : je ferme les yeux et me laisse conduire à l'obéissance. » Pas de grand élan mystique, donc, mais la sérénité, la paix de l'âme.

Marie-Thérèse alla la voir, suivie de la Montespan dévorée de curiosité. L'interdiction de franchir la clôture ne valait pas pour la reine, ni pour les quelques dames qui l'accompagnaient. La favorite, croyant devoir offrir aux pauvres cloîtrées un peu de distraction, avait apporté de quoi tirer une loterie, qui en effet mit quelque animation dans la communauté. « Elle causa fort, avec Louise de la Miséricorde, ajoute Mme de Sévigné ; elle lui demanda si tout de bon elle était aussi aise qu'on le disait. "Non, dit-elle, je ne suis point aise, mais je suis contente." Elle lui parla fort du frère de Monsieur*, et si elle ne lui voulait rien mander, et ce qu'elle dirait pour elle. L'autre, d'un ton et d'un air tout aimable, et peut-être piquée de ce style : "Tout ce que vous voudrez, madame, tout ce que vous voudrez." Mettez dans cela toute la grâce, tout l'esprit et toute la modestie que vous pourrez imaginer. » Athénaïs en fut pour ses frais et préféra revenir aux frivolités : « Elle donna une pièce de quatre pistoles pour acheter ce qu'il fallait pour faire une sauce qu'elle fit elle-même et qu'elle mangea avec un appétit admirable » — sous les yeux des carmélites soumises à un régime spartiate. Il était décidément impossible de prendre Louise en flagrant délit de regrets. On s'en désintéressa.

On ne parla d'elle à nouveau que trois ans et demi plus tard. Louis XIV, inaugurant sa politique de fusion entre sa famille légale et sa descendance illégitime, mariait la très charmante fille de Louise, alors âgée de quatorze ans, avec Louis-Armand de Bourbon, fils du prince de Conti l'ancien frondeur et neveu du Grand Condé, qui en avait dix-neuf. Pour faire passer sur sa bâtardise, dont n'avaient voulu ni le prince d'Orange ni le duc de Savoie, il l'avait dotée royalement. Condé se dérangea en personne demander sa main à Louise, « cette sainte fille et mère, qui a parfaitement bien accommodé son style à son voile

---

* Périphrase qui se veut spirituelle pour désigner le roi, dont Monsieur est le frère.

noir, assaisonnant parfaitement sa tendresse de mère avec celle d'épouse de Jésus-Christ. » Quelques jours plus tard Mme de Sévigné, en visite au carmel, crut apercevoir « un ange », qui n'était autre que l'ancienne favorite : « Ce fut à mes yeux tous les charmes que nous avons vus autrefois. Je ne la trouve ni bouffie, ni jaune. Elle est moins maigre et plus contente. Elle a ses mêmes yeux et ses mêmes regards. L'austérité, la mauvaise nourriture et le peu de sommeil ne les ont ni creusés, ni battus ; je n'ai jamais rien vu de plus extraordinaire. Elle a cette même grâce, ce bon air au travers de cet habit étrange. Pour la modestie, elle n'est pas plus grande que quand elle donnait au monde une princesse de Conti, mais c'est assez pour une carmélite. Elle dit mille honnêtetés. [...] En vérité cet habit et cette retraite est une grande dignité pour elle. »

La mort de son fils, en 1683, fut la dernière épreuve que lui valut sa vie passée. Le jeune duc de Vermandois, moins aimé du roi que sa sœur aînée, avait mal tourné, il menait joyeuse vie avec le chevalier de Lorraine et les mignons de Monsieur. Pris en flagrant délit, il fut sévèrement puni, puis autorisé à se racheter en faisant ses preuves à l'armée. Il avait seize ans lorsqu'une fièvre pernicieuse le terrassa sous les remparts de Courtrai. Louise se reprochait de l'avoir abandonné, mais plus encore de l'avoir mis au monde. « C'est trop pleurer la mort d'un fils dont je n'ai pas encore assez pleuré la naissance », dit-elle à Bossuet venu lui annoncer la nouvelle.

Le silence retomba ensuite sur elle. Elle vécut jusqu'en 1710, ne gardant de contact qu'avec ses proches et quelques amis. Elle fut emportée le 6 juin, dans de grandes souffrances mais rapidement, par une hernie étranglée qui fit occlusion. Le roi marqua peu d'émotion et ne pleura pas : « C'est, dit-il, qu'elle est morte pour moi du jour de son entrée aux carmélites. » Égoïsme, indifférence de vieillard qui se referme sur lui-même ? Rancune contre une femme qui a pris l'initiative de la rupture définitive ? Ou pudeur ? Il n'aime pas qu'on lui rappelle ses anciens égarements. On notera aussi qu'en l'occurrence, ce constat est un plein accord avec l'esprit même du carmel et conforme à la volonté expresse de Louise, morte au monde pour renaître à Dieu. Deux signes suggèrent qu'il fut peut-être plus marqué qu'il ne le laissa paraître. Il se confessa le jour même et communia le lendemain. Et il autorisa la princesse de Conti à porter officiellement le deuil de sa mère.

Sur La Vallière favorite, les opinions avaient été partagées. Sur la carmélite, le chœur des louanges est unanime. Et sa fin édifiante idéalise rétrospectivement, par réfraction, sa vie passée. Louise sert de référence obligée pour juger et dénigrer celles qui la suivent. Toutes sont « le contraire de cette petite violette qui se cachait sous l'herbe, et qui était honteuse d'être maîtresse, d'être mère, d'être duchesse. Jamais il n'y en aura sur ce moule-là », conclut Mme de Sévigné.

Ce fut aussi l'avis de la postérité.

Louis XIV jeune, en armure, par Le Brun.
Le prince charmant, émule des paladins des romans de chevalerie.
Musée de Versailles. *Doc. Bulloz.*

Entrevue de Louis XIV et de Philippe IV d'Espagne
dans l'île des Faisans, par Lausmonier (détail).
Marie-Thérèse est coiffée « en large » et sa robe comporte un garde-infante.
Le Mans, Musée Tessé. *Doc. Dagli Orti.*

Le mariage de Louis XIV et de Marie-Thérèse d'Autriche,
par Lausmonier (détail).
Le Mans, Musée Tessé. *Doc. Dagli Orti.*

Les deux reines, par Renaud de Saint-André.
Marie-Thérèse passait pour ressembler beaucoup à Anne d'Autriche
et elle cultivait – imprudemment ? – cette ressemblance.
Musée de Versailles. *Doc. Giraudon.*

Marie-Thérèse d'Autriche et le dauphin, par Mignard.
Madrid, Musée du Prado. *Doc. Bulloz.*

Marie Mancini,
« la plus folle et sans doute la meilleure » des mazarinettes
qui crut que Louis XIV serait assez romanesque pour l'épouser.
Portrait par Jacob-Ferdinand Voet.
Musée de Berlin. *Doc. AKG.*

Henriette d'Angleterre, duchesse d'Orléans,
peu avant sa mort tragique à vingt-six ans.
École de Mignard.
Musée de Versailles. *Doc. Bulloz.*

La duchesse de Montpensier dite la Grande Mademoiselle,
qui ne voulut pas se marier quand elle le pouvait,
et ne le put quand elle le voulait.
Portrait par Mignard.
Musée de Versailles. *Doc. Lauros-Giraudon.*

Louise de La Vallière en Diane chasseresse.
Elle fut le grand amour de Louis XIV en son printemps.
Portrait par Nocret.
Musée de Versailles. *Doc. Bulloz.*

Mme de Montespan
représentée en Iris, messagère des dieux, la flamboyante sultane-reine,
aux mots d'esprit redoutables.
École française du XVIIe siècle.
Musée de Versailles. *Doc. Bulloz.*

Entrée à Arras de Louis XIV et de Marie-Thérèse le 30 juillet 1667 (détail),
par Adam François Van der Meulen.
À droite le roi monté sur un cheval blanc.
Dans le carrosse, la reine et les « dames de la faveur »,
qu'il traînait à l'arrière du front pour leur montrer ses conquêtes
et les faire admirer aux villes soumises.
Musée de Versailles. *Doc. Dagli Orti.*

Élisabeth-Charlotte, duchesse d'Orléans, et son fils, le futur Régent.
Une plantureuse Allemande qui regrette son Palatinat natal.
Portrait par Caspar Netscher.
Blois, Musée du Château. *Doc. Bulloz.*

Le Grand dauphin et sa famille par Mignard.
La Dauphine a bien mérité de la dynastie en lui donnant trois fils.
Debout à droite, Louis, duc de Bourgogne ; assis par terre sur un coussin,
Philippe, duc d'Anjou ; sur les genoux de sa mère, Charles, duc du Berry.
Musée de Versailles. *Doc. Dagli Orti.*

Mme Scarron,
par Jean Petitot le Vieux.
Musée du Louvre.
Doc RMN.

Épouse secrète du roi
sous le nom
de Mme de Maintenon.
Ici représentée par Mignard
en sainte Françoise Romaine,
avec un manteau bordé
d'hermine fleurdelisé.
Musée de Versailles.
Doc. Dagli Orti.

Marie-Adélaïde de Savoie, duchesse de Bourgogne,
dont la gaieté enchanta Louis XIV vieillissant.
Portrait par Gobert.
Musée de Versailles. *Doc. Lauros-Giraudon.*

La fillette aux bulles de savon.
Portrait posthume de Louise-Marie de Bourbon,
fille légitimée de Louis XIV et de la marquise de Montespan
par Mignard.
Musée de Versailles. *Doc. RMN.*

CHAPITRE NEUF

MME DE MONTESPAN : LA SULTANE REINE

Avec l'effacement progressif puis l'entrée au carmel de Louise de La Vallière, Mme de Montespan occupe pour une douzaine d'années le devant de la scène. Il est grand temps de faire plus ample connaissance avec elle, que nous n'avons encore entrevue que de profil, à l'occasion des malheurs de sa rivale. Bien plus que celle-ci, elle mérite le surnom de « sultane reine », qui leur fut donné à toutes deux. Avec elle on dit « maîtresse régnante », tout comme on dit « reine régnante ». Et dans un large mesure la vraie reine, c'est elle, qui en impose et donne le ton. Elle est de la race des favorites flamboyantes — Agnès Sorel, Diane de Poitiers ou la Pompadour — dont l'existence, n'en déplaise aux moralistes, s'accompagne pour la monarchie d'un redoublement d'éclat. Son règne coïncide avec l'apogée de celui de Louis XIV. Tandis que s'affirme l'hégémonie française dans une Europe encore sous le choc de la défaite espagnole, les arts et les lettres brillent à la cour d'une splendeur dont elle est en partie l'inspiratrice.

Elle possédait la naissance, la beauté, l'intelligence, la volonté. De toutes les femmes qui gravitèrent autour du Roi-Soleil, elle fut la seule à lui tenir tête et à ne pas trembler devant lui. Moins émouvante que l'amoureuse éperdue à qui elle succède, mais plus fascinante, elle mérite qu'on s'attarde sur l'itinéraire qui la conduisit à la plus haute faveur et sur la manière dont elle s'y comporta.

Un mariage désastreux

D'abord connue sous le nom de Mlle de Tonnay-Charente, elle appartenait à une des plus anciennes familles du Poitou, montée en grade au service des rois successifs. Au XIIIe siècle un de ses aïeux, vicomte de Rochechouart, avait joint à ses titres, par mariage, la baronnie de Mortemart. Au XVIe siècle, son grand-père, ayant su prendre à temps le parti d'Henri IV, avait vu cette baronnie érigée en marquisat. Puis son père, enrôlé dans la troupe d'enfants chargés de distraire le petit Louis XIII, avait fait carrière dans les armes et son marquisat était devenu un duché-pairie. Il occupait à la cour les fonctions de gentilhomme de la chambre, tandis que sa femme était dame d'honneur d'Anne d'Autriche.

Gabriel de Rochechouart, duc de Mortemart, faisait donc figure de grand personnage. Hélas, ses ressources ne correspondaient pas à son prestigieux blason. Intelligent, cultivé, mais fort libertin, il s'entendait mieux à manger les revenus de ses domaines qu'à les faire fructifier. Même en vivant sobrement sur ses terres une partie de l'année, il ne pouvait espérer donner un brillant établissement à chacun de ses cinq enfants — un garçon et quatre filles. Le fils, comte de Vivonne, grandit comme enfant d'honneur dans la familiarité de Louis XIV ; gravissant rapidement tous les échelons de l'armée, il finira maréchal de France et même vice-roi d'une Sicile qu'on le crut en passe de conquérir. Les deux filles aînées furent élevées en vue du mariage, les deux cadettes condamnées à entrer en religion.

Françoise était la seconde. Née en octobre 1640 à Lussac-lès-Château, aux confins du Poitou et du Limousin, elle fut éduquée comme sa sœur Gabrielle au couvent de Sainte-Marie, à Saintes, où on lui enseigna tout ce qu'il fallait pour faire une excellente épouse de haut rang — morale, religion, économie domestique et savoir-vivre. En 1660, l'occasion s'offrit de la faire paraître à la cour : on formait la « maison » de la reine Marie-Thérèse. Elle y fut admise comme fille d'honneur. À vingt ans, elle était lancée dans le monde, en quête d'un époux.

Sa rayonnante beauté, sa douceur, sa grâce, lui attirent aussitôt les louanges des gazetiers et les hommages des jeunes gens. Cependant, modeste, réservée, hautaine, elle attend docilement le mari élu par ses parents. Choix difficile : on le veut de très haut lignage, mais on n'a pas grand-chose à offrir comme dot. L'accord se fit enfin avec l'héritier d'un grand nom, Louis-Alexandre de La Trémoille, marquis de Noirmoutier. Par malheur le jeune homme, compromis dans un duel ayant entraîné mort d'homme, dut quitter la France pour échapper aux poursuites. Un parti de rechange se présenta, le propre frère de la victime. En bon Gascon, Louis-Henri de Pardaillan de Gondrin, marquis de Montespan, portait beau, parlait haut et fort, déplaçait beaucoup d'air, plaisantant et riant. Il plut à la fiancée éplorée. Les deux familles, elles, marquèrent moins d'enthousiasme : d'aussi noble extraction l'une que l'autre, elles étaient également désargentées. Et le prétendant avait une solide réputation de panier percé. Mais Françoise allait sur ses vingt-trois ans. Son père avait hâte de la caser. Depuis longtemps il filait des amours scandaleuses avec la femme d'un conseiller au Parlement, dont le nom grotesque de Tambonneau faisait la joie des chansonniers, tandis que sa propre épouse s'apprêtait à se séparer de lui pour se retirer en province. Il avait hâte de se libérer.

Les choses furent rondement menées. Le 28 janvier 1663, huit jours après le duel fatal, on signa le contrat de mariage. Le duc de Mortemart dut se fendre d'une dot équivalente à celle qu'il avait donnée à sa fille aînée, mais il conserva par-devers lui plus de la moitié du capital et s'arrangea, avec l'accord des Gondrin, pour que le jeune ménage ne dispose que de rentes. Méfiance et pingrerie : les Montespan auront de quoi vivre, mais pas de magot à dévorer.

L'avenir était peu souriant : peu d'argent, peu d'espérances. De plus la jeune mariée se trouva enceinte aussitôt. Elle mit au monde au mois de novembre une fillette, qui sera suivie d'un frère moins de deux ans plus tard. La famille de son époux était mal en cour. Son oncle, Mgr de Gondrin, archevêque de Sens, se posait en âpre censeur des mœurs et ardent protecteur des jansénistes — deux bonnes raisons pour déplaire au roi. Quant à elle, son mariage lui avait fait perdre ses fonctions de fille d'honneur. Ils parvinrent cependant à préserver les apparences d'une vie brillante grâce à un cousin du côté Montespan, le maréchal d'Albret, qui leur ouvrit son salon, et grâce à la marquise de Thianges, sœur de Françoise, de neuf ans son aînée, solidement implantée dans l'entourage de Philippe d'Orléans au Palais-Royal, où elle l'introduisit. Tandis que son mari s'en allait chercher fortune à l'armée avec un équipement acheté à crédit, la jeune femme put continuer de se produire aux côtés d'Henriette d'Angleterre dans tous les ballets, en bergère, en amazone, en piéride, en nymphe maritime ou sylvestre, toutes grâces dehors.

Elle était trop belle pour être appréciée de Madame, mais elle sut plaire à Monsieur, qui goûta son esprit alerte et caustique. Lorsqu'à l'entrée de l'hiver 1663 on apprit que le roi allait désigner six dames d'honneur chargées de « suivre » la reine, elle se porta candidate, mais elle n'était pas des mieux placées : Marie-Thérèse, murmurait-on, les voulait vieilles et laides, pour ne pas induire son époux en tentation. C'est à l'appui de Monsieur qu'elle dut d'être malgré tout choisie. Tandis qu'elle assure son service à la cour, son mari cherche jusqu'en Algérie, contre les Barbaresques, un champ de bataille où s'illustrer, sans autre résultat que de grever un peu plus les finances du ménage. Chacun de ses séjours à Paris est l'occasion de visites à des prêteurs sur gages, chez qui il la traîne pour obtenir sa caution. Le séduisant Gascon se révèle coureur, joueur, brutal, instable, chimérique — et furieux des succès de sa femme qui font ressortir ses propres échecs et sa propre médiocrité. Un vrai boulet à traîner. Mais quel moyen d'échapper, au XVIIe siècle, à un mariage mal assorti ? On se supporte, ou on se sépare à l'amiable, sans scandale, et chacun vit de son côté. Mais Montespan a bien trop besoin d'elle pour lui accorder sa liberté. Et peut-être lui porte-t-il encore un amour possessif et jaloux.

Elle eut grand peur lorsqu'à l'automne de 1666 il la somma de l'accompagner dans son château perdu au fin fond de la Gascogne. Philippe d'Orléans, bon prince, consentit à voler à son secours : « J'ai une grâce à vous demander, mais il faut me l'accorder, sans cela je vous avoue que je serai fort piqué », minauda-t-il auprès de l'époux décontenancé. La grâce en question, c'était de laisser sa femme à Paris jusqu'au printemps. Montespan partit seul, les poches bien garnies : elle avait engagé pour l'emprunt ses plus beaux pendants d'oreilles. Tel était le prix à payer pour danser en janvier le *Ballet des Muses* aux côtés du roi.

Et ce faisant, elle avait fait son choix. Car elle ne pouvait ignorer, à cette date, que Louis l'avait remarquée.

L'amour du roi

À vrai dire on voit mal comment il aurait pu ne pas la remarquer. À vingt-six ans, et bien qu'elle ait perdu la gracilité de l'extrême jeunesse, elle est encore « belle comme le jour », d'une beauté épanouie, capiteuse, en tous points conforme aux canons de l'époque. Des cheveux blonds, « de grands yeux bleus couleur d'azur », le nez légèrement aquilin mais « bien formé », « la bouche petite et vermeille », les dents saines, le visage d'un ovale très pur : impossible de rêver mieux. Pour le corps, elle était « de taille moyenne, mais bien proportionnée », avec juste ce qu'il faut d'embonpoint pour mettre en valeur un décolleté d'une blancheur de lait. Les hommes ne tarissent pas d'éloges sur l'étendue de ses charmes, les femmes cherchent en vain quelque motif pour ne pas la trouver « toute parfaite ».

Une telle beauté est très rare. Mais il est plus rare encore que s'y trouvent joints tous les dons de l'esprit, affinés par six ans de pratique du monde. La culture très sommaire acquise au couvent s'est élargie et enrichie de tout ce qu'offrait la vie intellectuelle parisienne : elle y a gagné une réputation de *précieuse*, dont elle aura du mal à se défaire et le prénom d'Athénaïs, dont elle aime la singularité et qu'elle gardera. Mais rien n'est pire à la cour que de passer pour bas-bleu. Sa sœur, la marquise de Thianges, la débarbouille de tout pédantisme, la dégrossit et l'initie. Elle lui enseigne les tenants et aboutissants des gens et des choses. Elle la forme, aiguise en elle le fameux « esprit Mortemart » — part du patrimoine ancestral — « un tour singulier de conversation, mêlé de plaisanteries, de naïveté et de finesse ». Bien vite la cadette peut rivaliser avec son aînée. Elle n'a pas sa pareille pour « rendre agréables les matières les plus sérieuses et embellir les plus communes ». Nul ne met plus de grâce et de gaieté à conter une anecdote, nul ne souligne avec plus de mordant un ridicule. Il suffit qu'elle paraisse quelque part : on ne voit qu'elle. Qu'elle ouvre la bouche : on n'entend qu'elle.

Elle se contenta longtemps de jouir du halo d'admiration qui l'entourait. Dans une cour où s'entre-tissent les intrigues et où fleurissent les liaisons, elle reste sage. On la dit farouche, entêtée d'honneur, inaccessible. Elle n'a nulle envie de se compromettre pour un de ces galants vaniteux et étourdis dont elle a pu mesurer les ravages dans l'entourage d'Henriette. D'ailleurs aucun n'est digne d'elle, ils ne lui arrivent pas à la cheville. Reste le roi, le seul qui en vaille la peine.

Qu'espérait-elle avec lui ? Elle n'a rien d'une dévergondée. Elle n'est pas non plus sentimentale, elle méprise les tendres langueurs et les yeux mouillés d'une La Vallière. Elle était mue par la volonté de puissance, dira plus tard Mme de Caylus : « Loin d'être née débauchée, [son] caractère était naturellement éloigné de la galanterie et porté à la vertu. Son projet avait été de gouverner le roi par l'ascendant de son esprit : elle s'était flattée d'être maîtresse non seulement de son propre goût, mais de la passion du roi. Elle croyait qu'elle lui ferait toujours désirer ce qu'elle avait résolu de ne lui pas accorder. » À trop présumer de ses forces, elle se serait fait prendre au piège.

Explication trop rationnelle, qui présente comme un projet délibéré le point d'aboutissement d'un assez long processus, dont elle n'eut pas forcément tout de suite une claire conscience. Ses fonctions l'amènent à rencontrer quotidiennement le roi, quand il rend visite à la reine ou à la favorite en titre. Il faut meubler ces visites : on cause, on commente les menus incidents du jour, on plaisante. Sur ce terrain-là elle est infiniment supérieure à la terne Marie-Thérèse, à la timide La Vallière, à toutes et à tous. Elle aime plaire et briller. D'instinct elle se surpasse lorsqu'il est là : rien d'étonnant, chacun s'efforce d'en faire autant. Elle s'engage avec lui, peu à peu, dans une compétition verbale où les échanges de propos spirituels tiennent lieu des œillades et des sourires qui sont l'arsenal ordinaire de la séduction. Coquetterie intellectuelle : elle l'excite, l'agace, l'aiguillonne, lui lance des mots à saisir et à renvoyer, comme des balles. Elle a l'esprit plus vif et une plus grande pratique. Très fine, elle connaît les limites à ne pas franchir et les écarts qu'elle se permet sont toujours calculés. Impertinence légère, sans la moindre vulgarité, fantaisie, élégance, enjouement, surprise : tout cela le change des platitudes dont l'abreuvent les courtisans. Il en oublie de s'ennuyer. Et il se met à l'unisson, ravi de se découvrir plus spirituel qu'il ne le croyait : une des vertus les plus singulières de « l'esprit Mortemart » est de communiquer un peu de sa flamme à tous ceux qui en approchent, il les rend intelligents.

À provoquer ainsi le roi, elle court des risques qu'elle ne peut ignorer. Ce n'est plus une ingénue, elle est trop avertie pour ne pas savoir qu'il lui faudra un jour payer de sa personne. Selon une tradition propagée par son entourage, lorsqu'elle se vit au pied du mur elle se serait affolée, aurait tenté de faire marche arrière : elle « pressa vainement son mari de l'emmener en Guyenne ». Elle lui parlait alors « de bonne foi », mais dans sa « folle confiance », ajoute Saint-Simon en écho à Mme de Caylus, il refusa de l'écouter. Bien sûr, un ultime sursaut de crainte ou de scrupules est possible. Mais ces témoignages tardifs, de seconde main, sentent l'image retouchée. On l'imagine mal désireuse de suivre son époux en province quelques semaines à peine après avoir supplié Philippe d'Orléans de lui épargner cette épreuve, en toute connaissance de cause. Si elle éprouva des scrupules, ce fut beaucoup plus tôt, quand elle avait encore quelques illusions conjugales. Hélas, il y a beau temps qu'elle n'espère plus rien de ce mariage désastreux. Sa seule chance d'y échapper est d'en sortir par le haut, en toute royale illégalité.

Mais elle ne veut s'engager qu'à coup sûr et mesure les difficultés. Pas question d'être une passade, ni même d'accepter la servitude amoureuse dans lequel se complaît La Vallière. La désaffection croissante du roi pour celle-ci la convainc que son heure va venir. Le roi n'est pas dupe de ses provocations et en sourit tout d'abord : « Elle fait ce qu'elle peut, mais moi je ne veux pas... » Bientôt il se pique au jeu, se jure de la conquérir. Elle se fait longuement désirer, pour se donner du prix et exacerber son désir. Et elle lui offre, on l'a vu, l'illusion d'une victoire arrachée par surprise.

Leurs relations conserveront toujours quelque chose du climat qui les vit naître. Elles restent conflictuelles, comme sous-tendues par un défi permanent. En prétendant « gouverner » Louis XIV, elle s'attaque à forte partie. Il n'est pas homme à se laisser faire. Et avec elle rien n'est jamais acquis. Altière, capricieuse, imprévisible, elle est toujours à reconquérir. Elle tente de faire peser sur lui un « joug impérieux » contre lequel il se cabre. Aucun des deux n'a renoncé à dominer l'autre.

Ce n'est pas tout. Les mémorialistes de la fin du XVIIe siècle, soucieux de bienséance, ont choisi de mettre l'accent sur cette conjonction de deux orgueils, de deux volontés affrontées. Mais il n'est pas douteux que la chair vint très vite s'adjoindre à l'esprit pour renforcer le lien qui les unissait. Ils éprouvèrent l'un pour l'autre une irrésistible attirance sensuelle, une de ces passions dont il est si difficile de se déprendre et qui balaient victorieusement les injonctions de la raison, de la sagesse, de la morale, de la religion. C'est donc une liaison orageuse, coupée de querelles, d'éclipses, de retours qui défraie pendant dix ans la chronique de la cour, sous l'œil tantôt agacé, tantôt résigné de Marie-Thérèse réfugiée dans la citadelle de son inexpugnable condition de reine.

Maternités

Les premières années de la liaison furent grevées, on l'a dit, par les menaces du mari et par la résistance de La Vallière. On a vu comment celle-ci a pris vers 1671 la décision de se retirer. En ce qui concerne Montespan, la belle Athénaïs avait déposé dès 1670 une demande en séparation de corps et de biens non encore aboutie lorsqu'il lui intenta imprudemment un procès dans une affaire successorale. Elle porta plainte contre lui pour « dissipation de biens, mauvais ménage et sévices », lui fit craindre le pire — la ruine complète — pour l'amener à une honnête transaction, qu'il finit par accepter en 1674. Légalement séparé de son ex-épouse, il se replia dans son Sud-Ouest natal où il se fit presque oublier. Elle veilla de loin à ce que nul ne l'insulte, lui fit parvenir à l'occasion, par des voies indirectes, quelques subsides et s'occupa d'assurer la carrière de leur fils. De quoi justifier « l'amitié » qu'il prétend avoir gardée pour elle dans le testament où il la désigne comme exécuteur de ses dernières volontés : il s'agissait en l'occurrence de payer ses ultimes dettes et nul ne lui paraissait plus qualifié qu'elle pour cela.

Il était urgent de régulariser la situation, car elle avait déjà donné quatre enfants au roi : aux alentours de Pâques 1669, un premier enfant, sans doute une petite fille, qui vécut peu ; puis le 31 mars 1670, Louis-Auguste ; le 20 juin 1672, Louis-César ; le 1er juin 1673, Louise-Françoise. Elle était à nouveau enceinte : Louise-Marie-Antoinette naîtra le 12 novembre 1674.

Fécondité remarquable : selon la métaphore militaire de l'ambassadeur de Savoie, « sa poudre prenait feu très facilement ». Désespérée, on l'a vu, à la première grossesse, elle en prit son parti très vite. « Elle se consola à la seconde et porta dans les autres l'impudence aussi loin qu'elle pouvait aller. » Saine, résistante, infatigable, épargnée par les fausses couches, elle suit la cour dans ses déplacements jusqu'aux limites extrêmes. Elle a lancé la mode d'une robe fort longue, sans ceinture, qu'on appelle par antiphrase « l'innocente ». Mais il en faudrait davantage pour dissimuler une grossesse de sept ou huit mois, comme celle qu'elle promène sur l'arrière du front lors de la campagne de 1673 : tout au plus s'abstient-elle de voyager dans le carrosse de la reine et de partager son logement. Arrivée le 15 mai à Courtrai elle y accouche quinze jours plus tard et bénéficie pour rentrer à Paris d'une calèche royale et d'une escorte de gardes du corps.

Ses enfants, elle l'a compris, sont un atout auprès d'un homme doté au plus haut point de la fibre paternelle. Encore faut-il les tirer de l'anonymat. Or leur légitimation, qui, pour être valide, doit être enregistrée par le parlement de Paris, pose un délicat problème juridique. Aux yeux de l'état civil, les enfants sans père sont monnaie courante, les enfants sans père ni mère aussi, mais des enfants avec père et sans mère, on n'en a jamais vu depuis qu'Athéna est sortie tout armée de la tête de Jupiter. Or il est impossible d'accoler sur un acte de baptême le nom de Mme de Montespan à celui de Louis XIV, car la loi est formelle : l'enfant d'une femme mariée est réputé appartenir à son époux. On chercha en vain des précédents et, faute d'en trouver, on en créa. Ainsi furent légitimés les deux bâtards du duc d'Elbeuf, puis celui du duc de Longueville*, par des actes évitant de nommer la mère qui firent jurisprudence. Après quoi, le 20 décembre 1673, le roi put présenter au Parlement un texte aux attendus plus que discrets : « La tendresse que la nature nous donne pour nos enfants, et beau-

---

* Pour la petite histoire, on rappellera ici que ce duc de Longueville, né en pleine Fronde et qui sera tué au passage du Rhin, était en réalité le fils adultérin de la duchesse et de La Rochefoucauld. Mais il porta le nom et recueillit le titre de l'époux de sa mère.

coup d'autres raisons qui augmentent considérablement en nous ces sentiments nous obligent de reconnaître Louis-Auguste, Louis-César et Louise-Françoise et de leur donner des marques publiques de cette reconnaissance pour assurer leur état... » Mais les enfants se voyaient attribuer le patronyme de *Bourbon* et recevaient respectivement les titres prestigieux de duc du Maine, de comte de Vexin et de demoiselle de Nantes*. Sur Mme de Montespan, pas un mot. Elle dut faire son deuil de l'hommage qu'avait reçu naguère, en pareil cas, La Vallière. Mais à la cour, où ses enfants furent bientôt autorisés à paraître, elle en tira un surcroît d'influence et une quasi-légitimité.

Favorite officielle

En la poussant au premier plan, Louis XIV ne cédait pas seulement à une préférence d'amant. Il avait conscience d'obéir à une nécessité politique. Très marqué par le souvenir de sa mère, il ne concevait pas la cour sans une femme brillante pour en faire resplendir l'éclat. À défaut de la reine, Henriette d'Angleterre s'y était essayée, sans avoir la carrure requise. Et puis elle était morte. La place, libre, appelait une occupante : à défaut de reine régnante, une favorite ferait l'affaire.

La marquise de Montespan fut pour Louis XIV une maîtresse de prestige qu'il avait plaisir à exhiber et qui lui faisait honneur, « une beauté à faire admirer à tous les ambassadeurs », dit Mme de Sévigné, en même temps qu'une hôtesse de charme pour les accueillir, les traiter, les entretenir. Dans ce rôle de représentation elle est aussi, à sa manière, au service de la monarchie. Elle a à remplir une fonction qui comporte, en même temps que des prérogatives, des devoirs.

---

* Louise-Marie-Antoinette, dite Mlle de Tours, née le 12 novembre 1674, fut légitimée en janvier 1676. Elle mourra le 15 septembre 1681. On peut remarquer ici, au passage qu'Henri IV, lui aussi fort attentionné pour ses enfants naturels, leur avait donné des noms et des titres beaucoup plus modestes.

Les devoirs ? Elles les remplit à merveille. « Comme c'est une femme d'esprit, elle fait bien ce qu'il faut faire. »

Elle est subordonnée à la reine, qui a le pas sur elle en toutes circonstances et à qui elle doit le respect. Dans les demeures où elles sont amenées à cohabiter, Marie-Thérèse a toujours droit au plus beau logement, même si elle reçoit peu de visites parce qu'on s'y ennuie à mourir. Elle occupe toujours la meilleure place dans le carrosse royal, elle préside à sa table dans les festins, à l'église elle trône au centre de la tribune. Athénaïs passe après elle, à son rang. Et si elle se permet à son sujet quelque plaisanterie, même fort innocente, elle se fait rabrouer par le roi : « N'oubliez pas qu'elle est votre maîtresse. »

Elle prend sa part, comme il se doit, de la pratique religieuse, qui tient une si grande place à la cour de Louis XIV. Elle ne manque pas une messe, elle jeûne scrupuleusement durant le carême, au point de faire peser le pain qu'elle se permet de consommer ; elle tient à se confesser et à communier au moins une fois par an, selon l'usage, pour « faire ses Pâques ». Nous sommes aujourd'hui tentés d'y voir de l'hypocrisie : ne viole-t-elle pas ostensiblement un des commandements majeurs de l'Église ? Mais nos ancêtres raisonnaient autrement. À quelqu'un qui s'étonnait, elle répondit ingénument : « Hé quoi ! faut-il, parce que je fais un mal, faire tous les autres ? » Véritablement croyante, elle n'ignorait pas les scrupules, mais elle se reposait, comme Louis XIV d'ailleurs, sur l'infinie miséricorde de Dieu.

Comme la reine, elle pratique la charité. Peu après la retraite de La Vallière, elle prend en mains les destinées de la communauté des Filles de Saint-Joseph, une institution charitable où l'on élevait des orphelines pauvres en les occupant à des ouvrages d'aiguille avant de les placer comme servantes dans des familles ou dans des couvents. Elle fait agrandir les bâtiments, elle augmente le nombre des pensionnaires et elle leur fait donner un vrai métier. Sous la direction d'une vingtaine de professionnelles adjointes aux élèves, la maison se spécialise dans la broderie d'art de très haute qualité. On y fabrique du linge d'église, mais aussi des tentures, des garnitures de fauteuils et de lits, des écrans de cheminée et jusqu'à des meubles dont l'armature en bois se double d'un coussin d'épaisses broderies. Une façon astucieuse de concilier la charité avec le développement des arts « mécaniques » cher à Colbert, tout en donnant aux orphelines secourues l'occasion de développer leurs talents. Beaucoup de merveilles sorties de leurs mains expertes ornèrent les appartements royaux. Mme de Montespan y puisait des cadeaux à offrir aux uns et aux autres, dont un meuble Boulle à tapisseries d'or rebrodé qui fit les délices du Grand dauphin. Elle fit plus, elle s'attacha personnellement à cette maison où elle était très aimée, au point de la choisir plus tard pour son ultime retraite.

On n'en finirait pas d'énumérer les obligations qui incombent à la favorite. Quand la tâche se fait pesante, il lui arrive de se plaindre que le roi ne l'aime pas, qu'il « se croit seulement redevable au public d'être aimé de la plus belle femme de son royaume » : elle figure, dans les marques extérieures de prééminence, au même titre que les châteaux, les jardins, les armées, les écuries et les meutes que le plus grand souverain de la terre se doit de posséder à la forme superlative. Il y a un peu de vrai dans ce reproche. Mais elle a aussi de très substantielles compensations, des prérogatives de *diva*, dont elle use et abuse, tant il se montre docile à ses exigences et soucieux de lui plaire, tant il consent, dans bien des domaines, à l'associer ses décisions.

Appartements, châteaux et jardins

Dans le luxe dont il l'entoure, par exemple, dans les bijoux dont il la couvre, dans l'argent qu'il prodigue pour lui offrir un cadre digne d'elle, on a de la peine à faire le départ entre ce qui lui est personnellement destiné et ce qui est partie intégrante de la vitrine que la monarchie française veut offrir au monde. Il est plus malaisé encore de mesurer la part respective des deux amants dans la métamorphose de Versailles. Bien avant de s'y installer à demeure, en 1682, le roi y fait avec sa cour des séjours de plus en plus fréquents et longs. C'est sous le règne d'Athénaïs que ce lieu, resté du temps de La Vallière un refuge sylvestre où les frêles architectures de fête ne duraient que le temps de quelques féeries, prend peu à peu, en dix ans, à coup de travaux colossaux, les proportions que nous lui connaissons.

Autour du petit château de Louis XIII, conservé comme noyau central, s'ajoutent des ailes nouvelles, tentaculaires. Dans le parc le décor, de provisoire qu'il était, tend à se fixer, parterres, bosquets et bassins s'organisent selon un plan où l'imprévu et la surprise même obéissent à un ordre secret, le grand canal se creuse et se peuple d'une flottille d'embarcations pittoresques — chaloupes, gondoles, brigantin, felouque, galiote et vaisseau amiral en réduction. On a envie de porter au crédit de la jeune femme la touche de fantaisie qui vient déranger la belle régularité de l'ensemble, mais à cette date Louis était lui-même encore épris de fantaisie.

Il est certain en revanche qu'elle a profondément marqué la plupart des lieux qu'elle habita. L'appartement qu'elle occupe au château n'est pas ce qu'il y a de plus original. Elle loge au premier, dans une suite de pièces donnant sur la cour de marbre, en haut du grand escalier, tout près du roi qui y dispose d'un accès direct. Dorures, colonnades, peintures, statues : nous savons peu de chose, sinon que la décoration est de même style que le reste de l'étage noble. La reine y est mieux partagée : contrairement à ce qu'on peut lire çà et là, elle n'est pas reléguée au second, elle occupe à l'angle sud un bel appartement symétrique de celui de son époux. Mme de Montespan jouit en revanche d'un privilège qui est refusé à Marie-Thérèse : elle dispose d'autres espaces, qu'elle aménage à sa guise.

L'appartement des bains, situé au rez-de-chaussée, juste au-dessous de celui du roi, est le temple de Vénus où règne sans partage la favorite experte en voluptés. D'une audace à faire rougir Anne d'Autriche qui, la première, avait créé au Louvre un cabinet de toilette raffiné, avec baignoire escamotable confinée dans une alcôve, il est conçu pour l'amour plus que pour l'hygiène. Au bout d'une enfilade de pièces — antichambre, salons et cabinets — richement ornées de peintures et de colonnades, on accède à des lieux réservés à l'intimité : une chambre de repos ornée d'un miroir géant, où trône un vaste lit recouvert de brocart à figures pastorales ; puis plus loin, au cœur secret de l'ensemble, le somptueux cabinet des bains, avec sa vaste piscine octogonale — trois mètres de diamètre sur un de profondeur — taillée dans un seul bloc de marbre, bordée de marches et de sièges, alimentée par un savant système de tuyauteries en eau chaude parfumée d'herbes odoriférantes, où la nudité naturelle des corps renouait avec les joies premières d'avant la chute et le péché.

Athénaïs trouvait-elle longues, par les brûlantes journées estivales, les promenades à travers le parc ? On fit sortir de terre pour elle, en l'espace d'un hiver, comme par enchantement, « un petit palais [...] commode pour passer quelques heures du jour pendant le chaud de l'été », fait de pavillons sans étage entièrement revêtus de céramique bleue et blanche, à la chinoise. On l'appela le Trianon de porcelaine, bien que les carreaux, amenés à grands frais de Paris, de Rouen, de Lisieux ou même de Hollande, fussent en faïence. À l'intérieur murs et meubles furent « peints et vernis de bleu et blanc façon porcelaine ». Pour le plaisir des sens, un « cabinet des parfums » offrait un fabuleux vivier de senteurs. Quant au jardin, regorgeant de giroflées, d'anémones, de tubéreuses, de jasmins et de narcisses, il se veut un défi à la nature : on y cultive en pleine terre des orangers qu'on protège des intempéries en installant autour de chacun d'eux, l'hiver, une sorte de châssis individuel en bois.

La favorite voulut aussi avoir son domaine personnel. Pas une vieille bâtisse lointaine, comme ce Vaujours offert à La Vallière. C'est à peu de distance de Versailles, en contrebas, que Louis XIV, bouleversant ses projets antérieurs, chargea Jules Hardouin-Mansart de remanier et d'agrandir à Clagny une demeure destinée aux enfants qu'il venait de légitimer. De 1674 à 1680 Athénaïs s'employa dispendieusement — aux frais du trésor — à en faire un château d'une magnificence inouïe, modèle réduit de celui de son amant. Elle partageait avec lui la passion des jardins. Même débauche de fleurs rares qu'à Trianon, même fantaisie, mêmes effets de savante surprise : Le Nôtre s'est surpassé. Pour décrire ces merveilles, Mme de Sévigné ne trouve d'autre terme de comparaison que les enchantements dont la magicienne Alcine éblouit chez l'Arioste les paladins ensorcelés.

Si rien n'est resté de ces merveilles, qui portaient si fort la signature de Mme de Montespan, c'est pour cette raison même : elles pâtiront de sa disgrâce.

« *Le centre de l'esprit* »

Autour d'elle s'organisa dans ses appartements, en marge de la cour officielle, une société plus restreinte, plus choisie, plus gaie, plus raffinée, dont elle fit « le centre de l'esprit ». Elle n'est pas seule à mener le jeu, elle est relayée par deux de ses sœurs. L'aînée, Mme de Thianges, qui a laissé en Bourgogne un époux grincheux pour s'enraciner à la cour, est une mondaine, impérieuse et dominatrice. La cadette, la plus remarquable des trois, réunit en sa personne toutes les perfections. Vouée sans vocation à la vie religieuse, elle dut à son intelligence, à sa culture, à son sens de l'autorité d'être nommée à vingt-cinq ans abbesse de la prestigieuse abbaye de Fontevrault ; elle ne fait chez Athénaïs que quelques rares séjours espacés, mais à entendre ceux qui l'ont connue, on l'y croirait à demeure. Laissons ici la parole à Saint-Simon :

« La cour de Mme de Montespan [...] fut aussi le centre de l'esprit, et d'un tour si particulier, si délicat, si fin, mais toujours si naturel et si agréable, qu'il se faisait distinguer à son caractère unique. C'était celui de ces trois sœurs, qui toutes trois en avaient infiniment, et avaient l'art d'en donner aux autres. On sent encore avec plaisir ce tour charmant et simple dans ce qui reste de personnes qu'elles ont élevées chez elles et qu'elles s'étaient attachées ; entre mille autres on les distinguerait dans les conversations les plus communes. Mme de Fontevrault était celle des trois qui en avait le plus ; c'était peut-être aussi la plus belle. Elle y joignait un savoir rare et fort étendu ; elle savait bien la théologie et les Pères, elle était versée dans l'Écriture, elle possédait les langues savantes*, elle parlait à enlever quand elle traitait quelque matière. Hors de cela, l'esprit ne se pouvait cacher, mais on ne se doutait pas qu'elle sût rien de plus que le commun de son sexe. Elle excellait en tous genres d'écrire ; elle avait un don tout particulier pour le gouvernement et pour se faire adorer de tout son ordre, en le tenant toutefois dans la plus exacte régularité. »

---

* Le latin et le grec, peut-être même l'hébreu. — *À enlever* : à ravir.

Bref c'était la « perle des abbesses », et le seul reproche qu'on pût lui adresser était de cautionner par sa présence la faveur scandaleuse dont jouissait son aînée.

Rien ne subsiste, hélas, de ces conversations légères, fugitives, que nous sommes réduits à imaginer à travers le souvenir ébloui laissé aux participants. Quant aux bons mots d'Athénaïs, si redoutables qu'on hésitait à s'aventurer sous ses fenêtres, crainte d'être épinglé — cela s'appelait « passer par les armes » —, ceux qui, fort rares, sont venus jusqu'à nous ont perdu en traversant les siècles l'essentiel de leur saveur. Était-elle « méchante » ? Les avis furent partagés, mais celui de la princesse Palatine est le plus convaincant : elle ne résistait pas au plaisir de faire un bon mot, « quand elle avait ri de quelqu'un, elle était contente et en restait là ».

Elle n'a pas eu le temps de connaître vraiment Fouquet, arrêté peu après son arrivée à la cour. Dommage : elle l'eût aimé. Ils avaient même éclectisme et même délicatesse de goûts. Dans le rôle de mécène des arts et des lettres que lui concède Louis XIV, elle tente de contrebalancer l'utilitarisme de Colbert, qui dispense les pensions aux plumes serviles. Elle encourage les meilleurs, même mal pensants. Aux côtés de Racine, dont la carrière, d'*Andromaque* à *Phèdre* coïncide avec les années de sa plus grande faveur, de Quinault et de Lully, dont on répète dans sa chambre, avant de le représenter dans la cour de marbre, le merveilleux opéra d'*Alceste*, elle protège aussi le peu conformiste La Fontaine, rendu suspect par sa fidélité au surintendant déchu et par ses *Contes* libertins : c'est à elle qu'il dédiera en 1678 le second recueil des *Fables* — celui qui débute, chacun s'en souvient, par *Les Animaux malades de la peste* : « Selon que vous serez puissant ou misérable, / Les jugements de cour vous rendront blanc ou noir. »

Les Mortemart, réalistes, se sont tenus à l'écart de toute opposition politique, quand il y en avait une, mais ils ont gardé quelque chose de la volonté d'indépendance qui animait les grandes familles dans la première moitié du siècle. À défaut de pratiquer eux-mêmes le mécénat — ils n'en ont pas les moyens —, ils agissent, par favorite interposée, sur la politique culturelle du souverain. Ils y font souffler un temps l'esprit de liberté. C'est à l'influence de la resplendissante marquise que nous devons pour une bonne part les chefs-d'œuvre du siècle de

Louis XIV. Les millions dépensés pour elle en bâtiments et en fêtes, dont on lui fait si souvent grief, ne l'auront pas été en pure perte.

L'offensive dévote de 1675

Par la puissance de la chair et de l'esprit, Mme de Montespan a réussi à imposer, derrière l'univers officiel où le premier rang reste dévolu à la reine, un univers parallèle où elle règne en souveraine. Marie-Thérèse a beau lever les bras au ciel en s'exclamant, dans son jargon franco-espagnol : « Cette *poute* me fera mourir ! », elle ne refuse pas dans des moments délicats le secours de la *poute* en question. En 1673 par exemple, les quelques femmes de chambre espagnoles restées auprès d'elle sont prises en flagrant délit de « renseignement » au profit de leur pays, avec qui nous sommes en guerre : « Tenez bon encore deux ans, vous viendrez à bout de la France qui n'en peut plus... » Colère du roi, coup de balai dans la fourmilière. Toutes ces dames — dont l'irremplaçable Molina — sont réexpédiées à Madrid sans ménagements, sauf une, mariée à un Français, dont Athénaïs obtient la grâce : « La reine est ravie et dit qu'elle n'oubliera jamais cette intervention. » Il lui reste une compatriote capable de lui préparer en secret son chocolat à la cannelle.

La favorite gouvernait-elle Louis XIV, comme elle s'était proposé de le faire ? Est-elle, comme le prétend Saint-Simon, « l'espérance et la terreur des ministres et des généraux d'armée » ? Cette seule idée révulse les biographes du Grand roi. Et pourtant ! Certes elle s'abstient de se mêler directement de politique. Mais qui peut y prétendre à cette date ? En revanche elle dispose d'un réseau de clientèle fort étendu, qu'elle entretient par de menus cadeaux distribués à propos. Elle ne s'est pas contentée de caser dans des postes importants les membres de sa famille et de leur procurer des mariages avantageux. On lui attribue la nomination de Montausier comme gouverneur du dauphin, celle de la duchesse de Richelieu comme dame d'honneur de la reine, de D'Aquin comme premier médecin du roi. Elle soutient Colbert contre Louvois, procure à son vieil ami le maréchal d'Albret le gouvernement de Guyenne. Et par les hommes on agit sur les affaires.

Elle agit aussi, plus profondément, sur le climat intellectuel et moral par les artistes qu'elle encourage et applaudit, et mieux encore, par sa personne même, par la manière dont elle assume avec une insolence épanouie son statut scandaleux de favorite du Roi très Chrétien. Et à cette date, les convictions religieuses du roi ont beaucoup à voir avec la politique. L'offensive que mènent contre elle les dévots au printemps de 1675 — l'année qui suit l'entrée de La Vallière au carmel — est assurément politique. Ils cherchent à profiter de l'émotion provoquée par cette édifiante retraite pour éliminer une maîtresse en qui ils voient le principal obstacle à l'instauration de l'ordre moral conforme à leurs vœux.

Pâques approche. Le Mercredi saint 10 avril, Mme de Montespan se présente à l'église de Versailles pour se confesser. À sa grande surprise le vicaire lui refuse l'absolution : elle vit en état de péché mortel. Louis XIV convoque le curé, Hébert, qui approuve son vicaire. Le Père La Chaise, un jésuite nommé confesseur royal depuis peu, se récuse prudemment : le gouverneur du dauphin, Bossuet, qui jouit en matière religieuse de toute la confiance du roi, est plus qualifié que lui pour trancher. Or Bossuet donne raison à ses confrères : pas de séparation des amants, pas d'absolution, pas de communion, impossibilité pour le roi de toucher les écrouelles — le scandale absolu. Les autres années pourtant... Eh oui, les autres années, les confesseurs s'étaient montrés plus accommodants. Désormais, on ne transigera plus.

Les intéressés obtempèrent. Il le faut bien ! « Je vous promets de ne la plus revoir », a dit le roi. Et il peut faire ses Pâques publiquement à Versailles. Athénaïs, réfugiée à Clagny, oscille entre la colère et les larmes, puis contre-attaque, cherchant en vain un point faible par où abattre Bossuet, puis lui faisant offrir un chapeau de cardinal ! Rien à faire. L'intraitable prélat entretient chaque jour le roi de ses devoirs de chrétien, puis tous les soirs, avec « un manteau gris sur le nez », il s'en va endoctriner à son tour la favorite. L'affaire fait grand bruit et les paris sont ouverts. Certains prétendent que la rupture est sans retour. D'autres, comme Mme de Scudéry, s'interrogent : « Le roi et Mme de Montespan se sont quittés, s'aimant plus que la vie, par pur principe de religion. On dit qu'elle retournera à la cour sans être logée au château et sans jamais voir le roi que chez la reine. J'en doute ou que du moins cela puisse durer ainsi, car il y aurait grand danger que l'amour reprît le dessus. »

La guerre — une fois n'est pas coutume — apporte à Bossuet une satisfaction : la campagne militaire qui s'ouvre va séparer les amants et offrir au roi un dérivatif opportun. Il autorise celui-ci à dire adieu à sa bien-aimée avant de partir pour les Flandres. L'entrevue a lieu en public, dans un cabinet vitré : on ne peut entendre leurs « longues et tristes » conversations, mais on les voit « depuis les pieds jusqu'à la tête ». Il entretient ensuite avec son pénitent aux armées une étroite correspondance, l'invitant à se libérer des chaînes qui le retiennent et lui vantant les mérites d'une victoire remportée sur lui-même, plus glorieuse que celles qu'il inflige à ses ennemis. Il rédige pour lui une *Instruction sur les devoirs des rois découlant de la nécessité d'aimer Dieu*, qui place explicitement la direction du royaume sous la dépendance de la morale et de la religion. Tout se tient : c'est d'une conversion globale à la ligne politique des dévots que rêve Bossuet.

Mme de Montespan se pavana dans son petit paradis de Clagny durant la plus grande partie de l'été avec une ostentation qui n'était pas de bon augure. Elle y jouait à la châtelaine de campagne. Mme de Sévigné y alla, à la suite de toute la cour, pour admirer ses orangers et ses jonquilles, et la ferme où elle s'amusait à installer « les tourterelles les plus passionnées, les truies les plus grasses, les vaches les plus pleines, les moutons les plus frisés et les oisons les plus oisons ». Le tout aux frais de Louis XIV qui, entre deux combats, envoyait à Colbert l'ordre de financer tous ses désirs.

La reine s'en allait souvent la visiter mi par curiosité, mi dans des intentions qui se voulaient bonnes. Elle lui prodiguait une sollicitude complice. Pendant plus d'un an elle tenta de l'entraîner à sa suite dans ses tournées des couvents et des églises parisiennes, avec l'espoir de lui insuffler la pieuse résignation qui sied aux femmes délaissées. La visite à La Vallière au carmel, qu'on a contée plus haut, fait partie de ces tentatives maladroites de Marie-Thérèse pour la ramener dans le droit chemin.

À la cour cependant des voix amies s'élevaient en faveur de la favorite. Puisqu'elle avait renoncé à ses amours coupables, pourquoi ne retournerait-elle pas au château où l'appelaient « sa naissance et sa charge » et où il lui serait possible de « vivre aussi chrétiennement qu'ailleurs » ? La reine y consentit, l'archevêque de Paris aussi. Et dès lors, les sceptiques surent la rechute inévitable. Comme le dit Bussy-Rabutin, « on ne remporte la victoire sur l'amour qu'en fuyant ».

Lorsque le roi rentra à Versailles vers la fin de juillet, la marquise y avait retrouvé sa place et elle y menait plus grand train que jamais, se permettant avec la reine des familiarités nouvelles, par exemple la recevoir chez elle en simple robe d'intérieur, comme si la vertu lui donnait des droits naguère refusés au vice. Il résista cependant tout l'hiver : il ne la rencontrait que dans le cadre rigide de la vie de cour. Au printemps la reprise des opérations militaires suspendit un temps la comédie. Elle se rendit en grande pompe aux eaux de Bourbon pour y soigner un prétendu rhumatisme, tandis qu'il prenait la tête de ses troupes. La guerre de Hollande s'éternisait et faisait tache d'huile. Turenne avait été tué l'année précédente et la campagne s'était mal terminée. Et d'aucuns murmuraient que ces échecs étaient le salaire du péché. Il lui fallait renouer avec la victoire. Des succès rapides lui permirent de regagner bientôt la capitale. Il ne pouvait s'abstenir indéfiniment de fréquenter l'appartement d'Athénaïs, haut lieu des distractions de la cour. Il y alla, et ce qui devait arriver arriva. Au cours du tête-à-tête inauguré sous l'œil soupçonneux de quelques vénérables dames, « insensiblement il la tira dans une fenêtre ; ils se parlèrent bas assez longtemps, pleurèrent et se dirent ce qu'on a accoutumé de dire en pareil cas. Ils firent ensuite une profonde révérence à ces respectables matrones, passèrent dans une autre chambre, et, conclut Mme de Caylus en un raccourci audacieux, il en advint Mme la duchesse d'Orléans et M. le comte de Toulouse ».

Il s'agit là des deux derniers enfants qu'elle donna au roi, Françoise-Marie, née le 4 mai 1677, dite seconde Mlle de Blois, qui épousera le duc d'Orléans neveu du roi, et Louis-Alexandre, né le 6 juin 1678, connu sous son titre de comte de Toulouse. Comme leurs aînés, tous deux seront légitimés, en novembre 1681.

L'Église n'avait pu venir à bout d'éliminer Mme de Montespan. De leur côté, des rivales s'employaient à la remplacer. La place de favorite est difficile à défendre, elle demande une vigilance de tous les instants.

Les rivales

Mme de Montespan était trop intelligente pour ne pas comprendre qu'elle ne pouvait exiger du roi fidélité absolue. Aussi ferma-t-elle toujours les yeux sur les passades ou même sur les « liaisons traversières » qui ne la menaçaient pas directement. Elle savait bien, notamment quand les maternités la rendaient indisponible, qu'il prenait son plaisir au hasard, avec des femmes de rencontre, « dont il se servait comme des chevaux de poste que l'on ne monte qu'une fois et que l'on ne voit jamais plus », dit crûment l'ambassadeur savoyard. Il est possible qu'elle l'ait même encouragé à se pourvoir parmi sa domesticité, qu'elle veillait à peupler de femmes sans naissance ni beauté, peu dangereuses. On sait notamment qu'il eut pour maîtresse sa femme de chambre, une demoiselle Des Œillets*, dont il refusa de reconnaître la fille tout en assurant son éducation. Mais elle montait la garde contre celles qui auraient pu la détrôner.

En 1672, on vit sans surprise l'épouse et la maîtresse unies contre une revenante encore redoutable. Marie Mancini, fuyant son époux romain, demandait à s'installer en France. La malheureuse joua de malchance. Le roi, partant en guerre contre la Hollande, avait confié la régence à Marie-Thérèse. Remarquons au passage qu'il ne s'agit pas là d'une marque de confiance dans les capacités politiques de cette dernière : la tradition ne lui laissait le choix qu'entre son épouse et son frère. Mais elle apprécia beaucoup cet honneur, qui lui donnait l'illusion de détenir une parcelle de pouvoir. En fait elle était encadrée par des ministres très sûrs. Or il se trouve que la demande d'asile lui passa entre les mains avant d'être envoyée à Louis XIV, et lorsqu'il la reçut, il était trop tard, réglant un vieux compte, elle avait mis son veto. Athénaïs vola à son secours : il serait indécent d'imposer à la reine une rencontre avec celle qui lui avait disputé le trône. « Elle sait que c'est une femme d'esprit, ajoute malicieusement Saint-Maurice, et,

---

* Il ne s'agit pas de l'actrice qui s'illustra dans la troupe de Molière mais de sa fille.

comme ç'a été les premières amours du roi, elle craint qu'il ne lui en reste quelque feu et quelque souvenir. » La pauvre mazarinette, déboutée, se replia sur la Savoie, au grand dam du duc Charles-Emmanuel II, qui se laissa séduire et eut ensuite le plus grand mal à se débarrasser d'elle.

Les deux femmes collaborèrent encore, l'année suivante, à la suppression de la chambre des filles de la reine, qui offrait au maître un vivier trop tentant. Mais bientôt Marie-Thérèse se désengage. Sa jalousie de jeune mariée a-t-elle fait place, comme le croit l'ambassadeur savoyard, à une sagesse de femme mûre ? Ou bien se réjouit-elle en secret de voir battu en brèche l'empire de la sultane reine ? Lorsqu'une de ses suivantes l'avise d'une intrigue naissante de son époux et l'incite à intervenir contre la coupable, elle a ce mot merveilleux : « Mais cela ne me regarde pas ! C'est l'affaire de Mme de Montespan. » Balourdise ou ironie aiguë ? Avec Marie-Thérèse, on ne peut jamais savoir.

La favorite en titre a d'autant plus à faire pour repousser l'assaut des candidates à sa succession, que quinze mois d'interrègne ont laissé à celles-ci le champ libre.

Peu après la rupture de Pâques 1675, tous les regards de la cour convergèrent sur Isabelle de Ludres, qu'on appelait Madame parce qu'elle était chanoinesse — laïque — de l'abbaye de Poussay. Cette belle fille rousse, de haute famille lorraine, s'était réfugiée en France après un projet de mariage manqué avec le duc Charles IV. Son zézaiement très accusé semblait un charme de plus à ses nombreux soupirants. Ils se dispersèrent comme une volée de moineaux lorsque Louis XIV jeta les yeux sur elle. Les rumeurs lancées par Athénaïs sur une prétendue maladie de peau ne suffirent à le décourager. Elle ne fit pas de façons pour devenir sa maîtresse. Mais elle eut le tort de le clamer trop tôt sur les toits. Elle se vantait d'avoir « débusqué » Mme de Montespan et se posait en héritière. Cette arrogante vanité déplut au roi. Elle fut congédiée. Elle dut reprendre, humiliée, son service auprès de la duchesse d'Orléans. Lorsqu'un peu plus tard elle sollicita l'autorisation de se retirer chez les Dames de Sainte-Marie, rue du Bac, il s'exclama : « Comment ? N'y est-elle pas déjà ? » Entre-temps était paru sur scène un nouvel opéra de Quinault et Lully, *Isis*, qui traitait des malheurs de la nymphe Io, aimée de Jupiter et changée en génisse par la haine de Junon*. Et tout Paris vit dans la nymphe une image de la pauvre Ludres, victime de la vengeance d'une « Junon tonnante et triomphante » qui n'est autre que la Montespan. Celle-ci ironisa d'autant plus fort contre sa rivale qu'elle n'était pas totalement ravie de cette interprétation de la pièce. D'ordinaire Junon représente l'épouse légitime, qui défend les droits du mariage. Dans le tableau de Nocret montrant la famille royale sous les traits des dieux de l'Olympe assemblés, Junon, identifiable au paon qui l'accompagne, c'est la reine. Voici maintenant que la sultane-reine se substitue à elle dans un de ses emplois réservés, celui de la femme trompée et jalouse. Mais cet emploi-là, Marie-Thérèse le lui laisse de grand cœur. Et l'intéressée est si mécontente d'en hériter qu'elle fera payer cher à Quinault et Lully cet opéra intempestif.

Exit, donc, la belle chanoinesse. Dans l'été de 1676, Athénaïs a repris possession du roi. Autour d'elle la vie de cour brille de tous ses feux. Dans les salons, on joue un jeu effréné. Le soir on se promène en gondole sur le canal, en écoutant de la musique. On rentre à dix heures pour assister à une comédie. Minuit sonne : on fait *médianoche*. Mais cette joie est factice. Bien qu'elle fasse tout pour donner à sa reconquête les apparences d'une victoire éclatante, la favorite se sait et on la sait fragile. En 1676, elle a trente-six ans — ce qui est beaucoup pour l'époque — et si son visage a conservé une fraîcheur et un éclat qui font encore l'admiration de Mme de Sévigné, son corps, lui, s'est beaucoup épaissi au fil des maternités. Elle est encore capable, s'il le faut, d'aligner au bal des entrechats impeccables, mais elle ne peut dissimuler l'invasion d'un embonpoint qui excède les limites appréciées par le goût du temps : elle est devenue énorme. Et comme, de surcroît, les retrouvailles lui valent coup sur coup deux nouvelles maternités, elle n'est pas en mesure de lutter.

Dès le mois d'août la rumeur court : « On dit que l'on sent la

---

* La malheureuse Io, poursuivie par un taon, erre jusqu'en Égypte où elle met au monde un fils et où lui est accordée l'immortalité : elle vient alors se confondre avec la déesse égyptienne Isis.

chair fraîche dans le pays de *Quanto* »*. Il s'agirait de la princesse de Soubise, que le roi poursuivait depuis longtemps d'assiduités épisodiques. Elle était mariée et tenait à le rester. Elle résista longtemps. Céda-t-elle même ? Les témoignages divergent. Quelques-uns affirment qu'elle se défendit jusqu'au bout. D'autres, comme Mme de Sévigné et Saint-Simon, pensent qu'elle sauta le pas. Mme de Montespan, remarquant qu'elle arborait certains jours des pendants d'oreilles d'émeraude, soupçonna un signal, la fit épier et constata qu'il correspondait aux absences de son époux. Ce qui est sûr, c'est que la dame tenait à la discrétion : elle ne cherchait qu'à pousser sa famille et ne voulait pas engager une guerre périlleuse avec la favorite.

Au fil des jours le roi se montre gai, frais et dispos, enchanté de ce vagabondage, tandis que l'humeur d'Athénaïs se ressent de l'anxiété qui la ronge. Elle est sujette à des sautes d'humeur, à des accès de fièvre. Et dans ses efforts pour raffermir son empire, elle commet des erreurs. Tantôt elle s'affiche avec lui, elle se permet, à une table de jeu, d'appuyer familièrement la tête sur son épaule, de l'air de dire : « Je suis mieux que jamais. » Et Louis déteste les manifestations publiques. Tantôt elle boude, elle pleure ou l'accable de reproches : et ce sont entre eux des querelles incessantes, pour des motifs parfois futiles qui cachent mal leur mésentente profonde. L'amour est bien mort. Elle ne le tient plus que par la force de l'habitude. Par la crainte aussi, disent quelques-uns.

Survient alors une adorable adolescente de dix-huit ans, toute fraîche débarquée de son Auvergne natale comme fille d'honneur de la duchesse d'Orléans. Elle a les yeux gris-bleu, une abondante chevelure d'un blond doré, des dents très blanches, une taille et un port de déesse et sur le tout un air de candeur et d'innocence à émouvoir les pierres. Cet ange s'appelle Marie-Angélique de Scorailles de Roussille. Depuis longtemps on n'avait pas vu à la cour une telle merveille. Athénaïs, dans l'espoir de détourner le roi de rivales plus expérimentées, eut

---

* *Quanto* est le nom de code que Mme de Sévigné — mi par prudence, mi par coquetterie littéraire — donne à Mme de Montespan dans sa correspondance.

l'imprudence de lui faire remarquer sa beauté sculpturale. La jeune fille, pleine d'ambition et de naïveté à la fois, ne demandait que cela. Un collier de perles et des pendants d'oreilles suffirent à la faire croire au miracle : elle se vit déjà favorite en titre. Elle consentit à le recevoir dans la chambre qu'elle occupait au Palais-Royal, se défendit juste ce qu'il fallait pour sauver l'honneur et succomba.

À la surprise générale Louis XIV, après quelques semaines de mystère, abandonne soudain la discrétion qui lui était chère, il l'exhibe avec une fierté de jeune homme. Et l'on revoit des scènes oubliées, les deux maîtresses encadrant symétriquement la reine, assistant à la messe de part et d'autre de la tribune royale, missel en main, levant les yeux au ciel comme des saintes. Une pluie d'or s'abat sur cette nouvelle Danaé qui, grisée, le jette étourdiment par les fenêtres. Athénaïs, furibonde, se fait un malin plaisir de gâter le bel appartement qu'on aménage à Saint-Germain pour sa rivale en y glissant une nuit ses deux ours apprivoisés, qui firent un dégât que toute la cour alla voir*. Elle assiège le roi de ses reproches. À ses emportements il finit par faire une réponse glaciale : « Je vous l'ai déjà dit, Madame, je ne veux pas être gêné »**.

Il tenta cependant de l'apaiser en lui accordant une charge qu'elle ambitionnait depuis longtemps : il la nomma surintendante de la maison de la reine, avec pension afférente. Hélas, on ne pouvait la faire duchesse sans faire duc M. de Montespan. On tourna la difficulté : elle en aurait les privilèges sans en avoir le titre, elle jouirait en tant que surintendante du fameux tabouret lui permettant d'être assise chez la reine. Cette nomination, qui l'eût réjouie quelques années plus tôt, avait un goût amer. C'était, tous le comprirent, un cadeau de rupture. Marie-Thérèse constata avec philosophie : « Allons, mon destin est d'être servie par toutes les maîtresses de mon mari. » Nul ne

---

* On n'oublia pas de fermer les portes, le soir qui suivit. Racine et Boileau, venus en curieux, n'y prirent pas garde et se trouvèrent enfermés. Ils appelèrent en vain et durent « faire bivouac là où les deux ours l'avaient fait la nuit précédente ».

** Attention : ce mot ne voulait pas dire simplement *dérangé*, *entravé*, comme aujourd'hui, il avait à l'époque un sens beaucoup plus fort, il signifiait *tourmenté*, *tarabusté* (la *géhenne* était le nom ancien de la *torture*).

sait ce qui l'emportait chez elle : le plaisir d'assister à sa chute ou la contrariété de n'avoir pas été consultée sur sa promotion.

La pauvre Marie-Angélique ne savoura pas longtemps son triomphe. Chacun s'est aperçu qu'elle est « sotte comme un panier ». Et comme elle parle à tort et à travers, sa sottise se voit. Le roi, habitué à autre chose, a un peu honte d'elle et s'ennuie à ses côtés. Pour comble de malheur elle met au monde en décembre 1679 un fils prématuré, mort-né, et cette naissance lui laisse des séquelles graves : des pertes de sang « très opiniâtres et désobligeantes ». On la dit « blessée dans le service », comme à l'armée ; « elle l'est à un point qu'on la croit invalide ». Elle reçut elle aussi son cadeau d'adieu : un titre de duchesse accompagné d'un tabouret. Mais elle dut bientôt se retirer pour se soigner. Elle traîna dix-huit mois sans réussir à se rétablir. Les poumons atteints, elle toussait et crachait le sang. Lors de l'intronisation de sa sœur, nommée à sa demande abbesse de Chelles, elle n'était plus que l'ombre d'elle-même. Elle revint à la cour lors d'une rémission, puis s'enferma à Port-Royal pour attendre la fin. Elle y mourut au mois de juin 1681, âgée de vingt ans à peine. Et Bussy-Rabutin, songeant à toutes celles que la faveur du roi avait conduites au couvent, ironisa : « Un chemin sûr aux belles filles pour se sauver, ce sera de passer par les mains du roi. Je crois que comme il dit aux malades qu'il touche : "Le roi te touche, Dieu te guérisse" *, il dit aux demoiselles qu'il aime : "Le roi te baise, Dieu te sauve." »

Des rumeurs d'empoisonnement coururent. Mais, comme le montra l'autopsie, l'état de la malheureuse était tel qu'il n'y avait pas besoin d'adjuvants pour la pousser dans l'autre monde : la mort était due « à la pourriture totale des lobes droits du poumon ». Cette petite provinciale sans esprit, qui n'avait pour elle que sa beauté fragile, n'était pas de taille à s'aventurer dans l'entourage du Soleil. Son passage éphémère à la cour a cependant laissé une trace, une coiffure qu'elle mit à la mode en rattachant sur le devant de la tête ses cheveux dénoués lors d'une chevauchée : la *fontange* fit fureur chez les

---

* On aura reconnu la formule rituelle du toucher de écrouelles, légèrement modifiée : le sceptique Bussy-Rabutin change l'indicatif traditionnel *te guérit* en subjonctif *te guérisse*.

dames de la cour pendant une vingtaine d'années, et elle figure encore au petit Larousse. Peut-être pas pour longtemps : l'illustration qui l'accompagnait naguère a disparu.

Quant à Mme de Montespan, l'heure de sa disgrâce avait sonné.

La mort de la duchesse de Fontanges marque la fin de la frénésie amoureuse qui s'est emparée de Louis XIV lorsqu'agonisait sa liaison avec Mme de Montespan. L'assaut mené par les dévots en 1675 n'est pas venu à bout, sur le moment, de la très puissante favorite. D'autre part aucune rivale n'est parvenue à la supplanter. C'est que les uns et les autres agissaient en ordre dispersé. Mais ils ont préparé le terrain. Que leur conjonction s'opère en la personne d'une rivale dévote : il sera donné à celle-ci d'arracher Louis XIV au scandale des amours adultères. Elle est déjà là, à tracer son chemin dans l'ombre. Et — ironie du sort — c'est Mme de Montespan qui l'a fait entrer dans la place.

CHAPITRE DIX

LA GOUVERNANTE DES BÂTARDS ROYAUX

Mme de Montespan, contrairement à Louise de La Vallière, ne se désintéressa pas des enfants qu'elle mettait au monde. Elle tint à conserver la maîtrise de leur sort. À des sentiments maternels peut-être sincères se joignait la conviction qu'ils étaient un moyen de tenir le roi. Il lui fallait donc une personne de confiance capable de prendre soin d'eux. Elle n'eut pas à chercher bien loin. Elle avait rencontré chez le maréchal d'Albret et chez la duchesse de Richelieu la veuve du poète Scarron, une femme sans fortune, intelligente, pleine d'esprit, mais réservée et discrète, qui s'employait à mériter leur amitié en jouant auprès d'eux les dames de compagnie officieuses. À trente-quatre ans, libre de toute attache, elle menait une vie modeste d'une sagesse exemplaire. Elle passait de plus pour raffoler des enfants. Bref une vraie perle. C'est ainsi que Françoise d'Aubigné, future marquise de Maintenon, engagée comme gouvernante des enfants de la favorite, entra dans l'histoire par la porte de service. Comment cette femme que rien ne destinait à être admise à la cour et qui n'y pénétra que par le biais d'une fonction domestique parvint-elle à conquérir l'esprit et le cœur du roi ? Sa destinée est, avec celle de Mazarin, une des plus fabuleuses aventures du XVIIe siècle.

Une aventure dont il est malaisé de retracer les étapes, tant l'héroïne a gardé de secrets, tant elle a pris soin d'effacer ses traces, tant elle s'est appliquée à récrire son histoire à coups de confidences et d'anecdotes édifiantes, tant les contemporains ont mis de partialité, en bien comme en mal, à parler de celle qu'une fortune inouïe avait placée aux côtés du roi, tant enfin les historiens et les romanciers ont fabulé depuis sur sa personnalité hors du commun. Toute évocation de sa vie ne peut être que grevée d'incertitudes et jalonnée de points d'interrogation : le lecteur choisira entre ses divers visages.

Une enfance misérable

Le prestigieux patronyme de Françoise d'Aubigné risque de nous induire aujourd'hui en erreur. Elle est bien la petite-fille du fameux Agrippa d'Aubigné, le compagnon de combat d'Henri IV, le génial auteur des *Tragiques*. Mais dans la seconde moitié du XVIIe siècle, ce n'étaient pas là des titres de gloire. Le vieux huguenot fanatique, inconsolé d'avoir vu abjurer son maître, avait vieilli dans la disgrâce. Certes on le tenait pour noble ; nul ne mettait encore en doute les titres qu'il s'était arrogés au moment de se marier*. Mais c'était un homme du passé, ses œuvres poétiques étaient démodées et ses écrits historiques sentaient furieusement le fagot. Ses trois enfants se disputaient le peu qu'il avait laissé, de petits châteaux — à peine plus que de grosses fermes — aux alentours de Niort. Fidèles à la foi réformée, les deux filles avaient épousé de bons huguenots, issus de la petite noblesse rurale, vivant modestement des revenus de terres qu'ils exploitaient eux-mêmes. L'unique garçon avait fait le désespoir d'Agrippa. Pas facile d'être le fils du vieux baroudeur de Dieu ! Constant rejeta en bloc l'héritage moral et religieux. Quant à l'héritage matériel, son père finit par le lui retirer dans un testament qui le dit « destructeur du bien et de l'honneur de sa maison ». Il tenait de famille un tempérament impulsif et brutal, une imagination intempérante, une fâcheuse propension à prendre ses rêves pour réalité. Avec cela un parfait libertin, buveur, joueur, tricheur, coureur de filles. Il passa en diverses prisons une large part de son existence pour violences, escroqueries, fabrication de fausse monnaie, et autres méfaits.

C'est au cours de son séjour au Château-Trompette, à Bordeaux, qu'il séduisit la fille de son geôlier, le geôlier en chef, gouverneur de la forteresse. Savait-elle qu'il avait poignardé sa

---

* C'est Mme de Maintenon qui, entreprenant des recherches généalogiques sur le tard, découvrit la supercherie. Elle s'était considérée toute sa vie comme une authentique demoiselle noble.

première épouse ainsi que l'amant trouvé en sa compagnie ? Sans doute pas. La peine qu'il purgeait en Guyenne n'était pas liée à ce double meurtre — jugé excusable, à l'époque, de la part d'un mari bafoué —, mais plus trivialement à une accumulation de dettes impayées. La pauvre Jeanne de Cardilhac le suivit de prison en prison et lui donna deux fils. En 1635 il bénéficiait dans celle de Niort d'un régime assez doux, puisqu'il lui fit un troisième enfant : Françoise naquit entre le 24 et le 27 novembre 1635 dans la conciergerie de la citadelle où sa mère était hébergée par charité. Naissance indésirable : la jeune femme avait épuisé pour son mari et pour son fils aîné toutes les réserves d'amour dont elle disposait. Quant à ses ressources financières, elles étaient inexistantes.

Dans cette Saintonge si profondément marquée par la Réforme, dont Agrippa d'Aubigné avait été une des grandes figures, les catholiques s'employaient à la reconquête. Jeanne était catholique, son époux mécréant. La baronne de Neuillan, épouse du gouverneur de la ville, argua d'une lointaine parenté pour organiser le baptême de la fillette. Elle lui fournit un noble parrainage. Aux côtés d'un La Rochefoucauld, c'est sa fille, la petite Suzanne de Baudéan*, qui tint sur les fonts l'enfant à qui elle fit donner son propre prénom, Françoise. Après quoi elle s'en désintéressa.

Le couple d'Aubigné, aux abois, fut tiré d'affaire par la sœur aînée de Constant, Arthémise de Villette, qui se chargea de ses trois neveux. Pendant une huitaine d'années Françoise partagea avec ses deux frères, dans le petit château de Mursay, la rude vie rustique d'une famille huguenote pleine de toutes les vertus évangéliques. Elle courait la campagne en sabots et gardait les dindons comme les petites paysannes, elle suivait son oncle au marché à bestiaux et, le soir, elle l'écoutait commenter la Bible et scander le chant des psaumes. Sans qu'on lui imposât rien, puisqu'on la savait catholique, elle devenait peu à peu huguenote par contagion. Ce furent des années heureuses et, dans son souvenir, exemplaires.

---

* Cette petite fille épousa plus tard le maréchal de Navailles. C'est elle que nous avons vue braver le jeune Louis XIV en faisant griller la fenêtre de l'appartement des filles d'honneur de la reine, dont elle avait la charge.

La mort de Richelieu ouvrit les portes de beaucoup de prisons, dont celle de Constant d'Aubigné, qui réussit à persuader sa femme que la fortune les attendait aux Antilles, sous la forme d'une plantation à créer dans l'île de Marie-Galante. En 1644 ils reprirent donc leurs enfants et financèrent le voyage avec un emprunt. À l'arrivée, le mirage se dissipa très vite. Constant était incapable de gérer quelque entreprise que ce fût. Au bout d'un an, il laissa sa femme se débrouiller avec les champs de canne à sucre et les esclaves noirs et rentra en France pour solliciter, disait-il, la charge de gouverneur de l'île. Elle dut abandonner la plantation et, en attendant son retour, vécut d'expédients et de charité à la Martinique, puis à Saint-Christophe. Il ne revint jamais. Dans l'été 1647 elle se décida à regagner la France.

À La Rochelle, pas de nouvelles de son mari. Et pour cause : il venait tout juste de mourir, au cours de pérégrinations qui devaient le mener à Constantinople, pour y faire fortune, bien sûr. Mais elle ne le savait pas encore. Elle se trouva réduite à la mendicité. Elle envoyait ses enfants déguenillés quémander de la soupe à la porte des couvents. La tante providentielle vint une fois de plus les tirer d'affaire. Elle garderait la fillette, tandis que les garçons feraient leurs premiers pas dans l'armée. Mme d'Aubigné put partir sereine pour Paris où l'appelaient des procès familiaux. Elle se séparait pour toujours de sa fille. Sans regrets de part et d'autre. La vraie famille de Françoise était à Mursay.

Elle y passa une année paisible, le temps d'oublier les quelques notions de catholicisme que sa mère avait tenté de lui réinculquer et de devenir bonne huguenote. Informée, Mme de Neuillan réclama sa tutelle et l'arracha aux Villette. Elle tenta de dresser et de civiliser la sauvageonne rescapée des Îles. À deux reprises elle l'envoya au couvent pour la ramener à la stricte orthodoxie catholique : les ursulines de Niort, malgré la douceur et la persuasion de la bonne sœur Céleste, y échouèrent ; celles de Paris, usant de la manière forte, y réussirent en un temps record. En quinze jours la rebelle fut domptée ; mais elle en garda toute sa vie l'horreur des couvents.

Après quoi Mme de Neuillan l'introduisit prudemment dans le monde. L'adolescente souffrit d'abord de sa gaucherie. Elle en voulut à cette femme sèche, froide, économe jusqu'à l'avarice, qui la traitait comme la parente pauvre qu'elle était. Mais elle tira de cette épreuve divers bénéfices. D'abord, elle changea de milieu. Dans l'hôtel particulier de Niort, on recevait beaucoup. Le chevalier de Méré y venait en voisin, il remarqua l'appétit de savoir de Françoise, il l'écouta, lui parla, en fit son « écolière » : un peu de littérature — les auteurs anciens surtout —, une teinture de géométrie, quelques romans. L'hiver, à Paris, sa marraine la traîna dans une société plus brillante encore, où elle fit piètre figure. Rude école. Elle y prend la mesure de ses lacunes, mais aussi de ses atouts. De sa lutte contre un milieu hostile, elle a tiré des leçons qu'elle n'oubliera pas : on ne navigue pas contre le vent, il faut se laisser porter par lui et garder pour soi ses opinions et ses sentiments ; la dissimulation est instrument de survie. Et à quinze ans, elle découvre qu'elle est plus que jolie, infiniment séduisante, et qu'elle peut plaire, si elle s'en donne la peine, à n'importe qui.

Scarron et la « belle Indienne »

Mme de Neuillan l'a remarqué, elle aussi. Serait-ce un moyen de s'en débarrasser ? La bonne dame, qui vit au-dessus de ses moyens, réserve tout son bien à l'établissement de ses propres enfants et commence à trouver lourd l'entretien de la fillette. Mais elle n'a pas un sou à lui donner. La faire entrer en religion ? Hélas, pour une fille noble, dispensée des travaux serviles, les couvents exigent une dot. Alors le mariage ? Mais où trouver un veuf sur le déclin ou un célibataire décrépit assez fou pour se charger d'une demoiselle sans fortune, sans espérances, sans parents ni amis influents ?

La marraine si bien pensante avait sûrement des arrière-pensées de ce genre lorsqu'elle permit qu'on l'amenât chez Scarron, sous le prétexte futile qu'il cherchait à se renseigner sur les Antilles où il envisageait de s'installer. C'était le dernier endroit où introduire une jeune personne tout juste sortie de chez les ursulines. En pleine Fronde, au faîte de sa notoriété, ce poète satirique et burlesque à la verve drue, souvent malsonnante, attirait chez lui gens de lettres et grands seigneurs, volontiers libertins, qu'il égayait de ses bons mots et de ses facéties. Son infirmité même contribuait à sa célébrité : les articulations bloquées par un rhumatisme déformant, les jambes repliées à angle aigu contre son corps, en forme de Z majuscule, torturé d'horribles douleurs le vouant à l'insomnie, le malheureux était cloué sur une sorte de chaise roulante improvisée. On avait sans doute oublié d'en avertir Françoise lors de sa première visite. Muette de terreur, elle se mit à pleurer. Ce jour-là elle ne fit la conquête d'aucun des hôtes de l'illustre infirme. Mais c'est lui qu'elle finit par séduire, à distance, par la tournure charmante des lettres qu'elle adressait à une amie. Ils s'écrivirent. Bien qu'il ne fût pas riche, Scarron, apitoyé par son sort, proposa de payer sa dot pour entrer en religion, à moins qu'elle ne préférât l'accepter pour mari.

Elle n'hésita pas : « J'ai mieux aimé l'épouser qu'un couvent », répondit-elle simplement à ceux — au premier rang desquels sa marraine — que son choix stupéfiait. Elle avait seize ans et demi, lui quarante et un. Ils se marièrent en avril 1652, au plus fort de la guerre civile, se réfugièrent au Mans pour laisser passer l'orage et revinrent à Paris pour assister au triomphe de Mazarin, que Scarron avait vilipendé dans un pamphlet ordurier. De quoi lui faire perdre la pension que lui servait la régente, au titre d'écrivain. Il reprit la plume et rouvrit son salon, dont sa jeune femme devint l'ornement. Et tout Paris se pressa chez eux, à « l'Hôtel de l'Impécuniosité », disait-il en riant. Et en effet on y trouvait médiocre chère, à moins qu'on n'apportât de quoi garnir le pot, mais la conversation était un régal.

Quelles pouvaient être les relations conjugales du couple ? Les commentaires allaient bon train. Anne d'Autriche avait résumé d'un mot cruel l'opinion générale : la jeune femme serait « le meuble le plus inutile de sa maison ». Et plus tard l'ex-Mme Scarron cherchera à accréditer l'idée qu'elle n'avait « jamais été mariée », qu'il s'agissait d'une « union où le cœur entrait pour peu de chose et le corps, en vérité, pour rien ». Un mariage blanc, donc ? Comment savoir ? À quelqu'un qui lui posait la question directement, Scarron aurait répondu, en badinant : « Je ne lui ferai pas de sottises, mais je lui en apprendrai. » À chacun d'imaginer ce qu'il a pu lui apprendre. Mais la plupart des biographes concluent à ce que Françoise Chandernagor appelle un mariage « gris ». Ce qui est sûr, en tout cas, c'est qu'il s'applique à désarmer les rieurs, par la méthode qui lui a si bien réussi pour ses infirmités. Il prend les devants, plaisante lui-même sur ses déficiences supposées, plaint sa femme, en vers burlesques, du « jeûne » et du « carême » qu'il lui impose, avec une grossièreté qui parfois nous choque : mais c'est l'assurance que personne n'osera en dire davantage.

La situation n'est pas sans dangers pour elle, exposée aux avances d'hommes tout disposés à suppléer le pauvre Scarron. Elle la gère avec une surprenante maîtrise. Une multitude de soupirants se presse alors auprès d'elle : « Les mieux faits de la cour et les plus puissants dans les finances l'attaquent de tous les côtés, dit Méré, mais elle soutiendra bien des assauts avant de se rendre. » Elle fait mieux : elle met au pas ses galants, leur impose plus de retenue, se fait respecter. Et elle ne se rend pas. Pour les conserver tous, elle ne s'abandonne à aucun, elle reste offerte à l'admiration et aux hommages, reine très admirée d'un salon à la mode. Solidaire de son mari, elle tient sa partie dans le jeu qui leur permet de survivre. Car le poète vit de sa plume, difficilement, à coups de commandes, de dédicaces, de flagorneries versifiées. Le salon, c'est leur vitrine, partie essentielle de leur gagne-pain. Elle plaît, elle attire et fixe une clientèle qu'il faut tenir à distance sans la décourager. Elle pratique d'instinct, puis en pleine connaissance de cause l'art subtil de la coquetterie qui consiste à laisser espérer sans rien donner. Elle aura plus tard l'occasion d'en user.

Le couple, au fond, ne s'entend pas si mal. En privé, visiblement heureux de sa présence, il est plein d'attentions et d'égards pour elle. De son côté elle dirige fort bien son ménage, avec le sens de l'économie acquis dans son enfance paysanne. Elle le veille, le soigne. À son contact elle a parachevé sa culture, sa connaissance du monde, sa pratique de la conversation : elle a fini son temps d'école. Il lui a procuré la sécurité. Elle lui en est reconnaissante. Il lui apporté quelque chose de plus précieux encore : la considération. La petite fille longtemps tenue comme quantité négligeable s'enchante d'être le point de mire d'une petite société choisie. « Il n'y a rien de plus agréable ici-bas que de se faire estimer », écrira-t-elle à son frère en 1672. Et bien des années plus tard, dans ses *Entretiens* de Saint-Cyr, elle confessera avoir eu cette vanité ingénue : « Je ne voulais point être aimée en particulier de qui que ce soit, je voulais l'être de tout le monde, faire un beau personnage et avoir l'approbation des honnêtes gens. »

Hélas, la santé de l'infirme se détériore de jour en jour. Il meurt en 1660, léguant à sa femme tout ce qu'il possède. Mais le passif de la succession dépasse largement l'actif. Leurs meubles sont vendus aux enchères et elle se retrouve sur le pavé, sans ressources, affublée d'un nom indécrottablement roturier : la veuve Scarron est encore moins épousable que l'orpheline Françoise d'Aubigné. Elle n'a que vingt-cinq ans.

À la croisée des chemins

Elle possède tout de même ce qu'elle n'avait pas dix ans plus tôt : l'art de plaire, d'une part, et de l'autre, des relations. Elle n'aurait qu'à lever le petit doigt pour trouver un riche protecteur prêt à l'entretenir. Elle pourrait faire dans la « galanterie » de haut vol une carrière aussi brillante que celle de Ninon de Lenclos, avec qui elle s'est depuis longtemps liée de sympathie. Celle-ci cependant la juge trop timide, « trop gauche pour l'amour » : « Elle était vertueuse par faiblesse d'esprit. J'aurais voulu l'en guérir, mais elle craignait trop Dieu. » Elle craignait surtout la misère. En 1660, elle préféra miser sur la charité bien connue de la reine mère. Elle s'installa avec une seule servante dans un modeste appartement annexé au couvent des Hospitalières de la place Royale. Anne d'Autriche, sollicitée par des amis communs, se laissa attendrir par le triste sort d'une si digne veuve et lui accorda une pension de 2 000 livres. De quoi survivre sans dépendre de personne. Elle a choisi son camp : ce sera celui des dévots.

À cette date, ce choix semble d'opportunité. Car rien dans la vie qu'elle a menée jusque-là ne l'a tournée vers la piété, au contraire. Ses migrations familiales, ses valses hésitations entre catholicisme et calvinisme, son expérience des couvents, sa vie avec Scarron, ses fréquentations, son amitié pour Ninon, tout l'incitait plutôt à devenir un esprit libre. Pas forcément une mécréante, mais pas un pilier d'église. Quand, pourquoi, comment, s'enfonça-t-elle dans la dévotion ? La question reste ouverte et, entre l'hypothèse d'une authentique conversion, secrète, et celle d'une tartufferie calculée, toutes les réponses ont été envisagées sans qu'il soit possible de trancher. Mais en lisant les textes qu'elle a laissés, il faut se souvenir d'une part qu'ils sont le fruit d'un tri, d'un choix tardif de vieille dame, d'autre part qu'elle a toujours su tenir à des interlocuteurs divers des propos très différents. Comme certains animaux qui, pour échapper aux prédateurs, modifient la couleur de leur pelage selon les saisons et se fondent dans le paysage, elle s'adapte aux gens qu'elle fréquente, elle sait présenter à chacun le visage qui lui plaira. Le secret de son succès, tant auprès des femmes qu'auprès des hommes, est sans doute ce mimétisme devenu chez elle une seconde nature.

Au lendemain de son veuvage en tout cas, elle ne se confine pas en occupations pieuses. Elle continue de fréquenter les anciens familiers de Scarron. Par le maréchal d'Albret, César-Phœbus, comte de Miossens, qui a un faible pour elle, elle s'introduit chez le duc de Richelieu et sa hautaine épouse. Elle s'y implante solidement en rendant à la maîtresse de maison mille menus services, comme de faire avancer un carrosse pour l'un ou d'aller chercher un verre d'eau pour l'autre. Elle pousse très loin la complaisance, mais refuse de s'installer à l'hôtel de Richelieu, où elle serait vite réduite à une condition domestique : elle tient à conserver, avec son logis propre, son indépendance.

Autour de la séduisante veuve, le ballet des soupirants a repris de plus belle. Fut-elle tentée, en dépit de ses belles résolutions ? On lui prêta pour amants le fringant maréchal d'Albret et surtout le très séduisant Louis de Mornay, marquis de Villarceaux, ancien amant de Ninon de Lenclos, dont la passion pour elle était de notoriété publique. Deux indices laissent à penser qu'elle fut la maîtresse de ce dernier. Une lettre de Ninon, tardive, mais authentique, qui dit : « Je ne sais rien, je n'ai rien vu, mais je lui ai souvent prêté ma chambre jaune, à elle et à Villarceaux. » Et un portrait de la jeune femme en baigneuse très déshabillée, peint par son amant, qu'on peut voir encore dans le château familial des Mornay, en Normandie. Certes on peut dire que Ninon, vieillie, fabule un peu, ou qu'elle jalouse la haute fortune dont jouit son ancienne amie. On peut penser que Villarceaux, repoussé, a voulu tromper sa déception en se forgeant une image de la cruelle, avec le secret espoir de la compromettre si le tableau était vu. N'est-il pas plus simple de penser que la jeune veuve a succombé à une tentation très humaine et qu'elle a goûté, avec la complicité des

Montchevreuil*, quelques étés passionnés dans les bras d'un homme très épris ? Le soin qu'elle mit ensuite à faire la fortune de ce couple sans mérites notoires incite à penser qu'elle achetait ainsi leur silence. C'est du moins l'avis de Madame Palatine, qui prétend en outre avoir appris de Villarceaux, sur son compte, « plus qu'elle n'aurait dû savoir ». Et Mme de Sévigné, la voyant prêcher plus tard une austère morale, ironise sur « le premier tome de sa vie », qu'il est bien difficile d'oublier. Mais ce sont là tout au plus des présomptions, pas des preuves. Avouons donc, une fois de plus, que nous ne pouvons être sûrs de rien, sinon de son habileté à jeter sur son passé un rideau de fumée que le temps ne fera qu'épaissir.

La liaison, si liaison il y eut, fut de courte durée. Est-ce l'effet d'une déception ou simplement celui de l'âge ? elle juge bon, au début de 1669, de prendre un directeur de conscience. L'abbé Gobelin, sur qui se porta son choix, était un ancien militaire devenu prêtre sur le tard, dans la mouvance sulpicienne, et docteur de Sorbonne : un homme modeste, simple, sévère, à l'écart des querelles théologiques aussi bien que des intrigues de cour, qui convenait à merveille au personnage de veuve sage qu'elle cultivait. Pas la moindre fausse note dans le concert de louanges qui monte alors autour d'elle.

La mort d'Anne d'Autriche l'ayant privée de sa pension, Mme de Montespan — qui n'était pas alors maîtresse du roi mais seulement fille d'honneur de la reine — la lui avait fait rétablir. Les deux femmes se sont rencontrées chez le maréchal d'Albret. Ne parlons pas encore d'amitié, la distance sociale entre elles est trop grande. Mais Françoise a beaucoup d'esprit, un esprit dont elle n'use « que pour divertir et se faire aimer », elle plaît à Athénaïs à qui elle est capable de donner la réplique. Cependant la précarité de sa situation désole son entourage qui voudrait la voir mieux établie. Comment a-t-elle

---

* Les Montchevreuil, cousins des Villarceaux, invitaient Mme Scarron à passer l'été dans leur château, voisin de celui où le marquis séjournait avec son épouse. Elle fit de Montchevreuil le gouverneur du duc du Maine et de sa femme la gouvernante des filles d'honneur de la dauphine. Saint-Simon a brossé du couple un portrait au vitriol.

été assez étourdie pour refuser d'accompagner en tant que dame d'honneur la nouvelle reine de Portugal ? Elle peut mieux faire que de végéter dans la médiocrité d'une existence futile. En 1669, Athénaïs, qui vient de donner un premier enfant à Louis XIV, pense aussitôt à elle, si discrète, si obligeante, si efficace, pour faire élever la fillette dans le plus grand secret.

Accepter, c'était entrer dans la confidence d'amours illégitimes et s'en rendre complice. C'est pourquoi l'intéressée, plus tard, crut devoir préciser qu'elle posa des conditions : pas question d'élever un bâtard de la seule Mme de Montespan ; elle n'y consentirait que si le roi le lui demandait personnellement, en reconnaissant être le père ! Subtil distinguo — d'une moralité discutable — pour se désolidariser de la favorite sur le déclin. Mais il est évident qu'en 1669, elle n'était pas en mesure de formuler des exigences. L'offre était inespérée et, en discutant, elle se fût aliéné une femme visiblement promise à un grand pouvoir. Elle accepta.

Jardinière d'enfants

La charge fut d'abord légère. Nul besoin de modifier sa manière de vivre. Il suffisait de surveiller la nourrice à qui avait été confié le nouveau-né.

Mais voici que soudain, à la fin de mars 1670, elle est mandée d'urgence à Saint-Germain : Mme de Montespan est en train d'accoucher à l'improviste. En pleine nuit, un serviteur fidèle enroule dans une couverture l'enfant à peine né, franchit sans encombres l'enfilade de chambres — dont celle où dort la reine ! —, atteint la grille du château où stationne le fiacre de la gouvernante. Pas un cri. Le petit garçon est bien vivant pourtant et à le recueillir ainsi dans ses bras nu et fragile, Françoise se sent pour lui des entrailles de mère : il sera le fils qu'elle n'a pas eu.

Son existence se complique alors. Deux enfants, deux nourrices dans deux maisons distinctes, dont il faut changer souvent pour dérouter les curieux. Elle court d'un logis à l'autre, déguisée et masquée, chargée de provisions, de linge. À chaque déménagement, elle doit réinstaller tous les meubles : « Chaque fois il fallait retendre les tapisseries* ; je montais à l'échelle moi-même car on ne voulait point qu'un ouvrier ou une servante entrât dans ces maisons ; quant aux nourrices, elle ne mettaient la main à rien de peur d'être fatiguées et que leur lait fût moins bon. » En cas de maladie, c'est elle qui veille les enfants la nuit. Et comme elle ne doit rien laisser transpirer de son secret, elle s'astreint à mener une double vie. Rentrant chez elle le matin par la porte de derrière, elle a tout juste le temps de se changer pour gagner l'hôtel d'Albret ou de Richelieu ou pour souper en compagnie de Mme de Sévigné et de sa cousine de Coulanges, qui trouvent sa compagnie « délicieuse », son esprit « aimable et merveilleusement droit » : c'est une « plaisante chose » que de l'entendre commenter les mécomptes des courtisans dans des discours qui, « de moralité en moralité, tantôt chrétienne et tantôt politique », « mènent quelquefois bien loin ». Et puis, toujours habile à plaire, elle est allée droit au cœur de la marquise en lui chantant les louanges de sa fille. Cependant elle maigrit à vue d'œil et les saignées qu'elle s'inflige pour ne pas rougir sous les questions indiscrètes l'affaiblissent encore davantage.

En février 1672, elle a le chagrin de voir mourir la petite-fille première née, d'un abcès dans la tête selon les médecins. « Nous vous en ferons d'autres », lui dit en guise de consolation la mère, qui s'y emploie en effet : une troisième grossesse est déjà très avancée. Mais désormais, plus d'improvisation. Le roi, sur le point de partir en guerre contre la Hollande, envoie sa maîtresse au château du Génitoy, près de Lagny, avec le petit Louis-Auguste et l'indispensable gouvernante, chargée de veiller à tout. Il s'arrête au passage pour voir l'enfant, qu'il ne connaît pas encore, puis il abandonne les deux femmes pour un séjour prolongé qui va modifier leurs relations : trois mois d'isolement, de nécessaire intimité, durant lesquels se tisse entre Athénaïs et Françoise quelque chose qui ressemble à de l'amitié.

Lorsqu'elles rentrent à Paris, après la naissance de Louis-César, la décision est prise : Françoise s'installe au mois d'août

---

* Rappelons qu'à cette époque les murs intérieurs sont nus. On y suspend des tapisseries qu'on transporte avec soi de maison en maison et qui font partie des « meubles ».

avec les deux petits garçons dans une maison louée tout exprès. Située dans le faubourg de Vaugirard, alors très champêtre, c'est une vaste demeure entourée d'un grand jardin qui la protège des regards. À la fidèle Nanon, qui la suit depuis son veuvage, elle peut adjoindre des domestiques. Et pour le cas où quelqu'un découvrirait la présence d'enfants, elle a pris avec elle, outre ceux du roi, un neveu à elle et la fille d'une de ses amies.

C'en est fini des soirées en ville. Elle quitte brusquement la scène du monde : « C'est une chose étonnante que sa vie, dit Mme de Sévigné : aucun mortel sans exception n'a commerce avec elle. J'ai reçu une de ses lettres, mais je me garde bien de m'en vanter de peur des questions infinies que cela attire. » Que pourrait dire la marquise ? elle ne sait rien de précis. On s'interroge, on cherche, on finira par la découvrir. « Nous avons retrouvé Mme Scarron, écrit Mme de Coulanges huit mois plus tard ; c'est-à-dire que nous savons où elle est ; car pour avoir commerce avec elle, cela n'est pas ainsi. » Et de se lamenter : « Il y a chez une de ses amies un certain homme qui la trouve si aimable et de si bonne compagnie qu'il souffre impatiemment son absence »*. Elle finit par se laisser inviter à souper et, en la reconduisant à minuit au fin fond de Vaugirard, ses familiers purent apercevoir entre les frondaisons la grande et belle maison, qui attestait, comme son vestiaire d'un goût raffiné, son carrosse et ses chevaux, qu'elle avait changé de condition.

Pour les questions matérielles, elle avait affaire à Louvois, chargé de l'intendance. Elle allait de temps en temps à Saint-Germain donner des nouvelles à Mme de Montespan, qui évita toujours, par une prudence peut-être excessive, de s'aventurer à Vaugirard. Mais le roi, lui, s'y rendit quelquefois au détour d'une chasse dans la plaine de Châtillon. Il est tentant, quand on connaît la suite, de faire remonter à ces premières rencontres leur histoire amoureuse. Mais il avait alors contre elle beaucoup de préventions. Elle conservait quelque chose des manières de l'hôtel d'Albret, elle sentait sa *précieuse*. Il la tenait pour « une

---

* Contrairement à ce qu'on lit ici ou là, l'homme en question ne peut être le roi. Il s'agit de quelqu'un qu'elle a brusquement cessé de rencontrer chez une amie — probablement Ninon. Plutôt que Villarceaux, qui s'est détaché d'elle, on peut penser à Barillon, qui lui faisait depuis longtemps une cour discrète et peu compromettante.

personne difficile et qui n'aimait que les choses sublimes » et, parlant d'elle à Mme de Montespan, il disait ironiquement : « Votre bel esprit... »

Fut-il séduit cependant par sa beauté et chercha-t-il à en profiter ? Disons-le tout net, s'il s'était montré pressant, elle n'aurait guère pu lui résister sans s'exposer à perdre son emploi et sa pension. Mais le cadre, les circonstances, la présence des enfants surtout incitaient peu à la galanterie. S'il fut tenté de la courtiser, il s'en tint sans doute à des avances assez discrètes pour qu'elle pût feindre de les ignorer. Elle n'avait aucune envie d'ajouter une unité à la liste de ses maîtresses occasionnelles. Il est pratiquement certain qu'il ne se passa rien entre eux*.

En revanche le roi apprécia son dévouement aux enfants. Il voulut lui marquer sa reconnaissance. Elle était défrayée de tout, mais non rétribuée. Elle ne disposait que des 2 000 livres octroyées par charité six ou sept ans plus tôt. Il se contenta de rayer le mot *livres* sur l'état des pensions et le remplaça par *écus*, ce qui équivalait à tripler la somme.

L'apprentissage de la cour

Si Mme Scarron avait pu se permettre de renouer avec ses amis au printemps de 1673, c'est que le fameux secret était éventé. Les juristes travaillaient à la légitimation des bâtards. Mme de Montespan exhibait sans honte les marques évidentes d'une quatrième grossesse. Lorsque le roi partit en campagne le 1er mai, il fit suivre les « dames ». C'était l'usage, à condition qu'elles ne fussent pas trop visiblement enceintes. Sinon il les assignait à résidence dans quelque château. Or cette fois-ci il

---

* On cite très souvent, à propos de ces entrevues, une phrase figurant dans une lettre qu'elle aurait adressée à Mme de Coulanges en mars 1673 : « [Le] maître vient quelquefois chez moi, malgré moi, et s'en retourne désespéré, mais sans être rebuté. » Mais on a préféré ne pas l'invoquer ici, compte tenu des doutes qui planent sur l'authenticité de cette lettre, sur sa date et même sur sa destinataire, et compte tenu aussi de son sens peu satisfaisant. Que signifie : *désespéré, mais non rebuté* ? On comprendrait mieux l'inverse. En tout état de cause, cette phrase n'infirme pas notre interprétation des faits.

emmène Athénaïs qui entre dans son neuvième mois, en évitant tout de même de la mettre en contact direct avec la reine. L'officieuse gouvernante est priée de délaisser quelque temps sa nursery pour s'occuper d'elle et veiller sur ses couches, comme l'année précédente, mais au vu et su de tous. Lorsqu'elle ramène à Vaugirard la petite Louise-Françoise, née à Tournai le 1ᵉʳ juin, elle est, de notoriété publique, la femme de confiance de la favorite, une de ses « créatures », comme on disait alors. On n'attend plus que la légitimation pour l'installer officiellement à la cour avec les enfants. Ce sera chose faite dans les tout premiers jours de 1674.

Importante promotion, changement de vie, métamorphose. Elle troque ses robes grises contre des tenues plus seyantes, elle passe de sa solitude champêtre à un tourbillon de fêtes, de concerts, de spectacles. Mais elle doit dire adieu à l'indépendance. Elle est au service de Mme de Montespan, loge dans ses appartements, partage sa vie quotidienne, doit respecter ses ordres et subir ses sautes d'humeur. Au début elles s'entendent bien. Si aimable qu'elle soit, la veuve Scarron, avec ses trente-huit ans et sa roture, n'est pas une rivale potentielle. Elle ne songe d'ailleurs pas à la remplacer. Tout ce qu'elle veut, c'est la sécurité, un bon « établissement », comme on dit alors — une situation qui la mette pour toujours à l'abri de la misère. En attendant elle fait de son mieux pour se rendre utile, acceptant même de se charger de missions délicates qui ne relèvent pas de son emploi : par exemple, aller expliquer à La Vallière que la règle du carmel est vraiment rude et qu'elle ferait mieux de choisir une retraite plus discrète ! Quand elle est en veine de confidences, Athénaïs trouve en elle une oreille complaisante. Les deux femmes ont la nostalgie des conversations parisiennes, elles prennent tant de plaisir à bavarder le soir après souper que le roi en prend ombrage et invite sa maîtresse à y mettre une sourdine : raison de plus pour qu'elles continuent de plus belle.

C'est à cause des enfants que les choses se gâtèrent. Au conflit d'autorité se mêle une secrète jalousie. La mère se sent dépossédée, s'irrite de les voir préférer la gouvernante et tente de les reconquérir à coups de gâteries intempestives. L'autre, qui a senti éclore en elle, en même temps qu'un amour maternel refoulé, une impérieuse vocation d'éducatrice, défend ses

prérogatives avec une énergie de tigresse : on les « nourrit »*
mal, on leur fait mener une vie déréglée, on les torture quand
ils sont malades — et Dieu sait qu'ils le sont souvent, le petit
duc du Maine avec ses jambes trop faibles pour le soutenir, le
petit comte de Vexin avec sa colonne vertébrale déviée ! « On
tue ces pauvres enfants à mes yeux, sans que je puisse l'empêcher. » Le roi, pris pour arbitre, soutient sa maîtresse. Au cours
de l'été le découragement la saisit : « Rien n'est si sot que
d'aimer avec cet excès un enfant qui n'est point à moi... » Avec
Athénaïs, les altercations se multiplient : « Elle ne saurait
trouver en moi les oppositions qu'elle y trouve sans me haïr ;
elle me redonne au roi comme il lui plaît, et m'en fait perdre
l'estime ; je suis donc avec lui sur le pied d'une bizarre qu'il
faut ménager. Je n'ose lui parler directement, parce qu'elle ne
me le pardonnerait jamais ; et quand je lui parlerais, ce que je
dois à Mme de Montespan ne me peut permettre de parler
contre elle. » La situation est donc sans remède, elle voit
poindre la disgrâce et songe à prendre les devants : elle les quittera à la fin de l'année.

Les quitter, oui, mais pour aller où, et vivre de quoi ? Elle fait
part de ses angoisses à l'abbé Gobelin. Par bonheur, la favorite
s'est aussi posé la question. Faute de lui faire agréer un mari
vieux et décavé mais qui lui eût apporté un duché, elle se rabat
sur une dotation financière et lui fait octroyer, pour prix de ses
services**, un don de 100 000 francs. L'intéressée, à qui la vie
a appris à compter, trouve la somme trop modeste : pas de quoi
acheter une terre productrice de revenus suffisants ! Elle finit
par obtenir une rallonge d'un montant équivalent. Elle cherche
et trouve elle-même à Maintenon, entre Versailles et Chartres,
assez près de Paris pour que le séjour n'y soit pas un exil, « un
gros château au bout d'un grand bourg ; [...] des prairies tout
autour, et la rivière qui passe par les fossés ; il vaut 10 000 livres
de rente et en vaudra douze dans deux ans ». C'est elle qui en

---

* *Nourrir* veut dire alors *élever*.

** Il était courant, à l'époque, de ne verser aucun salaire aux domestiques pendant leur temps de service et de leur donner une rémunération globale au moment où ils le quittaient.

discute le prix — 150 000 francs — et qui signe le contrat. Rien de commun avec un de ces châteaux offerts aux maîtresses royales. Elle place l'argent qu'elle a gagné.

En même temps que Maintenon, elle pense avoir acheté sa liberté. Rêvant à la vie de châtelaine qu'elle y mènera, elle jette sur le papier un *Projet* sur la conduite qu'elle tiendra quand elle sera hors de la cour : vie simple, horaires réguliers, société amicale, œuvres pies. Est-elle sûre d'en avoir tellement envie ? Car avant même d'avoir donné forme à cette vision idyllique, elle sait qu'elle ne partira pas.

Au comble de l'ambiguïté

Pourquoi s'astreint-elle à subir ce qu'elle dénonce comme un « esclavage » ?

On pourrait penser que son amour pour les enfants la retient. C'est vrai en partie : il lui arrive en effet de se dire qu'ils ont encore besoin d'elle et qu'elle aura du chagrin à s'éloigner d'eux. L'ambition, le goût des honneurs, du luxe, de l'éclat ont pu jouer aussi sans qu'elle veuille se l'avouer. Mais l'argument décisif semble être venu de son directeur : c'est la volonté de Dieu. Sur le moment elle proteste, avouant ne pas comprendre. « Il fallait que Dieu eût donné pour moi de grandes lumières à l'abbé Gobelin, expliquera-t-elle beaucoup plus tard au vu de son destin ultérieur, pour que ce saint prêtre prît sur lui de me décider [à] y demeurer. » Elle aurait donc été choisie par le Seigneur pour ramener Louis XIV dans les voies de la morale et de la religion. Gardons-nous de crier à l'hypocrisie : on croyait fermement, à l'époque, à cette sorte d'élection.

Mais il n'est pas sûr, à la vérité, qu'il faille attribuer à la Providence ces surprenantes visées. Au XVIIe siècle, alors que les grands États se laïcisent, la compétition s'exacerbe entre pouvoir spirituel et pouvoir temporel. Dans toutes les cours européennes, les favorites royales sont une quasi institution. Comment l'Église — et en pays réformé les Églises — ne seraient-elle pas tentées d'influer sur le monarque par maîtresse interposée ? Françoise Scarron arrive à la cour au moment précis où l'imminente retraite de La Vallière éveille, on l'a vu, les espoirs des dévots : ils croient possible de séparer le roi de

Mme de Montespan. La présence d'une des leurs dans la place peut être pour leur combat un atout de prix.

Le bon abbé Gobelin eut-il cette idée tout seul, lui si scrupuleux qu'il hésitait à s'aventurer, même pour visiter sa pénitente, dans le lieu de perdition qu'était à ses yeux la cour ? On ne sait, mais on est enclin à penser que des confrères la lui soufflèrent. Elle-même dira plus tard qu'elle ne serait jamais restée « sans l'assurance que *ses** directeurs lui avaient donnée, que Dieu la voulait à la cour ». Quant aux implications de cette « mission », la prudence s'impose. On comptait sur Mme Scarron pour appuyer la campagne de moralisation qui se préparait. Nul n'était prêt à la jeter, de propos délibéré, dans le lit du roi. Mais si par hasard et en dépit de son âge, la chose se produisait, si elle parvenait à l'arracher aux griffes de la Montespan, et à l'engager dans une liaison moins coupable — puisqu'elle est veuve — et moins voyante, il se trouverait des confesseurs pour absoudre un péché commis dans les meilleures intentions du monde, *ad majorem Dei gloriam*. Ainsi allaient le monde et l'Église au XVIIe siècle. Ni l'un ni l'autre ne s'en portaient plus mal.

Françoise se trouva donc assise entre deux chaises, dans une position fausse, faisant encore figure auprès de Mme de Montespan de confidente et d'amie, mais s'efforçant en sous-main de la séparer de Louis XIV, prétendument pour son bien et dans son « intérêt véritable ». Elle dut subir, pendant toute la crise de 1675-1676, le contrecoup de sa mauvaise humeur. Elle s'aperçut bientôt que la patience avec laquelle elle encaissait les insultes ne lui nuisait pas auprès du roi. À l'issue d'une altercation particulièrement violente, elle osa lui demander un entretien, déchargea son cœur. Alors il joua les médiateurs. Ce fut lui qui le premier, donnant un exemple aussitôt suivi, usa pour elle du nom de sa terre : la veuve Scarron sera dès lors Mme de Maintenon**. Elle eut accès à lui plus librement. Bientôt elle put se permettre de lui parler « en chrétienne », c'est-à-dire de lui faire de la morale : « Sire, vous aimez fort vos mousquetaires, lui dit-elle en badinant [...]. Que feriez-vous si l'on venait dire à Votre Majesté qu'un de ces mousquetaires que vous aimez fort

---

* *Ses* au pluriel. C'est nous qui soulignons.

** Le marquisat ne lui sera attribué que plus tard.

a pris la femme d'un homme vivant et qu'il vit actuellement avec elle ? Je suis sûre que dès ce soir, il sortirait de l'hôtel des mousquetaires et n'y coucherait pas, quelque tard qu'il fût. » Il se contenta de rire, sans répondre : c'était déjà un succès. On remarquera au passage que cette comparaison vise le fait non pas de tromper sa femme — il ne faut pas en demander trop à un prince —, mais de s'afficher publiquement avec celle d'un autre : elle est l'illustration fidèle des sermons de Bourdaloue et de Bossuet. On notera aussi qu'elle ne se risque à intervenir qu'après Pâques, lorsque la séparation entre le roi et sa maîtresse paraît acquise : elle vole au secours de la victoire.

L'enfant malade

En cette même année 1675, la santé du petit duc du Maine lui donnait de graves soucis. À cinq ans il ne marchait toujours pas. Il était né sain et droit, disait-on, mais des convulsions lors de la sortie des grosses molaires lui avaient rétracté les jambes. Elles restaient grêles, inégalement développées, ce qui suggère plutôt du rachitisme. L'année précédente elle l'a conduit à Anvers consulter un médecin qui le tortura sans résultat. On conseille maintenant une cure à Barèges.

Au début mai, c'est le départ pour les Pyrénées. Françoise est ravie d'échapper aux tensions de la cour et d'avoir son « mignon » bien à elle, à elle seule, loin de sa mère. Cinq mois d'intimité avec l'enfant, qui partage sa chambre, cinq mois de liberté, de paix, de bonheur. Cinq mois, aussi, de rêverie amoureuse. Le roi l'a priée de lui rendre compte directement des effets de la cure. Entre eux s'instaure une correspondance dans laquelle semble avoir transparu, outre son affection pour son fils, un tendre sentiment pour celle qui le soigne si bien. Elle en fait la semi-confidence à l'abbé Gobelin : « Et vous aussi, vous m'abandonnez, je ne reçois de lettres que d'un seul homme, et si on continue, on me persuadera qu'il ne faut faire fond que sur des gens dont l'amitié est plus vive que vous ne le voulez. »

L'affection de Mme de Montespan pour son ancienne protégée décroît à proportion. « C'est une aigreur, c'est une antipathie, c'est du blanc, c'est du noir, observe Mme de Sévigné. Vous demandez d'où vient cela ? C'est que l'amie est d'un orgueil qui la rend révoltée contre les ordres de *Quanto*. Elle n'aime pas à obéir ; elle veut bien être au père, mais non pas à la mère. Elle fait le voyage à cause de lui, et point du tout pour l'amour d'elle. Elle lui rend compte, et point à elle... »

À l'automne retour triomphal. Françoise sait ménager ses effets : « Rien ne fut plus agréable que la surprise que l'on fit au roi. Il n'attendait M. du Maine que le lendemain ; il le vit entrer dans sa chambre, et mené seulement par la main de Mme de Maintenon. Ce fut un transport de joie. » Il marchait ! À vrai dire, il boitait. Trois ans plus tard il rechuta, elle le ramena à Barèges pour une autre cure qui eut des résultats moins spectaculaires. Il resta boiteux, mais du moins il échappa au fauteuil roulant.

Devant le petit miraculé le roi fondait de tendresse. D'autant plus que l'enfant, vif et éveillé, manifestait des dons intellectuels qu'avait soigneusement cultivés sa gouvernante. « C'est un prodige d'esprit. [...] Aucun ton ni aucune finesse ne lui manque. » Un soir d'été de 1676, conte Mme de Sévigné, « il était sur le canal dans une gondole, où il soupait, fort près de celle du roi. On ne veut point qu'il l'appelle *mon papa* ; il se mit à boire, et follement s'écria : "À la santé du roi, mon père !" Et puis se jeta, en mourant de rire, sur Mme de Maintenon ». Elle forme visiblement avec le roi, dans le cœur de l'enfant, le vrai couple parental — un lien tellement puissant que Mme de Montespan en comprend trop tard le danger. Elle parviendra à reconquérir ses autres enfants — du moins ceux qui survivent —, elle gardera auprès d'elle ses deux derniers-nés. Mais il était trop tard pour battre en brèche l'emprise que Mme de Maintenon exerçait désormais sur Louis XIV.

Une très étrange relation

À ce stade de l'histoire, une question nous brûle les lèvres : était-elle ou non la maîtresse du roi ? et si oui, à partir de quand ? Autant dire tout de suite que nous n'en savons rien. Les lettres échangées lors du premier séjour à Barèges auraient pu nous éclairer : hélas, elle les a brûlées, ainsi que toutes celles qu'il lui envoya par la suite. Quant aux témoignages contemporains, ils sont contradictoires.

De 1675 jusqu'à la fin de 1679, on peut retracer, à travers les comptes rendus narquois de Mme de Sévigné, les péripéties de sa montée en puissance. Dans l'été de 1676 sa faveur est si grande que la tête lui tourne un peu : « Elle n'est plus ce qu'elle était, et il ne faut plus compter sur aucune bonne tête, puisque celle-là n'a pas soutenu le tourbillon de ce bon pays. » Il y a de quoi : le roi n'a-t-il pas été jusqu'à lui prêter Le Nôtre pour aménager les jardins de son château ? Déjà les femmes de chambre de Mme de Montespan sont aux petits soins pour elle.

Mais Athénaïs, on l'a vu, n'a pas désarmé. Elle parvient à reprendre le roi et le dispute victorieusement aux rivales plus jeunes. Dans cette période trouble, Mme de Maintenon est ramenée au rôle très équivoque de confidente et de complice du couple. Entre les deux femmes flambe la haine, mais elles restent solidaires, par la force de l'habitude et la volonté de Louis XIV. En 1677, lorsque Mme de Montespan cherche un abri discret pour terminer sa grossesse, où se réfugie-t-elle ? À Maintenon ! C'est là qu'elle met au monde, le 4 mai, Françoise-Marie, la seconde Mlle de Blois. Lorsque Angélique de Fontanges commence à lasser le roi, qui lui envoie-t-on pour la convaincre de se retirer de son plein gré ? Mme de Maintenon. Sans plus de succès que quand elle tentait de détourner La Vallière du carmel. « Mais, Madame, vous me parlez de me défaire d'une passion comme de quitter une chemise ! » gémit la jeune femme indignée.

Étrange situation, qu'Athénaïs, lucide, décrit en ces termes à son ex-amie : « Le roi a trois maîtresses : moi de nom, cette fille de fait et vous de cœur. » Trois maîtresses, non pas interchangeables, comme l'avaient été un temps La Vallière et Montespan. Trois maîtresses ayant chacune un statut et une fonction spéciale : il y avait là de quoi dérouter les observateurs et, dans l'immédiat, ils le furent. Sur Mme de Maintenon, même ce fouineur de Primi Visconti, à l'affût de tous les ragots, donne encore sa langue au chat au début de 1680 : « Personne ne savait ce qu'il en fallait croire, car elle était âgée ; les uns la regardaient comme la confidente du roi ; les autres comme une entremetteuse ; d'autres comme une personne habile dont le roi se servait pour rédiger les Mémoires de son règne. Il est certain qu'aux habits, à l'ajustement et aux manières, on ne savait pas à qui l'on avait affaire. » Et si la suite de l'histoire avait tourné autrement, peut-être s'en serait-on tenu à l'idée d'un amitié pure et simple.

Mais après coup, la plupart des contemporains jugèrent qu'elle était depuis longtemps la maîtresse de Louis XIV.

Les historiens et biographes sont partagés. Très rares sont ceux qui pensent que le roi patienta jusqu'au jour du mariage. Mais les dates proposées pour le début de la liaison s'échelonnent de 1674 à l'été de 1683, une fois Marie-Thérèse morte et enterrée. Hélas, les arguments psychologiques — seuls utilisables à défaut de preuves — sont à double tranchant.

Supposons d'abord, comme certains, qu'elle ne soit qu'une ambitieuse intéressée. Plaident en faveur d'une liaison précoce les appétits du roi et son âge à elle : elle avait trois ans de plus que lui. Certes la coquetterie bien entendue lui conseillait de se faire désirer si elle voulait être autre chose dans sa vie qu'un épisode. Mais aurait-il été prudent de le faire trop languir au risque de le voir s'éloigner ? « Les rois qui désirent ne soupirent pas longtemps », disait malicieusement Bussy-Rabutin. Elle n'était plus jeune : ne craignait-elle pas de perdre bientôt ce qui lui restait de séduction ? Supposons même qu'elle ait eu des scrupules. On l'imagine mal promenant dix ans — ou même cinq ans — à travers les méandres de l'amitié amoureuse un homme expérimenté, dans la force de l'âge et au tempérament plus que vif.

En revanche un argument de poids incite à penser qu'elle ne lui a pas cédé : jamais il n'a autant couru de femme en femme que dans cette période. Lui-même, accoutumé à mener de front des amours parallèles, ne voyait assurément aucun inconvénient à l'adjoindre au sérail. Mais il nous est difficile d'admettre que son orgueil à elle se soit accommodé du partage. Il nous semble que déjà, comme plus tard, elle aurait su se réserver l'exclusivité de ses faveurs — si faveurs il y avait. N'est-ce pas là, cependant, une réaction d'hommes et de femmes d'aujourd'hui ? La personne du roi, au XVIIe siècle, échappait aux normes communes, on acceptait de lui ce qu'on n'eût pas toléré d'un autre. Songeons qu'à cette date l'ex-Mme Scarron, bien qu'elle soit à l'abri de la misère, n'est pas en état d'afficher prétentions et exigences. Elle prend ce qui lui est offert. Il se peut très bien qu'elle ait accepté de bon cœur la condition de confidente et d'égérie : une complicité d'esprit et de cœur renforcée par une complicité charnelle occasionnelle, où la tendresse avait sa part. Si le roi, fatigué de subir l'aigreur d'Athénaïs ou les caprices puérils d'Angélique, trouvait un peu de sérénité et de paix dans ses bras, elle pouvait penser qu'elle n'avait pas la plus mauvaise part. Quant à la discrétion, il n'avait rien à craindre, elle avait été à bonne école, rien ne transpirerait par sa faute : n'était-ce pas le meilleur moyen de durer ?

Restent les interdits religieux. On dit plus haut qu'il pouvait y avoir avec eux des accommodements, la faute trouvant une excuse dans la pureté des intentions. Si en cédant au roi, elle se sacrifie pour l'arracher au péché, la morale est en partie sauve. Mais elle a, si l'on ose dire, une obligation de résultats. On comprend mieux, dès lors, qu'elle s'affole au printemps de 1679 lorsque la faveur de Fontanges devient éclatante. Priez pour moi, j'en ai grand besoin, écrit-elle à l'abbé Gobelin, et priez pour le roi « qui est sur le bord d'un grand précipice ». Car si ses efforts pour écarter la Montespan n'ont servi qu'à frayer le chemin à une autre, elle aura risqué son salut éternel pour rien.

Tels sont, en gros, les éléments du débat. Il est tout à fait loisible de penser qu'il n'y eut entre eux, jusqu'au mariage, que de l'amitié. Si l'hypothèse d'une liaison ancienne — sans qu'on puisse en fixer au juste le début — nous semble cependant la plus probable, c'est parce qu'en 1680, et plus encore en 1683, on les voit se comporter comme un couple constitué de longue date, uni par une longue et constante communauté de pensée et de sentiment. Et, suivant de si près la mort de la reine, l'installation de Françoise aux côtés du roi, en qualité d'épouse secrète, loin d'inaugurer entre eux une relation nouvelle, ressemble fort à la consécration d'un état de fait.

Pour autant, s'en trouve-t-elle vraiment diminuée ? Ni parangon de vertu, ni monstre d'hypocrisie, elle navigua dans les eaux troubles de la cour, elle se poussa du mieux qu'elle put, avec pour excuse qu'elle partait de très bas, et luttait seule pour conquérir une place auprès du soleil : plus sympathique peut-être dans ces années d'angoisse et de doute que plus tard, lorsque, forte de sa position et cuirassée de certitudes, elle tentera de faire régner autour du roi l'ordre moral.

Mais avant de la retrouver dans ce nouveau rôle, il nous faut raconter les deux événements qui décideront de sa destinée : la disgrâce définitive de Mme de Montespan et la mort de la reine.

CHAPITRE ONZE

POISONS ET SORTILÈGES

Ni les objurgations de Bossuet, ni le charme feutré de Mme de Maintenon, ni la verdeur acide de la très jeune Fontanges ne parvenaient à arracher Louis XIV à l'emprise de Mme de Montespan. Il y fallut une grave affaire criminelle qui, partie des bas-fonds de la capitale, fit rejaillir jusqu'à elle d'inquiétantes éclaboussures.

« Travailler à la justice de son royaume »

La très fameuse *Affaire des Poisons* n'aurait sans doute pas connu un tel développement sans les réformes entreprises par le roi pour améliorer le fonctionnement de la justice et pour lutter contre la criminalité.

La paix retrouvée après le traité des Pyrénées ramenait au premier plan la question des indispensables réformes intérieures, sans cesse remises depuis trente ans pour cause de guerre. Dès qu'il eut pris en main le pouvoir, Louis XIV entreprit une vaste remise en ordre du royaume. Il s'attaqua entre autres au domaine judiciaire. Il y régnait une aimable diversité, source de disparités sans nombre. Disons pour simplifier qu'un même délit pouvait relever, selon qu'il avait été commis ici ou là, de tribunaux différents, voire même de seigneurs « hauts ou bas justiciers », habilités à détenir sur l'étendue de leurs fiefs tout ou partie des prérogatives d'un juge. La qualité du coupable entrait aussi en ligne de compte, les grands ne pouvant être traduits que devant le parlement de Paris, les clercs devant un tribunal ecclésiastique*. Si l'on ajoute que le

---

* Mais les cardinaux, eux, ne pouvaient être jugés que par le pape.

code variait selon les régions — droit coutumier au Nord, droit romain au Sud, à quoi il faut ajouter toutes les variantes locales —, on n'aura qu'une faible idée du maquis dans lequel se déployait l'activité des juges et de tous ceux qui gravitaient autour d'eux, avec une lenteur déjà proverbiale.

Uniformiser les procédures et les rationaliser, tel fut l'objet de grandes ordonnances préparées par Colbert et publiées en 1667 et 1670. Les pesanteurs étaient telles qu'il fallait aller à pas comptés. Faute de pouvoir supprimer les juridictions existantes — magistrats propriétaires de leurs charges et trop sensibles aux pressions de leur milieu, ou hobereaux de province se croyant tout permis —, on leur donne des avertissements : ainsi en 1665-1666 le roi, remettant en vigueur le très ancien usage des *Grands Jours*, envoya en Auvergne des commissaires* nommés par lui, pour rendre bonne justice aux faibles et faire la chasse aux abus de pouvoir. Ou bien on dépossède les cours ordinaires des causes délicates, que le roi évoque alors devant son Conseil ou qu'il confie à un tribunal créé tout exprès. Mesures centralisatrices certes, qui augmentent l'emprise de l'État sur la nation et renforcent le pouvoir royal. Mais elles s'accompagnent dans leur formulation comme dans leur mise en œuvre d'un souci d'équité : protéger les faibles contre les puissants, punir ceux-ci sans égard pour leur rang quand ils sont coupables, inspirer aux tyranneaux locaux, par des châtiments exemplaires, une crainte salutaire. « Toute justice émane du roi » est un dogme de la monarchie française. Cette justice se doit, en retour, d'être la même pour tous.

Juger les délinquants, c'est bien. Encore faut-il les avoir préalablement arrêtés. Il y avait beaucoup à faire un peu partout, et spécialement dans Paris. Pas question de s'y promener seul la nuit : « Le bois le plus funeste et le moins fréquenté / Est, au prix de Paris, un lieu de sûreté », écrit Boileau en 1660. Et

---

* Les *commissaires* sont aussi des magistrats, en l'occurrence des membres du parlement de Paris et, à ce titre, propriétaires de leurs charges comme leurs collègues. Mais lorsqu'ils sont investis de *commissions* particulières, ils relèvent directement du roi, qui les choisit parmi ses fidèles. Ils sont en matière judiciaire l'équivalent de ce que sont, en matière administrative, les intendants, envoyés dans les provinces pour contrôler l'action des gouverneurs.

quatre ans plus tard Guy Patin renchérit : « Jour et nuit, on vole et on tue ici et alentour de Paris. Nous sommes arrivés à la lie de tous les siècles. » Rien d'étonnant : la police telle que nous l'entendons aujourd'hui n'existe pas. On appelait alors *police*, au sens étymologique, l'ensemble de l'administration municipale. Elle était assurée, pour l'essentiel, par le prévôt des marchands*, par les magistrats du Parlement et par ceux du Châtelet qui, dotés d'attributions concurrentes, ne cessaient de se marcher sur les pieds. Disposant d'un nombre dérisoire d'exécutants pour le travail sur le terrain, les uns et les autres étaient mal armés pour la chasse aux délinquants. Les flagrants délits et les dénonciations constituaient leur unique provende. Pour mener l'enquête, pas de professionnels : elle incombait aux magistrats.

Louis XIV tenait à assurer à ses sujets la sécurité des biens et des personnes. Colbert lui expliqua que, pour y parvenir, il fallait dissocier les tâches. En 1666 le moment parut propice. Les deux titulaires des offices de judicature auprès du Châtelet, dont on allait amputer les prérogatives, venaient de mourir l'été précédent ; on pouvait espérer plus de souplesse chez leurs successeurs. Le lieutenant civil, Dreux d'Aubray, avait été emporté, à ce qu'on crut alors, par la maladie. Le lieutenant criminel** Tardieu avait péri assassiné par des voleurs avec sa femme. Les cambrioleurs maladroits furent pris et exécutés et nul ne pleura les victimes, réputées pour leur avarice. Mais ce pied de nez insolent aux autorités montrait à l'évidence que nul n'était à l'abri des malfaiteurs.

Il ne fallut pas moins d'un an pour mettre au point une réforme qui heurtait si profondément les habitudes. L'édit du 15 mars 1667 dissocie les fonctions de police et celles de justice. Louis XIV en profite pour concentrer en ses mains une part d'autorité supplémentaire. Le lieutenant civil sera cantonné

---

* Placé à la tête du Bureau de Ville, c'est le lointain prédécesseur d'un maire actuel. Ses attributions en matière de police viennent du vieil usage qui confiait le maintien de l'ordre à Paris à des milices municipales levées parmi les bourgeois.

** Ces deux personnages n'étaient pas des inspecteurs de police, comme leur nom pourrait nous inciter à le croire, mais des magistrats, chargés de juger l'un les affaires civiles, l'autre les affaires criminelles.

dans son rôle judiciaire, le lieutenant criminel disparaît. On crée en revanche un lieutenant de police. À la différence des autres, ce nouvel office n'est pas vénal, le titulaire n'en est pas propriétaire, il dépend directement du roi. On attend de lui plus de docilité, mais aussi moins de formalisme et plus de modernité.

Ses attributions consistent « à assurer l'ordre du public et des particuliers, à purger la ville de tout ce qui peut causer des désordres, à procurer l'abondance et à faire vivre chacun suivant sa condition et son devoir... » : vaste programme, qui entraîne des responsabilités considérables, allant du pavage et de l'éclairage des rues à l'enlèvement des ordures et à l'adduction d'eau, en passant par le contrôle des prix dans les marchés publics, la surveillance des mœurs et la répression de la presse subversive. À lui de mener les enquêtes sur tous les délits et crimes, à charge de livrer ensuite les suspects à la justice, qui statuera sur leur sort. Il prend tant d'importance qu'on le nomme bientôt *Lieutenant général de police*. Il est l'ancêtre de notre préfet de police de Paris, bras séculier du pouvoir. Il est même parfois davantage. Travaillant directement avec le roi, La Reynie, qui fut le premier titulaire, finit par remplir auprès de lui le rôle de notre ministre de l'Intérieur.

En même temps qu'il créait la police moderne, Louis XIV entreprenait d'uniformiser la procédure criminelle et de clarifier le code pénal*. Ce n'est pas le lieu d'entrer ici dans les détails de ces réformes. Disons seulement qu'il y eut un effort d'humanisation. Effort très relatif à nos yeux, puisque le président Lamoignon fut seul à plaider, en vain, pour l'abolition de la question judiciaire, au moins sous sa forme dite *préparatoire*, destinée à arracher des aveux à des suspects encore présumés innocents ; mais les juges répugnaient à y recourir. On tenta aussi d'introduire dans les jugements un peu plus de rationalité. Trop de femmes avaient été brûlées dans les campagnes depuis un siècle sur simple soupçon d'être allées au sabbat, d'avoir eu commerce avec le démon ou d'avoir jeté un sort à leur voisin : toutes choses évidemment invérifiables. Le délit de *sorcellerie* disparaîtra du code en 1682 : seuls seront sanction-

---

* Par les ordonnances de 1667 et 1670 pour la « réformation de la justice », connues dans l'histoire du droit sous le nom de code Louis.

nés les délits ou crimes avérés auxquels elle sert souvent de couverture — escroquerie d'une part et surtout sacrilège* et meurtre.

Qu'on nous pardonne ce long préambule. Il aide à comprendre les péripéties d'une affaire dans laquelle il semble que le réel ait pris plaisir à se jouer des bonnes intentions du législateur. L'ironie du sort voulut en effet que la première grosse enquête qu'eut à mener La Reynie vint mettre à mal les distinguos entre innocentes « diableries » et entreprises sacrilèges ou criminelles, et qu'au moment même où Louis XIV promettait à ses sujets ce que nous appellerions plus de transparence dans la justice et plus d'équité, il sera bientôt contraint, pour protéger les siens, d'étouffer un scandale qui l'atteint de plein fouet.

Pas tout de suite. Dans un premier temps, police et justice suivent le cours qu'il a souhaité.

Procès et mort de la marquise de Brinvilliers

Le nouveau lieutenant de police, Gabriel Nicolas de La Reynie, magistrat à Bordeaux pendant la Fronde, s'y était fait remarquer pour le soutien apporté au gouverneur contre les rebelles. Sa fidélité à la monarchie lui valut d'être agréé, à Paris, dans le corps des maîtres des requêtes de l'Hôtel du roi. Il s'y fait connaître pour son dévouement, sa probité, sa grande capacité de travail et son sens de l'organisation. « Modeste et désintéressé », dit Saint-Simon, scrupuleux aussi et soucieux d'équité, très attaché aux formes du droit, sincèrement croyant mais peu tourné vers le mystère, c'est un esprit sérieux, solide, rationnel, aimant à raisonner sur des faits, à juger sur des preuves. Il prend à cœur sa tâche toute neuve et s'y attelle avec énergie.

Il avait du pain sur la planche. Il lui fallait nettoyer Paris, dans tous les sens du terme. Dans le domaine de la voirie il accomplit des prodiges qui le rendirent célèbre. Dans celui de la criminalité, il para au plus pressé. Il redistribua les tâches

---

* Il faut entendre par là la profanation des choses saintes, notamment les hosties consacrées et les objets du culte.

entre ses subalternes. Il fit quelques incursions dans les repaires de mendiants, de tire-laine, de prostituées, d'escrocs et d'assassins, envoya quelques-uns d'entre eux à la Salpêtrière ou à Bicêtre. Il vida la plus célèbre des « cours des miracles », ces labyrinthes de venelles entrelacées où le guet n'osait se risquer. Sans grande illusion : elles se reformaient ailleurs. Enfin il mit sur pied un réseau d'informateurs — on disait des « mouches » — chargés de traîner leurs oreilles indiscrètes dans les foires et les cabarets. Il ne lui restait plus qu'à attendre.

Le hasard amena d'abord dans ses filets des faux-monnayeurs et des diseuses de bonne aventure. Rien d'étonnant : ils pullulaient. Sous couleur de recherches sur la transmutation des vils métaux en or — le fameux Grand Œuvre qui a tant fasciné la Renaissance —, quelques-uns s'essayaient à tricher sur les alliages. Beaucoup se contentaient de maquiller des pièces existantes. Ils étaient trop nombreux pour qu'on pût espérer en venir à bout. On donna cependant quelques coups de semonce : le matériel saisi permettait d'étayer la mise en accusation. Au contraire les prétendues voyantes qui exploitaient la crédulité du chaland étaient trop menu fretin et leurs délits trop peu palpables pour retenir l'attention de la police : s'il fallait poursuivre toutes les diseuses de bonne aventure de Paris, on n'était pas sorti de l'auberge.

Les faux-monnayeurs se révèlent une piste intéressante. Les plus experts d'entre eux sont « chimistes ». Avec des creusets, des fourneaux, des alambics et des cornues, on peut fabriquer toutes sortes de choses : remèdes ou poisons, c'est selon. Aucune législation ne régit le commerce des produits toxiques. Arsenic, vert-de-gris, antimoine, sublimé sont en vente libre chez les apothicaires, droguistes et épiciers — en principe contre les animaux nuisibles. On trouve au marché des crapauds vivants, dont diverses recettes permettent de tirer d'excellents poisons. Et à la campagne, certains paysans se spécialisent dans la cueillette ou la culture d'herbes et de plantes — ciguë, aloès, oignon de scille, joubarbe, pavot, champignons divers — qu'ils disent médicinales : mais tout dépend de la dose.

Il est donc facile de se procurer du poison. Mais son succès vient surtout de ce qu'il est indécelable chez les victimes. Ni l'examen des symptômes lors de l'agonie, ni l'autopsie ne permettent aux médecins d'alors de se prononcer. Pas de traces. La plupart du temps, pas même de soupçons. Et en cas de soupçons, pas de preuves : les empoisonneurs, s'ils persistent à nier, peuvent espérer s'en tirer. Les fabricants, eux, sont plus vulnérables. Ils sont trahis par leurs officines. Car on sait assez bien identifier le produit trouvé à l'état brut dans leurs cornues et leurs flacons et un « essai » sur animal peut toujours lever les doutes éventuels. C'est par dénonciation qu'on les découvre le plus souvent. Et par eux, on tente de remonter jusqu'à leurs clients.

Il y a urgence, car des rumeurs courent. Certes, il n'est pas nouveau qu'on parle de poison lors de morts inexpliquées, surtout quand il s'agit d'êtres jeunes, emportés très vite. Mais précisément, plusieurs décès de ce type ont jeté le trouble dans les esprits. Celui d'Henriette d'Angleterre, tout d'abord, en 1670 : on a vu plus haut les efforts déployés pour écarter l'hypothèse d'un empoisonnement. L'année suivante, la disparition brutale du ministre Hugues de Lionne fit jaser : n'avait-il pas été expédié par son épouse, notoirement dévergondée ? En 1673 celle du comte de Soissons, mari d'Olympe Mancini, donna aussi à penser. En 1675, une enquête où il est question de poison fait apparaître des allées et venues suspectes entre Paris, Lyon et Turin et, lorsque le duc de Savoie, Charles-Emmanuel II, meurt à quarante et un ans, d'une « fièvre double-tierce » accompagnée de nausées et de coliques, on a de sérieux soupçons ; mais la duchesse, régente et joyeuse veuve, préfère ne pas poursuivre*.

C'est dans ce climat qu'éclatent les révélations sur la marquise de Brinvilliers. Derrière l'apparence ingénue de cette frêle femme aux yeux clairs, encore charmante, issue du meilleur monde, se cache une des criminelles les plus froidement déterminées.

Elle était née Marie-Madeleine Dreux d'Aubray. Elle avait pour père le lieutenant civil mort, on s'en souvient, peu avant

---

* Il en transpira cependant quelque chose dans le public : c'est sans doute à la piste savoyarde que Mme de Sévigné fait allusion lorsqu'elle parle un peu plus tard, en pleine affaire des poisons, de ramifications à l'étranger.

les remaniements qui amenèrent La Reynie à la tête de la police. La charge du défunt était passée à son fils, qui mourut à son tour quatre ans plus tard. Enquête de routine ou dénonciation ? on ne sait trop ce qui conduisit les hommes de La Reynie jusqu'à un nommé Sainte-Croix, qui venait de mourir à son tour — pour avoir manié imprudemment un produit toxique, dit La Fare. C'était un des nombreux amants de la marquise. On trouva chez lui une cassette pleine de poisons étiquetés avec soin selon l'effet recherché et de documents compromettants pour sa maîtresse, dont une confession de sa propre main. Avec l'aide de son chimiste — initié par un Italien durant un séjour à la Bastille ! — elle avait empoisonné son père et ses deux frères et raté de peu son mari, sa sœur et sans doute sa fille. Elle essayait ses poisons sur ses invités à qui elle servait des « tourtes de pigeonneaux » de sa façon, ou même, comble de cynisme, sur des malades de l'Hôtel-Dieu qu'elle visitait sous prétexte de charité.

Démasquée elle s'enfuit aussitôt à l'étranger, fut condamnée à mort par contumace et exécutée « en effigie »*. On finit par l'arrêter à Liège et on la ramena à Paris pour y être jugée à nouveau, bien que l'issue du procès ne fît pas de doute. Devant le Parlement elle revendiqua fièrement tous ses crimes. Oui, elle avait agi contre les membres de sa famille par vengeance, parce qu'ils prétendaient brider sa liberté de mœurs, et pour hériter de leur fortune. Non, elle ne craignait pas la mort — elle avait même tenté, en prison, de se détruire —, mais elle refusait de s'abaisser, redoutant par-dessus tout l'humiliation. Sa qualité lui vaudra d'être décapitée** et non pendue ou brûlée, et on ne lui coupera pas le poing, comme on fait aux parricides. Mais elle n'échappera pas à l'amende honorable publique devant Notre-Dame, nu-pieds, la corde au cou, ni au tombereau infamant qui la conduira à la place de Grève.

Coup de théâtre : le prêtre qui s'affairait autour d'elle la « convertit », *in extremis*. Non qu'elle en espère l'indulgence, au

---

* C'est-à-dire. qu'on a fait subir à un mannequin la représentant le châtiment prévu pour elle.

** Mode d'exécution réservé à la noblesse.

contraire. Elle subit sans mot dire le supplice de l'eau*, destiné à lui arracher le nom d'éventuels complices : elle en a eu très peu, tous sont morts. Elle se plie avec humilité à tout ce qu'on exige d'elle. Face à la hache du bourreau elle fait preuve d'un courage et d'une piété également exemplaires. La foule assemblée sur la Grève s'attendrit, pleure et, lorsque le vent emporte les cendres de son corps, brûlé après décapitation, des voix murmurent que c'était une sainte.

Son procès et son exécution eurent un retentissement énorme. Ce n'est pas tous les jours qu'on voit monter une marquise à l'échafaud pour un crime de droit commun. Justice a été faite, pour elle comme pour n'importe quel sujet du roi. Mais la publicité donnée au procès, la fascination équivoque exercée par cette criminelle à la personnalité hors normes, tour à tour terrifiante et édifiante, aussi remarquable dans la contrition qu'elle l'avait été dans le crime, parurent fâcheuses aux autorités. Le Parlement avait vraiment trop traîné à la juger.

Heureusement, elle paraît assez exceptionnelle pour ne pas risquer de faire école. Ses interrogatoires avaient conduit à une impasse : elle affirmait avoir agi seule avec Sainte-Croix ; nul réseau de trafiquants n'était lié à eux, tout au plus des fournisseurs de matières premières. On pouvait espérer qu'elle ne serait qu'un cas isolé dans les annales criminelles. Cependant, lors de son ultime entretien secret** avec le procureur général avant de quitter la Conciergerie pour marcher à l'échafaud — donc postérieur à sa conversion —, elle a fait allusion à des affaires anciennes mettant en cause Fouquet, Colbert, Mazarin et le roi, ajoutant, sans donner de noms, « qu'il y avait beaucoup de personnes engagées dans ce misérable commerce de poisons, et des personnes de condition ».

Disait-elle vrai ? Avait-elle voulu par cette mise en garde soulager sa conscience sans s'abaisser à des dénonciations ? L'avenir allait permettre de le savoir bientôt.

---

* Rappelons qu'on infligeait la question *préalable* — torture par l'eau ou les brodequins — à des condamnés à mort sur le point d'être exécutés, pour obtenir d'eux le nom de leurs éventuels complices.

** Un entretien prévu par la loi et qu'on nommait « testament de mort ».

Des activités très lucratives

Dans les tout premiers jours de 1679, un indicateur signala les propos tenus après boire par une poissarde nommée Marie Bosse : « Elle avait un beau coup à faire et elle serait riche pour le restant de ses jours si elle pouvait venir à bout de trois affaires de conséquence. » La scène se passait chez un tailleur du quartier du Temple dont l'épouse, Marie Vigoureux, disait comme elle la bonne aventure et lisait dans les lignes de la main. Or toutes deux avaient été repérées chez les vendeurs de drogues et de plantes médicinales. La conclusion s'imposait. On envoya chez la Bosse une auxiliaire de police se plaindre d'un mari prétendument insupportable. Dès la seconde visite, la jeune femme se voyait proposer un remède miracle. Avec la fiole qu'elle rapporta, on tenait le flagrant délit.

Aussitôt incarcérées, les deux femmes nient farouchement, au mépris de toute vraisemblance. Mais les perquisitions opérées chez elles sont accablantes. Autour d'elles des langues se délient, les dénonciations affluent, elles-mêmes se sentant prises au piège, tentent de détourner l'orage en livrant les noms de consœurs concurrentes et semblent décidées à entraîner dans leur chute, si chute il y a, le plus de monde possible.

L'ampleur des réseaux criminels ainsi mis au jour était telle que le roi résolut, selon une pratique courante dans l'ancienne monarchie, de traduire les accusés devant un tribunal extraordinaire relevant directement de lui. Ce fut la Chambre de l'Arsenal, plus connue sous le nom de *Chambre ardente**. Le motif invoqué était que le Châtelet, déjà surchargé, ne pourrait faire face à ce surcroît de besogne. Le Parlement encore moins : la lenteur proverbiale de la procédure y ferait traîner les choses indéfiniment. Ce n'était pas faux. Mais le public, lui, pensa que l'affaire était grave et que l'on tenait, en haut lieu, à garder la

---

* La *Chambre de l'Arsenal* tire son nom officiel du lieu où elle tenait séance. — Contrairement à ce que laisse supposer leur nom, les *Chambres ardentes* n'avaient en principe rien à voir avec le supplice du feu réservé aux sorcières : elles étaient d'ordinaire chargées de poursuivre les financiers malversateurs. Mais il semble que l'amalgame s'imposa à l'imagination dès que flambèrent les premiers bûchers des empoisonneuses.

maîtrise de son déroulement. En quoi il n'avait pas tort. Cependant la composition du tribunal, formé de quinze ou seize magistrats tous issus du Parlement, hommes d'un sérieux éprouvé, montre que le roi n'en attendait pas de complaisance. Il souhaitait seulement, au départ du moins, éviter qu'on n'étale des détails sordides et qu'on ne diffuse dans le public les recettes de préparation des poisons : assurer aux débats quelque chose comme notre huis-clos. Mais il semblait décidé à laisser la justice suivre son cours.

« Comme une pierre qu'on soulève met au jour le grouillement insoupçonné qu'elle abritait, écrit Arlette Lebigre, qui a étudié les archives de la Bastille en juriste, l'enquête fait brutalement surgir de l'ombre une multitude de criminels, jusque-là protégés par l'anonymat de la grande ville. » Les contemporains, et à leur suite les historiens, eurent l'impression qu'un raz de marée nauséabond venait soudain submerger Paris. Y eut-il vraiment recrudescence du crime ? ou simplement progrès dans sa détection ? Il est difficile de le savoir. Cependant la clientèle des devineresses semble avoir beaucoup crû, pendant quelques années, sous l'effet d'une sorte de mode. La preuve ? Elles ont fourni à La Fontaine le titre d'une fable — publiée en 1668, avant l'affaire. Mais dans l'engouement qu'elles suscitent, il ne voit pas autre chose qu'une sotte crédulité :

> *Perdait-on un chiffon, avait-on un amant,*
> *Un mari vivant trop au gré de son épouse,*
> *Une mère fâcheuse, une femme jalouse,*
> *Chez la devineuse on courait,*
> *Pour se faire annoncer ce que l'on désirait.*

Or, en réalité, on ne leur demande pas seulement de prédire l'avenir. Dès l'instant qu'on le connaît, on n'a de cesse de l'infléchir.

Ce n'est pas là une nouveauté. Les hommes ont toujours rêvé de maîtriser leur destin — avec les moyens dont ils disposent. Ceux du XVIIe siècle, dans leur énorme majorité, croient en Dieu — ce qui implique qu'ils croient au diable. Ils voient dans la Providence la cause première de tout ce qui se passe ici-bas. Ils vivent dans un univers encore plein de phénomènes inexpliqués, qu'ils attribuent à l'action de forces surnaturelles concurrentes. Et pour faire face aux difficultés quotidiennes, ils implorent la protection des saints et des anges, seuls capables d'affronter les démons qui leur disputent âprement le terrain. Le monde d'en bas démarque, en négatif, celui d'en haut. Dans le besoin, on s'adresse aux saints, mais aussi aux démons : deux précautions valent mieux qu'une. Ne nous hâtons pas de sourire de nos ancêtres : la superstition s'est adaptée au monde moderne, elle n'en a pas disparu, loin de là, nous avons aussi nos voyantes extralucides, nos mages et nos gourous.

Ce qui semble particulier à l'époque qui nous occupe, c'est que des gens instruits, cultivés, appartenant à la meilleure société, fréquentent les devineresses. Qui sont-ils, et pourquoi vont-ils chez elles ou les convoquent-ils chez eux ? Ce sont souvent des esprits hardis, anticonformistes, non pas athées, certes, mais sensibles à la montée du rationalisme, et qui ne croient plus guère que fantômes, anges ou démons se promènent familièrement parmi nous. Bref, ils aimeraient en voir un, si possible, de leurs propres yeux. La curiosité, l'attrait du fruit défendu, le goût du défi les attirent chez ceux qui offrent de faire apparaître les « sibylles » ou de faire parler les êtres surnaturels.

« Je ne crois pas autrement* aux sorciers et aux diseurs de bonne aventure, dit l'abbé de Choisy : je n'ai jamais rien vu d'extraordinaire, quoique j'aie été plusieurs fois assez jeune** pour vouloir voir. » Il est vrai que la seule présence d'un sceptique comme lui suffisait à faire perdre leurs moyens aux prétendus sorciers : il dut un jour quitter la séance, pour ne pas priver les dames « d'un grand plaisir ». Ses amis lui affirmèrent le lendemain « qu'ils avaient vu le diable, ou quelque chose d'approchant ».

Une fois cependant, il fut impressionné. Il se trouvait chez la comtesse de Soissons, dont le mari était malade, en Champagne. Devait-elle se hâter de le rejoindre ou non ? « Un vieux gentilhomme de sa maison offrit de lui faire dire par un esprit si M. le comte mourrait de cette maladie. » Il introduisit une petite fille de cinq ans à qui il mit à la main un verre d'eau claire. L'eau se troubla. Que voyait-elle dans ce verre ? Un

---

* *Pas autrement* : pas beaucoup.

** *Jeune* : naïf et imprudent.

cheval blanc, s'écria-t-elle. Cela voulait dire que le comte mourrait ; un tigre, au contraire, aurait annoncé sa guérison. Il renouvela quatre fois l'expérience, avec des marques différentes, choisies cette fois par les assistants à l'insu de la fillette. « Ce fait est constant, ajoute l'abbé, et les trois personnes présentes — outre lui-même, la duchesse de Bouillon, les ducs de Vendôme et de Villeroy — le content à qui veut l'entendre. » Ils auraient peut-être mieux fait de ne pas le conter, car le duc mourut, et la duchesse fut soupçonnée.

Quoi qu'en pense le frivole abbé de Choisy, la fréquentation de ces charlatans est dangereuse. Clientèle riche poussée par la curiosité, clientèle pauvre mue par le désespoir se trouvent soumises chez les devineresses à très forte tentation. Qui sont-elles, ces femmes qui vendent de quoi apaiser désirs et chagrins ? Si l'on excepte quelques bourgeoises qui, par esprit de lucre ou par perversité, sont passées de l'autre côté du comptoir, ce sont des marginales intelligentes, formées à la dure école de la misère et qui en savent long sur les aspirations secrètes des uns et des autres. Physionomistes, psychologues, sachant lire sur les visages et deviner à demi-mot, elles devancent l'aveu pour suggérer la solution appropriée.

L'éventail de services qu'elles proposent est d'une grande diversité. Elles offrent des talismans pour gagner au jeu ou pour détourner balles de mousquets et boulets de canons. Elles relaient en cas de défaillance les saints dûment habilités par l'Église, comme saint Antoine de Padoue lorsqu'il se montre incapable de retrouver les objets perdus. Mais il y a des choses qu'on ne peut décemment pas demander à un saint, par exemple attirer ou ramener un amant, faire périr une rivale, ou bien hâter le décès d'un mari brutal ou d'un riche parent à héritage.

On se le dit de bouche à oreille : elles ont remède à tout. Et il y en a pour tous les goûts, pour les timides comme pour les audacieux, pour les imaginatifs comme pour les esprits terre à terre. Pour toutes les bourses aussi : on dose les offres en fonction des moyens du client. À ceux qui croient très fort au diable, on propose les conjurations magiques. On procède à des envoûtements. On perce d'aiguilles des figurines modelées à l'image de la victime désignée. On brûle des fagots préalablement saturés d'incantations. Comme rien ne vaut un homme d'Église pour faire appel aux légions sataniques, les devineresses s'adjoignent des prêtres dévoyés. On communique avec le diable au moyen de billets introduits dans une boulette bourrée de poudre à canon qu'on jette dans le feu : l'explosion est censée assurer la transmission du message au démon, qui répond quelques jours plus tard par un autre billet constellé de signes cabalistiques. Ces simagrées ne dépassent guère le niveau de l'escroquerie exercée aux dépens de gogos consentants. Plus graves sont les pactes avec le diable et les « Évangiles dits sur la tête », qui relèvent du sacrilège caractérisé. Quant aux messes noires, que La Reynie ne devait découvrir qu'un peu plus tard, elles tombent, on le verra, dans la criminalité la plus sinistre.

Si les conjurations et autres pratiques magiques ne procurent pas le résultat escompté, il y existe d'autres moyens : herbes, décoctions et potions. Pour conquérir un amant, des drogues mystérieuses, dites *poudres d'amour*, à mêler à ses aliments, sont soit des aphrodisiaques classiques, soit d'immondes mixtures à base de sécrétions physiologiques variées. Leur efficacité est sujette à caution. Il est plus facile, en revanche, d'expédier les gêneurs dans l'autre monde. L'arsenal des poisons, lents ou rapides, est bien au point : les *poudres de succession* offrent un taux de réussite élevé.

En outre une grosse clientèle réclame des produits anticonceptionnels ou abortifs. Aux devineresses sont acoquinées des sages femmes prêtes à débarrasser de leur faix les bourgeoises ayant fauté et les femmes du peuple écrasées de misère.

Dans toutes ces pratiques plus ou moins délictueuses, il n'est pas toujours aisé de faire le départ chez les « sorciers » entre la simple filouterie et le crime caractérisé, chez leurs clients entre l'intention criminelle et le passage à l'acte. L'offre existe, la demande aussi. Les victimes, happées par un engrenage, ne voient pas toujours où il les conduit. La Bosse l'a dit en connaissance de cause à ses juges : « Tous ces gens qui regardent dans la main » sont « la perte de toutes les femmes, tant de qualité qu'autres, parce qu'on connaît bientôt quelle est leur faiblesse, et c'est par là qu'on a accoutumé de les prendre. » À la base de tout, il y a « la débauche », complétera une autre.

*« Un scandale sans exemple
dans une cour chrétienne... »*

Au printemps de 1679 la cour condamna à mort et fit exécuter un premier lot d'empoisonneuses, dont la Bosse et la Vigoureux, mais de nouvelles arrestations vinrent les remplacer, notamment celles de Catherine Monvoisin, dite la Voisin et de son compère Adrien Cœuret, dit Lesage. Et avec eux, un nouveau pas est franchi : leurs clientes ne sont plus seulement des femmes du peuple et de petites bourgeoises, ou tout au plus les épouses de gens de robe. Ce sont des femmes « de qualité », fréquentant la cour.

Dans le flot de dénonciations issues de leur interrogatoire, la Chambre de l'Arsenal décide de ne retenir que celles qui impliquent mort d'homme ou sacrilège. Elle ordonne l'arrestation de la comtesse de Soissons, née Olympe Mancini, qui aurait demandé aux sorcières de faire périr La Vallière, de lui rendre l'amour du roi — « s'il ne revenait à elle, il s'en repentirait » —, et accessoirement de la débarrasser de son époux. Sous le coup d'un autre mandat d'arrêt, le maréchal de Luxembourg se voit reprocher un pacte avec le diable, dûment signé de sa main. Diverses dames, qui auraient également souhaité la mort de la favorite afin de prendre sa place, font partie du lot. D'autres sont simplement citées à comparaître : parmi elles, la comtesse de Bouillon, Marie-Anne Mancini — sœur cadette d'Olympe —, soupçonnée d'avoir sollicité la mort de son mari pour pouvoir épouser son neveu de Vendôme.

En dépit de la qualité des suspects, Louis XIV ne s'opposa pas à ce que leurs noms fussent divulgués, s'exposant ainsi à laisser éclater, comme l'écrit à sa fille Mme de Sévigné, « un scandale sans exemple dans une cour chrétienne ». Il n'empêcha pas le tribunal de les citer à comparaître. À un ou deux détails près cependant.

La duchesse de Soissons était la plus compromise, pour avoir proféré des menaces contre le souverain et parce que son mari était effectivement décédé. Dans la soirée du 23 janvier 1680, elle tenait salon et menait grand jeu en nombreuse compagnie, lorsque son beau-frère de Bouillon vint l'avertir « qu'il lui fallait sortir de France ou aller à la Bastille ». Le roi avait laissé filtrer l'information pour lui permettre de s'enfuir. Non sans scrupules de conscience : « J'ai bien voulu, dit-il à sa belle-mère, que Mme la comtesse se soit sauvée ; peut-être en rendrai-je un jour compte à Dieu et à mes peuples. »

Olympe quitta aussitôt les appartements où se pressaient ses hôtes, réunit en hâte vêtements et argent, sauta dans un carrosse en compagnie de son amie Mme d'Alluye, également suspectée. À trois heures du matin, les deux femmes filaient vers la frontière des Pays-Bas. Elle était innocente, clama-t-elle bien haut ; mais elle préférait « mettre son innocence au grand air », préparer sa défense en lieu sûr, plutôt que derrière les murs de la Bastille. Sa fuite est-elle un aveu de culpabilité ? Pas nécessairement. Le message du roi était clair et ne lui laissait pas le choix. Sous couleur d'avertissement charitable, c'était un ordre. Pis même : une sentence d'exil déguisée. Pas question de laisser un tribunal fouiller, même pour l'innocenter, dans la vie privée d'une femme qui le touche de près, dont on sait qu'il l'a aimée et qui semble n'avoir pas renoncé à lui. Elle a frayé avec les empoisonneuses : c'en est assez pour qu'il l'écarte. Quand une basse branche d'un arbre est atteinte ou simplement menacée d'un mal qui risque de remonter jusqu'à la tête, on n'examine pas si elle est sauvable, on la coupe. Olympe était assez intelligente pour comprendre que sa pénitence serait longue et qu'elle ne retrouverait jamais sa place à Paris. Elle renonça à rentrer en France. Ses trente dernières années furent partagées entre la Flandre, l'Angleterre et l'Espagne : elle rejoignait dans leur errance deux autres de ses sœurs, Marie et Hortense.

Contrairement aux prévisions de Mme de Sévigné, on ne lui fit pas son procès par contumace. Elle ne fut donc jamais ni condamnée, ni blanchie. Louis XIV avait tranché dans le vif et s'en tint là. Mais il eut le tort d'étendre la disgrâce à sa famille. Trois ans plus tard, il traita par le mépris François-Eugène de Savoie-Carignan, le cinquième fils d'Olympe, qui, abordant la carrière militaire, sollicitait le commandement d'une compagnie. Le jeune homme ulcéré s'en alla offrir ses services à l'empereur, qui s'en trouva bien : le « prince Eugène », remarquable chef de guerre et diplomate retors, se révélera bientôt un de ses meilleurs atouts dans le très long conflit qui l'opposera à la France.

Le maréchal de Luxembourg, lui aussi, touchait de près au roi puisqu'il détenait, outre un bâton de maréchal bien mérité, la charge de capitaine des gardes du corps. Un papier signé de sa propre main attestait qu'il avait vendu son âme au diable. Qu'espérait-il en échange ? On se livra à des suppositions : la gloire et le pouvoir, la mort de sa femme, très riche et très laide, l'élimination de l'oncle à héritage de celle qu'il épouserait ensuite, bref, tout ce qu'on put imaginer. Comme la comtesse de Soissons, il se vit conseiller la fuite. Mais il avait la conscience tranquille et, en homme de guerre qu'il était, il fit front. Sa fermeté impressionna le roi, qui souhaitait évidemment voir prendre les truands en flagrant délit de calomnie. « S'il était innocent, lui dit-il, il n'avait qu'à s'aller mettre en prison : il* avait donné de si bons juges pour examiner ces sortes d'affaires qu'il leur en laissait toute la conduite. »

Le maréchal se rendit lui-même à la Bastille, exigeant d'être jugé « comme un simple particulier ». Au grand scandale de Mme de Sévigné, on lui fit quitter la cellule de luxe où on l'avait d'abord accueilli pour un horrible cachot grillé d'épais barreaux, où on le laissa croupir trois mois et demi. L'enquête révéla que son intendant, consterné d'avoir égaré des documents importants, était allé chercher secours auprès de Lesage et avait rédigé le pacte diabolique sur un des blancs-seings** que lui avait confié son maître pour les besoins des affaires courantes. Il fut acquitté à l'unanimité à la mi-mai. Le roi lui imposa un purgatoire d'une année en province avant de lui rendre sa faveur : il se couvrira de gloire dans les guerres de la suite du règne et les nombreux drapeaux pris à l'ennemi lui vaudront le surnom de *Tapissier de Notre-Dame****.

Le roi prit le risque de laisser comparaître la duchesse de Bouillon. Cette benjamine des mazarinettes était moins proche de lui, il ne l'avait pas courtisée. L'accusation d'autre part

---

* *Il* : le roi.

** Un *blanc-seing* est un mandat en blanc au bas duquel on appose d'avance sa signature, laissant à une personne de confiance le soin de le remplir.

*** Lors des *Te Deum* célébrant les victoires, on suspendait aux voûtes de la cathédrale les étendards pris à l'ennemi.

manquait de consistance : le duc de Bouillon était bien vivant, et celui de Vendôme passait, si l'on en croit Saint-Simon, pour préférer les garçons. Tous deux accompagnaient la duchesse lorsqu'elle se présenta devant le tribunal. Le compte rendu de sa comparution varie selon qu'on interroge les *Lettres* de Mme de Sévigné et les archives de la Bastille. Selon la marquise, elle pénétra dans la salle d'audience « comme une petite reine », précisa qu'elle ne venait là que par respect pour les ordres du roi et qu'elle ne reconnaissait à la Chambre aucune compétence. « Connaissez-vous la Vigoureux ? — Non. — Connaissez-vous la Voisin ? — Oui. — Pourquoi vouliez-vous vous défaire de votre mari ? — Moi, m'en défaire ? Vous n'avez qu'à lui demander s'il en est persuadé ; il m'a donné la main jusqu'à cette porte. — Mais pourquoi alliez-vous si souvent chez cette Voisin ? — C'est que je voulais voir les sibylles qu'elle m'avait promises ; cette compagnie méritait bien qu'on fît tous les pas. » Elle ajouta quelques insolences avant de sortir sous les applaudissements de ses proches. La spirituelle épistolière a peut-être enjolivé la scène ; mais de son côté le procès-verbal officiel, qui la montre moins faraude, a sûrement édulcoré. On renonça à la confronter à Lesage et à la Voisin, mais elle dut expier son imprudente curiosité par un exil à Nérac.

Quant à Racine, un instant accusé d'avoir empoisonné sa maîtresse, l'actrice Du Parc, il ne fut pas autrement inquiété.

Les procès tournent court. La montagne a accouché d'une souris. On nous avait convoqués pour juger d'empoisonnements, murmurent certains magistrats de la cour, et on nous amuse avec des diableries. Certes la Voisin, convaincue d'avoir préparé des drogues mortelles, a été condamnée à mort, mais la question ne lui a été donnée qu'en simulacre, semble-t-il, tant on craignait qu'elle n'en dît trop. Elle monta sur le bûcher en jurant et blasphémant, sans rien révéler de plus. Il y aura-t-il des « suites », comme le croit d'abord Mme de Sévigné ? Décidément non : son exécution semble mettre un point final à l'enquête. La haute société, qui a eu grand peur, respire et pavoise : on a fait beaucoup de bruit pour pas grand-chose. « L'affaire est tout aplatie », écrit la marquise au mois de mars.

Hélas, si sa correspondance est désormais muette sur les « sorciers », ce n'est pas parce qu'il n'y a plus rien à en dire : au contraire. C'est parce que les découvertes récentes sont si graves que la décision a été prise de n'en rien laisser filtrer.

Les « faits particuliers »

Au cours des précédentes enquêtes avaient été prononcés les noms de diverses personnes appartenant à l'entourage de Mme de Montespan : sa belle-sœur, la comtesse de Vivonne, et surtout deux de ses femmes de chambre, la Des Œillets et une certaine Catau. Désormais la favorite est directement mise en cause. Les « faits particuliers », c'est l'euphémisme par lequel on désigne tous les procès-verbaux d'interrogatoire la concernant. Ordre a été donné de les consigner sur des feuilles volantes et non sur le registre usuel : après le procès, on pourrait les en extraire pour ne transmettre aux archives qu'un dossier expurgé.

La mort de la Voisin a en effet déclenché chez les autres prisonniers une véritable logorrhée.

Sa fille Marie-Marguerite, longtemps terrorisée par elle, se défoule soudain en racontant tout ce qu'elle a eu l'occasion de voir et d'entendre, de façon indirecte et fragmentaire puisqu'elle était tenue à l'écart des secrets les plus graves. De ce fatras émergent quelques éléments inquiétants. Sa mère aurait fourni régulièrement à Mme de Montespan des *poudres pour l'amour* à l'intention du roi, soit directement, en les portant à son château de Clagny, soit par l'intermédiaire de sa suivante, une « demoiselle à double queue »*, nommée Des Œillets. Elle-même se serait chargée par deux fois de la commission, aurait remis à la favorite en mains propres un petit paquet de poudre. Plus grave encore, celle-ci aurait eu recours aux services d'un certain abbé Guibourg pour des messes sacrilèges en l'honneur du démon, où le ventre nu de la patiente servait d'autel pour célébrer, avec les instruments mêmes du culte et les mots sacramentels, une

---

* Elle tenait à garder l'anonymat. Aussi les truands lui avaient-ils donné ce surnom parce qu'elle portait sa jupe retroussée au milieu par-devant et par-derrière. Elle se fâcha lorsque la Voisin laissa échapper son nom en présence de sa fille.

sorte d'office à rebours. Il en fallait trois pour obtenir un résultat. Marie-Marguerite avait assisté en personne à l'une d'entre elles. Mme de Montespan ne pouvant pas se rendre aisément chez la sorcière, celle-ci avait trouvé un accommodement avec les puissances de l'au-delà : on pouvait faire faire la cérémonie sur quelqu'un d'autre — comme qui dirait par procuration. L'essentiel sans doute était de payer grassement.

De son côté Lesage se répandait lui aussi en accusations diverses, plus terrifiantes encore, mais davantage sujettes à caution. Car ce vieux cheval de retour qui avait tâté des galères avait compris, devant le sort de sa complice, que le silence menait tout droit au bûcher et qu'au contraire, en relançant l'enquête par de nouvelles révélations de plus en plus sulfureuses, il prolongeait les recherches et bloquait le procès par la menace d'un scandale. Il parla d'un placet* « accommodé » par la Voisin et qu'elle s'apprêtait à remettre au roi lorsqu'elle fut arrêtée. Le poison imprégnant le papier devait infecter quiconque le touchait à mains nues. Des gants ou des étoffes empoisonnés étaient destinés en même temps à la jeune Fontanges. La fille Monvoisin confirma. En cas de succès, leur fortune était faite : il y avait à la clef cent mille écus et un refuge en Angleterre. C'est donc un attentat qui se préparait au début de 1679 lorsque le coup de filet de la police le prévint.

Est-ce là tout ? Non, il y a pis encore.

Arrêté, l'abbé Guibourg, ancien vicaire à Issy et à Vanves, se débattit longtemps avant d'avouer. Sur les messes noires, Marie-Marguerite n'avait pas osé tout dire. Elle finit par y venir. Ces messes s'accompagnaient de meurtres rituels d'enfants, dont on faisait couler le sang dans le calice pour y remplacer celui du Christ, avant de l'incorporer à d'immondes mixtures magiques. La pratique n'était pas exceptionnelle, elle avait même engendré un trafic de nouveau-nés ou de prématurés fruits d'avortements. La Des Œillets y aurait eu recours pour son compte personnel.

Guibourg ne put que reconnaître les faits. Il affirma lui aussi que Mme de Montespan s'était prêtée à ces abominations. Mais

---

* Une supplique. Le roi encourageait ses sujets, quel que fut leur rang social, à recourir directement à lui ; il recevait de bonne grâce les placets qu'on lui présentait.

aucun d'eux ne l'avait vue à coup sûr. La dame arrivait masquée et son visage demeurait recouvert d'un voile durant toute la cérémonie. La question de son identité restait donc en suspens.

Ils ne savaient pas non plus qui avait commandité le double attentat manqué. L'interrogatoire d'une nouvelle pourvoyeuse de poisons relança l'accusation. Soumise à la question après sa condamnation à mort, Françoise Filastre déclara que Mme de Montespan, déçue de l'inefficacité des sortilèges, l'avait chargée de lui procurer des poudres pour empoisonner la duchesse de Fontanges et retrouver l'amour du roi. Elle se rétracta le lendemain, sur les marches du bûcher, déclarant qu'elle avait menti pour le poison : la marquise n'avait usé que de poudres d'amour et de messes noires. Il y avait tout de même de quoi envoyer à l'échafaud n'importe qui.

Restait le projet de double attentat. Divers indices désignaient la Des Œillets, qu'on avait vue en compagnie d'un mystérieux milord anglais. Un mobile passionnel : colère contre le roi qui avait refusé de reconnaître la fille qu'elle avait eue de lui, jalousie contre Mme de Montespan, dont elle avait d'ailleurs quitté le service. L'hypothèse qu'elle ait voulu se venger de tous deux en faisant accuser l'une de la mort de l'autre fut émise par Lesage lors d'un interrogatoire. Ajoutons qu'elle avait ses arrières assurés : une grosse somme assortie d'un établissement en Angleterre avaient de quoi la séduire. On la confronta à ses accusateurs, qu'elle prétendait ne pas connaître. Identifiée par eux comme la « demoiselle à double queue », elle s'obstina à nier contre toute évidence. La Reynie la soupçonna, mais renonça à la poursuivre, faute de preuves. En tant qu'ancienne maîtresse du roi et détentrice des secrets de la Montespan, elle était intouchable. Elle s'en tira sans dommages et l'on ne sut jamais s'il y eut ou non complot politique animé de l'étranger.

La loi du silence

Comment refermer la boîte de Pandore d'où sont sortis tant de maux ? La femme de César, dit le proverbe, ne doit pas être soupçonnée. Sa maîtresse non plus, quand elle lui a donné des enfants. Devant ce déferlement d'atrocités, la réaction première fut de prévenir les fuites. À l'intérieur de la procédure secrète déjà mise en place, on instaura une autre procédure, encore plus secrète. Les interrogatoires compromettants ne furent communiqués qu'à une poignée de conseillers du roi, on les dissimula à l'ensemble du tribunal. De sorte que les juges avaient désormais à statuer sur des accusés dont ils ne détenaient pas le dossier. La situation ne pouvait pas durer. Le 30 septembre les séances de la Chambre de l'Arsenal furent suspendues *sine die*. Comme l'avaient escompté les plus retors des prévenus, les « faits particuliers » visant Mme de Montespan bloquaient le procès.

C'est pourquoi Colbert, que le mariage d'une de ses filles avec le neveu de la favorite rendait solidaire de son sort, entreprit avec l'aide d'un avocat spécialisé en droit criminel de démanteler le faisceau de présomptions accumulées contre elle, tout en trouvant une issue à l'impasse juridique. Il a beau jeu de dénoncer les flottements, les contradictions et les invraisemblances chez ses accusateurs, des criminels de bas étage ayant fait profession toute leur vie « d'illusion, de malice et de mensonge ». Quand ils ne s'accordent pas entre eux, pourquoi accorder foi à celui qui dit les pires horreurs ? Bref, à l'en croire, le dossier est quasiment vide. Sur quoi, en décembre, sur arrêt du Conseil, on acheva de le vider en l'expurgeant de toutes les pièces faisant allusion de près ou de loin aux « faits particuliers ».

Cette dernière décision intervint au terme de discussions laborieuses que tinrent avec le roi Colbert, Louvois, le chancelier Louis Boucherat et La Reynie sur les moyens de clore l'affaire. Trois d'entre eux étaient d'avis de la laisser tomber purement et simplement, en dissolvant la Chambre de l'Arsenal. La Reynie protesta : d'abord, aux yeux du public, qui en savait trop ou pas assez, l'abandon serait perçu pour ce qu'il était, une manœuvre dissimulant des secrets inavouables. Et puis, il avait sur les bras près de cent cinquante prisonniers, pour la plupart convaincus de crimes atroces, et qu'il se refusait à relâcher faute de jugement. Or comment les faire juger dans les formes si l'on refusait aux juges l'accès à la majeure partie de l'instruction ? Le roi se rallia finalement à la solution bâtarde qu'il proposait. Le 19 mai 1681 on rouvrit la Chambre de l'Arsenal. On lui communiqua les documents expurgés et on l'invita à juger les comparses dont le dossier ne comportait aucun élément indiscret. Elle y travailla seize mois, avant de se séparer définitivement. Quant aux autres accusés, le roi usa à leur égard de son pouvoir discrétionnaire en les expédiant par lettre de cachet dans diverses forteresses de province. Ils y passèrent tout le reste de leur vie — trente-sept ans pour la doyenne ! —, au secret, dans des conditions de détention telles qu'on put parler d'une « peine plus terrible que la mort ».

Qu'en était-il vraiment de Mme de Montespan ? La vérité officielle la mettait hors de cause. Mais l'honnête et scrupuleux La Reynie avait des doutes : « J'ai fait ce que j'ai pu lorsque j'ai examiné les preuves et les présomptions pour m'assurer et pour demeurer convaincu que ces faits sont véritables et je n'ai pu en venir à bout. J'ai recherché, au contraire, tout ce qui pouvait me persuader qu'ils étaient faux et il m'a été également impossible. » Et les manipulations de dossiers pour occulter des secrets gênants le choquaient. Dépositaire des comptes rendus escamotés, il conserva fidèlement jusqu'à sa mort, en 1709, la lourde cassette qui les renfermait. Le contenu en fut alors brûlé par Louis XIV. Mais il avait gardé par-devers lui les papiers personnels où il avait noté de sa main, au jour le jour, le résumé des interrogatoires. C'est grâce à eux qu'ont échappé à l'oubli quelques-uns des aspects les plus sinistres de cette affaire.

Les historiens qui ont rouvert le procès de Mme de Montespan ont été partagés : ils ont voulu la voir toute noire ou toute blanche. On est à peu près d'accord aujourd'hui pour penser qu'elle ne fut ni l'un ni l'autre. Dates, circonstances, invraisemblance psychologique, tout concourt à écarter l'idée qu'elle ait voulu attenter à la vie de Louis XIV, dont la mort aurait signifié pour elle une retraite immédiate : elle tient bien trop à sa place pour scier la branche sur laquelle elle est assise. Un crime passionnel, dira-t-on peut-être ? mais il y a beau temps qu'elle n'a plus d'amour pour le roi, si tant est qu'elle en ait jamais eu. Fut-elle tentée d'empoisonner Fontanges ? déjà il se lassait de cette beauté sans esprit, abîmée de surcroît par sa maternité. Le jeu n'en valait pas la chandelle.

Fut-elle la victime de machinations tendant à lui faire porter la responsabilité de crimes médités par d'autres ? C'est l'hypothèse de J.-C. Petitfils, qui incrimine la Des Œillets. Hypothèse séduisante, à laquelle il ne manque que quelques faits pour l'étayer. Victime, d'autre part, de la malveillance de Louvois, qui gonfla l'affaire pour affaiblir, en la discréditant, son adversaire de toujours, Colbert ? C'est la thèse de J. Lemoine, également adoptée par F. Bluche. Que Louvois ait jeté de l'huile sur le feu, c'est possible ; mais il n'a pu monter de toutes pièces un tel ensemble d'indices convergents. Il y a une part de vérité dans les accusations lancées contre la favorite. On tient pour certain qu'elle a fréquenté assidûment les diseuses de bonne aventure et autres marchandes de charmes et potions magiques. Dès 1668, à une date où le roi hésitait encore entre La Vallière et elle, un procès-verbal exhumé par La Reynie indique qu'elle se faisait dire « des Évangiles sur la tête » par un prêtre en rupture de ban. Pour conserver son amour, ou pour le reconquérir, chaque fois qu'elle se sent menacée, elle cherche le secours des poudres magiques, elle ne recule sans doute pas devant les billets de vœux à glisser sous le calice pendant l'offertoire, les cœurs de pigeons à réunir en prononçant des formules rituelles abracadabrantes. Les « messes à l'envers » nous paraissent indignes de la femme fière, élégante et fine qu'elle était. Il est permis d'espérer, si elle est allée jusque-là, que ces messes s'en tenaient à des simagrées sacrilèges sans se souiller du sang d'enfants égorgés. Et peut-être, après tout, envoyait-elle une suivante se prêter à la cérémonie à sa place. Qui le saura ?

Quant à ceux qui argueront de son intelligence pour refuser d'admettre qu'elle ait eu foi dans des sortilèges aussi grossiers, on leur répondra que la vérité est plus nuancée. Eh oui, la belle, la brillante, la spirituelle, la moqueuse marquise de Montespan croyait au diable. Mais à moitié seulement. Assez pour solliciter son appui au service de ses ambitions terrestres, pas assez cependant pour redouter, en le fréquentant, de mettre en danger son salut éternel. Dans l'entre-deux qui sépare la soumission aveugle aux injonctions de l'Église et la libre pensée affirmée, elle a *tenté le diable*. Elle apprend à ses dépens que c'est un jeu dangereux.

La fin d'une époque

Rien n'a filtré des sentiments respectifs de Louis XIV et de Mme de Montespan durant cette sinistre année 1680. Mais on peut tenter d'imaginer ce qu'ils furent.

Fut-elle informée — par Colbert par exemple — que l'interrogatoire des accusés la mettait en cause ? On ne sait. Mais elle dut se rendre compte assez vite que l'affaire prenait pour elle un tour dangereux. Et selon qu'elle avait à se reprocher des fautes graves ou vénielles, on peut penser que ses craintes furent plus ou moins vives. En tout état de cause, même innocente, elle ne pouvait en sortir qu'affaiblie. Lorsque Bourdaloue, prêchant *Sur l'Impureté* devant la cour le troisième dimanche du carême, se mit à « frapper comme un sourd », stigmatisant l'esprit de débauche et l'adultère, associés au sacrilège et au poison, bien des regards ont dû se tourner vers elle : visiblement la rumeur courait. Au fil des mois son humeur devient exécrable, elle passe de la colère aux larmes, elle est « enragée », note Mme de Sévigné, qui y voit l'effet de la jalousie que lui inspirent ses deux rivales. Peut-être aussi qu'elle avait peur.

Y eut-il entre le roi et elle « une explication orageuse » ? C'est probable. Mais la lettre de Mme de Maintenon sur laquelle on se fonde d'ordinaire pour dire qu'après avoir pleuré elle le prit de haut, est apocryphe. Il n'avait pas coutume d'inviter des témoins à ce genre d'entretien. Nous devons donc nous résigner à ignorer comment elle réagit. Mais elle n'était guère en mesure de faire la fière.

Il n'est pas très difficile en revanche de se représenter l'état d'esprit de Louis XIV.

« Ne vous paraît-il pas, de loin, écrit Mme de Sévigné à sa fille, que nous ne respirons tous ici que du poison, que nous sommes dans les sortilèges et les avortements ? [...] Ceux qui nous liront dans cent ans plaindront ceux qui auront été témoins de ces accusations. » Or la marquise ne sait presque rien. Nous en savons beaucoup plus qu'elle, mais beaucoup moins que le roi. Il a exigé que tous les documents lui soient transmis. Il reçoit jour après jour, à doses répétées, à travers des comptes rendus d'interrogatoires bruts, non décantés, un flot montant de révélations dont l'ignominie va croissant. Bien sûr, la réflexion intervient ensuite, un tri se fait. Mais la sensibilité a été blessée par le choc premier, brutal. Aux souvenirs d'amour se mêle désormais, en surimpression, l'image de messes sacrilèges : qu'elles soient vraies ou fausses n'y change rien. En songeant aux poudres et potions immondes mêlées à ses aliments et à ses boissons, comment ne serait-il pas pris de nausées rétrospectives ? De terreur, aussi, à l'idée que, même sans intention criminelle, un dosage maladroit risquait de l'envoyer *ad patres* : n'avait-il pas souffert, quelques années plus tôt, de malaises inexpliqués ? Pis encore : et si l'invraisemblable était vrai ? si elle avait voulu le faire périr, pour se venger d'être délaissée ? Et comme, en coupant court à l'enquête, il a renoncé à connaître la vérité, le doute subsiste, irrémédiable.

Entre Athénaïs et lui la rupture est donc consommée. Mais la raison d'État exige que rien n'en paraisse, à cause de leurs enfants communs. Impossible de l'éloigner sans faire d'elle implicitement une coupable. Elle restera donc à la cour, dans ses appartements habituels — au moins pour un premier temps — et elle recevra ponctuellement la visite du roi chaque jour comme si de rien n'était. Son éviction totale, par étapes, prendra dix ans. S'il l'avait crue gravement coupable — projet d'attentat contre lui, messes noires avec meurtres rituels —, on peut penser qu'il aurait trouvé le moyen de l'écarter plus vite. Mais elle en avait fait assez pour qu'entre eux la confiance fût morte. Une déception, donc, et une impression d'échec.

Or cette impression dépasse de beaucoup la personne de Mme de Montespan. La descente aux enfers entraînée par l'affaire a eu, si l'on peut se permettre ce terme, un effet d'électrochoc.

D'abord en ce qui concerne les femmes. Elles sont, il le sait bien, son point faible. Certes il n'a pas la naïveté de croire que leur conquête est pour lui un exploit : presque toutes ne demandent qu'à se jeter dans ses bras. Mais il s'aperçoit soudain qu'il est de leur part l'objet de convoitises féroces. Olympe de Soissons et Athénaïs de Montespan ne sont pas des cas isolés. Combien sont-elles, parmi celles qu'il a courtisées et parmi les autres, à avoir demandé aux devineresses la mort de La Vallière et offert de vendre leur âme au diable pour le *posséder*, lui, dans toutes les acceptions de ce terme ? Peu importe que les moyens employés soient dérisoires et les formules d'envoûtement grotesques, l'intention est là : elles rêvent de s'emparer de lui, à n'importe quel prix. Comme si la perspective d'être l'élue du souverain anesthésiait en elles tout sens moral, libérant la volonté de puissance dans sa nudité brutale. Pour un homme passionné de chasse et qui, comme tous ses contemporains, lui assimile métaphoriquement l'amour, il est très dur de découvrir que sur ce terrain, le gibier, la proie, c'était lui. Et qu'il y avait au fond de tout cela très peu d'amour.

Comment s'étonner qu'il fasse un retour sur lui-même et que sa relation avec les femmes s'en trouve transformée ? Considérons les dates. On lit dans divers récits de l'affaire des poisons qu'elle coïncide chez Louis XIV avec une crise de « frénésie érotique » : il chercherait dans les « joies de la chair » consolation et oubli. C'est le contraire qui est vrai. La ronde des nouvelles venues commence beaucoup plus tôt, en 1675 et n'implique de sa part aucune frénésie. Séparé par l'Église de Mme de Montespan, dont il commençait d'ailleurs à se lasser, il est pris d'un désir de changement, d'un appétit de fraîcheur bien naturels. Tout au plus pourrait-on parler de démon de midi à propos de la très jeune Fontanges — rien qui sorte de l'ordinaire. Lorsque se déclenche l'enquête sur les poisons, en 1679, cette liaison bat son plein. Il se trouve que la criante sottise, puis la maladie de la jeune femme l'ont déjà distendue l'année suivante, quand les révélations sordides atteignent leur paroxysme. C'est dans une demi-disgrâce qu'elle se retire à Port-Royal pour mourir, au moment même où l'affaire est enterrée.

Dorénavant c'en est fini des scandales, il n'aura pas d'autre maîtresse, ouvertement du moins. Vu de l'extérieur, ce brusque changement surprend : il est jeune encore, et vigoureux. Mais il a été doublement atteint par l'affaire, comme homme et comme roi. D'abord, la lecture des pièces du procès a jeté sur lui une douche froide : les conquêtes faciles ont perdu leur attrait. Il a d'autre part des responsabilités de roi. N'y a-t-il pas eu un peu de sa faute dans la folie des candidates à l'emploi de favorite, dont son inconstance encourageait les espoirs ? Plus fâcheux encore, l'exemple ainsi donné. C'est la « débauche », dit la Voisin, qui attirait chez elle des clientes de toute condition. Elles ne faisaient somme toute qu'imiter les grandes dames de la cour. Et l'on a vu que, l'entraînement et la mode aidant, cela pouvait les mener très loin. Le bruit fait autour de l'affaire, l'ampleur des rumeurs disent clairement qu'un coup d'arrêt est nécessaire. L'indulgence n'est plus de mise pour la gaillardise royale quand elle s'assortit d'envoûtements, de sortilèges et de poisons. Il est temps que le roi se reprenne. La volonté n'a jamais manqué à Louis XIV quand son prestige et son autorité sont en jeu. La décision soudaine de renoncer à courir les maîtresses est une décision politique. Il a choisi une nouvelle ligne, il s'y tiendra.

Les aspects juridiques de l'affaire n'ont pu que le pousser dans ce sens. Car sur ce plan-là aussi, il a dû la ressentir comme un échec. Rappelons-nous. La Chambre de l'Arsenal devait montrer que la justice du roi était plus équitable que celle des tribunaux ordinaires. Aussi longtemps qu'il l'a pu — jusqu'à l'exécution de la Voisin —, Louis XIV a fait dire et répéter à ses magistrats qu'ils devaient poursuivre leur mission, « sans s'en laisser détourner par quelque considération que ce puisse être ». Catastrophe ! Quelques mois plus tard l'implication de sa maîtresse imposait un virage à cent quatre-vingts degrés. Il se déjugeait, donnant raison *a posteriori* — et contre son intention expresse — à la morale désabusée de La Fontaine sur les jugements de cour.

L'opinion n'en eut que vaguement conscience, mais les magistrats, eux, le comprirent parfaitement. Il essaya de sauver les apparences en laissant la Chambre de l'Arsenal mener à son terme un procès tronqué, puis il tenta de prévenir le mal, à l'avenir, en frappant de bannissement devineresses et magiciens et en réglementant le commerce des produits toxiques. Mais il en aurait fallu davantage pour effacer son amertume. L'étouffement de l'affaire était un aveu d'impuissance : quelque chose dont il avait horreur. Pour lui qui se targuait d'avoir élevé entre ses amours et le gouvernement du royaume une cloison étanche, la leçon était rude.

Une raison de plus pour tenter de mettre sa vie en accord avec ses principes, afin d'offrir à « ses peuples » l'image d'un souverain irréprochable. Il faudra encore trois ans, et tout un concours de circonstances, pour que s'achève la métamorphose du souverain ingénument polygame en *paterfamilias* rangé.

CHAPITRE DOUZE

L'ADIEU À MARIE-THÉRÈSE

Mme de Montespan est compromise, Angélique de Fontanges se meurt. Leur disparition profite, comme on pouvait s'y attendre, à Mme de Maintenon, dont la faveur atteint des sommets. Mais elle profite aussi, par ricochet, à la pauvre reine, que la nouvelle favorite s'est juré de rapprocher du roi. Marie-Thérèse bénéficie, dans son infortune conjugale, d'une rémission — illusoire — de trois années. Nul ne sait comment aurait évolué cette situation si la mort ne s'était chargée de la dénouer. L'image posthume de la reine s'élabore aussitôt, par les soins de Bossuet, qui prononce son *Oraison funèbre*, et du Père de Soria, qui écrit l'histoire de sa vie : on oubliera ses travers pour ne plus se souvenir que de l'épouse pieuse et bonne, qui fait honneur au règne de Louis le Grand. Raison de plus pour qu'on s'interroge, avec le recul du temps, sur ce que furent sa personnalité, son rôle aux côtés de Louis XIV et son destin.

« Madame de Maintenant »

À la fin de décembre 1679, une nouvelle surprenante agite la cour. Le dauphin s'apprête à convoler et, dans la maison de la future dauphine, Mme de Maintenon sera seconde dame d'atour : élévation inouïe compte tenu de ses origines*. Elle

---

* La charge la plus prestigieuse est celle de dame d'honneur, réservée à une femme de très haut rang — ici la duchesse de Richelieu, qui quitte la maison de la reine pour passer dans celle de sa bru. Immédiatement au-dessous figure la dame d'atour, également très titrée : ce sera la maréchale de Rochefort.

n'était jusqu'alors que gouvernante des enfants de Mme de Montespan, logée dans les appartements de la favorite, une position subalterne devenue intenable à mesure que croissait son influence. Le roi la soustrait à cette servitude et lui donne à la cour une place officielle. Ses fonctions auprès des enfants prennent fin. Solution préférable à tous égards, car ils étaient depuis longtemps une pomme de discorde entre elle et leur mère. Elle abandonne à celle-ci les plus jeunes. Mais elle conserve la haute main sur l'éducation du duc du Maine, son « mignon », le fils de son cœur, qui va sur ses dix ans. Elle lui fait donner pour gouverneur un de ses amis de toujours, le marquis de Montchevreuil. Elle fait ainsi d'une pierre deux coups. En veillant sur l'enfant, elle s'attache le père. Face au garçonnet fragile qui a failli ne jamais marcher, une même sollicitude les lie, un peu comme s'il était leur enfant à tous deux.

Au cours de l'été de 1680 il est clair que le roi n'a d'yeux que pour elle. Ou plutôt il vaudrait mieux dire d'oreilles. Car sa faveur prend une forme singulière : ses entretiens avec elle lui procurent un plaisir si vif qu'ils en deviennent un besoin. D'avril à juillet Mme de Sévigné ressasse : « Sa Majesté va passer très souvent deux heures de l'après-dîner dans sa chambre à causer avec une amitié et un air libre et naturel qui rend cette place la plus souhaitée du monde. » — « Leurs conversations sont d'une longueur à faire rêver tout le monde. » — « Les conversations de Sa Majesté avec Mme de Maintenon ne font que croître et embellir, elles durent depuis six heures jusques à dix » : ils sont chacun « assis dans une grande chaise » ; quand un intrus survient, ils le découragent par leur silence et se hâtent de reprendre ensuite le fil de leur discours. Si elle garde le lit pour cause de migraine, il passe des heures à son chevet. De quoi peuvent-ils bien parler ? « Elle lui fait connaître un pays nouveau qui lui était inconnu, qui est le commerce de l'amitié et de la conversation, sans contrainte et sans chicane ; il en paraît charmé. »

Le mot clef est ici *amitié*. Le roi est seul. Il n'a pas d'amis. Il a des hommes de confiance, des familiers, des serviteurs, des gens qu'il honore de son amitié, mais sans réciprocité possible, tant est grande la distance entre eux et lui. Il a un confesseur, un quasi directeur de conscience en la personne de Bossuet : mais il est devant eux en position de pénitent. Les femmes admises dans son intimité, épouse ou maîtresses, sont soit trop sottes, soit trop provocantes, pour qu'il trouve auprès d'elles paix et plaisir de l'esprit à la fois. Mme de Maintenon est intelligente, spirituelle, mais calme, apaisante. Il trouve en elle une amie à qui il peut parler librement, qui sait écouter et se taire. Elle tombe à point nommé, au moment où l'affaire des poisons le trouble. Elle est l'anti-Montespan : une femme qui s'est dévouée aux enfants de la favorite et a subi patiemment ses caprices, qui n'a pas frayé avec les devineresses, qui ne s'est pas jetée à la tête du roi, qui répugne à sortir de l'ombre et n'exige rien, ne tente pas d'avoir prise sur lui, ne lui cherche nulle querelle. Elle se contente d'être là et de lui offrir dans la tourmente un havre de sérénité.

N'imaginons pas cependant que leurs entretiens se limitent à des sujets austères. Lui fait-elle de la morale ? Ce n'est pas sûr. Il n'est pas certain non plus qu'il lui confie tout ce qui l'inquiète, au contraire : il répugne à divulguer les secrets d'État. Mais ils s'entendent à demi-mot. Elle n'a pas besoin de lui dire ce qu'il a compris tout seul : que le moment est venu de donner de lui-même une autre image. De « se convertir » vraiment ? Sans doute pas. Mais de changer au moins les apparences. À cet effet, on ne saurait rêver mieux que cette « amie » d'un genre nouveau, cette veuve respectable d'un âge assorti au sien. Avec elle il ne se comporte pas comme avec ses maîtresses antérieures. Il multiplie les égards et les marques d'estime, de déférence. Et il ne cherche pas à la cacher, son premier valet de chambre « la mène et la ramène à la face de l'univers », comme s'il voulait offrir à la cour le spectacle d'une liaison d'un genre inédit, fondée sur une entente intellectuelle et morale et non sur l'attirance de la chair — une liaison avouable et honorable.

Faut-il en conclure que cette amitié resta chaste ? Quelques biographes s'obstinent à le croire, sur la foi de ses écrits ultérieurs. Mais à l'automne de 1680, aucun des contemporains n'aurait misé un liard sur la vertu de la nouvelle favorite. « Je ne sais auquel des courtisans la langue a fourché le premier, écrit Mme de Sévigné en septembre ; ils appellent tout bas Mme de Maintenon *Mme de Maintenant.* » Et tous se confondent en courbettes devant l'étoile montante. Ne soyons pas dupes des fausses confidences qu'elle prodiguera plus tard aux demoiselles de Saint-Cyr. À quarante-cinq ans, ce n'était pas une bigote rechignée. Elle était vive, gaie, souriante, charmante — et très consciente de son pouvoir de séduction. Pour convertir à la monogamie cet homme accoutumé depuis vingt ans à des mœurs de satrape oriental, il fallait bien qu'elle eût de puissants attraits et qu'elle consentît à payer de sa personne. Elle-même, en dépit de ses efforts pour récrire sa vie, a glissé plus tard à Mlle d'Aumale quelque chose qui ressemble à un aveu : « J'étais de bonne humeur, je ne songeais qu'à l'amuser, qu'à le retirer des femmes, ce que je n'aurais pu faire s'il ne m'avait trouvée complaisante et toujours égale. Il aurait été chercher son plaisir ailleurs, s'il ne l'avait trouvé avec moi. »

La stricte monogamie, ce sera pour plus tard. Dans l'immédiat, la nouvelle élue se borne à faire le ménage dans le sérail, contribuant à la mise à l'écart des figures trop voyantes — Montespan, Fontanges — au bénéfice apparent de la reine. Œuvre pie, qui vaut à l'épouse délaissée trois années de bonheur inespéré.

« *On me mande que la reine est fort bien à la cour...* »

C'est en ces termes pleins d'humour[*] que Mme de Sévigné annonce la pluie de « petites douceurs » qui s'abat soudain sur Marie-Thérèse dans l'été de 1680. Enfin, le roi revient vers elle. Il lui a fait tant de promesses à réalisation différée : il se rangera à trente ans, disait-il en 1664 — il en a vingt-six ; onze ans plus tard, rentrant de l'armée après sa séparation d'avec Athénaïs, il répétait à sa femme et à son fils : « Soyez persuadés que je n'ai pas changé les résolutions que j'avais en partant. Fiez-vous à ma parole et instruisez les curieux de mes sentiments. » Autant en avaient emporté les orages du désir. Voici enfin que l'âge et l'influence d'une sage conseillère semblaient être venus à bout de ses démons. Marie-Thérèse en pleura de joie. « Le roi, conte

---

[*] Est-il besoin de souligner que l'expression « être bien ou mal à la cour » ne vaut que pour les courtisans sujets au caprice de la faveur royale, mais ne devrait pas être utilisée pour la reine qui, par essence, y occupe une place de premier plan non sujette à fluctuations.

Mlle d'Aumale, avait alors pour son épouse des attentions, des égards, des manières auxquelles elle n'était plus accoutumée et qui la rendaient plus heureuse qu'elle n'avait jamais été. Elle en fut touchée jusqu'aux larmes, et elle disait avec une espèce de transport : " Dieu a suscité Mme de Maintenon pour me rendre le cœur du roi." » Bien entendu, l'entourage ricane : la malheureuse ne voit rien, elle est, comme toujours, en retard d'une maîtresse. Et quand on tente de la mettre en garde, elle proteste de toutes ses forces : « Jamais il ne m'a traitée avec autant de tendresse que depuis qu'il l'écoute. » Dans un élan de gratitude, elle lui fait don de son portrait, « distinction infinie », qui gonfle de joie la destinataire : « Mme de Montespan n'a jamais rien eu de semblable. »

Marie-Thérèse est-elle dupe ou non ? À moitié seulement, sans doute. Avec le temps elle s'est fait une raison. Elle a renoncé à creuser les tenants et aboutissants des choses et à faire des pronostics à long terme. Seul compte le présent, et le présent, c'est désormais pain béni. Le roi lui rend visite, il se met pour elle en frais de conversation, il se comporte à nouveau « en bon mari », comme on disait naguère. Comme il n'a jamais cessé, même au temps de ses pires écarts de conduite, d'aller dormir chaque nuit aux côtés de son épouse, ce retour de flamme conjugale aurait pu rester enfoui derrière les rideaux fermés de leur lit. Mais tout semble fait pour que nul n'en ignore. « Le roi s'adonne à donner des frères au dauphin, note Bussy-Rabutin. La reine ne s'était pas trouvée il y a longtemps à cette fête. » Madame Palatine lui fait écho : « La reine crut avoir à la Maintenon les plus grandes obligations du monde d'être la cause que le roi revenait coucher avec elle. » Publicité habilement orchestrée, pour la plus grande gloire du héros vainqueur de ses passions comme il l'est de l'Europe entière et pour celle de son égérie, qui a si miraculeusement rétabli « l'union de la famille royale ». Tant et si bien que les fameux *médianoches*, si longtemps associés aux amours parallèles, tournent à la fête de famille : Mme de Montespan en est exclue, et on y invite la reine. Quel dommage, se lamente la bonne âme artisan de cette régénération, que celle-ci ait un confesseur espagnol qui lui en fait scrupule ! Ah ! « si elle avait un directeur comme vous, écrit-elle à l'abbé Gobelin, il n'y a point de bien qu'on ne dût espérer de l'union de la famille royale ». Visiblement il y a

confesseurs et confesseurs. Cette « union » si désirable, qui revient dans la bouche de Mme de Maintenon comme un leitmotiv, vaut bien que chacun prenne, pour la bonne cause, quelques libertés discrètes avec les stricts préceptes de l'Église. À bon entendeur...
 Bref le retour du roi vers son épouse, même s'il comporte une part de sincérité, prend à travers la mise en scène insistante qui l'accompagne des airs d'opération politique. Le roi Très-Chrétien revient à des mœurs plus conformes aux leçons l'Évangile. Au moment où il engage avec le pape, à propos de la régale*, un bras de fer qui lui fait encourir l'excommunication, il s'assure l'appui quasi unanime d'un clergé tenu jusque-là de réprouver ses débordements. Et tant mieux pour Marie-Thérèse si, au jeu de l'amour et de la politique, elle se trouve pour la première fois, en toute innocence, du côté des gagnants. Fait-elle meilleure figure que naguère, lorsque Louis désespérait d'en tirer autre chose que des enfants ? Le moment est venu de faire le point.

La meilleure des mères ?

N'en déplaise à Bussy-Rabutin, il ne naîtra au dauphin aucun petit frère supplémentaire. Marie-Thérèse a passé l'âge et a d'ailleurs droit au repos, puisqu'elle a mis au monde six enfants. Une fois l'habitude prise et les appréhensions initiales oubliées, chaque nouvelle grossesse l'a réjouie : elle mourrait satisfaite, proclama-t-elle lorsque s'annonça la dernière d'entre elles, si elle pouvait encore donner un prince à la France. Elle s'est acquittée de la principale obligation d'une reine, elle a rempli son contrat.
 Ce n'est pas sa faute, après tout, si ses enfants ne vivent pas. Sur les six, il n'en reste plus qu'un après vingt ans de mariage, l'aîné, Louis, né le 1er novembre 1661. Ses deux premières sœurs, Anne-Élisabeth et Marie-Anne, nées en 1662 et 1664, n'ont vécu que cinq à six semaines. La suivante, Marie-Thérèse, née au début de 1667, vivra cinq ans ; c'est la charmante

---

* Sur cette question, cf. chapitre suivant, p. 296-297.

« petite Madame » qu'on aperçoit aux pieds de sa mère sur le tableau de Nocret. Philippe, duc d'Anjou, né en août 1668, n'atteindra pas ses trois ans. Quant au dernier, Louis-François, né en juin 1672, il ne terminera pas l'année. Une terrible mortalité, très supérieure à la moyenne — un enfant sur deux —, et que nous sommes tentés d'imputer à la consanguinité.

À l'époque, on l'attribue à la volonté de Dieu, à laquelle on ne peut que se soumettre. Mais trois morts en l'espace de seize mois, cela prend une allure d'hécatombe. Les édifiants récits à la louange de Marie-Thérèse célèbrent sa « foi victorieuse » face à l'épreuve. Car l'Église invite à se réjouir de la mort des innocents, qui vont droit au ciel. N'est-ce pas faire bon marché du chagrin des femmes ? Passe encore qu'on voie partir sans trop de regrets des nourrissons au maillot, confiés à des nourrices dès leur naissance, et à qui on n'a pas eu le loisir de s'attacher. Mais devant la mort d'enfants de trois ou de cinq ans, peut-on se satisfaire de consolations théologiques ? Lorsque disparaît la petite Madame, que certains croyaient promise au trône d'Espagne, la reine aurait tenu, si l'on en croit son confesseur et biographe, le Père de Soria, des propos exemplaires : « Quoique mon affliction soit aussi grande que le puisse être celle d'une mère chrétienne sur la mort de son enfant qui promettait beaucoup, j'aime mieux qu'elle soit morte dans son enfance pour jouir plus tôt du bonheur éternel, que d'avoir vécu plus longtemps dans l'incertitude de son salut pour être reine d'Espagne ! » A-t-elle vraiment répété ces paroles que lui soufflait son confesseur ? Ou a-t-elle murmuré simplement, comme lorsque meurt le petit duc d'Anjou : « Me voilà résignée, mais laissez-moi, laissez-moi par grâce, que je pleure tout mon soûl » ? À coup sûr, nous l'aimerions mieux moins dévote et plus humaine. Mais comment savoir ?

Fut-elle la mère attentionnée que nous décrit son biographe ? On a peine à trouver, dans les écrits du temps, des anecdotes qui nous en instruisent. Voici le marquis de Saint-Maurice, qui la suit chez le dauphin, très jeune encore. L'enfant est en train de souper. Elle prend la place de la nourrice, lui fait terminer elle-même son repas. On demande au petit s'il connaît le visiteur. « C'est lui qui m'a donné un tambour », s'exclame-t-il. Et la mère de se récrier, disant « qu'il est trop beau ! ». Et voici une scène charmante, contée par un voyageur italien, Locatelli. Le roi passe en revue des troupes, dans la cour du château de Saint-Germain. Le dauphin se promène avec sa mère. Sur son passage, un soldat incline sa hallebarde, sans se découvrir. Fureur de l'enfant. Il tire sa petite épée pour punir l'insolent qui n'a pas ôté son chapeau. Le soldat, explique la reine, n'a fait qu'appliquer le règlement. Mécontent, l'enfant cherche refuge auprès de son père. La reine les rejoint, tenant à la main une tige de laitue confite : « Si vous la voulez, mignon, j'exige d'abord que vous pardonniez au soldat l'injure qu'il ne vous a pas faite. » Comme l'enfant regimbait encore, le roi gronda, sévère, puis conclut : « Pardonnez-vous au soldat ? — Oui, Monsieur. — Et pourquoi ? — Parce que papa et maman le veulent. — Et aussi parce que c'est votre devoir. » Le dauphin se jeta à son cou pour un baiser, il reçut la friandise convoitée, et le couple royal termina la promenade en menant le bambin chacun par une main.

Pauvre dauphin ! Il ne bénéficie pas longtemps de cette éducation simple et tendre. À sept ans, on le retire des mains des femmes, selon l'usage, pour le placer sous la férule d'un gouverneur, le rigide M. de Montausier, avec pour consigne de venir à bout de son « opiniâtreté », de le dompter. Trois ans plus tard, lorsqu'il est question de l'instruire, on lui donne comme précepteur Bossuet, flanqué d'une escouade d'enseignants spécialisés. Les parents souhaitent un rejeton parfait. Pour la mère, cette perfection se résume au respect des préceptes de l'Église : « Ne souffrez rien dans la conduite de mon fils, écrit-elle au prélat, qui puisse blesser la sainteté de la religion qu'il professe et la majesté du trône auquel il est destiné. » Et ce disant, elle pense aux mœurs, bien entendu. Le père rêve lui aussi d'un fils chaste et pieux, d'autant plus vivement que lui-même a davantage à se reprocher en la matière. Et comme il a souffert, d'autre part, de n'avoir pas reçu de formation intellectuelle très poussée, il fait inscrire au programme du dauphin, outre le latin, la philosophie et l'histoire, dont se charge le précepteur, des leçons de mathématiques, de physique, de mécanique, d'astronomie, d'hydraulique et de fortifications. Le malheureux ne lut sans doute pas les divers traités — *Du libre arbitre, De la connaissance de Dieu et de soi-même, Histoire de France, Discours sur l'Histoire universelle, Politique tirée de l'Écriture sainte...* — rédigés à son intention par l'évêque de Meaux, mais il dut subir de lui des années durant trois leçons tous les jours que Dieu fait, dimanches compris. Le maître poussait l'assiduité auprès de son élève jusqu'à se trouver chaque soir à son coucher, « pour l'endormir par quelque récit agréable ». Ne croyez pas cependant que le dauphin fût alors abandonné à lui-même : à l'âge de dix-huit ans, il était encore traité en petit garçon par son gouverneur, qui occupait dans la même chambre un lit tout proche du sien.

À cette date, Bossuet découragé a déjà baissé les bras devant le manque d'application de son élève. Aussi longtemps qu'il l'a pu, il s'est rallié à l'opinion lénifiante de Montausier : « Quand Monseigneur veut, il entend, il comprend, il retient avec une merveilleuse facilité. Mais il ne le veut pas toujours ; et c'est ce qui nous afflige. » Il apparaît très vite que Monseigneur ne veut jamais. À ce gavage intellectuel, à cette asphyxie morale il répond non par la révolte — on ne la tolère pas —, mais par la dérobade. Écrasé par son père après l'avoir été par ses éducateurs, il cherchera toute sa vie un espace où exister par lui-même, dans les forêts où il s'exténue à chasser le loup, dans son château de Meudon où il réunit sa petite cour personnelle, dans les bras de Mlle Choin — sa Maintenon à lui —, dans les salles de théâtre et de concert parisiennes, chez les marchands d'antiquités en quête d'objets d'art. Il trouvera aussi un dérivatif dans la gourmandise, pour le plus grand dommage de sa santé et de sa réputation : la postérité, obnubilée par Saint-Simon, ne verra en lui, à tort, qu'un obèse abruti noyé dans sa graisse.

Marie-Thérèse semble s'être peu occupée de l'éducation de son fils au-delà de la toute petite enfance. Docilité encore : cela n'est plus du ressort des femmes. Dommage : elle aurait pu tempérer d'un peu d'amour la rigueur des précepteurs. À titre de comparaison, on évoquera ici une longue lettre que Mme de Maintenon adresse à Montchevreuil au sujet du duc du Maine, en 1680. Une page de conseils, tout d'abord, sur son alimentation et son hygiène de vie : pas de mépris du corps, au contraire, il n'y a d'esprit sain que dans un corps sain. Pour ce qui est de l'éducation proprement dite, il faut se faire aimer de lui et pas seulement craindre, l'instruire par l'exemple au gré des circonstances, éviter « les longs prônes » trop généraux, « le piquer d'honneur », lui laisser quelques initiatives, lui parler en adulte « comme s'il avait vingt ans ». Bref le former, au lieu de l'infantiliser. Mais pour Marie-Thérèse, qui fait de l'obéissance l'alpha et l'oméga de toute vertu, il suffit qu'on ait brisé l'humeur coléreuse du dauphin et qu'on lui ait inculqué fermement Piété, Bonté et Justice. Elle se contente de partager le reste de son temps entre la vie de cour et les oraisons.

« *Elle ne se repose jamais...* »

Lorsqu'on parcourt les témoignages en quête d'informations sur son compte, on est frappé par une contradiction. Presque tous soulignent son isolement, sa solitude, nous la montrent se morfondant parmi ses femmes pendant que le roi se divertit en compagnie de Mme de Montespan. Mais d'autre part les mêmes textes mentionnent souvent sa présence, non seulement lors des cérémonies ou des voyages, mais dans les menues activités de la vie quotidienne, repas, promenade, concert, bal ou jeu. Seule Mme de Sévigné semble se rendre compte qu'elle mène une vie exténuante : « Elle ne se repose jamais. »

La contradiction s'explique très simplement. Elle est là, mais on ne la voit pas, parce que le roi ne la regarde pas, et que tous les regards suivent celui du maître. Omniprésente et quasi invisible, transparente, elle reste l'étrangère qu'elle était en débarquant d'Espagne. Vingt ans et six enfants plus tard, elle ne comprend toujours pas la moitié de ce qui se dit dans cette cour qui est la sienne. Une anecdote permettra de mesurer l'ampleur du malentendu. C'est la duchesse d'Orléans, Madame Palatine, qui raconte :

« La reine, qui venait de parler un jour une demi-heure avec le prince Egon von Fürstenberg, m'appelle de côté et me dit : "Avez-vous entendu Monsieur de Strasbourg* ? Je ne l'ai point compris." Un moment après l'évêque me dit : "Votre Altesse Royale a-t-elle entendu ce que m'a dit la reine ? Je n'ai pas compris un seul mot." Je dis : "Pourquoi avez-vous alors répondu ?" Il dit : "J'ai pensé que ce serait peu courtois de

---

* Le prince était évêque de Strasbourg. — *Entendre* : comprendre.

laisser voir que je n'ai pas compris la reine." J'eus à tel point le fou rire que je dus me sauver », conclut la narratrice. Ce genre de dialogue de sourds était le pain quotidien de la pauvre Marie-Thérèse, sauf quand elle parvenait à trouver une interlocutrice avec qui évoquer ses grossesses ou celles des autres.

L'âge venu, elle a réussi à s'accommoder tant bien que mal des infidélités de son époux. Elle pleure encore, mais n'ose plus lui faire de reproches. Il lui inspire, si l'on en croit Mme de Caylus, une vive terreur : « J'ai ouï dire à Mme de Maintenon qu'un jour le roi ayant envoyé chercher la reine, la reine, pour ne pas paraître seule en sa présence, voulut qu'elle la suivît ; mais elle ne fit que la conduire jusqu'à la porte de la chambre, où elle prit la liberté de la pousser pour la faire entrer, et remarqua un si grand tremblement dans toute sa personne, que ses mains mêmes tremblaient de timidité. » À elle aussi, comme à Mme de Montespan, il a dû dire sans ménagements qu'il ne voulait pas « être gêné ».

On comprend donc que les attentions qu'il lui prodigue soudain fassent à ses yeux figure de miracle. Elle qui déteste l'imprévu, l'inconfort, la promiscuité, les carrosses embourbés, les logements de fortune, les revues de troupes et les inspections de places fortes, supporte allégrement le voyage de l'été 1680 : car « mille petites douceurs » inespérées viennent récompenser sa bonne volonté. Et lorsqu'il lui rend des visites plus longues qu'à l'ordinaire, lorsqu'il s'astreint à converser avec elle, elle a l'impression d'exister un peu.

Hélas, ce retour sous le feu des lumières lui est aussi une épreuve, car il souligne ses faiblesses. Quand tout d'un coup, à l'instigation de Mme de Maintenon, le roi tente de lui rendre à la cour la place qui devrait être la sienne, sa médiocrité éclate au grand jour. À côté de lui, qui a « très bon air », elle manque d'allure, dit Sophie de Hanovre qui la découvre en 1679. Elle est petite, boulotte, son dos a « trop d'embonpoint » et son cou est trop court, « ce qui la rend engoncée ». Elle est mieux de près que de loin : le teint est resté blanc, la bouche vermeille. Mais les dents, gâtées, sont toutes noires. Au bal elle danse si mal, que son époux en est visiblement honteux. Incapable d'entretenir une conversation, elle ne comprend rien, n'entend finesse à rien, elle se contente de répéter désespérément : « Le roi m'aime tant, je lui suis si obligée. » Elle ne trouve plaisir

« qu'à manger et à s'ajuster ». Et à faire admirer un par un à la visiteuse les bijoux de la couronne qui constellent sa robe lors du mariage de sa nièce avec le roi d'Espagne : « Il faut regarder là, disait-elle en montrant les pierreries, et non pas là, ajoutait-elle en montrant son visage. »

Dans la vie de cour, elle n'est pas et ne sera jamais à l'unisson. Elle conserve donc, face à un entourage sur lequel elle a peu de prise, une susceptibilité à fleur de peau. Elle continue de penser qu'on la néglige, qu'on n'en fait pas pour elle autant que pour les autres. Lors du mariage de son fils, elle s'irrite que celui-ci aille avec le roi jusqu'à Vitry-le-François, à la rencontre de sa fiancée, tandis qu'elle doit attendre à Châlons. Devant le cadeau traditionnel offert à sa bru — un coffre rempli de bijoux —, elle se livre à des comparaisons : « Le mien n'était pas si beau, quoique je fusse plus grande dame : on ne se souciait pas tant de moi que l'on fait d'elle. » Elle se trompe sans doute. Mais c'est la preuve qu'elle ne parvient pas à dominer le douloureux sentiment d'infériorité qu'elle traîne depuis vingt ans.

Parmi les divertissements de cour, elle n'en apprécie qu'un seul, le jeu. Elle n'est pas la seule. Tous les courtisans s'y adonnent avec frénésie. Et Louis XIV, qui personnellement ne l'aime pas, juge habile de leur offrir une distraction que condamne l'Église, mais qui a le mérite d'occuper les esprits et les cœurs. La reine joue beaucoup, mise gros et perd gros. Parce qu'elle joue mal ou tout simplement parce qu'elle n'a pas de chance. Mais il en faudrait davantage pour décourager une passion capable de lui faire oublier ses dévotions. « La reine perdit l'autre jour la messe et vingt mille écus avant midi. Le roi lui dit : "Madame, supputons un peu combien c'est par an." Et M. de Montausier lui dit le lendemain : "Eh bien, Madame, perdrez-vous encore aujourd'hui la messe pour le hoca"*. Elle se mit en colère. » L'anecdote, contée par Mme de Sévigné, date

---

* Un jeu apparenté à notre loto, en plus simple. On mise sur les nombres de un à trente ; le tirage se fait au moyen de petites boules dans lesquelles sont inscrits les trente nombres. Le *hoca* fut ensuite interdit par Louis XIV, en raison des sommes énormes mises en jeu et sous la pression de l'Église, qui réprouvait les jeux de hasard pur, et tolérait ceux qui faisaient intervenir l'intelligence.

de novembre 1675. Mais le penchant de Marie-Thérèse pour le jeu perdure, résistant aux remontrances de son époux et de son confesseur. De quoi alimenter ses *mea culpa* hebdomadaires. Ce n'est là que péché véniel, dans une cour où il s'en commet assurément de beaucoup plus graves. Elle n'a à avouer que des péchés de petite fille.

Un départ sur la pointe des pieds

Elle ne jouit que trois ans du regain de faveur que lui valut l'intervention de Mme de Maintenon. Trois courtes années au cours desquelles elle eut la joie de voir naître son petit-fils, le duc de Bourgogne, qui assurait la pérennité de sa lignée. Elle n'eut pas le loisir de marquer de sa présence le grand Versailles, dont le roi a décidé au mois de mai 1682 de faire sa résidence permanente.

Elle n'habita que quatorze mois la suite somptueuse édifiée à son intention. Dans l'aile gauche de la cour de marbre un escalier, dit de la reine, mène au premier étage où ses appartements, symétriques de ceux du roi, occupent l'angle sud-ouest du bâtiment. Ils s'ouvrent sur une salle des gardes à la décoration martiale : aux murs, des reines guerrières ou de fortes femmes issues de l'histoire ancienne, au plafond, peint par Claude Vignon, le dieu Mars assis sur un char tiré par des loups. Suit l'antichambre, placée sous le signe de Mercure, avec aux voussures d'autres femmes illustres : Sapho et sa lyre, Pénélope et sa tapisserie, Aspasie et les philosophes, Cérisène et la peinture. La décoration de la grande chambre offre une image en raccourci de l'univers, avec l'Europe, les Heures et les quatre parties du monde regroupées autour du Soleil. Sur les voussures, encore des reines — d'inégale notoriété —, Cléopâtre, Didon, Rhodope et Nitocris. Le lit y trône sur une estrade de marqueterie isolée par une balustrade d'argent. Au-delà le grand cabinet d'angle conduit vers l'oratoire et la petite chambre, donnant à l'ouest. De chez elle on peut se rendre chez le roi soit par une galerie intérieure longeant la cour de marbre, soit par la grande galerie fermée qui a remplacé la terrasse primitive et qui tirera son nom des glaces qui la décorent.

Il y a longtemps déjà que la cour fait à Versailles des séjours plus ou moins prolongés. Marie-Thérèse connaît les lieux, sous réserve des changements incessants qui bouleversent le château en perpétuel chantier. « Que c'est beau ! que c'est beau ! » s'est-elle écriée en découvrant sa future demeure. Que pensa-t-elle des figures féminines prestigieuses sous le patronage desquelles on avait voulu la placer ? En pensa-t-elle même quelque chose, et savait-elle qui elles étaient, ces combattantes ou ces bâtisseuses exhumées du fond des vieux livres ? On ne lui avait visiblement pas demandé son avis. Quelle différence avec les appartements naguère aménagés pour elle-même par Anne d'Autriche, où les plafonds et les murs disaient sans relâche sa piété, ses vertus et son amour pour son fils ! C'est un décor pour femme conçu par un homme, dans le mépris total de celle qui est destinée à l'habiter.

C'est dans ces lieux que Marie-Thérèse dut soudain s'aliter, fiévreuse, le lundi 26 juillet 1683. Rentrée une semaine plus tôt d'une tournée exténuante en Bourgogne et en Alsace, elle semblait cependant en excellente forme bien qu'elle eût encore grossi. Dans la nuit du mardi au mercredi, le premier médecin Fagon commença de s'inquiéter : elle avait « une tumeur sous le bras gauche », sans doute un « rhumatisme » — un mot passe-partout que le XVIIe siècle emploie à tout venant. En dépit de la saignée et de la pose d'un emplâtre humide, la fièvre continue de monter, l'abcès prend une vilaine couleur violacée et suppure. La malade souffre. Héroïque, bien sûr, elle offre ses souffrances à Dieu. Le vendredi, c'est l'affolement. À son chevet le roi pleure : non qu'il craigne pour sa vie, lui dit-il afin de la rassurer, mais parce qu'on ne peut sans douleur voir souffrir quelqu'un qu'on aime. Cependant les médicastres se querellent. Fagon, appuyé par son collègue d'Aquin, préconise une nouvelle saignée, contre l'avis du chirurgien Gervais qui proteste : « Y songez-vous bien ? Ce sera la mort de ma maîtresse ! » À deux contre un la Faculté l'emporte et Gervais obtempère, désespéré : « Vous voulez donc que ce soit moi qui tue la reine ? » Affaiblie par la perte de sang, elle doit subir de surcroît les violents vomissements provoqués par un « vin émétique ». La fin est imminente. Le roi descend en toute hâte à la chapelle, interrompt les prières et entraîne à sa suite l'officiant, porteur du saint viatique. Elle a tout juste le temps de communier, « avec sa dévotion ordinaire », puis elle murmure :

« Depuis que je suis reine, je n'ai eu qu'un seul jour heureux », avant de sombrer dans l'inconscience. Selon l'usage, on éloigne le roi. Dans un bref retour de lucidité elle reconnaît une dame de sa suite. Mais quelques instants plus tard, à trois heures de l'après-midi, les prêtres porteurs de l'extrême-onction la trouvent morte.

À quarante-trois ans seulement, Marie-Thérèse est emportée en quatre jours par un abcès qui tourne en septicémie. En un sens, c'est bien l'ignorance des médecins qui la tue. Non pas, comme le croit Madame Palatine, par leur saignée intempestive, « comme s'ils lui avaient passé l'épée à travers le corps », mais plus simplement parce qu'ils ignorent tout des mécanismes de l'infection et de l'asepsie : on ne saurait raisonnablement le leur reprocher. Quant à prétendre, comme elle le fit plus tard, que Fagon l'a tuée délibérément afin de faire place nette pour la Maintenon, c'est de l'affabulation pure et simple.

La petite reine s'en va sur la pointe des pieds, sans crier gare, aussi discrètement qu'elle a vécu. Pas d'agonie interminable, comme pour Anne d'Autriche, pas de propos édifiants, pas d'adieux émouvants. Tout va si vite. La cour a tout juste le temps d'apprendre qu'elle se meurt : déjà elle est partie. Et nul ne saura jamais quel fut son unique jour de bonheur.

Une épouse idéale ?

« Le roi fut plus attendri qu'affligé, note malicieusement Mme de Caylus, mais comme l'attendrissement produit d'abord les mêmes effets, la cour fut en peine de sa douleur. » Il offrit à Marie-Thérèse le tribut de larmes qui convenait. Il prononça quelques mots d'éloge qu'on croirait faits pour la postérité : « C'est le premier chagrin* qu'elle m'ait causé. » « Le ciel me l'avait donnée comme il me la fallait, jamais elle ne m'a dit non. » Rien de plus. C'est peu. Il est déjà consolé lorsque deux mois plus tard Bossuet prononce à Saint-Denis son oraison funèbre devant la cour rassemblée autour du dauphin. Tâche

---

* Attention : à l'époque *chagrin* signifie *déplaisir*, *contrariété*. La cause peut en être une affliction, mais aussi un ennui, une colère.

difficile. Comme le murmure La Fontaine en coulisse, la « matière est infertile et petite ». Et l'hyperbole dans la louange est de rigueur. L'orateur se bat visiblement les flancs, la splendeur de la forme dissimule mal la pauvreté du fond. Il n'y a rien à dire sur elle : par elle-même elle n'a rien fait de notable. Mais elle a soutenu de sa présence et de ses vœux les entreprises de son époux, ce qui permet de dériver vers les hauts faits du roi. Sa piété suffirait à peine à nourrir le reste du discours, si sa mort n'offrait à la péroraison le thème accoutumé de la vanité des grandeurs terrestres.

Fut-elle vraiment celle dont Louis XIV dit dans ses *Mémoires* « que le ciel n'a jamais assemblé dans une seule femme plus de vertu, plus de beauté, plus de naissance, plus de tendresse pour ses enfants, plus d'amour et de respect pour son mari » — en somme, l'épouse idéale ? Sûrement pas. Mais Louis XIV, qui fait écrire l'histoire à sa manière en gommant les ombres de son règne, n'est pas disposé à reconnaître les insuffisances de Marie-Thérèse. L'épouse du Soleil ne peut être que parfaite. En juger autrement serait un crime de lèse-majesté.

Mais dès qu'on gratte un peu, le mince vernis qui recouvre les portraits officiels s'écaille. On relève, en parcourant les témoignages, mille menus faits révélateurs, un mot par-ci un geste par-là. Et la vérité apparaît. Elle l'a déçu comme femme et comme reine. Des contrariétés, il en a eu son lot, sur le plan privé : elle l'a poursuivi longtemps de ses crises de jalousie, de ses reproches, de ses larmes, avant qu'il ne réussisse à la mettre au pas. Mais le plus impardonnable est qu'elle se rendait publiquement ridicule. Il avait beau en rire parfois avec les autres, il ne pouvait pas ne pas lui en vouloir. Il ne s'est jamais accoutumé à sa gaucherie et à sa sottise. Gravé dans la tête et dans le cœur, il avait un archétype de reine belle, intelligente et sage, ornement et arbitre de la vie de cour : sa mère, telle qu'il l'avait vue au temps de son adolescence, telle que l'embellissaient encore les yeux du souvenir. Une exigence redoutable pour les candidates à sa succession. Nulle n'aurait pu y satisfaire. Et surtout pas Marie-Thérèse.

Est-elle bonne, au moins, comme le répètent à l'envi les contemporains ? Elle est dépourvue de méchanceté, c'est certain. Elle est naturellement gentille, dirait-on aujourd'hui : une bonté de surface, que ne sous-tend aucune générosité vraie.

Sa charité, largement répandue sur des bénéficiaires anonymes — pauvres, malades... —, ne la conduit pas jusqu'à dominer sa jalousie ou simplement ses préjugés. La sollicitude teintée de satisfaction qu'elle manifeste aux maîtresses déchues ne compense qu'à demi la hargne dont elle les a poursuivies chaque fois qu'elle l'a pu. Elle a mené sans pitié l'offensive contre le projet de mariage de la malheureuse Mlle de Montpensier. Elle a conservé l'égoïsme ingénu d'une enfant, comme en témoignent, dans la vie quotidienne, ses petitesses, ses mesquineries, sa crainte qu'on n'en fasse pas assez pour elle, son perpétuel sentiment d'injustice. Manquements mineurs, dira-t-on. Mais ils sont signe de médiocrité. En elle défauts et qualités sont également étriqués, ils restent à l'état de velléités. Les vertus qu'on lui reconnaît, toutes négatives, sont simplement absence de vices. On la dit « sans dissimulation et sans artifice » : est-ce par sincérité authentique ou par incapacité, parce qu'il n'est pas si facile de mentir ? Elle n'est bonne que par défaut, quoi qu'en aient dit les contemporains, trop heureux de trouver quelque chose à louer chez celle qu'ils méprisent secrètement, mais qu'ils ont un peu honte de mépriser, parce qu'ils la plaignent.

En dépit du temps considérable consacré à la pratique religieuse, on finit même par se demander si elle a vraiment une vie intérieure. « L'incomparable piété » que Bossuet nous invite à admirer semble bien s'être limitée au respect formel des commandements. Elle n'a aucune des initiatives qui sont ordinairement du ressort de la reine. Pas le moindre geste en faveur de l'Église : les dévots, voire le pape en personne, en seront pour leurs frais quand ils solliciteront son appui. Pas de fondations religieuses, comme en avaient fait Marie de Médicis et Anne d'Autriche ou comme en feront à leur manière la Montespan et la Maintenon. Il est vrai qu'elle n'a pas le sou : entre ce qu'elle dépense en aumônes et ce qu'elle perd au jeu, il ne lui reste plus rien. Mais elle aurait pu, avec un peu de persuasion, convaincre Louis XIV de faire une dotation. Or elle n'a même pas essayé. Elle se contente de faire docilement ce qu'on attend d'elle, de répéter les gestes enseignés et les formules apprises, de ne pas chercher à comprendre, de ne pas penser : de gagner son paradis à force d'obéissance passive.

Au fil des années, elle s'enferme toujours davantage dans ce cocon qui l'aide à supporter son isolement, mais contribue à l'accroître. Aurait-il pu en être autrement ? Certes elle est venue au monde avec bien peu de dons. Mais personne ne l'a aidée à s'acclimater, à prendre de l'assurance, à mûrir. À qui la faute ? À Madrid on lui a enseigné avant tout l'obéissance. À son arrivée en France Anne d'Autriche, croyant bien faire, l'a traitée en enfant sous prétexte de la protéger. Tout au long de sa vie son confesseur espagnol, un homme « dénué d'esprit », un « cagot, ignorant des véritables devoirs de chaque état », si l'on en croit Mme de Caylus, la conduisit « sur un chemin plus propre à une carmélite qu'à une reine », encourageant chez elle la docilité sans murmure. Mais au bout du compte, il faut bien reconnaître que cet esprit de soumission convenait à Louis XIV, peu soucieux de lui laisser la moindre initiative, de lui concéder la moindre parcelle de pouvoir ou de rayonnement. Il aurait pu congédier le confesseur. Il s'en est bien gardé. Il n'a rien fait, au contraire, pour la tirer de cette condition d'éternelle mineure, de cet infantilisme prolongé. Elle a vécu environnée d'honneurs, d'égards, de révérences, parée comme une châsse, sans jamais se sentir estimée ni aimée vraiment, si puérile en son malheur qu'elle décourageait même la pitié : un cas-limite dans la cohorte surpeuplée des reines timides, effacées, écrasées par leur destin — et oubliées de l'histoire.

Louis XIV a-t-il compris que la reine selon ses vœux, à la fois brillante et docile, n'est pas de ce monde ? Il ne tentera pas de remplacer Marie-Thérèse. Lorsqu'en 1700 son petit-fils le duc d'Anjou, s'apprête à monter sur le trône d'Espagne, il lui dira, entre autres recommandations : « Aimez votre femme, vivez bien avec elle, demandez-en une à Dieu qui vous convienne. » Mais sur les qualités que doit présenter l'intéressée, il se gardera bien de se prononcer. Il a depuis longtemps, quant à lui, choisi d'épouser sa maîtresse, sans lui accorder le titre de reine.

CHAPITRE TREIZE

L'ÉPOUSE NON DÉCLARÉE

La mort brutale de Marie-Thérèse risquait de remettre en cause les situations laborieusement acquises. Elle ouvrait pour Mme de Montespan et pour Mme de Maintenon un avenir tout chargé d'incertitudes. La première perdait ses fonctions de surintendante de la maison de la reine : allait-elle pouvoir se maintenir à la cour ? retomberait-elle sous la coupe de son mari ? La seconde avait tout à craindre d'un remariage du roi. Les deux femmes versèrent donc sur la défunte des larmes sincères, sinon désintéressées. Elles ne tardèrent pas à s'apercevoir que nul ne leur en savait gré. Quant à leurs conjectures, Louis XIV se chargea de les démentir.

Un veuf très consolable

Aussitôt la reine expirée, Louis XIV se prépara à quitter Versailles, comme le lui imposait la tradition*. Mme de Maintenon était sur le point de se retirer chez elle lorsque La Rochefoucauld** la prit par le bras en lui disant : « Ce n'est pas le temps de quitter le roi, il a besoin de vous. » Pas par sympathie pour elle, ajoute Mme de Caylus, mais par zèle et attachement pour son maître, qu'il cherchait à consoler. Elle passa un moment auprès de celui-ci, puis regagna son appartement, où

---

* Rappelons que le roi, en qui s'incarne le royaume, ne doit pas, selon une très ancienne tradition, demeurer en contact avec la mort.
** Fils de l'auteur des *Maximes* et qui, en tant que grand-maître de la garde-robe puis grand veneur, vivait dans la familiarité de Louis XIV.

Louvois vint bientôt la rappeler à ses fonctions. La dauphine, souffrante, voulait cependant suivre son beau-père. Il fallait la persuader de garder le lit, à cause de sa grossesse très avancée : « Le roi n'a pas besoin de démonstrations d'amitié, et l'État a besoin d'un prince. »

Louis resta trois jours à Saint-Cloud chez son frère, puis s'installa à Fontainebleau. Les deux femmes l'y rejoignirent bientôt. Mme de Maintenon avait cru devoir se draper de grand deuil et arborer une mine désolée. Mais lui, « dont la douleur était passée, ne put s'empêcher de lui en faire quelques plaisanteries ». Déjà les pleurs n'étaient plus de mise. Elle n'insista pas et se mit au diapason. La vie avait repris son cours : dans la journée promenade ou chasse, le soir jeu, concert, ou même bal. En poursuivant le cerf, le roi fit un chute de cheval et se cassa le bras. Cet accident bénin, concentrant sur lui la sollicitude générale, acheva de faire oublier la grave maladie qui avait emporté la reine.

Un veuf si gaillard a besoin d'une épouse. « Il faut songer à le remarier au plus tôt, murmure Mme de Montespan ; sans cela, tel que je le connais, il fera un mauvais mariage plutôt que de n'en faire point. » Craint-elle qu'il n'épouse sa rivale ? C'est peu probable, tant l'hypothèse eût paru saugrenue. Elle pense sans doute à une reine jeune et séduisante qui exigerait le renvoi de l'ex-gouvernante. Les supputations vont bon train. Hélas, les cours européennes n'offrent pas un choix très étendu. Si l'on exclut les pays passés à la Réforme et ceux contre qui la France est en guerre ouverte ou larvée, il ne reste que quelques Allemandes, une princesse de Toscane et une infante de Portugal. C'est cette dernière qui semble avoir le plus de chances : la France tient très fort, contre l'Espagne, à cultiver l'alliance portugaise.

Mme de Maintenon se rongeait les sangs. « Jamais on ne lui vit tant d'agitation dans l'esprit », dit sa nièce, une agitation « causée par une incertitude violente de son état, de ses pensées, de ses craintes et de ses espérances ». Elle a des angoisses, des crises de larmes qu'elle affecte d'attribuer à des « vapeurs », elle tente de se calmer par de longues marches en forêt, parfois nocturnes. Elle fait part de ses malaises à son confesseur, qui s'en alarme. Elle songe même à quitter la cour. Puis, soudain, tout change. Dès le 22 août, tout en affirmant que les bruits concernant « *Louis et Françoise* » ne sont que folies, elle laisse entendre à une amie que, si le projet prenait consistance, elle n'aurait garde de refuser. Quelques semaines plus tard elle écrit à l'abbé Gobelin qu'elle est guérie. Ses agitations sont finies, elle a trouvé la paix. « Ne m'oubliez pas devant Dieu, car j'ai grand besoin de forces pour faire un bon usage de mon bonheur. » La décision est prise : Louis se prépare à épouser celle dont il ne peut plus se passer.

En dehors de ces quelques confidences voilées, rien ne transpira du secret. Les courtisans purent seulement constater que, pendant la fin du séjour à Fontainebleau, sa faveur atteignait des sommets. Faisant figure de maîtresse en titre, elle cherche à faire comprendre cependant que les temps ont changé, elle marque sa différence en prenant le contre-pied de Mme de Montespan. Elle s'entoure de dévots d'une moralité au-dessus de tout soupçon. Elle se lie d'étroite amitié avec les duchesses de Chevreuse et de Beauvillier, filles de Colbert, de très pieuses dames qui, bien que leur sœur ait épousé le neveu de la favorite, n'ont jamais consenti à lui faire la cour. Elle tente de trouver un ton, un style qui lui soient propres — au risque de passer, non sans quelque raison, pour une hypocrite consommée.

Les lieux se prêtaient mal à une cérémonie discrète. On attendit pour célébrer le mariage que la cour fût revenue à Versailles, où l'appartement du roi communiquait avec la chapelle. Aucune trace dans les archives. Sur la date, rien que des suppositions, souvent marquées par les préjugés de ceux qui s'y livrent. Les historiens s'accordent aujourd'hui à penser qu'il intervint très vite, en dépit du deuil encore tout frais, comme si le souci de se mettre en règle avec les commandements de l'Église avait primé sur le respect des convenances. C'est très probablement dans la nuit du 9 au 10 octobre 1683, soit deux mois et demi seulement après la mort de Marie-Thérèse, que l'archevêque de Paris, Harlay de Champvallon, unit religieusement Louis XIV, roi de France, et Françoise d'Aubigné, en présence du confesseur du roi, le Père La Chaise, de son premier valet de chambre Bontemps, et de M. de Montchevreuil, un protégé de la nouvelle épouse.

Louvois y assista-t-il ? Les avis divergent. Si l'on en croit l'abbé de Choisy, il aurait manifesté une vive opposition.

« "Ah ! Sire, Votre Majesté songe-t-elle bien à ce qu'elle me dit ? Le plus grand roi du monde, couvert de gloire, épouser la veuve Scarron ? Vous voulez vous déshonorer ?" Il se jeta aussitôt aux pieds du roi, fondant en larmes. "Pardonnez-moi, Sire, lui dit-il, la liberté que je prends ; ôtez-moi toutes charges, mettez-moi dans une prison : je ne verrai point une pareille indignité." Le roi lui disait : "Levez-vous. Êtes-vous fou ? avez-vous perdu l'esprit ?" Il se leva, et sortit du cabinet sans savoir si ses remontrances avaient opéré ; mais le lendemain il crut voir, à l'air embarrassé et cérémonieux de Mme de Maintenon, que le roi avait eu la faiblesse de lui conter tout ; et depuis ce moment il s'aperçut qu'elle était devenue sa plus mortelle ennemie. »

Genèse d'une mésalliance

Le recul du temps nous empêche de mesurer pleinement ce qu'avait d'inouï à l'époque une telle union. Le roi de France, le plus puissant d'Europe, fait un mariage d'inclination avec une vieille femme — elle a trois ans de plus que lui —, veuve d'un premier mari dont la criante roture aurait suffi à décourager le prétendant le plus réfractaire aux préjugés. Les contemporains refusèrent longtemps d'y croire et eurent du mal à se l'expliquer. Ce stupéfiant mariage n'est pas, comme certains l'affirmèrent, le fruit des manœuvres d'une intrigante visant à la plus haute fortune. Elle ne pouvait prévoir la mort de la reine, plus jeune qu'elle. Et en tout état de cause, le fossé la séparant de lui était trop grand pour qu'elle pût caresser une idée aussi folle. Est-ce alors, comme elle se plaît à le croire, un pur effet de la volonté de Dieu, soucieux de ramener le souverain dans les voies de l'Église ? Ou bien, comme le pense Saint-Simon, un mauvais coup de la fortune — il n'ose dire de la providence — désireuse « d'infliger au plus superbe des rois la plus profonde humiliation » ? Si l'on écarte le surnaturel, il reste à chercher dans l'état d'esprit de Louis XIV à cette date les raisons que celui-ci s'est abstenu de nous fournir.

Son attachement pour elle ne fait pas de doute. Aussi spirituelle que la Montespan, aussi docile que Marie-Thérèse, elle a les attraits que la première a perdus et que la seconde n'a jamais eus — sur le point de se faner certes, mais encore capiteux. Elle est une de ces roses d'automne, « plus qu'une autre exquise », que chantait naguère son grand-père le poète. D'ailleurs cette maturité n'est-elle pas une assurance contre les exigences et les caprices auxquels s'abandonne la jeunesse ? La modestie de ses origines ne le rebute pas non plus. Non qu'il croie à l'égalité des conditions, au contraire. Mais parce qu'il est, en tant que roi, d'une nature qui le met si au-dessus de ses sujets qu'ils se valent tous à ses yeux. Il détient le pouvoir quasi divin d'élever qui il veut, comme il veut — en théorie du moins. Elle lui devra tout. Avec elle il n'aura pas à craindre l'arrogance d'une héritière riche en ancêtres glorieux. Il croit avoir trouvé la femme qu'il lui faut.

Or, chose assez rare pour un roi, il est libre de son choix. Les considérations dynastiques jouent en sa faveur. Il ne se sent plus comptable de l'avenir. Il a un fils, un petit-fils et l'espérance d'en voir naître d'autres. Sa succession est assurée. Ce serait rendre un mauvais service au dauphin que de s'unir à une jeune princesse en âge de procréer, qui lui donnerait des demi-frères aux ambitions dangereuses. Dans ces conditions, pourquoi ne pas épouser celle qui lui est devenue si proche ?

Oui, mais pourquoi l'épouser ? Il y a plus de trois ans qu'elle est sa confidente attitrée. Il pourrait s'en tenir au *statu quo*. Pour ceux qui supposent qu'elle a résisté à ses avances, l'explication est toute simple : c'est le seul moyen de la conquérir — édifiante victoire de l'amour et de la morale pour une fois réconciliés. Pour ceux — et ce sont les plus nombreux — qui trouvent à cette hypothèse un parfum trop marqué de romanesque et qui pensent qu'elle est déjà sa maîtresse, il s'y décide pour des raisons religieuses : il quittera l'état de péché, mettra en paix sa conscience. Après vingt ans de scandales, il n'est que temps, peut-on ironiser. Justement, il n'est que temps. Louis XIV a pris la décision de se ranger. Il a bien des raisons de le faire et qui ne tiennent pas toutes, loin de là, à l'influence de Mme de Maintenon.

Le goût de l'ordre, si perceptible dès le début de son règne dans ses efforts pour unifier l'administration du royaume, s'étend à tous les domaines tandis que s'éteint en lui la fougue de la jeunesse. Passé quarante ans, il s'éprend de stabilité. Après des années de pérégrinations d'un château à l'autre, il assigne à la cour un domicile fixe : ce sera Versailles et son annexe de Marly. Seul Fontainebleau, avec ses forêts giboyeuses, l'arrachera chaque automne à son port d'attache. Sa vie privée aussi se stabilise : l'affaire des poisons a refroidi ses ardeurs conquérantes. Des raisons à la fois personnelles et politiques le rendent plus réceptif aux leçons de son confesseur.

Des raisons personnelles d'abord. À quarante-cinq ans, selon les critères de l'époque, on n'est pas encore un vieillard, mais on n'est plus tout jeune. Contre la tentation de se croire immortel, Louis XIV a reçu de son corps quelques avertissements. Il doit à un régime alimentaire beaucoup trop riche des accès de goutte à répétition, qui lui interdisent parfois la marche. Les promenades dans le parc de Versailles nécessiteront bientôt ce qu'il faut bien appeler une chaise roulante. Après s'être cassé le bras en tombant de cheval, il renonce à monter, se procure pour suivre la chasse une petite calèche légère, à une seule place, dont il tient les rênes lui-même. Il a perdu une bonne partie de ses dents et celles qui lui restent, profondément cariées, lui font souffrir un martyre : l'extraction d'un groupe de molaires entraînera en 1684 de graves lésions de la mâchoire qui, en dépit de l'application de cautères, mettront un temps infini à cicatriser. La fameuse fistule anale, opérée à chaud, sans anesthésie, ce sera pour plus tard, en 1686. Mais depuis plusieurs années déjà, il sent, il sait, qu'il n'est plus un jeune homme. Autour de lui la mort frappe. Et la culture du temps, loin de chercher, comme la nôtre, à l'occulter, en fait par la bouche des prédicateurs un thème de prédilection. *Memento mori.* Il est naturel et quasi obligatoire, la quarantaine venue, de faire un retour sur soi.

Il a d'autre part d'excellentes raisons politiques de se mettre en règle avec l'Église. Certes, depuis sa victoire sur les coalisés venus secourir la Hollande, il est au faîte de sa puissance : les traités de Nimègue ont consacré sa suprématie. Mais cette suprématie est contestée. Il s'est mis à dos le pape et l'Europe presque tout entière.

Avec la papauté, une vulgaire affaire de gros sous a servi de détonateur. Quelques années plus tôt, il a voulu étendre aux évêchés du Midi le droit propre à ceux du Nord, dit de *régale*, qui l'autorisait, en cas de vacance du siège, à en recueillir les revenus. Les sommes en cause n'étaient pas considérables. Mais le pape protesta. L'affaire soulevait une fois de plus un très ancien conflit de principe. Aux interventions du Saint-Siège dans les affaires religieuses intérieures, la France opposait les « libertés de l'Église gallicane », unie derrière un roi à qui Dieu a dévolu directement son pouvoir. Même en matière de dogme, la France tendait à se singulariser : contre les prétentions du pape à l'infaillibilité, elle invoquait la prééminence des conciles. En 1682, le différend s'était envenimé, Innocent XI menaçait Louis XIV d'excommunication. La célèbre *Déclaration des Quatre Articles* tente d'en prévenir les effets en proclamant l'indépendance du roi face au pape. Malgré les adoucissements et les ambiguïtés introduits dans le texte par son rédacteur, Bossuet, le pape le prit très mal et riposta en refusant toute investiture épiscopale*. Certes la Déclaration fut approuvée sans difficultés par les grands corps du royaume, clergé, parlements, universités, très chatouilleux sur ce chapitre. Mieux valait cependant ne pas fournir aux fidèles des motifs de mettre en doute la piété de leur souverain.

Sur le plan international, sa pratique des « réunions » — une sorte de grignotage territorial visant à éloigner de la capitale les frontières du nord et de l'est — inquiète ses voisins et dresse contre lui les principales puissances étrangères, tant catholiques que réformées. Or au printemps de 1683, une nouvelle offensive turque déferle à nouveau sur l'Europe orientale. Le pape bat le rappel des chrétiens. Louis XIV fait la sourde oreille : depuis cent cinquante ans la France s'appuie sur les Turcs pour contrer les Habsbourg. Il aura de la peine à dissimuler sa déconvenue lorsqu'il apprendra que les troupes impériales ont mis en déroute les envahisseurs au Kahlenberg, près de Vienne. Raison de plus pour se montrer ostensiblement « Très-Chrétien » sur le terrain de la vie privée et pour donner à la cour l'exemple d'une pratique religieuse assidue. La chapelle provisoire de Versailles est trop petite pour accueillir toutes les dames qui s'y bousculent quand il assiste à l'office, recueilli. S'il n'y est pas, l'assistance est moindre, notent les rieurs.

La dévotion toute neuve de Louis XIV s'intègre donc dans

---

* En six ans, trente-cinq diocèses se trouvèrent privés d'évêques. Or comme il sont seuls habilités à pratiquer l'ordination, le recrutement des prêtres se tarissait.

un programme d'ensemble. Ceux qui y voient — pour s'en réjouir ou s'en affliger — l'influence providentielle ou pernicieuse de Mme de Maintenon sous-estiment la cohérence de son dessein et la force de sa volonté. La chance de celle-ci est de s'être trouvée là au moment opportun, répondant aux questions qu'il se pose à lui-même, écho et miroir de ses préoccupations. Il l'épouse parce qu'à cette date elle lui convient, psychologiquement et politiquement. Elle sert son projet de remise en ordre générale, elle renforce l'image qu'il veut donner de lui à l'intérieur du royaume comme au-dehors. De là à dire qu'il subit son ascendant au point d'en infléchir sa trajectoire propre, c'est un pas qu'il faut se garder de franchir à la légère. Car, tout en l'épousant, il l'installe, socialement parlant, dans une situation fausse, dans une sorte de non-être, puisqu'il décide que le mariage ne sera pas *déclaré*.

Une situation fausse

À un problème banal il apporte par là une solution extrême. Avant lui bien des rois, princes ou grands seigneurs se sont trouvés empêchés d'élever jusqu'à eux une femme de rang inférieur. Ils pouvaient alors recourir au mariage morganatique, ou mariage « de conscience », inattaquable du point de vue de l'Église, qui prive l'épouse du titre nobiliaire et ses enfants des droits successoraux, mais ne la condamne pas pour autant à dissimuler ses relations avec celui dont elle est la compagne devant Dieu. Louis XIV va plus loin. Mme de Maintenon n'est pas reine, bien sûr. Elle n'est même pas une épouse de la main gauche, d'espèce inférieure, mais avouable. Elle est sa femme, mais personne n'est censé le savoir. Nul ne doit y faire la moindre allusion. Il n'a même pas averti ses proches, son fils, son frère. Bien sûr, ceux-ci finissent par deviner, la chose s'ébruite à la longue, il est parfois contraint d'avouer. Un jour, par exemple, Monsieur venant rendre visite à son aîné malade, la trouve à son chevet ; Louis, qui vient de « prendre médecine »*, a les chausses baissées : « Mon frère, à la manière dont

---

* Un lavement.

vous me voyez avec Madame, vous devinez bien ce qu'elle m'est. » Périphrase : la chose est dite, mais le mot n'est pas prononcé.

Le secret, même éventé, a la vie dure et les apparences sont sauves. Chacun, tout en sachant, est prié de faire comme s'il ne savait pas. Et le doute peut subsister longtemps. Trois ans et demi plus tard sa belle-sœur Palatine s'interroge : « Impossible de savoir ce qu'il en est. Mais ce qui est certain, c'est que le roi n'a jamais eu pour aucune maîtresse la passion qu'il ressent pour celle-ci ; c'est quelque chose de curieux de les voir ensemble. Est-elle dans un endroit ? Il ne peut rester un quart d'heure sans lui glisser quelques mots à l'oreille ou sans lui parler en cachette, bien qu'il ait passé toute la journée auprès d'elle. » Et d'en conclure qu'ils ne doivent pas être mariés, sinon la satiété serait venue, il aurait cessé de l'aimer !

Dans cette société hiérarchisée, où chacun se définit par son *rang*, qu'une multitude de signes permet d'identifier au premier coup d'œil, elle n'occupe aucune position claire. Lorsqu'il érige sa terre en marquisat, la question se pose des armoiries : ni les lys royaux, ni les armes de Scarron, si tant est qu'il en ait eu. Marquise sans marquis, elle ne portera que les siennes seules, « et sans cordelière », précise Saint-Simon. « Sa place est unique dans le monde, telle qu'il n'y en a jamais eu et n'y en aura jamais », s'exclame Mme de Sévigné. Unique, oui. Mais enviable ? C'est une autre affaire.

On conçoit aisément quels bénéfices le roi escompte de cette discrétion, que lui auraient conseillée ou même prescrite, outre Louvois, les hautes autorités ecclésiastiques que sont Harlay de Champvallon, Bossuet et le Père La Chaise. La veuve Scarron n'est même pas digne d'être une favorite officielle : l'usage voulait que le roi les choisît dans les plus grandes familles. Alors, comme épouse, vous imaginez ! En publiant un mariage bien plus scandaleux encore qu'une liaison, il heurterait de front sa famille, provoquerait une levée de boucliers à la cour. Il connaît trop bien le monde pour ne pas prévoir que des querelles de préséance, répétées à l'infini, y ponctueraient la vie quotidienne. Ne nous y trompons pas : il ne s'agit pas seulement de conventions, de convenances, de préjugés ; en l'imposant comme épouse il ébranlerait les fondements mêmes de la société. Pas plus qu'au temps de Marie Mancini les rois ne peuvent épouser les bergères, à moins qu'elles ne se révèlent, *in extremis*, filles de rois. Ce n'est certes pas le cas de Françoise d'Aubigné : les enquêtes imprudemment menées sur ses origines lui ont révélé que sa noblesse prétendue est usurpée. Il la sacrifie sans hésiter à l'ordre sur lequel repose la monarchie.

A-t-elle espéré être « déclarée » ? C'est probable, bien qu'elle s'en soit toujours défendue. Nul ne saurait lui reprocher d'avoir voulu faire savoir que ses liens avec le roi étaient légitimes. Oui, mais comment ? Pouvait-elle espérer se faire proclamer *reine* ? A-t-elle longuement intrigué dans ce but, comme le prétend Saint-Simon ? Elle était trop lucide pour croire la chose possible. Elle a finalement obtenu du roi tout ce qu'il pouvait lui accorder : une déférence, des égards exceptionnels, qui suggéraient qu'elle était plus qu'une banale favorite ; une confiance dans son jugement, qu'il sollicitait sans cesse. Mais si elle faisait mine d'intervenir, si elle affichait la moindre volonté propre, il la rabrouait avec une brutalité qui la mettait en larmes. Elle se le tint pour dit et se résigna à une docilité dont il lui savait gré. Une fois pour toutes, il fut entendu qu'elle ne se mêlait pas de politique : elle le proclama haut et fort. Trop haut, trop fort. Comme pour se protéger, non seulement des autres, mais aussi de lui.

Au fond, il ne lui répugne pas de la tenir derrière un rideau de fumée. Il a souffert du caractère impérieux de la Montespan, mal supporté ses prétentions à le gouverner, pris quelque ombrage peut-être de l'éclat dont elle s'entourait et qui éclipsait le sien. Son épouse secrète le laissera rayonner seul, sans partage, dans ce nouveau Versailles où tout gravite autour du Soleil souverain. Ajoutons que la non-déclaration du mariage lui donne davantage de prise sur elle, à la merci du moindre renversement d'humeur. Elle a vu trop de retours de fortune pour être assurée de la sienne. S'il se lasse, s'il s'irrite, il peut du jour au lendemain l'éloigner, la confiner dans un couvent sans qu'on y trouve à redire tant qu'il ne convole pas de nouveau. Qu'il l'aime à sa manière, royalement égoïste, c'est certain. Mais elle ? Les *Entretiens* qu'elle aura beaucoup plus tard avec les dames et les demoiselles de Saint-Cyr suggèrent qu'elle lui vouait des sentiments assez mêlés.

Car ce n'est pas tout. En la reconnaissant devant Dieu, mais pas devant les hommes, il a acheté à bon compte la paix de sa conscience à lui. Mais il l'a placée, elle, dans une situation moralement périlleuse : il lui impose dissimulation et double jeu permanents. Avec les autres d'abord. Traitée de « Majesté » en privé, mais vouée à raser les murs en public et à se contenter des dernières places, jouant deux personnages distincts, dont l'un brouille le visage de l'autre en dépit de ses efforts pour les faire coïncider, affectant en affaires une incompétence à laquelle personne ne croit, elle met les gens mal à l'aise. Faute de pouvoir la situer, chacun se tient sur ses gardes, personne ne l'approche « qu'avec précaution et dans l'incertitude ». Elle passe pour un parangon d'hypocrisie. Avec le roi lui-même enfin elle est tenue d'avoir des manières et un langage différents selon qu'ils sont seuls ou non. Et elle est condamnée à user de détours pour parvenir à ses fins quand elle en a. Dangereuse ambiguïté qui peut ouvrir la porte à toutes les dérives.

Cette duplicité imposée ne va que trop dans le sens de celle qu'elle a acquise au cours des années où elle luttait pour survivre. Il n'est pas certain qu'elle s'y complaise. Saint-Simon même, qui la déteste, lui laisse le bénéfice du doute : « Elle n'était pas tellement fausse que ce fût son véritable goût ; mais la nécessité lui en avait donné de longue main l'habitude. » Sa fulgurante ascension est fondée sur une exigence morale hautement affichée. Elle doit à ses propos édifiants une partie de son succès auprès de Louis XIV. Elle se targue de droiture et de rectitude, prend pour devise un fil à plomb accompagné du mot latin *recte*. Hélas ! sa vie est mal accordée avec ses principes. Elle s'en défend autant qu'elle peut. Elle se donne dans ses lettres des airs de misanthrope haïssant la cour où elle reste pourtant, au nom de sa « mission ». Elle se sacrifie pour la bonne cause, Alceste se muant en Tartuffe et consentant à se plier à la comédie du monde afin de travailler aux desseins de Dieu. Se livrant à une gymnastique morale périlleuse, de grand écart en grand écart, elle court le risque de perdre non seulement l'estime d'autrui — c'est déjà fait —, mais son âme. Elle le sait, elle en souffre. Elle ne s'en accommodera jamais pleinement : ses efforts continus pour desserrer l'étau de la cour et se ménager un espace de liberté en sont la preuve.

Elle n'en est pas encore là, en 1683, bien qu'elle pressente le danger. Pourquoi projeter sur ses premières années de mariage le désenchantement dont témoignent ses confidences ultérieures ?

Dans l'euphorie d'une élévation quasi miraculeuse, elle croit encore que son influence sur le roi sera profonde et durable et qu'elle parviendra, par une subtil dosage de fierté et de modestie, à faire accepter de tous son étrange situation. Elle espère réconcilier bientôt le paraître avec l'être et trouver la paix du cœur. Tout en jouissant de son bonheur, elle s'applique à marquer son territoire, à éliminer sa principale rivale, à faire oublier ses attaches huguenotes et à créer une œuvre qui lui soit propre.

Installation

En renonçant à remplacer la reine, Louis XIV n'a pas tant cherché à se ménager une vie privée, comme on le dit très souvent, qu'à se soustraire aux contraintes d'une relation conjugale officielle. Il échappe à la corvée des visites biquotidiennes chez une épouse incapable de lui dire plus de trois mots. Il recouvre sa liberté nocturne : il dormira seul désormais. Il profite de la redistribution des appartements pour s'étendre : la dauphine n'occupera qu'une partie des pièces naguère réservées à Marie-Thérèse. Les tâches de gouvernement s'alourdissent, il reconquiert pour s'y consacrer de l'espace et du temps.

Quoi qu'en disent les courtisans jaloux — « Quelle chance a cette femme, elle passe toute la journée avec le roi ! » —, leurs deux existences sont nettement distinctes et leurs emplois du temps décalés. Elle se lève et se couche plus tôt que lui, seule. Pour les repas, elle n'a pas accès à la table royale. Il dîne à midi seul ou en compagnie de la dauphine, au « petit couvert », et soupe le soir au « grand couvert » avec sa famille. Elle, de son côté, mange sur un coin de table au fond de sa chambre. Dans la redistribution des locaux qui suit la mort de la reine, elle occupe la place d'une maîtresse. Elle est logée à l'étage noble, mais de façon exiguë : dans l'aile gauche du vieux château, quatre pièces donnant au nord sur la cour royale, symétriques de celles qu'habite encore Mme de Montespan, dans l'aile droite. Elle ne se rend jamais chez le roi, sauf lorsqu'il est alité, malade, et l'appelle. D'ordinaire c'est lui qui vient chez elle. Il lui fait au fil des heures de brèves visites, toujours accompagnées. En fin d'après-midi, en revanche, les portes de l'appartement se referment sur eux. Trois ou quatre heures sont réservées à l'amour — la venue de l'âge ne calmera jamais totalement ses mâles ardeurs — et à la conversation. Intimité vite envahie cependant par la politique : il apporte avec lui des soucis, des dossiers, convoque un ministre ou un secrétaire d'État, discute des problèmes du moment. La chambre de la marquise se muera bientôt en cabinet de travail.

Ce sont là, en gros, les horaires dont bénéficiait Mme de Montespan. Avec cette différence essentielle que le roi n'aurait jamais songé à travailler dans l'appartement d'Athénaïs, rendez-vous de toute la cour : mais on s'y amusait davantage et les soirées s'y prolongeaient beaucoup plus tard. Mme de Maintenon, elle, s'interdit toute vie mondaine en dehors des divertissements officiels. Cette réserve, qui convient à son style dévot, est aussi le moyen d'éviter les froissements d'amour-propre. Il lui faudra beaucoup de temps et de patience pour établir avec la tribu des princes et des princesses, en matière d'étiquette, un *modus vivendi* acceptable qui servira d'exemple au reste de la cour. Son premier souci au départ est de dresser autour d'elle des barrières protectrices. Pas d'échange de politesses : elle ne tient pas porte ouverte ; en dehors de la famille royale, elle ne reçoit personne et ne rend aucune visite. Pour venir la voir il faut invoquer des motifs précis, demander audience. En prenant ainsi ses distances, elle ne gagne pas la sympathie, mais elle se fait respecter. La prudence règle ses relations avec autrui. Peu de femmes sont admises dans sa familiarité, en dehors de sa confidente de toujours, Mme de Montchevreuil. De sa famille à elle, elle n'accueille que les enfants, par goût, et parce qu'il n'y a rien à redouter d'eux. Dans son logis règne la servante engagée au lendemain de la mort de Scarron et qui ne l'a jamais quittée. La fidèle Nanon s'est élevée en même temps que sa maîtresse, dont la dévotion a déteint sur elle, lui donnant « un air doux, humble, empesé, important, et toutefois respectueux », et dont elle imite — quelques crans au-dessous — les manières, le langage et jusqu'aux façons de s'habiller et de se coiffer. Protégée par ce cerbère, qui surveille de près le reste de la domesticité, pas encore submergée des innombrables solliciteurs que lui vaudra bientôt le pouvoir secret qu'on lui prête, la nouvelle épouse dispose d'un havre de paix.

Souffre-t-elle de son état ? Louis XIV et elle sont de tempéraments opposés. Il a toujours trop chaud, ne respire bien que toutes fenêtres ouvertes, aime la nature, les jardins, les vastes espaces. C'est le roi des courants d'air. Toujours frigorifiée, ne désenrhumant pas, elle redoute le moindre vent coulis, se plaint des cheminées qui vous grillent le visage tandis que votre dos frissonne et qui fument la moitié du temps, comme celles de Fontainebleau, dont elle exige la réparation. Heureusement, pour la promenade, les chaises à porteurs de luxe sont munies de glaces qu'on peut entrouvrir, le temps d'échanger quelques mots avec le roi, avant de les remonter frileusement.

Elle ne suit pas Louis XIV à la chasse, qu'elle n'aime pas. Ce qui ne veut pas dire qu'elle s'ennuie : elle y gagne une pause bienvenue dans la kyrielle d'obligations qui jalonnent sa journée. Au reste, la cour est encore gaie au milieu des années 1680. Le pays est en paix, même s'il s'agit d'une paix armée, toute chargée de menaces. Les réceptions de visiteurs étrangers, les mariages princiers se parent du même éclat que naguère et on se masque pour le carnaval. Louis XIV invite vivement ses courtisans à faire leurs Pâques, mais ne prétend pas les sevrer de fêtes, de concerts, de comédie, de bal, ni de jeu. Les soirs « d'appartement », il arpente avec son épouse la longue suite de salles où chacun peut trouver passe-temps à son gré. Elle ne danse ni ne joue — non plus que lui d'ailleurs : c'est affaire d'âge et de goût. Mais il pratique volontiers le billard. Quant à elle, en dépit de l'abbé Gobelin, elle ne se croit pas encore tenue de voir dans le théâtre et la musique des divertissements profanes incompatibles avec la vie chrétienne. Ce n'est pas elle mais la guerre, à partir de 1688, puis la grande famine de 1692, qui jetteront un voile sombre sur la vie quotidienne à Versailles.

Elle bénéficie donc pendant les premières années de quelque chose comme une lune de miel, ou un état de grâce, comme on voudra l'appeler, et elle peut parer du nom de « bonheur » le sort qui lui est échu. Sans prétendre à un rôle politique pour lequel elle ne se sent pas faite, elle s'applique à déblayer le terrain autour d'elle et à raffermir sa position.

L'éviction de Mme de Montespan

Très longtemps, si étrange que la chose nous paraisse, Mme de Montespan, dépourvue de fonction officielle, continua d'habiter Versailles comme si de rien n'était. « Elle se rongeait les doigts et ne pouvait se décider à quitter la partie. » Elle ne désespérait pas de reconquérir le roi. Il allait en effet la voir chaque jour. Certes ses visites avaient lieu « en demi-public », « toujours entre la messe et le dîner, pour les rendre nécessairement plus courtes et par bienséance », et il repassait parfois lui dire un bref bonsoir. Rien de commun avec son assiduité auprès de Mme de Maintenon. Mais enfin, il y allait, et cette dernière n'en décolérait pas. Elle se forçait à avoir avec elle, lorsqu'elle la rencontrait, « des conversations si vives et si cordiales » qu'on eût dit les meilleures amies du monde. En attendant de pouvoir la chasser. Il n'y fallut pas moins de huit ans, en plusieurs étapes.

Dès 1684, le roi, sous prétexte de s'agrandir, expulsa Athénaïs du premier étage et la relégua au rez-de-chaussée, dans l'appartement des bains. Une fois la fameuse piscine recouverte d'un plancher, elle disposait encore d'une suite de pièces somptueuses, où elle put donner, pour le carnaval de 1685, une grande fête costumée sur le thème de la foire Saint-Germain : boutiques de frivolités, loteries, bateleurs, montreurs d'animaux ou de marionnettes. L'année suivante elle récidiva, lors de l'inauguration des pavillons de Marly. Elle comptait sur sa gaieté pour contrer l'épouse rabat-joie. Mais le roi, malade — il souffrait affreusement de la fameuse fistule qu'il hésitait à faire opérer —, lui fit savoir qu'elle était indésirable.

Pendant ce temps Mme de Maintenon, consultée sur les aménagements de Versailles, s'applique à effacer les traces des anciennes amours. Dès le début de l'été 1684 on démolit la grotte de Thétys, dont on récupère les statues pour des lieux moins intimes. Le Trianon de porcelaine est voué au même sort. Dans l'hiver de 1686-1687 on voit s'élever à sa place le Trianon de marbre à la beauté plus austère — celui qui nous est resté.

Mme de Montespan, cependant, se voit vieillir. Bien que ses admirateurs persistent à la trouver « belle comme le jour », elle est à la vérité fort enlaidie, la figure toute rouge entièrement sillonnée de petites rides : « Elle se met à me ressembler », dit avec humour la Palatine. Il lui vient des scrupules et des accès de dévotion. Se reprochant d'avoir négligé son fils légitime, le duc d'Antin, elle s'occupe de l'établir. Cependant ses autres enfants grandissent. L'aînée de ses filles a épousé le petit-fils du Grand Condé. En partant pour la Flandre au printemps de 1691, le roi lui retire la seconde, âgée de douze ans, pour la placer sous la férule de Mme de Montchevreuil, la femme-lige de sa rivale. Il emmène avec lui le jeune comte de Toulouse. Quant au duc du Maine, il a opté depuis longtemps pour celle qui l'a élevé. Elle comprend que le dernier lien qui la rattachait à leur père est brisé.

Elle avait pris l'habitude depuis quelque temps de faire d'assez longs séjours dans la maison des Dames de Saint-Joseph, qu'elle avait fondée. Elle parla de s'y retirer. On la prit au mot. Et selon Madame Palatine, le duc du Maine, craignant qu'elle ne changeât d'avis, hâta son déménagement en faisant jeter ses meubles par la fenêtre — rassurons-nous, c'étaient des portes-fenêtres, elle logeait au rez-de-chaussée. Elle protesta, reparut quelquefois à la cour, en visiteuse, « comme les âmes en peine qui reviennent expier leurs fautes dans les lieux qu'elles ont habités », dit Mme de Caylus. Puis elle s'organisa une vie sociale dans son appartement de la rue Saint-Dominique luxueusement tendu de toile jaune à rayures feu. « Toute la France y allait, dit Saint-Simon. Elle parlait à chacun comme une reine qui tient sa cour, et qui honore en adressant la parole. » Tant et si bien que l'épouse régnante s'en offusqua et décida vers 1698 de couper avec elle toutes relations, même de pure convenance. Elle le lui écrivit tout crûment. Et Athénaïs en prit acte avec élégance : « Le silence entre elle et moi me devient agréable quand je sais qu'il lui convient. »

Obsédée par la peur de l'au-delà, elle menait en secret depuis quelque temps une vie de pénitence, réduisant sa table à la plus stricte frugalité, multipliant jeûnes et prières, cachant sous ses vêtements ordinaires chemises de toile grossière, bracelets, jarretières et ceinture à pointes de fer, lorsque la mort la prit pendant une cure aux eaux de Bourbon, au mois de mai 1707. La nouvelle laissa le roi de glace. En revanche elle arracha à Mme de Maintenon des larmes inopportunes qu'elle s'en alla « cacher à sa chaise percée, dit Saint-Simon, faute d'un meilleur asile » ! Cette mort faisait remonter en elle trop de souvenirs. « Il est vrai que j'y fus fort sensible, avouera-t-elle, car cette personne-là n'a pu m'être indifférente en aucun temps de ma vie. » Piètre oraison funèbre qui dissimule mal la persistance d'une haine longuement recuite. Mais à cette date, il lui arrive peut-être de penser que, dans la vie de Louis XIV, c'est Mme de Montespan qui a eu la meilleure part...

Un frère infréquentable et des cousins huguenots

Revenons bien vite en arrière, au temps où la nouvelle épouse prend ses marques. Il lui manque un atout utile aux favorites, l'appui d'un clan. Pas de noble et brillante famille à qui s'adosser. Celle de Françoise d'Aubigné — même sans tenir compte du défunt Scarron — est fort encombrante.

La vie l'avait éloignée du seul frère qui lui restât, mais elle lui conservait sa tendresse. Coureur, joueur, panier percé comme leur père, Charles d'Aubigné crut sa fortune faite lorsqu'il apprit la haute faveur de sa sœur : la famille des maîtresses royales avait toujours bénéficié de larges retombées. Hélas, il n'est pas présentable ! À la seule idée de le voir débarquer à la cour en compagnie de la jeune « caillette »* qu'il vient d'épouser, une petite bourgeoise mal élevée, impossible à dégrossir, elle a des sueurs froides. Comment pourrait-elle le tenir à l'écart s'il venait à Paris ? Elle lui conseille de n'en rien faire : « Un conseil n'est pas une défense », mais enfin... « Nos états sont différents ; le mien est éclatant, le vôtre tranquille, et peut-être que des gens de bon sens le trouveraient aussi bon. » Mais Charles ne l'entend pas de cette oreille, il ironise, amer : cette haute faveur est apparemment « une aventure personnelle, qui ne se communique point ». Vous ne croyez pas si bien dire, lui répond-elle, en lui laissant entendre à demi-mot la vérité sur son mariage, qui met entre eux une distance infranchissable. Qu'il s'estime heureux avec trente mille livres de rente ! En réalité il en faudra bien davantage pour acheter sa discrétion. Nommé gouverneur de Cognac il enrage de moisir en province alors qu'il pourrait parader à Versailles dans l'entourage de celui qu'il n'hésite pas à appeler « le beau-frère » et à qui il fait transmettre ses dettes de jeu. Lourde croix, dont seule sa mort délivrera Mme de Maintenon. Elle se rattrapera en appelant auprès

---

* « Personne qui a du babil et point de consistance ».

d'elle sa nièce, nommée Françoise d'Aubigné comme elle, qu'elle fera duchesse de Noailles.

Au moins son frère était-il catholique. Mais ses cousins, notamment les Villette, avec qui elle a été élevée, sont restés des réformés convaincus. Très tôt elle pensa qu'il lui fallait se dédouaner, se laver du soupçon de huguenoterie.

Des va-et-vient de son enfance entre les deux confessions, elle a gardé une solide foi en Dieu, mais une curieuse indifférence pour les controverses dogmatiques. La théologie n'est pas son fort. Son approche de la question, purement opportuniste, se résume à un étonnement ingénu. Comment peut-on rester huguenot en un temps où l'appartenance à la religion réformée interdit toute ascension sociale et condamne ses fidèles à une obscurité besogneuse ? écrit-elle en substance à son cousin de Villette dès 1680 ; il n'a pas le droit de priver ses enfants des avantages qu'elle est en mesure de leur procurer, à condition qu'ils se convertissent. Devant son intransigeance, elle n'hésite pas à user de la force. Elle invite sa fillette pour un bref séjour, la garde auprès d'elle, la conduit à une éblouissante messe de Noël et la convainc sans peine de la supériorité du catholicisme : l'enfant n'a que sept ans ! À la mère, elle-même catholique mais soumise à son mari, elle explique qu'elle ne l'a pas mise dans le secret pour lui éviter les reproches conjugaux. Il est vrai que la petite Marguerite de Villette, future Mme de Caylus, qu'elle éleva comme sa fille, n'eut pas à se plaindre de cette violence. Mais l'épisode témoigne d'un état d'esprit : il faut se laisser porter par les courants dominants. Et il n'est pas défendu d'en profiter : c'est le moment, écrit-elle à son frère, d'acheter à bon compte les biens bradés par les huguenots qui choisissent de s'expatrier.

Contribua-t-elle pour autant à la révocation de l'Édit de Nantes ? Disons-le vigoureusement : en dépit des accusations de Saint-Simon et de Madame Palatine, si longtemps tenues pour indiscutables, nul ne croit plus aujourd'hui qu'elle y ait eu la moindre part. La décision, prise deux ans seulement après son mariage, s'inscrivait dans une logique amorcée dès le début du règne. Un roi, une loi, une foi : Louis XIV n'est pas homme à tolérer la diversité de religion dans un royaume dont il se sent comptable devant Dieu — serment du sacre oblige. Sans oublier que les calvinistes — voyez Genève ou les Provinces-Unies — ont l'esprit dangereusement entaché d'idées républicaines. De plus le clergé de France tempête depuis longtemps contre les concessions accordées aux protestants. Et le roi a besoin de lui. Le trône se portera donc au secours de l'autel, à charge de réciprocité.

Mme de Maintenon n'a pas poussé son époux à éradiquer la religion réformée. Il y était résolu. Mais elle ne tente pas non plus de jouer le rôle modérateur qu'on aurait pu attendre d'une descendante du grand Agrippa. Prudente, elle suit le mouvement, elle approuve — sans applaudir, c'est déjà quelque chose. Elle ne ressent pour les réformés aucune espèce de sympathie. Elle est favorable, comme Louis XIV, à l'unité religieuse du royaume. Mais elle répugne à la violence. Face à la politique de la carotte et du bâton pratiquée à leur égard, elle juge qu'il vaut mieux user de la première, dont son expérience personnelle lui a démontré l'efficacité. Aussi ne demande-t-elle qu'à croire les statistiques optimistes que transmettent évêques et intendants : les conversions vont bon train, il n'y aura bientôt plus de protestants en France. À quoi bon, dans ce cas, un édit pour les protéger ? Quant aux mesures coercitives, aux vexations, aux dragonnades, aux persécutions, elle préfère les ignorer, ou les envisager sous l'angle de l'ordre public : le refus de se soumettre à l'autorité royale mérite bien un châtiment. Et elle applaudira sans états d'âme à l'écrasement des camisards.

Invitée plus tard, en 1697, à donner son avis sur le retour éventuel des huguenots fugitifs, avec promesse de la liberté de conscience*, elle s'y montre défavorable. Un point de vue qui peut se défendre, car les enjeux se sont alors politisés : les adversaires de la France en ont fait leur cheval de bataille. Toute concession serait aveu de faiblesse. D'autre part le retour triomphal des anciens rebelles inciterait les « nouveaux convertis » à revenir à leur foi première et nourrirait dans le royaume un ferment de révolte. Tous les efforts antérieurs seraient compromis. Soit. Effectivement, le mal était fait. Mais pour venir à bout de ceux qui sont restés en France, elle prône la douceur :

---

* On négociait alors les traités de Ryswick et certains des coalisés tentaient de faire du retour des protestants une des conditions de la paix. — Le texte invoqué ici est un mémoire rédigé ou recopié de sa main, qui a été trouvé dans ses papiers.

ne pas les forcer à des communions sacrilèges, les laisser mourir en paix, dès l'instant qu'ils ne font pas de prosélytisme, éviter d'en faire des martyrs. Mais l'effort doit porter sur leurs enfants qu'il faut faire élever en milieu catholique même au prix d'un peu de coercition. Commencer par les pauvres, sous couleur de charité. Recevoir les garçons dans les régiments de cadets, et les filles dans les couvents, sans les couper tout à fait de leur famille, en autorisant quelques visites : charger en somme les enfants de convertir leurs parents. Le tout grâce à l'action de « personnes de bon esprit et de piété, sous le contrôle du secrétaire d'État chargé de la province ».

Sa vocation d'« institutrice universelle » laisse paraître ici un visage qui peut déplaire. Mais c'est un point de vue conforme à l'esprit du temps.

Saint-Cyr

Elle croyait très fort aux vertus de l'éducation. Depuis longtemps elle s'efforçait de donner un peu d'instruction aux enfants des familles pauvres qu'elle visitait dans le cadre de ses œuvres de charité. Elle prend en charge quelques-uns d'entre eux et les confie à son amie Mme de Brinon, une ursuline en rupture de couvent. À Montmorency, puis à Rueil et enfin à Noisy, elle abrite ses protégés dans diverses maisons successives, qui prennent de l'ampleur à chaque migration, en même temps qu'elles changent de nature. Les garçons en sont exclus assez vite. On préfère se consacrer aux filles, habituellement sacrifiées. Puis on trouve dommage de réserver à des « gueuses » les bénéfices d'une éducation digne « de princesses ». Mme de Maintenon, qui a découvert l'extrême dénuement de bien des familles de petite noblesse, adjoint aux paysannes des « fillettes de condition » en grand nombre. Le dernier pas sera franchi lors du transfert à Saint-Cyr : nulle ne pourra y être accueillie sans avoir fait preuve de noblesse autant que de pauvreté.

L'idée d'une vaste fondation a pris corps très vite, peu après le mariage. Le roi, conscient des difficultés rencontrées par la petite noblesse d'épée, dont les terres ne rapportent plus guère et qui achève de se ruiner dans la carrière militaire, vient de créer pour ses vieux officiers les Invalides et pour leurs fils les régiments de cadets. Il applaudit à la création d'une maison équivalente pour les filles. À condition que ce ne soit pas un couvent ! Il n'y en a que trop et ils sont inutiles à l'État. Françoise d'Aubigné, de son côté, n'a pas oublié les ursulines de Niort et de Paris chargées de mater ses rébellions d'adolescente et de l'acculer à devenir l'une d'elles ; elle hait l'esprit de couvent, ses petitesses, ses puérilités, sa douceur insinuante. Elle veut fonder une école ouverte sur la vie, qui préparera les jeunes filles à être de bonnes épouses et de bonnes mères, pleines de vertus domestiques, mais aussi des femmes d'esprit formées à la conversation et à la « raillerie agréable », aptes à tenir un salon avec grâce et distinction. Aux trente-six dames de Saint-Louis qui entoureront Mme de Brinon, on imposera le célibat, certes, mais ni vœux ni clôture ni vêtements de nonnes. On recrutera des personnes pieuses ayant la vertu des cloîtres sans en avoir les suspicions tatillonnes ni les yeux toujours baissés, capables de vivre à l'écart du monde, mais d'y faire bonne figure au besoin. Pour les enfants, des contraintes mesurées, une discipline raisonnée et donc consentie, des activités diversifiées pour la formation de l'intelligence et du cœur. Avec en plus la certitude de se savoir comprises et aimées. Au total des idées très modernes, qui font de Mme de Maintenon un précurseur des grands éducateurs de la fin du XIXe siècle.

Le roi ayant accordé de larges crédits, elle a pu voir grand. Assez proche de Versailles pour lui permettre de fréquentes visites, elle a trouvé à Saint-Cyr un terrain approprié sur lequel Mansart fait surgir, en l'espace d'un an à peine, un ensemble de bâtiments à la sobre allure classique, qui abritera les deux cent cinquante pensionnaires et leurs maîtresses, ainsi que les services. Alentour, un vaste parc. L'ensemble est assez aéré pour que les fillettes, qui passeront à l'intérieur du domaine une bonne douzaine d'années, entre huit et vingt ans, ne s'y sentent pas enfermées.

S'agissant de l'organisation, Mme de Maintenon est à son affaire : elle pense à tout, régente tout. Elle préside à la répartition des élèves en quatre classes, par tranches d'âge, choisit la couleur des rubans — rouges, verts, jaunes ou bleus — qui permettront de les distinguer, décide de leur costume, détermine le programme d'enseignement — limité à ce qu'une femme peut savoir sans passer pour pédante —, arrête leur emploi du temps, fixe le règlement intérieur, sans oublier l'alimentation, la santé et les indispensables récréations.

Faut-il trouver, avec Saint-Simon, qu'elle va trop loin, qu'elle a la minutie trop tatillonne et la férule trop lourde ? Non contente de régler les études des demoiselles, elle prétend diriger la conscience des dames. Elle laisse à la directrice une marge d'initiative si étroite que celle-ci se rebiffe. Avec de l'esprit, « une facilité incroyable d'écrire et de parler », le goût de commander et le désir de plaire, Mme de Brinon lui ressemble trop. Et elle s'attire trop de louanges. Entre elles le conflit d'autorité se double d'une jalousie inavouée. En décembre 1688, l'indésirable reçoit une lettre de cachet et on l'embarque aussitôt avec ses bagages pour l'abbaye de Maubuisson, où elle finira ses jours, entourée de la sollicitude mielleuse de son ancienne amie. Mais sur le moment, celle-ci s'est trahie : « J'ai failli mourir de rire » de votre étonnement, écrit-elle à l'abbé Gobelin que cette disgrâce avait troublé. Saint-Cyr est son bien propre et elle ne laissera personne lui en disputer la possession.

Car elle a beaucoup investi, au sens psychologique du terme, dans l'entreprise. Consciemment et inconsciemment, elle s'y engage tout entière.

Il était traditionnel pour les reines — et le cas échéant pour les favorites royales — d'attacher leur nom à des fondations religieuses. Elle se singularise en créant une maison d'éducation. Raison de plus pour y voir le fruit d'un dessein divin : « Autant j'aurais tremblé dans le gouvernement de Saint-Cyr s'il avait été fait par moi, écrit-elle à une des dames, autant m'y trouvais-je hardie, voyant qu'il a été fait par la volonté de Dieu, et que cette même volonté m'en a chargée ; aussi puis-je vous dire avec vérité que je le regarde comme le moyen que Dieu m'a donné pour faire mon salut, et que je sacrifierais ma vie avec joie pour qu'il soit glorifié. »

Comme de coutume la volonté de Dieu allait dans le sens de ses désirs. Selon Saint-Simon, « elle espéra s'aplanir un chemin à faire déclarer son mariage en s'illustrant par un monument dont elle pût entretenir et amuser le roi, qui l'amusât elle-même, et qui pût lui servir » le cas échéant, « de retraite ». Et il est très vrai que, sans préjudice de l'asile que pouvait être pour elle Saint-Cyr, cette maison représenta pour elle un domaine propre sur lequel elle régnait sans partage et une vitrine où s'affichaient les talents d'organisatrice qu'elle n'avait pas l'occasion d'exercer à la cour. Il est très vrai aussi qu'elle prit plaisir à créer sur un terrain vierge, *ex nihilo* ou presque, un établissement idéal, la réalisation d'une vue de l'esprit : une sorte d'équivalent, en son genre, de ce que Louis XIV voulait faire à Versailles. Et l'on comprend sans peine qu'il se soit enthousiasmé pour cette entreprise. Il y a de l'utopie dans cette démarche volontariste où le réel est contraint de se plier aux injonctions de la pensée. Société de cour accomplie, maison d'éducation élitiste relèvent du même désir de réaliser ici-bas la perfection.

Saint-Cyr est aussi pour elle une revanche sur la vie, une compensation. Elle se fait à elle-même la charité, rétrospectivement, par personnes interposées. Les jeunes filles, nobles et pauvres comme elle l'a été, sont ses sœurs. Elle leur offre tout ce qui lui a manqué : un abri et une école. Le programme qu'elle élabore pour elles est directement inspiré de sa propre expérience : elle veut les façonner à son image, tout en leur évitant certaines des épreuves qu'elle a subies. Mais le modèle qu'elle incarne est-il transposable ? À la réflexion, elle soupçonne le danger. Comment empêcher ces jeunes filles de rêver à sa propre destinée ? Or elles ne peuvent espérer, avec les trois mille livres de dot offertes à la sortie, qu'un mariage médiocre avec un nobliau de campagne dans quelque château délabré. Elle continue pourtant sur sa lancée, jusqu'au jour où éclate la contradiction qui mine toute l'entreprise : les représentations d'*Esther* sont à la fois l'apothéose de Saint-Cyr première manière et le signal d'alarme qui entraînera sa réforme.

Esther

Les petites filles qui s'installèrent à Saint-Cyr au début d'août 1686 crurent entrer au paradis. Mais un paradis fermé sur lui-même où, en grandissant, elles commencèrent à s'ennuyer un peu. Et leur tutrice chercha à y remédier. « Il faut que la jeunesse se divertisse, dit-elle à Racine, et particulièrement quand elle n'a pas renoncé au monde, comme la plupart de ces jeunes demoiselles. » Elles ont bien sûr la musique, inséparable de la religion comme il se doit. Leur maître de chapelle, l'organiste Gabriel Nivers, rend aussi attrayants que possible les motets qu'il leur fait chanter sur des textes tirés du Cantique des Cantiques : effusions tendres, qui ont pour objet le Christ, mais émeuvent les jeunes âmes jusqu'au tréfonds.

Pourquoi ne pas y adjoindre le théâtre ? L'idée de l'utiliser à des fins pédagogiques n'est pas nouvelle : depuis longtemps les jésuites disposent d'un vaste choix de pièces de collège d'inspiration religieuse, dont les représentations scandent leur calendrier scolaire. Mais il n'existe rien de tel pour les filles et le répertoire jésuite manque cruellement de rôles féminins. Mme de Brinon, qui se croyait capable à ses heures de taquiner la muse, entreprit de composer des tragédies. Mme de Maintenon les trouva exécrables, refusa de charger la mémoire de ses chères enfants avec des vers de mirliton et préconisa de chercher chez Corneille et Racine des œuvres « assez épurées des passions dangereuses à la jeunesse ». On commença par *Cinna*, qui obtint peu de succès. On continua avec *Andromaque*, qui en obtint trop. Sans doute la passion contrariée de Pyrrhus et d'Hermione parlait-elle mieux à leurs cœurs que les remords de l'empereur Auguste.

C'est alors qu'après quelques tâtonnements Mme de Maintenon eut l'idée de demander à Racine une pièce sur mesure, « sur quelque sujet de piété ou de morale, une espèce de poème où le chant fût mêlé avec le récit — pour faire participer le plus de jeunes filles possible —, le tout lié par une action qui rendît la chose plus vive et moins capable d'ennuyer ». Racine, qui se prélassait depuis dix ans dans sa sinécure d'historiographe officiel, fut consterné. Mais quel moyen de refuser ? Il trouva dans la Bible le sujet d'Esther, merveilleusement approprié, l'histoire d'une jeune fille juive dont la beauté et la vertu font la conquête du roi de Perse Assuérus : celui-ci répudie pour l'épouser l'altière Vasthi et elle arrache ainsi son peuple à la proscription et au massacre. De quoi prêter à quelques-unes de ces « applications » dont l'époque était friande : sous les traits d'Esther on reconnut Mme de Maintenon et le mariage de l'héroïne parut comme une sorte de « déclaration » voilée du sien. L'altière Vasthi, favorite répudiée pour l'amour de la jeune femme, c'était, bien sûr, Mme de Montespan. Quant aux malheureux juifs, quelques-uns tentèrent de les identifier avec les huguenots persécutés, non sans solliciter beaucoup les faits, car nul n'avait intercédé en faveur de ces derniers.

Racine avait conçu une tragédie en musique, avec chœurs, où les morceaux lyriques s'intégraient aisément à une action tout intérieure, fondée sur l'évolution des sentiments. Il s'attacha à former lui-même les jeunes actrices, à leur enseigner la diction musicale en forme de mélopée modulée à laquelle il tenait tant. Piquées au jeu, toutes se surpassèrent, y compris celles qui jouaient les rôles masculins. Le roi avait prêté les musiciens de sa chambre pour accompagner les chœurs de jeunes filles, parmi lesquelles on avait glissé, afin de les soutenir, quelques chanteuses professionnelles. On avait soigné la mise en scène. Trois décors différents, des costumes « à la persane » avec pantalons et turbans couverts de dorures et de pierreries, des figurants, des accessoires, bref on n'avait pas lésiné pour que ce fût une vraie pièce de théâtre et non une simple comédie de couvent, en dépit du caractère improvisé de la salle — le vaste vestibule des dortoirs, au second étage, aménagé pour les besoins de la cause avec scène, coulisses et gradins.

La première représentation est donnée le 26 janvier 1689, en présence du roi et de quelques personnages choisis. Il se montre si satisfait qu'il en redemande. Trois jours plus tard, toute la famille royale assiste à la seconde. Ensuite le bruit s'en répand et l'on se dispute l'honneur des invitations : le roi les distribue comme des faveurs extrêmes et il s'assure lui-même, à la porte, la canne à la main, qu'aucun resquilleur ne s'introduit parmi les élus. Les 3, 5, 15 et 19 février, la salle est comble. Saint-Cyr devient le haut lieu de la vie mondaine. On ne parle que du talent des demoiselles et des mérites de leur protectrice. Celle-ci, rayonnante, reçoit dans son royaume la cour et la ville. *Esther* est son triomphe personnel. Mme de Sévigné, qui a réussi à obtenir une entrée, trouve à son ancienne amie un peu trop d'arrogance, mais ne tarit pas d'éloges sur les beautés de la pièce. Seule Mme de La Fayette — qui n'y assista pas — voit dans l'enthousiasme général un parfum de courtisanerie. Mais c'est un incontestable succès.

Mme de Maintenon croit pouvoir se féliciter de son initiative. Elle a mis le théâtre au service de la morale, Racine a réussi à démontrer que la vertu peut être aimable. Hélas, ce n'est pas l'avis du curé de Versailles, Hébert — celui-là même qui avait si fort loué son vicaire d'avoir refusé l'absolution à Mme de Montespan —, ce n'est pas non plus l'avis de l'abbé Gobelin et de la plupart des gens d'Église dont elle se trouve entourée. Et les jeunes filles prennent comme un malin plaisir à leur donner raison. Les louanges leur ont tourné la tête, elles se croient des vedettes. Elles répugnent à manier le balai et le plumeau, elles refusent de chanter à l'église pour ne pas s'abîmer la voix, elles deviennent capricieuses, indociles, insolentes. Beaucoup sont prêtes à faire le mur pour se jeter dans les bras d'un gentilhomme qui leur a fait les yeux doux, et il se peut que quelques-unes soient passées à l'acte. On n'expose pas impunément de jeunes personnes aux feux de la rampe, à deux pas des tentations de la cour. « Quelquefois les choses les mieux instituées dégénèrent, murmure Mme de La Fayette, et cet endroit qui, maintenant que nous sommes dévots, est le séjour de la vertu et de la piété, pourra quelque jour être celui de la débauche et de l'impiété... » Bref les bonnes intentions de Mme de Maintenon sont de celles dont l'enfer est pavé.

Elle prit peur. Elle fit savoir à Racine, à qui elle a fait une seconde commande, que l'*Athalie* à laquelle il travaillait n'aurait pas les mêmes honneurs. Les jeunes filles se contenteraient de la jouer entre elles. La pièce eut droit cependant le 5 janvier 1691, en présence du roi, à une « répétition » avec musique, mais sans décors ni costumes. Il y en eut deux ou trois autres — la dernière en présence du Père La Chaise et de Fénelon, conviés comme témoins de moralité, tandis que l'évêque de Chartres, qui s'était récusé, faisait aux dames de la maison une conférence sur la scandaleuse impiété des festivités du carnaval. Ainsi finit la carrière de Racine, en même temps que les expériences théâtrales de Mme de Maintenon à Saint-Cyr. Mais la maison d'éducation qu'elle avait voulue ouverte sur le monde n'en était pas quitte, on le verra plus loin, avec les dévots.

Entre-temps, elle avait eu l'occasion de mesurer l'hostilité et le mépris que lui portaient les deux femmes les plus haut placées à la cour. La belle-sœur du roi, Madame Palatine, et sa bru, la Grande dauphine, toléraient mal, surtout la première, que l'intrusion de l'épouse secrète dans la famille royale en ait perturbé, à leurs dépens, le délicat équilibre et la rendaient — à tort ? — responsable de leurs déceptions.

CHAPITRE QUATORZE

UNE ALLEMANDE TRUCULENTE :
MADAME PALATINE

« Les mariages sont faits au ciel », répétera volontiers l'héroïne du présent chapitre. Mais en ce qui concerne les princesses, les décrets du ciel font un détour par le cabinet des rois : la politique en est l'unique ressort. Lorsqu'il est question, en 1671, de remarier Monsieur, veuf d'Henriette d'Angleterre, puis en 1680, de marier le dauphin, la France ne fait pas exception à la règle.

En apparence, elle vise moins haut que par le passé : les deux élues sont des Allemandes de rang princier, mais non royal. À vrai dire, le marché n'offre alors ni infantes, ni archiduchesses d'âge approprié. Pour resserrer les liens avec Madrid, on sacrifiera sur l'autel de l'intérêt national la fille aînée de Philippe d'Orléans et d'Henriette : la malheureuse Marie-Louise sera livrée à Charles II, le dernier survivant dégénéré du sang espagnol ruiné par les unions consanguines, avec mission de le maintenir dans l'orbite française jusqu'à une mort qu'on suppose proche. Quant à l'autre Charles II, celui d'Angleterre, on pense le tenir par l'argent : ni lui ni son frère et successeur Jacques II ne peuvent se passer des subsides français.

En fait, les véritables enjeux sont désormais en Allemagne. C'est là que se joue l'hégémonie sur l'Europe de demain. L'Empire Romain Germanique, vaste mosaïque de principautés, duchés, villes libres et autres entités territoriales indépendantes, partagé entre catholicisme, luthéranisme et calvinisme, est le cadre d'une lutte d'influence entre les souverains de Vienne, qui ne se résignent pas à leur effacement, et Louis XIV qui, comme tous ses prédécesseurs, cherche à repousser les frontières du nord et de l'est pour mettre sa capitale hors de portée des invasions. Mais ce dernier a aussi des ambitions plus vastes. Se jugeant maître du jeu, il s'apprête à réviser la vieille politique d'alliances protestantes pour rassembler l'Europe derrière lui en se faisant le champion du catholicisme. Et peut-être caresse-t-il l'espoir secret d'arracher aux Habsbourg la couronne impériale, qui est élective. Paris et Vienne se disputent donc les héritières des cinq principautés disposant d'une voix dans le collège électoral*.

De leur côté les princes allemands sont demandeurs, mais ils hésitent : lequel, de l'empereur Léopold Ier ou de Louis XIV, les protégera le mieux des visées de l'autre sans attenter pour autant à leur indépendance ? La réponse varie selon leur situation géographique et leur appartenance religieuse, mais aussi selon les circonstances. Bref ils pratiquent avec un bonheur inégal l'art difficile de l'opportunisme. Et ce faisant, ils placent dans des situations très délicates les princesses données à la France en garantie de leur chancelante fidélité.

À quelques années de distance, Élisabeth-Charlotte, la Palatine, et Marie-Anne-Victoire, la Bavaroise, arrivent pleines de bonnes intentions, très désireuses de s'acclimater et de faire honneur à la place qui leur est assignée, au sommet de la hiérarchie, juste derrière l'insignifiante Marie-Thérèse. La seconde, surtout, se dispose à être un jour reine de France et elle en remplira quelque temps les fonctions. Toutes deux ont la capacité et la volonté de bien faire. Elles disposent d'un atout majeur : à la réserve de l'accent, elles parlent le français presque aussi bien que leur langue maternelle. Elles compensent leur absence de beauté par une vive intelligence et un sens inné de leur dignité. Bref elles semblent bien plus assimilables que la plupart des princesses projetées comme elles en terre inconnue.

---

* Au début du siècle, la collège comportait sept électeurs, quatre laïques — le roi (électif) de Bohême, le prince palatin du Rhin, l'électeur de Saxe et le margrave de Brandebourg — et trois ecclésiastiques — les archevêques de Mayence, de Cologne et de Trèves. Le Palatin ayant été privé de son électorat au profit du duc de Bavière lors des péripéties de la guerre de Trente Ans, on créa pour lui en 1648, au traité de Westphalie, un huitième électorat. On en créera un neuvième en 1692 pour le duc de Hanovre. Inutile de dire que l'appartenance religieuse pesait très lourd. Trois des électeurs étaient protestants : ceux du Palatinat, de Saxe et de Brandebourg, à qui viendra se joindre celui de Hanovre. Mais les trois électeurs ecclésiastiques suffisaient à maintenir la majorité dans le camp catholique.

Or ni l'une ni l'autre ne parviendront à s'adapter. Bien qu'elles s'y soient essayées loyalement, ni la truculente Palatine ni la mélancolique Bavaroise, dont il sera question au chapitre suivant, ne deviendront vraiment françaises. Elles se replieront sur elles-mêmes et la seconde finira par en mourir.

Élisabeth-Charlotte, princesse Palatine

Lorsqu'en 1671 Louis XIV demande pour son frère la main de la princesse Palatine, ses visées sont relativement modestes. Il se prépare à lancer la guerre contre la Hollande et il a besoin d'y acheminer rapidement des troupes sans avoir à assiéger une à une les places des Pays-Bas espagnols. Le Palatinat rhénan, installé de part et d'autre du fleuve au confluent du Neckar, offre une voie royale pour prendre à revers les Provinces-Unies. La négociation matrimoniale comporte donc une clause de libre passage des armées françaises. Selon l'usage, la jeune princesse renonce en se mariant à la succession paternelle. Mais à tout hasard, et sur le modèle de ce qui a été fait naguère pour Marie-Thérèse, la France subordonne cette renonciation au versement de la dot, dont le montant n'est même pas spécifié, et elle en exclut d'autre part certains territoires qui ne relèvent pas de la mouvance impériale. Bref il y a là de quoi étayer d'éventuelles revendications françaises.

Pour l'électeur Charles-Louis de Pfalz-Simmern, qui avait grand besoin de la protection de son puissant voisin, l'offre était inespérée et il ne se trouvait guère en mesure d'en discuter les modalités. Il avait succédé à son père Frédéric V dans des conditions difficiles. Celui-ci en effet avait dû payer lourdement le prix d'une aventure achevée en désastre. En se convertissant au calvinisme et en y entraînant son peuple, il s'était d'abord coupé de la plupart des princes allemands, partagés entre Rome et Luther, et même de l'Angleterre anglicane dont était issue son épouse, fille de Jacques Ier Stuart. Il avait ensuite eu l'imprudence d'accepter la couronne élective de Bohême, que lui offraient les Tchèques révoltés contre la domination autrichienne. Battu à plates coutures à la Montagne Blanche, en 1620, il avait été dépossédé de ses états patrimoniaux et de son titre d'électeur au profit du duc de Bavière, un très lointain cousin, un Wittelsbach comme lui, mais d'une branche cadette. Affublé du sobriquet de « roi des neiges » ou « roi d'un hiver » par allusion à son très bref séjour sur le trône de Prague, il avait couru tous les champs de bataille de la guerre de Trente Ans dans le vain espoir de reconquérir son bien, tout en faisant à sa femme, réfugiée à La Haye, de brèves mais fécondes visites. À sa mort, c'est au second de ses treize enfants, Charles-Louis, âgé de quinze ans, qu'échut la lourde tâche de redresser la situation, tandis que les autres essaimaient un peu partout.

On ne demanda pas son avis au jeune héritier lors des discussions de Westphalie. Il dut renoncer aux territoires qu'avait possédés sa famille aux confins de l'Autriche et de la Bohême*. Il pouvait s'estimer heureux de retrouver son titre d'électeur et de récupérer Heidelberg, Mannheim, Worms, ainsi que les riches terres baignées par le Rhin, certes ruinées par le va-et-vient des armées, mais prêtes à renaître de leurs cendres. En matière de reconstruction, il fit merveille : vingt ans plus tard, le pays rayonnait de prospérité. Débonnaire, pacifique, tolérant, il avait substitué au fanatisme religieux de son père un œcuménisme aimable et rêvait de faire coexister en paix les trois confessions rivales. Mais il fit aussi quelques sottises

Charlotte de Hesse-Cassel, l'épouse qu'il avait choisie et dont il se montra d'abord amoureux, se révéla à l'usage une redoutable virago. L'entourage ne perdait rien de la mésentente du couple, ponctuée de cris, d'injures, de soufflets et de saignements de nez. Elle exigea de faire chambre à part. Bien entendu il prit une maîtresse, Louise de Dagenfeld, aussi douce que l'autre était violente. Mais pour légitimer les enfants que celle-ci lui donnait avec une régularité d'horloge, il prétendit l'épouser. Plus coulante que le catholicisme, la religion réformée l'aurait bien autorisé à divorcer, mais il y fallait le consentement de sa femme, qui se fit une joie de le refuser. Il s'installa donc dans une bigamie toute retentissante de scènes publiques à répétition, jusqu'au jour où Charlotte se retira chez elle à Cassel, non sans poursuivre de loin ses récriminations.

---

* Le Haut-Palatinat, capitale Ratisbonne, par opposition au Bas-Palatinat, ou Palatinat rhénan.

Les époux terribles avaient eu ensemble trois enfants, dont deux survivaient : un fils, Charles, né en 1651 et une fille, notre Élisabeth-Charlotte, née l'année suivante. S'il n'avait pas eu à assurer l'avenir de treize bâtards — dits les *raugraves* —, l'électeur Palatin n'aurait pas eu trop de peine à caser ses aînés. Mais il tirait le diable par la queue et sa situation conjugale choquait. Différents projets de mariage envisagés pour la jeune fille — dont le plus brillant avec Guillaume d'Orange — échouèrent. Elle n'était pas jolie, elle prenait de l'âge, on se doutait que la dot promise ne serait jamais payée, bref il devenait urgent de la marier.

Déchirée entre des parents désunis, mais prise en amitié par sa tante paternelle Sophie de Hanovre, Élisabeth-Charlotte, dite Liselotte, avait été convenablement élevée, sans la rigueur qui affectait ordinairement l'éducation d'une fille. On ne lui avait pas appris la docilité. Saine, gaie, vigoureuse, indépendante, elle ne se sentait nullement inférieure à son frère, maladif, anxieux, introverti. En bon garçon manqué, elle aimait la nature, les animaux, le grand air, les choux au lard et se moquait comme d'une guigne des effets nocifs du soleil sur sa peau. De toute façon, avec ses yeux noirs, ses cheveux sombres, son teint coloré, on lui répétait à satiété qu'elle était laide. Alors pourquoi se contraindre ?

Lorsqu'il fut question pour elle du frère de Louis XIV, elle n'éleva aucune objection. Elle sentait bien que son père avait hâte de se débarrasser d'elle. La France était un pays séduisant. Le seul point d'achoppement risquait d'être la religion. Elle était calviniste. Mais pas fanatique du tout. Elle croyait très fort en Dieu et en sa toute-puissante providence, mais les subtilités du dogme la laissaient de marbre. Lorsqu'elle séjournait chez sa tante de Hanovre, elle pratiquait sans scrupules le luthéranisme. Il fallait qu'elle fût catholique à Paris : pourquoi pas ? Elle se prêta de bon gré à la comédie qui permit à l'électeur de paraître étranger à sa conversion, pour ne pas heurter les sentiments de ses sujets. Il fut entendu que l'initiative serait censée venir d'elle et qu'elle ne se déclarerait qu'une fois arrivée sur le territoire français, soulevant chez son père une feinte indignation. On prit tout de même la peine de lui enseigner le *b a ba* du dogme romain. Mais comme il n'était pas question de faire pénétrer à la cour de Heidelberg un prêtre catholique, sa formation fut confiée à un aimable polygraphe du nom d'Urbain Chevreau, qui traînait ses guêtres à droite et à gauche au hasard des subsides offerts. C'était en réalité un franc libertin, mais il savait assez de théologie pour permettre à sa pupille de faire bonne figure devant le jésuite qui la testa à son arrivée à Metz. « Que de sacrements à la fois ! écrira-t-elle plus tard. En une seule journée, on me fit me confesser, communier, me marier et recevoir la confirmation, tout cela étant considéré ici comme des sacrements. » Il ne lui restait plus qu'à adresser à son père une lettre d'excuses, à quoi celui-ci répondit qu'on devait s'incliner devant la volonté de Dieu.

Elle se trouvait dans une sorte d'état second. Depuis qu'elle avait quitté à Strasbourg son frère Charles et sa tante Sophie, elle ne cessait de pleurer à l'idée de ne plus revoir son Palatinat natal. Elle en perdait même l'appétit — pour elle, un comble. Aucun souvenir ne lui resta de son abjuration, et très peu de son mariage par procuration, dans la cathédrale Saint-Étienne de Metz, le 16 novembre 1671. Elle reçut, dans un nuage, les pierreries que lui envoyait son époux « en gage de son amour » et les hommages des membres de sa future « maison ». Bref elle subit les épreuves rituelles des princesses arrachées à leur pays natal et transplantées brutalement en terre étrangère. Ses nouveaux compatriotes, pleins de préventions contre l'Allemagne, souriaient de sa robe de taffetas bleu si peu de saison en cet automne glacial, ou de l'écharpe de zibeline qu'elle serrait frileusement à son cou : une campagnarde, une sauvageonne, dont on supposait, Mme de Sévigné dixit, qu'elle ne parlait que la langue barbare d'outre-Rhin. D'ailleurs son trousseau ne comptait que six chemises : une misère ! Mlle de Montpensier salua son arrivée d'une lapalissade — « Quand on vient d'Allemagne, on n'a pas l'air français » —, bientôt corrigée, par bonheur : « Quand elle eut pris l'air de France, ce fut tout autre chose. » Et l'on s'aperçut qu'elle parlait fort bien. Trop peut-être. Mais n'anticipons pas.

Un couple disparate

Le 20 novembre elle rencontra à Châlons celui que le ciel lui destinait. De très petite taille, les cheveux et les sourcils très noirs, les yeux bruns, le visage long et mince adorné d'un grand nez, la bouche trop petite et les dents gâtées, Philippe d'Orléans était à trente et un ans tel que nous l'avons connu lors de son mariage avec Henriette. De sa personne papillonnante de rubans, étincelante de diamants, émanaient des parfums suaves. Autour de lui une escouade de jeunes gens, à qui il confia, dit-on, ses appréhensions — « Oh ! comment pourrai-je coucher avec elle ? » Dans la fraîcheur de ses dix-neuf ans, pas encore envahie d'embonpoint, elle n'était pourtant pas désagréable à regarder. « Je la trouvai jolie, l'air jeune et spirituel, dit le marquis de Saint-Maurice, qui la vit quelques jours plus tard. On dirait qu'elle a été élevée en cette cour ; il ne lui manque plus qu'un peu de langage. Elle n'est pas étonnée et a l'air de grandeur qu'apportent les princes au berceau. » À quoi fait écho le diplomate prussien Spanheim qui lui voit « une taille belle et libre, un port dégagé, un air ouvert et aisé, un visage qui, sans avoir les traits d'une beauté délicate et régulière, ne laissait pas d'avoir de l'agrément, de la noblesse et de la douceur ».

Elle n'a donc rien d'un épouvantail. Mais elle manque de charme, de grâce, de séduction et ne cherche pas à plaire. Dans le couple qu'elle forme avec Philippe d'Orléans, les rôles sont comme inversés. Elle est aussi masculine qu'il est, lui, efféminé, aussi simple et directe qu'il est maniéré et minaudeur. Avec Henriette, le heurt de deux coquetteries avait abouti à des étincelles. La complémentarité à rebours de ce nouveau couple donnera-t-elle de meilleurs résultats ?

Il est probable qu'on n'avait pas pris soin de la prévenir. Mais elle vit bien qu'elle ne lui plaisait pas. Elle comprit vite. Par chance elle nourrissait peu d'illusions sur le mariage. Certes elle était sentimentale, comme toutes les jeunes filles. Mais un solide bon sens, et le spectacle des malheurs de sa mère, de sa tante Sophie et même de la pauvre Louise de Dagenfeld l'avaient convaincue que les délices de l'amour n'étaient pas faits pour les princesses. « Les mariages sont comme la mort, écrira-t-elle plus tard : l'heure et le temps en sont marqués, on n'y échappe point. Tel Notre Seigneur l'a voulu, tel faut-il qu'il se fasse. » Ce sage fatalisme lui permit d'accepter son mari tel qu'il était, la préserva de toute jalousie et lui inspira à l'égard de ses penchants « italiens » une large tolérance — du moins tant qu'il garda pour elle un minimum d'égards.

Il savait se montrer charmant quand il voulait et plein de prévenances. De son premier mariage il lui restait deux filles, à qui Liselotte ouvrit aussitôt ses larges bras. Mais il désirait un fils. Il se résigna donc à faire ce qu'il fallait. Elle a raconté avec humour comment il se munissait pour affronter le devoir conjugal de tout un attirail de chapelets et de médailles bénies. « Dieu me le pardonne, lui dit-elle, mais je soupçonne que vous faites promener vos reliques et vos images de la Vierge dans un pays qui lui est inconnu. — Taisez-vous, dormez. Vous ne savez ce que vous dites. » Mais une nuit elle souleva la couverture et le prit en flagrant délit. Il se mit à rire : « Vous qui avez été huguenote, vous ne savez pas le pouvoir des reliques et des images de la Sainte Vierge. Elles garantissent de tout mal les parties qu'on en frotte. — Je vous demande pardon, Monsieur, mais vous ne me persuaderez point que c'est honorer la Vierge que de promener son image sur les parties destinées à ôter la virginité. » À quoi Philippe rit de plus belle en la priant de n'en parler à personne.

Avec ou sans secours miraculeux, elle le combla en lui donnant coup sur coup deux fils, à un an d'intervalle. Hélas l'aîné, qu'on croyait bien portant parce qu'il était gros et gras, « aussi large que long », fut emporté par une entérite aiguë à l'âge de deux ans et demi. Elle le pleura six mois avec emportement, croyant devenir folle : « Qui n'a pas d'enfants ne peut concevoir un tel chagrin. C'est comme si on vous arrachait le cœur de la poitrine. » Par bonheur une nouvelle maternité la rendit bientôt à la vie, tout en mettant un terme à sa vie conjugale. Monsieur, jugeant en avoir fait assez pour l'avenir de la dynastie, lui signifia qu'il souhaitait faire chambre à part. Elle s'en réjouit sans réserve, n'ayant jamais trouvé dans leurs ébats nocturnes quelque agrément que ce fût. Une nichée d'épagneuls remplaça avantageusement dans son lit l'époux inutile : au moins ils lui tenaient chaud.

Désormais le fils qui lui reste, Philippe, titré duc de Chartres — le futur Régent —, et sa fille, prénommée comme elle Élisabeth-Charlotte et dite Mlle de Chartres, accaparent tous ses soins et comblent son cœur. Ils ont l'exclusivité de son amour exubérant et passionné. Mais les enfants ne suffisent pas à la réconcilier avec la condition de femme mariée : car leur naissance et leur mort sont également douloureuses. Il n'y a de bon dans la vie, dit-elle, que le célibat.

L'amitié du roi

Louis XIV, en négociant le mariage de Liselotte, avait peut-être vaguement mauvaise conscience à son endroit. Il ne connaissait que trop son frère et se souvenait des querelles qui avaient secoué son premier mariage. Il eut pourtant la faiblesse de lui accorder le retour de son âme damnée, le fameux chevalier de Lorraine, dont Henriette d'Angleterre avait exigé l'éloignement. C'est que Philippe, privé de son compagnon, se montrait insupportable. Le roi se rendit compte qu'il serait plus aisé de le gouverner par favori interposé : ayant tâté de l'exil, Lorraine, par intérêt bien compris, ne rechignerait pas à agir sur Monsieur dans le sens souhaité. Il fit donc ce cadeau à son frère à la veille du mariage. Mais il s'efforça, en contrepartie, de tenir en respect la troupe des mignons en protégeant ostensiblement sa jeune belle-sœur.

Il n'a pas à se forcer : il la trouve très sympathique.

À défaut de la reine, incapable de remplir cette fonction, c'est lui qui se charge de la présenter à la cour et de lui en expliquer les usages. Les égards qu'il lui prodigue frappent Mme de Sévigné au point de lui faire oublier l'idylle naguère ébauchée avec Henriette : « Le roi a une application à divertir Madame qu'il n'a jamais eue pour l'autre. » Bals, comédies, mascarades : au début de cette année 1672, la nouvelle venue est à la fête. Il est vrai que tous ces divertissements ont aussi pour destinataire la favorite montante, Mme de Montespan. Mais à la cour Liselotte se taille assez vite une place à part. Tous les soirs, on bavarde en petit comité dans le cabinet du roi. Déférente mais sans timidité, elle a l'intelligence vive, la repartie aisée, souvent plaisante. Son regard neuf, non émoussé par l'habitude, repère le cocasse, l'insolite, l'absurde. Elle marque sa surprise dans un langage peu policé, dont l'exotisme discret fait excuser la verdeur. Et il rit de bon cœur devant ses saillies. Son absence de coquetterie le repose de toutes les femmes qui font la roue dans l'espoir de le séduire. Sa spontanéité sert de contrepoint aux subtilités de l'esprit Mortemart.

Un autre privilège est réservé à Liselotte. Elle a avec Louis XIV des goûts communs. À la différence de son époux, qui ne se plaît qu'à Paris, elle déteste la ville, la foule, le vacarme, la promiscuité. Elle aime les fenêtres ouvertes — même quand elle accouche —, le grand air, les vastes espaces. Tandis que les dames de la cour se disputent les chaises à porteurs, elle est prête à suivre son maître et seigneur à pied tout autour de son parc, dont elle admire la végétation en connaisseur : « Il n'y a que vous qui jouissiez des beautés de Versailles », lui dit-il. Et dans la bouche de quelqu'un qui prendra la peine de rédiger, de sa propre main, une *Manière de montrer les jardins de Versailles*, le compliment est sans prix.

À Heidelberg, on avait négligé de lui enseigner l'équitation. Elle s'y met bien vite et fait de tels progrès qu'elle surpasse bientôt les hommes. Elle participe vaillamment aux chasses à courre, se brûle la peau au soleil et au vent, rentre le soir « rouge comme une écrevisse », brisée de fatigue et de bonheur. Louis, séduit par cet enthousiasme, prend à cœur de lui faire découvrir la forêt giboyeuse de Fontainebleau. Un jour, son cheval fait un écart, elle perd l'équilibre, le pied coincé dans l'étrier, cramponnée au pommeau de la selle ; mais elle tient assez longtemps pour laisser passer le gros de la troupe avant de se laisser couler sur l'herbe. Déjà le roi est auprès d'elle, « pâle comme la mort », il « la visite de tous côtés » avant de se convaincre qu'elle n'a pas de mal, la ramène au château et passe un long moment à son chevet. Elle s'enchante de cette sollicitude. Pas au point d'accepter cependant l'intervention des médecins français, qui, avec leurs clystères, leurs émétiques et leurs saignées, lui inspirent la plus vive méfiance. Elle attribue à leur ignorance et à leur stupidité toutes les morts qu'elle observe autour d'elle — à moins qu'elle ne les impute au poison. Pour guérir, il n'est pas de meilleur remède que de laisser faire la nature. Rien ne l'en fera démordre. Et la robuste santé dont elle jouira jusqu'à un âge avancé incite à lui donner raison.

Madame est heureuse. L'amitié du roi vaut la considération de toute la cour. Un signe qui ne trompe pas : la fameuse zibeline, qu'on jugeait ridicule et dont elle n'a pas voulu se séparer, est devenue la dernière parure à la mode. Une parure qui porte son nom : on l'appelle une *palatine*.

À ce resplendissant beau-frère, si imposant mais si gai, si prévenant, de si bonne compagnie, elle voue une admiration candide, dépourvue d'arrière-pensées, dans laquelle de vieilles dames expertes comme sa tante la princesse de Tarente ou

Mme de Sévigné croient deviner un amour qui s'ignore. C'est peut-être beaucoup dire. Il est sûr qu'elle aime le roi, comme elle le dit elle-même, « de tout son cœur », en tout bien tout honneur, et qu'elle tient très fort à rester proche de lui. Mais elle a avec Mme de Montespan de bonnes relations, sans aucune jalousie. En dehors des moments d'intimité, la favorite est accueillante. Pour qu'on s'amuse chez elle, il faut du monde. La conversation de salon est un jeu qui se joue à plusieurs et Madame, assez laide pour ne jamais devenir une rivale, mais assez spirituelle pour tenir sa partie dans le concert, est la bienvenue dans ses *médianoches*. S'il y a entre elles quelques tensions, elles sont du fait d'Athénaïs, mécontente que Madame choisisse — à dessein — des filles d'honneur trop belles qui plaisent trop au roi.

Quant à la faveur montante de Mme de Maintenon, Liselotte n'y prend d'abord pas garde. C'est seulement lorsque son idole commet le crime suprême en épousant cette femme surgie du néant que se déchaîne sa haine. L'orgueil nobiliaire n'est pas seul en cause dans la violence de cette réaction. Il se trouve que ce mariage coïncide avec la douloureuse découverte qu'elle a perdu l'amitié du roi : elle a le sentiment d'être chassée du paradis. Est-ce la faute de Mme de Maintenon ? Celle-ci était bien trop prudente pour prendre l'initiative d'un conflit. Mais l'impulsive Liselotte n'hésite pas à la rendre responsable de ce refroidissement, dont elle se refuse à voir les véritables raisons, d'ordre divers.

D'abord avec le temps qui passait, elle a perdu l'attrait de la nouveauté. L'intérêt du roi se détourne. Elle-même n'a pas changé — tour de taille mis à part — et elle ne l'a pas vu changer. Elle a vingt-huit ans et des forces intactes, il aborde, à quarante-deux, le second versant de la vie. Devenu plus sérieux, il s'agace ou s'offusque de ce qui l'amusait naguère. Il la sent rebelle aux mots d'ordre de dévotion qu'il impose à la cour, imperméable aux prêchi-prêcha moralisateurs. Elle continue de montrer pour les aventures galantes de ses filles d'honneur une indulgence souriante ; et lui, qui ne s'en accommodait que trop bien quelques années plus tôt, s'en déclare maintenant scandalisé. Désormais sa liberté de langage déplaît. Elle parle trop, elle écrit trop surtout, offrant à ses correspondants allemands, en termes parfois dignes de Rabelais, une irrévérencieuse chronique de la vie à la cour de France. Et comme le « cabinet noir » contrôle le courrier, même celui des princesses, le roi est averti de ses intempérances épistolaires.

Plus grave : l'abondance même de ce courrier prouve qu'elle ne s'acclimate pas. Dès son arrivée, on avait pris soin de ne laisser auprès d'elle qu'un nombre dérisoire de serviteurs allemands — mesure sévère mais traditionnelle, destinée à hâter la francisation des étrangères en coupant les ponts entre elles et leur pays. Mais on avait compté sans l'incroyable facilité de plume de Liselotte. Le flot continu de lettres qu'elle envoie à tous les membres de sa famille forme comme un cordon ombilical qui irrigue son cœur. C'est à leurs joies et à leurs malheurs qu'elle vibre autant et bientôt plus qu'à ceux de sa famille d'adoption. Loin de s'atténuer au fil des années, la nostalgie se fera plus lancinante en même temps que sa critique des manières de vivre françaises — alimentation, hygiène, médecine — se fait plus acerbe : « Comparé aux autres pays, le Palatinat est une terre promise, car tout est excellent dans notre chère patrie, l'air, l'eau, le vin, le pain, la viande et le poisson. » À l'évidence elle est restée allemande. Cette résistance à l'assimilation ne peut que déplaire à Louis XIV. Elle contribue à une prise de distance qui, par effet de choc en retour, enfoncera encore davantage la pauvre Madame dans son refus, lequel à son tour accentuera son isolement.

Elle n'en est pas encore là au début des années 1680. La cause première de ses déboires réside dans sa situation conjugale. Elle a eu grand tort de se réjouir de la séparation de corps. La voici rejetée du côté des douairières. Elle n'aura plus d'enfants : son rôle dans la famille devient accessoire. La sollicitude générale va désormais à la dauphine, porteuse des espoirs de la dynastie. Elle perd d'autre part le peu d'influence qu'elle pouvait avoir sur son mari, abandonné désormais à ses mignons. Ceux-ci ont vite fait de mesurer le déclin de sa faveur. Et les choses recommencent comme avec Henriette. Pour régner en maîtres dans la maison, ils entreprennent, en dépit de toute vraisemblance, de la discréditer par des commérages, ils tentent de l'isoler en faisant chasser tous ceux à qui elle tient, notamment sa suivante préférée. Elle se plaint donc au roi, comme jadis Henriette, et il est contraint comme jadis d'arbitrer les querelles domestiques — chose qu'il déteste entre toutes.

En 1682, une crise assez vive est pour lui l'occasion de mettre les points sur les *i*. Elle veut partir, elle parle d'aller vivre — faut-il qu'elle soit ulcérée ! — au couvent de Maubuisson dont une de ses tantes est l'abbesse. Pas question. « Tant que je vivrai, je n'y consentirai point [...] Vous êtes Madame, et obligée de tenir ce poste, vous êtes ma belle-sœur et l'amitié que j'ai pour vous ne me permet pas de vous laisser me quitter pour jamais. Vous êtes la femme de mon frère, ainsi je ne souffrirai pas que vous lui fassiez un tel éclat qui tournerait fort mal pour lui dans le monde. [...] Je ne veux point vous tromper, en tout le démêlé que vous pourrez avoir avec mon frère : si c'est de lui à vous, je serai pour lui ; mais aussi si c'est des autres gens à vous je serai pour vous », ajouta-t-il en guise de maigre consolation. La leçon est très claire. Elle ne vaut pas seulement pour Liselotte. Quiconque appartient, par naissance, mariage ou liaison, au premier cercle des proches de Louis XIV y est attaché pour toujours.

La pauvre Madame, sommée de rentrer dans le rang, tentera de se défendre, trois ans plus tard, dans une longue lettre au roi, solennelle et pathétique, puis se soumettra. Que faire d'autre ? Elle trouvera dans la correspondance un exutoire à sa colère, déversant des pages et des pages de récriminations furibondes sur la seconde épouse royale, vulgaire « crotte de souris » égarée parmi les précieux « grains de poivre » que sont les authentiques princesses. On peut espérer que les déchiffreurs du cabinet noir n'ont pas traduit littéralement les injures allemandes dont « pantocrate », « guenipe », « vieille ripopée », ne sont que des équivalents édulcorés. Mais il est impossible à Mme de Maintenon d'ignorer ses sentiments : attaquée, elle rendra coup pour coup, justifiant *a posteriori* les accusations de son ennemie.

La déchirure

Par son entêtement, son manque de souplesse et de diplomatie, Liselotte fournissait des verges pour se faire battre. Elle porte dans ses ennuis une part de responsabilité. Elle n'est pour rien, en revanche, dans les malheurs qui s'abattent sur elle à partir de 1685 pour des motifs de politique internationale.

L'alliance entre la France et le Palatinat, scellée par son

mariage, était celle du pot de terre et du pot de fer. Les sympathies mal dissimulées de l'électeur et de ses sujets pour les Hollandais entraînèrent des frictions avec les armées françaises transitant à travers leurs terres et, lorsqu'elles refluèrent en 1674, abandonnant la Hollande rendue inexpugnable par l'inondation, elles pratiquèrent dans les campagnes palatines la tactique de la terre brûlée, pour priver l'ennemi de sources de ravitaillement. Aucune cruauté n'inspirait cette démarche de Turenne, habituelle aux chefs de guerre ? C'est facile à dire. Les victimes, elles, ne l'entendirent pas ainsi. Liselotte, impuissante, dut se contenter de pleurer. Et, dès lors, entre ses deux patries, son choix est fait : les défaites françaises sont l'occasion pour elle de se réjouir en secret.

Un choix que viennent renforcer en 1685 la révocation de l'Édit de Nantes, qui lui fait regretter de s'être convertie, et surtout le drame qui se joue dans son pays natal, à l'occasion de la crise successorale. Et cette fois, elle est au cœur de l'affaire.

Son père était mort en 1680, laissant le pouvoir à son seul fils légitime, Charles. Et déjà Louis XIV en avait pris prétexte pour évoquer les droits de sa belle-sœur sur quelques lambeaux de l'héritage. Le nouvel électeur, frère de Liselotte, un instable, un illuminé, rongé de fantasmes et de mélancolie, n'avait pas d'enfants et n'en aurait pas : il n'avait jamais consommé son mariage, parce qu'il s'était mis dans la tête qu'il en mourrait. Il mourut quand même, encore jeune, en 1685, en désignant comme héritier son cousin le duc de Neubourg. Louis XIV attaqua aussitôt le testament, réclamant pour sa belle-sœur les « fiefs allodiaux », c'est-à-dire les possessions qui ne relevaient pas de la mouvance de l'Empire. Simmern et les autres territoires qu'il convoitait se trouvaient comme par hasard en position stratégique, sur la rive gauche du Rhin. N'obtenant rien par la négociation et comprenant qu'il n'échapperait pas à une guerre contre la coalition formée sous le nom de Ligue d'Augsbourg, il prit les devants et décida de renouveler l'opération qui avait si bien réussi en Flandre lors de la guerre de Dévolution, à l'occasion de l'héritage de Marie-Thérèse.

Celle-ci, on s'en souvient, avait donné son approbation : elle était incapable de lui dire non. Mais il savait bien que Madame lui refuserait son accord. Aussi s'abstint-il de le lui demander.

C'est donc en son nom, mais sans son aval, qu'à l'automne de 1688 il fit marcher ses troupes sur Philipsbourg. Le dauphin y faisait ses premières armes : « Il va vous conquérir votre bien et vos terres », dit le gouverneur du jeune prince à Liselotte consternée à l'idée qu'on se servait de son nom « pour perdre sa pauvre patrie ». Elle intervint vainement en faveur des siens. Le roi ne voulut pas la recevoir. À Louvois chargé de lui répéter qu'on ne songeait qu'à défendre ses intérêts, elle répliqua vertement : « En ce cas, Monsieur, qu'on me mette à la tête des armées et me laisse traiter moi-même mes affaires, ou qu'on y place mon mari, car je pense que lui du moins aurait pitié des malheureux Palatins. »

Mais on n'eut pas pitié des Palatins. Le duc de Neubourg s'était enfui, les Français occupaient le pays, en butte à la haine de la population. Faute de pouvoir s'y implanter solidement, on décida, à nouveau, d'y faire le vide. Le responsable en fut, non plus Turenne, mais Louvois. Le saccage, beaucoup plus étendu qu'en 1674, fut méthodique et féroce. La tactique de la terre brûlée visait essentiellement les campagnes. Cette fois on s'en prit aux villes qui, d'ordinaire, échappaient au pillage depuis que les armées étaient plus disciplinées et mieux payées*. Ordre fut donné de détruire Heidelberg et Mannheim, « non seulement les fortifications, mais toutes les maisons », afin de priver l'ennemi de tout refuge. Mais il s'agissait surtout, avant de quitter le pays, d'une manœuvre d'intimidation visant à terroriser, par l'exemple, quiconque s'aviserait de soutenir Guillaume d'Orange.

Au début de mars 1689, les principaux édifices d'Heidelberg s'effondrent dans le fracas des mines et le rougeoiement des incendies. Du château de grès rose, dont des pans entiers sont précipités dans le Neckar, le comte de Tessé a pris soin de faire enlever les portraits de famille de la maison palatine, afin d'en faire « une honnêteté »** à Madame, « quand elle sera un peu

---

* Au temps des guerres de religion et de la guerre de Trente Ans, il était fréquent que les chefs de guerre, incapables de régler la solde de leurs mercenaires, les autorisent à se payer sur les villes conquises : d'où quelques sacs terribles, passés dans l'histoire. Mais ils étaient de courte durée et les bâtiments de pierre échappaient à l'incendie.

** Un cadeau.

détachée de la désolation de son pays natal ». À la fin du même mois, Mannheim est à son tour transformée en champ de ruines. Des villes catholiques, comme Worms ou Spire, ont aussi leur part de destructions. Et comme le prolongement de la guerre donna à Louis XIV l'occasion de reprendre Heidelberg, les vainqueurs achevèrent le travail interrompu quatre ans plus tôt, allant jusqu'à violer la sépulture familiale de Liselotte : les restes de son père et de son frère furent dispersés et piétinés dans les rues.

Le ravage du Palatinat fut-il un crime d'une ampleur exceptionnelle ou un épisode cruel parmi d'autres, monnaie courante des guerres de l'époque ? On laissera aux historiens le soin d'en débattre. Ce qui est sûr, c'est qu'à l'époque il souleva l'horreur non seulement dans le camp ennemi, mais parmi les officiers français, honteux d'y avoir trempé. Et il manqua son effet, n'ayant pour résultat que de galvaniser les énergies contre la France et de renforcer le bloc de ses adversaires. Quant à Liselotte, hantée de cauchemars, elle fut inconsolable : « Chaque nuit, dès que je commence à m'endormir, il me semble être à Heidelberg et à Mannheim, et je crois voir cette désolation. Je me réveille en sursaut et, de deux heures, je ne retrouve plus le sommeil. » Elle en voulut longtemps à Louis XIV d'avoir saccagé sa patrie et — pis encore — d'avoir fait d'elle, contre son gré, la complice de ce désastre.

Désormais elle ne se sent plus Française, et pour un temps, elle n'est plus *persona grata* à la cour. Elle ne tient à la France que par ses enfants, par son fils notamment, qui sera appelé à jouer dans le royaume un rôle éminent. Mais dans l'immédiat, le mariage de ce fils est pour elle une occasion supplémentaire de rancœur.

Le mariage du duc de Chartres

Depuis plusieurs années Louis XIV méditait de marier le jeune Philippe d'Orléans à la dernière des filles que lui avait données Mme de Montespan. Il poursuivait un double objectif. Il voulait d'une part intégrer ses enfants légitimés à sa parentèle légitime — on en reparlera —, et d'autre part empêcher son neveu de s'allier à quelque puissante famille : bref neutraliser au maximum un garçon visiblement très doué, au tempérament ardent et indocile. Sans aucun doute il s'agissait, pour un petit-fils de France, d'une mésalliance criante. Il savait donc qu'il allait rencontrer chez son frère et surtout chez sa belle-sœur, très braquée contre la bâtardise, une vive opposition. Aussi se livra-t-il à une manœuvre retorse, dont Saint-Simon a laissé un pittoresque récit, qu'on regrette de ne pouvoir citer ici que par fragments.

Il commença par s'assurer l'appui du chevalier de Lorraine, qui se fit fort d'amadouer Monsieur, puis celui de l'abbé Dubois, le précepteur, qui se chargea de chapitrer son pupille. Du côté de Madame, il ne tenta rien, sachant ne rien pouvoir. Puis il entreprit, tel Horace contre les trois Curiaces, de dissocier ses trois interlocuteurs en les attaquant séparément. D'abord l'adversaire le plus faible, son frère, qui céda. Après quoi il convoqua l'intéressé et lui expliqua, dans un flot de sucre et de miel, qu'il voulait prendre de son établissement un soin paternel : comme la guerre empêchait de lui chercher une épouse à l'étranger, « il ne lui pouvait mieux témoigner sa tendresse qu'en lui offrant sa fille » ; mais, bien entendu, il ne voulait nullement le contraindre, ajouta-t-il avec la « majesté effrayante » qui lui était naturelle. Le jeune homme, pris au dépourvu, « crut se tirer d'un pas si glissant en se rejetant sur Monsieur et Madame, et répondit en balbutiant que le roi était le maître, mais que sa volonté dépendait de la leur. "Cela est bien à vous, répondit le roi ; mais dès que vous y consentez, votre père et votre mère ne s'y opposeront pas" ; et se tournant à Monsieur : "Est-il pas vrai, mon frère ?" Monsieur consentit, comme il avait déjà fait seul avec le roi, qui tout de suite dit qu'il n'était donc plus question que de Madame, et qui sur-le-champ l'envoya chercher. [...] Madame arriva, à qui d'entrée le roi dit qu'il comptait bien qu'elle ne voudrait pas s'opposer à une affaire que Monsieur désirait, et que M. de Chartres y consentait ». Et il feignit de croire qu'elle ne pouvait en être que ravie. Or elle escomptait un refus de son fils : celui-ci lui en avait donné sa parole. Voyant qu'il avait capitulé, comme son père, elle s'inclina : « puisqu'ils le voulaient bien, elle n'avait rien à y dire ». Puis elle tourna les talons. Et lorsque son fils la rejoignit pour tenter de s'expliquer, il s'attira une algarade accompagnée d'un torrent de larmes et elle le mit dehors.

Le soir, toute la cour put la voir arpenter les appartements en larmes un mouchoir à la main, parlant et gesticulant, telle « Cérès après l'enlèvement de sa fille Proserpine la cherchant en fureur et la redemandant à Jupiter ». Au dîner, elle ne mangea pas, refusant tous les plats que le roi s'appliquait à lui offrir, et elle répondit à la révérence très appuyée dont il prétendait l'honorer par « une pirouette si juste » qu'en se relevant « il ne trouva plus que son dos » — c'est un euphémisme. Le lendemain eut lieu dans la grande galerie, devant les courtisans qui attendaient la sortie du Conseil pour suivre le roi à la messe, une scène célèbre. « Madame y vint. Monsieur son fils s'approcha d'elle comme il faisait tous les jours pour lui baiser la main ; en ce moment, Madame lui appliqua un soufflet si sonore qu'il fut entendu de quelques pas, et qui, en présence de toute la cour, couvrit de confusion ce pauvre prince, et combla les infinis spectateurs d'un prodigieux étonnement. » Décidément Liselotte ne se plierait jamais aux bienséances à la française : « Je suis toujours ce que j'ai été ma vie durant : la France ne m'a pas polie... »

Quelques semaines plus tard, le 17 février 1692, un bal fastueux vint marquer les fiançailles et le lendemain 18, Philippe II d'Orléans épousait solennellement Françoise-Marie de Bourbon, dernière fille de Louis XIV et de Mme de Montespan. Madame lui a bien vite pardonné. Mais elle a longtemps battu froid à sa belle-fille. Bien qu'elle ait prétendu beaucoup plus tard que, « puisque la chose était faite », elle n'avait en rien cherché à troubler la paix du ménage, il est sûr que les déconvenues conjugales de la jeune femme ne l'ont guère apitoyée. Ce qui la désole, c'est seulement qu'aux demoiselles de la cour son chenapan de fils préfère les théâtreuses, actrices et cantatrices : il s'encanaille et son esprit s'enhardit. Certes la Palatine n'est pas dévote. Elle s'est fait depuis longtemps ce qu'elle appelle « mon petit religion à moi », à base d'une bonne dose de scepticisme à l'égard des pratiques du culte. Mais de là à douter de l'existence de Dieu, il y a un grand pas, et elle redoute de voir son fils le franchir. Quant au reste, elle ne demande qu'à s'attendrir sur ses fredaines et à s'extasier, en tremblant, sur ses premiers exploits militaires. Et elle s'indigne que le roi ne lui fasse pas, en ce domaine, la place qui lui revient.

Sur ce dernier point Monsieur, qui a souffert lui aussi d'être systématiquement écarté des responsabilités militaires, est d'accord avec elle. L'âge venant, les deux époux se rapprochent l'un de l'autre. Il se voit vieillir, il a de plus en plus peur de la mort, que ses confesseurs successifs lui présentent comme imminente, et de l'enfer, dont ils lui font une peinture terrifiante. Il prend quelque distance avec ses mignons et tente de mener une vie plus réglée, ce qui porte atteinte à son humeur. Et sa femme s'attendrit de le trouver soudain sensible à sa réconfortante chaleur. En 1698 leur fille les a quittés pour rejoindre à Nancy son mari, le duc Léopold de Lorraine*. Il leur reste, en commun, un amour passionné pour leur fils. C'est précisément au sujet de ce fils que l'oppose à Louis XIV une violente altercation, à laquelle il ne survivra pas.

La mort de Monsieur

Le mercredi 8 juin 1701 Monsieur, venu à Marly pour dîner avec son frère, le rejoignit au sortir du Conseil dans son cabinet mal isolé par de simples portières. Le roi l'attaqua sur la maîtresse — un fille d'honneur, cette fois — qu'entretenait son fils : l'affront à la jeune duchesse était public. Il « répondit avec aigreur que les pères qui avaient mené de certaines vies » étaient mal placés pour reprendre leurs enfants. Le roi se rabattit sur les égards dus à sa fille : il fallait au moins sauver les apparences. À quoi Monsieur eut beau jeu de lui rappeler « les façons qu'il avait eues pour la reine avec ses maîtresses, jusqu'à leur faire faire les voyages dans son carrosse avec elle ». Tous deux criaient alors si fort qu'un huissier crut devoir les prévenir que les valets postés dans les pièces voisines ne perdaient pas un mot de l'entretien. Il en aurait fallu plus pour arrêter Monsieur, dès lors qu'il était lancé. Il mit le doigt sur la plaie. Lors du mariage, le roi a promis monts et merveilles au jeune duc de Chartres, mais celui-ci attend toujours le gouvernement** promis. Pas de commandement militaire non plus. Il ne demande qu'à servir,

---

* C'est l'occasion pour la mère d'un échange épistolaire très fourni, dont rien, malheureusement, n'a été conservé.

** Le gouvernement d'une province.

mais on lui en refuse les moyens. Puisqu'on ne veut lui confier aucune responsabilité, quoi d'étonnant qu'il tente de se consoler en s'amusant ? Les reproches portent doublement. Car dans sa véhémence pathétique, c'est l'échec de sa propre vie qu'évoque le père en peignant la déception de son fils : que celui-ci, du moins, échappe à l'existence futile et vaine dans laquelle il fut lui-même engagé, puis confiné !

Louis XIV, outré de colère, se faisait menaçant lorsqu'on annonça que le dîner était servi. Les deux frères se mirent à table. Monsieur, les yeux étincelants, le visage enflammé de rouge, y parla peu, mais y mangea tout autant qu'à l'ordinaire, ce qui veut dire énormément. Et lorsqu'il repartit pour Saint-Cloud, on lui conseilla de se faire saigner. Arrivé chez lui il eut un malaise, dont une saignée le soulagea. Vers la fin du souper, à l'entremets*, il se mit à balbutier de façon incompréhensible en agitant la main et s'effondra sur son fils. C'était, comme on le lui prédisait depuis longtemps, une apoplexie — autrement dit une hémorragie cérébrale.

Les soins ne parvenant pas à le ranimer, on fit prévenir le roi. Celui-ci, encore sous le coup de la colère, hésita, craignant un artifice destiné à l'amadouer, et Mme de Maintenon, qui n'aimait pas Monsieur, lui conseilla d'attendre. Comme pour lui donner raison, un page vint annoncer un léger mieux. Il se coucha donc. Mais peu après on le réveilla : son frère était fort mal. Arrivé à Saint-Cloud à trois heures du matin, il le trouva sans connaissance. En fait il semble bien qu'il n'ait jamais repris conscience. On voulut croire à un « rayon » de lucidité lorsque son confesseur vint dire la messe : il ne fallait pas qu'on pût le dire parti pour l'éternité sans aucun viatique. Mais les comptes rendus passent pudiquement sous silence le fait qu'il ne put recevoir l'extrême-onction. Lorsque le roi se rendit à la messe, vers huit heures, il ne restait plus d'espoir. Il regagna Marly où l'on vint l'informer, vers la fin de la matinée, que c'en était fini. Il pleura beaucoup, comme à son ordinaire, sans qu'il fût possible de savoir ce qu'il en était réellement de son chagrin. Puis il commanda que la vie reprît son cours. « Vingt-six heures après la mort de Monsieur, conte Saint-Simon, le duc de Bour-

---

* Plat servi entre le rôti et les desserts.

gogne demanda au duc de Montfort s'il voulait jouer au brelan : "Au brelan ! vous n'y songez donc pas ! Monsieur est encore tout chaud. — Pardonnez-moi, répondit le prince, j'y songe fort bien ; mais le roi ne veut pas qu'on s'ennuie à Marly, m'a ordonné de faire jouer tout le monde, et, de peur que personne ne l'osât faire le premier, d'en donner, moi, l'exemple." » Ainsi Louis XIV prétendait-il enseigner à son petit-fils le métier de roi.

Redistribution des rôles

Bouleversé par la mort de son père, auquel il était très attaché, le jeune Philippe s'était jeté en larmes aux pieds de Louis XIV : « Eh ! Sire, que deviendrai-je ? je perds Monsieur et je sais que vous ne m'aimez point. » Le roi, ému, le consola en l'embrassant. Le lendemain il lui parla avec « beaucoup d'amitié », l'invita à le regarder « comme son père », à oublier les « petits sujets de chagrin » qu'il avait pu avoir contre lui, et « à lui redonner son cœur comme il lui redonnait le sien ». Le tout assorti d'une invitation à le bien servir.

Le nouveau duc d'Orléans fut-il dupe de ces effusions paternalistes ? À vingt-sept ans, il n'est plus un enfant, et la disparition de son père le met en possession non seulement de son titre, mais de ses biens propres, qui sont très considérables. Elle fait de lui un des premiers personnages du royaume. Dans la famille royale, il devient le chef de la branche collatérale, bien supérieure en rang et en dignité aux Condé et aux Conti. Philippe Ier du nom n'avait guère tenté de faire valoir ses prérogatives. Qu'en sera-t-il du second, visiblement plus énergique ? Louis XIV sait qu'il lui faudra compter avec lui. D'où l'intérêt de le ménager, tout en le maintenant dans l'obéissance.

Le sort de Liselotte est moins enviable et elle commence à regretter d'avoir tant irrité son beau-frère. Une duchesse d'Orléans n'existe que par son mari. Douairière, elle est vouée à la retraite. Elle dispose pour cela d'un château et d'un domaine à Montargis, qui lui ont été concédés par contrat de mariage. À moins qu'elle ne préfère se retirer auprès de sa tante l'abbesse de Maubuisson, comme elle a parfois menacé de le faire dans des moments de colère. Cette seule idée lui arrache des cris de terreur : « Point de couvent ! qu'on ne me parle point de couvent ! je ne veux point de couvent. » À la vérité personne ne lui parlait de couvent. Peut-être l'y aurait-on poussée de gré ou de force si elle n'avait pas eu d'enfants, mais il est difficile d'exclure de la cour la mère tendrement aimée du duc d'Orléans. Reste à savoir comment on l'y traitera. Quand on connaît l'aversion de Louis XIV pour le scandale, on ne s'étonnera pas qu'il ait choisi la réconciliation. Il lui accordera donc toutes les apparences d'un retour en grâce, mais précédé d'une bonne leçon.

C'est Mme de Maintenon qui se chargea de cette délicate mission. Et pour une fois, elle y prit plaisir.

Cet épisode humiliant de la vie de Liselotte nous est connu à la fois par le compte rendu — très édulcoré — qu'en fit celle-ci à sa tante de Hanovre et par le récit, haut en couleur comme toujours, de Saint-Simon. Et le premier corrobore, en gros, le second, malgré quelques variantes significatives.

Madame, se sentant morveuse, expédia sa dame d'honneur auprès de l'épouse secrète pour l'interroger sur les moyens de se raccommoder avec le roi. Mme de Maintenon refusa d'abord le sujet avec la messagère, mais annonça qu'elle rendrait visite en personne à Madame au sortir du dîner, pour un entretien auquel assisterait la dame d'honneur. Diable, s'il lui fallait un témoin, c'était sérieux ! Liselotte, ravalant sa morgue, la fit asseoir*. L'autre la laissa se plaindre longuement de l'indifférence du roi lors d'une récente maladie, puis répondit que celui-ci était prêt à lui rendre son affection, « pourvu que dans la suite il eût lieu d'être plus content d'elle ». Elle la retourna ensuite sur le gril. La froideur du souverain tenait, non à l'indulgence de Madame pour les amours de son fils, mais à « d'autres choses encore plus intéressantes... ». Et Liselotte de se récrier « qu'elle n'a jamais rien dit ni fait qui pût déplaire ». Alors Mme de Maintenon sortit de sa poche une lettre adressée

---

* Rappelons que, selon le cérémonial de cour, Mme de Maintenon, qui n'a pas de rang officiel, est tenue de rester debout devant Madame.

à sa tante de Hanovre*, où « elle lui disait en propres termes qu'on ne savait plus que dire du commerce du roi et de Mme de Maintenon si c'était mariage ou concubinage et de là tombait sur les affaires du dehors et sur celles du dedans, et s'étendait sur la misère du royaume », qu'elle prétendait à bout de souffle**. Prise en flagrant délit, Madame passa aux aveux et pleura. Pardons, repentirs, prières, promesses, tout y passa. Elle se crut quitte. Elle se trompait.

Quand elle fut un peu remise, Mme de Maintenon réattaqua, pour son compte personnel cette fois, et non plus pour celui du roi. Elle lui reprocha de lui avoir refusé une amitié qu'elle lui avait pourtant promise. Protestations de l'intéressée, qui jure n'avoir pas pris l'initiative de la rupture. C'est exact, réplique l'autre, c'est moi qui me suis éloignée de vous, parce que j'avais les meilleures raisons de le faire. Et elle finit par raconter à Madame « mille choses plus offensantes les unes que les autres » que celle-ci avait dites sur son compte à la dauphine. Car la dauphine, lasse d'être entraînée dans le jeu de commérages de son imprudente compatriote, s'était rapprochée de l'épouse royale et, l'incitant à se défier, lui avait tout révélé.

Mme de Maintenon jouit longuement des pleurs et des supplications de sa victime en savourant son triomphe. Puis elle « se laissa toucher, comme elle l'avait bien résolu, après avoir pris toute sa vengeance. Elles s'embrassèrent, elles se promirent oubli parfait et amitié nouvelle ». Madame, durement échaudée, se tint tranquille et leurs relations furent apparemment cordiales. Mais elle ne pardonna pas. Elle continua de nourrir pour sa vieille ennemie une haine secrète, d'autant plus vive qu'elle plongeait ses racines dans les profondeurs de l'être. Pourquoi cette guerre absurde, qui lui a en partie gâché la vie ? Qu'avait-elle à lui reprocher au départ, sinon d'avoir indûment

---

* Le récit de Saint-Simon comporte une invraisemblance. Mme de Maintenon n'a pas pu montrer l'*original* de la lettre, car Madame écrivait à Sophie de Hanovre en allemand : la censure, qui l'avait ouverte, l'a sûrement traduite avant de la communiquer au roi, qui ignorait cette langue. Mais il est certain que cette correspondance était surveillée de près.

** De telles informations, communiquées à des pays ennemis en période de guerre ouverte ou larvée, ont un fâcheux parfum de trahison.

accaparé le cœur du roi ? Sans y prétendre pour elle-même, elle ne tolérait pas ce qu'elle considérait comme une usurpation, au détriment des candidates légitimes que sont les princesses. L'extrême violence et la persistance de son animosité contre l'intruse, tout comme son impuissance à haïr durablement le responsable des malheurs du Palatinat, confirme le diagnostic de Mme de Sévigné : il s'agit bien d'un amour qui s'ignore. La preuve ? elle ne peut vivre que dans l'ombre de Louis XIV.

À cinquante ans elle s'installe dans le veuvage et dans ce qu'on appelle alors la vieillesse. Laissant à son fils la disposition de Saint-Cloud, ainsi que du Palais-Royal, dont la pleine propriété avait été donnée aux Orléans à l'occasion de son mariage, elle choisit de rester auprès du roi, tant qu'il « voudra bien la tolérer ». Elle a donc pour point d'attache son appartement de Versailles, qu'elle ne quitte que pour suivre la cour à Fontainebleau ou à Marly, quand on l'y invite. Tout plutôt que de s'enterrer à Montargis : « Je préfère traîner ici, bien que je n'aie pas accès au Saint des Saints, et que je ne fasse point partie de élus... » Au fil des années cependant, elle retrouve un semblant de faveur, éperdue de joie lorsque s'ouvrent pour elle le soir les portes du cabinet où le roi reçoit ses familiers. Elle assume crânement sa différence, Allemande par les goûts, les manières et jusque par l'aspect de son imposante personne au quadruple menton et à la peau couperosée, « rebrodée » par la variole. Nostalgique, elle continue de regretter la vie rude, simple et franche que prête sa mémoire à un pays natal qu'elle ne reverra jamais. Mais elle partage les soucis et les angoisses de sa famille et de son pays d'adoption, de plus en plus Française à mesure que son fils est plus engagé dans la guerre qui oppose la France à une coalition générale : tant il est vrai que seuls les enfants parviennent à naturaliser pleinement les reines ou princesses d'origine étrangère. Elle se sent Européenne, a-t-on envie de dire par anticipation, tant ses affections se jouent des frontières. Elle souhaite la paix de tout cœur, non pour des raisons morales ou religieuses, mais tout simplement parce que ceux qu'elle aime se trouvent de part et d'autre de la ligne des combats, et que seule leur réconciliation pourra la réconcilier avec elle-même. Mais l'âge n'a en rien affecté sa lucidité, au contraire : elle n'y croit plus beaucoup.

CHAPITRE QUINZE

UNE ALLEMANDE MÉLANCOLIQUE :
LA GRANDE DAUPHINE

La très longue existence de Madame Palatine nous a entraînés à anticiper sur la suite des temps. Il nous faut maintenant renouer les fils, remonter de bien des années en arrière, pour faire la connaissance d'une autre Allemande, arrivée en France bien plus tard que Liselotte, mais sortie de la scène beaucoup plus tôt, et que nous avons eu déjà l'occasion de rencontrer au passage. Il s'agit de la princesse Bavaroise qui, en 1680, s'apprête à épouser le dauphin. Liselotte ne put retenir un pincement de cœur en la voyant arriver. Elle avait rêvé de glisser à cette place sa jeune cousine Sophie-Charlotte de Hanovre et s'était heurtée à une fin de non-recevoir. La nouvelle venue, bien qu'appartenant comme elle à la maison de Wittelsbach, était issue de la branche honnie qui, restée catholique, avait mené la guerre, à la tête de la Sainte Ligue, contre le malheureux roi des neiges, chef de l'Union Évangélique. Il y avait entre les deux lignées un lourd contentieux de batailles perdues, de territoires et de mandat électoral disputés. Et puis, dans la hiérarchie de la cour, la dauphine allait la reléguer au troisième rang, avec entre elles deux un abîme, celui qui sépare une future reine d'une simple duchesse d'Orléans.

Une Bavaroise promise à un grand avenir ?

Il avait été question de ce mariage dès 1670. Entre-temps Louis XIV avait bien songé pour son fils à la nièce de Charles II d'Angleterre, Marie, fille du futur Jacques II, mais elle était anglicane et l'opinion anglaise aurait très mal accepté de la voir se convertir : en 1677, elle épouse Guillaume d'Orange-Nassau, l'âme de la coalition protestante. Retour, donc, au projet initial.

Sur l'échiquier international, la Bavière, c'est autre chose que le Palatinat. Adossée à ses montagnes qui la protègent des invasions, forte d'un catholicisme sans failles et d'un sentiment national très vif, elle est prospère, riche en ressources, riche en hommes, dotée d'une armée puissante et efficace. Sa situation géographique à proximité de l'Autriche, au centre vital de l'Empire, fait d'elle l'arbitre de tous les conflits intéressant l'Allemagne. Ses maîtres successifs le savent et en jouent sans scrupules tout au long du XVIIe siècle pour s'agrandir et renforcer leur poids politique. D'abord alliée de Vienne dans la guerre de Trente Ans, elle a basculé dans le camp français après les traités de Westphalie. Par intérêt bien sûr. Et Louis XIV sait que ces bonnes relations demandent à être entretenues. Il s'engage en 1670 et 1672 à subventionner grassement le duc régnant. Et comme celui-ci a une fille à marier — très convoitée —, il pense l'arrimer solidement dans l'orbite française en lui offrant le parti brillantissime qu'est le dauphin.

La mort de Ferdinand-Marie, au mois de mai 1679, précipite les pourparlers. Qui sait ce que fera son fils, Maximilien-Emmanuel, un adolescent de dix-sept ans, impétueux et fantasque ? Déjà il use de moyens dilatoires pour faire monter les enchères. À Munich les négociateurs français — laïques et gens d'Église — mettent les bouchées doubles. Et ils transmettent à Paris leurs premières impressions. Comment se nomme la future reine de France ? La légendaire opulence des Bavarois se manifeste jusque dans le choix des prénoms de leurs princes et princesses. L'intéressée, Marie-Anne-Victoire-Christine-Josèphe-Bénédicte-Rosalie-Pétronille, n'en a pas moins de huit. Née en novembre 1660, elle a tout juste dix-neuf ans. Elle est laide. Autant prévenir tout de suite, pour éviter les déconvenues : vraiment très laide. On expédie à Paris un portrait, « très médiocrement beau », dit Mme de Sévigné. Le peintre, un de ces professionnels de cour dont le principal talent est de flatter le modèle, a bien fait « le visage un peu plus long et le nez un peu moins gros », il n'a pas réussi à l'embellir. Mais il paraît, selon un abbé qui rentre de Munich, qu'elle est « bien mieux que le portrait ». En tout cas, elle est intelligente et cultivée, savante même, *virtuose*, puisqu'elle parle couramment trois langues —

allemand, français et italien — et qu'elle peut même lire le latin. « Elle écrit des lettres si raisonnables, si justes, si droites, qu'on est extrêmement persuadé de son très bon esprit. »

Dans le secret du cabinet, les ecclésiastiques français se chargent des matières délicates, posant sur sa santé et sur ses fonctions physiologiques des questions qui nous semblent indiscrètes. Mais c'est l'usage : avant d'acquérir une femme, ne faut-il pas s'assurer qu'elle sera une bonne reproductrice ? Le piquant de la chose est qu'à l'époque — et pas davantage aujourd'hui d'ailleurs — les connaissances médicales ne permettent de pronostic valable. Quoi qu'il en soit, les informations recueillies, qui échapperont au public et resteront enfouies dans les archives, sont favorables.

Le contrat est signé le 30 décembre, réactivant l'ancien traité d'alliance. Soulagement ! Il n'y a plus qu'à mettre en route le processus du mariage en deux temps. L'union par procuration a lieu le 28 janvier à Munich. Son frère y tient la place du marié. Pour la circonstance, le roi a envoyé — en lésinant un peu sur la quantité car il faudra faire mieux en France — les habits magnifiques que l'électeur a demandés pour lui et sa sœur, ainsi qu'un somptueux cadeau — 800 000 francs de pierreries — qu'elle contemple avec admiration avant de s'exclamer : « Que je suis heureuse d'avoir un père si glorieux et un époux si bien fait. » Le cortège de cinq cents personnes qui la prend ensuite en charge mettra un peu plus d'un mois à gagner la France, où doit avoir lieu la seconde partie de la cérémonie.

La jeune épousée partait joyeuse. Son rêve le plus cher se réalisait. Elle se sentait déjà Française, tant sa mère lui avait insufflé d'admiration et d'amour pour ce pays. Adélaïde-Henriette de Savoie, duchesse de Bavière, était une des filles de Christine de France*, la ravissante sœur cadette de cette Marguerite que nous avons vue servir de leurre au moment du mariage de Louis XIV. Elle avait toujours pensé que sa mère, en la mariant trop tôt — parce que la beauté de la fillette lui portait ombrage ! — l'avait privée de la chance de sa vie, qui

---

* Christine de France, duchesse de Savoie, dite Madame Royale, était elle-même fille d'Henri IV et de Marie de Médicis et sœur de Louis XIII.

était... Devinez ! D'épouser Louis XIV, bien sûr. Il aurait été assurément conquis par ses charmes ! Une prétendante déçue — une de plus... — à la main et au cœur du plus séduisant parti d'Europe. D'esprit romanesque, elle s'ennuyait aux côtés d'un époux qu'elle méprisait en secret, dans une cour guindée à la manière espagnole. Sans l'avoir jamais vue, elle avait lié avec sa cousine germaine, la Grande Mademoiselle, un commerce épistolaire à fonction d'exutoire. Grande consommatrice de romans en toutes langues et de poésie, elle écrivait elle-même les livrets des ballets qu'on dansait à Munich et en envoyait le texte à sa cousine. La demande en mariage la ravit, « elle ne souhaitait rien si fortement à sa fille qu'un bonheur semblable à celui qu'elle avait désiré pour elle ».

Elle ne vécut pas assez pour voir ce bonheur. Elle mourut en 1676, laissant à Marie-Anne en héritage un très lourd capital de rêves.

Une arrivée très réussie

La cérémonie, côté France, devant se dérouler à Châlons, toute la cour s'y transporte, dévorée de curiosité : comment est la future dauphine ? Mme de Maintenon, envoyée en éclaireur à Strasbourg avec Bossuet, qui doit être son aumônier, mande « que sa personne est aimable » et qu'elle a bien de l'esprit et de la dignité. Inquiet du silence gardé sur son visage, Louis XIV délègue son maître d'hôtel, un homme franc ne sachant point flatter, pour tirer la chose au clair. « Sire, sauvez le premier coup d'œil, vous en serez content. » Il se risque alors à pousser jusqu'à Vitry-le-François en compagnie de son fils. La rencontre privée se passa bien. Elle voulut se jeter aux pieds du roi, qui la releva en l'embrassant. Elle lui adressa quelques paroles aimables, à quoi il répondit très gracieusement. Il désigna alors le dauphin en disant : « Voilà de quoi il est question, Madame : c'est mon fils que je vous donne. » Elle répondit qu'elle tâcherait par toutes les soumissions et les tendresses imaginables de se rendre digne de M. le dauphin. Celui-ci, intimidé, en oubliait de la saluer. Mais rappelé aux devoirs de l'étiquette, il la baisa de très bonne grâce, sans répugnance aucune. Pas de problème de son côté. Le roi respire.

Était-elle « horriblement laide », comme le dit Madame Palatine, « repoussante », comme le dira Mme de Caylus ? Essayons de nous en faire une idée. Qu'y a-t-il donc en elle qui paralyse les louangeurs, toujours prêts à trouver qu'une reine est la plus belle du monde. C'est entendu, elle n'est pas blonde. Mais il en faudrait davantage pour susciter les sous-entendus et les non-dits qui pullulent dans les descriptions embarrassées. De Munich, un des négociateurs, Colbert de Croissy, a envoyé un chef-d'œuvre du genre : « Il m'a paru, quoiqu'elle n'ait aucun trait de beauté, qu'il résulte de ce composé quelque chose qu'on peut bien dire agréable. La taille m'en a paru d'une moyenne grandeur, parfaitement bien proportionnée, la gorge assez belle, les épaules bien tournées, le tour du visage plutôt rond que long ; la bouche ne peut être dite ni petite, ni fort grande ; les dents sont blanches et assez bien rangées, les lèvres rebordées assez régulièrement, elles ne sont pas véritablement fort rouges, mais on ne peut dire aussi qu'elles soient pâles ; le nez est un peu gros par le bout, mais on ne peut pas dire qu'il soit choquant et qu'il fasse une grande difformité ; les joues sont assez pleines, les yeux ni petits, ni grands, ni bien vifs ni trop languissants, les prunelles de la couleur des cheveux, qui sont châtains. » Il a cru apercevoir que ses mains, qu'elle garde gantées, ne sont pas aussi blanches que sa gorge. Son teint est « un peu brun », comme celui des filles « qui ne savent pas ce que c'est que de polir un peu la nature ». Il lui a vu des taches jaunes sur le haut des joues, mais il paraît que c'est accidentel et passager.

À quoi Mme de Sévigné fait écho un peu plus tard : quand on la détaille, on lui trouve quantité de beautés, « elle a de si beaux bras, de si belles mains, une si belle taille, une si belle gorge, de si belles dents, de si beaux cheveux... », qu'avec tout cela on se demande comment elle peut être laide. C'est qu'il « y a quelque chose à son nez et à son front, qui est trop long, à proportion du reste ». Quoi donc ? À travers les portraits gravés, également retouchés mais tenus à un minimum de ressemblance, on devine. Un front trop élevé, des yeux trop écartés, un nez trop long, épanoui à la base en un large pied de marmite au-dessus d'une bouche charnue, dominent un menton réduit à sa plus simple expression, comme si son visage, distendu dans le haut, avait été écrasé vers le bas. Une telle configuration produit un malaise, voire un sursaut de recul, tant elle s'écarte des proportions ordinaires. Elle inquiète, parce qu'elle est perçue comme quasi anormale. Cependant, on s'y habitue, tant l'expression de ce visage disgracié a de douceur, tant sa propriétaire a de charme et d'esprit. Ce n'est qu'un cri : elle est parfaite.

Elle a préparé avec soin son arrivée. De Munich elle a écrit à son fiancé une lettre conventionnelle, mais fort bien tournée, « avec des nuances de style » qui marquent « bien de l'esprit ». Lors de son passage à Strasbourg elle a répondu aux députés venus lui faire compliment dans sa langue maternelle : « Messieurs, parlez-moi français, je n'entends pas l'allemand. » Contrairement à la plupart des princesses, elle ne participe pas, en quittant sa suite, à l'émotion générale : « Ne vous étonnez pas si je ne réponds point par mes larmes aux pleurs que je vois verser. La joie d'aller trouver le roi a bien sujet de les retenir. »

De Vitry-le-François à Châlons, il n'y a pas loin. À l'entrée de la ville, elle trouva la reine venue à sa rencontre et le roi fit les présentations. « Elle était habillée de brocart blanc, des rubans blancs à sa coiffure, les cheveux noirs ; le froid l'avait rougie. » Et Mlle de Montpensier confirme : « Le premier coup d'œil n'est pas beau. » Mais les manières sont excellentes. Elle parle avec aisance et naturel, sans embarras.

À Châlons elle souhaita se confesser. Elle ne voulait pas le faire en français. Hélas ! on ne s'était pas posé la question : impossible de trouver un prêtre sachant l'allemand. On finit par dénicher un vieux chanoine vêtu en cavalier, un rescapé de la guerre de Trente Ans qui n'avait confessé qu'une fois un mourant sur le champ de bataille. On ne doit voir dans cette exigence ni contradiction avec son parti pris de parler français, ni méfiance à l'égard du clergé de sa nouvelle patrie : il est de règle que les reines disposent d'un confesseur parlant leur langue, de crainte qu'une erreur dans les formules sacramentelles ne vienne entacher la validité de l'absolution. Tant mieux, en conclut malicieusement Mme de Sévigné, elle échappera aux jésuites, ceux de France ne parlent pas allemand. Le brave chanoine s'en tira à la satisfaction de sa pénitente et, dans la soirée de ce 7 mars 1680, le cardinal de Bouillon, grand aumônier de France, put procéder à la bénédiction nuptiale, dans la grande salle du palais épiscopal où Monsieur avait épousé Élisabeth-Charlotte. On conduisit aussitôt les mariés au lit en grand appareil, le roi donna la chemise à son fils, la reine à sa bru et les rideaux furent refermés sur eux.

Sévèrement tenu en lisière par son gouverneur et son précepteur, le dauphin, à dix-huit ans, n'avait pas encore eu l'occasion de jeter sa gourme. Il était puceau. C'est le roi en personne qui se chargea de l'instruire « de tout ce qu'il avait à faire ». Il lui en fit « une manière de géographie » et, comme on n'était pas bégueule au XVIIe siècle, il s'en réjouit fort avec les courtisans. L'élève, quoique novice, se montra doué. Le lendemain, selon l'usage, on avisa les diverses chancelleries d'Europe que le mariage avait été dûment consommé et on fit savoir à Munich que le tiers de la dot était exigible. La cérémonie s'acheva par une grand-messe à la cathédrale, où tous purent admirer le jeune couple trônant sous le « poêle », un vaste voile tendu au-dessus de leurs têtes.

Les premiers contacts de la dauphine avec la cour sont idylliques. « Son visage lui sied mal, mais son esprit lui sied parfaitement bien, écrit encore la marquise. Elle ne fait pas une action, elle ne dit pas une parole qu'on ne voie qu'elle en a beaucoup. » Elle entend et comprend facilement toutes choses, elle entre avec aisance dans la conversation, elle a pour chacun et chacune un mot aimable mais sans bassesse. Elle se démêle de tous ses devoirs avec tant de bonne grâce et un air si naturel qu'aucune princesse née dans le Louvre ne pourrait mieux faire. C'est pour l'instant un concert de louanges unanimes. On se répète ses propos, pleins d'esprit et de raison. Le panier de crabes, tétanisé, ne bouge pas.

Elle a commis une seule petite erreur lors de cette entrée si réussie. Lorsqu'on lui a présenté le coffre plein de bijoux qu'on offre traditionnellement aux reines à leur arrivée, elle en a fait l'inventaire en disant chaque fois à ses suivantes : « Serrez cela », sans rien offrir à personne, pas même à la reine. Non sans doute par avarice, mais parce qu'elle ne savait pas qu'il était d'usage d'en redistribuer une bonne partie. Et Marie-Thérèse, déjà persuadée — bien à tort — qu'on réservait à sa bru un accueil plus chaleureux qu'à elle, s'offusqua de ce manquement.

La dauphine avait encore beaucoup à apprendre, à ses dépens.

Un chemin semé d'embûches

Elle est plus mûre que ne le sont d'ordinaire les jeunes femmes fraîchement débarquées de leur pays. Elle sait ce qu'elle veut, ce qu'elle aime et ce qu'elle n'aime pas. Elle a réfléchi à ce que devait être son rôle. Et peut-être s'est-elle informée sur les principaux personnages avec qui elle aura à vivre. Car elle s'efforce immédiatement de définir sa position et de délimiter son territoire. « Elle a des sentiments à elle toute seule, [...] tout formés, dès Munich, remarque Mme de Sévigné ; elle ne prend point ceux qu'on lui présente : "Madame, ne voulez-vous pas jouer ? — Non, je n'aime point le jeu. — Mais vous irez à la chasse ? — Point du tout, je ne comprends pas ce plaisir." Que fera-t-elle donc ? Elle aime fort la conversation, la lecture des vers et de la prose, l'ouvrage*, la promenade... » Diable, voilà un programme bien peu en accord avec les mœurs de la cour de France. Serait-ce une intellectuelle ? Elle semble avoir des idées et du caractère. Elle ne paraît ni souple, ni commode. En témoigne la violente colère qu'elle prendra lorsqu'une jeune compatriote, épousant le marquis de Dangeau, se permet de signer Sophie de Bavière, un titre auquel elle n'a pas droit. Son aménité et sa douceur sont une conquête de la volonté sur un tempérament naturellement impérieux. Mais comme elle a compris qu'il faut avant tout plaire au roi, et s'y applique de toutes ses forces, elle fait bien vite les concessions nécessaires. Elle se met à l'équitation et, trois mois plus tard, on la voit, rivalisant avec Madame Palatine, « courir les bêtes » à la chasse royale.

On la savait ardemment catholique et on l'imaginait d'avance organisant sa vie au rythme des heures canoniales, scandée par les tintements de l'angélus. Il n'en est pas question. Pieuse, mais pas bigote, elle aime la vie mondaine, la danse, le théâtre, et la musique par-dessus tout. Elle a jaugé Marie-Thérèse au premier coup d'œil et évite avec soin de se laisser marginaliser en sa compagnie. « Elle ne s'est point condamnée à être cousue avec la

---

* Probablement des « ouvrages de dames », du genre tapisserie ou broderie.

reine. » À la promenade elle veille à s'en dissocier et lorsqu'elle se rend à Paris pour la première fois, elle va suivre la messe à Notre-Dame, dîner au Val-de-Grâce, rendre visite à La Vallière chez les carmélites de la rue Saint-Jacques, mais elle se garde bien de mettre les pieds chez celles de la rue du Bouloi. Elle affirme son autonomie. Elle s'efforce de faire de son appartement un centre de vie attractif en y réunissant une société choisie à l'écart de l'agitation ambiante. Elle tient une manière de « cercle » privé. Pas de presse et pas de commérages : elle a « fermé sa porte aux moqueries et aux médisances ». Mais on y cause « très délicieusement ». Le roi va souvent l'après-dîner chez elle. Il s'y trouve bien — trop bien aux yeux de toutes celles qu'il délaisse pour consacrer plus de temps à sa charmante belle-fille.

Elle a trouvé sa « maison » toute constituée. Une seule dame d'honneur, comme il se doit : la duchesse de Richelieu ; mais deux dames d'atour : la maréchale de Rochefort et Mme de Maintenon. À leurs côtés, pas de « dames », mais seulement des « filles », parmi lesquelles on a réservé tout juste une petite place pour une Allemande. À leurs trousses, la « bonne dindonnière » Montchevreuil, chargée de les surveiller de près. On les a sélectionnées pour leur laideur, afin d'éviter au dauphin toute comparaison fâcheuse et toute tentation. Mais pour l'instant, l'harmonie du couple est parfaite. Le jeune homme, enchanté d'avoir une femme dans son lit et d'ailleurs peu sensible à la beauté, comme il le montrera plus tard, est d'autant plus assidu auprès d'elle qu'il souhaite en avoir un enfant au plus vite. N'a-t-il pas demandé à son gouverneur, dès avant qu'elle eût quitté Munich, quand elle serait grosse : « Il est, je crois, persuadé qu'elle pourra l'être en arrivant à Sélestat », ironise Mme de Sévigné. Elle est à Saint-Germain, désormais, et leur entente va au-delà de l'intimité nocturne : ils se sont découvert une commune passion pour la musique, et notamment pour l'opéra.

Mais la « maison » est, par sa constitution même, une source de tensions. On a vu plus haut le sens qu'avait la surprenante promotion de l'ex-Mme Scarron, dont l'étonnante faveur commence tout juste à se dessiner. Mais la dauphine, nouvelle venue, a de la peine à la situer. C'est une bien curieuse personne que cette dame d'atour qui passe des heures à brosser et arranger l'abondante chevelure de sa maîtresse, mais semble dispensée de la « suivre » comme l'impliquent ses fonctions. Imbue de préjugés nobiliaires et encouragée par la duchesse de Richelieu qui a pris en grippe son ancienne protégée, la dauphine la tient pour une sorte de domestique. D'où, à la mi-juin, un incident conté par Bussy : « Mme de Maintenon a reçu un dégoût* de Mme la dauphine ; le roi, en ayant parlé à cette princesse pour l'obliger de faire quelques amitiés à la dame et l'ayant trouvée froide et sèche, Sa Majesté a témoigné n'en être pas contente. » Par la suite elle s'efforcera d'éviter les heurts avec celle qui est devenue l'épouse du roi. Mais elle n'y parviendra qu'imparfaitement, tant est forte son aversion instinctive pour la parvenue, et tant les membres de la famille royale — son époux le premier — l'incitent à partager leur réprobation. Elle n'en viendra que très tard à comprendre qu'elle a tout à perdre dans un combat avec l'épouse secrète. Elle se réconciliera alors franchement avec elle.

Car, en dépit de son énergie, elle n'est pas taillée pour la lutte. Elle supporte très mal les tensions. Quand elle perçoit de l'hostilité, elle tend à s'isoler, à se replier sur elle-même. Dès le mois de mai, on l'a vue triste : « Que savons-nous si le cœur de cette princesse, dont nous disons tant de bien, est parfaitement content ? [...] Elle est complaisante et ne songe qu'à plaire. Que sait-on si cela ne lui coûte rien ? Que sait-on si elle aime également les dames qui ont l'honneur d'être auprès d'elle ? Que sait-on si une vie retirée ne l'ennuie point ? » Déjà commence l'oscillation entre vie de cour et repliement sur soi qui marquera toute son existence.

Le roi, inquiet de cette « humeur de retraite » peu convenable à une reine, s'applique à la distraire. Elle aime danser, et elle danse bien. Beaucoup mieux que son lourdaud de mari. On lui procure un bon cavalier, le duc de Villeroy. Hélas, conte Mme de Sévigné, « cet homme dansait si bien, on le trouvait si bien fait, on en parlait si souvent, il était habillé de couleurs si convenables qu'un jour le père dit en le rencontrant : "Je pense que vous voulez donner de la jalousie à mon fils ; je ne vous le conseille pas." C'en est assez, on ne danse plus ». De son côté Mme de Maintenon fut, si l'on en croit la Palatine, chargée de

---

* Une offense, une avanie.

faire la leçon à la jeune femme. Et le public de rire : « Le roi a conçu de la jalousie de la dauphine, il la considère moins comme l'épouse de son fils que comme la sienne. » À ce propos, qu'attend-elle pour être enceinte ? Elle manque à tous ses devoirs. Espoirs déçus en septembre 1680. La voici à nouveau tentée de rentrer dans sa coquille.

À la fin de l'année cependant, les choses s'arrangent. Elle amorce une grossesse. On estime que ce n'est pas une raison pour la tenir à l'écart des fêtes qui marquent le Carnaval au début de 1681. Louis XIV tente de ressusciter pour ses enfants les plaisirs qui ont enchanté sa jeunesse, en un ultime et somptueux ballet de cour. Pour danser le *Triomphe de l'Amour* — livret de Quinault, musique de Lully — il rassemble sa descendance : autour du couple légitime, la ravissante fille de La Vallière, depuis peu mariée au prince de Conti, son frère le comte de Vermandois, et jusqu'à la petite Mlle de Nantes, fille de la Montespan, pour qui on a conçu un rôle adapté à ses neuf ans. En nymphe de Diane, la dauphine vive, gracieuse, y fait merveille. Nulle jalousie ne vient gâter son triomphe et l'enfant qui s'annonce promet de faire d'elle, si c'est un fils, une quasi reine.

Faire fonction de reine

Ce fut d'abord une déception. Fièvres, malaises à répétition, entraînèrent une fausse couche en juin 1681. Mais à l'automne, nouvel espoir. Et cette fois, pas d'accident. Une contrariété de dernier moment, cependant. La cour s'établit à Versailles au mois de mai, dans un château encore en chantier. L'appartement qui lui est réservé, au rez-de-chaussée de l'aile sud, résonne du vacarme des scies et des marteaux et empeste la peinture. Elle y passe une nuit sans sommeil avant de s'installer dans l'appartement de Mme Colbert, à la Surintendance. Elle y restera jusqu'à l'arrivée de l'enfant attendu.

Le roi veille sur elle avec une sollicitude qui doit autant au souci dynastique qu'à l'affection. Depuis la mort de deux de ses trois fils, la succession en ligne directe repose sur le seul dauphin. Il désire très fort avoir un petit-fils. Pour les couches, il requiert les services du chirurgien le plus réputé et le meilleur en ce domaine, Jules Clément. Elle a été saignée à quatre mois et demi et au milieu du neuvième mois, selon le rite — mais on s'est quelque peu trompé sur les dates ! Elle entre en travail le 4 août 1682. L'accouchement, au cours duquel elle crut mourir, fut long et difficile. Enfin la délivrance le 6 août, à dix heures du soir. Joie : c'est un garçon. L'heureux grand-père sortit le premier de l'antichambre en clamant : « Mme la dauphine est accouchée d'un prince. » Alors, conte l'abbé de Choisy, « on devint presque fou : chacun se donnait la liberté d'embrasser le roi. La foule le porta depuis la Surintendance jusqu'à son appartement. Il se laissait embrasser à qui voulait. Le bas peuple paraissait hors de sens : on faisait des feux de joie de tout ; les porteurs de chaise brûlaient familièrement la chaise dorée de leur maîtresse. Ils firent un grand feu dans la cour de la galerie des Princes, et y jetèrent une partie des lambris et des parquets destinés pour la grande galerie. Bontemps en colère le vint dire au roi, qui se mit à rire ; et dit : "Qu'on les laisse faire ; nous aurons d'autres parquets." La joie parut aussi vive à Paris, et fut de bien plus longue durée : les boutiques furent fermées trois jours durant ; toutes les rues étaient pleines de tables où les passants étaient conviés, et forcés à boire sans payer ; et tel artisan mangea cent écus dans ces trois jours, qui n'en gagnait pas tant en une année ». On délivra des prisonniers. On dépêcha vers toutes les cours d'Europe. Les félicitations affluèrent et le pape fit au petit duc de Bourgogne l'hommage de langes bénits.

La grand-mère, elle, se livrait à des comparaisons fâcheuses : de l'avis général, on n'en avait pas tant fait pour la naissance de son fils aîné le dauphin. Et la mère se remettait très lentement, tourmentée par des montées de lait douloureuses et visiblement victime de la crise psychologique connue aujourd'hui sous le nom de *post partum*. Tandis que la cour s'en va passer quelques semaines à Chambord, elle reste confinée à Versailles, broyant du noir en compagnie du nouveau-né qui, lui, est « fort gras et grand ». Diplomate, elle fait part de sa mélancolie à Mme de Maintenon dans une lettre qui nous a été conservée : surtout, que le roi ne l'oublie pas !

L'année suivante, alors qu'elle entame une nouvelle grossesse et que le dauphin lui fait don d'un superbe diamant — « Il est bien doux, s'extasie *Le Mercure*, de trouver dans un mari la galanterie d'un amant » —, soudain, sans préavis, la reine meurt. Marie-Anne se trouve projetée au premier rang et la naissance d'un second fils, titré duc d'Anjou, le 19 décembre 1683, vient encore consolider sa position. Le roi en prend acte et, toujours nostalgique du temps où sa mère régnait superbement sur la cour, il entreprend de lui faire remplacer — avantageusement — la défunte.

Le premier signe de cette promotion est un déménagement. Il l'installe au premier étage, dans l'appartement symétrique du sien qu'avait occupé Marie-Thérèse. Le dauphin, quant à lui, continuera d'habiter au rez-de-chaussée, juste au-dessous du logement de sa femme, auquel il peut accéder, il est vrai, par un escalier intérieur. Étrange dissociation du couple delphinal qui confirme l'impression générale que Louis XIV tend pour une part à se substituer à son fils. Il traite sa bru en reine, s'en vient dans son antichambre partager son repas de midi, l'entoure de tous les égards convenant à une souveraine. Il lui en impose aussi les devoirs.

Il l'invite à « relever » le « cercle de la reine », non pas une réunion privée de dames amies, mais l'assemblée de tout ce qu'on peut compter à la cour de femmes titrées, assises ou debout selon leur qualité, engagées dans une conversation réglée dont elle aurait la haute direction. Tâche difficile ! Les témoignages sont partagés sur la manière dont elle s'en tira. « Elle avait l'esprit, la grâce, la dignité et la conversation très propres à cette sorte de cour », selon Saint-Simon. Mais il lui en manquait le goût. Il est sûr en tout cas que l'institution, à une date mal précisée, tomba en désuétude. Elle réussit mieux dans l'organisation des divertissements, où il sembla lui laisser quelque initiative : sa compétence en musique faisait autorité. Mais très vite, un problème se posa. Pendant les mois d'hiver, les lundis, mercredis et jeudis entre sept et dix heures du soir, il y a « appartement » dans les salles d'apparat. Parmi les divertissements proposés au choix des courtisans figure la musique. Mais pour des mélomanes il y a loin de ce qu'on peut offrir dans cette foire où se presse la foule aux concerts raffinés en milieu choisi. La dauphine, approuvée en cela par son époux, essaie de faire vivre chez elle un centre d'attraction distinct, où l'on goûte en petit comité la meilleure musique, où l'on donne en privé des pièces de théâtre, où l'on écoute en version de concert les plus récents opéras de Lully. Mais, compte tenu de l'impérialisme artistique du roi, qui tend à phagocyter toute entreprise rivale, elle ne parvient pas à créer autour d'elle une cour digne de ce nom.

D'autant que sa santé se dégrade. En 1685, elle trouve le moyen de faire trois fausses couches, en février, juin et octobre, si rapprochées qu'on peut se demander, bien que l'une d'elles soit consécutive à une chute dans l'escalier de marbre, s'il ne s'agit pas d'un simple dérèglement. En tout état de cause, ce n'est pas bon signe. En décembre enfin, elle semble enceinte pour de bon et renonce à tout déplacement. Plus encore que les nausées, les remèdes la rendent malade et elle se cloître dans ses appartements. C'est alors que se place un incident significatif.

Dès 1685 et pendant toute l'année 1686, Louis XIV, on l'a dit, souffrit d'une fistule anale si douloureuse, qu'à l'automne il se résigna à la faire opérer. En présence de Louvois et de Mme de Maintenon on dut le charcuter à chaud, sans anesthésie, à cinq ou six reprises entre le 18 novembre et le 11 décembre, avant d'éliminer toutes les ramifications du mal. Il supporta héroïquement cette torture. Or un soir qu'il avait particulièrement souffert, sa bru bouleversée se dit incapable de danser et de prodiguer aux courtisans des sourires forcés, et suggéra qu'on annule la soirée prévue. « Madame, je veux qu'il y ait appartement et que vous y dansiez. Nous ne sommes pas comme les particuliers ; nous nous devons tout entiers au public. Allez, et faites la chose de bonne grâce. » Le mot est superbe, royal. Mais pour la dauphine, fragile, toujours encline à se renfermer chez elle, c'était une leçon redoutable. Le métier de roi et de reine exige une santé de fer, qu'elle n'a pas, et un asservissement à sa fonction, à quoi elle n'est pas sûre d'être résignée.

Déceptions de tous ordres

À partir de 1685-1586, sa destinée bascule.

La naissance du duc de Berry, le 31 août 1686, se passe mal. Elle est gravement malade et accuse le chirurgien Clément, à tort ou à raison, d'en être la cause. Le dauphin, découragé de la trouver toujours dolente, s'est peu à peu détaché d'elle. Il ne va pas chercher bien loin et puise parmi ses suivantes. Elles ne sont pas jolies, mais cela ne le rebute pas. Elles n'en sont que plus complaisantes, sûres qu'on leur procurera ensuite un mari qu'elles n'auraient jamais trouvé sans cela. Les filles laides, dit-on, se repassent le mot et le vivier se repeuple aussi vite qu'il se vide. La dauphine était prête s'accommoder de quelques infidélités, pourvu « qu'il lui conservât son cœur ». Mais il semble avoir dépassé les bornes. Elle se plaignit au roi, et celui-ci dut faire à son tour à son fils, en vain, les sermons qu'il avait jadis entendus de la bouche de sa mère sans en tenir compte. Un petit scandale donna prétexte en 1688 à supprimer les filles d'honneur : Mme de Montchevreuil avait saisi dans leur chambre un livre fort leste qui, sous le titre de *L'École des Filles*, leur donnait des leçons de libertinage. Mais cette suppression n'empêcha pas le dauphin de courir et des commérages achevèrent de brouiller les époux : ne feignit-on pas de prendre au sérieux la cour ridicule que faisait à la jeune femme un prétentieux barbon laid à faire peur ?

Les affaires politiques sont aussi pour Marie-Anne une déception. Elle croyait pouvoir et même devoir y jouer un rôle. L'ambassadeur vénitien, Foscarini, lui prêtait des capacités : « On attribue à la dauphine des qualités et des talents qui, avec les années et l'expérience, pourraient la rendre capable, le cas échéant, de supporter le poids du gouvernement. » Or elle a vite découvert que c'était là un domaine interdit. Pas question de laisser glisser la conversation de ce côté en présence des princesses et duchesses de son entourage. « Elle se mit à louer leurs jupes et à ne plus parler que de chiffons, dit Primi Visconti. Elle avait été avertie qu'il ne fallait pas parler d'autre chose et que l'intérêt que le roi lui avait témoigné était diminué parce qu'elle avait commencé par s'informer des affaires. » Comme le dira Madame : « Il n'est permis à personne, excepté aux ministres, de parler des affaires d'État. » La dauphine, qui préférait les affaires aux chiffons, se sentit frustrée.

Il arrive cependant qu'on ait besoin d'elle pour agir sur son frère, le duc Maximilien-Emmanuel. Auquel cas elle est priée d'intervenir. Elle a gardé assez de tendresse à son égard pour trembler quand il part en campagne contre les Turcs, pour se réjouir des succès qu'il y remporte et se désoler d'une retraite qui le prive de la gloire escomptée. Et elle craint plus que tout de le voir se dresser contre la France. Or sous prétexte de croisade contre l'Empire ottoman, il se rapproche peu à peu de Vienne. Bien qu'il ait naguère promis d'épouser, sinon la candidate de la France, du moins une princesse à sa convenance, il prend pour femme en 1685 Marie-Antoinette d'Autriche, la propre fille de l'empereur Léopold Ier. Fait aggravant : elle a pour mère l'infante Marguerite-Thérèse, sœur cadette de notre Marie-Thérèse, qui, à la différence de celle-ci, n'a pas été contrainte de renoncer en se mariant à ses droits sur la couronne d'Espagne. C'est donc prendre une option sur la succession espagnole.

Les objurgations de Marie-Anne ont laissé le jeune duc de glace : « Sa sœur, dit-il, est une femme qui n'entend pas les affaires. » Qu'il prenne garde, lui répond-elle, « de ne pas se sacrifier pour des gens qui ne lui en auront aucune reconnaissance ». Mais croit-elle vraiment que le roi de France lui saurait gré de sa fidélité ? Il se plaint : « Elle est devenue bonne française [...], mais je n'en serai pas moins bon allemand. » Et en dépit de l'amitié qu'il prodigue à l'envoyé de Louis XIV, Villars, un joyeux vivant comme lui en compagnie de qui il vide force verres et courtise force femmes, il finit par adhérer à la Ligue d'Augsbourg.

Autre échec en ce qui concerne l'évêché de Cologne, dont le titulaire meurt en 1688. Le siège revient d'ordinaire à un cadet de Bavière et Joseph-Clément, le plus jeune frère de Maximilien et de Marie-Anne, est sur les rangs. Mais Louis XIV propose un de ses fidèles agents, Guillaume-Egon de Fürstenberg, tout juste libéré des geôles autrichiennes. Et voici la dauphine déchirée entre des positions incompatibles. Elle plaide la cause de son frère, comprend vite qu'elle n'obtiendra rien. Le roi prend les armes pour imposer son candidat et si Joseph-Clément finit par l'emporter, c'est parce que les opérations militaires se révèlent moins aisées qu'il n'y paraissait.

Avant que la guerre n'éclate, elle avait supplié en vain Maximilien-Emmanuel de jouer les médiateurs. Elle se désole de le voir s'y engager dans le camp opposé à la France. Le ravage du Palatinat l'indigne et la fait trembler à l'idée que sa patrie pourrait subir le même sort. Bref tout espoir de servir de trait d'union entre ses deux patries s'évanouit et elle s'y résigne douloureusement. Il lui faut se rendre à l'évidence. La fonction de reine consiste à faire des enfants et de la figuration. Les enfants sont faits : elle est la mère de trois fils bien vivants, elle est quitte envers la dynastie. Quant à la figuration, elle sent les forces lui manquer pour l'assumer.

La princesse brisée

Elle prend en haine la vie de cour. Profondément sérieuse, elle supporte mal le ton de raillerie, d'ironie continuelle qui règne dans la conversation. Elle se replie sur elle-même et se retire au fond de ses appartements privés, en compagnie d'une femme de chambre allemande. Bessola, ou Bezzola*, fille du médecin savoyard de sa mère, est auprès d'elle depuis toujours. Plutôt qu'une servante, c'est une amie dévouée et discrète, qui se tient à l'écart de toute intrigue. Mais sa faveur suscite des jalousies. On l'accuse d'accaparer volontairement sa maîtresse et on la rend responsable de l'isolement dans lequel s'enferme celle-ci. Mme de Maintenon a-t-elle jeté de l'huile sur le feu et enfoncé la dauphine, comme l'en accuse Liselotte : « On la maltraite à l'instigation de la vieille » ? Rien ne permet de l'affirmer. Mais elle a sûrement été blessée par l'orgueil de la jeune femme et n'était sans doute pas enchantée de la voir traitée en reine, au moment où elle-même se voyait vouée à rester dans la coulisse. Et elle la jugeait très sévèrement : sa nièce, répétant en partie ses propos, nous dit que la dauphine a fait elle-même son malheur en repoussant les bontés du roi pour leur préférer « la conversation de son Allemande » et en se complaisant dans une existence renfermée, malsaine, qui lui donna des « vapeurs », pour lesquelles elle prit « des remèdes violents qui, beaucoup plus que ses maux, causèrent sa mort ».

C'est vite dit. La vérité est que la jeune femme fait ce que nous appellerions une dépression, avec des phases aiguës coupées de rémissions. Quand la mélancolie la submerge elle

---

* Elle se prénomme Barbara, mais on ne la désigne jamais que par son nom de famille.

s'enferme avec Bessola parce qu'elle peut parler allemand avec elle, non pour lui dire des secrets, mais pour se transporter en un autre lieu, en un autre temps. Le retour à la langue maternelle traduit un refus de sa condition présente, une nostalgie de l'enfance, du pays natal, et une profonde détresse. Elle trouve aussi un apaisement en écoutant de la musique : autre forme d'évasion, à laquelle elle aura recours jusqu'au bout.

Parfois elle semble revivre. Elle participe aux cérémonies officielles et on l'entend même laisser échapper de grands éclats d'un rire contagieux, lors de la remise de l'ordre du Saint-Esprit le 1er janvier 1689, en voyant le maréchal d'Hocquincourt tirer en vain sur un pan de chemise récalcitrant qui dépasse de ses chausses. Mais souvent aussi elle tente de se dérober sous divers prétextes, et elle suscite des complications à n'en plus finir. L'arrivée en France des souverains anglais, Jacques II et sa femme, chassés par la révolution de 1688, provoque des discussions byzantines sur des points de protocole. En présence de la reine d'Angleterre elle exige d'avoir « la droite et un fauteuil ». Pour une dauphine, c'est contraire à l'usage. Mais on est prêt à céder parce que, « quoiqu'elle ne soit pas reine, elle en tient la place ». Entre-temps, elle se déclare malade, ce qui supprime le problème : elle recevra la reine d'Angleterre au lit. Mais lorsque celle-ci arrive avec le roi, elle la trouve debout : « Madame, je vous croyais au lit. — Madame, j'ai voulu me lever pour recevoir l'honneur que Votre Majesté me fait. » Difficulté supplémentaire : en présence du roi la dauphine peut être couchée, mais elle n'a pas droit à un fauteuil. Il en prend prétexte pour s'éclipser, laissant les deux femmes se débrouiller. Et c'est l'Anglaise qui s'incline, elle permet à la dauphine de s'asseoir à sa droite.

Des incidents de ce genre amusent Mme de Sévigné, qui en régale sa fille, mais pas Louis XIV, qui s'en agace. Est-elle vraiment malade ou pas ? Elle se plaint sans cesse. Invoquant le chaud, le froid, la poussière, la pluie, elle boude les « parties » qu'il lui propose, alors qu'il lui suffirait, « pour s'accommoder à son humeur », de ne pas « se faire des monstres de ces petites incommodités ». Bref tout le monde la trouve insupportable, on ne la prend pas au sérieux, elle passe pour une malade imaginaire. En réalité, elle est physiquement et moralement à bout de forces. Elle est dans le cas de beaucoup de dépressifs, qui prétextent de fausses maladies pour dissimuler, aux autres et à eux-mêmes, une défaillance psychique et qui finissent par souhaiter être réellement malades pour qu'on les croie et qu'on entende leurs appels au secours : « Il faudra que je meure pour me justifier », disait-elle. Et ils deviennent effectivement malades, parce que le corps prend sa très large part de l'effondrement général. Et il arrive qu'ils meurent, parce que l'envie de vivre finit par les abandonner.

De quoi souffre-t-elle au juste ? En 1687 elle a fait encore deux fausses couches, mais semble s'être remise. À la fin de l'été 1689, voici qu'elle se met à enfler à vue d'œil par le bas — elle est aussi grosse qu'une femme enceinte de huit mois —, tandis que le reste du corps maigrit. Elle souffre de vapeurs. Les médecins n'y comprennent rien, la renvoient à une sage-femme. Mais elle n'attend pas d'enfant. Elle continue d'incriminer ses dernières couches. Après un mieux passager, l'enflure réapparaît, elle se sent plus mal que jamais. On recourt aux « empiriques » c'est-à-dire aux charlatans. Un certain abbé de Belzé, puis un nommé frère Ange s'en vont sans demander leur reste : elle crache le sang, elle a des syncopes. Alors on appelle le plus célèbre d'entre eux, le pseudo-marquis Caretti*, dont l'arrivée la fait défaillir, tant sont violents les parfums dont il s'inonde ; il lui applique une médication mystérieuse qui provoque des convulsions, puis il déclare forfait. Les médecins reviennent et, après une brève rémission suivie de vapeurs et de fièvre, ils découvrent un abcès interne. Ils cèdent alors la place aux prêtres.

Dans la nuit du 19 au 20 avril, Bossuet lui administra l'extrême-onction. À son chevet la famille était réunie, y compris Mme de Maintenon, qu'elle avait fait mander à Saint-Cyr. Louis XIV versait d'abondantes larmes. Assise sur le même canapé, l'épouse secrète « tâchait de pleurer », dit malignement Saint-Simon. La malheureuse « demanda mille pardons au roi de son peu de complaisance. Elle voulut baiser sa main ; il l'embrassa. Les sanglots l'avaient empêchée de parler à M. le dauphin, qui ne fut pas longtemps dans sa chambre. En bénis-

---

* Il est intervenu en vain auprès de Lully qui se mourait, la jambe atteinte d'une gangrène.

sant encore ses enfants, elle dit : " Et vous aussi, mon petit Berry, quoique vous soyez cause de ma mort." Et il se trouve que cela n'est pas et qu'elle n'avait aucun mal dans ces lieux-là », ajoute Mme de Sévigné, en regrettant que la mourante n'ait pu être détrompée. À l'autopsie en effet on trouva le mésentère pourri tout plein d'abcès et le poumon attaqué avec du pus dans la poitrine* : tuberculose ? Il faudrait plus de détails pour risquer un diagnostic.

Son cœur, selon l'usage, fut déposé au Val-de-Grâce, tandis que son corps était enseveli à Saint-Denis, où la cérémonie fut troublée par un de ces incidents tragi-comiques dont l'époque avait le secret. Aumôniers et moines s'y disputèrent un cierge qu'on savait lesté intérieurement de vingt écus d'or. Tiraillé de droite et de gauche, le cierge se rompit et l'évêque qui officiait faillit perdre sa mitre dans la bagarre.

Par testament, la défunte léguait un diamant à son époux et un à Madame, quelques cadeaux à sa famille, le reste à ses fils. Rien au roi, « parce que tout est à lui » et que rien de ce qu'elle pourrait lui offrir n'est digne de lui. Fléchier prononça son oraison funèbre à Notre-Dame et durant la durée du deuil, le jeu fut banni de la cour. Après quoi on l'oublia.

Elle n'avait pas atteint trente ans.

« Nous sommes toutes deux malheureuses, avait-elle dit un jour en substance à sa cousine Palatine, mais la différence entre nous deux est que vous avez résisté autant qu'il était possible, alors que j'ai fait de gros efforts pour venir ici. Je l'ai donc mieux mérité que vous. » Liselotte en effet ne partageait pas les illusions dont Marie-Anne s'était bercée. Mais la destinée qui s'offrait à elle était infiniment moins séduisante. Toutes deux cependant étaient très décidées à s'assimiler à leur pays d'adoption.

La Palatine eut deux atouts supplémentaires. Bâtie à chaux et à sable et dotée d'un solide appétit de vivre, elle était taillée pour la lutte. Et elle eut la chance d'arriver à une date où le roi

---

* *Le Mercure de France* ajoute cependant : « Le bas-ventre tout gangrené. »

était encore jeune et où régnaient encore à la cour allégresse et fantaisie : les années Montespan lui furent douces. Marie-Anne arriva au moment du grand virage des années 1680. La cour de Louis XIV, milieu clos avec ses codes, ses règles, ses mots de passe, a toujours été peu perméable aux apports étrangers. Elle le devient plus encore lorsqu'elle s'installe à Versailles. Avec la mise à l'écart de Mme de Montespan, qui y maintenait un pôle d'attraction ouvert, tout est désormais concentré autour de la personne du roi. Il se fixe, se range, s'impose des règles de vie rigoureuses, et il les impose aux autres. Il offre à ses courtisans beaucoup de distractions à faire baver d'envie les gens de la « ville » comme Mme de Sévigné. Mais elles sont programmées, sans surprise, tandis qu'on allait de merveille en merveille naguère, lors des grandes fêtes dans les jardins. Le succès prodigieux d'*Esther*, spectacle à tous égards insolite, est la preuve *a contrario* de la satiété engendrée par la régularité des divertissements ordinaires.

Jamais la dauphine ne parvint à organiser autour d'elle une société dotée d'un minimum d'autonomie. Elle avait du goût et rêvait d'initiatives, elle se sentit les ailes rognées. Impossible d'échapper à cette vie quotidienne balisée d'obligations et d'interdits. Plus on est proche du sommet de la hiérarchie, moins on peut se soustraire à l'exigence qui asservit au devoir d'État le roi lui-même et ses proches. Projetée au premier rang par la mort de la reine, elle fut contrainte de jouer son rôle dans une partition conçue par un autre, qui était, lui, doté d'une résistance à toute épreuve. Elle ne tint pas la cadence, elle s'essouffla et s'épuisa. Moins haut placée, Liselotte put se retirer dans sa tour d'ivoire, noircissant du papier à l'adresse de sa famille d'Allemagne. Mais Marie-Anne, elle, en froid avec son frère, n'avait pas de famille à qui écrire. Isolée et fragile, elle finit par se laisser mourir.

Ces deux Allemandes parlaient français, elles souhaitaient trouver en France une seconde patrie. Marie-Anne, à son arrivée, était déjà toute française de cœur. Dans leur malheur, il y eut assurément de leur faute, surtout dans le cas de Liselotte. Pour la dauphine, on ne peut s'empêcher de penser que son assimilation aurait été plus facile si on lui avait accordé un peu plus d'espace vital et de regretter qu'elle ait été broyée par la redoutable « mécanique » de la cour de Louis XIV.

CHAPITRE SEIZE

« LA SENTINELLE DE DIEU »

La disparition de la dauphine laissait une vide. Non qu'on la regrettât personnellement. Mais on s'aperçut dans les mois qui suivirent qu'il manquait une reine. Madame Palatine, soudain promue première dame de la cour, ne faisait pas l'affaire. L'idée de déclarer le mariage du roi avec Mme de Maintenon refit donc surface. D'autant plus que l'année suivante, avec la mort de Louvois disparaissait un des principaux opposants. Aussi le comte-évêque de Noyon, qui rêvait d'être l'aumônier de l'intéressée, se permit-il de lancer un ballon d'essai. Invité à la table du roi, il déclara que son souhait le plus cher était de voir la « justice royale couronner la vertu ». L'allusion jeta un froid tel que durant le reste du repas, dit Saint-Simon, « on eût entendu courir une souris ». Pas question, donc, de faire de l'épouse secrète une reine.

Mais elle bénéficia d'une consolation. Mignard faisait alors son portrait sous le costume de sa patronne céleste, sainte Françoise Romaine — un portrait superbe « sans fadeur, sans incarnat, sans blanc, sans l'air de la jeunesse », mais qui faisait voir « des yeux animés, une grâce parfaite », « un visage et une physionomie au-dessus de tout ce que l'on en peut dire ». Le peintre demanda s'il lui était permis de border d'hermine royale le manteau qui l'enveloppait : « Sainte Françoise Romaine le mérite bien », dit Louis XIV en souriant. C'était laisser filtrer un signe donnant la clef de la « transparente énigme » dans laquelle il l'enfermait à jamais. C'était aussi lui accorder, en matière religieuse, une prééminence qui vint renforcer chez elle la conscience de son « élection » surnaturelle. Elle prit pour modèle l'image idéale de la reine, conscience vivante de son époux, que véhiculait depuis le Moyen Âge l'hagiographie monarchiste. Elle se sentait le devoir — ou le besoin — d'agir. Et comme, parmi toutes les fonctions dévolues d'ordinaire aux reines, celle de protectrice et d'intercesseur de l'Église auprès du roi ne lui était pas interdite, elle s'y engouffra.

Et elle s'y fit piéger, avant de rebondir superbement.

Il y a conversion et conversion

Vers la fin des années 1680, Mme de Maintenon est soucieuse. Sa relation avec le roi n'est plus ce qu'elle était, elle s'enlise dans l'habitude, une fêlure s'y est glissée. Non que le désir se soit émoussé chez lui. Il est toujours très ardent et il lui reste fidèle. Enfin, presque : on relève un seul écart, peu après son opération, avec une fille d'honneur de la dauphine, une demoiselle de Laval, qu'il abandonna aussitôt que séduite en chargeant son épouse de lui trouver un mari. Ensuite plus rien. Sur le plan physique elle lui convient, leur accord est parfait. C'est sur le plan intellectuel et moral qu'ils s'éloignent l'un de l'autre. Entre eux la conversation s'étiole et dépérit, la conversation libre et confiante qui a fait sa singularité, sa force et sa fortune. Ils ne sont plus à l'unisson. Elle a l'impression qu'il lui échappe.

Ils ont changé en effet tous les deux, mais pas tout à fait dans le même sens.

Parlons d'elle d'abord. Toute sa vie elle a eu peur. Peur de l'avenir, peur du lendemain. Cette époque est terminée. Une discrète répudiation, que rend possible le silence gardé sur le mariage, devient de plus en plus improbable à mesure que le secret s'évente. La publicité faite autour d'*Esther*, qui en contient une déclaration voilée, contribue à l'en protéger. Elle n'est pas reine, mais elle jouit pour la première fois d'une situation assurée. Et cette situation est la plus haute à laquelle elle puisse jamais aspirer. Son état actuel est un point d'aboutissement, un cul-de-sac. Au-dessus, au-delà, il n'y a rien. Pour une femme qui a passé toute sa vie tendue vers la conquête d'un état meilleur, cette absence soudaine d'objectif est frustrante. Rien à espérer, rien à désirer. Plus de projets ni de rêves. La répétition d'un présent que les années qui passent dépouillent peu à peu de toute saveur. Le vide.

Si, pourtant, il y a quelque chose à conquérir. Son idée fixe a toujours été de survivre. Survivre ici-bas, c'est acquis. Reste la vie éternelle. Elle y songe depuis longtemps. Mais la hantise des nécessités quotidiennes a longtemps contrebalancé le souci de l'au-delà. Ce n'est plus le cas. Elle est plus que jamais obsédée par l'idée de « faire son salut », une expression très courante à l'époque, mais qui a pour nous une résonance fâcheusement utilitariste : on « fait » son salut comme on fait carrière, en se demandant à propos de chacun de ses actes s'il est propre à servir le but recherché. N'en tenons pas grief à Mme de Maintenon, c'est ainsi qu'on dirigeait la vie intérieure au XVIIe siècle et la méthode avait tout de même ses bons côtés. Il est sûr en tout cas qu'à partir de 1686 environ on note chez elle une telle recrudescence d'inquiétude religieuse que certains biographes ont cru pouvoir parler de conversion.

Louis XIV, lui, a évolué de façon entièrement différente. Ses gros soucis de santé sont derrière lui. Il se porte comme un charme. Il jouit d'une forme physique excellente, qu'il conservera sans accrocs sérieux jusqu'à son ultime maladie. Et il a la conscience en paix. Son appétit de conquêtes, se détournant des femmes, s'oriente vers des places fortes et des territoires frontaliers du nord et de l'est. Il se prépare à affronter la Ligue d'Augsbourg et, en 1688, il prend l'initiative du conflit. Ce ne sont pas là des sujets de conversation qui conviennent à son épouse : elle déteste la guerre, par réprobation morale et aussi par horreur du risque. Elle ose timidement exprimer sa pitié pour le pauvre Palatinat. Mais elle s'entend répondre que la guerre n'est pas affaire de femme. Ce n'est pas sur ce terrain qu'elle retrouvera son audience. Elle cherche donc à le ramener à celui où elle excellait autrefois.

Elle commet à cet égard une grave méprise. Elle était très proche de lui lorsqu'il se débattait entre la reine, Montespan et Fontanges et s'efforçait, non sans peine, de revenir à une vie plus conforme aux commandements de Dieu. Lui aussi, à cette époque, s'inquiétait pour son salut. Et son confesseur, le Père La Chaise, qui s'en inquiétait également, se réjouissait de voir la belle dévote contribuer à le « retirer des femmes » : il applaudit au mariage. Mais dans son esprit à elle, le retour de Louis XIV à des mœurs régulières représente un premier pas vers un progrès spirituel dont elle sera l'initiatrice. Elle a pu croire un instant la partie gagnée. Hélas, il y a malentendu. Le roi n'entend pas aller plus loin dans la voie de la dévotion. Sa vie privée et sa pratique religieuse sont irréprochables. Que demander de plus ? Le sujet de conversation est épuisé. Et lorsqu'elle tente de s'ériger en directrice de conscience, le Père La Chaise met le holà. Il a sur elle, en ce domaine, de longues années d'avance et une expérience autrement riche. En bon jésuite il connaît le monde et se garde de pousser le roi vers une piété excessive qui aurait pour effet, dans une cour « singe du maître », comme dit La Fontaine, de multiplier à l'infini les tartuffes. Très averti des dangers que peut faire courir à l'État quiconque donne priorité à la morale sur la politique, il professe « que les dévots ne sont point propres à gouverner » — une maxime qui la scandalise et dont elle voudrait bien le guérir. En vain : « Nous sommes mal ensemble, dit-elle, parce que j'aime les gens de bien et qu'il ne peut les souffrir. »

Elle a donc le sentiment d'être réduite à jouer auprès du roi le rôle des utilités, dans le domaine le plus trivial qui soit, celui de la chambre à coucher. Elle refuse de se résigner. Elle veut retrouver l'enchantement des longues conversations d'autrefois, reprendre sur lui son emprise morale. Et selon qu'on ait ou non de la sympathie pour elle, on dira que son incorrigible volonté de puissance fait encore des siennes, ou plus simplement qu'elle essaie de sauver de la dégradation sa vie conjugale. Elle part donc en guerre contre le confesseur laxiste : il ne comprend rien, selon elle, à l'intérêt supérieur du roi, qu'elle veut à la fois sauver et ramener à elle. Et pour son malheur elle trouve en vue de cette entreprise de nombreux alliés parmi les gens d'Église qui se pressent autour d'elle, attirés par son éclatante faveur.

À la recherche d'un directeur

Le roi a volontiers admis qu'il serait bon de moraliser un peu les nominations aux plus hautes charges ecclésiastiques*,

---

* Le Concordat de Bologne, en 1516, a concédé au roi les nominations à la tête des archevêchés, évêchés et abbayes du premier rang : il propose et le pape se contente d'entériner. Les conflits, relativement rares, ont toujours des causes politiques, comme au moment de la Déclaration des Quatre Articles.

qui doivent plus à la faveur qu'au mérite et dont les titulaires
— parmi lesquels Harlay de Champvallon, archevêque de Paris
— ont parfois une vie privée fort peu édifiante. Comme il
reconnaît à sa femme une certaine compétence à cet égard, il
ne refuse pas de l'entendre commenter les mérites des différents candidats, pourvu que ce soit lui qui tranche, ou paraisse
trancher, en dernier ressort. Et c'est à son confesseur qu'il
réserve de gérer la « feuille des bénéfices »*. Il court à ce sujet
une anecdote qu'elle a contée elle-même à sa confidente,
Mlle d'Aumale. Un jour que le Père La Chaise avait eu la
complaisance de mettre au premier rang sur la fameuse feuille
un abbé qu'elle protégeait, le roi l'effaça. Et comme le Père
protestait que cet abbé lui avait été recommandé par elle, il
répliqua : « C'est à cause de cela que je l'efface ; je ne veux
absolument pas qu'elle s'en mêle. » Mais à la vérité, tout le
monde sait qu'elle s'en mêle, même si l'anecdote ici rapportée
vise à faire croire le contraire. On lui prête donc un pouvoir
certain, éventuellement surestimé.

Qui sont-ils, ces « gens de bien » qui se bousculent à sa porte
et qui éveillent sa sympathie ? Des rescapés du défunt parti
dévot, qui voudraient voir Louis XIV instaurer partout l'ordre
moral, ou des novateurs qui rêvent de lui faire expérimenter ce
que nous appellerions des projets de société audacieux. Ils
encouragent son épouse à persévérer dans son effort pour
l'amener à une « vraie » piété, en lui rappelant sa « mission ».
Bref on compte sur elle, comme on avait jadis compté sur
Marie de Médicis ou sur Anne d'Autriche vieillissante, pour
soumettre le trône à l'autel, en un temps où Louis XIV a visiblement entrepris de faire l'inverse. Elle est tentée. Difficile de
résister et de n'avoir pas la tête qui tourne quand le pape envoie
le nonce vous faire compliment, quand il vous écrit en vous
traitant de « chère fille » et en sollicitant votre concours, quand
il vous accorde par un bref l'autorisation, propre aux reines,
d'avoir accès à l'intérieur de la clôture des couvents de femmes,
quand il vous confère l'inestimable « rose d'or ».

Mais elle pressent le danger lorsqu'il devient urgent de renou-

---

* La feuille en question est la liste des candidats à différentes fonctions ecclésiastiques assorties de revenus.

veler son « directeur ». En quoi consiste au juste cette fonction, si typique du XVIIe siècle ? Confesseur ? directeur ? c'est tout un pour le roi, que le Père La Chaise accompagne partout. Mais pour une dame de rang relativement modeste, il y a dissociation entre les deux. Pour donner l'absolution, n'importe quel prêtre peut faire l'affaire au hasard du lieu où elle se trouve. Elle se doit en revanche d'avoir un directeur à qui soumettre ses cas de conscience et confier le soin de gouverner sa vie spirituelle. Françoise d'Aubigné a toujours prétendu se diriger elle-même — voire même diriger les autres. Le bon abbé Gobelin, choisi lorsqu'elle était encore la veuve Scarron, lui convient à merveille. Il ne lui est plus d'un très grand secours depuis que son mariage l'a pétrifié d'une crainte respectueuse, mais il a le mérite d'occuper la place. Arrive tout de même un moment où il devient très vieux. Elle hésite alors, ne voulant pas se mettre entre les mains d'un homme trop directif.

Or vers 1688 elle se trouve dans l'embarras. Elle doit être agréable au roi, lui plaire, le distraire, et il lui faut également l'édifier. Comment choisir entre ces deux aspects de son rôle d'épouse, qui se révèlent, en dépit de ses illusions initiales, difficiles à concilier ? Il se montre contrarié, par exemple, de la trouver à genoux en prières lorsqu'il vient le soir lui souhaiter bonne nuit avant qu'elle ne ferme ses rideaux. Que doit-elle faire ? Persévérer à accomplir ses dévotions devant lui, ou les remettre à plus tard, quand elle sera seule ? C'est là une excellente question pour un débat d'école. Elle la pose à ceux qu'elle pressent comme directeurs. Sans doute se la pose-t-elle aussi pour de bon. Mais elle y voit assurément un test qui, sans l'engager, lui permettra de les sonder. Les voici donc conviés à faire une incursion dans la vie très privée du couple royal.

Elle songe d'abord à Bourdaloue : un homme irréprochable, qui a tempêté en chaire avec courage contre le double adultère. Le choisir serait plaire au roi, qui lui a dit un jour : « Vous ne me ferez pas bien votre cour, Madame, en n'aimant pas les jésuites. » Et ce serait, en opposant un jésuite rigoriste à un jésuite prétendument laxiste, faire un pied de nez au Père La Chaise. Mais elle est très désappointée par sa réponse. Les bonnes œuvres, dont raffole son naturel vif et actif, doivent céder la place à la contemplation, lui explique-t-il longuement. Elle doit s'humilier et prier. Et sur le point précis qui est l'objet du débat, il ne transige pas. Quoique « la posture dans laquelle on prie ne soit pas l'essence de la prière », le corps doit y prendre part. « Quand donc il vous arrivera de vous coucher devant la personne que vous me marquez, ne vous dispensez point pour cela de faire à Dieu au moins une prière courte avant de vous mettre au lit ; cette régularité, ajoute-t-il, l'édifiera et lui pourra être une fort bonne instruction. » Il en parle à son aise ! Elle sait bien, elle, que cela ne fera que le rebuter.

Elle tâte alors sur le même sujet un personnage beaucoup moins connu, l'abbé Godet des Marais. Et celui-ci répond dans le sens espéré. À la fin de 1689 la cause est entendue. C'est déjà une « lettre de direction » que celle qu'il lui écrit le 2 novembre : « Il est bon, non seulement pour vous, mais pour les autres, qu'on ne sache pas tout ce que vous faites. Que l'on ne voie rien, s'il vous plaît, en vous que de bon et ordinaire, et que le roi vous trouve aisée et réjouissante... » Elle pense donc pouvoir continuer de mener de pair vie mondaine et dévotion, comme elle l'a fait jusqu'alors. Et jouer de l'une pour ramener le roi, tout doucement, sans en avoir l'air, vers l'autre.

Le nouveau directeur n'appartient pas aux grands ordres religieux, jésuites et oratoriens, qui se partagent alors la direction des consciences. Ce n'est qu'un modeste sulpicien, peu lancé dans le monde. Il ne paie pas de mine. Laid, mal soigné de sa personne, dénué de tout talent pour la parole et l'écriture — Dieu, que ses lettres sont verbeuses ! —, il est aussi peu attirant que possible. Aux yeux de sa dirigée, ce sont là des vertus. Elle se l'inflige, avec peut-être l'espoir secret que la modestie de sa condition le rendra plus malléable. Au début de février 1690, elle fait de lui l'évêque de Chartres et, à ce titre, le supérieur spirituel de Saint-Cyr, qui se trouve dans son diocèse.

Elle se trompe lourdement sur son compte. « Désintéressé en avoir, mais non en pouvoir », comme dit Saint-Simon, c'est un homme intelligent et ferme, qui ne transige pas quand il se sent engagé. Très pointilleux en matière de morale, il sera le premier et un des plus ardents à porter le fer à Saint-Cyr après le prétendu « scandale » d'*Esther*. Excellent théologien, intraitable sur les points de doctrine, il sera un des acteurs de la querelle du quiétisme, qui amènera la malheureuse au bord du gouffre.

La mise au pas de Saint-Cyr

Il est évident qu'elle a été très imprudente en transformant les pensionnaires de Saint-Cyr en actrices. Le pédagogue le plus novice aurait pu lui prédire le résultat. Elle n'y a pas pensé. C'est qu'en faisant ainsi d'une maison d'éducation le rendez-vous de la cour et de la ville, elle ne songeait pas à l'intérêt des jeunes filles, mais à sa gloire à elle. Tout au plus peut-on dire, à sa décharge, qu'elle n'avait pas prévu l'ampleur du succès. L'ampleur du scandale encore moins.

Elle n'a pas de chance. Au fond, il n'y avait pas de quoi fouetter un chat. Le mal n'était pas grand, il suffisait de prendre quelques sanctions et de revenir à une éducation plus sage. Mais l'affaire prit un tour aigu parce qu'elle touchait à un sujet sensible et qu'elle fut délibérément exploitée. Depuis des dizaines d'années déjà, le théâtre, dénoncé comme immoral, faisait de la part des dévots l'objet d'attaques réitérées dont Molière, puis Lully avaient eu notamment à souffrir. Presque toujours en vain. Élevé par Mazarin et par Anne d'Autriche, Louis XIV raffolait du théâtre et, si on soulevait la question, il invoquait l'exemple de sa mère, dont la piété ne faisait pas de doute. Mais *Esther*, en perturbant les jeunes actrices, semblait faire la démonstration de sa nocivité. Et puis, Saint-Cyr était une maison d'éducation non gérée par des religieuses. Mauvais exemple. L'Église n'était pas disposée à voir l'éducation — surtout celle des filles — lui échapper.

C'est sur le maillon faible, c'est-à-dire sur Mme de Maintenon, que se portent les pressions. Godet des Marais, évêque de tutelle de l'établissement, exige d'elle un sacrifice : « Je crois que Saint-Cyr doit être par préférence dans vos bonnes œuvres ; Saint-Cyr doit être votre carême, votre mortification, votre mérite, votre sanctification, comme j'espère qu'il sera votre couronne dans l'éternité. » Couronne d'épines avant d'être couronne de gloire : il lui faut renoncer à son idée première, qui faisait l'originalité de la maison, à cette éducation ouverte et libérale préparant les élèves à vivre dans le monde, voire à briller en société. La formule n'est pas viable. Pour dompter la nature rebelle, pour déjouer les pièges de l'amour-propre, il n'est d'autre moyen que la contrainte. Saint-Cyr, qu'elle avait conçu comme une alternative à l'étroitesse étouffante des couvents, doit rentrer dans le rang, devenir un couvent comme les autres.

Elle se sent atteinte au plus profond. C'est l'effondrement d'un rêve, un échec personnel. Pis encore : un désaveu infligé par le ciel à sa grande œuvre. D'où la violence excessive, passionnelle, de sa réaction, que Louis XIV ne comprend pas. Il persiste à ne pas aimer les couvents. Pourquoi en ajouter un à une liste déjà trop longue, alors qu'il suffit de quelques mesures de bon sens pour rétablir l'ordre ? Elle s'obstine. Elle se sent comme trahie. On dirait qu'elle veut faire payer à Saint-Cyr sa propre déconvenue. Elle se sent également coupable : « Mon orgueil s'est répandu par toute la maison. » Il est bien juste qu'elle souffre et qu'elle s'inflige à elle-même le châtiment que mérite sa présomption. Elle immolera donc Saint-Cyr, au risque d'aggraver encore son différend avec le roi, pour retrouver sa paix intérieure. À regret, il cède, car l'affaire a fait trop de bruit, les pamphlétaires hollandais s'en sont mêlés — ils traitent l'institution de sérail digne de la cour ottomane et sa directrice d'entremetteuse ! Mais il est contrarié et déçu.

Décidée dès 1690, la transformation de la maison en couvent de l'ordre de saint Augustin ne sera officielle que le 1ᵉʳ décembre 1692. Car il a fallu s'y préparer. Les difficultés ne vinrent pas des pensionnaires, qui n'étaient pas capables de mesurer l'ampleur des changements annoncés. On les remit sans peine dans le droit chemin après les avoir sermonnées. Mais pour les dames de Saint-Louis, ce fut une autre affaire. Beaucoup avaient choisi Saint-Cyr précisément parce que ce n'était pas un couvent. Comment leur demander de prononcer des vœux si elles n'avaient pas la vocation religieuse ? Il y avait en somme rupture de contrat. Certes on leur laissait la liberté de s'en aller. Mais s'en aller où ? Encore fallait-il avoir un point de chute, ce qui étaient rarement le cas. La plupart se soumirent donc, pas toujours de gaieté de cœur. Elles firent les quatre vœux de « pauvreté, de chasteté, d'obéissance et d'enseignement » et entrèrent en noviciat sous l'autorité d'une visitandine. Elles renoncèrent à leurs robes de dames sages pour s'habiller en religieuses et seule l'obstination du roi les dispensa, jusqu'en 1707, de porter la guimpe et le bandeau blanc cernant le visage.

En expiation symbolique, les costumes d'*Esther* furent convertis sur l'ordre de Mme de Maintenon repentante « en une tapisserie pour le reposoir du Jeudi saint », et les pierreries servirent à construire « une niche pour l'exposition du Saint-Sacrement ». Mort d'une idée novatrice, fin d'une époque. Mais les tribulations de Saint-Cyr ne sont pas finies.

Fénelon, Mme Guyon et le « pur amour »

Dans le petit groupe de duchesses dévotes avec qui elle s'est liée, Mme de Maintenon a fait la connaissance à l'automne de 1688, au moment précis où eux-mêmes s'y rencontrent, de deux personnages qui tranchent sur tout ce qu'elle a connu jusqu'alors en matière de spiritualité. Entre Fénelon et Mme Guyon « l'amalgame », quoi qu'en dise Saint-Simon, mit un certain temps à prendre. Rien ne préparait un grand seigneur raffiné, un intellectuel à l'immense culture, à goûter les prédications enflammées d'une provinciale autodidacte à la réputation équivoque. La très raisonnable Mme de Maintenon encore bien moins. Mais Mme Guyon avait un don pour remuer les âmes, et, pour l'un comme pour l'autre, elle arrivait au bon moment.

Treizième enfant d'une très ancienne famille du Périgord, de haute noblesse mais sans fortune, François de Salignac de la Mothe Fénelon fut naturellement voué à l'Église. Il n'y montra aucune répugnance. Un oncle très en vue dans les milieux dévots l'appela à Paris et le fit entrer au séminaire de Saint-Sulpice. Après quelques années consacrées ensuite au ministère paroissial, il fut nommé à la tête de la maison des Nouvelles Catholiques, c'est-à-dire des protestantes converties — souvent de mauvais gré — et il s'y distingua en préférant la persuasion à la contrainte. Invité à prêcher dans diverses paroisses, il s'en acquittait avec talent, mais aux envolées oratoires de la chaire, il préférait les entretiens avec de petits groupes choisis. Et bien que fort jeune, il brillait déjà dans la direction de conscience. C'était un des espoirs de l'Église de France, il paraissait promis au plus bel avenir. L'amitié du duc de Beauvillier, chef du Conseil des finances, pour qui il écrit un *Traité de l'Éducation des filles* — le malheureux en avait huit ou neuf ! —, lui laisse espérer de hautes fonctions. Et en effet la nomination de celui-ci, en août 1689, comme gouverneur du petit duc de Bourgogne, entraînera aussitôt la sienne comme précepteur.

Mais Fénelon est une nature ardente, éprise d'absolu, et la perspective d'une brillante carrière ne suffit pas à le combler. Il s'inquiète même de ses succès trop faciles, se reproche de céder aux attraits d'un monde dont son travail de direction lui fait mesurer toute la corruption. Il se voudrait meilleur, s'irrite du fossé qui sépare ses intentions de ses actes, se désole de ne trouver en lui, lorsqu'il prie, qu'amertume et sécheresse, impuissance à aimer. Il cherche dans l'angoisse à retrouver non la foi, qu'il n'a jamais perdue, mais l'illumination intérieure qu'apporte l'amour de Dieu. Or Mme Guyon lui fournit la preuve vivante qu'on peut atteindre à cet abandon total, à cette absorption de l'être en Dieu dont il rêve. Et elle prétend en fournir les moyens.

Née à Montargis en 1648, Jeanne-Marie Bouvier de La Mothe*, fille d'un procureur du roi, avait d'abord connu une destinée banale. Mariée toute jeune à un riche bourgeois, Jacques Guyon, de vingt-deux ans son aîné, elle le supporta comme une croix et lui donna cinq enfants, mais lorsqu'il mourut en 1672, elle écarta tous les prétendants et déclara contracter un mariage mystique avec l'Enfant Jésus. Ne sourions pas : c'est là une façon usuelle de désigner l'entrée en religion. Mais au lieu d'intégrer un ordre existant, elle choisit d'entrer en religion en franc-tireur. Veuve, libre, disposant d'une fortune considérable, elle décide de se consacrer à la prédication. Marchant sur les traces de Jeanne de Chantal, elle s'en va offrir ses services en Savoie où l'évêque de Genève l'installe à la tête d'une maison de nouvelles converties. Mais son apostolat exige un champ plus vaste. Elle a rencontré un prêtre de l'ordre des barnabites, le Père La Combe, aussi exalté qu'elle, qui devient son directeur et partage désormais ses pérégrinations. Pendant cinq ans, elle parcourt Savoie, Dauphiné, Piémont et Provence. Elle prêche, parlant d'abondance, visiblement inspirée, et les foules se pressent autour d'elle, des gens de tous milieux, de toutes conditions, captivés, conquis. À l'intention

---

* Le patronyme de La Mothe, qu'elle partage avec Fénelon, n'implique aucun lien de parenté. Il est extrêmement répandu, et toujours accompagné d'un autre, pour éviter les confusions. On le rencontre aussi avec la graphie *La Motte*.

des plus avancés, elle décrit son expérience dans les *Torrents spirituels,* un texte délirant selon les uns, admirable de lyrisme selon les autres, qui circule beaucoup en manuscrit. Et elle publie en 1685 un petit opuscule au titre explicite, *Le Moyen court et très facile de faire oraison,* où elle explique les différentes étapes à parcourir pour atteindre la fusion en Dieu.

Elle se heurte, bien sûr, aux diverses autorités ecclésiastiques, toujours hostiles aux apostolats parallèles et toujours enclines à débusquer l'hystérie derrière le mysticisme. Sans compter que cet étrange couple, bien qu'il prétendît n'avoir de liens que spirituels, donnait prise à la médisance. Lorsqu'ils débarquent à Paris en 1686, elle est accueillie par la duchesse de Béthune-Charost, une fille du surintendant Fouquet, qui l'a rencontrée lors d'un exil à Montargis et se trouve liée à elle par des liens familiaux*. La voici introduite dans le petit groupe de dévots proche de la cour. Elle y suscite l'enthousiasme. Mais là encore les autorités se fâchent. En janvier 1688 le Père La Combe est incarcéré ; longuement ballotté de prison en prison, il finira par mourir fou à Charenton. Jeanne Guyon, elle, est enfermée au couvent de la Visitation. Indignation de ses nobles amies ! Mme de Maintenon, alertée, la fait libérer. Et c'est ainsi que se rencontrent, à l'automne de 1688, Fénelon et l'épouse royale, pour entendre la parole de cette envoyée de Dieu.

Que disait-elle donc de si extraordinaire, pour captiver ainsi les membres du « petit troupeau », suspendus à sa parole ? Que dans la prière il fallait s'oublier, dépouiller peu à peu tout intérêt, toute préoccupation terrestre, faire le vide en soi, pour se laisser envahir par la présence de Dieu et atteindre ainsi à une béatitude proche de celle dont jouiront au ciel les bienheureux. « L'âme ne se possède plus, mais elle est possédée. [...] Plus elle se perd en Dieu, plus sa capacité devient grande. [...] Dieu ne lui paraît plus comme autrefois quelque chose de distinct d'elle ; mais elle ne sait plus rien, sinon que Dieu est et qu'elle n'est plus, ne subsiste et ne vit plus qu'en lui. » À vrai dire, ce langage n'est pas nouveau, c'est celui des mystiques de tous les temps. Mais elle le vulgarise. De ce qui était la pointe

---

* Le fils aîné de Fouquet épouse la fille de Mme Guyon.

extrême d'un itinéraire individuel long et douloureux, elle prétend faire une pratique aisée, accessible à tous. Certes elle explique qu'il y a des *degrés* dans l'oraison — on en épargnera ici l'exposé au lecteur profane —, mais *Le Moyen court et facile* crée, comme l'indique son titre, l'illusion de la facilité. Adieu tout ce qu'enseigne l'Église : l'effort, la lutte contre les tentations, le sentiment du péché exacerbé par l'examen de conscience, l'obsession du salut et l'angoisse de la damnation. Il suffit de s'ouvrir au « pur amour », de se livrer à la volonté de Dieu, pour se sentir allégé, libéré, immergé dans le courant vivifiant de la grâce.

Fénelon était trop averti pour ne pas apercevoir toutes les implications théologiques d'une telle doctrine et toutes les dérives dogmatiques qu'elle portait en germe. Mais, dès 1689, il fut conquis par le rayonnement qui émanait de cette femme. Elle possédait ce qu'il se désolait de ne pas avoir, l'effusion du cœur et le don de la prière. Elle lui offrait l'exemple, si rarement réalisé, de l'oubli de soi débouchant sur la plénitude. Peu lui importaient les maladresses et les ambiguïtés de son langage. Au contraire, aux yeux d'un homme empêtré d'une trop grande intelligence, ils étaient preuve d'authenticité : par sa bouche s'exprimait une vérité supérieure, dont elle n'était que le canal. Bref, il la tenait pour « très expérimentée sur l'oraison » et il n'était pas loin de la prendre pour une sainte.

Et Mme de Maintenon dans tout cela ? La première rencontre ne fut pas un coup de foudre. À cette date, elle prépare *Esther*. C'est un peu plus tard, lors des tempêtes soulevées par la pièce, qu'elle devient sensible à un message si réconfortant. Voilà des années qu'elle lutte et se contraint. Elle est fatiguée. Comme Fénelon, elle ne trouve que peu de consolation dans la prière, elle souffre de « sécheresse ». La nouvelle spiritualité lui propose un soulagement. Quel repos que de s'abandonner à Dieu sans plus se livrer à la comptabilité quotidienne de ses péchés ! Elle aussi est séduite par Mme Guyon. Mais à vrai dire, elle ne l'est qu'à moitié. Sa sensibilité s'est émoussée au fil des épreuves. Sa sagesse terre à terre est rebelle aux intempérances de l'imagination. Elle serait sans doute restée sur ses gardes si Fénelon ne l'avait fascinée.

Les grandes espérances de l'abbé de Fénelon

À trente-huit ans, Fénelon était un homme infiniment séduisant. Il joignait à des manières de grand seigneur la science d'un docteur de l'Église et l'onction d'un prélat. Il aimait plaire, non sans quelque coquetterie : il savait être galant ou grave, gai ou sérieux selon les cas. Sa maigreur ascétique laissait deviner une volonté d'acier. Ses yeux surtout, dont « le feu et l'esprit sortaient comme un torrent », avaient le don d'hypnotiser : « Il fallait faire un effort pour cesser de le regarder. » La quête du pur amour ne l'avait pas totalement détourné des ambitions d'ici-bas. Il rêvait de se servir de sa haute fortune pour amener Louis XIV à une politique plus conforme aux leçons de l'Évangile. Il mit donc tout en œuvre pour faire la conquête de celle qui lui paraissait la meilleure voie d'accès au roi. Elle avait alors cinquante-trois ans, un âge qui ne la préservait pas des élans irraisonnés, mais lui permettait de se livrer sans méfiance à l'amitié qui la portait vers cet abbé qui aurait pu être son fils.

Elle a choisi Godet des Marais pour directeur. Dommage pour Fénelon ? De toute façon il était trop jeune pour l'emploi en titre. Mais il s'efforça de se glisser auprès d'elle en directeur « de cœur » si l'on ose dire. D'une intelligence aiguë et rapide, très intuitif aussi, et tirant de la pratique de la confession une grande expérience psychologique, il possédait l'art de lire dans les êtres et de leur dire leurs vérités avec une lucidité acérée qui les laissait sans voix. Il savait faire effraction dans les âmes et s'en servir pour prendre barre sur elles. Comme elle l'avait prié de lui signaler ses défauts, il lui répondit par une très longue lettre, chef-d'œuvre de pénétration, qui la frappa d'autant plus qu'il ne la ménageait pas. Elle fut conquise par ce prêtre qui l'invitait à rejeter la sagesse calculatrice, égoïste, qui avait mené jusque-là sa vie, pour s'abandonner humblement au Dieu d'amour. Ce fut le début d'un échange épistolaire qui faisait évidemment double emploi avec celui qui la liait à Godet.

Par un réflexe de prudence, elle ne se sépare pas de celui-ci. Au fond, elle se comporte avec ses directeurs comme Louis XIV naguère avec ses maîtresses : quand elle en prend un nouveau, elle ne congédie pas le précédent. Une façon comme une autre de conserver sa liberté. Les deux hommes l'ont bien compris. Ils se la disputent et chacun exige l'exclusivité. On ne peut avoir qu'un seul directeur, lui répètent-ils en chœur à coups de références à l'Écriture sainte. En consulter plusieurs est signe de présomption. « Quand on a tant de différents conseils, lui écrit Fénelon, on ne suit que le sien propre. » À quoi Godet fait écho : « Vous vous étiez mécomptée en vous conduisant vous-même. [Dieu] veut présentement vous sanctifier en vous conduisant par un autre. » Dans l'immédiat Godet, se sachant moins brillant, reste en retrait, sans lâcher le morceau. Très réservé face à Mme Guyon, il attend son heure. Et, en tout état de cause, il est d'accord sur l'objectif essentiel, qui est celui de tous les dévots : ramener le roi à une piété authentique n'est qu'un moyen pour obtenir de lui une conversion politique.

Fénelon, tout en promenant le scalpel à travers ses défauts, n'a pas oublié le sésame indispensable pour se la concilier : « Vous devez être la sentinelle de Dieu [...], pour protéger tout le bien et pour réprimer tout le mal. » Et d'ajouter — il y a de quoi la remplir d'aise : « Ce qui me paraît véritable touchant les affaires, c'est que votre esprit en est plus capable que vous ne pensez. » Dès lors les discussions sur le point de savoir si elle doit s'efforcer de faire « goûter Dieu » à son époux en lui proposant des oraisons très courtes, « proportionnées à son état d'inapplication » — Godet — ou s'il vaut mieux qu'elle se contente d'être avec lui simple et naturelle, pour lui donner « l'exemple d'une vertu libre et joyeuse » — Fénelon — passent au second plan.

Ce que propose ce dernier, c'est une conspiration de tous les « gens de bien » pour s'emparer de l'esprit de Louis XIV. Elle en sera dans l'ombre la cheville ouvrière. « Comme le roi se conduit bien moins par des maximes suivies que par l'impression des gens qui l'environnent, et auxquels il confie son autorité, le capital est de ne perdre aucune occasion pour l'obséder par des gens sûrs, qui agissent de concert avec vous pour lui faire accomplir, dans leur vraie étendue, ses devoirs dont il n'a aucune idée. [...] Quand vous pourrez augmenter le crédit de MM. de Chevreuse et de Beauvillier, vous ferez un grand coup. [...] Le grand point est de l'assiéger, puisqu'il veut l'être, de le gouverner, puisqu'il veut être gouverné ; son salut consiste à être assiégé par des gens droits et sans intérêt. » Elle devra choisir les moments opportuns pour « l'instruire, lui ouvrir le cœur [...], lui donner des vues de paix, et surtout de soulagement des peuples, de modération, d'équité, de défiance à l'égard des conseils durs et violents, d'horreur pour les actes d'autorité arbitraire, enfin d'amour pour l'Église... » Bref tout un programme politique qu'il s'apprête à inculquer au duc de Bourgogne et à exposer dans la fable mythologique éducative que sont *Les Aventures de Télémaque*.

Bien que le roi n'ait certes jamais sollicité de consultation sur ses défauts, Fénelon se livra à un portrait impitoyable et à un réquisitoire en règle contre sa politique dans une longue lettre assez connue pour qu'on se dispense de la citer ici. La lettre, non signée, ne fut pas envoyée à son destinataire. Il se contenta de la faire circuler, en guise de programme politique, dans les milieux sympathisants. Mme de Maintenon, à qui elle fut communiquée, ne se risqua sûrement pas à la montrer au roi.

Pendant que les dévots complotaient pour attirer son âme dans leurs filets, Louis XIV menait contre la Ligue d'Augsbourg la plus rude guerre qu'il ait connue jusque-là, avec une alternance de victoires et de défaites qui lui fit mesurer que son règne sans partage sur l'Europe était terminé. Lorsque sa femme tentait de lui glisser quelques mots sur le « pur amour », il haussait les épaules en disant : « Chimères ! » Son obsession de piété l'agaçait, il se dérobait à toutes ses invites pour l'y entraîner à sa suite et il la rabrouait quelquefois. Elle sentait bien qu'il s'éloignait d'elle. Et elle était trop fine pour ne pas voir sur quelle voie dangereuse tentait de l'entraîner Fénelon. Mais, sans épouser peut-être toutes les vues de son mentor, elle s'accrochait à son idée fixe : retrouver le contact avec son époux dans une dévotion partagée.

Tout ceci est assez déplaisant. Quoi qu'on pense de la politique de Louis XIV et des idées de Fénelon sur son compte, on ne peut s'empêcher de ressentir un malaise devant l'attitude de Mme de Maintenon. Une épouse honnête, même si elle était d'accord sur la cause à défendre, n'aurait-elle pas refusé d'écouter des propos qui traduisaient pour son mari un écrasant mépris et qui l'invitaient à le manipuler ? Et comment peut-elle s'étonner de le trouver froid, comment peut-elle espérer renouer avec lui les liens d'autrefois si elle souscrit, ne serait-ce qu'en partie, aux jugements et aux projets de ses amis dévots ? C'est la cause de Dieu, dira-t-on, qu'elle fait passer avant la loyauté conjugale. Peut-être. Mais est-elle sûre que ses amis soient vraiment les porte-parole de Dieu ? Et pour convaincre le roi, s'il est aussi influençable qu'ils le prétendent, n'y aurait-il pas d'autres moyens que de peupler son entourage de complices chargés de l'« assiéger » ? En un sens, elle n'a pas volé les affres dans lesquelles la suite des événements va la plonger.

Celle par qui le scandale arrive

Mme Guyon avait souhaité pénétrer à Saint-Cyr, où enseignait l'une de ses cousines, Mme de La Maisonfort. La fondatrice, ravie d'offrir aux dames et aux filles de sa chère maison une nourriture spirituelle propre à les consoler de leur claustration, lui ouvrit largement les portes et y invita aussi Fénelon. Par contraste avec l'ennui que distillaient les sermons austères de l'évêque de Chartres, la doctrine du « pur amour » y eut un succès foudroyant. On lut avec passion *Le Moyen court* et l'on se plongea dans les suavités de l'oraison. Chez des adolescentes frustrées de distractions le résultat fut désastreux. L'abandon à Dieu servit de prétexte au refus du travail, au relâchement de la discipline. Sous prétexte de répondre à un appel intérieur, on quittait livres, cahiers, aiguilles et balais, et quelques têtes folles menaçaient de sombrer dans une exaltation dangereuse. Chez les dames, l'effet fut pire encore. Car elles se séparèrent en deux clans : les réfractaires et les enthousiastes. Et ces dernières, « qui professaient la haute perfection, concevaient une sorte de mépris pour celles qu'elles ne trouvaient pas si spirituelles, elles leur marquaient de l'éloignement et de la froideur », et, quand il s'agissait de supérieures, elles récusaient leur autorité, préférant obéir au Saint-Esprit. Bref, le mysticisme à Saint-Cyr tourna vite à la caricature : tout le monde ne peut pas être sainte Thérèse d'Avila.

Mme de Maintenon s'inquiète. Sa disciple la plus douée, Mme de La Maisonfort, une jeune femme intelligente au tempérament mélancolique, très perturbée par l'obligation de prononcer ses vœux, est devenue l'âme de la petite chapelle qui porte aux nues Mme Guyon et se permet de lui tenir tête. Prit-elle obscurément ombrage du prestige que s'était acquis la prophétesse dans une maison qu'elle tenait pour sienne ? S'alarma-t-elle simplement du trouble qui y régnait ? Elle trouva un allié énergique en la personne de Godet des Marais qui, lui aussi, désapprouvait ces désordres. Mais il avait contre la doctrine du « pur amour » d'autres griefs.

Car Mme Guyon n'était pas une isolée. La forme de spiritualité qu'elle préconisait ressemblait beaucoup à celle de quelques Italiens appelés *quiétistes* parce qu'ils assignaient comme but à la vie intérieure le repos — en latin *quies* —, l'indifférence à toute autre chose qu'à la perte de l'âme en Dieu. Et le procès de l'espagnol Miguel de Molinos, accusé de répandre ces idées, avait attiré l'attention sur les implications théologiques d'une telle attitude, qui conduisait, sous prétexte de soumission, à consentir au péché, à accepter même d'être damné, si Dieu le voulait, bref à jeter par-dessus bord non seulement la morale, mais l'essentiel du dogme catholique. La condamnation de Molinos par le Saint-Office, en 1687, avait fait grand bruit. Fénelon et Mme Guyon allaient-ils dans cette voie aussi loin que les quiétistes italiens et espagnols ? Ils s'en défendront toujours avec la dernière énergie. Mais sur ce terrain ils donnaient aisément prise à la critique et les textes de Mme Guyon, qui maîtrisait mal le langage requis pour décrire son expérience intérieure, pouvaient prêter à confusion.

Alertée par Godet, Mme de Maintenon interdit aussitôt à Mme Guyon l'accès de Saint-Cyr. Celle-ci protesta, se jugeant calomniée. Fénelon, solidaire, l'incita à se soumettre à l'examen d'un juge impartial, dont il pensait la voir sortir blanchie. Il sous-estima sans doute les risques, tant il tenait à la fois au « pur amour » et à ses rêves de régénération du royaume. Mme de Maintenon, ignare en théologie, n'imagina même pas qu'il y eût danger.

L'arbitre choisi était Bossuet : pour Fénelon, un ami, presque un père spirituel. Hélas, la lecture du *Moyen court* et de *Torrents* plongea dans la consternation ce fils de gros et solides bourgeois bourguignons, que rien dans son tempérament ne portait au mysticisme et que ni ses études ni sa carrière n'avaient mis en contact avec les écrits des grands mystiques espagnols ou flamands. Il était mal disposé *a priori* et peu compétent. Il ne vit dans les ouvrages de Mme Guyon que de pernicieuses élucubrations et resta insensible à l'ascendant de sa personne. Il la tenait tout bonnement pour une folle. Et comme il aimait Fénelon, il entreprit de lui « ouvrir les yeux ».

Mme Guyon, ulcérée, implora Mme de Maintenon de lui accorder une contre-enquête. Et l'on nomma une commission pour examiner à nouveau ses écrits. Comme il était évident qu'avec elle Fénelon serait sur la sellette, on avait composé cette commission sur mesure. Aux côtés de Bossuet, on avait mis Tronson, le supérieur de Saint-Sulpice, un très vieil homme qui avait longtemps dirigé la conscience de Fénelon et restait son confident, et Noailles, évêque de Châlons, un homme d'une bonté confinant à la faiblesse, qui avait été autrefois son condisciple. Ces messieurs se réunirent discrètement à Issy-les-Moulineaux. En attendant le verdict, on retira Mme Guyon de la circulation : elle accepta de s'installer à la Visitation de Meaux, où Bossuet pouvait la surveiller. On s'était donné les moyens d'étouffer l'affaire. Nul ne voulait la perte d'un homme aussi en vue que Fénelon, pas même l'archevêque de Paris, qui pourtant ne l'aimait pas. Son implication fut donc dissimulée au roi.

Tout ceci se passait entre des gens que liaient la confiance, l'estime et l'amitié. Bossuet voulait éclairer Fénelon ? Fénelon voulut éclairer Bossuet. Il lui écrivit une grande lettre en forme de confession générale où il lui ouvrait son cœur. De son côté Mme de Maintenon, en mai 1694, livra à Godet quatre « petits livres » à reliure rouge où elle avait transcrit au jour le jour les conseils de piété que lui donnait Fénelon. Dans l'espoir de contribuer à le blanchir ? ou pour se désolidariser de lui ? Qui le saura ? Peut-être le fit-elle seulement par obéissance à celui qui était redevenu, depuis le début de l'affaire, son seul directeur. Ce qui est sûr, c'est que Godet qui, sans faire partie de la commission, était très lié à ses membres, versa ces petits livres au dossier.

Tandis que les trois juges examinaient avec une lenteur tout ecclésiastique si la doctrine du pur amour était ou non entachée d'hérésie, la carrière de Fénelon se poursuivait, brillante. Il obtenait des succès remarquables auprès du duc de Bourgogne, dont il avait réussi à dompter la nature violente sans s'aliéner pour autant son cœur : l'enfant, séduit comme tant d'autres, adorait son précepteur. En décembre 1694, il reçut en remerciement de ses services la très riche abbaye de Saint-Valéry. En février 1695, il fut nommé à l'archevêché de Cambrai, un siège prestigieux assorti d'un titre ducal. Le voici supérieur en dignité à Bossuet, simple évêque de Meaux. Il en prit argument pour se mêler aux débats de la commission, qui accoucha le 20 mars d'un formulaire de trente-quatre articles, un chef-d'œuvre d'ambiguïtés et de compromis, qu'il consentit à signer avec les autres.

Tout semblait terminé. Mme de Maintenon crut pouvoir respirer. La responsable de tout ce bruit était sous bonne garde dans un monastère écarté. On pouvait espérer qu'elle s'y tiendrait tranquille.

Erreur, elle n'y était plus. Elle avait prétexté une cure aux eaux de Bourbon pour être autorisée à quitter la Visitation de Meaux, mais n'était jamais arrivée à destination. Il ne s'agissait pas à proprement parler d'une évasion, puisqu'elle n'était pas prisonnière, ayant consenti à cette retraite. Mais c'était un grave manquement de parole. Un mandat d'arrêt fut lancé contre elle. Fin décembre on la retrouva à Paris, où elle se cachait, et on l'incarcéra à Vincennes. Pour le coup Mme de Maintenon commença de partager les vues de Bossuet sur son compte et regretta amèrement d'avoir noué des relations avec cette folle. Mais elle aimait encore Fénelon. Et c'est de lui que le pire allait venir.

La tempête

Elle ne s'en doute pas à l'automne de 1695. Elle a au contraire toutes raisons d'être optimiste : elle gouverne désormais, par personne interposée, l'archevêché de Paris. Au milieu de l'année, la mort de Harlay de Champvallon avait libéré cette fonction capitale. Quelle catastrophe si le successeur était un prélat mondain, ou simplement un politique à la manière du Père La Chaise ! Elle poussa aussitôt en avant l'évêque de Châlons, dont elle avait pu apprécier la bénignité lors des conférences d'Issy. Dépourvu d'ambition, l'intéressé se faisait tirer l'oreille. Le Père La Chaise n'était pas chaud, il connaissait la médiocrité du personnage — « esprit court et confus, cœur faible et mou », dira Fénelon. Mais comment s'opposer à la candidature d'un très saint homme, qui de surcroît était fils de duc et alignait un nombre impressionnant de quartiers de noblesse ? Louis-Antoine de Noailles présentait en outre pour la marquise l'avantage d'avoir un neveu à marier*. Elle le convainquit de briguer le siège : ne devait-il pas se sacrifier « à la gloire de Dieu, au bien de l'Église et au salut du roi » ?

On voit qu'elle n'a renoncé à aucun de ses objectifs. Elle se dispose à embrigader le nouvel archevêque au service de la sainte cause. Et Noailles devient soudain son grand homme. Non contente de le rencontrer une fois par semaine, elle met au point avec lui les moyens d'une correspondance à double fond. « Accoutumez-vous, Monseigneur, à faire une lettre à part de ce que vous voulez que je montre au roi ; il n'y faut rien mêler qui marque notre grand commerce, mais seulement que vous me chargez de vos commissions**, puisque je l'ai bien voulu. » « Le personnage que je veux faire avec vous doit être ignoré de tout le monde. » Pour déjouer l'indiscrétion du cabinet noir, ils vont jusqu'à convenir d'un chiffre. Elle lui fait part des intentions de Louis XIV : « Je ne songe qu'à bien vous instruire de ce que le roi pense sur toutes choses. » Et la discrétion promise à celui-ci ne suffit pas à l'arrêter : « Le roi m'a imposé un entier secret, que je confie à mon évêque parce que je le crois nécessaire. » Bref, elle le lui déclare sans ambages : « Il faut quelquefois tromper le roi pour le servir. » Un nouveau directeur donc, doublé d'un complice, pour suppléer le trop rigide Godet ? Oui, à cette réserve près que, des deux, il est permis de se demander qui dirige l'autre.

Noailles fait aussi un confident très compréhensif. C'est auprès de lui qu'elle s'épanche de ses déconvenues conjugales. À l'approche de la Noël 1695, elle a tenté de chapitrer son époux. Hélas, il s'est dérobé. « C'est mal nommer ce qui s'est passé entre le roi et moi, la veille qu'il fit ses dévotions, que de l'appeler conversation, car je ne pus jamais le faire parler. Je lui contai quelque chose de saint Augustin qu'il écouta avec plaisir ; sur cela je pris occasion de lui dire que je ne comprenais pas pourquoi il ne voulait jamais que nous fissions quelque lecture qui l'instruirait et même le divertirait, et que je croyais que le

---

* Il épousera en 1698 sa nièce homonyme, Françoise d'Aubigné.

** Les « commissions » en question sont des recommandations en faveur de tel ou tel prêtre méritant.

Père La Chaise s'y opposait. » Mais non, il paraît que le Père La Chaise n'y est pour rien. Pourquoi donc, alors qu'il était prêt à lire avec elle des écrits de Fénelon — mais oui ! — ou de saint François de Sales et à prier en sa compagnie, « si touché qu'il voulait faire et fit en effet une confession générale », pourquoi a-t-il tourné casaque brutalement ? « Il me répondit qu'il n'était pas homme de suite »*. Mais si cet éloignement n'est pas imputable à l'hostilité du confesseur, c'est bien plus grave : « Quel malheur si c'est le roi qui craint que je lui parle ! » Elle n'ose regarder en face ce qui crève pourtant les yeux : qu'il ne supporte plus d'entendre les sermons de sa femme.

Ces malentendus ne seront bientôt que broutilles à côté de ce qui se prépare.

En voyant Mme Guyon mise à l'écart, Mme de Maintenon s'est rassurée. Mais c'est compter sans l'ardeur des convictions qui animent Bossuet et Fénelon. Elle se rend bien compte que ce dernier ne se résigne pas à abandonner son amie. « Il ne change point là-dessus, écrit-elle à Noailles en novembre 1695, et je crois qu'il souffrirait le martyre plutôt que de convenir qu'elle a tort. » Une formule de style qu'elle serait bien surprise de le voir prendre à la lettre. L'idée qu'il pourrait se compromettre et risquer sa carrière pour cette femme est pour elle impensable. C'est pourtant ce qui va se produire lorsque Bossuet, tout aussi obstiné, repart à l'attaque contre celle qu'il tient pour très dangereuse.

Sur les écrits de Mme Guyon, Fénelon a cédé, du bout des lèvres, s'inclinant devant l'autorité de ses confrères. Mais il continue de révérer sa personne, en qui il n'a vu, dit-il, que des raisons d'être édifié. Bossuet, agacé par ces distinguos, prétend mettre les points sur les *i* à l'intention du grand public. Il prépare une *Instruction sur les états d'oraison*, dont il communique courtoisement le manuscrit à Fénelon en juillet 1696. Celui-ci, voyant que son amie y est personnellement attaquée, le rend à son auteur sans le lire et entreprend de rédiger, en toute hâte, une *Explication des Maximes des Saints sur la vie intérieure*, qui en prend le contre-pied. Et il réussit à faire paraître son ouvrage, en janvier 1697, un mois avant celui de Bossuet,

---

* Qu'il manquait de continuité dans les idées et le comportement.

Almanach pour l'année 1666.
L'imagerie de propagande associe Marie-Thérèse à son époux
dans toutes les cérémonies officielles.
BNF, Estampes.

Feu d'artifice sur le grand canal de Versailles (1676).
Au premier plan, sous un dais, la tribune royale.
On aperçoit sur le canal quelques embarcations.
Gravure par Jean Lepautre.
BNF, Estampes.

La reine Marie-Thérèse accueille sa bru la dauphine de Bavière.
À droite, le dauphin et le roi.
Ce frontispice d'almanach célèbre l'alliance franco-bavaroise.
BNF, Estampes.

Marie-Anne-Victoire de Bavière
se savait très laide et n'aimait pas qu'on fît son portrait.
Sur celui-ci, largement retouché, on aperçoit le nez trop gros
et le bas du visage écrasé. (Détail.)
BNF, Estampes.

Une naissance princière est une cérémonie
à laquelle préside le roi. Ici, celle du duc de Bourgogne.
Dans son lit au fond, la Grande dauphine.
BNF, Estampes.

Louis XIV dansant le menuet de Strasbourg,
de Marc-Antoine Charpentier.
BNF. *Doc. Bulloz.*

Gravure de propagande anti-française.
La destruction d'Heidelberg sur l'ordre de Louvois en 1689
fit verser des torrents de larmes à Madame Palatine.
BNF, Estampes.

Louise de La Vallière en carmélite.
À Mme de Montespan qui lui demandait si elle était aussi « aise » qu'on le disait, elle répondit : « Non, madame, je ne suis point aise, mais je suis contente. »
BNF, Estampes.

Mme de Maintenon à l'église.
La « sentinelle de Dieu » y est visiblement chez elle.
BNF, Estampes.

Mme de Maintenon présente au roi
les dames et demoiselles de Saint-Cyr.
La scène se place après la transformation de la maison en couvent,
puisque les dames portent l'habit religieux.
BNF, Estampes.

En haut : Au Pont-de-Beauvoisin,
Marie-Adélaïde de Savoie quitte sa suite
pour monter dans le carrosse prêt à l'emmener vers son fiancé.
En bas : Marie-Adélaïde à son écritoire.
BNF, Estampes.

Le mariage du duc de Bourgogne, 7 décembre 1697.
À droite, le roi et son fils le Grand dauphin.
À gauche, Monsieur, frère du roi, Madame Palatine et leur fils.
Ce sont des enfants qu'on marie.
Le duc de Bourgogne a quinze ans, sa petite épouse en a douze.
BNF, Estampes.

« L'État glorieux et florissant de la famille royale ».
Gravure de propagande (vers 1697).
La France était le seul pays, disait fièrement le roi, où l'on pouvait voir
« tout à la fois le grand-père, le père et le fils en âge de gouverner ».
À la droite du roi, on reconnaît le Grand dauphin et ses trois fils ;
à sa gauche son frère et par derrière son neveu.
BNF, Estampes.

« Messieurs, voilà le roi d'Espagne. »
À gauche, l'ambassadeur d'Espagne à genoux devant Philippe V.
Puis viennent le Grand dauphin, le roi, Monsieur et,
au premier plan à droite, la petite duchesse de Bourgogne,
faisant fonction de reine.
BNF, Estampes.

« La charmante Tabagie ».
Des jeunes femmes qui fument, boivent, jouent :
tout ce que Mme de Maintenon a en horreur et que pratiquent
les filles naturelles du roi.
BNF, Estampes.

Le futur Louis XV passe des troupes en revue.
Mais il est encore tenu « en lisière » par sa gouvernante, Mme de Ventadour,
qui lui a sauvé la vie quand il avait la rougeole.
BNF, Estampes.

dont la colère alors ne connaît plus de limites. C'en est fini de l'ancienne amitié, des ménagements, des égards. L'on assiste à un duel inexpiable entre deux prélats d'un génie égal, quoique différent, l'un frappant comme un sourd, sans délicatesse excessive, l'autre pratiquant l'art de l'esquive et des coups fourrés. Et cette fois, le roi est mis au courant. Et on devine sans peine qu'il n'est pas content de voir s'injurier le précepteur de son fils et celui de son petit-fils, sous l'œil abasourdi de la France, puis de l'Europe entière, puisque, au mépris des traditions gallicanes, Fénelon n'hésite pas en 1697 à réclamer l'arbitrage du Saint-Siège.

Il n'est pas question d'énumérer ici les écrits que les deux combattants se lancèrent à la tête, ni d'en analyser le contenu, d'une subtilité souvent décourageante pour un esprit d'aujourd'hui. Encore moins de porter un jugement sur des personnages ou sur des conceptions de la vie religieuse qui divisent encore historiens et théologiens. De toute façon, Mme de Maintenon n'y comprend goutte. Tout ce qu'elle veut, c'est se tirer d'affaire. Elle n'est pas du bois dont on fait les mystiques. Elle n'est pas non plus de celui dont on fait les martyrs — sans quoi elle ne serait pas arrivée là où elle est. Elle rompt précipitamment avec ses amis du « petit troupeau » et lâche Fénelon pour qui son amitié, par un mouvement compréhensible sinon excusable, se mue en haine.

« Je n'ai jamais été si près de la disgrâce... »

Comme après l'affaire des poisons, Louis XIV fait le ménage à sa manière habituelle, soucieux d'éviter le scandale, donc sévère en bas de l'échelle et respectueux des apparences en haut. Mme Guyon est déjà en prison, elle y passera plusieurs années avant d'être réexpédiée en province. Comme Saint-Cyr continue de s'agiter, des exempts y débarquent avec une lettre de cachet pour assurer le transfert dans d'autres couvents de Mme de La Maisonfort et des deux rebelles qui la soutiennent : cris et pleurs seront étouffés par les murs de la maison. À Beauvillier et consorts, il se contentera de battre froid quelque temps.

Le sort de Fénelon se règle en plusieurs temps. Il est dans l'immédiat — août 1697 — invité à aller dans son diocèse s'occuper de ses ouailles, mais il conserve en théorie sa charge de précepteur. Ce n'est qu'au début de 1699 qu'il en sera déchu et perdra la pension afférente. À Rome cependant, où l'on était plus averti en matière de mysticisme, les juges se partageaient à cinq contre cinq et les intrigues battaient leur plein autour d'un pape peu enclin à complaire au roi. Celui-ci lui extorqua la condamnation des *Maximes des Saints*, mais le bref *Cum alias*, qui l'apporta en France, évitait de prononcer le mot d'hérésie. Fénelon se soumit avec humilité. N'ayant plus rien à perdre, il laissa imprimer *Les Aventures de Télémaque*, continua de correspondre avec son pupille le duc de Bourgogne — un futur roi ? — qui lui restait très attaché, et il attendit l'occasion de régler ses comptes avec Noailles qui l'avait laissé tomber. Il savait que son heure viendrait bientôt : Noailles avait eu l'imprudence de recommander à ses paroissiens de Châlons un ouvrage du Père Quesnel, un janséniste notoire réfugié à Bruxelles. Déjà le bruit courait qu'il était compromis avec la « secte ». Mais dans cette affaire-là, Mme de Maintenon se contentera d'inciter l'archevêque à la prudence, par solidarité familiale, en évitant de s'y engager. Elle ne renoncera pas complètement — c'est son obsession — à « accoutumer le roi au bien, malgré qu'il en ait », mais elle se gardera de se mêler aux querelles des gens d'Église.

Car elle a eu trop peur.

À mesure que se déchaînaient les combattants, Louis XIV, en effet, découvrait le rôle joué par sa femme dans cette histoire. Elle a honoré de son amitié et introduit à Saint-Cyr Mme Guyon, elle a poussé Fénelon aux plus hautes charges. Elle les a soutenus bien qu'elle fût avertie qu'ils étaient suspects d'hérésie. Elle s'est faite complice d'une camarilla — à vrai dire trop chimérique pour être dangereuse — qui prétendait s'infiltrer au gouvernement. Elle lui a menti systématiquement, au moins par omission, depuis plus de huit ans.

Sur l'explication qui s'ensuivit, elle ne fit que de très rares confidences. Ce qui se passa entre eux relève donc du romancier, et on ne peut que renvoyer le lecteur au très beau récit qu'en a fait Françoise Chandernagor avec le maximum de vraisemblance. Tout ce qu'on sait, c'est qu'elle frôla de près la disgrâce et qu'il laissa peser entre eux pendant quelque temps un silence épais, écrasant. Ce qu'elle redoutait le plus, c'était le grief de complot politique. Elle choisit pour sa défense de plaider l'erreur, quitte à accabler ses anciens amis : « J'ai été trompée par tous ces gens-là à qui je donnais ma confiance sans avoir la leur ; car s'ils agissaient simplement, pourquoi ne me mettaient-ils pas de tous les mystères ? [...] N'est-ce pas une preuve qu'ils se servaient de mon amitié et de mon crédit pour établir cette nouveauté à la cour ? » Madame Palatine dit plus crûment : « Elle eut peur que le roi ne s'aperçût de la manière dont elle l'avait mené ; elle vira donc de bord sur-le-champ, et abandonna Mme Guyon avec tout son parti. » Soyons honnêtes : elle n'avait guère d'autre solution.

Dévorée d'angoisse dans l'attente d'un verdict qui ne venait pas, elle finit par tomber malade. Elle était si maigre et si jaune que Madame Palatine la disait rongée d'un cancer. Et Godet des Marais, en tant que directeur, crut devoir se porter garant d'elle auprès du roi : « Vous avez une excellente compagne, pleine de l'esprit de Dieu et de discernement, et dont la tendresse, la sensibilité pour vous sont sans égales. Il a plu à Dieu que je connusse le fond de son cœur. [...] Elle ne vous trompera jamais, si elle n'est elle-même trompée. Dans tout ce que j'ai eu l'honneur de traiter avec elle, je ne l'ai jamais vue prendre un mauvais parti ; elle est comme Votre Majesté, quand on lui expose bien le fait, elle choisit toujours immanquablement le côté de la sagesse et de la justice... » Bref elle est la femme forte selon l'Écriture, la meilleure épouse qu'il pût rêver.

Un jour, enfin, vient le pardon : « Hé bien ! madame, faudra-t-il que nous vous voyions mourir pour cette affaire-là ? » Et puis, à l'égard du public, un geste. Un geste éclatant, si l'on en croit Saint-Simon.

Au début de septembre 1698, la cour est invitée à se transporter à Compiègne avec l'armée pour de grandes manœuvres d'apparat. Tous se sont groupés sur le rempart pour assister à l'assaut. Ils sont à pied, sauf Mme de Maintenon, enfermée dans sa chaise à porteurs bien close. Tête nue, le roi « se baissait à tous moments dans la glace pour lui parler », « pour lui expliquer les raisons de chaque chose ». « À chaque fois elle avait l'honnêteté d'ouvrir sa glace de quatre ou cinq doigts, jamais de la moitié [...] Quelquefois elle ouvrait pour quelque question au roi ; mais presque toujours c'était lui qui, sans attendre qu'elle lui parlât, se baissait tout à fait pour l'instruire, et, quelquefois qu'elle n'y prenait pas garde, il frappait contre la glace pour la faire ouvrir. » Il ne parla qu'à elle, sinon pour donner des ordres et il dut se donner un tour de reins, ajoute le mémorialiste scandalisé, à force de se pencher pour se mettre à sa hauteur. Le narrateur, à son habitude, force le trait. Aucun autre témoin ne semble avoir été frappé par cette scène. Mais une chose est sûre. À partir de 1698, Mme de Maintenon fait plus que jamais figure de reine secrète.

Pourquoi ce retour en grâce ? On peut avancer diverses explications.

La renvoyer, ce serait avouer l'échec d'un mariage qu'il a imposé, contre tous les préjugés de l'opinion. De même qu'il niait la sottise de Marie-Thérèse, qu'il dissimulait l'implication de Mme de Montespan dans l'affaire des poisons, il se refuse à reconnaître les imperfections ou les défaillances d'une femme qui, comme elles, le touche de trop près. Par orgueil, mais aussi dans un souci politique : rien ne doit porter atteinte à l'image du souverain.

Il y a sans doute aussi des raisons personnelles. Il est lié à elle par la force de l'habitude. À soixante ans, il n'a pas envie de changer. Il a besoin d'une présence féminine et celle-ci lui convient. Quand elle consent à parler d'autre chose que de dévotion, elle est encore charmante et nul ne sait mieux s'occuper de lui. Il conserve pour elle, bien que tout pétri d'égoïsme, un fond de tendresse. Ils forment un couple, un vrai. Et un vieux couple ne se sépare pas de gaieté de cœur.

Au long de ces années cruciales, il continue de lui adresser, lorsqu'elle se trouve à Saint-Cyr, de très courts billets — seule trace conservée de leur correspondance — où il lui donne un rendez-vous, s'excuse d'un contretemps, propose une promenade : « J'ai changé de résolution pour ma journée : le beau temps qu'il fait m'empêche d'aller à Saint-Germain. [...] J'irai à la chasse et je me rendrai à la porte de Saint-Cyr, du côté du parc où je ferai traîner mon grand carrosse ; j'espère que vous m'y viendrez trouver avec telle compagnie qu'il vous plaira ; nous nous promènerons ensemble dans le parc. » — « En revenant demain de Saint-Germain, j'irai à Saint-Cyr, au salut, en habit décent, et nous reviendrons ensemble, c'est là ce que je crois le mieux ; si vous voulez venir à la porte du jardin, ce soir, ou que mon carrosse aille vous prendre dans la cour de Saint-Cyr, ordonnez, et me le mandez. »

Quand la « sentinelle de Dieu » veut bien reprendre pied sur terre et renoncer à ses intrigues et à ses sermons, il passe sur les relations du couple royal, arpentant côte à côte les allées de Versailles, un grand souffle d'air frais revigorant. Elle l'a repris et, visiblement, le tient bien. Lui aussi, de son côté, l'a reprise et il a dû mettre avec elle les choses au point puisque, paradoxalement, il s'apprête à l'associer aux affaires comme elle ne l'a jamais été. Un peu comme s'il voulait la convaincre, sur pièces, qu'on ne dirige pas un grand pays à coups de théories, sur le papier.

Influence politique ?

Dans toutes les années qui suivent, est-ce elle qui, comme le croit Saint-Simon, gouverne en sous-main le royaume ? Certes elle n'est invitée aux Conseils officiels qu'à titre tout à fait exceptionnel. Mais chacun a en mémoire les pages admirables où le mémorialiste décrit les séances préalables qui se déroulent chaque jour dans sa chambre. Installés chacun dans un fauteuil, une table devant eux, de part et d'autre de la cheminée, elle du côté du lit, lui du côté de la porte, les deux époux se font pendant. Près du roi, deux tabourets, un pour le ministre convoqué, l'autre pour son sac. Pour elle, de plus en plus sensible aux courants d'air, on placera bientôt son fauteuil dans la fameuse « niche », non pas, comme nous pourrions le croire, un renfoncement du mur, mais une sorte de cabine en bois capitonnée, ouverte sur une seule paroi et mobile. Tandis que le souverain et son ministre, qui lui tourne le dos, discutent des affaires d'État, elle reste penchée sur un livre ou sur un canevas de tapisserie. Elle entend tout, mais s'abstient en principe d'intervenir, sauf lorsque le roi lui demande son avis, ce qui arrive fréquemment. Pleine de prudence, elle se borne alors à des « maximes générales », feignant de ne tenir à rien et de ne s'intéresser à personne. Tout au plus lâche-t-elle un mot sur la morale ou les mœurs de tel ou tel candidat à un emploi. Mais elle se garde de toucher aux questions proprement politiques.

Est-il exact, comme le prétend Saint-Simon, qu'elle manigançait au préalable en secret avec les ministres, dans les moindres détails, ce que chacun devait dire ou faire ? La chose est peu croyable. Il est certain, en revanche, que sa présence muette pesait très lourd sur les conseillers du roi, d'autant plus qu'ils ne pouvaient la voir, puisqu'elle était derrière eux ! Comment parler librement dans ces conditions, comment ne pas tenir compte de ses volontés présumées ? On comprend que Torcy se soit efforcé, autant qu'il le put, d'avoir avec son maître des entretiens privés. En tout état de cause, le fait qu'on lui suppose un énorme pouvoir équivaut, au bout du compte, à lui en conférer un. Elle est l'objet d'une cour assidue, servile. On fait tout pour lui complaire, tant on craint de se l'aliéner. Elle a beau répondre aux solliciteurs, obstinée, qu'elle ne peut rien, qu'elle n'a aucune influence et ne souhaite pas en avoir, nul ne la croit. On lui prête la plus tortueuse hypocrisie, au service de la plus redoutable volonté de puissance.

La vérité est sans doute plus nuancée. Elle est trop intime avec Louis XIV pour ne pas influer sur ses jugements, ses sympathies, ses préférences. Mais on doit se dire aussi que la réciproque est sans doute vraie. Il est difficile d'assigner une date précise aux évocations de Saint-Simon*, mais divers détails suggèrent qu'elles concernent surtout les années d'après 1700. Tous les historiens s'accordent pour lui reconnaître, à partir de cette date, une influence politique croissante. Mais ils constatent aussi que ses positions ne font que refléter celles de Louis XIV. Elle s'empresse de lâcher Noailles lorsque celui-ci est soupçonné de jansénisme, elle approuve l'inutile et choquante destruction de Port-Royal. Dans le choix des ministres ou des chefs d'armée, comment faire le départ entre ses opinions et celles de son époux ? Reste la question de la correspondance avec la princesse Des Ursins, par l'entremise de qui elle aurait, selon Saint-Simon, gouverné l'Espagne au rebours des intérêts français. Mais à qui fera-t-on croire qu'il s'agissait d'une correspondance privée, échappant à la connaissance du roi ? N'est-il pas plus probable — on y reviendra plus loin — qu'il utilisait sa femme pour faire passer à Madrid, par des chemins non officiels, des messages auxquels la voie diplo-

---

* Les longs développements où elles figurent se trouvent dans les pages nécrologiques inspirées par la mort de Louis XIV en 1715.

matique eût donné trop d'importance ? C'était ainsi qu'en usaient les rois depuis toujours avec les femmes de leur famille.

Ce que nous suggérons ici, à titre d'hypothèse, insistons-y bien, c'est qu'il ait pu exister entre Louis XIV et son épouse une sorte d'entente avec partage des rôles, elle lui servant d'instrument pour tâter le terrain, s'informer, avertir, en toute discrétion et sans qu'il s'engage lui-même. Ce qui expliquerait aussi l'impression de versatilité qu'elle a donnée aux contemporains et qui indigne si fort Saint-Simon. Celle que Louis XIV a surnommée « Votre Solidité » changeait-elle vraiment d'avis, de goûts, d'amitiés, comme de chemise ? Ou se contentait-elle de lancer, pour le compte de son seigneur et maître, des ballons d'essai aussitôt dégonflés ? Faute de certitude, on n'en dira pas plus. Mais on aimerait que l'hypothèse ici avancée soit un jour passée méthodiquement au crible des faits. Quelle que soit l'issue de cette enquête, une chose est sûre : Mme de Maintenon a rempli dans l'État, sous une forme ou sous une autre, des fonctions de reine. Mais comme elle n'en avait ni la naissance, ni le rang, ni le titre, on ne la détesta que davantage.

CHAPITRE DIX-SEPT

UNE FAMILLE INGOUVERNABLE

Un jour du mois d'août 1695, conte Dangeau dans son *Journal*, Mgrs les ducs de Bourgogne, d'Anjou et de Berry vinrent au dîner du roi : « Le roi nous parla avec plaisir sur ce que M. le duc de Bourgogne sera majeur dans six jours, qu'il n'y a point de minorité à craindre en France et que, depuis la monarchie, on n'avait pas vu tout à la fois le grand-père, le père et le fils en âge de gouverner le royaume. » Un peu plus tard, une gravure illustre dans l'almanach pour l'année 1699 *L'État glorieux et florissant de la famille royale* : en face des trois jeunes princes figure une nouvelle venue, la petite duchesse de Bourgogne. Bientôt ce ne seront plus trois, mais quatre générations qui coexisteront à Versailles. Un atout considérable — sauf coups du sort —, mais aussi une source de tensions sans nombre.

Ces tensions seront aggravées par la présence à la cour de l'ensemble des personnages liés au roi par le sang. Bien que la mort ait fait pas mal de ravages dans les berceaux, Louis XIV se trouve à la tête d'une famille vaste et diverse — on a envie de dire une smala. Après ses descendants directs figurent en effet, dans l'ordre de succession, les deux Philippe d'Orléans, père et fils, et leur postérité éventuelle, puis les princes du sang de la lignée de Condé et de Conti, cousins plus lointains, au cinquième ou sixième degré. Il y a en outre, tirés de l'ombre par la légitimation, mais privés de tout droit à la couronne, les deux bâtards nés de Mme de Montespan, le duc du Maine et le comte de Toulouse. Du côté féminin, on trouve trois nièces légitimes, fruits des deux mariages de Monsieur, et trois filles bâtardes, l'une de La Vallière, les deux autres de Montespan*.

Tous dépendent étroitement du roi, puisqu'ils n'ont pas le droit de se marier sans son assentiment. Et celui-ci y veille avec le plus grand soin.

Politique familiale

Le souvenir de son oncle, Gaston d'Orléans, mêlé à tous les complots contre Richelieu puis à la grande tourmente de la Fronde, de son cousin le Grand Condé, dressé en armes contre Anne d'Autriche puis passé à l'ennemi en pleine guerre franco-espagnole, obsède visiblement Louis XIV. Sa politique familiale est dictée par la crainte des collatéraux. Indispensables roues de secours de la monarchie, pour le cas où la ligne directe ferait défaut, ils sont pour l'autorité du souverain une menace potentielle. Autour d'eux se rassemblent les mécontents, attisant leur jalousie, les incitant à arracher une part de pouvoir à leur aîné. Et l'histoire montre qu'ils sont nombreux, comme Gaston ou Condé, à céder à la tentation. L'idéal serait d'en avoir le moins possible. Et lorsqu'on en a, il est sage de les « tenir bas », notamment en les empêchant d'élargir leur clientèle par des mariages avec de puissantes familles, françaises ou étrangères.

Pour maîtriser la démographie, il n'est pas de meilleur moyen à l'époque que l'abstinence. Bien que le Grand dauphin n'ait pas encore trente ans lors de son veuvage, on ne le remariera pas — officiellement du moins — par malthusianisme dynastique : il est inutile de donner à ses trois fils des rivaux. Le même raisonnement avait déjà joué chez Louis XIV en faveur de Mme de Maintenon. Et les mêmes causes produisant les mêmes effets, l'on verra bientôt Monseigneur, las de se voir reprocher sa « débauche », suivre les traces de son père et se mettre en règle avec l'Église en épousant sa maîtresse, Mlle Choin, avec l'approbation tacite du roi.

---

* Les lecteurs qui souhaitent s'orienter mieux dans les méandres de cette famille pourront se reporter aux Annexes figurant en fin de volume : tableaux généalogiques et notices.

Aux autres rejetons en âge de convoler sont offerts des « établissements » très étudiés.

Pas de problème pour les princesses légitimes : les trois filles de Monsieur trouvent preneur à l'étranger, où elles sont chargées de consolider l'influence française. L'aînée, Marie-Louise, dépérissant d'ennui au fond de son palais madrilène, s'efforcera de remplir au mieux sa mission auprès du pauvre dégénéré Charles II d'Espagne. Elle paiera de sa vie sa réussite : elle meurt en 1689, empoisonnée, si l'on en croit la rumeur, sur ordre de la faction pro-autrichienne que dirige sa belle-mère. La seconde, Anne-Marie, a plus de chance : Victor-Amédée de Savoie est un époux volage, mais somme toute supportable, et la cour de Turin est brillante et gaie. La troisième, Élisabeth-Charlotte — ô miracle ! — tombe amoureuse de celui à qui on la donne et forme avec le duc de Lorraine Léopold Ier un ménage heureux.

Les bâtardes, elles, sont plus difficiles à caser. Pour la plus âgée d'entre elles, la première Mlle de Blois, fille de La Vallière, qui est aussi la plus belle, on a fait pressentir le prince d'Orange et le duc de Savoie, mais tous deux se sont récusés. La solution vient de l'intérieur du royaume et permet de faire d'une pierre deux coups : on les place parmi les collatéraux. L'initiative, souligne-t-on avec insistance, vient de Condé : c'est lui qui aurait fait demander pour son neveu le prince de Conti la main de Mlle de Blois. Car il s'agit de mêler au noble sang de saint Louis un sang entaché par l'adultère et Louis XIV tient beaucoup à ne pas en faire un coup de force. Mais il est certain que la chose a été négociée en coulisse et que le Grand Condé, rétabli dans ses droits mais pas dans la confiance du roi après la paix des Pyrénées, n'est pas en mesure de faire la fine bouche. Le 16 janvier 1680 on marie donc en grande pompe, « à la face du soleil », dans la chapelle de Saint-Germain, la ravissante Marie-Anne, treize ans et quatre mois, avec Louis-Armand, prince de Conti, de cinq ans son aîné. Un grand festin, une comédie, puis au moment de les mettre au lit, les souverains en personne leur font l'insigne honneur de leur donner leurs chemises. « Le roi marie sa fille non comme la sienne, ironise Mme de Sévigné, mais comme celle de la reine qu'il marierait au roi d'Espagne. » Il ne « contraint plus l'inclination qu'il a pour elle, ajoute la marquise, il la baise, l'embrasse et cause avec elle ; c'est sa vraie fille ; il ne l'appelle plus autrement ». De quoi combler la vanité de l'heureux époux, qui se trouve ainsi solidement arrimé au char royal par le beau titre de gendre et par une dot substantielle. Pas pour longtemps : la jeune femme se trouvera veuve cinq ans plus tard.

Puisque l'essai était réussi, Louis XIV ne s'arrêta pas en si bon chemin. Mais pour ses deux autres filles, ses prétentions montèrent d'un cran. Il n'attendit pas que la seconde, Louise-Françoise, dite Mlle de Nantes, fille de la Montespan, fût nubile pour profiter des bonnes dispositions du clan Condé. Elle n'avait que douze ans à peine lorsqu'on la maria, le 24 juillet 1685, au propre petit-fils de l'orgueilleux vainqueur de Rocroi et de Lens, Louis III, duc de Bourbon. C'est Versailles qui servit de cadre aux fêtes des fiançailles, avec promenade en gondole sur le grand canal, souper à Trianon et feu d'artifice, puis aux cérémonies du mariage. Les deux enfants, parés comme des châsses, rutilaient, mais ils avaient l'air de marionnettes dérisoires. D'une génération à l'autre la taille des Condé était allée décroissant : à seize ans celui-ci, au demeurant fort laid, était si petit qu'on aurait dit un nain. Quant à ses sœurs, on les avait surnommées les « poupées du sang », tant elles étaient minuscules. On feignit de mettre au lit ces deux époux trop jeunes, ils reçurent eux aussi la chemise des mains du roi et de la dauphine, puis on les sépara pour quelques mois, que Mme de Montespan passa dans la crainte d'une répudiation : tout était possible avec cette arrogante famille. Épouse de M. le duc, la jeune femme prit le titre de Mme la duchesse.

Pour la troisième, cadette de la précédente, Louis XIV visa encore plus haut. On a vu dans un précédent chapitre comment il réussit à imposer à son frère et à sa belle-sœur plus que réticents l'union de leur fils avec la seconde Mlle de Blois, Françoise-Marie, en février 1692. Laide, avec des joues trop larges et pendantes, des arcades sourcilières « pelées et rouges avec fort peu de poils », et une démarche contrefaite, elle détonnait un peu parmi les enfants de l'amour. À force d'entendre sa mère et sa tante le lui reprocher, elle était devenue timide et s'enfermait dans une apathie boudeuse. Son « parler gras et lent », embarrassé, gâtait ses propos, pourtant marqués au sceau de l'esprit Mortemart. Tant qu'à se mésallier, le bouillant Philippe aurait préféré Mme la duchesse, qui, hélas ! était déjà prise, ou la jeune veuve de Conti, qui ne voulut pas de lui. Lorsqu'on murmura à Mlle de Blois que son fiancé semblait plus attiré par ses sœurs, elle répliqua « de son ton de lendore »* : « Je ne me soucie pas qu'il m'aime ; je me soucie qu'il m'épouse. » Il l'épousa en effet, et la trompa outrageusement. Dans son orgueil démesuré, qui lui valut le surnom de *Madame Lucifer*, elle prétendait parfois lui avoir fait un honneur insigne en l'épousant. Mais en fait c'est à ce mariage inespéré qu'elle devait d'avoir doublé ses sœurs au poteau dans la hiérarchie familiale : duchesse de Chartres, puis bientôt d'Orléans, elle sera un des principaux personnages du royaume après la mort de Louis XIV.

Sur la lancée, le duc du Maine exigea de se marier aussi. Le roi, songeant aux grands bâtards du passé, qui avaient eux aussi en matière de rébellion un palmarès bien fourni, n'était pas très chaud. Il aurait préféré qu'il n'eût pas de postérité. Il céda cependant aux instances de Mme de Maintenon, qui avait pour son cher « mignon » un cœur de mère. Le jeune homme eut le choix entre les trois « poupées du sang » et, contre toutes les bienséances, il préféra la seconde, Anne-Louise-Bénédicte, parce qu'elle avait un pouce de taille de plus que les autres — ce dont l'aînée eut un extrême crève-cœur qui lui ruina, dit-on, la santé. Le duc la surnomma *Doña Salpetria*, tant elle avait l'esprit audacieux et acerbe. Elle prit pour emblème une mouche à miel — une abeille —, accompagnée d'une devise tirée de l'*Aminta* du Tasse : « *Piccola si, ma fa pur gravi le ferite* »**.

Avec ces quatre mariages***, Louis XIV réussit, au grand scandale d'un Saint-Simon, l'intégration de sa progéniture de la main gauche dans sa famille légitime, en même temps qu'il ôte

---

* Personne molle et indolente.

** « Elle est petite, mais elle fait de cruelles blessures. »

*** Deux autres enfants illégitimes avaient dépassé la petite enfance. L'un, le duc de Vermandois, fils de La Vallière, qui, au grand déplaisir de son père, avait été entraîné dans l'homosexualité, mourut des fièvres à quatorze ans, au cours d'une campagne militaire. L'autre le comte de Toulouse, dernier né de la Montespan, froid et réservé, fit plus tard un mariage relativement modeste et, évitant de se mêler aux différents clans en présence, il mena une vie sans histoire.

à ses cousins et à son neveu tout moyen d'accroître sans lui leur pouvoir. Ce n'est pas tout : il prétend les faire vivre ensemble.

L'image de la concorde

Très attaché à ses enfants, Louis XIV tient à les garder auprès de lui. Par affection, mais aussi par fierté de *paterfamilias* comblé.

Tous disposent à Versailles d'un logement proportionné à leur rang. Le château s'agrandit au même rythme que la famille : faisant pendant à l'aile du midi, qui abrite princes du sang et légitimés, l'aile nord est prête à point pour accueillir les enfants du Grand dauphin — qui a droit, lui, au bâtiment central —, puis le ménage du jeune Philippe d'Orléans et le duc du Maine. Et dans la chapelle qu'il finit tout de même par faire construire, après maints retards, il réserve à ses descendants des places dans les bas-côtés, marquées par des autels secondaires consacrés aux saints dont chacun porte le nom. Leur présence est requise à différents moments forts de la journée, notamment au lever du roi, à qui l'honneur de lui présenter la chemise est réservé à son fils ou à défaut à un de ses petits-fils ou à son neveu. Ils soupent avec lui le soir, vers dix heures, au grand couvert et il leur consacre ensuite, dans son cabinet privé, une petite heure. Et ils sont tenus de communier en public, comme lui, au moins cinq fois par an, à l'occasion des grandes fêtes.

Dans toutes les réceptions et cérémonies, ils prennent place autour de lui et de part et d'autre, selon la disposition des armées en bataille, un centre et deux ailes encadrant le général en chef : un déploiement de force dont les visiteurs étrangers — doge de Venise en 1685, ambassadeurs du Siam l'année suivante, du Maroc en 1699 et de Perse en 1715 — répercutent au loin l'écho, tandis qu'en France des almanachs historiés en répandent l'image dans le bon peuple. Faute de jouer, comme par le passé, un rôle dans la conduite des affaires, la famille royale, confinée dans une oisiveté très astreignante, continue de remplir autour du souverain une fonction capitale de représentation.

Cependant, une chose gêne visiblement le roi à partir de 1680-1690 : ses enfants grandissent. Or il les voudrait toujours adolescents. Il se réjouit certes, pour la dynastie, que le Grand dauphin lui donne des petits-fils, mais il répugne à voir en lui un adulte et il ne l'aide pas à en devenir un. Il n'est pas sans excuses. La monarchie héréditaire, telle qu'elle fonctionne en France, n'a que faire d'un dauphin adulte. Idéale pour assurer la relève de quart de siècle en quart de siècle, un roi de cinquante ans — durée moyenne de la vie humaine — cédant la place à un fils de vingt-cinq, elle voit son fonctionnement perturbé lorsque les caprices de la démographie maintiennent trop longtemps sur le trône un souverain dont les descendants se dessèchent dans une attente vaine. Rien n'y est prévu pour le dauphin, pas de fonctions, pas de charges, pas de responsabilités : rien que des espérances, à plus ou moins longue échéance. Louis XIV a-t-il peur de son fils ? Consciemment, c'est peu probable, tant celui-ci se montre respectueux et soumis. Mais l'absence de cadre institutionnel vient conforter son autoritarisme naturel : il le traite en éternel écolier. Il ne lui constitue pas de « maison »* propre, pour le motif que l'héritier du trône ne fait qu'un avec son père. Il lui confie le commandement nominal d'une armée, lors des campagnes de 1688-1689, mais le vrai responsable est un officier chevronné. Il ne l'introduit dans les Conseils qu'au compte-gouttes, en commençant par ceux qui traitent d'affaires mineures. Lorsqu'il l'admet enfin à celui d'en haut, le malheureux, qui a déjà trente ans, semble avoir perdu, si tant est qu'il l'ait jamais eu, le goût des affaires. Lorsque les années passent, que le duc de Bourgogne grandit à son tour et que viennent buter l'une sur l'autre les générations successives, bloquées dans leur ascension par l'extrême longévité du patriarche, les inconvénients de cette concentration du pouvoir entre les seules mains du roi apparaissent. Des clans se créent, en vue d'une succession qui finira bien un jour par s'ouvrir. Et quand soudain surviendra l'urgence, il sera bien tard pour donner au pauvre Bourgogne autre chose qu'un enseignement théorique.

---

* Monseigneur n'a même pas de maison militaire personnelle, comme certains de ses devanciers : il partage celle de son père. Il ne dispose que de six gentilshommes attachés à sa personne, qu'on appelle, à l'espagnole *menins*. Son épouse en revanche a une maison, évidemment composée de femmes.

Enfermé dans le mutisme, la chasse au loup, l'entretien de ses collections d'œuvres d'art et l'assouvissement de son gargantuesque appétit, le dauphin fait un piètre compagnon pour le roi, qui lui préfère visiblement ses demi-sœurs. Bien qu'il n'ait plus qu'une épouse, à qui il garde fidélité, Louis XIV a besoin qu'un essaim de femmes jeunes et brillantes papillonne autour de lui. Comme beaucoup de pères, il est un peu amoureux de ses filles, à la fois tendre et jaloux, aussi impérieux avec elles qu'il l'a été avec toutes les femmes qu'il a aimées. Quand il voyage, filles et brus ont remplacé dans ses carrosses les maîtresses de naguère. Il les traite avec la même dureté, sourd à leurs plaintes, aveugle à leur fatigue, et il leur faut manger, converser, se réjouir sur commande. La perspective d'une maternité ne suffit pas à les dispenser de le suivre de Versailles à Fontainebleau, et tant pis si une « blessure » s'ensuit. « Roi partout, et dans sa famille plus que partout ailleurs », il inspire aux plus timides d'entre elles une terreur paralysante.

Car il va de soi que cette famille doit présenter au monde un visage lisse et sans défaut, donner l'exemple de la bonne tenue et de la concorde. Mais qu'en est-il derrière le décor ? Une surveillance très stricte veille à prévenir les écarts. Tout se sait dans un milieu aussi étroitement fermé. Le cabinet noir lit les lettres, les serviteurs observent et rapportent les faits et gestes. Mais la surveillance n'est pas tout, le roi le sait bien. Il manque un modèle à imiter, une figure féminine de référence, telle que fut Anne d'Autriche dans ses dernières années. Il manque une reine. Il en manque deux. Ou même trois : pas de reine mère, pas de reine régnante, pas de dauphine. Le roi et son fils aîné sont veufs. Et les deux remariages clandestins ne sauraient suppléer à l'absence d'une femme respectable et respectée à la tête de cette famille « recomposée » aux ramifications complexes.

Le gendarme de la cour

Louis XIV a bien essayé d'imposer dans ce rôle Mme de Maintenon. Un rôle difficile, même dans une famille privée : la seconde épouse est toujours mal vue des enfants du premier lit. Mais justement, il se trouve qu'elle a élevé, à titre de gouvernante, quelques-uns de ces enfants. Pourquoi ne ferait-elle pas figure auprès des autres de mère de remplacement ? Dans les appartements privés le roi a instauré pour elle des règles particulières : elle n'est pas tenue de se lever en leur présence — sauf pour le dauphin —, ni d'user pour les désigner de leur titre complet. Il leur impose d'avoir pour elle les égards qu'ils auraient pour une belle-mère officielle : ils doivent prendre congé lorsqu'ils partent en voyage et la saluer à leur retour.

Il y a plus. Quand le dauphin et le duc du Maine s'en vont faire leurs premières armes sur le Rhin, en 1688, ils sont priés de lui en envoyer des comptes rendus réguliers. Passe pour le duc du Maine, il a dix-huit ans, et c'est son fils adoptif ; ses lettres ont une certaine spontanéité ; encore trouve-t-il que tous les jours, c'est beaucoup et qu'elle pourrait se contenter de moins. Mais la correspondance qu'elle échange avec le dauphin surprend. De notoriété publique, « il n'a jamais pu aimer Mme de Maintenon, ni se ployer à obtenir rien par son entremise ». Il s'en tient dans ses rapports avec elle au strict minimum. Or, pendant cette campagne et les deux suivantes, il lui envoie une série de lettres d'une stupéfiante servilité, qui n'ont d'autre but — puisqu'il en échange aussi avec le roi — que de lui manifester respect et soumission. Deux exemples pris parmi d'autres : « Je ne me sens pas de joie de ce que le roi est content de moi, et je suis persuadé que vous me connaissez assez pour n'en pas douter. Je vous suis infiniment obligé de la part que vous voulez bien prendre à tout ce qui me regarde (21.10.1688). » — « Votre lettre m'a fait tant de plaisir en me marquant l'amitié que le roi a pour moi et qu'il est content de moi, que je ne puis m'empêcher de vous écrire pour vous remercier de me l'avoir mandé. Je vous assure que je vous compte pour la meilleure amie que je puisse avoir, et que vous me feriez plaisir, si je fais quelque chose qui ne plaise pas au roi, de m'en donner avis franchement, afin que je tâche de faire mieux (14.10.1690). » Elle, de son côté, lui rappelle qu'il ne saurait avoir trop de déférence pour les conseils de son gouverneur — qui l'accompagne à la guerre ! —, qu'il doit se défier des flatteurs et que seul le mérite peut lui acquérir l'estime. S'agit-il d'un petit garçon qu'elle aurait charge d'élever ? Mais non, c'est l'héritier du trône et il approche de la trentaine !

Systématiquement le roi cherche à la mettre en tiers dans les relations qu'il entretient avec ses enfants. À la leur imposer.

Comme s'ils devaient obligatoirement passer par elle pour accéder à lui. Quoi d'étonnant qu'ils renâclent ? D'autant qu'elle s'y prend mal. Éducatrice jusqu'au bout des ongles, et de l'espèce la plus autoritaire, elle se montre surtout bonne à leur faire de la morale. L'antipathie que leur inspire sa personne vient donc s'ajouter aux préjugés qu'ils nourrissent contre sa naissance. Elle reste à leurs yeux la maîtresse épousée, la parvenue hissée aux sommets par des voies indignes. Ils se refusent à la respecter, se contentent de la craindre. Et contre elle, en dépit de leurs dissensions, ils sont prêts à faire l'union sacrée. À une exception près, le duc du Maine, son préféré. Mais la prédilection qu'elle lui voue n'est pour les autres qu'une raison de plus de la détester. En attendant que l'entrée en scène de la duchesse de Bourgogne ne vienne compliquer encore la donne.

La situation de l'épouse secrète est très difficile. Dans la répartition traditionnelle des responsabilités à la cour, le roi régnait sur les hommes, mais il laissait à la reine autorité sur les femmes. Après la mort de sa mère, et devant l'incapacité de Marie-Thérèse, Louis XIV s'est approprié les deux rôles. Mais l'afflux de jeunes princesses pose un problème : il n'est pas de son ressort de les former. La dauphine se charge un temps, à la satisfaction générale, d'initier à la vie de cour la petite princesse de Conti. Ensuite, la tâche incombe à Mme de Maintenon. Mais comme elle n'est reine que dans l'ombre, elle ne peut ni partager la vie quotidienne de ces jeunes femmes, ni leur offrir une figure à imiter. Il lui reste à les surveiller, pour les maintenir dans le droit chemin. Et à leur faire la leçon. Le roi s'en acquitte parfois lui-même, mais il préfère confier à son épouse les commissions désagréables — une habitude enracinée chez lui, depuis le temps où il la chargeait d'aller dire à La Vallière, à Montespan ou à Fontanges, ce qu'il n'avait pas envie de leur dire en face. C'est elle qui doit convoquer ses belles-filles pour leur « laver la tête ». « Elles y arrivaient tremblantes et en sortaient en pleurs », à moins qu'elles ne se permettent, comme l'insolente duchesse de Bourbon, de lui rire au nez. Elle est donc promue aux fonctions ingrates de gendarme de la cour.

« La conduite des belles-filles du roi et de ses bâtardes, les ordres à y mettre et à y donner, les galanteries et la dévotion ou la régularité des dames de la cour, les aventures diverses [...], les parties qui se faisaient de ces princesses avec les jeunes dames ou celles de leur âge et tout ce qui s'y passait, les punitions, [...], les récompenses [...], toutes ces choses entraient dans les occupations de Mme de Maintenon. » Faut-il en conclure, avec Saint-Simon, qu'elle s'est arrogé ce rôle pour prendre barre sur le roi et accroître son pouvoir ? C'étaient là, pour une part, les occupations normales d'une reine, et il n'est pas sûr qu'elle ait souhaité les assumer. Elle y fut contrainte par la volonté du roi. L'ennui, c'est qu'elle n'a pas qualité pour les exercer. C'est aussi qu'elle manque de compréhension, de générosité et pour tout dire d'amour et ne songe qu'à réprimer.

La plus âgée, la princesse de Conti, essuie les plâtres, si l'on peut dire. Elle était belle à couper le souffle, au point de faire oublier un instant sa mission au doge de Venise, venu implorer pour sa patrie « l'amitié » de Louis XIV. Et les mauvaises langues disaient que la plupart des hommes, voire quelques femmes, se damneraient volontiers pour une nuit avec elle. Après une courte lune de miel avec son époux, elle se déclara déçue, lui préférant visiblement son cadet. Et Bussy-Rabutin de se demander malignement « où une fille de treize à quatorze ans peut avoir appris comment il faut que les hommes soient faits pour être bien faits ». Louis XIV la gronda, ce qui n'empêcha pas les chansonniers d'ironiser : « Si la princesse de Conti / A cessé d'aimer son mari, / C'est qu'il ne peut pas faire / Eh bien / Comme monsieur son frère : / Vous m'entendez bien. » Reste qu'elle était sensible aux réprimandes. Elle s'en attira une pour avoir osé écrire, dans une lettre qui fut interceptée : « Le roi se promène souvent, et je me trouve entre Mme de Maintenon et Mme la princesse d'Harcourt ; jugez combien je me divertis ! » « Pleurez, pleurez, madame, lui dit en la sermonnant la victime de cette fort innocente critique, car il n'y a pas de plus grand malheur que de n'avoir pas un bon cœur. » Il est vrai que l'imprudente avait eu l'audace de prendre une nouvelle fille d'honneur sans demander l'assentiment du roi, craignant qu'on ne lui impose une espionne patentée. De leur côté Conti, son frère et quelques amis écopèrent, pour avoir traité le roi dans une lettre privée « de gentilhomme campagnard affainéanti auprès de sa vieille maîtresse », d'une disgrâce prolongée.

Mais à mesure qu'augmente, au fil des années, le nombre de jeunes couples, ils deviennent de plus en plus ingouvernables. Les princesses sont amoureuses, pas de leur mari, bien sûr.

Expertes en « picoteries », elles se disputent les galants, à moins qu'elles ne se chamaillent, à deux contre une — pas toujours les mêmes — pour des questions de préséance. Elles se traitent alors mutuellement de « sac à vin » ou de « sac à guenilles ». Mais elles se retrouvent d'accord pour rire à gorge déployée lorsque Mme la duchesse, à la manière des romanciers à la mode, ébauche un récit où l'on reconnaît sans peine la cour de Louis XIV derrière celle de Rome à l'époque d'Auguste. De temps à autre, le roi intervient. Mais les coups de semonce donnés dans l'impertinente volière n'ont qu'un effet limité. C'est à qui fera le plus de sottises. Les deux plus jeunes se firent un jour surprendre à fumer des pipes empruntées aux gardes suisses* ; l'odeur les trahit et elles furent rudement grondées. En vain. Mme la duchesse, entourée d'un escadron de galantes suivantes, est toujours prête à lever l'étendard de la rébellion. On voudrait l'obliger à partager l'existence de sa belle-mère — une bien dévote personne — sans recevoir de visites chez elle. « Rien de tout cela ne fut exécuté, dit Mme de La Fayette, hormis qu'elle n'eut plus la compagnie de ses filles. » Mais elle se rattrapa ailleurs.

À chaque nouvelle venue, Mme de Maintenon reprend espoir et fait porter sur elle tous ses efforts. Hélas, la duchesse du Maine, épouse de son cher « mignon », la déçoit aussi : « Je ne voudrais pas la faire dévote de profession ; mais j'avoue que j'aurais bien voulu la voir régulière et prendre un train de vie qui serait agréable à Dieu, au roi, et à M. le duc du Maine, qui a assez de bon sens pour vouloir sa femme plus sage que ses sœurs. Je lui avais donné une dame d'honneur qui est une sainte [...], mais elle est enfant et aurait plus besoin d'une gouvernante que d'une dame d'honneur ; du reste [...] elle est jolie, aimable, gaie, spirituelle, et par-dessus tout elle aime fort son mari, qui de son côté l'aime passionnément, et la gâtera plutôt que de lui faire la moindre peine. Si celle-là m'échappe encore, me voilà en repos**, et persuadée qu'il n'est pas

---

* Le peuple et les soldats *fumaient* le tabac, tandis que dans la bonne société, on le *prisait*.

** Vouée, si l'on ose dire, au chômage !

possible que le roi en trouve une dans sa famille qui se tourne à bien... »

Elle a raison de craindre : la duchesse du Maine lui échappera, et elle en verra bien d'autres avec la duchesse de Berry, fille du jeune couple d'Orléans, à qui l'on a fait épouser le cadet des petits-fils du roi. Celle-là réunira en sa personne, dans les années 1710, toutes les variétés de scandales. Plus le temps passe, plus l'âge creuse entre la dévote épouse royale et la jeune génération un fossé profond. Le modèle selon lequel elle aurait voulu façonner les princesses se démode à une vitesse vertigineuse.

Un conflit de générations

Les plus jeunes supportent mal la vie de perpétuelle représentation qui leur est imposée à Versailles. Dans ce château ouvert à tous les vents, au propre comme au figuré, et qui regorge d'allées et venues, il faut toujours être présentable, en tenue soignée, les femmes serrées dans leurs « corps » sous leurs robes d'apparat, il faut paraître aux soupers du roi, aux soirées d'appartement, aux concerts et aux bals. Et il faut respecter l'étiquette.

On s'ennuie à Versailles. Qui s'ennuie ? Certes pas les visiteurs occasionnels pour qui l'on se met en frais, comme les ambassadeurs étrangers. Ni même les simples gentilshommes de passage, éblouis par tant de splendeurs. Et il n'est pas difficile de démontrer, programmes en main, qu'étaient offertes aux courtisans des distractions de qualité : il y a « comédie » trois fois par semaine, on y joue Corneille, Racine, voire même... Scarron : ce qui met en joie Madame Palatine. Mais le patriarche choisit des divertissements conformes à son goût à lui, lequel goût s'est rétréci avec l'âge et la montée de la dévotion. Le théâtre de Molière est amputé des fantaisies poétiques conçues pour les grandes fêtes de jadis et expurgé de ses pièces les plus audacieuses. Adieu *La Princesse d'Élide,* adieu *L'École des femmes, Tartuffe* ou *Dom Juan.* Les petits-fils du roi ne boudent pas leur plaisir devant *Le Bourgeois gentilhomme,* qui les fait s'esclaffer, mais leurs aînés regrettent l'opéra, que Mme de Maintenon s'efforce de bannir de la cour comme école de mauvaises mœurs. Les seules innovations de valeur à Versailles concernent la musique religieuse. Il en faudrait plus pour fixer la jeune génération, lassée de surcroît par le caractère répétitif de ces « plaisirs » toujours les mêmes, toujours aux mêmes heures et toujours avec les mêmes gens.

La « mécanique » des activités de cour interdit de mener à Versailles une vie privée. Les membres de la famille royale, engagés comme figurants dans le spectacle que Louis le Grand donne chaque jour au monde, en sont les principales victimes, mais pas les seules. Le roi lui-même, éprouvant le besoin d'échapper au carcan qu'il a créé, tend à multiplier les escapades à Marly. Dans ce site ombragé, bien pourvu en eaux jaillissantes, il a fait bâtir à la mesure humaine un charmant château de taille modeste, entouré d'une douzaine de pavillons destinés à des hôtes choisis. Une sorte de maison des champs où passer, loin de la cohue versaillaise, ce qu'on appellerait volontiers des week-ends s'ils ne se plaçaient de préférence en milieu de semaine. À Marly, les règles s'assouplissent, les dames peuvent paraître en « robe de chambre », c'est-à-dire en robe d'intérieur, et les relations s'y font plus simples et plus libres — au grand scandale de Madame Palatine qui s'écrie : « S'il n'y a plus de *rangs*, on ne sait plus qui est qui ! » Hélas, ce qui paraît villégiature de délices aux dames de la cour prêtes à se rouler aux pieds du roi pour implorer une invitation — « Sire ! Marly ! » — pèse aux jeunes personnes de la famille. Car si la contrainte y est moindre, la surveillance, en comité restreint, se fait plus aiguë. On n'y échappe pas aux regards du roi. Et il s'y maintient tout de même une part de cérémonial. À la promenade, le roi est dans son chariot, sa femme dans sa chaise à porteurs. « S'il y avait à leur suite Mme la dauphine* ou Mme la duchesse de Berry, ou des filles du roi, elles suivaient ou environnaient à pied, ou si elles montaient en chariot avec des dames, c'était pour suivre, et à distance, sans jamais doubler. »

Dans ces conditions tous aspirent à avoir une maison à eux — une maison au sens actuel du terme, un lieu à habiter, où ils

---

* La scène évoquée ici par Saint-Simon se situe après la mort du Grand dauphin en 1711. La dauphine est la duchesse de Bourgogne.

soient leurs propres maîtres et où ils puissent inviter qui ils veulent. Le roi ne peut le leur interdire : certains d'entre eux disposent de domaines familiaux, comme Philippe d'Orléans, dont l'héritage comporte Saint-Cloud et le Palais-Royal, ou le duc du Maine, qui tient de sa mère le merveilleux château de Clagny. Le dauphin se réfugie volontiers dans sa maison de Choisy, que lui a léguée la Grande Mademoiselle. Mais en comparaison des autres, c'est une demeure modeste, et trop éloignée de la cour. Le roi achète donc pour son fils le château de Meudon, dans lequel Louvois a englouti une fortune. Monseigneur y installe sa très discrète épouse, de son vrai nom Marie Émilie de Joly de Choin, une sorte de Maintenon pot-au-feu, laide assurément — pas autant que le prétend Saint-Simon ! —, mais dotée d'esprit et de cœur, sans autre ambition que de rendre heureux celui qui l'a élue et de bien tenir une maison qu'il veut agréable et accueillante. Tout en faisant à Versailles les multiples apparitions qu'exige l'étiquette, il règne chez lui sur un cercle fermé et raffiné qu'on appelle le *parvulo*. Il y reçoit libéralement sa demi-sœur la princesse de Conti, qui dispose seulement d'une maison de ville, à Versailles — une maison assez grande pour qu'elle pût y donner, en privé, une représentation de l'*Alceste* de Lully, où jouèrent des gens de la cour. Autre demeure très animée : le château de Sceaux, où la duchesse du Maine, fuyant les servitudes et l'hypocrisie de la cour, s'en va organiser des spectacles réservés eux aussi à une société choisie, jeune, gaie, spirituelle, libre.

Ces cours parallèles, qu'on a envie de dire buissonnières parce qu'elles sont d'abord lieux d'évasion, deviennent vite des rivales de la cour officielle. Celle-ci se vide peu à peu de sa substance, sauf pendant la période où la duchesse de Bourgogne parvient à lui infuser un peu de sang neuf. Mais rien ne pourra y ramener l'initiative de la création artistique et théâtrale, ni en refaire le vrai centre vivant du pays. Paris prend sa revanche sur Versailles et redevient la capitale des plaisirs. Bals, soupers, promenades : on s'y bouscule. Les comédiens italiens, dont la traditionnelle liberté de ton fut jugée choquante, ont été chassés. Mais le théâtre, dans son ensemble, se porte bien. Philippe d'Orléans y passe une bonne part de son temps, bénéficiant d'un privilège envié : il peut en jouir à domicile, au Palais-Royal un escalier intérieur mène tout droit de ses appartements à la fameuse salle que fit construire Richelieu. Quant à l'opéra, il résiste à toutes les attaques. Il a les faveurs de Monseigneur, qui en raffole et y entraîne ses demi-sœurs et ses fils. Et le roi lui-même, qui se souvient l'avoir beaucoup aimé, fait la sourde oreille aux objurgations de son épouse

Mme de Maintenon rêvait de voir s'instaurer un régime d'ordre moral. On en est loin. En même temps que le goût, les mœurs changent. Plus de contraintes. On cherche d'abord son plaisir. Plus d'horaires stricts. On se couche tard, on fait la grasse matinée pour se remettre des nuits blanches. Et chose plus grave, les hommes, loin de surveiller leurs épouses et de se plaindre de leurs écarts, comme ils le faisaient encore vers 1690, les associent à leurs débauches. « Les maris s'accommodent des promenades nocturnes ; ce sont eux qui les facilitent. [...] Les hommes sont pires que les femmes ; [...] ce sont eux qui veulent que leurs femmes prennent du tabac, boivent, jouent, ne s'habillent plus. » « Les femmes de ce temps-ci me sont insupportables, renchérit-elle ; leur habillement insensé et immodeste, leur tabac, leur vin, leur gourmandise, leur grossièreté, leur paresse, tout cela est si opposé à mon goût et, ce me semble, à la raison, que je ne le puis souffrir. »

Ajoutons — ce qu'elle ne dit pas — que ces mœurs, qui annoncent la Régence, s'accompagnent d'une recrudescence de la libre-pensée. Le grand élan de la Réforme catholique, qui a soulevé et vivifié tout le XVIIe siècle, s'essouffle et retombe. L'Église ne répond plus aux interrogations de la génération montante. Les querelles stériles entre écoles opposées y ont largement contribué, celle du quiétisme notamment :

> *Dans ces combats douteux où deux prélats de France*
> *Semblent chercher la vérité,*
> *L'un dit qu'on détruit l'espérance,*
> *L'autre soutient que c'est la charité ;*
> *C'est la foi qu'on détruit et personne n'y pense.*

Le reflux n'est pas propre à la cour, il affecte en cette aube du XVIIIe siècle tous les domaines de la vie intellectuelle. Mais il est plus marqué chez les jeunes générations de l'entourage du roi, parce que la rigidité y était plus forte. Trop de contrainte crée des révoltés. Trop de dévotion crée des mécréants.

« À l'heure qu'il est, écrivait Mme de La Fayette en 1689, hors de la piété, point de salut à la cour, aussi bien qu'en l'autre monde. » Quinze ou vingt ans plus tard, il en est beaucoup qui préfèrent compromettre leur salut à la cour, pour aller se divertir ailleurs. Quant à leur salut éternel, ils estiment avoir le temps d'y penser lorsqu'ils seront vieux.

Dans la famille royale, le jeune Philippe d'Orléans, neveu du roi, est le mouton noir qui fait scandale. On lui passerait à la rigueur ses maîtresses, ses parties fines, ses fréquentations douteuses. Mais il a des curiosités suspectes. Passionné de mathématiques, d'astronomie, de chimie, il se livre chez lui à des expériences, on murmure qu'il croit au diable, et s'efforce d'entrer en contact avec lui. Mais en Dieu, il n'est pas sûr de croire. Ou plutôt, rejetant une bonne part de la révélation, il s'oriente vers un déisme annonciateur de celui des « philosophes ». De quoi faire de lui, aux yeux de certains, un personnage démoniaque. D'autant plus dangereux qu'il joint à une intelligence aiguë des dons aussi nombreux que divers, musicien capable de composer des opéras, peintre de qualité à ses heures, et, sur le terrain de la guerre, excellent soldat et hardi stratège : très supérieur à ses cousins légitimes ou bâtards. Mme de Maintenon, pour qui un impie ne saurait être un honnête homme, l'a en aversion. Toute prête à le croire capable du pire, elle entretient contre lui les préventions de Louis XIV. En toute bonne conscience, elle mène, contre l'évolution des esprits et des mœurs, un combat d'arrière-garde désespéré.

Désillusions et dégoûts

Il lui vient des accès de découragement. Dans les années 1700-1710, elle tourne à l'aigre. Madame Palatine prétend qu'elle « devient méchante ». C'est qu'elle vieillit. Elle a des rhumes, des rhumatismes, des fluxions, des fièvres, des hémorroïdes, et elle se fatigue plus vite qu'autrefois. Lorsqu'elle regarde en arrière, elle se demande si elle ne s'est pas fourvoyée. Elle a dû beaucoup rabattre de ses ambitions initiales. Elle a subi bien des échecs. Ses interventions dans les affaires ecclésiastiques se sont soldées par un désastre. Elle se voit chansonnée comme responsable de la tartufferie ambiante :

> *Des faux dévots, des papelards,*
> *Des missionnaires, des jésuites,*
> *En France on en a à foison*
> *Grâce à la vieille Maintenon.*

Saint-Cyr, contre sa vocation première, a été métamorphosé en couvent. Elle se rend compte que jamais elle ne sera adoptée par la famille royale et qu'elle n'est pas en mesure de discipliner les princesses. Tout ce qu'elle croyait tenir lui glisse entre les doigts, lui échappe.

Plus que jamais elle hait la cour. « Je ne respire pas entre les grands » : c'est chez elle un leitmotiv. Mais les critiques qui étaient coquetterie de parvenue au début de sa stupéfiante ascension sonnent plus vrai. Elle connaît désormais les dessous et la cour, côté coulisses, ne sent pas bon. Elle n'y est pas aimée et le sait. Elle ne supporte plus la servilité apparente, suivie de crocs-en-jambe par derrière : « La meute augmente tous les jours ; je trouve des relais partout et je suis véritablement aux abois. » Elle souffre de cette haine sournoise et de cet isolement. « Je suis plus que jamais ermite à la cour. Il n'y a personne sans exception à qui je puisse parler », écrit-elle en 1707. À vrai dire, elle a réussi à se créer une petite société de dames choisies, plus jeunes qu'elle pour que le roi ne rencontre chez elle que des visages agréables : la marquise de Caylus, sa fille adoptive, Sophie de Dangeau et quelques autres, avec qui elle cultive une solide amitié. Mais il est vrai que l'animosité de la famille, puis bientôt l'impopularité lui paraissent lourdes à porter. Lorsque éclate la guerre de succession d'Espagne, lorsque s'accumulent les défaites et que la misère se fait plus grande, l'opinion, faute d'oser s'en prendre au souverain, cherche des boucs émissaires dans son entourage : la « favorite » en est un tout désigné. Elle se durcit alors, se renferme : « Si on ouvrait mon cœur après ma mort, on le trouverait sec et tors* comme celui de M. de Louvois. »

A-t-elle gâché sa vie, compromis son salut pour rien ? Le roi n'avance sur le chemin de la piété qu'à pas bien timides. Et au quotidien, elle a de plus en plus de peine à le supporter. Elle

---

* Ce n'est pas une métaphore, mais une allusion à l'autopsie de Louvois.

souffre de devoir se tenir disponible, de bouleverser ses projets pour se plier aux siens, de n'avoir pas une seconde de liberté vraie : « Il faut être ici sans volonté et sans autre goût que celui du maître. » Quand, recrue de fatigue et avide de paix, elle croit pouvoir trouver à Saint-Cyr quelques heures de répit, un billet — on en a cité un plus haut — la convie à une promenade dans le parc. À cette invitation, formulée en termes d'une exquise courtoisie, il n'est pas question de dire non. Il y a des jours où elle en est ravie, d'autres où elle enrage de devoir tout quitter pour obtempérer. Même tyrannie pour les voyages : tout ce qu'elle obtient est de disposer pour elle seule d'un carrosse bien clos. « Mais en quelque état qu'elle fût, conte Saint-Simon, il lui fallait marcher, et suivre à point nommé, et se trouver arrivée et rangée avant que le roi entrât chez elle. Elle fit bien des voyages à Marly dans un état à ne pas faire marcher une servante ; elle en fit un à Fontainebleau, qu'on ne savait pas véritablement si elle ne mourrait pas en chemin. » Lorsqu'un concert était prévu, fièvre et mal de tête n'empêchaient rien, elle devait subir le scintillement de cent bougies lui vrillant les yeux. « Si j'habite encore longtemps la chambre du roi, écrit-elle de Marly, je deviendrai paralytique ; il n'y a ni porte ni fenêtre qui ferme ; on y est battu d'un vent qui me fait souvenir des orages d'Amérique. J'ai un rhumatisme dans la tête et sur tout le reste de ma personne. » Se trouve-t-elle malade, au lit ? Il va chez elle à son heure ordinaire et, comme il a horreur des atmosphères confinées, il fait ouvrir les fenêtres toutes grandes, laissant entrer la fraîcheur du serein. Il mène toujours son train, sans jamais lui demander — ni se demander — si elle est incommodée.

On connaît, par le récit qu'elle en fit à Mme de Glapion vers 1705, l'horaire d'une de ses journées. Réveil vers six heures. Elle tâche de caser ses prières et sa messe pendant que tout le monde dort, car sa chambre est ensuite « comme la boutique d'un gros marchand, qui, une fois ouverte, ne se vide plus ». À partir de sept heures et demie, visite du chirurgien, du médecin, du premier valet de chambre du roi, venu voir si elle va bien. Commence alors le défilé des visiteurs importants — ministre, archevêque, général d'armée. Arrive le roi, qui demeure seul avec elle jusqu'au moment d'aller à la messe. Elle n'a pas eu le temps de s'habiller, elle est encore en coiffure de nuit. Après quoi sa chambre « est comme une église : tout le monde y passe et ce sont des allées et venues perpétuelles ». Nouvelle visite du roi au sortir de la messe, puis arrive la duchesse de Bourgogne, avec beaucoup de dames. Elle prend son repas seule sur un coin de table, tout en dirigeant la conversation ; et ses visiteuses se disputent l'honneur de lui apporter un verre d'eau, alors qu'un valet aurait bien mieux fait l'affaire. Elles s'en vont dîner, la voici enfin seule avec une ou deux de ses familières. Débarque Monseigneur, qui a mangé plus tôt pour aller à la chasse : « C'est l'homme du monde le plus difficile à entretenir, car il ne dit mot. Il faut pourtant que je l'entretienne, car je suis chez moi. » Et déjà le roi, sortant de table, ramène à sa suite toute la troupe des princesses. Il les y laisse au bout d'une demi-heure, et elles y jacassent tout l'après-midi. Lorsqu'elles se décident enfin à partir, il en reste toujours une à la traîne, pour solliciter quelque faveur. « C'est à moi qu'il faut s'adresser, par qui tout passe ! » Pesante grandeur, qu'elle affecte de mépriser et de ne supporter que pour le bien commun...

« Quand le roi est revenu de la chasse, il vient chez moi ; on ferme la porte et personne n'entre plus. Il faut essuyer ses chagrins s'il en a, ses tristesses, ses vapeurs ; il lui prend parfois des pleurs dont il n'est pas le maître, ou bien il se trouve incommodé. Il n'a point de conversation. » Puis pendant qu'il travaille avec un ministre, sur un coin de table, elle soupe en toute hâte, se faisant apporter son fruit avec sa viande*, pour aller plus vite. Il est tard, elle se met à bâiller. Il s'en aperçoit, l'invite à se coucher. Tandis que ses femmes la déshabillent, il piaffe, car il veut encore lui parler sans témoins. Et elle se dépêche — chose qu'elle a en horreur —, elle se dépêche « jusqu'à s'en trouver mal ». La voici enfin au lit. Elle attend qu'il se décide à partir pour s'éclipser un instant, car elle n'est pas « un corps glorieux »**. Mais l'idée qu'elle se contraigne ne l'effleure pas. Il reste auprès d'elle jusqu'à l'heure de son souper. Lorsqu'elle peut enfin tirer ses rideaux, vers dix heures, souvent inquiétude et fatigue l'empêchent de s'endormir.

---

* La *viande* est la nourriture principale, chair (= notre viande à nous) et légumes. Le *fruit* est le dessert, pas forcément composé de fruits.

** Le *corps glorieux* est en langage théologique celui, dépourvu de tous besoins, que revêtiront les bienheureux au jour du Jugement dernier.

Ce qu'elle ne dit pas aux dames de Saint-Cyr, mais qu'elle confie à son confesseur, c'est que le roi, en dépit de ses soixante-cinq ans, continue lorsque les portes se referment sur eux de lui rendre des hommages qui désormais lui répugnent. « Occasions pénibles » : elle va sur ses soixante-dix. Et voici Godet des Marais promu à nouveau conseiller conjugal. Sa réponse ? « C'est une grande pureté de préserver celui qui lui est confié des impuretés et des scandales où il pourrait tomber ; [...] c'est une grande grâce d'être l'instrument des conseils* de Dieu et de faire par vertu ce que d'autres femmes font sans mérite et par passion. »

De la vie conjugale elle ne veut plus voir que les servitudes. Elle en fait aux demoiselles de Saint-Cyr une peinture terrifiante. Lorsque certaines gamines ricanent en se refusant à nommer le septième sacrement, comme s'il s'agissait d'un mot obscène, elle explose. Quand elles auront passé par le mariage, elles verront qu'il n'y a pas de quoi rire, au contraire. C'est un état « qui fait le malheur des trois quarts du genre humain, des femmes surtout ». Si vous cherchez « de la douceur, leur dit-elle, entrez dans un couvent ; car, entre la tyrannie d'un mari et celle d'une supérieure » — si l'on ose parler ainsi —, il y a « une différence infinie ». L'une est réglée et l'autre imprévisible. « On sait à peu près, en religion, ce qu'on peut exiger de vous », mais il est difficile de prévoir « jusqu'où un mari peut porter le commandement ». Les hommes sont des monstres d'égoïsme. « Il faut supporter d'eux bien des bizarreries et se soumettre à des choses presque impossibles. » Sur cent, il n'y en a pas un qui vaille. Hors du couvent, point de salut ! Le virage amorcé à Saint-Cyr en 1690 est achevé : au lieu d'y former de bonnes épouses sachant tenir une maison noble, on y fabriquera des « anges » — c'est-à-dire des nonnes. Parmi les générations successives d'élèves, un bon nombre resteront sur place comme enseignantes, refermant la maison sur elle-même dans un orgueilleux isolement.

On ne peut se défendre d'un malaise devant la férocité hargneuse que cette éducatrice dite modèle met à tuer dans l'œuf tous les espoirs de ces jeunes filles. Car il semble bien

---

* Volontés.

qu'elle force la note, pour les préparer à entrer sans regret dans le seul état qui leur soit ouvert, faute d'une dot suffisante. Elle veut empêcher les demoiselles de rêver à sa prodigieuse destinée et les dames de regretter la vie dans le monde : entre quiétisme et jansénisme vous vous y seriez perdue, dit-elle à Mme de Glapion, sans être plus heureuse pour autant. Si toutefois c'est dans le repos qu'on fait consister le bonheur...

À l'évidence il ne faut pas prendre tout uniment ces diatribes pour des confidences intimes. Certes elle se plaît à répéter qu'« il n'y a point dans les couvents d'austérités pareilles à celles auxquelles l'étiquette de la cour assujettit les grands », et elle fait volontiers rimer mariage avec esclavage. Mais ne soyons pas dupes de ces jérémiades. Son prétendu désir de retraite, son horreur de la cour concourent à la reconstruction de son image entreprise de longue date. Elle veut laisser le souvenir d'une femme désintéressée, se sacrifiant au bonheur et au salut du roi, au bien du royaume. Elle finit par être prisonnière du personnage qu'elle a choisi de jouer. Et peut-être, à force de se le répéter, parvient-elle à se convaincre qu'elle est vraiment celle qu'elle veut paraître. Mais son frère, qui la connaît bien, n'est pas dupe. Comme elle prétendait un jour avoir envie de mourir, il éclata de rire : « Vous avez donc parole d'épouser Dieu le Père ? »

Sa servitude est consentie et son abattement à éclipses. Elle revient à la cour aussi vite qu'elle en est partie. C'est comme une drogue dont elle ne pourrait se passer. En lisant ses lamentations sur sa santé, on la croirait moribonde. Mais elle ne devient pas paralytique, en dépit des courants d'air. Elle ne succombe pas aux innombrables « rhumatismes » qui jalonnent ses bulletins de santé. Elle tient le coup, elle résiste à tout. Et elle ne se décourage pas. Voyant filles et brus lui échapper l'une après l'autre, elle a jeté son dévolu sur la nouvelle venue : la petite duchesse de Bourgogne, dont elle a pris en main l'éducation. Et cette fois elle se croit récompensée de ses peines. Elle ne désespère pas, avec un peu de chance, de la voir devenir une reine de France selon son cœur.

C'est avec cette très remarquable jeune personne que le moment est venu de faire connaissance.

CHAPITRE DIX-HUIT

« LA PLUS AIMABLE DES PRINCESSES » : MARIE-ADÉLAÏDE DE SAVOIE DUCHESSE DE BOURGOGNE

Comme tous les mariages princiers, celui de Marie-Adélaïde de Savoie avec le duc de Bourgogne obéissait à des impératifs politiques. Mais il se trouve qu'elle était exceptionnellement douée pour la fonction à laquelle les ambitions paternelles la destinaient. Elle avait tout pour être une reine de France remarquable. Elle ne le fut pas. Associée aux années les plus sombres du règne de Louis XIV, elle l'illumina un temps de sa jeunesse et de sa gaieté, avant de disparaître brutalement, fauchée dans sa fleur.

L'alliance savoyarde

Implanté sur les deux versants des Alpes du Nord de part et d'autre de la ligne des crêtes, le duché de Savoie, qui a préféré Turin à sa vieille capitale de Chambéry, occupe une position stratégique entre la France à l'ouest et l'Espagne, maîtresse du Milanais à l'est. C'est à la fois une faiblesse et un atout. Ses deux puissants voisins cherchent tous deux à grignoter ses territoires*, mais chacun tente de s'opposer aux empiétements de l'autre. Pris entre deux feux en cas de conflit, il ne peut guère éviter de s'en mêler. Mais il monnaie très cher son alliance, car il contrôle la grande voie d'accès qui, par le col du mont Cenis, fait communiquer la moyenne vallée du Rhône et la plaine du Pô. Bien que pauvre, peu peuplé, il occupe donc, dans la diplo-

---

* Henri IV lui a arraché en 1600 la Bresse et le Bugey.

matie internationale, une place sans commune mesure avec ses ressources propres.

Face à la rivalité franco-espagnole, les ducs de Savoie ont mis au point une stratégie qui leur permet, en louvoyant entre les deux camps, de tirer assez bien leur épingle d'un jeu qui dure depuis près de cent cinquante ans. Ils prennent leurs épouses et casent leurs filles en alternance à Paris et à Madrid ou à Vienne. Et ils s'efforcent, lors des guerres, de se trouver du côté du plus fort au moment où l'on signe la paix. D'où une politique — traîtresse ! s'indignent tour à tour ses partenaires — de renversements des alliances, à hauts risques certes, car il n'est pas toujours facile de miser sur le bon cheval, mais dans l'ensemble payante.

Depuis le début du XVIIe siècle le duché, déchiré par des luttes internes, était resté à peu près fidèle à l'alliance française, qui menaçait de tourner au protectorat. Aussi l'ambitieux Victor-Amédée II, bien qu'il eût pour femme une Française, chercha-t-il à secouer le joug. En 1690, devant l'ampleur de la coalition qui se dessinait contre Louis XIV, il se décida à sauter le pas. Au début du mois de juin, il se liait par le traité de Milan à l'Espagne, puis à l'empereur. Mal lui en prit : la campagne menée contre lui par le maréchal Catinat se termina en désastre. La défaite de Staffarde lui coûta toute la partie occidentale de son duché, qui sera occupée par la France pendant six ans. Aucune des tentatives de reconquête ne réussit et une nouvelle défaite à La Marsaille à la fin de 1693 le convainquit qu'il était temps de négocier.

Louis XIV y était tout disposé, car sur les autres fronts, les combats lui étaient nettement moins favorables. Par le traité de Turin (29 août 1696), il rendait au duc tous les territoires récemment conquis, lui cédait même Pignerol, lui confiait une armée destinée à marcher contre ses alliés de la veille et acceptait le principe d'une neutralisation de l'Italie, dans laquelle le duc de Savoie occuperait une place prépondérante. Comme de coutume, un mariage venait sceller l'alliance : la jeune Marie-Adélaïde, fille aînée de Victor-Amédée, épouserait l'aîné des petits-fils de France, le duc de Bourgogne, normalement promis au trône. Elle serait reine. De quoi flatter l'amour-propre de son père qui rêve aussi pour lui-même d'un titre de roi. Mais avec un partenaire aussi peu fiable, Louis XIV prend ses précautions. Bien que le mariage ne soit pas pour demain, puisque la petite n'a pas encore onze ans, il exige qu'elle soit aussitôt expédiée en France, pour y être élevée aux côtés de son fiancé. La méthode était pratiquée de longue date, elle a déjà servi à la fin du XVe siècle pour Marguerite d'Autriche, la « petite reine » de Charles VIII — qu'il n'épousa d'ailleurs pas —, puis au XVIe pour Marie Stuart — qui, elle, épousa bien François II. Les petites filles prématurément livrées à leur future famille sont des otages, garants de la bonne exécution des traités. En l'occurrence, le Savoyard y trouvait aussi son avantage. Dans le cas probable où il se livrerait à de nouvelles volte-face politiques, il comptait sur sa fille pour atténuer le ressentiment de Louis XIV et influencer son mari.

Dans l'immédiat, sa défection renforça chez les coalisés d'Augsbourg le parti de ceux qui inclinaient à la paix, désespérant de remporter sur le terrain une victoire décisive. En septembre 1697, les Provinces-Unies, l'Espagne puis l'Angleterre, signèrent avec la France, à Ryswick, une série de traités et un mois plus tard, l'empereur Léopold Ier dut se résigner à en faire autant. Compte tenu des revers essuyés, Victor-Amédée s'en tirait à bon marché : il sortait renforcé de l'affaire. Louis XIV s'est montré avec tous d'une extrême bénignité. Car chacun a les yeux tournés vers Madrid où le malheureux souverain semble désormais s'acheminer pour de bon vers la tombe. Sans laisser d'héritier direct.

La succession d'Espagne

Inutile d'insister sur les enjeux colossaux de cette succession. Non seulement l'Espagne étend le réseau de ses possessions sur l'Europe entière — Pays-Bas, Milanais, présides de Toscane, royaume de Naples, Sicile —, mais elle dispose outre-Atlantique d'un immense empire colonial, où les « puissances maritimes » lui disputent le monopole du commerce. Les puissances en question, c'est-à-dire l'Angleterre et les Provinces-Unies, sont alors redoutables. Depuis que la révolution de 1688 a chassé du trône britannique l'incapable Jacques II Stuart, pour le remplacer par son gendre, le stathouder néerlandais Guillaume d'Orange*, les deux pays, naguère rivaux, conjuguent leurs forces, notamment navales, et ils se posent en arbitres de l'équilibre européen. Or Guillaume poursuit Louis XIV d'une haine tenace, nourrie par le souvenir de l'agression contre son pays en 1672 et attisée par la révocation de l'Édit de Nantes.

Deux solutions se présentent. Ou bien l'héritage entier échoit à un seul bénéficiaire, ou bien on s'entend pour le partager. Les Espagnols, chez qui le sentiment national est très fort, tiennent à le garder intact, mais affaiblis par la guerre, divisés sur le nom de l'éventuel candidat, ils ne sont pas en mesure d'imposer leur volonté. Les autres puissances européennes préféreraient quant à elles profiter de l'occasion pour dépecer cet agglomérat de possessions dispersées. À l'exception toutefois de l'empereur, qui espère mettre la main sur la totalité de l'héritage, sinon pour lui, du moins pour un de ses descendants. Les négociations sur le nom d'un prétendant acceptable par tous se doublent donc d'une série de projets de partage, menés dans le plus grand secret pour que Léopold Ier n'en sache rien.

Voyons d'abord les candidats. L'Espagne n'est pas soumise comme la France à la loi salique. Les femmes y sont habilitées à régner et à transmettre à leurs descendants des deux sexes leurs droits à la succession. À la fin du XVIIe siècle, les héritiers potentiels se présentent de la manière suivante**. Le mieux placé est le Grand dauphin Louis, fils de l'infante Marie-Thérèse, sœur aînée de Charles II. S'y ajoute le fait qu'il est aussi le petit-fils d'Anne d'Autriche, sœur aînée de Philippe IV. À sa suite viennent ses trois fils, les ducs de Bourgogne, d'Anjou et de Berry. Dans une exacte symétrie se situe sa cousine germaine la défunte archiduchesse Marie-Antoinette, fille de Marguerite-Thérèse, autre sœur de Charles II et petite-fille de Marie-Anne, autre sœur de Philippe IV. Elle a épousé l'électeur de Bavière, à qui elle a laissé un fils, le prince électo-

---

* Sous le nom de Guillaume III, il est monté sur le trône avec son épouse Mary II, la fille aînée du premier mariage de Jacques II. Depuis la mort de celle-ci en 1694, il règne seul. Ils n'ont pas eu d'héritier. Lorsqu'il mourra en 1702, le trône sera revendiqué par le fils issu du second mariage de Jacques II, un catholique. Mais l'Angleterre lui préférera Anne, la sœur cadette de Mary, qui est protestante.

** Voir le tableau généalogique en annexe, à la fin du volume.

ral Ferdinand-Joseph. Les droits des Français primeraient sans aucun doute sur ceux des Bavarois, si Anne d'Autriche, puis Marie-Thérèse n'avaient pas dû renoncer, en se mariant, à toute prétention sur l'héritage. Mais dans le cas de Marie-Thérèse, cette renonciation a été, on s'en souvient, subordonnée au paiement de sa dot, jamais honoré. Louis XIV juge donc sa revendication légitime, ce que conteste âprement Léopold. Celui-ci se déclare d'ailleurs partie prenante dans l'affaire, en tant que fils de Marie-Anne et donc cousin germain de Charles II. Quant au duc de Savoie, ses prétentions se fondent sur une parenté plus lointaine. Il fait savoir que son arrière-grand-mère était la sœur de Philippe III. Non qu'il espère décrocher le trône d'Espagne : mais en cas de partage, il est bien décidé à réclamer sa part.

Les autres puissances européennes estiment avoir leur mot à dire. Elles écartent d'office le dauphin de France. Pas question de laisser les deux couronnes se réunir sur une même tête. Elles ne voudraient voir monter sur le trône de Madrid qu'un cadet dépourvu d'héritage propre. Bien que Louis XIV avance seulement le nom du second de ses petits-fils, le duc d'Anjou, elles penchent pour le Bavarois, présumé moins dangereux : c'est un enfant, et sa lignée paternelle est moins prestigieuse. Mais elles préféreraient de beaucoup le partage. Pour l'instant, Louis XIV aussi : mieux vaut tenir que courir. On laissera la seule Espagne au prince électoral, le reste étant réparti entre les plus forts et les plus gourmands. Coup de théâtre : pendant que les diplomates s'affairent à faire valser sur la carte du monde noms de provinces et noms de princes, Ferdinand-Joseph meurt. Côté Habsbourg, le mieux placé est désormais l'empereur lui-même. Sachant bien que personne ne laissera se reconstituer sur sa tête l'Empire de Charles Quint, il se défausse, comme son homologue français, sur son fils cadet l'archiduc Charles. À l'aîné Joseph, l'Autriche et l'Empire, au second l'Espagne. Une façon détournée de rétablir la mainmise de sa maison sur l'Europe.

D'urgence la France élabore avec les Anglo-Hollandais un nouveau projet de partage, qui offre au dauphin de substantielles satisfactions territoriales, mais fait la part très belle à l'archiduc, pour amadouer l'empereur. Or celui-ci, fort de sa victoire sur les Turcs et sur les rebelles hongrois, croit pouvoir s'octroyer le tout, et il refuse. Ce qui se profile donc à l'horizon, lorsque Charles II se décidera enfin à rendre l'âme, c'est une guerre européenne, inévitable. Mais nul ne sait encore comment se répartiront les participants. Sans aucun doute Louis XIV y songe déjà quand il négocie, au prix de concessions considérables, l'alliance savoyarde. Et de son côté Victor-Amédée, attentif à flairer le vent, n'exclut pas, pour plus tard, un nouveau changement de camp.

La jeune princesse, gage de cette alliance, aura donc une partie délicate à jouer entre sa patrie d'origine et sa patrie d'adoption et n'échappera pas aux déchirements.

Une enfant prodige

Née à Turin le 6 décembre 1685, Marie-Adélaïde y a été élevée au fond du charmant palais noyé dans la verdure dit la *Vigne de Madame,* par sa mère, seconde fille de Philippe d'Orléans et d'Henriette d'Angleterre, qui n'a cessé de lui vanter les délices de la cour de France. Dès l'âge de deux ans et demi, selon le marquis de Sourches, elle prétend ne pouvoir être heureuse que si elle épouse le duc de Bourgogne ! Elle n'a pas encore onze ans lorsque son rêve — ou plutôt celui de sa mère — se réalise. Il lui faut quitter pour toujours sa Savoie natale, mais le dépaysement sera pour elle réduit au minimum. Aucune difficulté linguistique : elle est francophone. Pour remplacer père et mère elle trouvera en France un grand-père, deux grands-oncles*, plus divers collatéraux et des cousins innombrables : elle se sentira en famille.

La cour, depuis longtemps privée de dauphine et de reine, attendait avec impatience l'arrivée d'une princesse propre à y ramener de l'animation. On s'était disputé les places dans sa future « maison ». Mais Mme de Maintenon se réserva le privilège du choix. Sous le couvert d'une dame d'honneur qui lui était toute acquise — la comtesse du Lude —, « elle avait résolu, dit malignement Saint-Simon, d'être la véritable gouvernante de la princesse, de l'élever à son gré et à son point, de se

---

* Le grand-père est Monsieur, duc d'Orléans ; les deux grands oncles sont Louis XIV et le roi détrôné Jacques II d'Angleterre, frère de sa grand-mère Henriette. Pour les autres, voir les tableaux généalogiques.

l'attacher en même temps assez pour en pouvoir amuser le roi sans crainte qu'après le temps de poupée passé, elle lui pût devenir dangereuse ». À la décharge de l'épouse secrète, il fallait bien, en l'absence de reine, que quelqu'un d'autre s'en occupât. La petite n'amenait pas avec elle de gouvernante, on ne pouvait lui en imposer une ; et aucune des dames attachées à son service n'était en mesure d'exercer sur elle l'indispensable autorité qu'exigeait son jeune âge. Seule sa belle-grand-mère, Madame Palatine, aurait été qualifiée, mais elle était mal vue du roi et elle regardait *a priori* d'un mauvais œil cette intruse, qui allait lui ôter la primauté dans la hiérarchie et faire ombrage à ses propres enfants. Mme de Maintenon avait donc les meilleures raisons de s'en charger, quand bien même elle n'y eût pas trouvé son intérêt.

Un cortège fut constitué pour aller chercher la fillette. Elle arriva le 15 octobre à Pont-de-Beauvoisin, s'y arrêta juste le temps nécessaire pour y prendre un peu de repos. Le lendemain elle reçut les adieux des siens et s'avança sur le pont franchissant le Guiers, au milieu duquel l'attendaient les envoyés de Louis XIV, près d'un carrosse dont les chevaux avaient déjà la tête tournée vers la France. Lorsqu'elle atteignit la ligne invisible marquant la frontière, le page qui portait sa robe la quitta, et un page du roi la prit. Le comte de Brionne la salua alors, lui fit compliment de la part du roi, lui présenta les dames destinées à son service et la mit dans le carrosse pour la conduire au logis où l'attendaient les officiers chargés de la convoyer. Elle se comporta avec une grâce infinie, et « parut dans tous ses discours et dans toutes ses manières beaucoup au-dessus de son âge »*. À la différence des autres futures reines, elle n'amenait pas de servantes, pas de nourrice, pas de confesseur. Elle venait seule. Les Savoyards qui l'avaient accompagnée sanglotaient sur l'autre rive, mais elle n'avait pas répandu une seule larme.

---

* On a suivi ici le récit du *Mercure de France* (numéro d'octobre 1696), plus précis que celui de Saint-Simon et qui le contredit sur un point : le pont n'était pas, comme le dit le mémorialiste, « tout entier de France ». Comme sur la Bidassoa, la frontière passait au milieu de l'eau et le cérémonial veillait à en tenir compte.

Déjà l'on s'interrogeait sur son *rang*. En raison de son jeune âge, elle n'était pas encore mariée, ni même fiancée. Mais le rang de simple princesse de Savoie parut insuffisant pour celle qui devait être un jour une reine. Pour éviter toutes querelles de préséances à l'arrivée, le roi expédia donc un courrier avec ordre de la considérer déjà comme duchesse de Bourgogne et fille de France. Et son voyage vers la capitale fut jalonné par des acclamations, des harangues, des cris de joie : ce mariage paraissait à tous, comme beaucoup de ses semblables dans le passé, prometteur de paix.

Dangeau, qui menait le cortège, adressait à Mme de Maintenon ses observations. Elle est encore enfant, elle aime jouer. C'est une bonne chose, estime l'éducatrice : « Le jeu à la *Madame* peut l'accoutumer à la conversation et à bien parler ; les proverbes, à entendre* finement ; le colin-maillard contribuera à sa santé, les jonchets à son adresse... » On ne tardera pas à s'apercevoir qu'elle en sait déjà long en matière de conversation et qu'elle « entend » plus finement que beaucoup d'adultes.

Louis XIV, flanqué du Grand dauphin et de Monsieur, partit l'attendre à Montargis, où elle arriva au soir du 4 novembre. Il l'embrassa à la portière du carrosse, tandis que son grand-père, oubliant qu'il devait céder le pas au dauphin, lui sautait au cou. Elle laissa parler le roi le premier, puis elle répondit fort bien, avec un « petit embarras » du meilleur ton. Chacun fut surpris et charmé de ses manières à la fois aisées et respectueuses. Les portraits reçus de Turin avaient inspiré quelque inquiétude : elle n'était pas régulièrement belle. Aussi le roi, après l'avoir examinée sous tous les angles à la lumière des flambeaux, s'empressa-t-il de rassurer Mme de Maintenon dans une lettre qui a été conservée : « Elle a la meilleure grâce et la plus belle taille que j'ai jamais vue ; habillée à peindre et coiffée de même ; des yeux vifs et très beaux, des paupières noires et admirables ; le teint fort uni, blanc et rouge comme on peut le désirer ; les plus beaux cheveux noirs que l'on puisse voir et en grande quantité. Elle est maigre comme il convient à son âge ; la bouche fort vermeille, les lèvres grosses, les dents blanches, longues et très

---

* *Entendre* : comprendre.

mal rangées ; les mains bien faites, mais de la couleur de son âge. [...] Je la trouve à souhait, et serais fâché qu'elle fût plus belle... » Elle a « l'air un peu italien », mais elle plaît. Elle n'est point embarrassée qu'on la regarde, « comme une personne qui a vu du monde ». Deux détails qu'on n'ose qualifier de réserves : elle est plutôt petite que grande pour son âge, et fait mal la révérence. Le soir même, il ajoute un post-scriptum : « Plus je vois la princesse, plus je suis satisfait ; nous avons été dans une conversation publique, où elle n'a rien dit ; c'est tout dire. Je l'ai vue déshabiller ; elle a la taille très belle, on peut dire parfaite, et une modestie qui vous plaira. » Elle est d'une politesse extrême et joue aux jonchets avec une adresse prometteuse. « Quand il faudra un jour qu'elle représente, elle sera d'un air et d'une grâce à charmer et avec une grande dignité et un grand sérieux. » Bref la première impression est plus que favorable.

Bien qu'il n'ait confié à personne ses impressions, le duc de Bourgogne fut lui aussi séduit. Il avait tout juste quatorze ans. Échappant à son gouverneur, il sauta de son carrosse près de Nemours pour rejoindre celui où était la fillette, mais le roi, interdisant les effusions, l'installa sur un strapontin du côté opposé. Elle fit une entrée très remarquée à Fontainebleau, où Madame Palatine et Mme de Maintenon l'attendaient dans le grand appartement de la reine, au milieu d'une indescriptible presse. Elle se soumit avec bonne grâce à la pesante cérémonie des présentations, avant de pouvoir se retirer dans son appartement. Il fut entendu qu'on la nommerait *la Princesse*, tout court, et le roi lui fit savoir qu'elle disposerait, pour se parer, de tous les bijoux de la couronne.

Louis XIV a eu le coup de foudre pour cette enfant. Elle fait également, en moins de temps qu'il n'en faut pour le dire, la conquête de Mme de Maintenon. Afin de « confondre le rang et l'amitié », elle trouve pour elle une appellation non conventionnelle, à la fois respectueuse et tendre — « *ma tante* » — et elle la comble d'attentions. Lorsque celle-ci veut s'y dérober, prétextant qu'elle est trop vieille, elle s'écrie : « Ah ! point si vieille. » Remarquant qu'elle a de la peine à rester debout, elle s'empresse de la faire asseoir, s'installe quasiment sur ses genoux en lui disant : « Maman m'a chargée de vous faire mille amitiés de sa part, et de vous demander la vôtre pour moi ;

apprenez-moi bien, je vous prie, tout ce qu'il faut pour plaire au roi. »

Visiblement ses parents lui ont enseigné, plus encore que les devoirs et prérogatives d'une future reine, la manière de s'imposer dans le milieu féroce qu'est la cour de Louis XIV. Avant même d'y avoir mis le pied, elle en connaît les principaux personnages, elle sait qui elle devra ménager et comment. Et l'on peut s'extasier, avec Saint-Simon, sur la manière dont, à onze ans, elle a été capable d'assimiler ces leçons au point d'ensorceler de ses cajoleries la redoutable Maintenon qui, pourtant, n'est pas sujette aux élans du cœur. Seule Madame Palatine fait la grimace devant cette « poupée » trop « politique », à qui elle prédit en secret des lendemains qui déchantent : « Je ne sais si la duchesse de Bourgogne sera plus heureuse que Mme la dauphine et moi. Quand nous arrivâmes, nous fûmes trouvées *merveilleuses* l'une après l'autre, mais on se lassa bientôt de nous... » La jalousie aveugle ici Madame, et le dépit d'être peu « caressée » par la jeune princesse. On ne cessera pas de trouver Marie-Adélaïde merveilleuse. Elle restera l'enfant gâtée du roi et la coqueluche des courtisans.

Un époux trop épris

Très sagement, Mme de Maintenon la garda quelque temps à l'écart, pour se donner le loisir de la tester et de la former. Installée dans un logement voisin du sien, la petite y mangerait seule, servie par sa dame d'honneur, et ne verrait, sauf permission expresse du roi, d'autres dames que ses suivantes. Le duc de Bourgogne n'était autorisé à lui rendre visite qu'une fois par quinzaine et messieurs ses frères une fois par mois. Elle ne tiendrait pas encore de cour : on s'en serait douté.

Il était convenu avec le duc de Savoie que le mariage aurait lieu dès qu'elle aurait atteint l'âge canonique requis par l'Église — douze ans pour les filles. On ne perdit pas un seul jour. Le samedi 7 décembre 1697, lendemain de son douzième anniversaire, furent célébrés, d'affilée, dans l'ancienne chapelle de Versailles, fiançailles et mariage. Bien que le roi, inquiet de voir les courtisans se ruiner en habits pour paraître à la fête, eût donné, trop tard, des consignes de modération, ce fut une débauche de soie et d'or, de diamants, de pierreries, de dentelles, dans laquelle la famille royale tenait brillamment sa partie. Le soir, malgré la pluie, on tira le feu d'artifice. On soupa, et on procéda ensuite à la cérémonie du coucher.

Étant donné l'âge de la petite, il s'agissait d'un simulacre. La reine d'Angleterre lui donna la chemise, puis on la mit au lit, tandis que le jeune garçon se déshabillait dans l'antichambre, sous l'œil de son grand-père et de toute la cour. Il reçut la chemise des mains du roi d'Angleterre, puis il passa dans la chambre, suivi de toute l'assistance, et rejoignit sa femme dans le lit. Tout le monde sortit alors, sauf une bonne dizaine de personnes, dont le père et le gouverneur du prince et la dame d'honneur de la princesse, qui leur tinrent la conversation un petit quart d'heure — faute de quoi, dit Saint-Simon, « ils eussent été assez empêchés* de leurs personnes » : on le croit sans peine ! Après quoi Monseigneur fit lever son fils et le réexpédia dans ses appartements. Il lui avait permis auparavant, malgré les protestations de la dame d'honneur, d'embrasser celle qui était officiellement son épouse. Le roi l'en blâma : « Il ne voulait pas que son petit-fils baisât le bout du doigt à sa femme jusqu'à ce qu'ils fussent tout à fait ensemble. » Sur quoi le duc de Berry, très gaillard pour ses dix ans, se moqua de la docilité de son frère et déclara : « Moi, je serais demeuré au lit. »

Rien ne fut donc changé dans la vie privée de ce couple d'enfants, sinon qu'on permit à l'époux des visites quotidiennes, dûment surveillées. Mais la jeune duchesse fut désormais traitée en reine. Dès le lendemain, elle fut priée de tenir, pour une seule démonstration symbolique, le fameux « cercle », dont le roi a gardé la nostalgie et qu'il souhaite rétablir. Et l'on put voir, rangés en rond autour de cette gamine de douze ans, un nombre prodigieux de dames assises sur des tabourets, d'autres dames debout par derrière et d'hommes derrière ces dames, tous en tenue d'apparat. Elle fut le centre de toutes les fêtes qui suivirent et bientôt Louis XIV rouvrit pour elle à Versailles, comme il l'avait fait pour la dauphine, le grand appartement de la reine. Elle occupa donc au premier étage le vaste logement d'apparat symétrique de celui du roi. Mais elle passait le plus

---

* Embarrassés.

clair de son temps à jouer, comme une enfant qu'elle était, dans le grand cabinet de Mme de Maintenon.

Le duc de Bourgogne était, comme on disait alors, de complexion amoureuse. Mais il n'était pas question de le laisser satisfaire son penchant ailleurs que dans le mariage. Le fils et plus encore les petits-fils de Louis XIV payaient les écarts jadis commis en ce domaine par le patriarche ; on les vissait impitoyablement. Devant l'insistance du garçon, il fallut bien se décider à le laisser consommer son mariage. Les deux jeunes gens furent « mis ensemble » à la fin de l'année 1699. Et leur hâte prit de court le roi, qui se proposait d'aller les surprendre au coucher. Il trouva les portes fermées et n'osa pas les faire ouvrir. Il ne semble pas non plus s'être rendu le lendemain à leur chevet, pour savoir s'ils étaient, selon la formule consacrée, « contents l'un de l'autre ». Le voyeurisme protocolaire ayant été ainsi pris en défaut, nous ignorons tout de cette nuit de noces. Mais nous savons au moins une chose. On n'avait pas attendu que la petite mariée fût nubile. C'est seulement au mois de mai 1701 que la comtesse du Lude viendra murmurer au roi « qu'on avait vu au réveil de Mme la duchesse de Bourgogne qu'elle était présentement en état d'avoir des enfants ».

À l'automne de cette année-là, la jeune femme est quasiment adulte. Elle a grandi, elle s'apprête à dépasser sa tante adoptive. Elle est embellie, « parce que le sein lui vient ». Son visage est peu agréable. On dissimule en partie sous les cheveux son front trop grand et « trop avancé », mais on ne peut cacher les joues pendantes et les lèvres trop charnues. Chose plus grave, elle a perdu la moitié de ses dents et celles qui lui restent sont toutes noires. Elle n'a d'autre ressource, comme beaucoup de ses contemporains — voyez les portraits ! —, que de tenir la bouche bien close. Autant l'avouer : elle est laide. « Mais si elle avait des dents, elle serait plus aimable que les plus belles femmes. » Car elle a « le plus beau teint et la plus belle peau », « les yeux les plus parlants du monde », un port de tête galant, gracieux et majestueux, « une taille longue, ronde, menue, aisée », « une marche de déesse sur les nuées ». Pour une fois Mme de Maintenon et Saint-Simon sont d'accord : elle plaît au dernier point, tant elle rayonne de grâce et d'esprit.

Son époux n'est pas aussi séduisant, tant s'en faut. Une forêt de cheveux châtains, crépus, entoure son visage éclairé par « les plus beaux yeux du monde », dont la moitié supérieure ne laisse rien à redire. Mais le reste est déparé par un nez trop long et un menton pointu, et surtout par l'avancée de la mâchoire supérieure, « qui emboîte presque celle de dessous ». De petite taille, il a les jambes trop longues par rapport à son buste. Vers six ou sept ans, sa colonne vertébrale a commencé à « tourner » et il est devenu bossu d'une épaule et boiteux du côté opposé. S'appliquant à dissimuler une disgrâce dont il ne veut pas convenir, il s'astreint à pratiquer comme les autres, mieux que les autres, la marche et l'équitation.

Depuis qu'il est sorti des mains des femmes pour passer sous la férule de son gouverneur, sa vie n'a été que contraintes. Contrainte physique, le corset et le collier de fer dans lequel on emprisonne son torse pour le redresser. Contrainte psychologique et morale pire encore. Il était né terrible, « dur et colère jusqu'aux derniers emportements, incapable de souffrir la moindre résistance », prêt à briser les pendules lorsqu'elles marquaient l'heure d'une obligation contrariante, « passionné pour toute espèce de volupté », les femmes, mais aussi la bonne chère, le vin, le jeu, manifestant jusque dans son amour pour la chasse ou la musique une outrance inquiétante. Entre la complaisance à ses penchants et le rigorisme radical, ses pieux éducateurs n'avaient pas su trouver de moyen terme. Lui défendant tout ce vers quoi il se sentait porté et lui faisant voir les enfers ouverts s'il succombait à la tentation, ils parvinrent à le dompter. Il apporta dans l'accomplissement de ses devoirs religieux la même démesure que dans tout le reste. Tous s'extasièrent à l'époque devant la métamorphose de ce tigre en agneau docile. Nous serions plutôt tentés de dire aujourd'hui qu'ils avaient réussi à en faire un refoulé, en qui la violence, réprimée par l'éducation, s'était muée en désir d'absolu, d'autant plus dangereux qu'il avait l'intelligence aiguë et profonde, tournée vers la spéculation abstraite plutôt que vers l'exploration du réel.

Il s'était jeté voracement sur sa jeune femme — le seul plaisir qui lui fût permis — avec une frénésie qui ne se démentit jamais. Il lui voua un amour passionné, excessif, insatiable, dans lequel il est difficile de faire la part entre les sens et le cœur. Mais il est sûr que la tendresse n'était pas son fort. La moindre maladie lui interdisant l'accès de son lit le mettait en rage. Il ne lui laissait pas de répit.

Comment lui répondit-elle ? Une passion aussi « furieuse » est lourde à porter pour quiconque en est l'objet. « Je ne crois pas qu'elle eût de goût pour la personne de Mgr le duc de Bourgogne, dit pudiquement Saint-Simon, ni qu'elle ne se trouvât importunée de celui qu'il avait pour elle. Je pense aussi qu'elle trouvait sa piété pesante ; [...] mais, parmi tout cela, elle sentait le prix et l'utile de son amitié, et de quel poids serait un jour sa confiance... » Elle s'attacha donc à ne pas le rebuter. Certes il lui arriva de plaisanter sur sa dévotion outrée : « Je désirerais de mourir avant mon mari, disait-elle en riant, et de revenir ensuite pour le trouver marié avec une sœur grise ou une tourière de Sainte-Marie. » Elle ne fut pas toujours insensible aux hommages des beaux galants de cour. Mais elle n'ira jamais, en dépit de toutes les tentatives des autres princesses pour l'y inciter, jusqu'à mettre en péril l'harmonie de son ménage. Et elle se montrera, sur le plan politique, entièrement solidaire de son époux.

Un rayon de soleil

La petite Savoyarde de onze ans avait reçu une éducation soignée, mais beaucoup moins contraignante que celle qu'on pratiquait alors en France. Elle restait naturelle. Vive et gaie, elle gardait la spontanéité de l'enfance, avec ce qu'il fallait de sensibilité instinctive pour percevoir les limites à ne pas dépasser. Elle se permit avec Louis XIV et sa rigide épouse des libertés stupéfiantes et cette bouffée de fraîcheur les enchanta. En public elle se montrait sérieuse, mesurée, respectueuse. En particulier, on pouvait l'apercevoir « causante, sautante, voltigeante autour d'eux, tantôt perchée sur le bras du fauteuil de l'un ou de l'autre, tantôt se jouant sur leurs genoux ; elle leur sautait au col, les embrassait, les baisait, les caressait, les chiffonnait, leur tirait le dessous du menton, les tourmentait, fouillait leurs tables, leurs papiers, leurs lettres, les décachetait, les lisait quelquefois malgré eux selon qu'elle les voyait en humeur d'en rire, et parlant quelquefois dessus ». Le roi, charmé, se sentait rajeunir et il en frémissait de plaisir. Il ne pouvait se passer d'elle et tolérait tout de sa part. Mme de Maintenon, au fond d'elle-même, partageait bien un peu le jugement de Madame Palatine : cette enfant était mal élevée. Mais puisque le roi l'aimait ainsi et qu'elle le divertissait, tout allait bien. Avec l'âge il devenait si difficile à dérider !

Marie-Adélaïde réussissait parfois à dégeler son timide époux et à l'entraîner dans des espiègleries de collégiens : l'on faisait éclater des pétards sous les pas d'une vieille duchesse grincheuse ou on la poursuivait à coups de boules de neige jusque dans son lit. Elle avait l'imagination fertile et le rire contagieux. Empruntons ici à Saint-Simon une anecdote célèbre, qui montre à quel point elle osait « tout dire et tout faire ». Qu'on se représente le roi et Mme de Maintenon assis comme d'ordinaire de part et d'autre de la cheminée, écoutant bavarder la jeune duchesse de Bourgogne en grand habit, parée pour le théâtre. Entre la fidèle servante Nanon. La jeune femme va s'adosser à la cheminée. Nanon, « qui avait une main comme dans sa poche », se glisse derrière elle et se met à genoux. Le roi, intrigué, interroge. « La princesse se mit à rire, et répondit qu'elle faisait ce qu'il lui arrivait souvent de faire les jours de comédie. Le roi insista : "Voulez-vous le savoir, reprit-elle, puisque vous ne l'avez point encore remarqué ? C'est que je prends un lavement d'eau. — Comment ! s'écria le roi mourant de rire, actuellement, là, vous prenez un lavement ? — Eh ! vraiment oui, dit-elle. — Et comment faites-vous cela ?" Et les voilà tous quatre à rire de tout leur cœur. Nanon apportait la seringue toute prête sous ses jupes, troussait celles de la princesse, qui les tenait comme en se chauffant, et Nanon lui glissait le clystère. Les jupes retombaient, et Nanon remportait sa seringue sous les siennes ; il n'y paraissait pas. Ils n'y avaient pas pris garde, ou avaient cru que Nanon rajustait quelque chose à l'habillement. » Certes nos aïeux étaient moins bégueules que nous pour ce qui touchait aux fonctions corporelles. Mais nous avons de la peine à imaginer Louis XIV se tordant de rire en ces circonstances.

Elle conserva, l'âge venant, une part des libertés qui avaient été le privilège de son enfance. Elle se permettait de commenter les papiers découverts sur la table du roi. Ainsi du jour où elle tomba sur la liste d'une future fournée de maréchaux. Voyant que le nom de Tessé n'y figurait pas, elle s'indigna : comment pouvait-on ne pas récompenser celui qui avait été l'artisan de son mariage ? Le roi, un instant contrarié, céda : il retarda la promotion et l'élargit, pour pouvoir y inclure Tessé. Un peu plus tard, l'arrivée de la reine Anne sur le trône britannique lui inspira une plaisanterie assez risquée : « Ma tante, il faut convenir qu'en Angleterre les reines gouvernent mieux que les rois, et savez-vous bien pourquoi, ma tante ? c'est que, sous les rois, ce sont les femmes qui gouvernent, et ce sont les hommes sous les reines. » Et il paraît que Louis XIV en rit !

Mais elle ne donna pas, pour plaire au roi, dans le travers de la cour de France, la médisance spirituelle à la Mortemart. Déconcertée au début par notre ironie — « Ma tante, on se moque de tout ici » — elle eut de la peine à la supporter et ne la pratiqua jamais. Naturellement bonne, elle fut une des seules à pleurer sincèrement Monsieur, son grand-père. Elle répugnait à blesser et voulait être aimée de tout le monde. Elle avait le don de plaire. Sa simplicité chaleureuse, la préservant de tout mépris, allait droit au cœur des humbles. D'ailleurs elle savait des « métiers » ordinairement méprisés des grandes dames : filer la laine, le lin, la soie, manier le rouet, tricoter, broder, et elle prenait le pouls d'un malade comme M. Fagon en personne. À Saint-Cyr, elle tint un jour à servir, d'un bout à l'autre du repas, la reine d'Angleterre en visite.

En fait tout cela l'amusait. Toujours en mouvement comme du vif-argent, sautillante, virevoltante, caracolante, primesautière, elle avait un fond de tristesse qu'on percevait derrière sa fringale de distractions. Elle adorait le bal, le théâtre, les fêtes nocturnes. Et le roi la poussait à se divertir. Un soir de juillet 1699, il organisa pour le jeune couple de Bourgogne et pour les princesses une promenade sur le grand canal. Lui-même, sentant son rhumatisme se réveiller, dut renoncer à y prendre part, il resta accoudé sur la balustrade à écouter les musiciens. Après le souper, dit Dangeau, « Mgr et Mme la duchesse de Bourgogne se promenèrent jusqu'à deux heures après minuit dans les jardins » ; le jeune duc alla se coucher ; mais sa femme monta dans une gondole, la duchesse de Bourbon dans une autre. Et elles demeurèrent sur le canal jusqu'au lever du soleil.

« Quelque goût qu'elle eût pour ces sortes de parties, note Saint-Simon, elle y était fort sobre et se les faisait commander. » Et elle prenait grand soin d'aller saluer le roi au départ et de lui faire au retour le récit de sa soirée. Ainsi pouvait-il se divertir à travers elle, par procuration, et retrouver quelque chose du temps où il conduisait lui-même les fêtes sur le grand canal. En 1700, il lui fit don d'un superbe collier de perles, que Mme de Montespan venait de lui restituer, en le faisant augmenter pour elle de vingt et une perles admirables. Dans son cœur la petite-fille a remplacé la maîtresse.

Mme de Maintenon se défie de cet engouement et s'efforce de garder le contrôle des plaisirs de la princesse. Puisque celle-ci aime le théâtre et a envie de s'y produire, elle fait monter pour elle des « pièces de dévotion ». Elle exhume *Athalie*, qu'elle fait représenter dans le grand cabinet de son appartement, pour une quarantaine de spectateurs choisis. La duchesse de Bourgogne refusa le rôle titre et exigea de jouer Josabeth, moyennant quoi elle trouva la pièce fort bonne. Autour d'elle, les principaux rôles étaient tenus par le jeune duc d'Orléans et par des proches de la marquise, sous la direction d'un professionnel. On récidiva avec *Absalon*, d'un auteur obscur nommé Duché. Madame Palatine en fut si émue qu'elle y pleura « comme une folle » et le roi lui-même « n'était pas loin de quelques larmes ». Après quoi tous faillirent mourir de rire au spectacle d'une comédie, où le duc d'Orléans et le jeune duc de Berry se montrèrent excellents. Mais la duchesse de Bourgogne joue mieux le sérieux que le comique. Toujours ce fond de tristesse, que nourriront hélas, plus que de raison, les années à venir.

Un testament lourd de conséquences

Au matin du 9 novembre 1700, un courrier apporta à Fontainebleau la nouvelle de la mort du roi d'Espagne et un extrait de son testament : Charles II léguait au duc d'Anjou la totalité de son héritage. Le suspens avait duré jusqu'à la dernière minute, tant avait été âpre, au chevet du mourant, la lutte entre partisans de l'Autriche et partisans de la France. Aucune sympathie n'animait ces derniers pour un pays qui avait été si longtemps leur ennemi. Mais, nationalistes passionnés, ils tenaient à préserver l'unité de l'immense domaine espagnol. Or ils ne jugeaient pas l'empereur, doté de seules forces terrestres et dépourvu de flotte, capable de défendre la métropole et son empire colonial contre les appétits conjoints des Anglo-Hollandais et de la France. Sorti vainqueur de la dernière guerre, Louis XIV passait encore pour l'arbitre de l'Europe. En le choisissant, ils faisaient d'une pierre deux coups. Ils le détachaient du camp des dépeceurs et ils s'assuraient son puissant soutien dans le conflit qui allait nécessairement s'ensuivre.

Coup de théâtre ? oui et non. Louis XIV avait envisagé, parmi les possibles, un testament de ce genre. Mais le message exigeait une réponse urgentissime. Car, à défaut d'un prince français, Anjou ou son frère Berry, l'héritage devait aller à l'archiduc Charles ou — si celui-ci refusait, mais on savait bien qu'il ne refuserait pas — au duc de Savoie. À Madrid, aussitôt après la mort du roi, lecture publique du testament avait été donnée, ce qui interdisait toutes tergiversations et tractations.

Louis XIV décommanda sa chasse, ordonna qu'on prît le deuil — le défunt était son beau-frère — et invita aussitôt les principaux ministres à le rejoindre, non dans la salle du Conseil, mais chez Mme de Maintenon. Ils s'y réunirent par deux fois, le soir même de trois à sept heures et le lendemain soir de six à dix. Le choix du lieu, tout à fait insolite, marque sa volonté de garder à ces délibérations un caractère non officiel, secret, mais il témoigne aussi de la confiance accordée à son épouse. Car elle assista aux deux séances et fut invitée comme les autres à donner son avis. Il n'y avait là, outre le roi et son fils le Grand dauphin, que Beauvillier, membre du Conseil d'en haut sans attributions définies, Torcy, ministre des Affaires étrangères, et le chancelier Pontchartrain.

Accepter ? refuser ? les deux options sont périlleuses. Beauvillier, prudent et pacifique, incline au respect des engagements. Mais cela équivaut à laisser les Habsbourg recréer autour de la France la tenaille qu'on a mis un siècle à desserrer. Ou bien cela implique, si l'on veut imposer à l'empereur le traité de partage, une guerre immédiate en compagnie d'alliés douteux, les Anglo-Hollandais étant tout disposés à laisser la France se battre seule sur les différents fronts terrestres, pendant qu'ils démantèleront, eux, l'Empire colonial espagnol. Pontchartrain, plaide donc pour l'acceptation. Certes la France aura à affronter Autrichiens, Anglais et Hollandais — elle a l'habitude, elle vient tout juste d'en sortir —, mais en ayant cette fois l'Espagne à ses côtés et non dans le camp adverse. Et avoir l'Espagne avec soi, c'est s'assurer pour l'avenir les clefs du commerce maritime.

Le jeu paraît en valoir la chandelle. Puisque la guerre est inévitable, autant la faire dans les moins mauvaises conditions et avec les perspectives les meilleures.

On pesait encore le pour et le contre lorsque Monseigneur, le visage en feu, sortit de son apathie et de son mutisme habituels pour réclamer « son héritage », disant « que la monarchie d'Espagne était le bien de la reine sa mère, par conséquent le sien, et, pour la tranquillité de l'Europe, celui de son second fils, à qui il le cédait de tout son cœur, mais qu'il n'en quitterait pas un seul pouce de terre à nul autre, que sa demande était juste et conforme à l'honneur du roi et à l'intérêt et à la grandeur de sa couronne, et qu'il espérait bien aussi qu'elle ne lui serait pas refusée ». Sur quoi Mme de Maintenon, consultée la dernière, feignit de vouloir se dérober par modestie, puis conclut — il n'y avait rien d'autre à faire — qu'on devait accepter le testament. Qui saura ce qu'elle en pensait vraiment ? Certes elle est timorée et a la guerre en horreur. Mais à cette date elle s'est éloignée de Beauvillier et du clan dévot, elle ne songe qu'à être agréable à son époux. Et elle a sûrement compris, déjà, dans quelle direction penche celui-ci.

Huit jours après, le mardi 16 décembre, eut lieu, théâtrale à souhait, la scène célèbre de la « déclaration ». Premier acte : Louis XIV convoque l'ambassadeur en privé et, désignant le jeune duc d'Anjou, lui dit en espagnol : « Vous pouvez le saluer comme votre roi. » Hommage de l'ambassadeur à genoux, congratulations réciproques devant un futur souverain muet qui ne sait pas un mot de castillan. Deuxième acte : il fait ouvrir toutes grandes les portes donnant accès à la foule des courtisans et, « passant majestueusement les yeux sur la nombreuse compagnie », il proclame : « Messieurs, voilà le roi d'Espagne. La naissance l'appelait à cette couronne, le feu roi aussi par son testament ; toute la nation l'a souhaité et me l'a demandé instamment : c'était l'ordre du ciel ; je l'ai accordé avec plaisir. » « Soyez bon Espagnol, ajouta-t-il en se tournant vers son petit-fils, c'est présentement votre premier devoir ; mais souvenez-vous que vous êtes né Français, pour entretenir l'union entre les deux nations ; c'est le moyen de les rendre heureuses et de conserver la paix à l'Europe. » « Il n'y a plus de Pyrénées, s'exclama l'ambassadeur. Elles sont fondues. » Au milieu de l'allégresse générale, Monseigneur y alla aussi de son mot « historique »,

disant que peu de princes pouvaient se vanter comme lui de dire
« Le roi mon père et le roi mon fils. » Cependant que le jeune
duc de Berry, toujours facétieux, feignait de se lamenter : il allait
avoir à lui seul tous les gouverneurs et précepteurs sur le dos.

Il est probable que la duchesse de Bourgogne est moins
enthousiaste. Certes elle a la satisfaction de voir sa sœur cadette
y gagner une couronne : le 3 novembre 1701, Marie-Louise-
Gabrielle de Savoie, âgée tout juste de quatorze ans, épouse le
nouveau roi d'Espagne Philippe V, qui en a dix-huit. Mais dans
le conflit qui se prépare, elle sait bien que son père sera soumis
à de rudes tentations. Car Victor-Amédée ne s'est rallié à
Louis XIV que dans l'espoir du partage. La perspective de voir
ses États coincés entre le royaume de France d'un côté et de
l'autre le Milanais espagnol passé sous protectorat français ne
lui sourit pas : on le comprend.

Les pires craintes de la jeune femme ne tardent pas à être
justifiées. La guerre se déchaîne, et elle débute en Italie. On ne
débattra pas ici de savoir à qui la faute : les historiens, longtemps sévères pour Louis XIV, tendent aujourd'hui à le discul-
per au moins partiellement. Diverses démarches imprudentes de
sa part, ressenties comme des provocations, n'ont fait que
renforcer la détermination d'adversaires bien décidés, de toute
façon, à lui arracher l'héritage espagnol. Quand tous les participants sont prêts à en découdre, il est vain de se demander qui
porte la responsabilité du conflit ; elle est partagée.

C'est l'empereur qui, dès l'été de 1701, engagea les hostilités
dans la plaine du Pô. Pour les Franco-Espagnols, victoires et
défaites alternent. Victor-Amédée traîne les pieds. Pour prix de
sa défection, les Autrichiens lui promettent le Montferrat. Au
début de 1703, il change de camp. Et la duchesse de Bourgogne, désespérée, se force à n'en rien laisser paraître, en
s'étourdissant de plaisirs ; mais on voit bien « qu'elle a le
poignard dans le cœur ». Dès lors toutes les péripéties des
combats l'atteignent de plein fouet. Qu'ils soient favorables à la
France ou la Savoie, que Turin soit sur le point d'être prise et
livrée au pillage ou que les troupes de Victor-Amédée ravagent
la Provence jusqu'à Toulon, la duchesse pleure, dévorée d'affliction. Si au moins les opérations pouvaient se dérouler ailleurs,
sans engager les uns contre les autres ceux qu'elle aime ! En
1707, elle sera « transportée de joie de voir M. son père sortir

de France » et se replier sur ses États. Mais elle aura bientôt d'autres motifs d'angoisse, encore plus graves.

Le conflit, beaucoup plus dur que ne le prévoyait Louis XIV, n'en finit pas. La France se bat sur quatre fronts, Italie, Allemagne, Flandre et Espagne — plus l'océan Atlantique et les côtes d'Amérique. Elle doit affronter en outre, plantée au cœur du royaume, la révolte des camisards cévenols. Privée de ses alliés traditionnels nordiques — Suède et Pologne —, qui ont suffisamment à faire chez eux, aux prises avec le Danemark, la Prusse et la Russie, abandonnée par le Portugal qui suit, pour des raisons analogues, l'exemple de la Savoie, elle n'a plus à ses côtés que l'électeur Bavarois*, frère de la défunte dauphine, lequel y gagnera le ravage de son duché. Sur tous ces fronts, aucun combat n'est décisif, mais Louis XIV est, de plus en plus, réduit à la défensive, ses ressources s'épuisent et il voit le théâtre des opérations se rapprocher dangereusement du territoire national. Quant à l'Espagne, où Philippe V et sa jeune épouse ont réussi à se faire adopter par leurs sujets, elle est épuisée. Loin de pouvoir aider la France, elle est incapable de faire face seule à l'offensive menée par l'empereur, dont le fils, débarqué en Catalogne, marche sur Madrid pour en chasser son rival et se faire proclamer roi, sous le nom de Charles III. Et la jeune reine Marie-Louise multiplie les appels au secours, implorant sa sœur d'intervenir en faveur de son malheureux pays. Mais la duchesse de Bourgogne n'y peut pas grand-chose, tant sont graves les difficultés dans lesquelles se débat la France, tant sont complexes les intrigues dans lesquelles elle-même est entraînée, à mesure que se profile à l'horizon l'ouverture d'une autre succession, celle de Louis XIV. Non qu'il soit malade, il se porte comme un charme, quelques infirmités mises à part. Mais il aura soixante-dix ans en 1708, ce qui est tout de même beaucoup.

---

* Cette fois, Maximilien-Emmanuel n'a pas eu à retourner sa veste. Elle s'est retournée toute seule. Il se trouve qu'il avait été nommé, à l'initiative de l'empereur son beau-père, gouverneur des Pays-Bas pour le compte du roi d'Espagne Charles II. Il se plaisait beaucoup à Bruxelles et rêvait d'adjoindre les Pays-Bas à ses biens patrimoniaux. Lorsque Philippe V monta sur le trône d'Espagne, il lui fit allégeance ainsi que ses administrés et passa donc *de facto* dans le camp hispano-français.

Au cœur des « cabales de la cour »

Si Louis XIV est trop vieux, la duchesse de Bourgogne est un peu jeune pour les tâches qui lui incombent depuis qu'elle n'est plus une enfant. Lors des cérémonies qui précèdent le départ de Philippe V pour l'Espagne, elle apparaît comme la première femme de la cour. Placée entre les deux rois dans le fond du carrosse, elle tient la place de la reine. Elle habite ses appartements, occupe sa place dans la tribune de la chapelle, partage les repas de Louis XIV chaque fois qu'il choisit de ne pas les prendre seul. Bref, comme naguère la dauphine de Bavière, elle fait officiellement fonction de reine. Bientôt elle sera invitée à tenir régulièrement le cercle, quoiqu'elle soit timide en public et que l'exercice lui pèse ; elle finira par s'y soustraire.

Une première maternité vient encore renforcer sa position. Comme de coutume, la naissance a lieu en public, à Versailles, le 25 juin 1704, devant une foule de spectateurs au premier rang desquels Mme de Maintenon à son chevet et le roi au pied du lit. Le duc de Bourgogne, trop nerveux, a préféré s'écarter, chargeant son frère de Berry de le tenir au courant. À cinq heures de l'après-midi elle met au monde un fils, un bel enfant robuste, qu'on ondoie aussitôt avant de l'emmailloter dans une luxueuse layette que l'on décore du cordon bleu du Saint-Esprit. Il se nommera le duc de Bretagne. Le roi, « par un privilège que le ciel n'avait jusqu'alors accordé à aucun des rois ses prédécesseurs, se voyait bisaïeul » : il en pleura de joie.

Hélas, l'enfant mourut l'année suivante au mois d'avril. Le duc de Bourgogne, pas dévot pour rien, prétendit prendre pour modèle les sentiments d'Abraham offrant son fils à Dieu. La duchesse eut « une douleur si grande, si sainte, si sage, si douce, qu'il ne lui est point échappé un mot qui n'ait charmé tout le monde ». En somme elle a eu le bon goût de ne pas dire de sottises : on n'en attendait pas moins d'elle. Deux autres naissances compensèrent cette perte : un second duc de Bretagne le 8 janvier 1707 et un petit duc d'Anjou le 15 février 1710. Tous deux lui donnèrent moins de peine que leur aîné. Le premier prit de court le roi, qui arriva trop tard pour le voir naître. À huit mois, vif et éveillé, il promettait de ressembler à sa mère et se portait à merveille. L'autre se présenta par le siège, mais le chirurgien Clément le fit tourner et le tira heureusement par les pieds. Il inspira à son grand frère de trois ans une crise de jalousie bien naturelle. Ces particularités mises à part, on parla moins de lui, car il n'était pas promis au trône. Quant à la jeune mère, elle avait bien mérité de la dynastie en lui donnant trois fils.

Mais sa montée au premier plan bouleversait le fragile équilibre de la cour. Louis XIV avait beau exulter en se voyant arrière-grand-père, le fait d'être grand-père n'enchantait pas son fils, le Grand dauphin. Les honneurs prodigués par le roi à sa bru, traitée en reine, puis la naissance de ses petits-enfants, rendent plus sensible à Monseigneur le télescopage des générations, dans lequel il est pris si l'on peut dire en sandwich. À quarante-cinq ans, quand on attend encore de succéder à son père, il n'est pas agréable de voir déjà dans la course deux de ses successeurs — fils et petit-fils. Mis à l'écart de la vie de cour par son veuvage apparent, il fait figure dans l'ordonnance des cérémonies d'élément quasi superflu, tandis que l'éclat de la duchesse de Bourgogne rejaillit sur le duc son mari. Tout se passe comme si le jeune couple devait succéder directement au patriarche, sans qu'il soit besoin d'une étape intermédiaire. À cette rancœur peut-être inconsciente s'ajoute une antipathie née de leurs caractères respectifs : il préfère infiniment le gentil et facétieux duc de Berry à son aîné guindé, austère, dévot, pédant.

Il y avait là un terrain tout à fait propre à faire prospérer les clans. Par lui-même, le dauphin eût peut-être été trop indolent et trop bon garçon pour engager la lutte contre son fils. Mais il comptait parmi ses familiers sa demi-sœur la duchesse de Bourbon, dévorée d'ambition, qui ne se consolait pas, on l'a vu, de l'ascension de sa cadette la duchesse d'Orléans et qui comptait bien, en le gouvernant, être l'arbitre du prochain règne. Elle l'excitait donc contre tous ceux et celles qu'elle estimait susceptibles de lui porter ombrage, et notamment la duchesse de Bourgogne, qu'elle détestait.

Celle-ci avait tenté, dans les premiers temps, de rester en bons termes avec tout le monde et elle avait fait à son beau-père et à toutes les princesses des avances qui, tout d'abord, n'avaient pas été mal reçues : elle était jeune, gaie, elle continuait de jouer auprès du roi les enfants gâtées, elle semblait peu dangereuse. À tout hasard, on essaya tout de même de la compromettre. Elle avait une passion, le jeu. On la cultiva. « Elle serait parfaite s'il n'y avait point le lansquenet », se lamente Mme de Maintenon, tout en lui fournissant de quoi financer ses pertes. Elle prend aussi du tabac à priser, à l'insu du roi mais la marquise lui garde le secret. Et — chose plus grave — on cherche à l'entraîner dans des galanteries. Deux noms furent prononcés, ceux de Nangis et de Maulévrier, deux jolis cœurs de l'entourage de Mme la duchesse. Fut-elle sensible aux œillades, aux soupirs, aux déclarations bien tournées ? C'est possible. Le duc de Bourgogne ne devait pas être prodigue de mots tendres. Mais il est sûr que la chose n'alla pas plus loin. L'un et l'autre prirent peur du rôle qu'on voulait leur faire jouer et s'y dérobèrent.

D'ailleurs Mme de Maintenon veillait, appuyée sur une armée d'espionnes domestiques. Elle détourna le roi d'intervenir pour le lansquenet et s'en chargea elle-même : la coupable fit amende honorable en des termes d'une extrême soumission — et recommença. Pour les galanteries — ignorées du roi —, elle usa d'un moyen détourné. La jeune femme, fouillant dans ses papiers comme à l'ordinaire, tomba sur une lettre où elle aperçut son nom. C'était un compte rendu circonstancié de ses imprudences, par une des dames de la cour. « Voilà ce que c'est que d'être si curieuse ; on trouve quelquefois ce que l'on ne voudrait pas », ironisa la marquise. « Puisque vous l'avez vue, madame, ajouta-t-elle, voyez-la tout entière, et si vous êtes sage, profitez-en. » Après quoi elle lui fit un sermon en bonne et due forme. Et cette fois la princesse en tira la leçon. Elle eut en outre la force de ne pas laisser voir à l'espionne qu'elle avait été devinée. Quant à Mme de Maintenon, elle put pavoiser. Elle avait détourné sa protégée de suivre une mauvaise pente. Elle avait renforcé son emprise sur elle en lui faisant savoir qu'elle était surveillée. Enfin, en consentant à se taire, elle se réservait, sous couleur de charité, une arme redoutable, la menace de tout révéler. Elle la tenait, et la tenait bien. Elle ne se souciait pas que la faveur de la jeune femme auprès du roi pût un jour venir concurrencer la sienne.

Campagnes militaires et orages familiaux

Depuis longtemps Louis XIV a renoncé à prendre lui-même la tête des opérations militaires. C'est aux jeunes d'assurer la relève.

Le Grand dauphin a donc payé, très modérément, de sa personne dans la guerre de la Ligue d'Augsbourg. Vient ensuite le tour du duc de Bourgogne. Dès 1702, il s'est vu confier la direction nominale d'un raid sur Nimègue, mené par le maréchal de Boufflers, mais dont on a pu lui attribuer la gloire. En 1708, alors que la situation est beaucoup plus grave, Louis XIV a la mauvaise idée de l'expédier en Flandre, en compagnie du duc de Vendôme.

Pourquoi cette singulière pratique du double commandement ? L'éthique monarchique traditionnelle veut que l'honneur de conduire les armées revienne aux très proches parents du roi. Mais les capacités ne correspondent pas toujours à l'ordre hiérarchique. Le malheur de Louis XIV veut que ses enfants et petits-enfants ne brillent guère en ce domaine. Il faut dire que l'éducation qu'il leur a fait donner était plus propre à développer l'obéissance que l'esprit d'initiative. Les membres de la famille qui montrent des talents de capitaines sont des collatéraux contre qui il a des préventions : le jeune duc d'Orléans, dont il réprouve le libertinage, ou le duc de Vendôme déjà sur le retour, un arrière-petit-fils d'Henri IV par la main gauche, mécréant, homosexuel affiché, insolent et noceur. Il se sert d'eux, car il n'a pas les moyens de faire le difficile, tant il manque de bons capitaines. Mais il s'arrange pour ne pas leur abandonner totalement la décision. D'où des cafouillages comme celui qui coûta à la France la perte de l'Italie du Nord, lorsque le maréchal de La Feuillade s'obstina à poursuivre autour de Turin une opération de siège mal conduite, en refusant à Philippe d'Orléans les troupes nécessaires pour arrêter l'armée qui venait dégager la ville. Ajoutons que, pour faire bonne mesure, il prétend dresser à l'avance les plans de campagne à suivre. Certes plusieurs options sont ouvertes en fonction des circonstances, mais si les circonstances ont le mauvais goût de ne pas entrer dans ce cadre, les exécutants, paralysés de crainte et faute de temps pour le consulter, choisissent de ne pas prendre de risques.

C'était pure folie que de jumeler le pauvre Bourgogne, méticuleux, dévoré de scrupules, timoré et sans expérience, avec un soudard hardi, mais brouillon, ombrageux et irascible de surcroît. Beauvillier pensait naïvement que seule son autorité pourrait « animer la paresse de M. de Vendôme, émousser son opiniâtreté, l'obliger à prendre les précautions dont la négligence a coûté souvent si cher ». Le résultat, c'est que les deux hommes tirèrent à hue et à dia. Leurs perpétuelles disputes permirent à l'armée du prince Eugène de faire sa jonction avec celle de Marlborough. Lorsqu'il fallut affronter l'ennemi, à Audenarde sur l'Escaut, Bourgogne, qui n'était pas d'accord pour risquer la bataille, maintint ses troupes sur la défensive, « regardant cela, dit Vendôme, comme on regarde l'opéra des troisièmes loges ». Tandis que celui-ci voulait regrouper les troupes pour reprendre le combat le lendemain, le prince, appuyé par ses officiers généraux, décida la retraite. « Messieurs, je vois bien que vous le voulez tous, hurla l'autre ; il faut donc se retirer. Aussi, bien ajouta-t-il à l'adresse de Bourgogne, il y a longtemps, monseigneur, que vous en avez envie. » Comme un gentilhomme du prince s'écriait : « Voilà ce que c'est que de n'aller jamais à la messe ! Aussi vous voyez quelles sont nos disgrâces ! », il répliqua : « Croyez-vous que Marlborough y aille plus souvent que moi ? »

La bataille d'Audenarde n'était pas une très grave défaite. Plutôt une belle occasion manquée. Non par infériorité numérique, mais par incurie, incompétence, orgueil, sottise. Mais la retraite des troupes françaises tourna très vite en débandade, bien que Vendôme ait pu stopper les poursuites. L'effet produit fut catastrophique.

Conséquences morales d'abord. Vendôme était l'ami de Monseigneur. Le clan de Meudon orchestra une violente campagne de dénigrement contre le duc de Bourgogne, d'autant plus efficace que tout n'était pas faux dans les reproches qu'on lui adressait. Le prince n'était pas populaire. Avant son départ les chansonniers l'invitaient à faire ses preuves :

> *Prince partez pour la victoire,*
> *Revenez tout couvert de gloire*
> *Et par mille exploits prouvez-nous*
> *Que vous valez mieux qu'on ne pense.*

Au retour ils se déchaînèrent sur sa prétendue lâcheté :

> *Notre prince magot*
> *Trop timide et cagot*
> *Avec son Martinot**
> *Sera toujours un sot.*

---

* Martinot, ou plutôt Martineau, était son confesseur, qui le suivait partout, même sur le champ de bataille.

La duchesse de Bourgogne, effondrée, vola au secours de son mari et prit l'initiative de la contre-attaque. Elle connaissait l'attachement de Mme de Maintenon pour le duc du Maine, qui tenait pour Vendôme : il fallait avant tout obtenir son appui. Elle vint pleurer dans son giron, implorer son secours et finit par la convaincre. À la grande surprise du clan adverse, l'épouse secrète déclare à qui veut l'entendre que Vendôme, enflé de présomption, « a voulu donner un combat et l'a perdu ». Louis XIV songe à retirer à Bourgogne son commandement. La duchesse se jette à ses pieds : « Si vous le rappelez, il est déshonoré. » Ce n'est pas seulement pour lui complaire que le roi céda, mais pour maintenir la fiction de la concorde dans sa famille. L'outrance des attaques était intolérable. Il ne pouvait pas laisser déshonorer ainsi son petit-fils. Adressant à chacun une lettre qui se voulait apaisante, il maintint donc le double commandement pour la fin de la campagne.

D'où les conséquences militaires. La pauvre duchesse de Bourgogne eut beau s'abîmer en jeûnes et en prières, il n'en sortit rien de bon. Faute de commandement véritable, l'armée démoralisée ne sut que reculer, elle fut incapable de secourir Lille assiégée, où Boufflers dut capituler. Toute la Flandre était perdue, la frontière du nord ouverte. Il ne restait plus aux tristes héros de cette aventure qu'à regagner à Paris l'oreille basse, plus irrités l'un contre l'autre que jamais. Marie-Adélaïde souhaitait que son mari rentrât de nuit, pour le renseigner sur l'état des esprits avant qu'il ne vît le roi. On l'annonça vers sept heures du soir et elle se mit à trembler. Mais son grand-père lui ouvrit les bras et, après quelques mots aimables, le renvoya à sa femme : il n'était pas juste, lui dit-il, de retarder le plaisir qu'il aurait d'être avec elle. Le tête-à-tête des deux époux dura deux heures. Elle eut toutes les peines du monde à le convaincre d'aller saluer Monseigneur. Il s'exécuta en traînant les pieds. Le père et le fils en resteront irréconciliables.

Bientôt, avec la disgrâce du duc de Vendôme, la victoire de la duchesse de Bourgogne est complète. Une victoire pleine de périls. Elle a fait entrevoir « de quoi elle est capable ». On la soupçonne désormais d'ambition. Ne cherchera-t-elle pas à devenir « la maîtresse roue de la machine de la cour et peut-être encore de l'État » ? Oui, mais dans un État dirigé par qui ?

Louis XIV ne sera pas éternel. Certes nul ne songe à remettre en cause la règle de succession. C'est la réalité du pouvoir qui est en jeu. On sait Monseigneur influençable, facile à « gouverner ». Auprès de lui sa demi-sœur, la duchesse de Bourbon, veuve depuis peu, fait la pluie et le beau temps. Elle rêve d'être l'arbitre du nouveau règne. Elle se heurtera à la duchesse de Bourgogne, devenue dauphine, première dans la hiérarchie. Elle s'efforce donc d'affaiblir le couple de Bourgogne en attisant l'animosité du père contre le fils. Elle cherche aussi à placer ses pions.

L'affaire Vendôme était le premier épisode de cette bataille. Le mariage du duc de Berry fut le second. Deux candidates issues de la famille aspiraient à la main du jeune homme, Mlle de Bourbon, fille du prince de Condé, et Mademoiselle tout court, fille de Philippe d'Orléans. Issues toutes deux des filles que Louis XIV avait eues de Mme de Montespan, elles étaient cousines. Mais leurs deux mères se détestaient. La duchesse de Bourgogne, par le simple jeu des clans et aussi par sympathie, s'était rapprochée du couple d'Orléans. Elle comprit vite que si Mme la duchesse réussissait à marier sa fille au fils préféré de Monseigneur, son emprise sur lui en serait redoublée. C'était pour le duc de Bourgogne la mise à l'écart assurée.

On ne racontera pas en détail les péripéties de la lutte, qui fut menée par les femmes. Cette fois encore, et contre tous les pronostics, la duchesse de Bourgogne l'emporta. Elle ne tira de la jeune mariée aucune reconnaissance et ce mariage fut, en lui-même, un désastre. Mais négativement, il priva la duchesse de Bourbon d'un instrument de pouvoir décisif. Pour les mêmes raisons : Louis XIV a choisi la solution la plus propre à préserver, après lui, l'union de la famille royale. Il a également découvert, à l'occasion de ces deux épisodes, que sa belle-petite-fille a des capacités politiques hors de pair.

Une tête politique

Outre l'intelligence, la connaissance intuitive des êtres, le sens et le goût du contact, ce qu'il apprécie en elle, c'est le mélange de courage et de sagesse, de force et de prudence, de combativité dans la lutte et de modération après la victoire : elle s'efforce de panser les blessures et de recoller les morceaux. Bien qu'il ne soit pas disposé à l'avouer, il a mesuré les évidentes limites de ses deux héritiers désignés. Il compte sur la duchesse de Bourgogne pour les deux prochains règnes. Elle devra maintenir un minimum de concorde entre son beau-père et son mari, puis, lorsque celui-ci sera roi, tempérer tous les excès auxquels risque de le porter son caractère trop entier. Rude mission. Mais il l'en croit capable. En 1710 il lui accorde — chose qui ne s'est jamais vue sous son règne — le plein et entier gouvernement de sa maison et la disposition de toutes les charges vacantes. Et il accompagne cette faveur inouïe d'un éloge du plus haut prix : « Je me fie assez à elle pour ne vouloir pas qu'elle me rende compte de rien, et je la laisse maîtresse absolue de sa maison. Elle serait capable de choses plus difficiles et plus importantes. »

Dans l'immédiat, sa tâche est très lourde. Tout va mal. L'abominable hiver de 1709 a ruiné le pays. De janvier à mars sept vagues de froid successives ont déferlé sur la France, avec des températures s'étageant souvent entre moins dix et moins vingt. Le vin gelait à la cave dans les tonneaux, à table dans les verres, à la messe dans les calices : du jamais vu. À la campagne comme à la ville, hommes et bêtes mouraient. Dans le sol glacé en profondeur, les semailles étaient perdues. Troncs et branches éclatés, les arbres fruitiers agonisaient. Plus de gibier, tout avait péri. Dans l'été qui suivit, la famine entraîna des mouvements de révolte. Mme de Maintenon n'osait plus se risquer dans Paris, par crainte de se faire insulter ou agresser : elle est devenue le bouc émissaire, responsable de tous les maux. Le roi lui-même devient très impopulaire. À l'extérieur, la situation est catastrophique et les Hollandais veulent poursuivre la guerre jusqu'à capitulation complète. Plus que personne, la duchesse de Bourgogne est dévorée de tristesse : « Elle aime le roi, elle aime son mari, elle aime son père, elle aime sa sœur », de quoi fournir abondante matière à ses chagrins. Et sur le tout il faut continuer à faire bonne figure, à tenir les « appartements », à danser, pour ne pas « donner au monde l'idée de l'accablement de la France ». Comme toutes les femmes de l'entourage du roi, et en dépit de l'affection qu'il lui porte, elle est asservie à la grande machine de l'État. Ni maladie, ni grossesse ne la dispen-

sent de suivre la cour et d'y tenir son rang. Et tant pis si elle se
« blesse » — on l'a bien vu en 1708, peu avant le drame d'Audenarde —, tant pis si elle souhaite s'abandonner à la mélancolie
dans le secret de ses appartements, il tient à l'avoir à ses côtés,
pour son agrément mais plus encore pour ce que nous appellerions son image.

En 1711, coup de théâtre. Au lendemain de Pâques, Monseigneur tomba malade. Il ne s'agissait pas d'une apoplexie,
comme le laissaient craindre sa corpulence et son régime
alimentaire. C'était la variole. On l'isola à Meudon. Bien que le
roi ne parût pas inquiet pour sa vie, à Versailles les courtisans
refluèrent vers le couple de Bourgogne, dont la cour se mit à
ressembler « à la première pointe de l'aurore ». L'état du prince
s'aggrava brusquement. Le roi accouru le trouva sans connaissance. Il mourut le 14 avril, renversant les combinaisons écha-
faudées en prévision de son futur règne. La nouvelle dauphine
ne crut pas devoir se forcer à pleurer. « Je m'en console comme
les autres, dit-elle, je crois même en avoir plus de raison. » Le
nouveau dauphin pleura davantage : c'était son père. Mais il
parut surtout frappé de stupeur. À l'idée de devoir régner
bientôt, il était pris de panique*.

Son épouse est alors promue en dignité, mais aussi en
responsabilités et en embarras. Le roi a mis son petit-fils au
travail en toute hâte, pour rattraper le temps perdu. Le voici
donc plongé dans les affaires. Mais l'ancien élève de Beauvillier
et de Fénelon a des vues originales sur le métier de roi, nourries
de réflexions livresques, à base de morale et de religion, aussi
utopiques que généreuses. Il est resté en relations avec l'archevêque de Cambrai, qui lui sert de maître à penser et en qui les
opportunistes voient déjà le futur Premier ministre. Il se cache
de son grand-père pour élaborer en secret avec ses mentors des
projets de gouvernement, connus sous le nom de *Tables de
Chaulnes*. Il médite une réforme pleine de ces bonnes intentions
dont l'enfer est pavé, mais qui, appliquée sans précautions,
ruinerait cinquante ans d'efforts passés à rétablir l'ordre dans le

---

* Sur la mort de Monseigneur et les épisodes qui s'ensuivirent, le
lecteur curieux de détails trouvera dans les *Mémoires* de Saint-Simon,
témoin oculaire, un admirable récit.

royaume, une sorte de retour à la monarchie du temps de saint Louis. Sa femme est au courant, mais elle ne parle pas. Il peut compter sur elle : elle est un « puits » de discrétion. Mais elle est trop réaliste pour partager ses vues, si peu conformes aux enseignements qu'elle a reçus de son père. Et elle souffre de se trouver en porte-à-faux entre le roi qu'elle admire et son mari dont elle est, par la force des choses, solidaire. Elle ne peut que s'inquiéter de sa piété rigoriste, tatillonne, bornée, mal adaptée aux fonctions qui l'attendent. Elle n'est pas la seule à le juger ainsi. Mme de Maintenon elle-même trouve sa dévotion excessive, et Saint-Simon, son plus chaleureux partisan, regrette qu'il ait reçu une éducation de « séminariste » plutôt que d'héritier du trône. Bref elle a beaucoup à redouter pour le jour où il sera roi.

La jalousie des autres princesses n'a pas désarmé et elle est alors si tendue qu'elle a de la peine à la supporter. Saint-Simon rapporte à cet égard une scène curieuse. Un soir qu'elle s'était livrée à « cent enfances » pour amuser le roi, elle surprit des ricanements chez les princesses. « Je sais bien, dit-elle à deux de ses dames, qu'à tout ce que j'ai dit et fait, il n'y a pas le sens commun, et que cela est misérable ; mais il lui faut du bruit, et ces choses-là le divertissent » Elle se mit alors à sauter et à chantonner : « Eh ! je m'en ris ! Eh ! je me moque d'elles ! Eh ! je serai leur reine ! Eh ! je n'ai que faire d'elles, ni à cette heure ni jamais ! Eh ! elles auront à compter avec moi ! Eh ! je serai leur reine ! » Elle parlait si fort que chacun pouvait l'entendre. Ses dames affolées tentèrent en vain de la calmer, elle ne s'arrêta qu'à l'entrée du roi. Un tel comportement surprend chez une femme dont la spontanéité a toujours été contrôlée et maîtrisée. Pour qu'elle se laisse aller ainsi, il faut qu'elle soit à bout de forces. Entre son époux qu'elle redoute et méprise et le vieux roi triste qu'elle doit amuser de ses pitreries, elle n'en peut plus de contrainte, de fatigue, d'angoisse et de dégoût.

L'hécatombe

Marie-Adélaïde a toujours été de santé fragile. Souvent malade, elle redoute les grossesses, qu'elle supporte mal. Elle prend beaucoup sur elle et renonce à se ménager : comme l'a montré l'exemple de la dauphine bavaroise, quitter la place, c'est s'exclure du jeu. Refusant de sacrifier ses plaisirs, mais mal cuirassée contre les épreuves, elle fait depuis plusieurs années « tout ce qu'il faut pour détruire sa santé ». Comme sa grand-mère Henriette d'Angleterre elle est trop sensible, trop nerveuse, et brûle la chandelle par les deux bouts. À la fin de 1710, sous le coup des événements politiques et militaires, elle paraît « très changée ». Seule la signature de la paix pourrait lui rendre la sérénité. Lorsqu'on la voit poindre à l'horizon, à la fin de 1711, elle projette pour la célébrer une fête exceptionnelle, elle voudrait « faire quelque chose qu'elle n'a jamais fait », mais elle ne sait pas quoi ! Hélas, elle n'en aura pas l'occasion.

À la mi-janvier 1712 elle souffre d'une « grande fluxion sur le visage », mais se remet. Le 5 février, elle doit s'aliter, prise de frissons. Le dimanche 7, « il lui prit tout à coup une douleur au-dessous de la tempe, qui ne s'étendait pas tant qu'une pièce de six sous », mais très violente. Elle avait des convulsions et criait « comme une femme en travail ». Ces douleurs se prolongèrent jusqu'au lendemain, « résistant au tabac en fumée et à mâcher, à quantité d'opium et à deux saignées du bras ». Ensuite la fièvre continua de monter, accompagnée de somnolences. L'apparition de marques rouges sur la peau fit diagnostiquer la rougeole : une grave épidémie courait. Le jeudi 11, elle était si mal qu'on lui proposa de recevoir les sacrements. Après un moment de surprise elle y consentit. Mais lorsque son confesseur habituel, le Père La Rue, s'approcha d'elle, elle fit la sourde oreille. Il sentit ses réticences, lui offrit les services d'un ecclésiastique de son choix. Elle avait toujours partagé les préventions de son père à l'égard des jésuites et avait bataillé ferme avant d'accepter celui-là comme confesseur attitré. Face à la mort, elle ne voulut plus de lui. Elle réclama un M. Bailly, prêtre de la Mission à Versailles. On ne le trouva pas. Elle demanda alors le Père Noël, un récollet, à qui elle se confessa longuement. Que pouvait-elle avoir à avouer qui ne dût pas tomber dans les oreilles d'un jésuite affidé à la cour ? Les commérages allèrent bon train. Elle dut subir une nouvelle saignée, avaler un émétique et vomir, sans résultat. « Princesse aujourd'hui, demain rien, dans deux jours oubliée », murmura-t-elle. Elle souffrit toute la nuit, commença de perdre connaissance dans la journée et s'éteignit au soir du 12 février 1712. Elle avait tout juste vingt-six ans.

Son époux, écrasé de chagrin, s'enferma chez lui et ne voulut voir personne. On l'arracha de force à Versailles où, de sa chambre, il entendait les charpentiers taper dans celle de sa femme, au-dessus de sa tête, pour préparer le catafalque. On l'amena à Marly, hagard, et le roi fut épouvanté de retrouver sur son visage les marques, plus livides que rougeâtres, qu'on avait vues sur la dauphine. Il se coucha pour ne plus se relever. Sans force pour lutter, il s'abandonnait. Au matin du 18 février, il eut le temps de se confesser, de communier, de recevoir l'extrême-onction, puis il mourut à son tour, six jours après l'épouse qu'il avait passionnément aimée.

Toute la cour défila auprès de leurs cadavres en les aspergeant d'eau bénite. Puis on prépara pour tous deux une cérémonie commune. Leurs cœurs furent prélevés pour aller rejoindre au Val-de-Grâce ceux de leurs aînés. Leurs corps furent conduits à Saint-Denis sur un même chariot, en vue des obsèques solennelles. Au milieu de la consternation générale, le roi n'oublia pas cependant de transmettre au petit duc de Bretagne ce titre de dauphin qui rebondissait sinistrement de tête en tête depuis un an. Et le bambin dit à sa gouvernante, Mme de Ventadour : « Oh ! maman, ne me donnez pas ce nom, il est trop triste. »

Quelques jours plus tard les mêmes marques funestes apparurent sur les deux enfants du couple défunt. Ils avaient été seulement ondoyés à la naissance. On se hâta de les baptiser — Louis tous les deux —, à la sauvette. Les médecins s'emparèrent de l'aîné, un beau garçonnet de cinq ans grand et fort pour son âge, et lui prodiguèrent médications et saignées. Il mourut le 8 mars, un peu avant minuit. Le lendemain le spectacle de son petit chien prostré gémissant à la place ordinaire de son maître dans la chapelle arracha des sanglots à toute la cour. Le pauvre enfant rejoignit ses parents à Saint-Denis : tous trois y furent ensevelis ensemble le même jour.

Son petit frère, lui, survécut. « Pendant que les neuf médecins étaient occupés de l'aîné, raconte Madame Palatine, les femmes du cadet se sont enfermées avec lui et lui ont donné un peu de vin et du biscuit. » Ils voulaient le saigner aussi, mais Mme de Ventadour s'y est opposée. « On l'a simplement tenu bien au chaud », et la nature a fait le reste, « à la honte des médecins ». Saint-Simon, lui, convaincu que cette hécatombe est imputable au poison — on en reparlera — attribue le salut de l'enfant à l'absorption d'un contrepoison arrivé de Savoie à point nommé. Le nouveau dauphin ne fit pas de commentaires sur sa promotion : il n'était pas encore sevré et commençait tout juste à parler, il n'avait que deux ans.

Après leur mort, on tria les affaires du couple de Bourgogne, on apporta au roi les cassettes où ils conservaient leurs papiers. Saint-Simon traversa quelques jours d'angoisse à l'idée qu'il se trouvait dans celle du duc, écrit de sa main très reconnaissable, un projet de réforme du royaume. Il eut de la chance. Son ami Beauvillier, qui aidait le roi à faire le tri, réussit à détourner son attention et lui arracher l'ordre de tout mettre au feu. Louis XIV n'eut pas l'occasion d'y lire que son petit-fils était décidé à flanquer à bas le système de gouvernement qu'il avait si laborieusement mis sur pied. Mais à vrai dire, il s'en doutait un peu.

La duchesse de Bourgogne ne bénéficia pas d'une aussi précieuse complicité. Mme de Maintenon trouva dans sa cassette des documents qui la firent tomber de haut. « Je pleurerai toute ma vie Mme la dauphine, écrit-elle le 1er avril 1712 ; mais j'apprends tous les jours des choses qui me font croire qu'elle m'aurait donné de grands déplaisirs. Dieu l'a prise par miséricorde. » Qu'est-ce donc qui a pu conduire la marquise à se féliciter — pour son salut, bien sûr ! — de la mort de la pauvre princesse ? Trois hypothèses ont été avancées. Des dettes de jeu ? il n'y avait pas là de quoi surprendre, sa passion du jeu était notoire. Des lettres d'amour ? c'est possible. Dans ce cas, de qui ? L'épisode Nangis était ancien et elle avait été vite détrompée sur son compte. Alors un autre ? Mais dans une cour où les murs ont des yeux et des oreilles et où fleurissent les commérages, on voit mal comment une idylle, même à peine esquissée, aurait pu rester secrète. Troisième hypothèse, soutenue notamment par les historiens du XIXe siècle : un échange épistolaire avec son père, en guerre contre Louis XIV. Mais aucun document ne vient la confirmer. Et il aurait fallu, pour indigner à ce point Mme de Maintenon, qu'elle eût fait passer en Savoie des informations vitales. Or tous les témoignages la montrent déchirée entre ses deux patries, mais non point prête à trahir l'une pour l'autre.

Reste une quatrième hypothèse, que nul n'a envisagée. Pour

que Mme de Maintenon préfère la voir morte, il s'agit de quelque chose de plus grave et de plus personnel : une trahison morale. Qu'on se souvienne. L'épouse secrète a pris en charge son éducation, elle a mis son point d'honneur à faire de la petite Savoyarde primesautière une princesse selon son cœur. Elle a eu bien des inquiétudes, a dû la réprimander souvent sur son amour du jeu, sa soif de plaisirs, sa coquetterie. Ce sont là des fautes sérieuses, dont la jeune femme a fait chaque fois amende honorable en pleurant. Fautes salutaires, parce que sources de repentir, donc de progrès. L'éducatrice a cru avoir gagné. Elle chante son triomphe dans une lettre de décembre 1710 à Mme Des Ursins : « Après avoir souffert bien des discours sur toutes les mauvaises mesures que je prenais pour son éducation, après avoir été blâmée de tout le monde des libertés qu'elle prenait de courir depuis le matin jusques au soir, [...] après l'avoir vue accusée d'une dissimulation horrible dans l'attachement qu'elle avait pour le roi et dans la bonté dont elle m'honorait, je vois aujourd'hui tout le monde chanter ses louanges, lui croire un bon cœur, lui trouver un grand esprit... » Le roi ne vient-il pas d'ailleurs de lui abandonner le gouvernement de sa maison, et de la déclarer capable « de gouverner de plus grandes choses » ? Bref la jeune femme est son chef-d'œuvre.

Et si elle s'était trompée ? Il y avait dans la cassette du duc de Bourgogne des plans pour l'après-Louis XIV. Pourquoi n'y aurait-il pas eu dans celle de sa femme des plans pour l'après-Maintenon ? Des plans laissant entrevoir que celle-ci ne prodiguait à sa « chère tante » qu'une affection et une confiance de commande et qu'elle se servait d'elle, selon les conseils paternels, pour assurer sa situation à la cour. Marie-Adélaïde, visiblement, n'a jamais été heureuse. Elle l'est de moins en moins avec les années. Elle s'agite pour s'étourdir. Que cherche-t-elle à oublier dans le jeu, les fêtes, les courses nocturnes ? La guerre, le comportement de son père, les malheurs de sa sœur, ceux du pays, les déconvenues militaires de son mari, comme le croit la vieille dame ? ou le fait qu'elle étouffe sous le poids des contraintes ? Adulte, elle renâcle devant l'emprise que prétend exercer sur elle l'incorrigible éducatrice. Elle ne veut plus être une gamine qu'on gronde parce qu'elle a perdu au jeu ou qu'elle s'est couchée trop tard, à qui l'on interdit d'aller à un bal parce qu'elle risque d'y côtoyer des femmes qui ne sont pas de son monde, une suspecte qu'on espionne et à qui on fait sentir le joug. Légère, virevoltante, dotée d'un inépuisable fond de joie, elle est comme un oiseau, qui ne supporte pas d'être enfermé. Elle n'aime pas la vie à Versailles, si fortement ritualisée, le décorum, la parade, les horaires stricts, l'obligation de calculer chaque mot, chaque geste. Elle n'aime pas non plus mentir. Le personnage qu'elle joue lui déplaît de plus en plus. Et la dévotion de commande a peut-être ébranlé sa foi.

Mme de Maintenon avait cru l'oiseau acclimaté à sa cage : il chantait si bien. Elle s'aperçoit après coup qu'il ne faisait que guetter le moment où la porte s'entrouvrirait. Elle s'est entrouverte avec la mort du Grand dauphin. Marie-Adélaïde aspire au jour où elle sera reine, maîtresse d'elle-même. Et ce jour-là elle ne reproduira pas le modèle qu'on a voulu lui inculquer, elle sera de sa génération, de son temps : plus simple, plus libre, beaucoup moins pieuse, elle basculera vers l'autre versant du siècle. La « dévote fée » a dû découvrir avec désolation que sa « créature » l'avait trahie. Comme toutes les autres princesses, celle-là aussi, la plus précieuse, lui a échappé. Impardonnable.

Hélas pour la jeune femme, c'est sur la mort que s'ouvrit la porte de la cage.

La disparition de la duchesse de Bourgogne causa à Louis XIV un profond chagrin — la seule véritable douleur qu'il ait eue en sa vie, dit Saint-Simon. Le triple deuil marqua la fin de la vie de cour : elle ne fit plus que languir. Avec la jeune femme « s'éclipsèrent joie, plaisirs, amusements mêmes et toutes espèces de grâces : les ténèbres couvrirent toute la surface de la cour ». Dans ce climat d'apocalypse, la dernière victime de l'hécatombe passera presque inaperçue. Lorsque le duc de Berry mourra à son tour en 1714, des suites d'un accident de cheval, sans laisser de postérité, la chose paraîtra presque naturelle, tant on était accoutumé à voir la mort s'acharner sur la famille. Les trois dernières années du règne seront pour le vieux couple royal d'une tristesse atroce, bien que la situation militaire et politique se soit miraculeusement rétablie.

CHAPITRE DIX-NEUF

LA FIN D'UN VIEUX COUPLE

Louis XIV a vu disparaître coup sur coup ses deux héritiers putatifs. Nul ne sait ce qu'ils auraient donné une fois sur le trône : l'accès au pouvoir change les hommes, en bien comme en mal. Cependant, pour des raisons diverses, aucun des deux ne semblait très prometteur, bien que le génie littéraire de Fénelon et de Saint-Simon, qui comptaient mettre en œuvre leur projet de réforme politique et sociale sous le couvert du duc de Bourgogne, ait valu à celui-ci les préférences de la postérité. On n'entrera donc pas ici dans le débat d'école sur les aptitudes de chacun à faire un bon roi. Au lendemain de leur mort, les amis de l'un, puis de l'autre se lamentèrent en voyant s'envoler leurs espoirs de fortune. Mais le roi, lui, avait autre chose à faire que d'épiloguer sur ce qui aurait pu être. Deux tâches urgentes l'attendaient : mettre fin à une guerre désastreuse et organiser la minorité de son arrière-petit-fils.

Les jeunes sont morts, les vieux restent. Aux côtés d'un Louis XIV marmoréen, qui ressemble de plus en plus à sa future statue, Mme de Maintenon a traversé impavidement les années. Un refrain scande ses lettres : « Ma santé a toujours été languissante, mon tempérament a été assez délicat toute ma vie ; l'âge et les chagrins ne le fortifient pas. » Accablée d'affaires et de chagrins « jusqu'à la gorge », elle ne parvient à porter « ses croix » que parce que Dieu la soutient. « Je suis si malade et si vieille... » Mais regardons-la donc sur le terrain. Ne désenrhumant pas et pestant contre les courants d'air, mais sortant indemne de l'horrible hiver de 1709, les mains tordues de rhumatismes, mais inondant de ses missives une nuée de correspondants, réfractaire à la rougeole, à la variole et autres maladies épidémiques, maudissant la cour, sa corruption, ses servitudes, mais attentive à tenir bien en main les fils qui en commandent les intrigues, voyant tout, écoutant tout, avertie des affaires privées de tout un chacun, trouvant encore le temps de parler chiffons avec sa nièce et de déverser sur Saint-Cyr ses instructions édifiantes, omniprésente enfin, la vieille dame a bon pied, bon œil, bonne mémoire, quoiqu'elle prétende le contraire. Elle paraît increvable. Et tant qu'il y aura pour la stimuler de l'action en perspective, elle le restera. Dans un billet, malheureusement non daté, à son amie Sophie de Dangeau, elle écrivit un jour : « Le roi me croit nécessaire, dites-vous ? ho ! dussé-je en crever, je marcherai, je sens mes forces toutes revenues. » Ce qui valait pour un dîner, semble-t-il, vaut à plus forte raison dans les moments cruciaux. Le moment est venu de s'interroger sur son attitude au cours de la guerre.

Le « défaitisme » de Mme de Maintenon ?

A-t-elle été pour son époux, pendant ces années de guerre, un soutien ou un boulet ? La question est généralement tranchée d'un trait de plume au moyen de quelques citations judicieusement choisies : elle fut, face au courage de Louis XIV, une pacifiste à tous crins, une abominable défaitiste, tout juste bonne à lui saper le moral par ses pleurnicheries. Ces deux mots, à eux seuls, sont mal venus, car nos ancêtres les ignoraient : le premier date de la fin du XIXe siècle, le second du début du XXe. Ils présentent l'inconvénient de véhiculer un flot de souvenirs des deux dernières guerres mondiales, avec une charge affective et morale considérable : le qualificatif de défaitiste, évocateur de lâcheté, est une injure. Mais, dira-t-on, si le mot n'existait pas au XVIIe siècle, la chose existait. Certes oui. Reste à apprécier, sans idées préconçues, ce que représentait alors la volonté de paix. Il n'y a pas en la matière de règle générale. Tout dépend des circonstances. Le contraire du défaitisme, dans le même registre péjoratif, est le jusqu'au-boutisme. Il n'est pas certain qu'il soit, en lui-même, une vertu. Il lui arrive d'en devenir une rétrospectivement, après une victoire, sous le nom de résistance héroïque. Mais il peut être suicidaire. Et en cas de défaite, ceux qui l'ont aggravée en prolongeant inutilement les opérations font alors figure de boucs émissaires honnis. À moins que le désastre ne soit complet et qu'il ne reste plus personne pour enquêter sur les responsabilités des uns et des autres. Bref il est des cas où le courage incite à poursuivre la lutte et d'autres où il commande de l'arrêter.

Pour savoir si un fossé sépare le roi de son épouse sur la question de la paix, il faut donc revenir sur les principales étapes de la guerre de succession d'Espagne et examiner leurs positions respectives, en tenant compte de l'ensemble de la correspondance de Mme de Maintenon — ou plutôt de ce qui nous en reste —, et sans oublier que cette correspondance, comme ses autres écrits, ne doit pas être prise littéralement mais remise en situation. On peut en effet en tirer tout et son contraire, selon la date et selon le destinataire. Aucune phrase n'a de sens en dehors de son lieu et de son temps.

Contrairement à ses autres guerres, Louis XIV n'a pas voulu celle-ci et n'a pas pris l'initiative des hostilités. Il y a été acculé. Ses torts, car il en a, sont anciens : l'invasion de la Hollande en 1672, qui a suscité pour lui dans ce pays une haine tenace ; la révocation de l'Édit de Nantes, qui lui a aliéné des alliés traditionnels et qui a contribué, par réfugiés interposés, à alimenter dans tous les pays réformés une propagande anti-française ; la politique des réunions, qui témoignait d'une volonté expansionniste ; son arrogance enfin, accréditant ses prétentions à l'hégémonie. C'est peu à peu qu'il s'est mis toute l'Europe à dos. Il en paie maintenant le prix. Il est sur la défensive.

Dès le début du conflit, il n'a pas d'autre objectif que la paix. Mais pour gagner la paix, il faudrait d'abord gagner la guerre. Les campagnes militaires n'interdisent pas les contacts diplomatiques. On discute en coulisse et chacun tente de profiter des succès obtenus sur le champ de bataille pour faire monter les enchères. Louis XIV a affaire à trois adversaires coriaces. La mort de Guillaume III d'Orange-Nassau en 1702 a certes rompu le lien dynastique entre l'Angleterre et les Provinces-Unies, mais les deux pays ont en commun l'horreur du « papisme » : à La Haye le flambeau belliciste a été repris par le grand pensionnaire Heinsius, à Londres le fameux Marlborough, très anti-français, cumule les fonctions auprès de la reine Anne. Quant à l'empereur Léopold, sa mort en 1705 ne changera rien à la politique du pays, menée, pour le compte de son fils et successeur Joseph Ier, par le célèbre prince Eugène, d'autant plus hostile à Louis XIV que celui-ci a jadis refusé ses services. Tous trois sont des diplomates de qualité. Eugène et Marlborough sont en outre de remarquables capitaines. Les Hollandais sont les principaux banquiers de l'entreprise.

Le but des coalisés est avant tout de chasser Philippe V d'Espagne. Or, après la défection de la Savoie et du Portugal, Louis XIV perd l'espoir de l'emporter sur le terrain. Dès 1704 et à plusieurs reprises par la suite, il cherche donc à traiter, fait des ouvertures, propose des concessions. Il souhaiterait revenir à un traité de partage, modifié à son détriment puisqu'il n'est pas en position de force, mais qui sauverait la face à son petit-fils en lui offrant une compensation territoriale. Lorsque Mme de Maintenon, pendant que se déroulent ces négociations, fait prier pour la paix à Saint-Cyr, elle est dans son rôle de femme et d'épouse royale et tout à fait en phase avec lui. Certes elle est instinctivement de ces « âmes pacifiques » qui préfèrent la paix à la guerre. Comment le lui reprocher ? Les péripéties de la guerre l'inquiètent, mais pas plus qu'une autre. En 1706 elle se réjouit d'une victoire : « La bataille gagnée en Italie me détermine à mettre ma robe ; je m'habillerai de vert si on prend Barcelone, et de couleur rose si l'archiduc* tombe entre nos mains. » Elle s'avoue anxieuse, peu encline à se flatter d'illusions. Elle s'afflige des pertes en hommes. Rien que de très normal.

Il existe alors un petit noyau de vrais « défaitistes », animés par Fénelon. Celui-ci n'est pas un politique discutant sainement des moyens de mettre fin à une guerre épuisante. Sous ses dehors pleins d'élégance et d'onction, c'est un idéologue qui voit dans la monarchie louisquatorzienne l'empire du mal, et espère que le roi subira le châtiment exemplaire qu'appellent ses crimes. Une fois restituées les conquêtes « injustes », il rêve d'édifier sur l'authentique terroir français un régime selon son cœur : une société agraire aristocratique et patriarcale. Il n'est pas sûr que tous ses amis, notamment Beauvillier et Saint-Simon, le suivent jusque-là. Mais en tout cas, Mme de Maintenon a rompu avec lui et avec le « petit troupeau » qu'il anime, elle ne lui a pas pardonné de l'avoir compromise lors de l'affaire Guyon. Vivant en milieu dévot, elle est à coup sûr l'objet de

---

* Charles, le rival autrichien de Philippe V, qui a débarqué en Catalogne et lui dispute les armes à la main le territoire espagnol.

pressions diverses. Mais rien ne dit qu'elle y ait cédé. Rien ne permet de la ranger dans la « cabale » de Fénelon, au contraire. D'ailleurs ce n'est pas sur elle que celui-ci fait porter son effort, mais sur le duc de Bourgogne — on en a vu les effets négatifs lors de la campagne de Flandre. Fénelon ne verrait pas d'un mauvais œil la défaite de Louis XIV. Elle, au contraire, la redoute, même si son pessimisme la lui fait croire inévitable.

Revenons aux péripéties de la guerre et à l'évolution des pourparlers de paix. Sur le terrain succès et échecs alternent, mais la situation se dégrade. Chaque fois que Louis XIV fait des offres, les Hollandais, qui mènent la danse, mettent la barre un peu plus haut. Ils visent la victoire totale : Philippe V chassé d'Espagne, la France ramenée à ses frontières du traité des Pyrénées, ou même de Westphalie. Leurs exigences successives sont conçues pour provoquer un refus, qui amènera Louis XIV à s'enfoncer davantage dans la guerre et dans la défaite. Celui-ci consent à des concessions dont ils sont les premiers surpris. Les pertes de 1707, les désastres de 1708, la catastrophe économique de 1709 le conduisent à sacrifier son petit-fils : il n'exige plus pour lui de compensation et l'abandonne à son sort. À cette date, faut-il le qualifier de « défaitiste » ? il est prêt à signer la paix à tout prix. Et il partage assurément, parce qu'il est profondément croyant, la conviction de son épouse, d'ailleurs conforme à l'enseignement de l'Église : cette accumulation de défaites est le signe que Dieu l'a abandonné et désapprouve la continuation des combats. À cause de ses péchés ? il le dira un peu plus tard, après l'hécatombe. Nous ne pouvons pas nous défendre d'un certain agacement devant cette immixtion continue du religieux dans le profane. Superstition, sommes-nous tentés de dire : mais balayons d'abord devant notre porte...

Dès 1707, la décision de Louis XIV se dessine : la paix contre l'abandon de l'Espagne. L'ennui, si l'on peut dire, c'est que Philippe V n'est pas du tout décidé à s'en aller. Il a derrière lui l'ensemble de son peuple, Catalogne mise à part. Obligé de quitter par deux fois sa capitale avec sa femme et son tout jeune fils, il a trouvé auprès des populations un accueil enthousiaste. Les Espagnols détestent l'archiduc Charles, qui les traite de haut, ne parle pas leur langue — Philippe a eu vite fait de l'apprendre — et qui s'appuient sur des mercenaires allemands « hérétiques ». Au moment même où Louis XIV s'apprête à le lâcher, il remporte des succès. Hélas, à Paris, on trouve que les victoires n'ont pas lieu où il faudrait : on les préférerait sur la frontière du nord. Ainsi s'explique l'accueil mitigé fait en mai 1707 à celle d'Almanza. À la princesse Des Ursins, éminence grise du couple royal à Madrid, Mme de Maintenon fait part de sa joie dans une de ces lettres privées, mais en fait semi-officielles, qui doublent sur un ton plus libre les courriers diplomatiques. Mais elle craint, non sans quelque raison, que cette victoire ne renforce la détermination de Philippe V. Or tant qu'il ne quittera pas l'Espagne, les coalisés ne relâcheront pas la pression sur la France. Est-ce du « défaitisme » ou simplement une vue lucide de la situation ?

En apprenant que la France les abandonne, les souverains espagnols sont affolés. Avant de se brouiller avec eux Philippe d'Orléans les a aidés, pendant deux saisons, à reconquérir une bonne part de leur royaume. Ils se sentent près de gagner. Ils n'ont pas les moyens de poursuivre seuls et crient au secours, réclament des renforts. La jeune reine Marie-Louise supplie sa sœur, implore la marquise, la princesse Des Ursins tempête et se répand en reproches. Mme de Maintenon se charge, dans sa correspondance semi-privée avec la princesse, de faire passer en Espagne deux messages, qu'on ne veut pas confier à la correspondance diplomatique officielle, car il n'est pas bon de les rendre publics. L'un est quasiment un ordre : pour permettre la signature de la paix, Philippe V doit renoncer à son trône. L'autre est un avis de détresse : la France, à bout de ressources, ne peut rien pour lui, à l'intérieur tout craque sous la poussée de la misère, sur ses frontières elle est menacée. Mais pour sauver la face, on se réfugie derrière les arguments religieux : « Vous pensez qu'il faut périr plutôt que de se rendre ; je pense qu'il faut céder à la force, au bras de Dieu, qui est visiblement contre nous et que le roi doit plus à ses peuples qu'à lui-même*. [...].

---

* Cette dernière remarque ne contient pas, comme on le lit ici ou là, une critique voilée du roi qui, jusque-là, aurait négligé le bien de son peuple. Elle renvoie à un débat moral. La morale aristocratique, individualiste, enseigne qu'on doit préférer la mort au déshonneur d'avoir reculé. Mais le devoir d'un roi, responsable d'un peuple, est, dans une situation désespérée, de faire passer l'intérêt du pays avant le souci de sa propre gloire. Le vrai courage est, dans ce cas, de céder.

Notre roi était trop glorieux, il veut l'humilier pour le sauver. La France s'était trop étendue et peut-être injustement ; il veut la resserrer en des bornes plus étroites, et qui en seront peut-être plus solides. Notre nation était insolente et déréglée ; Dieu veut la punir et l'éclairer. » On reconnaît les thèmes chers aux dévots. Mais en ce sinistre printemps de 1709, ils font office de cache-misère : le roi n'a pas été vaincu par ses ennemis, mais par Dieu, l'honneur est sauf. Et ils servent à renforcer l'injonction majeure : Louis XIV n'est pas qualifié pour donner des ordres à son petit-fils, souverain à part entière ; mais Dieu, lui, le peut. Les destinataires du message ne sont pas dupes, ils savent parfaitement que Mme de Maintenon est mandatée pour tenir ce langage et ils en ont déchiffré le sens. Devenus « plus Espagnols que Français », ils refusent d'obtempérer. Les pieux discours destinés à faire passer l'amère pilule mettent Mme Des Ursins hors d'elle : elle a l'impression qu'on se moque d'eux. Quant aux sentiments personnels de Mme de Maintenon, ce n'est pas dans cette correspondance, à cette date, qu'il faut les chercher : elle est ici, dans un registre féminin, dans une tonalité plus assourdie, plus insinuante, la voix de son maître.

L'appel du 12 juin

La providence songerait-elle à récompenser l'humilité toute neuve de Louis XIV ? Voici que ses ennemis commettent une faute. Il consent pour traiter à des conditions « inouïes ». Il s'abaisse à envoyer son ministre des Affaires étrangères en personne à La Haye pour implorer la paix. Torcy rapporte en réponse un projet en quarante articles, minutieusement rédigé par Heinsius et déjà contresigné par Marlborough et le prince Eugène, sûrs d'avoir gagné la partie. Non contents d'imposer pour préalables des abandons territoriaux et des concessions commerciales, ils n'accordaient à la France qu'une trêve, subordonnant l'ouverture des négociations de paix à la remise effective de l'Espagne entre les mains de l'archiduc, sans compensation. La paix, c'était donc pour plus tard, et l'on pouvait être sûr qu'il s'y ajouterait encore de nouvelles clauses. Dans l'immédiat, comme les Anglo-Hollandais étaient peu chauds pour reconquérir seuls pied à pied une Espagne où sévissait contre eux la guérilla, c'était à Louis XIV qu'il incombait de contraindre Philippe V à se démettre. En employant les armes au besoin.

Trop, c'est trop. Les coalisés ont fait une erreur psychologique. Ce que n'a pas compris Heinsius, ce grand bourgeois chef d'une nation de commerçants, c'est que cette dernière exigence mettait en cause, non des possessions et des terres, mais l'honneur. À vouloir trop humilier Louis XIV, ils l'ont remis debout : plutôt que de passer sous les fourches caudines, mieux vaut risquer un désastre où tout serait perdu, « fors l'honneur ». L'ennemi lui a fourni un argument moral de poids.

Nouveauté inouïe dans une monarchie autoritaire, le roi fait diffuser à travers le royaume une proclamation que les historiens d'aujourd'hui s'accordent à nommer *appel du 12 juin*. Si la paix n'a pu être conclue, explique-t-il à ses sujets, la faute en incombe à ses ennemis. « J'avais accepté [...] des conditions bien opposées à la sûreté de mes provinces frontières ; mais plus j'ai témoigné de facilité et d'envie de dissiper les ombrages que mes ennemis affectent de conserver de ma puissance et de mes desseins, plus ils ont multiplié leurs prétentions. [...] Je passe sous silence les insinuations qu'ils m'ont faites de joindre mes forces à celles de la ligue, et de contraindre le roi mon petit-fils à descendre du trône. [...] Il est contre l'humanité de croire qu'ils aient seulement eu la pensée de m'engager à former avec eux une pareille alliance. Mais, quoique ma tendresse pour mes peuples ne soit pas moins vive que celle que j'ai pour mes propres enfants ; quoique je partage tous les maux que la guerre fait souffrir à des sujets aussi fidèles, et que j'aie fait voir à l'Europe que je désirais sincèrement la paix, je suis persuadé qu'ils s'opposeraient eux-mêmes à la recevoir à des conditions également contraires à la justice et à l'honneur du nom français. » Il compte donc sur son peuple pour un nouvel effort.

Cet émouvant appel fut entendu. Les conditions imposées parurent révoltantes. Madame Palatine le dit avec son énergie habituelle : « Vouloir lâcher un grand-père contre son propre petit-fils, qui a toujours été soumis et obéissant à son égard, c'est barbare et païen. Voilà ce que je ne peux souffrir ; je suis persuadée que Dieu punira ceux qui ont inventé cela. » Et pour donner l'exemple, toute la cour, à la suite du roi, envoya sa vaisselle d'argent à la fonte pour subvenir à l'entretien des troupes.

Car le problème principal était en effet l'intendance. On peut à la rigueur faire marcher des soldats en leur promettant une solde à venir, mais pas le ventre vide. Dès avant l'envoi de Torcy à La Haye, tandis que l'idée de jouer le tout pour le tout faisait son chemin à Versailles, le maréchal de Villars fut envoyé sur le front des Flandres pour évaluer la situation. Le seul moyen de couper court à la spirale des exigences avancées par les coalisés, dit-il, serait une victoire. Mais il lui faut du pain pour nourrir les troupes. Mme de Maintenon, qui l'a toujours soutenu, lui écrit alors, confiante : « Il n'y a que de vous que l'on tire quelque consolation. Vous nous faites envisager que nous aurons une armée, elle sera conduite par vous, et peut-être est-ce le point où Dieu a voulu nous conduire pour montrer les révolutions* qu'il sait faire quand il lui plaît. » C'est au même moment, on le notera, qu'elle abreuve la princesse Des Ursins de propos décourageants. Dieu ne parle pas tout à fait le même langage à Paris et à Madrid. À Paris, on garde espoir. Villars, qui n'a rien d'un bigot, écrit à Torcy, en avril : « Il n'y a certainement qu'une bonne et prompte bataille dont l'heureux succès puisse nous relever. Je la donnerai ma foi de bon cœur, d'autant plus que c'est notre unique ressource et j'espère que Dieu nous aidera. »

Le roi, lucide, restait pessimiste : « Je mets ma confiance en Dieu et en vous, avoue-t-il au maréchal, et ne puis rien vous ordonner puisque je ne puis vous donner aucun secours. » Ce disant il lui rend cependant un fier service : renonçant à lui lâcher dans les jambes son fils ou son petit-fils comme co-commandant d'armée, il lui laisse la pleine initiative des opérations. Tout l'été, Villars tente de grignoter des avantages sur la frontière du nord. Il rêve d'un combat décisif. Il écrit à Mme de Maintenon : « Le péril est grand, j'espère que Dieu m'aidera, mais je ne dois rien oublier de ce qui me paraît nécessaire. » Et elle répond : « Je sais, monsieur, ce que vous avez proposé au roi en cas de bataille ; [...] sa confiance est en Dieu, en vous, et dans la valeur de ses troupes. [...] Je ne saurais croire que Dieu veuille nous abandonner, et j'espère qu'il n'y aura point de bataille ou que nous la gagnerons. »

---

* Changements brutaux, renversements de situation.

L'appel solennel du roi avait permis de renflouer un peu les finances et avait surtout donné un coup de fouet au moral des troupes. Villars, adoré de ses soldats, put mettre au point sa stratégie. Le combat eut lieu le 11 septembre aux environs de Mons, près du village de Malplaquet. La France espérait une victoire, elle ne l'eut pas. Les coalisés se croyaient sûrs de l'écraser, ils durent déchanter. Ce fut un match nul. Affreusement sanglant. Les troupes françaises s'étaient retirées en bon ordre, abandonnant aux ennemis quelques arpents de terre jonchés de morts, sans valeur stratégique. Elles avaient perdu moitié moins d'hommes que leurs adversaires, elles rapportaient des trophées. « Le nom français n'avait jamais été plus en estime ni plus craint dans toute l'armée des alliés. » La première déception passée, les premières larmes épongées — car il y avait beaucoup de victimes —, on reprit courage et confiance. La piteuse débandade d'Audenarde était effacée.

Les coalisés n'ont pas renoncé pour autant. L'âge de Louis XIV, la perspective d'une minorité qui affaiblirait encore la France les poussent à maintenir leurs exigences : Louis XIV doit détrôner Philippe, avec ses seules forces, dans les deux mois. Celui-ci est bien décidé à « faire la guerre à ses ennemis plutôt qu'à ses enfants ». Mais il ne peut fournir à son petit-fils ni argent, ni troupes. Torcy continue de penser qu'il faut le sacrifier en visant, au mieux, une compensation. On ne s'étonnera donc pas de voir Mme de Maintenon répéter à Mme Des Ursins que l'Espagne doit renoncer à la lutte. L'appel du roi a enflammé les esprits, mais n'a pas remédié à la pénurie. « Dieu se déclare si visiblement que ce serait lui résister que de ne pas vouloir la paix. » Et devant les protestations de la princesse, elle renchérit : « Comment pouvez-vous dire que Dieu ne se déclare pas contre nous quand il nous envoie un hiver dont on n'a point vu d'exemple depuis cinq ou six cents ans, qui gèle tous les blés et toutes les vignes, qui ne laisse pas un fruit, non seulement pour le présent, mais qui fait mourir tous les arbres ? »

A-t-elle tort de décourager les Espagnols, au terme de cette tragique année 1709 ? Il est difficile d'imaginer, à cette date, le retournement de situation qui va suivre. Il faudrait un « miracle » pour les sauver, répète-t-elle. Il en arrivera plusieurs.

Une série de miracles

Malplaquet a donné à réfléchir aux Anglais. Négociants et armateurs souffrent d'une guerre qui perturbe le grand commerce maritime : les corsaires français ont porté à leur flotte de rudes coups. À cela s'ajoutent des tensions d'origine religieuse et des intrigues de palais. La reine Anne, longtemps sous la coupe de lady Marlborough, rompt avec sa favorite et se détourne de son mari. Puis elle chasse son ministre des Finances et, en septembre 1710, de nouvelles élections consacrent la défaite des bellicistes. On va donc pouvoir traiter avec l'Angleterre.

Au même moment, la situation s'améliore en Espagne. Louis XIV a finalement consenti à envoyer à son petit-fils le général que réclamait à grands cris celui-ci, Vendôme. Et Vendôme remporte à deux jours de distance sur le corps expéditionnaire britannique, puis sur les troupes de l'archiduc Charles, deux éclatantes victoires. La seconde, à Villaviciosa, le 10 décembre 1710, sonne le glas des espoirs autrichiens dans la péninsule. À Paris certains hésitent à se réjouir : toute victoire de l'Espagne, renforçant la détermination de Philippe V, passe pour un obstacle à la paix. Ce raisonnement avait fait tant d'impression sur Mme de Maintenon que Torcy la trouva « incertaine », ne sachant si elle devait se réjouir ou s'affliger » : « Enfin elle comprit que puisque nos ennemis ne pouvaient être fléchis par nos malheurs, il pouvait être bon d'avoir du bonheur en quelque endroit de la terre. » Son pessimisme foncier se met à fondre, lentement, très lentement, à mesure que se précise l'éclaircie. Car déjà les Anglais, tirant la leçon des deux défaites espagnoles, ont ouvert en secret des pourparlers de paix.

Or voici qu'intervient un événement capital, parfaitement imprévisible, mais décisif. L'empereur Joseph Ier, qui a succédé à son père en 1705, meurt de la variole à l'âge de trente-trois ans seulement, ne laissant que des filles. Tous les biens patrimoniaux des Habsbourg — Autriche, Hongrie, etc. — passent à son frère cadet Charles, également promis à l'Empire. Ce cadet n'est autre que le fameux archiduc prétendant au trône d'Espagne. Voilà donc créée, par un coup du sort, la situation tant redoutée : le risque de voir réunies sur une même tête deux couronnes de première grandeur. Et voilà l'équilibre européen rompu. Aussitôt l'Angleterre décide de se retirer du conflit. Il est évident que la paix est proche.

Tandis que s'ouvre à Utrecht en janvier 1712 le congrès où l'on doit débattre des clauses du traité, les combats continuent. Heinsius et le prince Eugène entendent exploiter leur avantage sur le terrain pour obtenir des concessions supplémentaires. Louis XIV de son côté pense maintenant pouvoir sauver le trône de son petit-fils. Un seul obstacle : sa propre succession. Si le petit dauphin venait à mourir, l'héritier de France serait Philippe V. Louis XIV n'a jamais voulu le priver sans recours de ses droits — ce qui, affirme-t-il, serait contraire aux lois fondamentales du royaume. Mais il n'y a plus moyen de finasser, il faut choisir, et c'est Philippe qui choisit : il opte officiellement pour l'Espagne. L'Angleterre est rassurée. En Flandre elle retire ses troupes du théâtre des opérations.

Mais les Impériaux et les Hollandais, ne voulant pas se laisser frustrer de la victoire, décident de recourir aux grands moyens. À travers la frontière du nord béante, puisqu'ils ont conquis toutes les places qui la protégeaient, ils se préparent à lancer une offensive sur Paris. Louis XIV ne devrait-il pas se replier direction du sud ? Avec Villars, il pèse le pour et le contre. Le maréchal a les moyens d'engager une bataille, une seule. Le roi n'a pas un tempérament de joueur, il préfère avancer posément, à coup sûr. Cela ne lui ressemble pas de jouer son sort à quitte ou double. Mais il s'y résout, sans hésiter. Il n'a pas le choix. Et en cas de défaite ? demande-t-il. Comme Villars se tait, il répond lui-même. Non, il ne se retirera pas à Blois, il le rejoindra sur la Somme avec tout ce qu'il lui reste de forces pour faire un dernier effort, « périr ensemble ou sauver l'État ». Car il ne consentira jamais, lui vivant, à laisser l'ennemi approcher de sa capitale.

Mme de Maintenon mit tout Saint-Cyr en prières pour demander non pas la paix, mais la victoire. Le combat s'engagea le 24 juillet 1712 à Denain, le long de l'Escaut. La défection des Anglais rendait le rapport des forces plus équitable. Une manœuvre hardie permit à Villars de couper les communications du prince Eugène et d'emporter par surprise la place où étaient installés ses approvisionnements et ses munitions. Arrivé trop tard pour empêcher la prise de Denain et incapable d'en déloger les Français le prince ordonna la retraite. La victoire était complète et c'était au tour de Villars de poursuivre l'ennemi et de lui reprendre les positions perdues naguère. Deux mois plus tard, il rentrait triomphant à Versailles tandis que l'obstination des Hollandais fléchissait. De Rastadt où il participe ensuite aux négociations, le héros de Denain, adressant ses vœux à Mme de Maintenon pour l'année 1714, lui dit en souriant son regret de ne pouvoir lui offrir la paix comme étrennes : « Je ne crois point me flatter, ajoute-t-il, quand j'ai l'honneur de vous assurer que nous la ferons ici. »

On épargnera au lecteur le détail des diverses mesures qui constituent les traités d'Utrecht et de Rastadt. Louis XIV s'en tire à bon compte, préservant l'essentiel des acquisitions antérieures, dont Strasbourg. Philippe V garde l'Espagne et les colonies d'Amérique, mais cède à l'Autriche les Pays-Bas et le plus gros de ses possessions italiennes. Le drame a laissé des traces. Devenu tout Espagnol, il cessera bientôt d'en référer à la France et mènera sa propre politique*. Les Hollandais obtiennent sur la frontière flamande des places, dites « de barrière » pour servir de tampon entre la France et eux et des avantages commerciaux. L'Angleterre se réserve des territoires au Canada et conserve Gibraltar. Victor-Amédée de Savoie récupère l'ensemble de son duché, touche la Sicile — qu'il devra bientôt échanger contre la Sardaigne —, et il décroche enfin la couronne tant convoitée : lui et ses descendants seront rois de Piémont-Sardaigne. Quant à l'électeur de Brandebourg, dont on n'a pas parlé jusqu'ici, son soutien armé à l'empereur lui vaut le titre de roi de Prusse : il faudra compter avec ses successeurs dans les années à venir. Tous les éléments sont en place pour l'histoire militaire et politique du XVIIIe siècle.

Rien ne permet de dire que, pendant toutes ces années, Mme de Maintenon ait contribué à saper le moral du roi. Tout suggère au contraire qu'elle a été très proche de lui dans l'épreuve et qu'elle s'est appliquée à servir ses desseins.

---

* Par exemple, lorsque la reine Marie-Louise-Gabrielle meurt en 1714, il épouse une princesse parmesane, Élisabeth Farnèse, sans consulter Louis XIV, au grand dépit de celui-ci.

Angoisses pour l'avenir

Pendant toutes ces années tragiques, le vieux couple a vieilli, soudé par les épreuves et les chagrins. Ils ont en commun quelques idées fixes, notamment que tout se dégrade. Ils voient avec réprobation changer les comportements, les manières de penser, les mœurs, et ils communient dans un même regret des temps anciens. Ils ne peuvent pas se passer l'un de l'autre. Ce qui ne signifie pas que l'harmonie règne entre eux. La tristesse, la fatigue, les infirmités accentuent les traits dominants de leur caractère. Il ne supporte plus aucune résistance, s'exaspère contre un cocher maladroit, s'irrite contre les prélats jansénisants au point d'en appeler au pape pour les mettre au pas, puis d'intervenir directement pour suspendre un de leurs mandements. Il n'a jamais été aussi irascible, ni elle aussi grincheuse. En matière de piété ils n'ont jamais été d'accord : elle trouve qu'il n'en fait pas assez, lui trouve qu'elle en fait trop. Mais c'est le cas dans la plupart des couples, la femme est plus dévote que l'homme. Les tiraillements qui résultent de ces divergences, loin de les séparer, sont une part essentielle de leur relation. Lorsqu'elle se plaint en 1713 : « Il n'y a que la santé et la force extraordinaire du roi qui puissent me consoler de la manière dont il traite les gens qu'il aime le plus », la fierté s'allie au reproche. Comme chez ces vieilles femmes — chacun de nous en connaît — qui murmurent sur un ton de complicité extasiée : « Mon mari est insupportable. Si vous saviez... » Il serait imprudent d'en conclure, avec Saint-Simon, que depuis la perte de la dauphine, « elle était excédée du roi ».

Elle a trouvé un nouvel enfant à prendre en charge. Bien qu'elle se défende de s'attacher au petit duc d'Anjou, tant elle craint le chagrin de le voir mourir à son tour, elle suit de près les soins que lui donne son amie Mme de Ventadour, la gouvernante. Est-il vraiment fragile ? On s'affole à la moindre colique, à la moindre rougeur, au moindre cri. Adieu la sévérité qui a présidé à l'éducation de ses aînés. Santé avant tout : « Ne prétendez nous le rendre ni beau, ni spirituel ; rendez-le-nous sain, c'est tout ce qu'on veut. » Pas de contraintes. Pas d'obéissance aveugle. Le prendre par la douceur, lui expliquer les raisons de ce qu'on exige de lui, l'accoutumer à réfléchir, à ne pas parler à tort et à travers. On commence à le montrer, lors de défilés militaires ou à la réception de l'ambassadeur de Perse. C'est un enfant superbe, gai, vif, espiègle. Vivra-t-il ? On n'ose à peine y penser, après l'hécatombe.

Une chose est sûre : si Dieu lui prête vie, il montera sur le trône avant sa majorité. Il y aura donc une régence. Selon la tradition elle revient de droit au plus proche parent du roi mineur. Généralement il s'agit de sa mère. Solution bien préférable aux princes collatéraux, héritiers potentiels du trône, moins intéressés qu'elle à le voir survivre. Les reines, on l'avait un peu oublié, peuvent servir à autre chose qu'à faire des enfants et de la figuration. Hélas, il n'y a ni mère, ni même grand-mère disponible. Jusqu'à la mort du duc de Berry, au début mai 1714, la perspective d'une régence ne paraît pas trop inquiétante. On peut faire confiance à ce charmant garçon, simple, chaleureux, peu enclin à la jalousie. Avec sa disparition vient le temps de tous les dangers. Et le problème de la régence à venir divise pour de bon le couple royal et empoisonne la dernière année de Louis XIV.

Il ne reste plus qu'un régent possible, Philippe d'Orléans. À moins que Philippe V d'Espagne ne fasse valoir ses droits, comme le bruit en court. On murmure qu'il tient pour nulle sa renonciation forcée au trône de France et qu'il envisage, en cas de disparition du dauphin, de le réclamer pour son fils cadet. Auquel cas les dispositions du traité d'Utrecht se trouveraient caduques, et il faudrait s'attendre à un beau tollé dans toute l'Europe. Mieux vaudrait que la question ne se pose pas.

Rien ne s'opposerait à ce que la régence soit dévolue au duc d'Orléans s'il ne traînait une réputation de mécréant et de libertin, récemment aggravée par trois affaires redoutables.

Sommé de congédier la maîtresse qu'il entretenait officiellement depuis dix ans, il avait obtempéré ; c'était la condition mise au mariage de sa fille avec le duc de Berry. Mais il n'avait pas réussi à désamorcer les bruits lancés par la duchesse de Bourbon sur ses relations avec cette dernière. Il s'était attaché à cette enfant lors d'une maladie qui avait failli l'emporter à l'âge de deux ans. Elle était restée délicate. Il s'entendait très mal avec sa femme et la petite s'était rejetée vers un père qui l'admirait et la gâtait. Fort intelligente, elle parlait bien, avait l'esprit de repartie. Il eut l'imprudence de l'amener chez sa maîtresse à l'époque où il y vivait à plein temps. Il se montrait si faible avec elle et si attentionné que sa mère en devint jalouse. Et des rumeurs d'inceste commencèrent à courir. Le mariage de Marie-Louise les aurait fait oublier très vite si elle ne s'était mise aussitôt après à défrayer la chronique. Elle se consolait du jeûne féroce qu'elle s'était imposé pour réduire son tour de taille en s'empiffrant publiquement à s'en rendre malade. Elle buvait au point qu'il fallait la raccompagner ivre morte, traitait son mari comme un chien, écrasait de son arrogance tout son entourage. C'était, dit Saint-Simon, « un prodige d'esprit, d'orgueil, d'ingratitude, de folie et de débauche ». Les trois enfants qu'elle mit au monde entre seize et dix-neuf ans moururent à la naissance ou dans les jours suivants et l'on on incrimina sa vie déréglée. Une fois veuve elle se mit à collectionner les amants, entre deux crises de mysticisme qui la conduisaient en larmes chez les carmélites. Les contemporains furent horrifiés par ses « vices ». Nous parlerions aujourd'hui de maladie. Boulimique, suicidaire, elle s'appliquera à se détruire et y parviendra à l'âge de vingt-quatre ans, la santé ruinée. Ni le roi, ni Mme de Maintenon ne crurent sérieusement à l'accusation d'inceste. Mais ils en voulurent à son père de les avoir trompés en offrant pour épouse au duc de Berry cette fille dont il devait connaître les déficiences.

L'autre grief est plus grave. En 1707-1708, Philippe d'Orléans avait été envoyé en Espagne pour y commander une armée. Il réussit très bien. Trop bien ? Il outrepassa les instructions reçues et prit sur le terrain des initiatives politiques — notamment des mesures d'indulgence envers les provinces reconquises — qui irritèrent son cousin. Or il se trouve que son père d'abord, puis lui-même s'étaient plaints d'avoir été oubliés dans la liste des candidats possibles à la succession espagnole. Sur l'arbre généalogique ils figuraient, comme fils et petit-fils d'Anne d'Autriche, en aussi bonne position que la branche autrichienne. Il est certain que des nobles castillans, séduits par ses qualités, songèrent à lui pour remplacer Philippe V. Comme il était placé assez loin dans la succession française pour écarter le risque de fusion des deux couronnes, il aurait pu rallier sur son nom les suffrages des coalisés. Il est certain également que le chef du corps expéditionnaire anglais y songea. Que répondit-il à ces avances ? Il fut tenté, mais il affirma, si on l'en croit, qu'il n'accepterait qu'au cas où son cousin serait contraint d'abandonner. Cette réponse non répréhensible présentait tout de même l'inconvénient, en offrant une solution de rechange, d'encourager les coalisés à insister pour l'éviction de Philippe V. Alla-t-il plus loin et complota-t-il contre le souverain ? C'est ce que crut celui-ci, excité dans sa jalousie par la princesse Des Ursins. Ses plus récents biographes concluent qu'il ne fut pour rien dans les sombres machinations montées par des serviteurs indélicats ou des imposteurs. Mais à l'époque, il passa pour un traître, ayant cherché cyniquement à se tailler un trône en Espagne au détriment de son cousin. Et Louis XIV, bien qu'il ait tout fait pour désamorcer l'affaire, conserva probablement quelques doutes.

Le troisième grief est le pire. Trois morts coup sur coup, c'est suspect. À qui profite la disparition brutale du couple de Bourgogne et de leur fils aîné ? À leur cousin d'Orléans, bien sûr, qui franchit ainsi d'un seul élan trois des marches qui le séparent du trône. N'entretenait-il pas chez lui un chimiste, avec qui il se livrait à des expériences ? Au vu de sa réputation et des deux précédentes affaires, il fut montré du doigt aussitôt. Le peuple murmurait sur son passage, il proférait des injures et l'on placarda sur les portes du Palais-Royal : « Voici où se font les lotheries* et où on trouve le plus fin poison. » On procéda à l'autopsie des deux adultes. Pour autant qu'on puisse le savoir puisque les procès-verbaux sont perdus, les avis divergèrent. Deux médecins, dont Fagon, penchaient pour le poison, tandis que le chirurgien Mareschal concluait à des morts naturelles. Le roi fut ébranlé. Mais comme toujours, la crainte du scandale joua. Bien que Philippe eût sollicité une enquête, il étouffa l'affaire : « Je ne veux pas mettre sur un échafaud la tête de mon neveu. » Ce qui ne levait pas les soupçons.

Face à Philippe, le roi et Mme de Maintenon ne sont pas tout à fait à l'unisson. Beaucoup moins rigoriste qu'elle, il ne voit pas dans les infidélités conjugales — et pour cause — un symptôme de grave dépravation. Et puis, il a aimé son frère, en dépit de leurs dissensions, et il garde à son égard une manière de remords. Il conserve aussi de l'affection pour cette cabo-

---

* Allusion à l'inceste entre Loth et ses filles, après la destruction de Sodome (Ancien Testament, Genèse, chap. XIX).

charde de Liselotte, dont il connaît le brave cœur. Il apprécie les qualités de son neveu, même s'il a cru devoir le tenir à l'écart pour des raisons politiques. Sa dévote épouse, en revanche, est pleine de préventions au départ. Monsieur et elle ne se sont jamais aimés, Madame et elle se détestent. De la part de leur libertin de fils, elle est prête à croire n'importe quoi. Philippe eut avec elle, selon sa mère, une conversation assez vive. Il lui demanda de ne pas répandre de « méchancetés ». « J'ai répandu ce bruit parce que je l'ai cru. — Non, vous ne pouviez pas le croire, sachant le contraire. — Est-ce que la dauphine n'est pas morte ? — Ne pouvait-elle pas mourir sans moi ? était-elle donc immortelle ? — J'ai été si au désespoir de cette perte que je m'en suis prise à celui qu'on me disait en être la cause. — Mais, madame, vous savez le compte qu'on en a rendu au roi ; que ce n'est pas moi et que Mme la dauphine n'a pas été empoisonnée du tout. — Il est vrai et je n'en dirai plus rien. » Le roi en effet la réduisit au silence en lui disant publiquement, en présence de Liselotte : « Eh bien, madame, ne vous avais-je pas dit que ce que vous m'aviez dit de mon neveu était faux ? »

L'honneur de la famille royale était sauf. Mme de Maintenon n'en pensait pas moins, et nul ne sait ce qu'en pensait vraiment le roi. Il avait un don tout particulier pour écarter de son champ visuel ce qu'il souhaitait ne pas voir. Tous les historiens disculpent aujourd'hui Philippe d'Orléans dans cette affaire. Les trois victimes ont succombé à l'épidémie de « rougeole pourpre » ou de scarlatine qui faisait alors des centaines de victimes dans Paris. Mais il est certain que la suspicion pesait sur lui. Il s'y ajoutait, rédhibitoire, son impiété ouverte. Tous ces éléments ont joué dans les ultimes décisions du roi concernant la régence.

Le testament

À la seule idée de confier le petit dauphin et le royaume à celui qu'elle n'est pas loin de tenir pour un monstre, Mme de Maintenon est révulsée. Mais qui sera capable de lui faire pièce ? Les princes du sang, de la branche de Condé et de Conti, sont trop jeunes. Elle ne voit qu'une solution, les fils légitimés du roi et de Mme de Montespan. Le duc du Maine surtout, son fils adoptif, son préféré, son mignon, lui paraît tout désigné pour prendre soin de l'enfant. Le roi a toujours eu pour lui et pour son frère une vive tendresse et depuis que sa descendance légitime a été décimée, ils lui sont plus proches que jamais. Déjà au fil des années il s'est efforcé par des faveurs diverses de les hisser au plus haut rang possible. Sous la pression de son épouse, il se résout en juillet 1714 à les déclarer *successibles*, c'est-à-dire aptes à accéder au trône. L'opinion ne partagea pas devant cette décision « inouïe » l'indignation de Saint-Simon. Le Parlement l'enregistra sans sourciller. Mais le roi lui-même était trop légaliste pour ne pas savoir qu'il violait là deux des « lois fondamentales » du royaume : le roi ne peut modifier à son gré les lois de succession ; le trône ne peut échoir qu'à des hommes issus d'un mariage canoniquement valable. Sur ce dernier point, le danger était inexistant. Le nombre de princes collatéraux, en état de procréer, ôtait toute chance au duc du Maine et au comte de Toulouse. Ce n'est pas seulement pour complaire à Mme de Maintenon ou aux intéressés que Louis XIV se résigna à faire cette entorse aux lois. Le but de cette mesure, comme de celle qui les assimilera bientôt aux princes du sang, était de renforcer leur poids et leur autorité pour leur permettre de contrebalancer l'influence du duc d'Orléans dans le futur Conseil de régence. La promotion des « grands bâtards » est inséparable du testament.

Le document fut mis au point au cours de ce même mois de juillet 1714, cacheté de sept cachets et enfermé sous triple serrure au Parlement, dans une cavité de la muraille du greffe. Il confirmait les décisions antérieures concernant les légitimés, et stipulait que le gouvernement serait confié à un Conseil de régence de quatorze membres — princes, maréchaux, grands commis. Le duc du Maine veillerait « à la sûreté, conservation et éducation du jeune roi » et aurait toute autorité sur sa maison militaire. Au duc d'Orléans revenait seulement la présidence du Conseil de régence, mais les décisions y seraient prises à la pluralité des suffrages, sans qu'il ait voix prépondérante. Le secret devait être gardé jusqu'à la mort du roi, mais soit par des fuites, soit par déduction, Philippe d'Orléans soupçonna bientôt ce qui l'attendait. Face au duc du Maine disposant des troupes, il n'aurait aucun pouvoir. Sans être formellement exclu, il se voyait offrir une coquille vide.

Plus encore que l'édit sur les nouveaux *successibles*, ce texte heurtait les dogmes servant de fondement à la monarchie. Un de ces dogmes est que le pouvoir ne se partage pas. Il y a un roi, un seul. Mettre à la tête du royaume un collège de quatorze personnes est contraire à l'esprit même de la royauté. Certes Louis XIII avait envisagé une solution du même genre pour écarter Anne d'Autriche du pouvoir. Encore lui avait-il concédé le titre de régente. Mais Philippe d'Orléans n'est même pas régent, il est chef du Conseil, pour les seuls jours où il y assistera. Faut-il que la crainte qu'il inspirait fût grande, que les instances de Mme de Maintenon fussent vives, pour faire prendre à Louis XIV pareille décision. Il s'y ajouta sans doute la méfiance propre à beaucoup de vieillards qui, sentant le pouvoir leur échapper, refusent de passer la main sous prétexte que nul n'est capable de les remplacer.

Mais il en ressent un peu de honte et tâche de se dédouaner. Il a cédé aux instances de ses proches, avoue-t-il, mais la chose est sans importance : il sait bien — voyez l'exemple de son père Louis XIII — que ses dernières volontés ne seront pas respectées. On dirait que tout au fond de lui-même, il le souhaite. En avril, puis en août 1715, il ajoute tout de même deux codicilles, sans doute sous la pression de Mme de Maintenon, pour renforcer les fonctions confiées au duc du Maine dont il vient de faire, ainsi que son frère, un prince du sang. À cette dernière date, la marquise est en pleine possession de ses moyens, tandis que pour lui, déjà très atteint, le compte à rebours a commencé.

« Le plus touchant et le plus héroïque spectacle... »

Depuis un an il décline lentement, la marche lui est pénible, il se fatigue vite. Mais il s'impose de ne rien changer à son emploi du temps, sauf à en abréger certaines séquences. Dès la Pentecôte le chirurgien Mareschal crut devoir alerter son épouse. Mais elle se récria. La santé du roi était un sujet tabou.

Il séjournait à Marly depuis la mi-juin. Le 9 août il alla encore à la chasse, aux commandes de sa petite calèche, mais il regagna Versailles fatigué le lendemain. Il se plaignait d'une jambe. Fagon parla de sciatique, lui fit prendre un purgatif. Dangeau, qui le déshabilla, fut frappé par sa maigreur : « Il semblait qu'on lui avait fait fondre les chairs. » Bientôt il renonce à marcher, on le transporte en fauteuil. Il maintient cependant son rythme de vie : séances de travail avec les ministres dans la journée, musique le soir. Mais tout le monde s'inquiète, Mme de Maintenon la première. On continue de le soigner à l'aveuglette, à coups de quinquina et de lait d'ânesse, et on lui bande la jambe. Le 24 on constate en défaisant le bandage qu'elle est marbrée de marques noires et l'on s'aperçoit qu'il s'agit d'une gangrène. Les médecins sont assurément des ânes d'avoir mis si longtemps à comprendre, mais identifier plus tôt la gangrène n'aurait rien changé. On n'y connaissait — et on n'y connaît encore — d'autre remède que l'amputation, que l'état du malade excluait. Alors commença le cérémonial de la mort.

Tous les récits concordent pour faire des derniers jours de Louis XIV un spectacle émouvant et édifiant. Sans s'être donné le mot, ils obéissent tous à une règle implicite. Tout ce qui pourrait diminuer le souverain — manifestations de souffrance, signes de décrépitude — est passé sous silence. Tout ce qui peut le grandir est souligné, amplifié, magnifié. Les dernières paroles adressées à chacun sont autant de mots destinés à passer dans l'histoire. La mort du Grand roi ne peut être qu'une grande et belle mort. Avait-il vraiment gardé toute sa lucidité, alors qu'une de ses jambes pourrissait vivante ? Ceux qui ont vu de près ce genre de chose peuvent en douter. Les témoignages sur ses derniers jours n'en ont retenu que les beaux moments.

Le 25 août, il reçut l'extrême-onction, puis fit défiler tour à tour, pour de brèves recommandations, le duc d'Orléans, le maréchal de Villeroy, qu'il venait de nommer par codicille gouverneur du dauphin, ses fils légitimés et les princes du sang. Mme de Maintenon était là, soit bien visible lors de la cérémonie, soit retirée dans un coin discret. Elle ne l'abandonna pour aller « manger un morceau » que lorsque les rideaux furent refermés sur lui pour la nuit. Le lendemain elle était présente à nouveau lorsqu'on sonda la plaie « jusqu'à l'os », avant de conclure qu'il n'y avait pas de remède. Il l'invita à se retirer, « parce que sa présence l'attendrissait trop », puis demanda qu'on le laissât mourir en paix — sans doute parce qu'il souffrait trop. L'après-midi eut lieu la séance des adieux. Au dauphin d'abord il fit un petit discours que Mme de Ventadour fit copier et afficher au pied du lit de l'enfant, et qui est resté célèbre :

« Mignon, vous allez être un grand roi, mais tout votre bonheur dépendra d'être soumis à Dieu et du soin que vous aurez de soulager vos peuples. Il faut pour cela que vous évitiez autant que vous le pourrez de faire la guerre : c'est la ruine des peuples. Ne suivez pas le mauvais exemple que je vous ai donné sur cela ; j'ai souvent entrepris la guerre trop légèrement et l'ai soutenue par vanité. Ne m'imitez pas, mais soyez un prince pacifique, et que votre principale application soit de soulager vos sujets. »

Il revoit encore le duc d'Orléans, le duc du Maine et le comte de Toulouse, qui cèdent la place à deux cardinaux. Entre alors la foule des courtisans et serviteurs à qui il fait ses adieux : « Messieurs je suis content de vos services. [...] Je m'en vais, mais l'État demeurera toujours [...] Restez unis entre vous, et suivez les ordres que mon neveu vous donnera. Il va gouverner le royaume ; j'espère qu'il le fera bien. J'espère aussi que vous ferez votre devoir et que vous vous souviendrez quelquefois de moi. » Des paroles qu'il adressa au duc d'Orléans, nous connaissons deux versions. Selon l'une, il lui dit : « Mon neveu, je vous fais régent du royaume. Vous allez voir un roi dans le tombeau et un autre dans le berceau ; souvenez-vous toujours de la mémoire de l'un et des intérêts de l'autre. » Selon l'autre, moins explicite, il l'assura « qu'il ne trouverait rien dans ses dispositions qui pût lui faire de la peine ». A-t-il oublié le contenu de son testament ? « Il m'a trompé », s'écriera Philippe lorsqu'on en fera lecture au Parlement. Considère-t-il, en jouant sur les mots, que la présidence du Conseil vaut régence ? D'ailleurs qui peut savoir ce qui se passe dans la tête d'un vieillard agonisant ?

Le 27 il se fit apporter sa cassette et, en présence de Mme de Maintenon et du chancelier, il brûla des papiers. Puis il précisa à son confesseur que son cœur devait être déposé à l'église professe des jésuites. Jusque-là, Mme de Maintenon ne l'avait pas quitté. Sa présence le soutint-elle ? lui pesa-t-elle ? L'un et l'autre sans doute, selon les moments. « Il me dit trois fois adieu, dit-elle dans la relation qu'elle fit au lendemain de sa mort. La première en me disant qu'il n'avait de regret que celui de me quitter, mais que nous nous reverrions bientôt. » Et il faut être aussi dévoré de hargne que Saint-Simon pour soutenir que cette remarque lui déplut : elle avait quatre-vingts ans. « La seconde il me demanda pardon de n'avoir pas assez bien vécu avec moi, qu'il ne m'avait point rendue heureuse, mais qu'il m'avait toujours aimée et estimée également. » Il pleurait, elle s'éloigna, « pour ne pas lui faire de mal ». « À la troisième il me dit : "Qu'allez-vous devenir, car vous n'avez rien ?" ; je répondis : "Je suis un rien, ne vous occupez que de Dieu", et je le quittai. Quand j'eus fait deux pas, je pensai que dans l'incertitude du traitement que me feraient les princes, je devais demander qu'il demandât à M. le duc d'Orléans d'avoir de la considération pour moi. » Il appela aussitôt son neveu pour lui recommander Mme de Maintenon : « Elle ne m'a donné que de bons conseils, j'aurais bien fait de les suivre, elle m'a été utile en tout, mais surtout pour mon salut. Faites tout ce qu'elle vous demandera, pour elle, pour ses parents, pour ses amis, pour ses alliés, elle n'en abusera pas. Qu'elle s'adresse directement à vous pour tout ce qu'elle voudra. »

Comment ces trois adieux s'échelonnent-ils dans le temps et quelle fut sa conduite dans les tout derniers jours ? Le 28 août au soir, le trouvant endormi, elle s'en alla coucher à Saint-Cyr. Ce fut une fausse sortie. Elle revint le lendemain, il la réclamait. Elle ne partit définitivement que le 30 au soir. Cette précipitation choqua beaucoup la postérité. Elle aurait dû, pense-t-on, rester jusqu'au bout. Il est certain qu'elle a souhaité partir. Elle préférait se trouver à Saint-Cyr la nuit. Le dernier soir, d'après le récit de Mlle d'Aumale, « elle voulut que son confesseur [à elle] vît le roi et l'assurât qu'elle n'avait plus rien à faire auprès de lui. Il le vit et vint dire qu'elle pouvait partir, qu'elle ne lui était plus nécessaire ». N'avait-elle plus accès à sa chambre, ne pouvait-elle pas poser la question elle-même ? Elle tenait à obtenir du roi un congé exprès et à avoir un temoin de ce congé.

Pendant ces jours dramatiques, elle n'a pas perdu la tête. C'est elle qui a suggéré au roi de lier Philippe d'Orléans par une promesse de la protéger. C'est elle qui tient à partir. Pas seulement par crainte d'un excès d'émotion, ni désir de se soustraire à la tension terrible que représente l'attente de la mort. Elle pense à son avenir. Ne nous laissons pas égarer par le « elle n'a rien » : il ne s'agit pas de gros sous, pas uniquement. « Elle pensa, dit encore Mlle d'Aumale, qu'on pourrait la traiter comme on a fait souvent d'autres personnes en faveur, après qu'elles ont tout perdu. » Quand un roi meurt, l'usage est de chasser sans ménagements sa vieille maîtresse. Officiellement, l'épouse secrète n'est rien. Il ne se trouvera pas une voix dans la nouvelle cour pour s'élever en sa faveur. Elle a grand peur. Elle sait que Philippe d'Orléans ne l'aime pas — on le comprend — et qu'il sera encore plus aigri contre elle quand il aura lu le testament, qu'il est censé ignorer encore. Et s'il est tel qu'elle l'imagine, il se vengera. Elle n'appréhende pas seulement des affronts, elle redoute une mise à la porte ignominieuse, un exil sec, brutal, qui la renverrait sans un sou dans son château de Maintenon ou tout au fond d'une lointaine province. Or elle veut finir sa vie à Saint-Cyr. Elle s'arrangera donc pour s'y trouver lorsque mourra le roi. Nul ne pourra alors tenter de l'en arracher sans faire scandale.

L'extraordinaire instinct de survie qui l'a tant servie dans son ascension n'a rien perdu de sa vigueur.

La retraite à Saint-Cyr

Le roi rendit l'âme le 1er septembre à huit heures et quart du matin. Elle l'apprit lorsqu'on vint lui dire que toute la communauté, en prières, l'attendait dans la chapelle. Ses craintes se révélèrent vaines : Philippe d'Orléans tint sa promesse. Le 6 septembre il vint lui rendre une visite de courtoisie. À cette date les jeux étaient faits. Le lendemain même de la mort du roi, il avait conquis le pouvoir. Le Parlement ne s'était pas donné la peine de casser le testament de Louis XIV, il s'était contenté de tenir pour nulles et non avenues les clauses concernant le Conseil de régence. Le duc du Maine avait lutté ferme pour conserver le commandement de la maison militaire, mais avait dû s'incliner. On lui laissait la garde du petit roi, il se récusa, dans la crainte d'un « malheur » : personne ne voulait prendre le risque de se voir reprocher sa mort. Il fut seulement surintendant de son éducation. Philippe pouvait se montrer grand seigneur à l'égard de la vieille dame.

L'entrevue, telle qu'elle la consigna dans ses papiers, fut aigre-douce. Il l'assura de ses respects et lui garantit le maintien de sa pension. Puis ils parlèrent de l'avenir. Il s'estimerait trop heureux s'il pouvait, dans quelques années, rendre au jeune roi le royaume en meilleur état qu'il n'était. Elle approuva. Il n'y avait personne, dit-il, qui eût tant d'intérêt que lui à la conservation du jeune prince. « Je lui ai répondu que s'il n'avait point le désir insatiable de régner dont il avait toujours été accusé, ce qu'il projetait était cent fois plus glorieux, il m'a répliqué que si on perdait le jeune roi, il ne régnerait pas en repos et qu'on aurait la guerre avec l'Espagne. » Le coup de griffe était net, il l'avait fort bien paré. Elle fit un pas de plus, qui lui coûtait, si l'on en juge par le style embarrassé : « Je l'ai prié de ne rien écouter de tout ce qu'on voudrait m'imputer sur son sujet et que je connaissais la malice des hommes, que je n'avais plus rien à dire, que je ne pensais qu'à me renfermer et que la seule obligation que je lui avais d'un bienfait dont il m'assurait suffisait pour m'engager d'honneur à ne jamais rien dire ni faire contre lui, qu'on pourrait encore m'accuser de commerce avec l'Espagne, que tout cela serait faux et que je ne penserais plus aux affaires que pour prier pour le bonheur de la France. » C'était un pacte de non-agression, que tous deux avaient intérêt à respecter. Ils le respectèrent.

Elle ne sortit plus jamais de Saint-Cyr. La maison, plus austère et plus rigide que jamais, semblait vouloir se protéger de toute influence étrangère. Les derniers règlements édictés par la fondatrice interdisaient toute conversation privée entre les élèves, toute amitié : chacune devait être la même avec toutes ses compagnes. Elles ne devaient apercevoir aucun homme, en dehors des prêtres. L'instruction était réduite au strict minimum, la part des travaux matériels augmentée. Il fallait que ces jeunes filles fussent préparées à la dure condition — mariage ou couvent — qui serait la leur.

Mme de Maintenon partageait la vie des religieuses pour les offices, mais ses appartements n'étaient pas soumis aux mêmes restrictions. Elle y accueillait, surtout les premières années, quelques visiteurs. Le tsar de Russie en personne voulut voir de ses yeux celle qui passait pour avoir régné sur la France. Elle le reçut dans la pénombre de sa chambre, étendue sur son lit, pour n'avoir pas à lui rendre les honneurs exigés par l'étiquette, et prétexta son grand âge pour écourter l'entretien. Elle restait très liée avec sa nièce Mme de Caylus et avec Sophie de

Dangeau, avec qui elle poursuivit, dans l'intervalle des visites, une correspondance familière. Ces dames lui transmettaient toutes sortes de nouvelles, sur les gens, sur la querelle du jansénisme et sur les efforts du prétendant Stuart pour reconquérir le trône d'Angleterre. Elle apprit avec chagrin l'annulation des mesures qui rendaient les légitimés aptes à accéder au trône et les égalaient aux princes du sang. Elle pleura lorsque son cher duc du Maine, entraîné par l'ambassadeur d'Espagne, Cellamare, dans une conspiration contre le régent, fut emprisonné à la fin de 1718. Elle ne le revit jamais.

Elle s'affaiblissait. Elle s'éteignit tranquillement, de vieillesse, le 15 avril 1719 et sa mort passa presque inaperçue. Madame Palatine, seule survivante des années lointaines, ne put empêcher sa hargne de remonter : « La vieille guenipe est crevée. » On l'enterra à Saint-Cyr. La maison se figea dans une fidélité aveugle à sa fondatrice et se transforma en mausolée. Cinquante ans plus tard, des visiteurs constataient avec stupéfaction qu'on y chantait les mêmes chants et qu'on y lisait les mêmes livres que de son temps. À la Révolution ses restes furent tirés de la tombe. Mais abandonnés dans la cour, ils furent ramassés et entreposés dans une caisse au grenier. On les y retrouva après les bombardements de 1945, lors de la démolition des bâtiments, et on les rapporta dans la chapelle de Versailles. L'épouse secrète regagnait ainsi son vrai port d'attache.

En guise d'oraison funèbre

« Je ne vous ai pas rendue heureuse... », a dit Louis XIV. Et il lui en demanda pardon, ajoutant qu'il l'avait toujours aimée et estimée. Nul ne semble percevoir aujourd'hui ce que cet hommage a de surprenant à cette époque et de la part d'un tel homme. Essayons une seconde de le transposer en imagination à l'adresse de Marie-Thérèse et nous mesurerons le chemin parcouru. Faire le bonheur de son épouse, au sens actuel du terme, est une idée étrangère aux mentalités masculines du XVIIe siècle, et plus encore à celle des rois. Et si par hasard on était heureux en ménage, on se gardait de le dire, on se contentait de vanter les vertus de sa femme. Si Louis XIV lui a vraiment tenu ces propos*, cela veut dire qu'il a cherché auprès d'elle une relation humaine authentique. L'a-t-elle rendu heureux ? c'est probable, sans quoi il ne s'adresserait pas ce reproche. Il a trouvé en elle, en dépit des inévitables frictions de la vie commune, la compagne qu'il attendait. Elle lui a procuré, dans les coulisses du spectacle permanent qu'était la cour, les agréments d'une vie privée.

Pour inspirer ce repentir à Louis XIV agonisant, a-t-elle donc été si malheureuse ?

Quand on fait le bilan de sa vie, on s'étonne qu'elle se plaigne tant. Certes elle fut la compagne de sa vieillesse et non de ses vertes années, et elle vécut à ses côtés la période la plus noire du règne. Mais elle a formé avec lui un vrai couple, plus uni que la plupart des couples. Il l'a « aimée et estimée ». Et il lui est resté fidèle. Que demande-t-elle de plus ? Elle n'a pas fait de lui un nouveau saint Louis, mais elle l'a ramené à des mœurs honnêtes et à une pratique religieuse régulière. C'est déjà beaucoup. Surtout il lui a donné part au pouvoir. Elle a dépassé le stade de la pure et simple obéissance, où toutes les autres femmes de la cour, à part Montespan, sont restées cantonnées, prises dans un système qui leur interdisait toute initiative. Elle a régenté, non sans grincements de dents, la partie féminine de cette cour. Elle a été associée de très près, avec voix consultative, à toute la politique des années 1700. Elle a été, quoi qu'elle en dise, très influente. Et elle aimait ça. Vue de l'extérieur, sa vie est une réussite prodigieuse.

On est donc agacé de ses récriminations. Elle ne cesse de gémir et, si l'on nous permet une expression triviale, de « cracher dans la soupe ». Une soupe dont elle s'est copieusement nourrie et engraissée. Après tout, les servitudes dont elle se plaint ne sont que la rançon des avantages dont elle jouit. Mais pour rien au monde elle ne consentirait à reconnaître que sa situation a du bon.

À ce pessimisme généralisé, on peut apercevoir plusieurs raisons.

---

* Nous les connaissons seulement par elle, mais ils figurent dans un texte qu'elle a jeté sur le papier aussitôt après sa mort, et dont la forme très décousue atteste qu'il n'a pas été retravaillé.

L'une est religieuse. L'Église enseigne que le bonheur ici-bas n'ouvre pas les portes du paradis, au contraire. Seules les épreuves, héroïquement supportées et offertes à Dieu, sont un passeport pour la vie éternelle. Alors il lui faut souffrir. Elle s'ingénie à transformer en « croix » à porter les moindres contrariétés de la vie commune, fenêtres ouvertes, changements d'emploi du temps, déplacements imposés, mauvaise humeur à endurer, ennui à dissiper, larmes à éponger. Elle se dit au bord de l'épuisement, mourante. Mais elle vivra quatre-vingt-quatre ans sans maladie ni infirmité majeures. Qui dit mieux ?

Une autre raison se dissimule derrière ce goût du martyre. Elle a tout ce qu'elle pouvait souhaiter avoir. Mais en dépit de sa réussite apparente, ou peut-être même à cause d'elle, elle éprouve le sentiment profond d'un échec. Elle n'est pas ce qu'elle aurait souhaité être.

Depuis des années elle travaille à façonner, à ciseler son image posthume, à travers lettres, entretiens, causeries éducatives, mêlant enseignement moral et confidences soigneusement distillées. Elle trie, expurge, brûle. Ainsi disparaissent, dès 1713, à part quelques billets, toutes les lettres échangées avec le roi. Cette image, elle la veut exemplaire. Mais en dépit de ses efforts, la lecture des écrits qu'elle a laissés crée un malaise. Son humilité sonne faux. Car en soulignant la modestie de ses origines, en rappelant sans cesse qu'elle n'est *rien,* elle cherche à se valoriser sur le plan moral. Elle ne cesse de parler d'elle, de se donner en exemple et elle se croit en droit de sermonner tout le monde. Ses directeurs ont eu tort d'encourager chez elle l'idée qu'elle était investie d'une mission divine. Elle s'y accroche de toutes ses forces pour se justifier à ses propres yeux.

Tout cela cache une blessure secrète. Elle souffre de la vie qu'elle mène. Mais elle n'en discerne pas ou n'en avoue pas la vraie cause. Elle se plaint du mari et du mariage, des inconvénients de la vie commune, tout en reconnaissant que Louis XIV a pour elle les plus grands égards possibles. Dans la vie conjugale, explique-t-elle, tous les hommes sont des tyrans et le meilleur ne vaut rien. En vérité, ce n'est pas son mariage qui est en cause, mais le fait qu'il soit tenu secret. Elle a dû toute sa vie, pour survivre, se plier à ce qu'on attendait d'elle. Et dans ces divers rôles servilité et hypocrisie, également nécessaires, pesaient à son orgueil et à sa conscience. Son extraordinaire ascension, loin de la libérer, la conduit à jouer un personnage à deux faces — reine en privé, simple particulière en public — dont aucune n'est authentique, puisqu'elle n'est ni l'un ni l'autre. On la chercherait en vain dans l'iconographie — tableaux, gravures, almanachs — qui exalte la grandeur du règne. Omniprésente aux côtés du roi, elle est exclue des représentations officielles. Elle est partout et nulle part ; elle est presque rien et presque tout, tapie dans l'ombre, inquiétante. Dans cette société où l'être tend à se confondre avec le paraître, elle n'a pas de *rang*, pas de place, pas de statut défini. Une maîtresse, on sait ce que c'est. On la tolère ou on la blâme, mais l'ordre normal n'en est pas ébranlé. Avec elle, il s'agit d'autre chose, on ne sait pas au juste quoi. Elle est de trop. La famille royale la tient pour une intruse, une usurpatrice, qui occupe indûment la place de reine.

Elle est traitée en conséquence. Elle rêvait d'être aimée de tous. Elle l'a été d'un seul. Auprès des autres, si l'on excepte quelques amies privées, elle a récolté la haine. Elle tenait à être estimée, elle n'a rencontré qu'un mépris feutré ou goguenard. Mais, parce qu'elle touchait de très près à la source du pouvoir, elle fut crainte, beaucoup plus qu'elle ne le méritait. Et lors des troubles de 1709, le peuple la rendit responsable de tous les maux.

Il y a pire. L'admiration même dont elle fait l'objet, à Saint-Cyr par exemple, repose sur un malentendu. Ce qui fascine les petites bleues, ce n'est pas sa vertu mais son fabuleux destin. Elles la contemplent bouche bée parce qu'elles voient en elle un rêve réalisé. Elle s'en exaspère et s'acharne férocement à les ramener à la saine conscience de leur condition. Elle leur donne en exemple la fillette pauvre qu'elle a été, celle qui gardait les dindons et courait la campagne en sabots. Elle a pour sa personne une complaisance qui contredit les leçons d'humilité qu'elle prétend donner. Mais cette plongée dans son passé n'est pas seulement faite pour lui fournir de quoi illustrer ses leçons de morale. C'est une tentative de retour aux sources, pour se retrouver.

Elle ne s'aime pas. Elle n'assume pas son personnage. Elle voudrait être une autre. Faute de pouvoir redevenir la petite Françoise d'Aubigné, jeune, libre, pleine d'ambition et de rêves, elle se fabrique une image de sainte laïque, toute d'abnégation et de sacrifice — exaspérante parce que inauthentique. En l'épousant sans pouvoir la reconnaître, et en l'imposant à la cour dans un rôle ambigu, Louis XIV a provoqué une sorte de crise d'identité, dont elle a beaucoup souffert. Il le savait. Quand il lui demande pardon de ne pas l'avoir rendue heureuse, il ne pense pas aux courants d'air, mais à la situation fausse, intolérable, dans laquelle il l'a enfermée.

Elle est la dernière et la plus forte de toutes celles qui ont partagé la vie du roi. Elle a tenu trente-cinq ans. Un exploit. Mais le prix de ce succès a été psychologiquement et moralement très lourd. Qu'il soit porté à la décharge de sa mémoire auprès des historiens qui la maltraitent, comme l'ont maltraitée les contemporains. Elle était sans doute beaucoup moins mauvaise qu'on ne l'a dit.

ÉPILOGUE

De ce long parcours en compagnie du Roi-Soleil, on tirera seulement ici, en guise de conclusion, trois remarques, sur l'homme, sur le système de gouvernement, et sur la mise en veilleuse de la fonction de reine.

*

Louis XIV traîne depuis longtemps une réputation détestable. Fut-il le monstre d'orgueil, d'insensibilité, d'égoïsme, que Saint-Simon a désigné à la vindicte de la postérité dans une de ses formules acérées : « Il n'aimait que lui et ne comptait que lui, et était à soi-même sa fin dernière » ? Son attitude à l'égard des femmes semble corroborer le reproche. Il a laissé au bord du chemin bien des amoureuses brisées. Sur les souffrances infligées à celles mêmes qui ont résisté, les anecdotes abondent. Toutes celles qui l'ont approché se sont plaintes et peuvent à bon droit passer pour des victimes.

Il serait injuste pourtant de l'en rendre entièrement responsable. Il n'y avait nulle méchanceté en lui, au contraire. Jeune, il a eu son côté « fleur bleue », et l'on peut s'émerveiller qu'il ait été assez romanesque pour prétendre épouser Marie Mancini, puis assez sensible pour apprécier ce qu'avait d'exceptionnel le timide amour de Louise de La Vallière. Mais connaît-on beaucoup d'hommes capables de résister à la tentation quand toutes les femmes se jettent à leur tête ? La cruauté ingénue, nourrie d'égoïsme, l'emporta vite. Idolâtré, identifié aux dieux de l'Olympe, rival heureux des héros de la légende ou de l'histoire, il est si différent, si au-dessus de la masse de ses sujets que face à lui les lois communes n'ont plus cours. Tant de femmes sont prêtes à se damner pour le conquérir ou le conserver ! Comment s'étonner qu'il en ait fait une grande consommation ? À trop s'approcher du soleil, on se brûle. Plus encore que le Minotaure dévorant ses victimes, c'est l'image de Zeus foudroyant ses amantes qui semble lui convenir. Beaucoup se sont brûlées à la flamme incandescente, victimes de leurs rêves irréalisés ou inconsolables d'avoir été rejetées dans les ténèbres extérieures.

Quatre ressortent du lot. Aucune des quatre ne fut traitée avec brutalité. La reine, la sotte et puérile Marie-Thérèse, avait commis l'erreur de tomber amoureuse de lui. Elle fut pour lui une lourde déception. Il la trompa, bien sûr. Mais il y mit des précautions et des formes et se montra d'abord, face à la jalousie de la jeune femme, d'une patience assez remarquable. Il se lassa. Inamovible, elle finit par devenir à ses côtés une poupée docile et creuse.

Trois femmes ont véritablement compté dans sa vie et l'ont partagée un temps appréciable. Il eut pour toutes trois égards et prévenances. Et toutes trois eurent leur saison heureuse. Louise de La Vallière fut, dit-on, le frais printemps du roi, Mme de Montespan son été radieux, Mme de Maintenon son automne épanoui. On pourrait ajouter : son hiver glacial. Les deux premières eurent un amant jeune, dans une période historique faste. Le temps de La Vallière est celui de la liberté, des échappées, des découvertes, et de la griserie d'un pouvoir tout neuf. Le temps de Montespan est celui des grandes ambitions, de la construction de Versailles, de la montée en puissance face à une Europe hostile, avec déjà la guerre, joyeuse encore. Le temps de Maintenon est celui des maladies, des affrontements majeurs, des décisions dramatiques, des défaites et des deuils, avant l'ultime redressement. Elle était la plus solide et elle arrivait la dernière, au moment où le souci d'ordre primait chez le roi sur la fougue juvénile. Son règne fut le plus long, mais le plus sombre. Moins favorisée peut-être que les deux autres au temps de leur splendeur, elle eut plus de chance qu'elles au bout du compte : les affres du désamour, de la disgrâce et de l'abandon lui furent épargnées.

Au terme de ce bilan, on est presque surpris de trouver l'homme, sinon sympathique, du moins pétri de la même pâte que le commun des mortels. Et l'on aperçoit déjà que la plus grande partie des dégâts commis proviennent des tentations inhérentes à la toute-puissance : il est le roi.

*

Or au fil des années le roi, chez Louis XIV, a tendu de plus en plus à se substituer à l'homme et à l'étouffer. L'homme n'était pas particulièrement orgueilleux, il se savait pécheur, ses confesseurs ne cessaient de le lui répéter. Mais chez le roi, l'orgueil, sans limites, est innocent parce qu'il a pour objet la monarchie qui s'incarne en lui, par décret divin. Orgueil très redoutable que celui qui de péché se fait vertu et trouve dans l'exercice du pouvoir un champ d'action illimité ! « Le métier de roi est grand, noble, délicieux. » Ce fut la seule vraie passion de Louis XIV. Il en parle avec des mots d'amoureux comblé. Et il est prêt à lui immoler tout le reste. Ce n'est pas tyrannie, ni satisfaction de ses caprices, mais désir d'instaurer un ordre, au sens quasi métaphysique du terme. Il sera le premier à s'y soumettre, ne croyant pas s'abaisser en se liant lui-même, « semblable à Dieu qui obéit toujours à ce qu'il a commandé une fois ». Horaires réguliers, travail quotidien, cérémonial rigoureux : plus on avance dans le règne, plus les impératifs se font astreignants et plus la vie à la cour devient une mise en spectacle de la majesté royale, ou plus exactement une liturgie.

L'homme n'est pas impitoyable, le roi l'est. Puisqu'il se plie lui-même à l'ordre, il s'estime en droit de l'imposer aux autres. Et à cet égard, épouse, maîtresses, filles, brus et belles-sœurs sont logées à la même enseigne. À tous et à toutes, il inflige ses rythmes. Ce sont ceux d'un homme vigoureux, résistant, extraordinairement dur à la fatigue et à la souffrance. Rien ne doit venir contrarier le déroulement de la vie de cour ou y introduire un soupçon de désordre ou de discorde. Lui-même donne l'exemple. Malheur à celle qu'une grossesse difficile fait hésiter devant un voyage ; malheur aux indolentes, aux malades vraies ou imaginaires. Il faut suivre. La vie à ses côtés est une course d'endurance, où seules Montespan et Maintenon peuvent tenir la cadence. Malheur à celles qui troublent la belle ordonnance d'une famille unie, d'une cour harmonieuse ; aux femmes fragiles, nerveuses, sujettes aux vapeurs ; aux larmoyantes, aux coléreuses, aux indociles. Toutes, enrôlées au service de l'État, sont sommées de tenir leur partie dans le concert d'harmonie universelle. Beaucoup, physiquement et moralement, n'y résistent pas. Et dans leur bouche à toutes, ou dans celle des observateurs, revient avec insistance le mot d'esclavage.

C'est qu'il y a, entre lui et les autres, une différence majeure, celle qui sépare la servitude volontaire de la servitude subie. Il est capable de faire à sa fonction bien des sacrifices — par exemple lorsqu'il se résout à la monogamie. Mais ces sacrifices, librement décidés, sont pour lui gratifiants. Il n'en est pas de même pour ceux qu'il exige des autres. Il les réprimande, les blâme, leur prescrit leurs devoirs, se substitue à eux pour régler leurs divertissements, décide à leur place. Ses conseils sont des ordres. Pas d'initiative, pas de liberté. L'étouffement. L'envie de fuir.

Ce qui se passe dans sa famille, prolongement et partie intégrante de lui-même, n'est que la pointe extrême du système de gravitation héliocentrique qu'il a mis en place. Son impérialisme s'étend aussi à tous ceux qui concourent à magnifier l'image de la monarchie. Artistes et écrivains sont donc concernés. Pensionnés pour chanter les louanges du Grand roi, sanctionnés s'ils pensent mal, ils voient à partir de 1680 leur élan créateur stoppé. En revanche plus on est loin du soleil, moins on souffre. Le reste de la France tire pour l'instant un large bénéfice de la remise en ordre. En attendant que la contrainte lui pèse.

On l'aura compris : c'est le pouvoir sans partage, la toute-puissance sans contrepoids qui est en question. La monarchie absolue, telle que l'ont façonnée Louis XIII et Richelieu, telle que l'a perfectionnée Louis XIV, a pour inconvénient, à la longue, de paralyser les énergies et de décourager les innovations. Et surtout, elle vaut ce que vaut le roi. On postule qu'il est inspiré par Dieu. Mais y a-t-il encore beaucoup de gens pour le croire, au moment où fermentent les idées et où la monarchie, par la faute du roi lui-même, tend à se désacraliser ?

*

Et voici qui nous ramène au point de départ, c'est-à-dire aux reines. Il y a longtemps — depuis Marie de Médicis en 1610 — qu'on a renoncé à les sacrer à Saint-Denis. Elles sont désormais vouées à l'inexistence.

Le roi occupe l'essentiel de l'espace. Les fonctions que Louis XIV s'est octroyées au détriment de son epouse resteront acquises à ses successeurs. À quoi sert une reine ? À force de voir la niche vide, on a pris l'habitude de s'en passer Et l'on a oublié que le couple royal a, dans l'imaginaire collectif, des fonctions complémentaires. La reine sert de contrepoids à l'autorité de son mari : à lui la guerre, le maintien de l'ordre, les châtiments ; à elle la mansuétude, la protection des faibles, la charite, sur fond de foi chrétienne agissante. Le roi est juste, la reine est bonne. La monarchie a beaucoup à perdre lorsque disparaît le second de ces deux termes. Au XVIIIe siècle Marie Leszczynska et surtout Marie Antoinette pâtiront d'être privées de cette référence essentielle.

Il y a plus. La tradition imposait au roi de prendre épouse dans une famille princière, déjà marquée d'un reflet surnaturel. Or à deux reprises, Louis XIV prétend faire prévaloir son goût personnel sur les exigences de son rang. Il dut renoncer à Marie Mancini, mais il épousa Françoise d'Aubigné, veuve Scarron. Il n'osa pas la faire reine. Cependant cette mésalliance signifiait clairement qu'il était seul investi de la charge de sacré inhérente à la monarchie. Son épouse n'était qu'une femme comme une autre, sans auréole. De même, en faisant cohabiter Marie-Thérèse et ses maîtresses, en les faisant voyager dans les mêmes carrosses, il ravalait la première au niveau des autres, il effaçait les différences.

Plus grave encore : en poussant jusqu'au tout premier rang ses enfants adultérins, il portait une atteinte essentielle à la spécificité de la reine, à son privilège indiscuté, exclusif, la maternité. Avouons-le, nous avons peine à comprendre les cris d'orfraie de Saint-Simon devant la déclaration rendant les légitimés « successibles ». Nous ne partageons plus, et c'est fort heureux, la réprobation de nos aînés contre les bâtards. D'ailleurs, jusqu'à la Réforme catholique, les bâtards royaux étaient fort bien traités, reconnus, dotés, titrés, mariés, ils faisaient auprès de leurs cousins légitimes souche de grands seigneurs. Aucune difficulté, dès l'instant qu'ils ne pouvaient en aucun cas accéder au trône. Selon le vieil adage, le roi ne peut faire d'autres rois qu'avec la reine. Mais si n'importe quelle femme peut lui donner des enfants aussi légitimes que les vrais, alors elle perd son caractère unique, sanctifié par le sacrement de mariage. Elle est désacralisée. Pour transmettre à sa postérité l'étincelle divine, le roi suffit, il n'a pas besoin d'elle. Et par contrecoup, toute la mystique monarchique élaborée autour de la famille royale, assimilée par l'iconographie à la Sainte Famille, s'en trouve ébranlée. Il est probable que, de toute façon, à l'aube du XVIIIe siècle, elle avait du plomb dans l'aile et que Louis XIV n'a fait que prendre acte de l'inévitable laïcisation de la monarchie.

Mais la mise à l'écart des reines implique aussi qu'au lieu d'être un maillon dans une longue chaîne dynastique, le roi n'est plus qu'un individu, certes incommensurable aux autres, mais seul, pour incarner l'État. Il a brouillé la répartition traditionnelle des rôles entre la reine, que le bon peuple aime et plaint, et la maîtresse, qu'il accuse de tous les maux. Privé de ce double bouclier protecteur, le roi est nu, il est vulnérable.

Et l'on peut se demander si la monarchie personnelle mise au point par Louis XIV, adaptée à lui, faite sur mesures, était vraiment préférable à la bonne vieille monarchie familiale, où la reine avait sa place. Et se demander aussi si cette évolution-là était inéluctable. Et déplorer qu'il n'ait pas eu auprès de lui, au lieu de la docile Marie-Thérèse, une épouse royale capable de lui dire quelquefois non.

ANNEXES

ANNEXE I

LES ENFANTS DE LOUIS XIV

I) Enfants légitimes, issus de son mariage avec MARIE-THÉRÈSE (10 septembre 1638 - 30 juillet 1683) :
1) Louis, Grand dauphin, dit *Monseigneur*, né le 1er novembre 1661. Marié le 7 mars 1680 avec Marie-Anne-Christine-Victoire de Bavière (28 novembre 1660 - 20 avril 1690). Père de trois fils, Louis, duc de Bourgogne (6 août 1682 - 18 février 1712), Philippe, duc d'Anjou, roi d'Espagne en 1700 (19 décembre 1683 - 9 juillet 1746) et Charles, duc de Berry (31 août 1686 - 4 mai 1714). Mort le 14 avril 1711.
2) Anne-Élisabeth, 18 novembre - 30 décembre 1662.
3) Marie-Anne, 16 novembre - 26 décembre 1664.
4) Marie-Thérèse, dite *la petite Madame*, 2 janvier 1667 - 1er mars 1672.
5) Philippe, 5 août 1668 - 10 juillet 1671.
6) Louis-François, 14 juin - 4 novembre 1672.

II) Enfants illégitimes

A) De LOUISE DE LA VALLIÈRE (6 août 1644 - 6 juin 1710) :
1) Charles, né le 19 novembre 1663, baptisé sous une fausse identité, mort fin 1665.
2) Philippe, né le 7 janvier 1665, baptisé sous une fausse identité, mort fin juillet 1666.
3) Marie-Anne de Bourbon, née le 2 octobre 1666, légitimée de France le 13 avril 1667, titrée Mlle de Blois. Mariée le 16 janvier 1680 à Louis-Armand Ier de Bourbon, prince de Conti. Dite *la princesse de Conti*. Veuve en 1685. Morte en 1739.

4) Louis de Bourbon, né le 3 octobre 1667, légitimé de France en février 1669, titré comte de Vermandois, amiral de France. Mort le 18 novembre 1683.

B) De Françoise-Athénaïs de Rochechouart-Mortemart, marquise de Montespan (octobre 1640 - 27 mai 1707) :
1) Enfant inconnu (une fille ?), né au printemps de 1669, mort en février 1672.
2) Louis-Auguste de Bourbon, né le 31 mars 1670, légitimé de France le 20 décembre 1673, titré *duc du Maine*, colonel général des Suisses en 1674, colonel du régiment d'infanterie de Turenne en 1675, déclaré prince de Bourbon en 1680, prince de Dombes et comte d'Eu en 1681, gouverneur du Languedoc en 1682, chevalier des Ordres du roi en 1686, général des galères en 1688, maréchal de camp en 1690, lieutenant général en 1692, colonel des Royal-Carabiniers en 1693, pair de France en mai 1694 et grand-maître de l'artillerie en septembre, déclaré apte à monter sur le trône le 29 juillet 1714 (décision annulée le 1er juillet 1717). Marié le 19 mars 1692 à Anne-Louise-Bénédicte de Bourbon, qui lui donna 7 enfants. Mort le 14 mai 1736.
3) Louis-César de Bourbon, né le 20 juin 1672, légitimé de France le 20 février 1673, abbé de Saint-Germain-des-Prés en 1673, de Saint-Denis en 1679, déclaré prince de Bourbon en 1680. Mort le 10 janvier 1683.
4) Louise-Françoise de Bourbon, née le 1er juin 1673, titrée Mlle de Nantes, déclarée princesse de Bourbon en 1680, mariée le 24 juillet 1685 à Louis III, duc de Bourbon, héritier de la maison de Condé. Dite *Mme la Duchesse*. Morte le 16 juin 1743.
5) Louise-Marie-Anne de Bourbon, née le 12 novembre 1674, légitimée de France en janvier 1676 et titrée Mlle de Tours, déclarée princesse de Bourbon en 1680. Morte le 15 septembre 1681.
6) Françoise-Marie de Bourbon, née le 4 mai 1677, légitimée de France en novembre 1681 et titrée Mlle de Blois (seconde du nom), mariée le 18 février 1692 à Philippe, duc de Chartres, neveu du roi, *duchesse d'Orléans* à la mort de son beau-père en 1701. Morte le 1er février 1749.
7) Louis-Alexandre de Bourbon, né le 6 juin 1678, légitimé de

France en novembre 1681 et titré *comte de Toulouse*, grand amiral de France en 1683, colonel d'un régiment d'infanterie en 1684, gouverneur de Guyenne en 1689, chevalier des Ordres du roi en 1692, duc et pair de Damville en 1694, gouverneur de Bretagne en 1695, lieutenant général en 1703, duc et pair de Penthièvre la même année, grand veneur en 1714, déclaré apte à succéder le 29 juillet 1714 en même temps que son frère (décision annulée le 1er juillet 1717). Marié le 22 février 1723 à Marie-Sophie-Victoire de Noailles, veuve du marquis de Gondrin. Mort le 1er décembre 1737.

C) De Marie-Angélique de Scoraille de Roussille, duchesse de Fontanges (1661-28 juin 1681) :
Un fils mort à la naissance en janvier 1680.

Nota : Entre 1661 et 1680, il naît à Louis XIV, de son épouse et de ses maîtresses avouées, 18 enfants — en moyenne un par an — dont 11 garçons et 7 filles.

5 garçons et 3 filles dépassent l'âge de 10 ans.

Survivent à l'âge adulte :
3 garçons
– le Grand Dauphin (légitime)
– le duc du Maine (Montespan)
– le comte de Toulouse (Montespan)
3 filles
– la princesse de Conti (La Vallière)
– la duchesse de Bourbon (Montespan)
– la duchesse d'Orléans (Montespan)

La déperdition est donc considérable : il en est mort en moyenne deux sur trois. Sur les six enfants de la reine, un seul a survécu.

REPÈRES CHRONOLOGIQUES

1635	26-27 nov.	Naissance à Niort de Françoise d'Aubigné.
1638	5 sept.	Naissance à Saint-Germain de Louis-Dieudonné, futur Louis XIV.
	10 sept.	Naissance à l'Escorial de Marie-Thérèse d'Autriche, future reine de France.
1640	21 sept.	Naissance à Saint-Cloud de Philippe de France, duc d'Orléans.
1643	14 mai	Mort de Louis XIII. Avènement de Louis XIV.
	19 mai	Victoire de Rocroi.
1644	16 juin	Naissance à Exeter d'Henriette d'Angleterre.
1648		Début de la Fronde.
	20 août	Victoire de Lens.
	24 oct.	Signature du traité de Münster (partie des traités de Westphalie concernant la France).
1652	27 mai	Naissance à Heidelberg d'Élisabeth-Charlotte de Bavière, princesse Palatine, future duchesse d'Orléans.
	21 oct.	Retour du roi à Paris. Fuite de Condé aux Pays-Bas. Fin de la Fronde.
1659	7 nov.	Paix des Pyrénées.
1660	29 mai	Restauration de Charles II Stuart à Londres.
	9 juin	Mariage de Louis XIV et de l'infante Marie-Thérèse.
	18 nov.	Naissance à Munich de Marie-Anne-

		Christine-Victoire de Bavière, future dauphine de France.
1661	9 mars	Mort de Mazarin. Louis XIV annonce qu'il gouvernera par lui-même.
	31 mars	Mariage de Philippe d'Orléans et d'Henriette d'Angleterre.
	fin juillet	Début de la liaison de Louis XIV avec Louise de La Vallière.
	5 sept.	Arrestation du surintendant Fouquet.
	1er nov.	Naissance de Louis, Grand dauphin.
	6 nov.	Naissance du futur Charles II d'Espagne.
1662	5-6 juin	Grand carrousel des Tuileries.
1664	7-14 mai	*Les Plaisirs de l'Île enchantée* à Versailles.
1665	17 sept.	Mort de Philippe IV d'Espagne. Avènement de Charles II.
1666	20 janv.	Mort d'Anne d'Autriche.
	26 janv.	Déclaration de guerre à l'Angleterre.
1667	printemps	Guerre de Dévolution.
	juillet	Début de la liaison du roi avec Mme de Montespan.
	31 juillet	Paix de Breda entre la France et l'Angleterre.
1668	2 mai	Paix d'Aix-la-Chapelle.
	18 juillet	Grand divertissement à Versailles.
1669	printemps	Mme Scarron chargée d'élever en secret les enfants du roi et de Mme de Montespan.
1670	30 juin	Mort de « Madame » (Henriette d'Angleterre).
	5 sept.	Bossuet précepteur du dauphin.
1671	21 nov.	Remariage de Philippe d'Orléans, avec Élisabeth-Charlotte de Bavière.
1672	6 avril	Louis XIV déclare la guerre aux Provinces-Unies.
	12 juin	Passage du Rhin au gué de Tolhuis.
	20 juin	Les Hollandais ouvrent leurs digues.
1673	janvier	Mme Scarron installée à la cour avec les enfants. Elle prendra le nom de sa terre de Maintenon.
	17 févr.	Mort de Molière.

1674	11 août	Condé vainqueur à Seneffe.
1675	27 juillet	Turenne tué à Sasbach.
1676	printemps	Victoires navales de Duquesne.
	17 juillet	Exécution de la marquise de Brinvilliers.
1677	oct.	Racine et Boileau historiographes du roi.
	15 nov.	Guillaume d'Orange épouse Marie, fille du duc d'York, héritière potentielle d'Angleterre.
1678	août-sept.	Premiers traités de Nimègue. Les autres seront signés en février et octobre de l'année suivante.
1679	mars	Début d'une longue série d'édits contre les protestants.
1680	7 mars	Mariage du Grand dauphin avec Marie-Anne-Christine-Victoire de Bavière.
	été	Mise à l'écart de Mme de Montespan. Faveur de Mme de Maintenon.
1681	23 oct.	Entrée du roi à Strasbourg.
1682	19 mars	Déclaration des Quatre Articles.
	6 mai	Louis XIV installe la cour à Versailles.
	6 août	Naissance à Versailles du duc de Bourgogne, fils aîné du Grand dauphin.
1683	30 juil.	Mort de la reine Marie-Thérèse.
	6 sept.	Mort de Colbert.
	12 sept.	Défaite des Turcs au Kahlenberg.
	9-10 oct.	Date supposée du mariage secret de Louis XIV avec Mme de Maintenon.
	26 oct.	Déclaration de guerre de l'Espagne à la France.
	19 déc.	Naissance de Philippe, duc d'Anjou, futur Philippe V d'Espagne, second fils du Grand dauphin.
1684	15 août	Trêve de Ratisbonne.
1685	16 févr.	Mort de Charles II d'Angleterre. Il est remplacé par son frère Jacques II, catholique.
	26 mai	Mort de l'électeur Palatin, père de Madame.
	17 oct.	Édit de Fontainebleau, révoquant celui de Nantes.

1686	9 juillet	Ligue d'Augsbourg, réunissant l'empereur, l'Espagne, la Suède, les électeurs de Saxe et de Bavière, et divers princes allemands, contre Louis XIV.
	31 août	Naissance de Charles, duc de Berry, 3ᵉ fils du Grand dauphin.
	18 nov.	Louis XIV subit l'opération de la fistule.
1687	27 janv.	Publication du *Siècle de Louis XIV* de Perrault. Début de la Querelle des Anciens et des Modernes.
1688	28 déc.	Révolution en Angleterre. Guillaume d'Orange accueilli triomphalement.
1689	janvier	Ravage du Palatinat par les troupes françaises. Incendie de Heidelberg.
	26 janv.	Première représentation d'*Esther* de Racine.
	23 févr.	À Londres, avènement de Marie II et de Guillaume III.
	16 avril	Louis XIV déclare la guerre à l'Espagne.
	17 mai	Guillaume III déclare la guerre à la France.
	août	Fénelon précepteur du duc de Bourgogne.
1690	20 avril	Mort de la dauphine.
	3-4 juin	Victor-Amédée de Savoie s'allie à l'Espagne et à l'empereur.
	18 août	Victoire de Catinat sur le duc de Savoie à Staffarde.
1691	16 juillet	Mort de Louvois.
1692	18 févr.	Mariage de Philippe, duc de Chartres, avec Mlle de Blois.
	juin	Prise de Namur par les troupes françaises.
	3 août	Victoire du maréchal de Luxembourg sur Guillaume III à Steinkerque.
1693	5 avril	Mort de la Grande Mademoiselle.
	mai	Nouveau ravage de Heidelberg.
	29 juillet	Victoire de Neerwinden.
	4 oct.	Victoire de Catinat sur le duc de Savoie à La Marsaille.
1694	28 déc.	Mort de la reine Marie II d'Angleterre.

1695	10 juillet	Fénelon archevêque de Cambrai. Début de l'affaire du quiétisme.
	6 août	Mort de Harlay de Champvallon, archevêque de Paris. Il est remplacé par Louis-Antoine de Noailles.
1696	29 août	Traité de paix avec la Savoie.
	16 oct.	Arrivée en France de Marie-Adélaïde de Savoie.
1697	sept.-oct.	Traités de Ryswick.
	7 déc.	Mariage du duc de Bourgogne avec Marie-Adélaïde de Savoie.
1698	13 oct.	Traité de La Haye, entre la France, l'Angleterre et les Provinces-Unies pour le partage de la succession d'Espagne.
1699	6 févr.	Mort du jeune prince électoral Ferdinand-Joseph.
	12 mars	Condamnation de Fénelon par le pape.
	21 avril	Mort de Racine.
1700	1er nov.	Mort de Charles II d'Espagne. Il a désigné son cousin Philippe de France, duc d'Anjou, comme héritier.
	16 nov.	Louis XIV accepte le testament de Charles II.
1701	6 févr.	Les troupes françaises occupent aux Pays-Bas les places de la « barrière ».
	9 juin	Mort de Philippe Ier d'Orléans, Monsieur, frère du roi.
	7 sept.	Traité de La Haye, dit de la Grande Alliance, contre la France.
	3 nov.	Mariage de Philippe V d'Espagne avec Marie-Louise-Gabrielle de Savoie.
1702	19 mars	Mort de Guillaume III d'Orange, roi d'Angleterre. Sa belle-sœur Anne lui succède.
	15 mai	L'empereur, la Grande-Bretagne et les Provinces-Unies déclarent la guerre à la France.
	24 juillet	Début de la révolte des camisards.
1703	16 mai	Le roi de Portugal rejoint la coalition.
	8 nov.	Le duc de Savoie rejoint la coalition.

1704	mars	L'archiduc Charles débarque en Portugal et réclame la couronne d'Espagne.
	12 avril	Mort de Bossuet.
	25 juin	Naissance du duc de Bretagne, premier fils du couple de Bourgogne. Il mourra en avril 1705.
1705	5 mai	Mort de l'empereur Léopold Ier. Son fils Joseph Ier lui succède.
	16 août	Victoire du duc de Vendôme à Cassano.
	sept.	« Charles III » à Barcelone.
1706	8 janvier	Naissance du second duc de Bretagne, fils du couple de Bourgogne.
	23 mai	Défaite du maréchal de Villeroy à Ramillies.
	28 juin	« Charles III » à Madrid.
	7 sept.	L'armée française battue près de Turin par le prince Eugène.
1707	25 avril	Victoire d'Almanza en Espagne.
	été	Offensive du duc de Savoie en Dauphiné et en Provence, suivie de retraite.
1708	févr.	Disgrâce de Chamillart, remplacé aux finances par Desmaretz.
	11 juillet	Défaite d'Audenarde.
	9 déc.	Capitulation de Lille.
1709	janv.-févr.	Vague de froid d'une intensité jamais vue.
	28 mai	Ultimatum des coalisés à Louis XIV.
	7 juin	Refus de Louis XIV.
	12 juin	Appel solennel de Louis XIV à son peuple.
	11 sept.	Bataille (indécise) de Malplaquet.
	29 oct.	Expulsion des dernières religieuses à Port-Royal-des-Champs.
1710	15 févr.	Naissance de Louis, duc d'Anjou, 3e fils du couple de Bourgogne, futur Louis XV.
	7 juillet	Mariage du duc de Berry avec Mlle de Valois, fille de Philippe II d'Orléans.
	19 août	Changement de ministère à Londres.
	10 déc.	Victoire de Vendôme à Villaviciosa en Espagne.
1711	14 avril	Mort du Grand dauphin. Le duc de Bourgogne prend le titre de dauphin.

	17 avril	Mort à Vienne de l'empereur Joseph Ier. Son frère Charles (l'ex-prétendant au trône d'Espagne « Charles III ») lui succédera le 12 octobre sous le nom de Charles VI.
	8 oct.	Préliminaires de paix franco-britanniques.
1712	29 janv.	Ouverture du congrès d'Utrecht.
	12 févr.	Mort de la duchesse de Bourgogne.
	18 févr.	Mort du duc de Bourgogne.
	8 mars	Mort du duc de Bretagne, fils des précédents, 3e dauphin.
	10 juin	Mort du duc de Vendôme.
	24 juillet	Victoire de Villars à Denain, suivie d'une série d'autres succès.
1713	mars	Lettres patentes consacrant la renonciation de Philippe V à la couronne de France et des ducs de Berry et d'Orléans à celle d'Espagne.
	8 sept.	Bulle *Unigenitus,* condamnant le jansénisme.
1714	4 mai	Mort du duc de Berry, 3e fils du Grand dauphin.
	26 juin	Traité d'Utrecht entre l'Espagne et les Provinces-Unies.
	29 juill.	Édit ouvrant aux légitimés l'accès à la succession.
	12 août	Mort à Londres de la reine Anne. Éviction du prétendant Jacques III Stuart. Avènement de George Ier de Hanovre.
	7 sept.	Traité de Baden entre la France et l'Empire.
	24 déc.	Remariage de Philippe V d'Espagne avec Élisabeth Farnèse.
1715	6 févr.	Dernier traité d'Utrecht entre Espagne et Portugal.
	23 mai	Les légitimés déclarés princes du sang.
	1er sept.	Mort de Louis XIV. Avènement de Louis XV. Philippe d'Orléans régent.
1719	15 avril	Mort à Saint-Cyr de Mme de Maintenon.

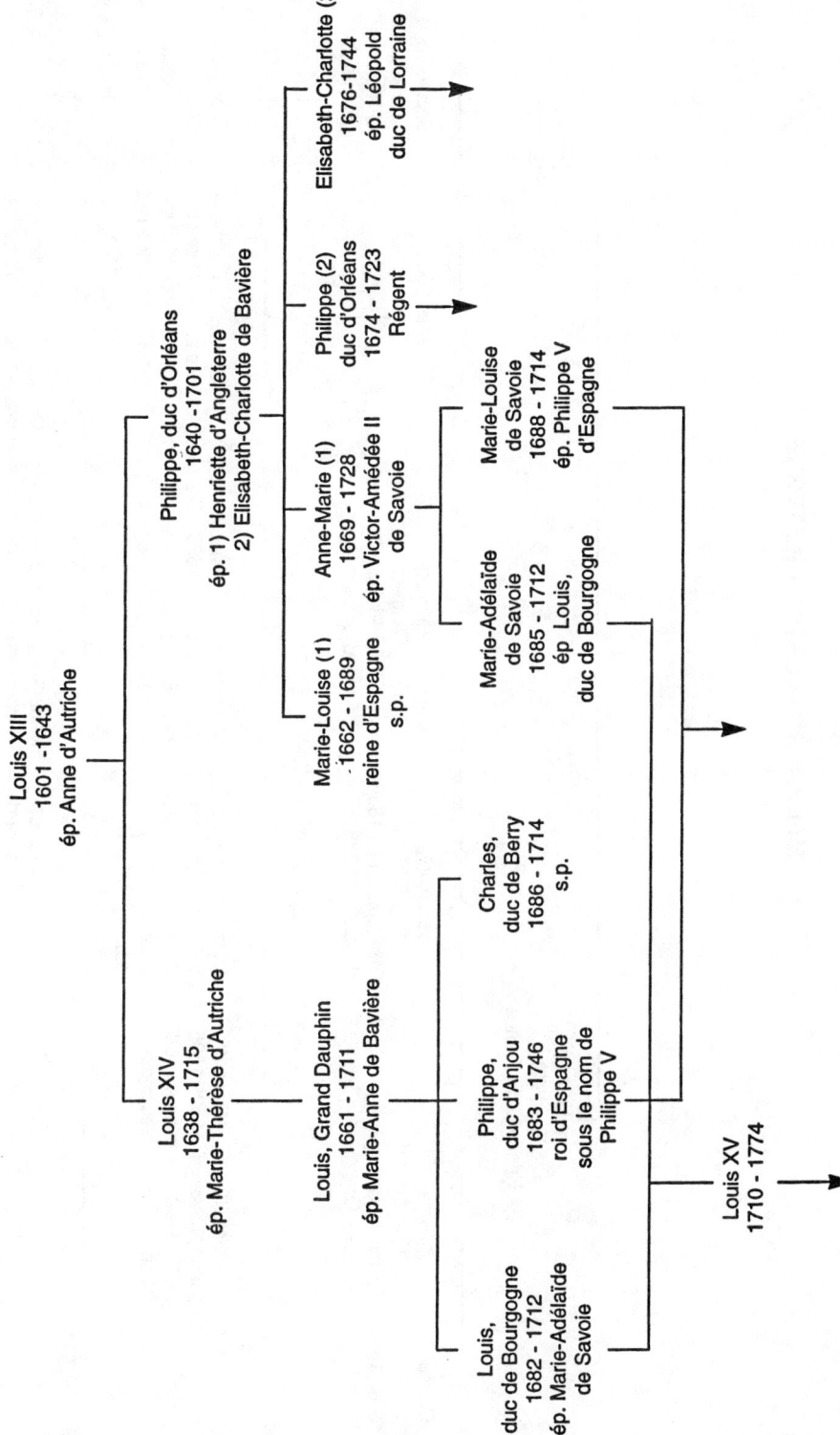

MAISON ROYALE D'ANGLETERRE

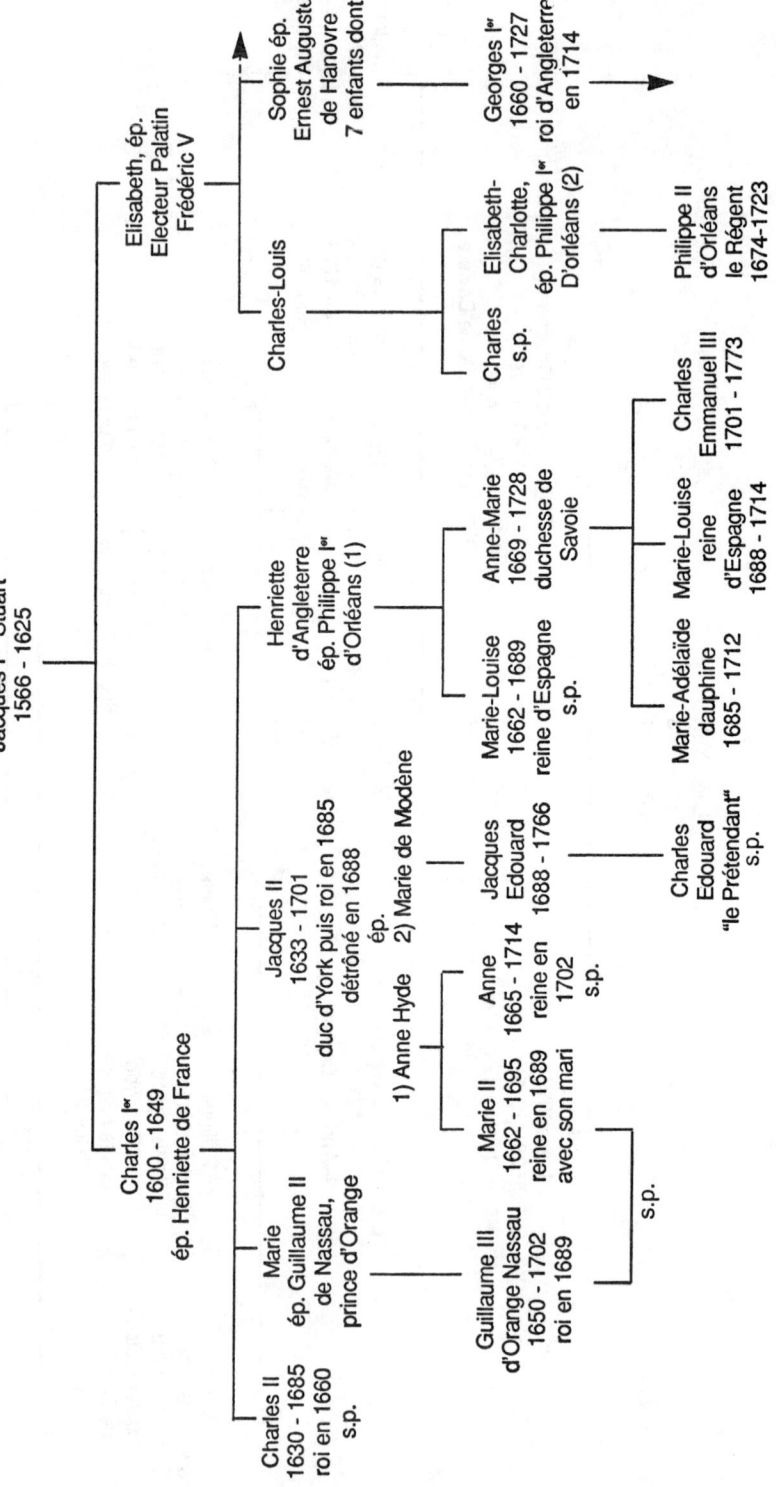

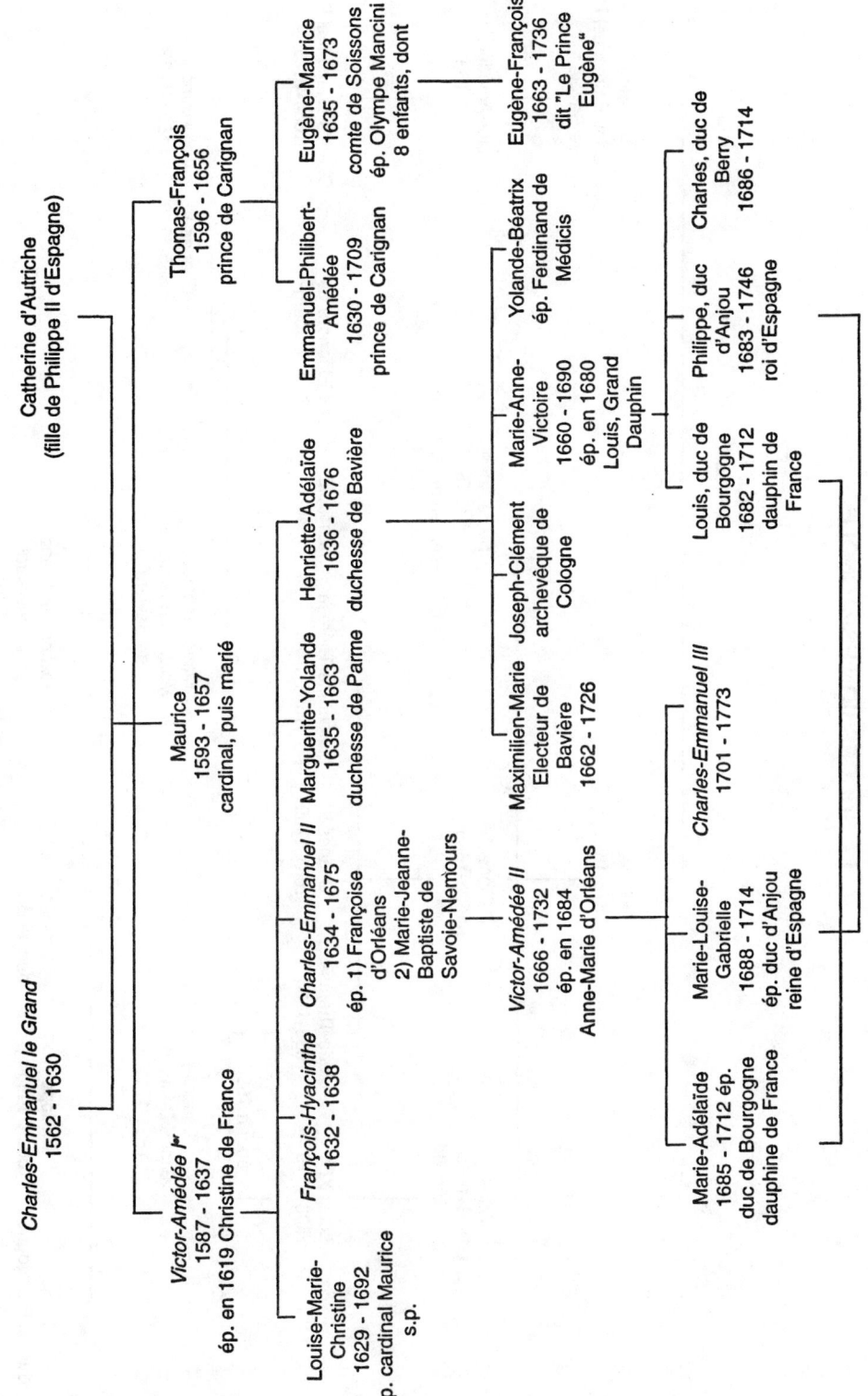

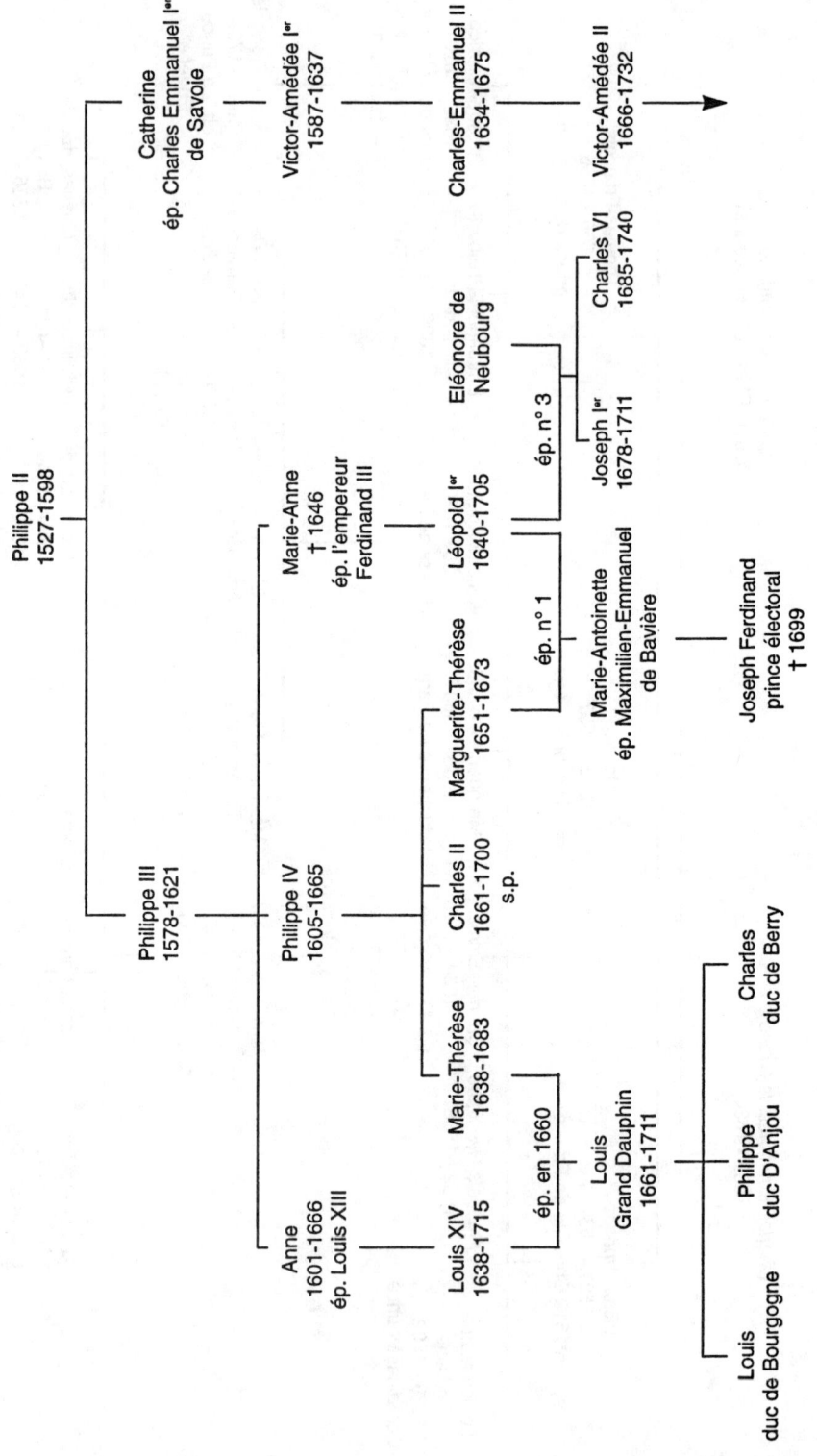

LA SUCCESSION ESPAGNOLE

ORIENTATION BIBLIOGRAPHIQUE

La bibliographie concernant cette période est extrêmement fournie. On n'a fait figurer ici que les principaux ouvrages consultés. Les lecteurs désireux de compléter leur information sont invités à recourir aux bibliographies détaillées placées à la fin des livres spécialisés.

I — OUVRAGES ANCIENS.

– Tous les mémorialistes du XVIIe siècle, qu'on peut lire soit dans la Collection Petitot, 2e Série (1820-1829), soit de préférence dans la Collection Michaud et Poujoulat (1836-1839). Parmi eux notamment, Mlle de Montpensier, Mme de Motteville, Mme de La Fayette, l'abbé de Choisy, La Fare, Mme de Caylus, Torcy.

Certains d'entre eux ont fait l'objet d'éditions plus récentes, qu'on trouvera ci-dessous, en même temps que d'autres ouvrages anciens qui n'ont pas été recueillis dans les Collections susmentionnées. Ce sont notamment :
– AUMALE (Marie-Jeanne de Moreuil d'), *Mémoires*, éd. Hanotaux et d'Haussonville, 1906.
– CAYLUS (Mme de), *Souvenirs*, Mercure de France, 1986.
– CHOISY (abbé de), *Mémoires pour servir à l'histoire de Louis XIV*, Mercure de France, 1966.
– DANGEAU (Philippe de Courcillon, marquis de), *Journal de la Cour de Louis XIV*, éd. MM. Soulié, Dussieux, de Chennevières, Mantz, de Montaiglon, 19 vol., 1854-1860.
– LA FARE (marquis de), *Mémoires*, éd. E. Raunié, 1884.

- Louis XIV, *Mémoires*, éd. Jean Longnon, 1933.
- Maintenon (marquise de), *Correspondance générale*, éd. Th. Lavallée, 5 vol., 1865.
- Maintenon (marquise de), *Mme de Maintenon d'après sa correspondance authentique*, éd. A. Geoffroy, 2 vol., 1887.
- Maintenon (marquise de), *Lettres de Mme de Maintenon*, éd. Langlois, t. 2 à 5, 1935-1939.
- Maintenon (marquise de), *Lettres historiques et édifiantes adressées aux dames de Saint-Cyr*, éd. Lavallée, 2 vol., 1856.
- Maintenon (marquise de), *Lettres et Entretiens sur l'éducation*, éd. Lavallée, 1861.
- Molière, *Théâtre*, publ. par Georges Couton, Gallimard, « Pléiade », 1971.
- Palatine (Princesse), *Lettres de Madame, duchesse d'Orléans, née princesse Palatine*, Mercure de France, 1981.
- Saint-Maurice (marquis de), *Lettres sur la cour de Louis XIV*, éd. J. Lemoine, 2 vol., 1911-1912.
- Saint-Simon, *Mémoires*, publ. par A. de Boislisle et L. Lecestre, Hachette, Coll. Les Grands Écrivains de la France, 43 vol., 1879-1930.
- Saint-Simon, *Mémoires*, publ. par Yves Coirault, Gallimard, « Pléiade », 8 vol., 1983 sq.
- Sévigné (marquise de), *Correspondance*, publ. par Roger Duchêne, Gallimard, « Pléiade », 3 vol., 1972, 1974 et 1978.
- Sourches (marquis de), *Mémoires*, publ. par le comte de Cosnac et A. Bertrand, 14 vol., 1882-1912.
- Spanheim (Ézéchiel), *Relation de la cour de France en 1690*, Mercure de France, 1973.
- Visconti (Primi), *Mémoires sur la cour de Louis XIV 1673-1681*, publ. par Jean-François Solnon, 1988.

II — OUVRAGES MODERNES.

- Armogathe (Jean-Robert), *Le Quiétisme*, 1989.
- Beaussant (Philippe), *Lully ou le musicien du Soleil*, 1992.
- Beaussant (Philippe), *Les Plaisirs de Versailles. Théâtre et musique*, 1996.
- Bluche (François), *Dictionnaire du Grand Siècle*, 1990.
- Bluche (François), *Louis XIV*, 1986.

– BLUCHE (François), *La Vie quotidienne au temps de Louis XIV*, 1980.
– BOTTINEAU (Yves), « La cour de Louis XIV à Fontainebleau », dans *XVIIe Siècle*, n° 24, 1954, p. 697-734.
– CARRÉ (Henri), *La duchesse de Bourgogne*, 1934.
– CASTELLUCIO (Stéphane), « Marly : un instrument de pouvoir enchanteur », dans *XVIIe Siècle*, n° 192, juillet-septembre 1996, p. 633-657.
– CASTELOT (André), *Madame de Maintenon. La reine secrète*, 1996.
– CHANDERNAGOR (Françoise), *L'Allée du Roi*, 1981.
– CHAUSSINAND-NOGARET (Guy), *La Vie quotidienne des femmes du roi, d'Agnès Sorel à Marie-Antoinette*, 1990.
– COLLAS (Émile), *La Belle-fille de Louis XIV*, 1933.
– CORDELIER (Jean), *Madame de Maintenon, une femme au Grand Siècle*, 1955.
– CORTEQUISSE (Bruno), *Madame Louis XIV*, 1992.
– COUTON (Georges), *La Chair et l'Âme. Louis XIV entre ses maîtresses et Bossuet*, 1995.
– DECKER (Michel de), *Madame de Montespan*, 1985.
– DUCHÊNE (Jacqueline), *Henriette d'Angleterre, duchesse d'Orléans*, 1995.
– DULONG (Claude), *Le Mariage du Roi-Soleil*, 1986.
– DULONG (Claude), *Marie Mancini. La première passion de Louis XIV*, 1993.
– DULONG (Claude), *La Vie quotidienne des femmes au Grand Siècle*, 1984.
– ERLANGER (Philippe), *Monsieur, frère de Louis XIV*, 1953.
– FERRIER-CAVERIVIÈRE (Nicole), *L'image de Louis XIV dans la littérature française de 1660 à 1715*, 1981.
– FUMAROLI (Marc), *Le Poète et le Roi. Jean de La Fontaine en son siècle*, 1997.
– GOUBERT (Pierre), *Le Siècle de Louis XIV*, 1996.
– GUITTON (Georges), « Un conflit de direction spirituelle. Madame de Maintenon et le Père de la Chaize », dans *XVIIe Siècle*, n° 29, octobre 1955, p. 375-395.
– HAUSSONVILLE (Gabriel, comte d'), *La duchesse de Bourgogne et l'alliance savoyarde*, 4 vol, 1898-1908.
– LAIR (Jules), *Louise de La Vallière et la jeunesse de Louis XIV*, 1907.

— LAVALLÉE (Th.), *Mme de Maintenon et la maison royale de Saint-Cyr*, 1864.
— LAVISSE (Ernest), *Louis XIV*, 1908, rééd. « Bouquins », 1989.
— LEBIGRE (Arlette, *L'Affaire des Poisons*, 1989.
— LE MOËL (Michel), *La Grande Mademoiselle*, 1994.
— LE ROY LADURIE (Emmanuel), *L'Ancien Régime I, 1610-1715*, 1991.
— LE ROY LADURIE (Emmanuel), *Saint-Simon ou le système de la Cour*, 1997
— LEVRON (Jacques), *La Vie quotidienne à la cour de Versailles*, 1965.
— MELCHIOR-BONNET (Bernardine), *La Grande Mademoiselle*, 1985.
— MEYER (Daniel), *Quand les rois régnaient à Versailles*, 1982.
— MOINE (Marie-Christine), *Les Fêtes à la cour du Roi-Soleil*, 1984.
— MONGRÉDIEN (Georges), *Madame de Montespan et l'affaire des poisons*, 1953.
— MONGRÉDIEN (Georges), « La Maintenon du Grand Dauphin, Mlle Choin », dans *Mercure de France*, 15 juin 1922, p. 600-633.
— NÉRAUDEAU (J.-P.), *L'Olympe du Roi-Soleil. Mythologie et idéologie royale au Grand Siècle*, 1986.
— NOAILLES (Anne-Jules, duc de), *Histoire de Madame de Maintenon*, 5 vol. 1848.
— PETITFILS (Jean-Christian), *L'Affaire des Poisons : Alchimistes et sorciers sous Louis XIV,* 1977.
— PETITFILS (Jean-Christian), *Louis XIV*, 1995.
— PETITFILS (Jean-Christian), *Louise de La Vallière*, 1990.
— PETITFILS (Jean-Christian), *Madame de Montespan*, 1988.
— PETITFILS (Jean-Christian), *Le Régent*, 1990.
— PILLORGET (René et Suzanne), *France baroque, France classique*, 2 vol., « Bouquins », 1996.
— SAINT-RENÉ-TAILLANDIER (Mme), *Madame de Maintenon. L'énigme de sa vie auprès du Grand Roi*, 1920.
— SAINT-RENÉ-TAILLANDIER (Mme), *Louis XIV et Madame de Maintenon*, 1957.
— SOLNON (Jean-François), *La Cour de France*, 1987.
— VAN DER CRUYSSE (Dirk), *Madame Palatine*, 1992.
— VERLET (Pierre), *Le Château de Versailles*, 1961, 1985.
— ZIEGLER (François), *Villars, le Centurion de Louis XIV*, 1996.

INDEX

On a exclu de cet index d'une part Dieu, le Christ, la Vierge, les personnages bibliques et les saints — sauf ceux qui interviennent dans les événements racontés —, d'autre part les personnages mythologiques, légendaires ou littéraires et les hommes célèbres de l'Histoire ancienne.

De plus on a renoncé à y faire figurer Louis XIV, parce qu'il est presque omniprésent.

Les passages les plus importants, et notamment les chapitres entiers consacrés à un personnage, sont indiqués en caractères gras.

A

AGREDA (sœur Maria de), 49.
ALBRET (César-Phœbus de MIOSSENS, maréchal d'), 195, 209, 221, 229.
ALLUYE (Mme d'), 260.
ALPHONSE VI, roi de Portugal, 164-165.
ANGE (frère), 359.
ANJOU (duc d'). Cf. PHILIPPE V D'ESPAGNE ou PHILIPPE DE FRANCE ou LOUIS XV.
ANNE D'AUTRICHE, reine de France, 7, 9, 17-19, 22-25, 29-32, 34-38, 44, 46-47, 50, **52-70**, 72, 76-79, 85-89, 91, 96, 98-102, 104-108, 115, 126, 135-136, 138, 141-142, 159-161, 163, 165, 180, 184, 194, 228, 230, 286-290, 367, 370, 394, 400, 418-419, 466, 470.
ANNE DE BRETAGNE, reine de France, 8, 45, 113, 135.
ANNE, reine d'Angleterre, 418, 430, 453, 461.
ANNE-ÉLISABETH, fille de France morte au berceau, 101, 278.
ANTIN (duc d'), 123, 305.
AQUIN (Antoine d'), 209, 286.
ARIOSTE (l'), 27, 41, 104, 156.
AUBIGNÉ (Agrippa d'), 222, 309.
AUBIGNÉ (Constant d'), fils du précédent, 222, 224.
AUBIGNÉ (Jeanne de Cardilhac, épouse d'), 222-223.
AUBIGNÉ (Charles d'), fils des précédents, 307-308, 414.
AUBIGNÉ (Françoise d'), fille du précédent, cf. NOAILLES.
AUBIGNÉ (Françoise d'), cf. MAINTENON.
AUMALE (Mlle d'), 276-277, 367, 473-474.

B

BAILLY, prêtre de la Mission, 446.
BALTASAR-CARLOS, infant d'Espagne, 45, 48.
BARILLON, 233.
BAVIÈRE (Ferdinand-Marie, duc et électeur de), 342.
BAVIÈRE (Adélaïde-Henriette de Savoie, duchesse de), épouse du précédent, 343-344.
BAVIÈRE (Marie-Anne-Victoire de), fille des précédents, Grande dauphine, cf. MARIE-ANNE.
BAVIÈRE (Maximilien-Emmanuel, duc et électeur de), fils des précédents, 342-343, 355-356, 418, 435.
BAVIÈRE (Marie-Antoinette d'Autriche, duchesse de), épouse du précédent, 356, 418.
BAVIÈRE (Ferdinand-Joseph, prince électoral de), fils des précédents, 419.
BAVIÈRE (Joseph-Clément de), archevêque de Cologne, 356.
BEAUCHAMP, 102.
BEAUFORT (François de Vendôme, duc de), 84.
BEAUVAIS (Mme de), 24.
BEAUVILLIER (François de), duc de Saint-Aignan, 94.
BEAUVILLIER (Paul, duc de), fils du précédent, 372, 377, 385, 432-433, 439, 444, 448, 454.
BEAUVILLIER (duchesse de), 293.
BELLEFONDS (maréchal de), 180, 184-185, 188.
BELZÉ (abbé de), 359.
BENSERADE, 62, 134.
BERNIN (le), 109.
BERRY (Charles de France, duc de), 354, 360, 393, 418, 425, 431-432, 434, 436-437, 442, 450, 465.
BERRY (Marie-Louise-Élisabeth d'Orléans, duchesse de), 405-406, 442, 465-466.
BERTAUT (abbé), 55.

BESSOLA ou BEZZOLA (Barbara), 357-358.
BÉTHUNE-CHAROST (duchesse de), 374.
BEUVRON (chevalier de), 152.
BLOIS (Marie-Anne de Bourbon, première Mlle de), cf. CONTI.
BLOIS (Françoise-Marie de Bourbon, seconde Mlle de), cf. ORLÉANS.
BLUCHE (François), 268.
BOILEAU, 217, 246.
BONTEMPS, 293, 352.
BOSSE (Marie), 254, 258.
BOSSUET, 13, 72, 74, 83, 98-99, 133, 151, 153, 184-187, 190, 210-211, 239, 245, 274, 280-281, 287, 297, 299, 344, 380-382, 384-385.
BOUCHER, 102-103.
BOUCHERAT (Louis), chancelier, 266.
BOUFFLERS (maréchal de), 439, 441.
BOUILLON (Maurice-Godefroy de La Tour d'Auvergne, duc de), 259, 262.
BOUILLON (Marie-Anne Mancini, duchesse de), 20-21, 34, 257, 259, 261-262.
BOUILLON (cardinal de), 346.
BOURBON (Louise-Françoise, duchesse de), Mlle de Nantes, puis « Mme la Duchesse », 200, 202, 235, 241, 306, 351, 396, 402, 404, 430, 437-438, 442.
BOURBON (Mlle de), fille de la précédente, 442.
BOURDALOUE, 186, 239, 269, 368-369.
BOURGOGNE (Louis de France, duc de), 285, 337, 352, 372, 378, 381, 386, 393, 399, 415-416, 418, 420, 423, **424-428**, 429-430, 436-438, **439-445**, 447-448, 449, 451, 455, 467.
BOURGOGNE (Marie-Adélaïde de Savoie, duchesse de), 9, 13, 393, 402, 406-407, 412, 414, **415-450**, 464, 467-468.

BRAGELONNE (Jacques de), 93.
BRANDEBOURG (électeur de), 463.
BRETAGNE (premier duc de), 436, 447.
BRETAGNE (Louis, second duc de), 436, 447-448, 467.
BRIENNE (Louis-Henri de Loménie, comte de), 94.
BRINON (Mme de), 310-312.
BRINVILLIERS (Marie-Madeleine Dreux d'Aubray, marquise de), **249-253**.
BRIONNE (comte de), 421.
BUCKINGHAM (George Villiers, duc de), 72, 81.
BUCKINGHAM (George Villiers, duc de), fils du précédent, 81.
BUSSY-RABUTIN, 121-122, 139, 181, 212, 218, 242, 277-278, 350, 403.

C

CARETTI, 359.
CARIGNAN (princesse de), 170.
CARLOS (don), infant d'Espagne, 45.
CATAU, 263.
CATHERINE DE MÉDICIS, reine de France, 70, 77, 107, 133, 135.
CATINAT (maréchal), 416.
CAVALLI, 62.
CAYLUS (Mme de), 198-199, 283, 287, 290-291, 306, 308, 345, 410, 475.
CÉLESTE (sœur), 224.
CELLAMARE (prince de), 476.
CHANDERNAGOR (Françoise), 226, 386.
CHARLES QUINT, empereur d'Allemagne, 46, 49-50, 113, 419.
CHARLES VI, empereur d'Allemagne (d'abord archiduc prétendant au trône d'Espagne sous le nom de Charles III), 419, 432, 435, 454-455, 457, 461.
CHARLES VIII, roi de France, 417.
CHARLES IX, roi de France, 51.
CHARLES Ier, roi d'Angleterre, 71-79.
CHARLES II, roi d'Angleterre, 18, 74-75, 77-81, 89, 129, 133, 139-141, **143-148**, 149, 152-153, 158, 162-163, 317, 341.
CHARLES II, roi d'Espagne, 47-48, 115-116, 174, 317, 395, 418-420, 431-432, 435.
CHARLES IV, duc de Lorraine, 39, 214.
CHARLES V, duc de Lorraine, 39.
CHARLES, premier enfant non reconnu de La Vallière, 103.
CHARLES-EMMANUEL II, duc de Savoie, 40, 93, 163, 165, 214, 251.
CHÂTEAUBRIANT (comte de), 121.
CHÂTEAUBRIANT (Françoise, comtesse de), 121.
CHEVREAU (Urbain), 322.
CHEVREUSE (duc de), 377.
CHEVREUSE (duchesse de), 86, 293.
CHOIN (Mlle), 281, 394, 407.
CHOISY (Mme de), 93.
CHOISY (abbé de), 14, 83, 95, 119, 139, 145, 170, 256-257, 293, 352.
CLÉMENT (Jules), 352, 354, 437.
COLBERT, 102, 180-181, 204, 208-209, 211, 246-247, 253, 266, 268-269, 293.
COLBERT (Mme), 103, 109, 351.
COLBERT DE CROISSY (Charles), 345.
COLONNA (le prince), 32, 38-40, 71.
CONCINI, 23.
CONDÉ (Louis II de Bourbon, prince de), « monsieur le Prince », dit le Grand Condé, 18, 84, 160-162, 169, 189, 306, 394-396.
CONDÉ (Henri III de Bourbon, duc d'Enghien, puis duc de Bourbon et prince de), fils du précédent, 165, 169, 393.
CONDÉ (Louis III de Bourbon, duc d'Enghien et de Bourbon, prince de), « Monsieur le Duc », fils du précédent, 396, 442.

CONTI (Armand de Bourbon, prince de), 21, 58, 79.
CONTI (Anne-Marie Martinozzi, princesse de), épouse du précédent, 19, 21, 79.
CONTI (Louis-Armand de Bourbon, prince de), fils des précédents, 189, 393, 395.
CONTI (Marie-Anne de Bourbon, princesse de), première Mlle de Blois, fille de La Vallière, épouse du précédent, 110-111, 185, 189-191, 351, 395-397, 402-403, 407.
CONTI (François-Louis de Bourbon, prince de La-Roche-sur-Yon, puis prince de Conti après la mort de Louis-Armand son frère aîné), 403.
COPERNIC, 8.
CORNEILLE, 314, 405.
COSNAC (Daniel de), 83, 139, 142.
COULANGES (Mme de), 232-234.
COUTON (Georges), 130.
CROMWELL, 73, 78, 80, 144.

D

DAGENFELD (Louise de), 320-321, 323.
DANGEAU (Philippe de Courcillon, marquis de), 95, 348, 393, 422, 430, 470.
DANGEAU (Sophie de Löwenstein, marquise de), 348, 410, 452, 475-476.
DAUPHIN (le Grand), cf. LOUIS DE FRANCE.
DAUPHINE, cf. MARIE-ANNE.
DERSY (François), 109.
DES ŒILLETS (Mlle), 213, 263-265, 267.
DES URSINS (Marie-Anne de La Trémoille, princesse), 14, 390, 449, 456-457, 459-460, 467.
DIANE DE POITIERS, 70, 91, 107, 121, 193.
DREUX D'AUBRAY, 247, 251-252.

DUCHÉ, 431.
DUCHÊNE (Jacqueline), 152.
DULONG (Claude), 38.
DUMAS (Alexandre), 93-94, 96.
DU PARC (Marquise-Thérèse de Gorle, dite) 262.

E

EFFIAT (marquis d'), 152.
ELBEUF (duc d'), 201.
ÉLÉONORE D'AUTRICHE, reine de France, 52, 133.
ÉLISABETH DE FRANCE, dite de Valois, reine d'Espagne, 45.
ÉLISABETH DE FRANCE, reine d'Espagne, 45, 48, 51.
ÉLISABETH FARNÈSE, reine d'Espagne, 463.
ÉLISABETH, princesse d'Angleterre, 76.
ENTRAGUES (Henriette d'), 107, 121, 129.
ESPRIT, 149-150.
ESTRÉES (Gabrielle d'), 20, 91, 111, 121.
ÉTAMPES (Anne de Pisseleu, duchesse d'), 121.
EUGÈNE (François-Eugène de Savoie-Carignan, dit le prince), 260, 440, 453-454, 462.

F

FAGON, 286-287, 430, 467, 470.
FÉNELON, 316, **372-373**, **375-382**, 384-386, 444, 451, 454-455.
FERDINAND III, empereur d'Allemagne, 44, 157, 163.
FERDINAND DE HABSBOURG, « le Cardinal-Infant », 160.
FEUILLET (chanoine), 150, 153.
FILASTRE (Françoise), 265.
FIORELLI (Tiberio), dit Scaramouche, 130.
FONTANGES (Marie-Angélique de Scoraille de Roussille, duchesse de), **216-219**, 241, 243, 245,

264-265, 267, 271, 273, 276, 365, 402.
FOSCARINI, 355.
FOUQUET (Nicolas), 88, 104, 172, 208, 253, 374.
FRANÇOIS Iᵉʳ, roi de France, 7, 51, 121.
FRANÇOIS II, roi de France, 417.
FÜRSTENBERG (Egon de), 282-283, 356.

G

GAMACHES (le Père Cyprien de), 77.
GERVAIS, 286.
GLAPION (Mlle de), 411, 414.
GOBELIN (abbé), 230, 236-239, 243, 277, 292-293, 304, 312, 315, 368.
GODET DES MARAIS, 369-370, 376-377, 380-381, 383, 387, 413.
GONDRIN (Mgr), 123, 195.
GONZAGUE (Anne de), princesse Palatine, 65.
GOULAS (Léonard), 159.
GRAMONT (maréchal de), 50, 52-53, 55-56.
GRÉGOIRE XIII, pape, 74.
GRIGNAN (comte de), 126.
GRIGNAN (Françoise de Sévigné, comtesse de), 126-127, 134.
GUIBOURG (abbé), 263-265.
GUICHE (Armand de Gramont, comte de), 81, 87, 94, 97, 98, 101, 138-141.
GUILLAUME III D'ORANGE, roi d'Angleterre, 189, 321, 331, 341, 395, 417-418, 453.
GUYON (Jacques), 373.
GUYON (Mme), **372-375**, 377, **379-382**, 384-387, 454.

H

HANOVRE (Sophie de), 283, 321-323, 338-339.
HANOVRE (Sophie-Charlotte de), 341.

HARCOURT (princesse d'), 403.
HARDOUIN-MANSART (Jules), 206.
HARLAY DE CHAMPVALLON, archevêque de Paris, 293, 299, 367, 382.
HARO (don Luis de), 47, 54, 57.
HÉBERT, curé de Versailles, 210, 315.
HEINSIUS, 453, 457, 462.
HENRI II, roi de France, 70.
HENRI IV, roi de France, 10, 16, 20, 52, 60, 62, 73, 75, 107, 129, 168, 194, 202, 222, 343, 415, 439.
HENRIETTE-MARIE DE FRANCE, reine d'Angleterre, 17-18, 72-79, 81, 84, 86, 137, 151, 158, 162-163, 180.
HENRIETTE-ANNE D'ANGLETERRE, duchesse d'Orléans, « Madame », cf. ORLÉANS.
HENRY STUART, duc de Gloucester, 77-78.
HESSE-CASSEL (Charlotte de), 320-321.
HEUDICOURT (Mme d'), 119.
HOCQUINCOURT (maréchal d'), 358.

I-J

INNOCENT XI, pape, 297.
JACQUES Iᵉʳ STUART, roi d'Angleterre, 319.
JACQUES II STUART, duc d'York, puis roi d'Angleterre, 21, 76, 78, 145, 148, 174, 317, 358, 417-418, 420, 425.
JERMYN (lord), 78, 159.
JOSEPH Iᵉʳ, empereur d'Allemagne, 419, 453, 461.
JUAN (don — d'Autriche), 33, 45.

L

LA CALPRENÈDE, 17.
LA CHAISE (le Père), confesseur du roi, 210, 293, 299, 316, 365-368, 382, 384.

La Combe (le Père), 373-374.
La Fare, 83, 85, 129, 146, 153, 252.
La Fayette (Mme de), 14, 26, 80, 83, 85, 94, 97, 110, 137, 149, 315-316, 404, 409.
La Feuillade (maréchal de), 439.
La Fontaine, 93, 95, 208, 255, 272, 288, 366.
La Maisonfort (Mme de), 379, 385.
Lamoignon, 248.
La Motte-Argencourt (Mlle de), 25, 27, 98, 180.
La Motte-Houdancourt (Anne-Lucie de), 98, 100, 102.
La Porte (Pierre de), 161.
La Reynie, 248-250, 252, 258, 265-268.
La Rochefoucauld (François VI, duc de) auteur des *Maximes*, 201.
La Rochefoucauld (François VII, duc de), 291.
La Rue (le Père), 446.
Lauzun (comte, puis duc de), 155, **166-175**, 180.
Laval (Mlle de), 364.
La Vallière (Louise de), 12, 87, 89, **91-112**, 113, **117-120**, 121-124, 128, 131, 133, 150, **177-191**, 193, 198-200, 202-204, 206, 210-212, 221, 235, 237, 241, 259, 268, 270, 349, 351, 394-395, 397, 402, 481-482.
La Vallière (Jean-François de La Baume Le Blanc, marquis de), 92, 110.
Lebigre (Arlette), 255.
Lefèvre d'Ormesson (Olivier), 103, 109, 181.
Lemoine (Jean), 268.
Lenclos (Ninon de), 228-229.
Le Nôtre, 104, 241.
Léopold Ier, empereur d'Allemagne, 46, 115, 163, 318, 356, 417-419, 431, 434-435, 453.
Léopold, duc de Lorraine, 335, 395.
Léopold-Guillaume, archiduc, 157-158.

Lesage (Adrien Cœuret, dit), 259, 261-262, 264-265.
Le Tellier (Michel), 169.
Lionne (Hugues de), 47, 117, 251.
Locatelli, 95, 280.
Longueville (Anne-Geneviève de Bourbon, duchesse de), 169, 201.
Longueville (François-Paris, duc de), fils de la précédente, 165, 201.
Lorraine (Philippe, chevalier de), 142-143, 147, 152, 190, 325, 333.
Louis XIII, roi de France, 19, 29, 43, 51, 72, 81, 91-92, 95, 104, 107, 155, 194, 205, 343, 470, 484.
Louis XV, roi de France (d'abord duc d'Anjou, puis dauphin), 7, 436-437, 462, 464.
Louis de France, Grand dauphin, dit « Monseigneur », 70, 88-89, 166, 175, 184, 204, 209, **278-282**, 284, 331, 341, 344, 346-347, 349-353, 355, 359-360, 394, **399-401**, 404, 407-408, 412, 418-419, 422, 425, **432-434**, 437, 439-442, **444**.
Louis-François, fils de France mort au berceau, 279.
Louvois, 169, 172, 209, 233, 266-268, 292-294, 299, 331, 354, 363, 407, 410.
Lude (comtesse du), 420, 426.
Ludres (Isabelle de), 214-215.
Lully, 104, 208, 214-215, 351, 354, 359, 370, 407.
Luther, 319.
Luxembourg (maréchal de), 259, 261.

M

Machiavel, 121.
« Madame », cf. Orléans.
« Madame Palatine », cf. Orléans.
Maine (Louis-Auguste de Bour-

bon, duc du), 173, 200, 202, 231-232, 236, 239-240, 281-282, 306, 393, 397, 401-402, 404, 407, 441, 468-470, 472, 474, 476.
Maine (Anne-Louise-Bénédicte de Bourbon, duchesse du), 397-398, 404-405.
Maintenon (Françoise d'Aubigné, veuve Scarron, puis marquise de), 7-8, 10, 12-13, 170, 185, 219, **221-243**, 245, 269, **273-276**, 277-278, 282-284, 287, 289, **291-316**, 327, 329, 336, 338-340, 344, 349-350, 352, 354, 357, 359, **363-391**, 394, 397, **400-405**, 408, **409-414**, **420-424**, 428-433, 436, 438, 443, 445, 448-450, **451-480**, 482-483, 485.
Mancini (Girolama), sœur de Mazarin, 19-20, 26.
Mancini (Alphonse), 20.
Mancini (Hortense), cf. duchesse Mazarin.
Mancini (Laure-Victoire), cf. Mercœur.
Mancini (Marie), 9, 13, **15-42**, 51-52, 54, 59, 61, 63, 69, 71, 170, 213-214, 260, 299, 481, 485.
Mancini (Marie-Anne), cf. Bouillon.
Mancini (Olympe), cf. Soissons.
Mancini (Paul), 19-20.
Mancini (Philippe), 20-22, 28, 36, 39.
Mansart (François), 311.
Mareschal, 467, 470.
Marguerite d'Autriche, 417.
Marguerite de Valois, 60, 135, 156.
Marguerite-Thérèse d'Autriche, 46, 50, 115, 356, 418.
Marie Stuart, reine de France, 417.
Marie de Médicis, reine de France, 7, 52, 62, 73, 107, 129, 156, 289, 343, 367, 484.
Marie d'Angleterre, épouse de Guillaume II d'Orange, 73, 77, 341.
Marie II, reine d'Angleterre, épouse de Guillaume III d'Orange, roi d'Angleterre, 418.
Marie-Anne d'Autriche, épouse de l'empereur Ferdinand III, 418-419.
Marie-Anne (ou Marianne) d'Autriche, reine d'Espagne, 45, 49, 50, 52, 116.
Marie-Anne-Victoire de Bavière, Grande dauphine, 13, 230, 284, 292, 318, 339, **341-361**, 363, 402, 424, 436, 446.
Marie-Anne, fille de France morte au berceau, 278.
Marie-Antoinette, reine de France, 485.
Marie Leszczynska, reine de France, 7, 485.
Marie-Louise-Gabrielle de Savoie, reine d'Espagne, 434-435, 456, 463.
Marie-Thérèse d'Autriche, reine de France, 7-10, 12, 18-19, 33, 35, 37, 39-40, **43-70**, 72, 79, 83-86, **88-89**, 99, **100-102**, 103-105, **106-109**, 111, **113-117**, 118-120, **124-131**, 133-136, 147, 149-150, 152-153, 162, 164, 166, 168-169, 175, 184, 186-189, 194, 196, 198, 200, 203, 205, 209, 211, 213-215, 217-218, 242-243, **273-290**, 291, 293-294, 303, 318-319, 330, 347-349, 352-353, 356, 388, 402, 418-419, 476, 482, 485-486.
Marie-Thérèse (1667-1772), « la petite Madame », 182, 279.
Marlborough (duc de), 440, 453-454, 457, 461.
Marlborough (lady), 461.
Martineau (le Père), 440.
Martinozzi (Laura Margarita), sœur de Mazarin, 19-21.
Martinozzi (Anne-Marie), cf. Conti.
Martinozzi (Laure), duchesse de Modène, 20-21.

Mascaron, 153.
Maulévrier, 438.
Mazarin (cardinal), 9, 13, 15, 17, **19-39**, 41, 43, 46-48, 57-59, 61-62, 65, 68-70, 71, 78-79, 82, 113, 143, 158, 160-163, 221, 226, 253, 370.
Mazarin (Armand de La Porte, marquis de La Meilleraye, duc), 99.
Mazarin (Hortense Mancini, duchesse), 20, 25, 27, 32, 34-35, 39-40, 99, 260.
Médicis (Cosme III de), 93.
Mercœur (Louis de Bourbon, duc de), 20.
Mercœur (Laure-Victoire Mancini, duchesse de), 19-21, 79.
Méré (chevalier de), 225, 227.
Michelet, 85.
Mignard, 363.
Modène (Marie-Béatrice de), reine d'Angleterre, 21, 358, 425, 430.
Molière, 104-105, 124, 135, 147, 150, 213, 370, 405.
Molina (Maria), 50, 60, 64, 101, 169, 209.
Molinos (Miguel de), 380.
Monaco (princesse de), 98.
Montfort (duc de), 337.
Monmouth (duc de), 141, 149.
Montalais (Anne-Constance de), 96-97.
Montausier (duc de), 119, 209, 280-281, 284.
Montausier (duchesse de), 89, 106, 111, 118-120, 122.
Montchevreuil (marquis de), 230, 274, 281, 293.
Montchevreuil (marquise de), 230, 303, 349, 355.
Montespan (Louis-Henri de Pardaillan de Gondrin, marquis de), 110, **122-124**, 126-128, 195-196, 199-201, 217.
Montespan (Françoise-Athénaïs de Rochechouart-Mortemart, marquise de), 10, 12, 36, 39, 110-112, **117-123**, 124-125, 127-129, 133, 150, 170-173, 177-178, 181-187, 189, **193-219**, 221, 230-236, 238-241, 243, 245, **263-271**, 273-275, 277, 289, 291-294, 300, 302, **304-307**, 314, 325-326, 332, 334, 360-361, 365, 388, 393-394, 396-397, 402, 468, 477, 482-483.
Montmorency (Mme de), 181.
Montpensier (Marie de), duchesse d'Orléans, 155.
Montpensier (Anne-Marie de Bourbon, duchesse de), dite la Grande Mademoiselle, 13, 17, 27, 30, 32, 54-56, 60, 66, 79, 82, 87, 100, 118-120, 126-128, 131, 147, 149-150, **155-175**, 177-178, 181, 289, 322, 344, 346, 407.
Mortemart (Gabriel de Rochechouart, duc de), 122, 194.
Morton (lady Dalkeith, comtesse de), 74-75, 77.
Motteville (Mme de), 16, 21, 23, 25-27, 31-32, 34-35, 38, 48, 51, 54-56, 61, 63, 65, 67, 69-70, 80, 83, 86, 88, 96, 100, 106, 108, 161, 175.
Musset (Alfred de), 87.

N

Nangis, 438, 448.
Nanon (Anne Balbien), 233, 303, 429.
Nantes (Louise-Françoise de Bourbon, Mlle de), cf. Bourbon (duchesse de).
Navailles (maréchal et duc de), 223.
Navailles (Suzanne de Beaudéan, duchesse de), 65, 86, 98-99, 106, 223.
Neubourg (duc de), 330-331.
Neuillan (baronne de), 223-226.
Nivers (Gabriel), 313.
Noailles (Louis-Antoine de), archevêque de Paris, 381-384, 386, 390.

NOAILLES (duc de), neveu du précédent, 383.
NOAILLES (Françoise d'Aubigné, duchesse de), épouse du précédent, 308.
NOCRET, 44, 215, 279.
NOËL (le Père), 446.
NOIRMOUTIER (marquis de), 195,

O

OLIVARÈS, 48, 68.
ONDEDEI, 53-54.
ORANGE-NASSAU (Guillaume II d'), 73.
ORANGE-NASSAU (Guillaume III d'), fils du précédent, cf. GUILLAUME III.
ORLÉANS (Gaston d'), frère de Louis XIII, 18, 71, 81, 92, 93, 155-157, 159-162, 168, 394.
ORLÉANS (Marguerite de Lorraine, duchesse d'), épouse du précédent, 92, 93, 169.
ORLÉANS (Marguerite-Louise de), fille des précédents, dite Mlle d'Orléans, puis duchesse de Toscane, 71, 92.
ORLÉANS (Élisabeth d'), fille des précédents, dite Mlle d'Alençon, puis duchesse de Guise, 92.
ORLÉANS (Françoise-Madeleine d'), fille des précédents, dite Mlle de Valois, puis duchesse de Savoie, 92.
ORLÉANS (Philippe Ier d'), frère de Louis XIV, 18, 28, 34, 57, 59, 65, 71, **79-82**, 84, 86-87, 89, 93, 106, 127-128, 136-140, **141-143**, 146-153, 166, 168, 175, 195-196, 199, 213, 298, 317, **322-324**, 325, 328, 333-334, **335-337**, 346, 359, 393, 395-396, 420, 422, 430, 466-468.
ORLÉANS (Henriette d'Angleterre, duchesse d'), « Madame », première épouse du précédent, 12-14, 18, 69, **71-89**, 93-97, 100-103, 105, 108, 130-131, **133-153**, 155, 165-166, 177-178, 196, 198, 202, 251, 317, 324-325, 328, 420, 446.
ORLÉANS (Marie-Louise d'), fille des précédents, reine d'Espagne, 136, 166, 317, 395.
ORLÉANS (Anne-Marie d'), fille des précédents, duchesse de Savoie, 137, 395, 420.
ORLÉANS (Élisabeth-Charlotte de Pfalz-Simmern, duchesse d'), « Madame Palatine », dite « Liselotte », seconde épouse du précédent, 13-14, 128, 152, 183, 208, 214, 230, 277, 282, 287, 299, 305-306, 308, 315, **317-340**, 341, 345-346, 348, 350, 355, 357, 360, 363, 387, 396, 405-406, 421, 423-424, 429, 431, 447, 458, 468, 476.
ORLÉANS (Élisabeth-Charlotte d'), fille de la précédente, duchesse de Lorraine, 324, 335, 395.
ORLÉANS (Philippe II, duc de Chartres, puis duc d'), fils de la précédente, futur régent, 212, 324, **332-335**, 336-338, 340, 396-398, 405, 407, 409, 431, 439, 442, 456, **465-475**.
ORLÉANS (Françoise-Marie de Bourbon, duchesse d'), dite seconde Mlle de Blois, épouse du précédent, 212, 332-334, 396, 404, 437.
ORLÉANS (Marie-Louise-Élisabeth d'), fille des précédents, cf. BERRY (duchesse de).

P

PALATINE (Madame), cf. ORLÉANS (Élisabeth-Charlotte).
PALATINE (princesse), cf. GONZAGUE (Anne de).
PATIN (Guy), 24, 247.
PETITFILS (Jean-Christian), 267.
PFALZ-SIMMERN (Frédéric V de), électeur Palatin, 319, 341.
PFALZ-SIMMERN (Charles-Louis

de), fils du précédent, 319, 330, 332.
PFALZ-SIMMERN (Charles), fils du précédent, 321-322, 330, 332.
PHILIPPE II, roi d'Espagne, 45.
PHILIPPE III, roi d'Espagne, 50, 419.
PHILIPPE IV, roi d'Espagne, 19-30, 33, 43, **45-49**, 52, 57-59, 75, 101, 113-116, 129, 157, 418.
PHILIPPE V, duc d'Anjou puis roi d'Espagne, 14, 41, 290, 353, 393, 418-419, **431-435**, 436, **454-458**, 460-463, 465-467.
PHILIPPE, duc d'Anjou (1668-1671), second fils de Louis XIV, 131, 169, 175, 279.
PHILIPPE, second enfant non reconnu de La Vallière, 109.
PHILIPPE-AUGUSTE, roi de France, 82.
PHILIPPE-PROSPER, infant, 46-47.
PIMENTEL, 31.
POMPADOUR (marquise de), 193.
PONTCHARTRAIN, 432
PRIEGO (comtesse de), 64-65.
PUYGUILHEM, ou PÉGUILIN, cf. LAUZUN.

Q

QUESNEL (le Père), 386.
QUINAULT, 208, 214-215, 351.

R

RABELAIS, 327.
RACINE, 42, 62,135, 208, 217, 262, 313-316, 405.
RANCÉ, 186.
RETZ (cardinal de), 76.
RICHELIEU (cardinal de), 19, 22, 113, 159, 224, 394, 484.
RICHELIEU (duc et maréchal de), 229.
RICHELIEU (duchesse de), 209, 221, 229, 273, 349-350.
ROBINET (Charles), 135.

ROCHECHOUART (vicomte de), 194.
ROCHECHOUART (Gabrielle de), cf. Thianges.
ROCHECHOUART (Marie-Madeleine-Gabrielle de), abbesse de Fontevrault, 207-208.
ROCHEFORT (maréchale de), 273, 349.

S

SAINT-CHAUMONT (Mme de), 142.
SAINT-GEORGES (marquise de), 155.
SAINT-MAURICE, ambassadeur de Savoie, 10, 115, 117, 121, 126, 129-131, 137, 153, 168, 177-178, 182, 201, 213-214, 279, 323.
SAINT-RÉMY (Jacques de Courtavel, marquis de), 92.
SAINT-RÉMY (Le Provost Françoise, marquise de), mère de La Vallière, 92.
SAINT-SIMON (Louis de Rouvroy, duc de), 14, 42, 125, 142, 171-172, 174, 199, 207, 216, 230, 249, 262, 294, 299-300, 306, 308, 312, 333, 337-339, 353, 363, 369, 372, 387-391, 397, 403, 406-407, 411, 420-421, 424-426, 428-430, 444-445, 447-448, 450-451, 454, 464, 466, 469, 473, 481, 485.
SAINTE-CROIX, 252-253.
SAVOIE (Christine ou Chrétienne de France, duchesse de), 17, 29, 31, 343.
SAVOIE (Marguerite de), 29-31, 51, 343.
SAVOIE (Marie-Jeanne de Savoie-Nemours, duchesse de), 251.
SCARRON (Paul), 221, **225-228**, 307, 405.
SCARRON (Mme), cf. MAINTENON.
SCUDÉRY (Mlle de), 17.
SCUDÉRY (Mme de), 210.
SÉVIGNÉ (marquise de), 93, 107, 126-127, 168, 171, 175, 180, 182, 186-187, 189-191, 202,

206, 211, 215-216, 230, 232-233, 240-241, 251, 259, 260-262, 269, 274-276, 282, 284, 299, 315, 322, 325-326, 340, 342, 345-350, 358, 360-361, 395.
SHAKESPEARE, 147.
SOISSONS (Louis, comte de), 157.
SOISSONS (Thomas de Savoie, prince de Carignan, comte de), 25, 251, 256, 259.
SOISSONS (Olympe Mancini, comtesse de), 19, 21, 24-25, 27-28, 30, 38, 65, 69, 86-87, 96-97, 101, 139-140, 251, 256, 259-261, 270.
SOMAIZE, 28.
SOREL (Agnès), 91, 193.
SORIA (le Père de), 68, 279.
SOUBISE (princesse de), 216.
SOURCHES (marquis de), 420.
SPANHEIM (Ézéchiel), 14, 323.
SULLY (Mlle de), 137.

T

TAMBONNEAU, 195.
TARDIEU, 247.
TARENTE (princesse de), 326.
TASSE (le), 27, 41, 156, 397.
TESSÉ (comte, puis maréchal de), 331, 429.
THIANGES (Gabrielle de Rochechouart, marquise de), 194-195, 197, 207,
TORCY (Jean-Baptiste Colbert, marquis de), 390, 432, 457, 459-461.
TRONSON, 381.
TOUCHET (Marie), 121.
TOULOUSE (Louis-Alexandre de Bourbon, comte de), 212, 393, 397, 469, 472.
TOURS (Louise-Marie de Bourbon, Mlle de), 200, 202.
TURENNE, 46, 58, 161, 164-165, 212, 330-331.

U-V

URSINS, cf. DES URSINS.
VALOIS (Charles-Philippe, duc de), 136-137.
VALLOT, 24, 150.
VARDES (marquis de), 139-140.
VELASQUEZ, 44, 48, 50, 55.
VENDÔME (Louis-César, duc de), 257, 259, 262, 439-442, 461.
VENEL (Mme de), 21, 32.
VENTADOUR (duchesse de), 447, 464, 471.
VERMANDOIS (Louis de Bourbon, comte de), fils de La Vallière, 177, 185-186, 190, 351, 397.
VEXIN (Louis-César de Bourbon, comte de), 200, 202, 232, 236.
VICTOR-AMÉDÉE II, duc de Savoie, 189, 395, 416-417, 419-420, 424, 432, 434-435, 448, 463.
VIGARANI (Carlo), 104.
VIGNON (Claude), 285.
VIGOUREUX (Marie), 254.
VILLARCEAUX (Louis de Mornay, marquis de), 229-230, 233.
VILLARS (maréchal de), 459-460, 462-463.
VILLEROY (duc et maréchal de), 257, 350, 471.
VILLETTE (Benjamin de), 223.
VILLETTE (Arthémise de), née d'Aubigné, 223-224.
VILLETTE (Philippe de), fils des précédents, 308.
VILLETTE (Marguerite de), fille du précédent, cf. Caylus.
VISCONTI (Primi), 14, 93, 113, 128, 182, 241, 355.
VIVONNE (comte de), 36, 122, 194.
VIVONNE (comtesse de), 263.
VOISIN (Catherine Monvoisin, dite la), 259, 262-264, 271-272.
VOISIN (Marguerite-Marie), fille de la précédente, 263-264.

TABLE DES ILLUSTRATIONS

CAHIER COULEURS

1. Louis XIV jeune.
2. L'entrevue de l'île des Faisans.
3. Le mariage de Louis XIV et de Marie-Thérèse d'Autriche.
4. Les deux reines : Anne d'Autriche et Marie-Thérèse.
5. Marie-Thérèse d'Autriche et le dauphin.
6. Marie Mancini.
7. Henriette d'Angleterre, duchesse d'Orléans.
8. La duchesse de Montpensier, dite la « Grande Mademoiselle ».
9. Louise de La Vallière.
10. Mme de Montespan.
11. Entrée à Arras de Louis XIV et de Marie-Thérèse.
12. Élisabeth-Charlotte, duchesse d'Orléans, et son fils.
13. Le Grand dauphin et sa famille.
14. Mme Scarron.
    Mme de Maintenon en sainte Françoise Romaine.
15. Marie-Adélaïde de Savoie, duchesse de Bourgogne.
16. La fillette aux bulles de savon (Mlle de Tours).

CAHIER NOIR ET BLANC

1. Almanach pour l'année 1666.
2. Feu d'artifice sur le grand canal de Versailles.
3. La reine Marie-Thérèse accueille sa bru la dauphine de Bavière.
4. Marie-Anne-Victoire de Bavière.
5. La naissance du duc de Bourgogne.
6. Louis XIV dansant le menuet.
7. La destruction de Heidelberg.
8. Louise de La Vallière en carmélite.
9. Mme de Maintenon à l'église.
10. Mme de Maintenon présente au roi les dames et demoiselles de Saint-Cyr.
11. Marie-Adélaïde quittant la Savoie au Pont-de-Beauvoisin.
    Marie-Adélaïde à son écritoire.
12. Le mariage du duc de Bourgogne.
13. L'état glorieux et florissant de la famille royale.
14. « Messieurs, voilà le roi d'Espagne... »
15. « La charmante tabagie ».
16. Le futur Louis XV passe des troupes en revue.

TABLE DES MATIÈRES

PROLOGUE 7

1. Les illusions romanesques de Marie Mancini 15
Un prince charmant à marier (15). – Les « mazarinettes » (19). – Des amours sous surveillance (23). – La revanche de la mal-aimée (26). – L'intermède savoyard (29). – Une menace pour la paix (32). – L'arrachement (35). – De l'art de gâcher sa vie (38).

2. Le mariage de Marie-Thérèse : amour et politique   43
Négociations et marchandages (43). – Une enfance triste (48). – La demande en mariage (51). – Mariage à l'espagnole (53). – « Il n'y a rien de si beau que l'infante... » (55). – Première rencontre (57). – Mariage à la française (59). – « Elle l'aimait à l'adoration... » (63). – Une incapable ? (67).

3. Henriette d'Angleterre ou la rage de vivre 71
« Les outrages de la fortune... » (72). – Amertumes et chagrins (75). – « Le deuxième astre de la cour » (80). – Métamorphose (82). – Le printemps de Fontainebleau (84). – Une idylle condamnée (85). – Un dauphin pour la France (87).

4. Louise de La Vallière ou l'amour vrai   91

Une jeune provinciale (92). – L'amour caché (94). – L'union sacrée contre Louise (96). – Pieuses interventions (98). – Ce que savait la reine (100). – Maternité (102). – L'héroïne de « l'Île enchantée » (104). – Semi-capitulation d'Anne d'Autriche (106). – Le déclin (108).

5. « La plus belle comédie du monde... »   113

Les « droits de la reine » (114). – Tragi-comédie domestique (117). – « Un partage avec Jupiter » (121). – Marie-Thérèse à l'épreuve (124). – « Le spectacle nouveau de deux maîtresses à la fois... » (128).

6. « Madame se meurt, Madame est morte... »   133

« L'arbitre de tout ce qui se fait d'agréable... » (133). – Fragilité (136). – Une réputation compromise (137). – Guerre conjugale (141). – Le contentieux franco-anglais (143). – « La médiatrice de deux rois » (146). – « Elle a passé comme l'herbe des champs » (148). – « La pensée du poison... » (151).

7. L'impossible mariage de Mademoiselle   155

« Une grande naissance et de grands biens » (155). – Le ballet des prétendants (157). – Conquérir le roi (159). – « Je vous marierai où vous serez utile pour mon service » (162). – « Suivre mon inclination » (165). – « Une si grande flétrissure » (168). – La fin d'un roman (171).

8. Le chemin de croix de Louise de La Vallière   177

Du bon usage des maladies (177). – La fuite à Chaillot (180). – Le choix du carmel (183). – « Un miracle de la grâce » (186). – La paix de l'âme (188).

TABLE DES MATIÈRES

9. Madame de Montespan : la sultane reine 193

Un mariage désastreux (193). – L'amour du roi (197). – Maternités (200). – Favorite officielle (202). – Appartements, châteaux et jardins (204). – « Le centre de l'esprit » (207). – L'offensive dévote de 1675 (209). – Les rivales (213).

10. La gouvernante des bâtards royaux 221

Une enfance misérable (222). – Scarron et la « belle Indienne » (225). – À la croisée des chemins (228). – Jardinière d'enfants (231). – L'apprentissage de la cour (234). – Au comble de l'ambiguïté (237). – L'enfant malade (239). – Une très étrange relation (240).

11. Poisons et sortilèges 245

« Travailler à la justice de son royaume » (245). – Procès et mort de la marquise de Brinvilliers (249). – Des activités très lucratives (254). – « Un scandale sans exemple dans une cour chrétienne... » (259). – Les « faits particuliers » (263). – La loi du silence (265). – La fin d'une époque (268).

12. L'adieu à Marie-Thérèse 273

« Madame de Maintenant » (273). – « On me mande que la reine est fort bien à la cour... » (276). – La meilleure des mères ? (278). – « Elle ne se repose jamais... » (282). – Un départ sur la pointe des pieds (285). – Une épouse idéale ? (287).

13. L'épouse non déclarée 291

Un veuf très consolable (291). – Genèse d'une mésalliance (294). – Une situation fausse (298). – Installation

(302). – L'éviction de Mme de Montespan (304). – Un frère infréquentable et des cousins huguenots (307). – Saint-Cyr (310). – *Esther* (313).

14. Une Allemande truculente : Madame Palatine . . 317

Élisabeth-Charlotte, princesse Palatine (319). – Un couple disparate (322). – L'amitié du roi (325). – La déchirure (329). – Le mariage du duc de Chartres (332). – La mort de Monsieur (335). – Redistribution des rôles (337).

15. Une Allemande mélancolique : la Grande dauphine 341

Une Bavaroise promise a un grand avenir ? (341). – Une arrivée très réussie (344). – Un chemin semé d'embûches (348). – Faire fonction de reine (351). – Déceptions de tous ordres (354). – La princesse brisée (357).

16. « La sentinelle de Dieu » 363

Il y a conversion et conversion (364). – À la recherche d'un directeur (366). – La mise au pas de Saint-Cyr (370). – Fénelon, Mme Guyon et le « pur amour » (372). – Les grandes espérances de l'abbé de Fénelon (376). – Celle par qui le scandale arrive (379). – La tempête (382). – « Je n'ai jamais été si près de la disgrâce... » (385). – Influence politique ? (389).

17. Une famille ingouvernable 393

Politique familiale (394). – L'image de la concorde (398). – Le gendarme de la cour (400). – Un conflit de générations (405). – Désillusions et dégoûts (409).

18. « LA PLUS AIMABLE DES PRINCESSES » :
MARIE-ADÉLAÏDE DE SAVOIE, DUCHESSE DE BOURGOGNE . 415

L'alliance savoyarde (415). – La succession d'Espagne (417). – Une enfant prodige (420). – Un époux trop épris (424). – Un rayon de soleil (428). – Un testament lourd de conséquences (431). – Au cœur des « cabales de la cour » (436). – Campagnes militaires et orages familiaux (438). – Une tête politique (442). – L'hécatombe (445).

19. LA FIN D'UN VIEUX COUPLE 451

Le « défaitisme » de Mme de Maintenon ? (452). – L'appel du 12 juin (457). – Une série de miracles (461). – Angoisses pour l'avenir (464). – Le testament (468). – « Le plus touchant et le plus héroïque spectacle... » (470). – La retraite à Saint-Cyr (474). – En guise d'oraison funèbre (476).

ÉPILOGUE 481

ANNEXES

1. Les enfants de Louis XIV 489
2. Repères chronologiques 493
3. Tableaux généalogiques 501
4. Orientation bibliographique 505
5. Index des noms de personnes 509

Table des illustrations 521

*Achevé d'imprimer sur presse Cameron
dans les ateliers de **Bussière Camedan Imprimeries**
à Saint-Amand-Montrond (Cher)
en juin 1998*

N° d'édition : 321. N° d'impression : 983238/4.
Premier dépôt légal : avril 1998.
Dépôt légal : juin 1998.

Imprimé en France